LUDWIG FEUERBACH

GESAMMELTE WERKE

HERAUSGEGEBEN VON

WERNER SCHUFFENHAUER

9

AKADEMIE-VERLAG BERLIN

LUDWIG FEUERBACH

Gesammelte Werke

9

LUDWIG FEUERBACH

Kleinere Schriften II

(1839–1846)

3., gegenüber der 2. durchgesehene Auflage

AKADEMIE-VERLAG BERLIN

Bearbeiter der 1. Auflage dieses Bandes (1970)
WERNER SCHUFFENHAUER
WOLFGANG HARICH

Redaktion der 2. und 3. durchgesehenen Auflage
WERNER SCHUFFENHAUER

Gesamt-ISBN 3-05-000 251-4
Bd. 9-ISBN 3-05-000 261-1

Erschienen im Akademie-Verlag Berlin, Leipziger Str. 3–4,
DDR - 1086 Berlin

Lizenznummer: 202 · 100/10/90
Printed in the German Democratic Republic
Offsetdruck und buchbinderische Weiterverarbeitung:
VEB Druckerei „Thomas Müntzer", 5820 Bad Langensalza
LSV 0116
Bestellnummer: 751 645 0 (4042/9)

Vorbemerkung

Unter dem Titel „Kleinere Schriften I–IV" bringt unsere Ausgabe der Gesammelten Werke Ludwig Feuerbachs (im folgenden: GW) in den Bänden 8 bis 11 seine kleineren Schriften, Rezensionen und Beiträge für Zeitschriften und Sammelwerke aus den Jahren 1835 bis 1866, chronologisch nach dem Erscheinen geordnet und in bisher erreichbarer Vollständigkeit. Die Grundsätze der Textbearbeitung und der Gestaltung des Variantenapparates sind im Vorwort des Herausgebers zu dieser Ausgabe (vgl. GW 1, S. XLVII ff.) eingehend erläutert.

Die Texte werden jeweils nach dem Erstdruck, in Orthographie und Zeichensetzung bei strenger Wahrung des Lautstandes modernisiert, wiedergegeben; aus etwaigen späteren Fassungen (bis zur Ausgabe letzter Hand) werden textliche Abweichungen von der Erstfassung durch Bearbeiterfußnoten vermittelt. Sind Beiträge ursprünglich in Fortsetzungen veröffentlicht worden, so wird auf die jeweiligen Zäsuren, jedoch ohne Wiederholung von Titelangaben, durch Bearbeiterfußnoten aufmerksam gemacht. Der Erstdruck einer Schrift wird für den Textvergleich immer mit *A*, spätere Fassungen werden nach chronologischer Abfolge mit *B*, *C* . . . bezeichnet. Bearbeiterfußnoten sind durch hochgestellte arabische Bruchziffern und *kursiven* Satz gekennzeichnet, während Sternnoten die Fußnoten des Autors markieren.

Band 9 der Gesammelten Werke – Kleinere Schriften II – enthält die weniger umfangreichen Publikationen Feuerbachs aus den Jahren 1839 bis 1846. Im Mittelpunkt dieser wohl schöpferischsten Etappe seiner schriftstellerischen Tätigkeit steht Feuerbachs philosophisches Hauptwerk „Das Wesen des Christentums" (GW 5), das zuerst 1841 erschien und bereits 1843 eine zweite Auflage erfuhr. Die im vorliegenden Band zusammengefaßten philosophischen Beiträge dokumentieren einerseits den Prozeß der unmittelbaren Vorbereitung, Propagierung und Verteidigung dieses epochemachenden Werkes bzw. explizieren die hier angewandte „Methode reformatorischer Kritik" auch in der Beurteilung einzelner zeitgenössischer theologischer, philosophischer oder naturwissenschaftlich-medizinischer Veröffentlichungen. Andererseits vermitteln Feuerbachs Arbeiten wie „Zur Kritik der Hegelschen Philosophie" oder „Zur Beurteilung der Schrift ‚Das Wesen des Christentums'" die kritisch-philosophische Grundlegung und den weiteren systematischen Ausbau seiner anthropologisch-materialistischen Philosophie.

Im Zusammenhang mit der stärkeren Berücksichtigung Lutherischer Theologie in der zweiten Auflage seines Hauptwerkes stehen die Arbeiten „Das Wesen des Glaubens im Sinne Luthers" und „Merkwürdige Äußerungen Luthers nebst Glossen". Als erstes Zeugnis seiner intensiveren Befassung mit Luthers Werk gehört hierher auch die in den Nachträgen zu den Bänden 1 bis 12 (vgl. hierzu GW 1, S. XLVf), zusammen mit weiteren Ergänzungen auch zu diesem Bande, erscheinende Polemik Feuerbachs „Luther als Schiedsrichter zwischen Strauß und Feuerbach" aus den „Anekdota zur neuesten deutschen Philosophie und Publizistik", hrsg. v. A. Ruge, Zürich und Winterthur 1843.

Die Ch. Kapp, K. Bayer und E. C. J. Lützelberger gewidmeten Beiträge resultieren vor allem aus persönlicher Zuneigung Feuerbachs; der Nekrolog für E. A. Feuerbach, als Privatmitteilung an die Freunde des 1843 Verstorbenen verfaßt, bezeugt die besonders innige Bindung an den um ein Jahr älteren Bruder.

Zur Textgeschichte der einzelnen im vorliegenden Bande enthaltenen Stücke sind folgende Bemerkungen zu machen:

1. Zu dem offenen Brief Feuerbachs *An Karl Riedel. Zur Berichtigung seiner Skizze*. Karl Riedel, Studienfreund Feuerbachs, junghegelianischer Publizist und zu dieser Zeit Redakteur des in Nürnberg (ab 1841 in Berlin) erscheinenden „Athenäum", hatte Anfang 1839 im Hamburger „Jahrbuch der Literatur", 1. Jahrgang, S. 115ff., eine

Skizze über Feuerbach veröffentlicht. Feuerbach beanstandete das indiskrete, oberflächliche und ungetreue Urteil (vgl. An A. Ruge, 13. April 1839, GW 17, S. 362) und sah sich dadurch veranlaßt, in der Form eines offenen Briefes an Riedel dessen Darlegungen durch Bekenntnisse über den eigenen Werdegang als Denker zu ergänzen und teilweise zu berichtigen. So entstand das früheste Dokument, das von dem Wendepunkt in der Entwicklung des Philosophen, seinem Übergang von der Position eines radikalisierten Hegelianismus zur materialistischen Weltanschauung, Zeugnis gibt. Niedergeschrieben wurde die Entgegnung März/April 1839, in unmittelbarem Anschluß an die Fertigstellung der Abhandlung „Über das Wunder" (GW 8). Zusammen mit dieser wurde sie zuerst in der Zeitschrift „Athenäum für Wissenschaft, Kunst und Leben. Eine Monatsschrift für das gebildete Deutschland", Nürnberg, Mai 1839, S. 50–64, mit der unter der Überschrift auf zwei Zeilen gebrachten Verfasserangabe *von/Ludwig Feuerbach*, veröffentlicht (Erstdruck, im vorliegenden Band als A bezeichnet). In leicht gekürzter und veränderter Form nahm der Autor den Brief später, unter der neuen Überschrift *„L. Feuerbach an K. Riedel"*, in den Band II seiner „Sämtlichen Werke", Druck und Verlag von Otto Wigand, Leipzig 1846, S. 167–178, auf (zweite Fassung, im vorliegenden Band als B bezeichnet). Wir bringen S. 3–15 den Text von A und vermerken in den Fußnoten die Varianten von B.

2. Die Abhandlung *Zur Kritik der Hegelschen Philosophie* entstand Ende 1838/Anfang 1839. Ursprünglich hatte Feuerbach eine Rezension der Schrift von K. Th. Bayrhoffer „Idee und Geschichte der Philosophie", Marburg 1838, beabsichtigt, die ihm Mitte 1838 durch A. Ruge zugestellt wurde (vgl. GW 17, S. 317). Anfang Februar 1839 bekannte Feuerbach, die Kritik der Arbeit des Hegel-Schülers habe sich notwendigerweise gegen den Meister selbst wenden müssen (GW 17, S. 353). In dem dann mit Schreiben vom 8./14. Mai 1839 A. Ruge übersandten Manuskript hat Feuerbach – außer einer, wohl versehentlich stehengebliebenen knappen Anspielung (vgl. vorliegender Band, S. 19) – „ganz von Bayrhoffer abstrahiert". Darüber hinaus betonte er, was auch in der Fußnote zu Beginn der Arbeit (vorliegender Band, S. 16) zum Ausdruck gebracht

wurde: „Übrigens ist meine Kritik leider! nur Fragment. Der Anfang nur eilig hingeworfen, weil hier früher die Bayrhoff[ersche] Schrift figurierte und ich nun in einem andern Kreise von Gedanken mich bewege“ – Feuerbach hatte die Arbeit an seinem „Wesen des Christentums“ aufgenommen – „und also die Sache so geschwind als möglich abfertigen wollte. Auch ist meine Kritik, wie sich von selbst versteht, ganz *anspruchslos*, d. h. ich stelle sie mit aller Freiheit als ein Objekt der Kritik hin, obwohl ich im Mittelpunkt meiner Kritik mich sicher weiß.“ (GW 17, S. 363f.) Veröffentlicht wurde die Schrift zuerst in Fortsetzungen in den „Hallischen Jahrbüchern für deutsche Wissenschaft und Kunst“, und zwar 1839 in den Heften Nr. 208 vom 30. August (Spalten 1657 bis 1660), Nr. 209 vom 31. August (Spalten 1665 bis 1668), Nr. 210 vom 2. September (Spalten 1673 bis 1677), Nr. 211 vom 3. September (Spalten 1681 bis 1684), Nr. 212 vom 4. September (Spalten 1689 bis 1693), Nr. 213 vom 5. September (Spalten 1697 bis 1702), Nr. 214 vom 6. September (Spalten 1705 bis 1709), Nr. 215 vom 7. September (Spalten 1715 bis 1718) und Nr. 216 vom 9. September (Spalten 1721 bis 1725) (Erstdruck = A). Entgegen dem Wunsche nach Anonymität – „Nur ein F. habe ich untergezeichnet, aber nun gestrichen: Es macht mir Freude, mich zu mystifizieren.“ (GW 17, S. 364) – trägt die Arbeit am Schlusse die Unterschrift: *Ludwig Feuerbach*. Die zweite Fassung (= B), vom Erstdruck durch kleinere Änderungen, geringfügige Kürzungen, aber auch Zusätze unterschieden, stammt aus der Zeit der Vorbereitung der „Sämtlichen Werke“. Sie findet sich in deren Band II, Leipzig 1846, S. 185–232. Im vorliegenden Band unserer Edition geben wir S. 16–62 den Text von A wieder und teilen in Fußnoten die Varianten von B mit.

3. Zur Rezension *„Dr. Christian Kapp und seine literarischen Leistungen. Ein Beitrag zur Literaturgeschichte des neunzehnten Jahrhunderts“, Leipzig 1839 bei Brockhaus, Mannheim bei Bensheimer*. Mit der Anzeige der anonymen Schrift, die zu einer knappen selbständigen Würdigung gedieh, erfüllte Feuerbach einen innigen Wunsch des Freundes und seiner Familie. Sie wurde am 4. November 1839 A. Ruge übersandt (vgl. GW 17, S. 378). Erstdruck anonym in Fortsetzungen: „Hallische Jahrbücher“, Jahr-

gang 1839, Nr. 297 vom 12. Dezember (Spalten 2369 bis 2376) und Nr. 298 vom 13. Dezember (Spalten 2379 bis 2384) (=A). Zweite und endgültige Fassung, erheblich gekürzt und unter der Überschrift *„Christian Kapp und seine literärischen Leistungen“*, in Band II der „Sämtlichen Werke“, Leipzig 1846, S. 153–166 (=B). Es sei auf die naheliegende Vermutung hingewiesen, daß Feuerbach nicht nur Rezensent dieser Schrift, sondern auch ihr anonymer Verfasser war (vgl. GW 1, S. XLVI), weshalb diese unter Dubiosa in die o. a. Nachträge zu den Bänden 1 bis 12 aufgenommen wird. Im vorliegenden Band S. 63–79 Abdruck von A, dazu in Fußnoten die Varianten von B.

4. Zu *[Wastebook. 7. Das Pathos der Kritik und die Kritik der unreinen Vernunft]*. Es handelt sich um Teile eines Briefes, den Feuerbach Ende November 1840 an den Herausgeber der „Hallischen Jahrbücher“, Arnold Ruge, gerichtet hatte und in dem erstmals näher über die Vorbereitung des „Wesens des Christentums“ informiert wird. Ruge veröffentlichte einen Auszug daraus in der neu eingerichteten (GW 17, S. 384) Rubrik „Wastebook“ der „Hallischen Jahrbücher“, Jahrgang 1840, Nr. 12 vom 14. Januar 1840, Spalten 93 bis 94, und versah ihn mit eigenen kommentierenden Zusätzen. Wir geben hier die vom Herausgeber aufgefundene einzige Fassung auf S. 80f. unverändert wieder.

5. Zur Rezension *Dr. Karl Bayer, „Betrachtungen über den Begriff des sittlichen Geistes und über das Wesen der Tugend.“ Erlangen 1839. Bei Palm.* Die Besprechung war Feuerbach von A. Ruge, wohl mit Rücksicht auf dessen frühere Bayer-Rezension (vgl. GW 8, S. 137–147), unter dem 31. Mai 1839 (GW 17, S. 365f.) angetragen worden; er erhielt sie mit Schreiben vom 14. Februar 1840 (GW 18, S. 6). Erstdruck in Fortsetzungen: „Hallische Jahrbücher“, Jahrgang 1840, Nr. 85 vom 8. April (Spalten 676 bis 680), Nr. 86 vom 9. April (Spalten 685 bis 688) und Nr. 87 vom 10. April (Spalten 691 bis 696) mit der Unterschrift „. . . *ch*“ unter der letzten Fortsetzung (=A). Zweite und endgültige Fassung, gekürzt, unter der Überschrift *„‚Über den Begriff des sittlichen Geistes.‘ Von Dr. Karl Bayer“*, in Band II der „Sämtlichen Werke“, Leipzig 1846, S. 126–136 (=B). Im vorliegenden Band S. 82–99 Abdruck von A, dazu in Fußnoten die Varianten von B.

6. Zur Rezension *E. C. J. Lützelberger, 1) „Grundzüge der Paulinischen Glaubenslehre. Ein theologisch-exegetischer Versuch." Nürnberg 1839. – 2) „Die kirchliche Tradition über den Apostel Johannes und seine Schriften, in ihrer Grundlosigkeit nachgewiesen." Leipzig 1840. Verlag von Brockhaus.* Feuerbach kündigte A. Ruge die „Anzeige einer ketzerischen Schrift" am 14. Februar 1840 an, die er dann am 1. September 1840 mit der Bedingung der Anonymität zustellte (GW 18, S. 25). Erstdruck anonym in Fortsetzungen: „Hallische Jahrbücher", Jahrgang 1840, Nr. 231 vom 25. September (Spalten 1841 bis 1845) und Nr. 232 vom 26. September (Spalten 1849 bis 1856). Einzige, am 1. September 1840 an A. Ruge abgesandte Fassung. Nicht in die „Sämtlichen Werke" aufgenommen; Feuerbachs Autorschaft zuerst durch K. Grün 1874 (vgl. GW 18, S. 454) bekannt geworden. Erstmals wiederabgedruckt in „Ludwig Feuerbachs Sämtliche Werke", neu hrsg. v. W. Bolin und F. Jodl, Stuttgart 1903–11, 7. Bd., S. 178ff.– Im vorliegenden Band S. 100–114.

7. Zur Rezension *Zur Charakteristik des modernen Afterchristentums. Herr Dr. Nepomuk von Ringseis oder Hippokrates in der Pfaffenkutte.* Die Veröffentlichung geht auf Feuerbachs Initiative zurück (März 1841, GW 18, S. 72). Er besprach sich hierüber mit seinem Ansbacher Freund und Verwandten, dem Arzt F. W. Heidenreich, der auch das Manuskript zur Beurteilung erhalten hatte (vgl. GW 18, S. 76). Die endgültige Fassung stellte Feuerbach den „Hallischen Jahrbüchern" über O. Wigand, Leipzig, den Verleger des in Vorbereitung befindlichen „Wesen des Christentums", zu (5. Mai 1841, GW 18, S. 79). Erstdruck anonym in Fortsetzungen: „Hallische Jahrbücher", Jahrgang 1841, Heft Nr. 131 vom 2. Juni (S. 521–525), Nr. 132 vom 3. Juni (S. 525–528), Nr. 133 vom 4. Juni (S. 529 bis 531) und Nr. 134 vom 5. Juni (S. 533–535) (=A). Zweite und endgültige Fassung, gekürzt, aber auch mit Zusätzen, als drittes Stück der drei *„Kritiken des modernen Afterchristentums"*, unter der Überschrift *„III. Kritik der christlichen Medizin. (‚System der Medizin. Ein Handbuch der allgemeinen und speziellen Pathologie und Therapie, zugleich ein Versuch zur Reformation und Restauration der medizinischen Theorie und Praxis'. Von Dr. J. N. von Ring-*

seis, königl. bayer. Obermedizinalrat, Ritter des Zivilverdienstordens der bayerischen Krone, 1841)" in Band I der „Sämtlichen Werke", Leipzig 1846, S. 155–180 (=B). Im vorliegenden Band S. 115–142 Abdruck von A, dazu in Fußnoten die Varianten von B.

8. Zur Rezension *Einige Bemerkungen über den „Anfang der Philosophie" von Dr. J. F. Reiff.* Die Aufforderung, die Besprechung für Ruges „Jahrbücher" zu übernehmen, ging von dem jungen Hegelianer Reiff selbst aus (A. Ruge an L. Feuerbach, 14. Oktober 1840). Feuerbach trat im März 1841 dem Vorschlag näher; er übersandte die Stellungnahme unter dem 3. November 1841 an A. Ruge (vgl. GW 18, S. 27, 72, 117). A. Ruge hatte inzwischen die „Jahrbücher", um sie dem drohenden Verbot in Preußen zu entziehen, von Halle nach Leipzig verlegt, wo sie unter sächsischer Zensur als „Deutsche Jahrbücher für Wissenschaft und Kunst" fortgeführt wurden. Die Rezension erschien in erster Fassung in den „Deutschen Jahrbüchern", Jahrgang 1841, Heft 150 vom 23. Dezember (S. 597–600) mit der Unterschrift *L. F.* (=A). Die gekürzte zweite und letzte Fassung findet sich unter der Überschrift *„Über den ‚Anfang der Philosophie'"* in Band II der „Sämtlichen Werke", Leipzig 1846, S. 233–243 (=B). Wir bringen hier S. 143 bis 153 den Text von A und dazu in Fußnoten die Varianten von B.

9. Zur *Erklärung vom Verfasser des „Hippokrates in der Pfaffenkutte"*. Anonyme, A. Ruge noch im November 1841 zugestellte Erklärung Feuerbachs (vgl. GW 18, S. 120, 129) in den „Deutschen Jahrbüchern", Jahrgang 1842, Nr. 3 vom 5. Januar 1842 (S. 12), die durch ihre Bezugnahmen auf „Geschichte und Natur" als höchste Behörden der Welt und die Anspielung auf den „vulkanischen" Ursprung und Namen auf die Identität des Verfassers des „Wesens des Christentums" mit dem Autor der unter 7. veröffentlichten Kritik hinlenkt. Wir geben hier den Wortlaut des vom Herausgeber aufgefundenen Stückes auf S. 154f. wieder.

10. Zur Rezension *Über den Marienkultus. „Die Glorie der heiligen Jungfrau Maria. Legenden und Gedichte nach spanischen, italienischen, lateinischen und deutschen Relationen und Originalpoesien. Durch Eusebius Emmeran."* Die Feuerbachsche Beurteilung dieser Publikation Daumers – obwohl von diesem zunächst dankbar aufgenom-

men (G. F. Daumer an L. Feuerbach, Mitte Januar 1842, GW 18, S. 151) – führte, da kritische Bemerkungen Feuerbachs letztendlich doch mißverstanden und mißgedeutet wurden, zur Verstimmung und schließlich 1844 zum Bruch zwischen den langjährigen Freunden (vgl. L. Feuerbach an J. Schiebich, 21. Oktober 1851). Erstdruck in Fortsetzungen in „Deutsche Jahrbücher“, Jahrgang 1842, Nr. 10 vom 13. Januar (S. 37–40) und Nr. 11 vom 14. Januar (S. 41 bis 44), mit der auf den Präses der Lateinischen Kongregation zu München speziell Bezug nehmenden Unterschrift *Anti-Pemble* unter der letzten Fortsetzung (=A). Zweite, veränderte und gekürzte, aber auch mit Zusätzen versehene Fassung unter der Überschrift *„Über den Marienkultus. (‚Die Glorie der heiligen Jungfrau Maria. Legenden und Gedichte durch Eusebius Emmeran‘*, 1841)“ in Band I der „Sämtlichen Werke“, Leipzig 1846, S. 181–199 (=B). Im vorliegenden Band S. 156–176 Abdruck von A, dazu in Fußnoten die Varianten von B.

11. Zu der Polemik *Beleuchtung der in den „Theologischen Studien und Kritiken“ (Jahrgang 1842, I. Heft) enthaltenen Rezension meiner Schrift „Das Wesen des Christentums“.* Feuerbachs Werk „Das Wesen des Christentums“ (1841) war von dem Theologieprofessor Julius Müller, Ordinarius für Dogmatik an der Universität Halle, in den „Theologischen Studien und Kritiken“ scharf ablehnend beurteilt worden. Die Polemik des Autors gegen den Rezensenten wurde Mitte Dezember 1841 der Redaktion der „Deutschen Jahrbücher“ zugestellt (GW 18, S. 131, 135, 140) und erschien zuerst in Fortsetzungen in den „Deutschen Jahrbüchern“, Jahrgang 1842, Heft Nr. 17 vom 21. Januar (S. 65–68), Nr. 18 vom 22. Januar (S. 69–72), Nr. 19 vom 24. Januar (S. 73–74), Nr. 20 vom 25. Januar (S. 77–79), Nr. 21 vom 26. Januar (S. 81–84) und Nr. 22 vom 27. Januar (S. 85–88) mit der Unterschrift *L. F.* unter der letzten Fortsetzung (Erstdruck=A). Die überarbeitete, teils gekürzte, teils mit neuen Zusätzen versehene zweite und endgültige Fassung steht unter der Überschrift *„Beurteilung einer theologischen Rezension vom ‚Wesen des Christentums‘“* in Band I der „Sämtlichen Werke“, Leipzig 1846, S. 200–248 (=B). Im vorliegenden Band S. 177 bis 228 Abdruck von A, dazu in Fußnoten die Varianten von B.

12. Zu der Polemik *Zur Beurteilung der Schrift „Das Wesen des Christentums"*. Stellungnahme zu einer anonymen Korrespondenten-Notiz aus Frankfurt (Main) in der Augsburger „Allgemeinen Zeitung" Nr. 346, vom 11. Dezember 1841, S. 2765, in der deren Verfasser – nach A. Ruge, GW 18, S. 139, F. W. Carové – Feuerbach der Autorschaft an der „Posaune des Jüngsten Gerichts wider Hegel, den Atheisten und Antichristen" (1841; von B. Bauer) verdächtigt, und zu dem Aufsatz „Strauß und Feuerbach", in der neuen, von K. Biedermann herausgegebenen „Deutschen Monatsschrift für Literatur und öffentliches Leben", 1. Jg., Leipzig 1842, Heft 1, S. 18–48 (diese Stellungnahme stammt vermutlich von dem protestantischen Theologen K. I. Nitzsch, vgl. GW 18, S. 127, 473). Feuerbachs Stellungnahme wurde Anfang Januar 1842 vollendet (vgl. GW 18, S. 153). Erstdruck in den „Deutschen Jahrbüchern", Jahrgang 1842, Heft Nr. 39 vom 16. Februar (S. 154 bis 155) und Nr. 40 vom 17. Februar (S. 157–159) mit der Unterschrift *L. F.* unter der letzten Fortsetzung (=A). Überarbeitete zweite und endgültige Fassung, mit geringfügigen Kürzungen und Zusätzen, in Band I der „Sämtlichen Werke", Leipzig 1846, S. 248–258 (=B). Im vorliegenden Band S. 229–242 Abdruck von A, dazu in Fußnoten die Varianten von B.

13. Zu der Schrift *Vorläufige Thesen zur Reformation der Philosophie*. Die Verschärfung der Zensurverhältnisse in Preußen und Sachsen führte dazu, daß eine Reihe von Beiträgen, darunter die der Explikation der philosophischen Grundlagen von „Das Wesen des Christentums" und einer Neuen Philosophie dienenden „Thesen", die Feuerbach im Januar übergeben hatte, von der Zensur gestrichen wurden. Mit der Information über den gravierenden Zensureingriff am 24. Februar 1842 bittet A. Ruge zugleich um Zustimmung, die „Thesen" zusammen mit den anderen unterdrückten Beiträgen und einer aktenmäßig belegten Kritik des Vorgehens der Zensurbehörden in der Schweiz drucken zu lassen, was für die deutsche Zensur „eine ungeheure Ohrfeige" bedeuten werde (vgl. GW 18, S. 163f.). Nach anfänglichem Zögern gab Feuerbach seine Zustimmung zu dieser Veröffentlichung. Ab Mai 1842 übermittelte Feuerbach zur endgültigen Drucklegung noch einzelne

Korrekturvorschläge, die aber bei der Endredaktion nur zum Teil berücksichtigt wurden, und ab November drängte er gar zu baldmöglicher Veröffentlichung (vgl. GW 18, S. 164–170, 178, 183, 189f., 192, 196, 198, 220). Nach einjähriger, durch die Zensur verursachter Verzögerung erhielt Feuerbach Ende Februar 1842 das Sammelwerk des radikalen Junghegelianismus (vgl. GW 18, S. 254f.), das den Erstdruck der „Thesen" enthält: „Anekdota zur neuesten deutschen Philosophie und Publizistik" von Bruno Bauer, Ludwig Feuerbach, Friedrich Köppen, Karl Nauwerck, Arnold Ruge und einigen Ungenannten (darunter Karl Marx), herausgegeben von Arnold Ruge, Zürich und Winterthur 1843, Band 2, S. 62ff., mit der Unterschrift *L. Feuerbach* (=A). Leicht überarbeitete zweite und endgültige Fassung unter dem Titel „*Vorläufige Thesen zur Reform der Philosophie*" in Band II der „Sämtlichen Werke", Leipzig 1846, S. 244–268 (=B). Im vorliegenden Band S. 243–263 Abdruck von A, dazu in Fußnoten die Varianten von B.

14. Zu der Schrift *Grundsätze der Philosophie der Zukunft*. Im Winter 1842 hat Feuerbach, parallel zum Prozeß der Drucklegung der zweiten Auflage von „Das Wesen des Christentums" (erschienen Ende Juni 1843, vgl. GW 18, S. 274), das Thema seiner „Thesen" – vgl. unter 13. – weiter auszuarbeiten begonnen. Anfang Juni konnte Feuerbach berichten, er habe seine „Thesen" begründet und bereichert; mit dem zwischen A. Ruge und K. Marx verabredeten Plan, „Deutsch-Französische Jahrbücher" unter freier Presse herauszugeben, vertraut gemacht, erklärt er jedoch: „Aber diese, obwohl nur auf einen Raum von ein paar Bogen zusammengedrängte Arbeit eignet sich wegen ihres doktrinären, teilweise trockenen Inhalts und Stils nicht zu einem Journal mit französischem Esprit." Ende Mai 1843 hatte er das Manuskript bei J. Fröbel in der Schweiz zur Veröffentlichung untergebracht: „Ich habe das Quantum eines Buchs auf ein paar Bogen reduziert, auf zirka 84 Thesen oder Paragraphen und diese aus artiger Zuvorkommenheit gegen die deutsche Zensur, welche die Prämisse derselben aus den ‚D[eutschen] Jahrb[üchern]' gestrichen, in die Schweiz exiliert." Feuerbachs Bemerkung über 84 Thesen oder Paragraphen läßt darauf schließen,

daß bis zur Drucklegung nochmals eine Straffung des Manuskripts erfolgt ist, denn die veröffentlichte Fassung hat nur 67 Paragraphen. Im September fragt Feuerbach besorgt beim Verleger nach dem Schicksal seines Manuskripts, nachdem er von der durch die preußische Regierung inspirierten Beschlagnahme von Herweghs „Einundzwanzig Bogen aus der Schweiz" im Literarischen Comptoir Fröbels und in Züricher Buchhandlungen sowie von der Anklage gegen Fröbel wegen des Verbrechens der „Religionsstörung" durch die Schweizer Behörden erfahren hatte. Im November 1843 schließlich erfährt Feuerbach, daß die „Grundsätze der Philosophie der Zukunft" bereits erschienen sind. Im Dezember übermittelte er J. Fröbel einen, dann in dessen Verteidigungsschrift „Das Verbrechen der Religionsstörung nach den Gesetzen des Kantons Zürich. 1844" nur zu einem kleinen Teil ausgeschöpften Zitatenschatz freimütiger Äußerungen in Religionsfragen vor allem von Friedrich II., Lessing, Goethe, Schiller, Lichtenberg, Fichte, Schlegel, dabei die Feststellung, die „Grundsätze" noch immer nicht erhalten zu haben, nicht aussparend. F. scheint erst zu Jahresbeginn 1844 in den Besitz der Exemplare gelangt zu sein (vgl. GW 18, S. 237f., 240, 269, 275, 283, 298, 304–308). Erstdruck als gesonderte Broschüre (84 Seiten) erschienen im Verlag des literarischen Comptoirs, Zürich und Winterthur 1843 (Erstdruck = A). Überarbeitete zweite und endgültige Fassung in Band II der „Sämtlichen Werke", Leipzig 1846, S. 269–346 (= B). Im vorliegenden Band S. 264–341 Abdruck von A, dazu in Fußnoten die Varianten von B.

15. Zu dem Brief *F[euerbach] an R[uge]*. Nachdem auch die „Deutschen Jahrbücher" in Deutschland ihr Erscheinen hatten einstellen müssen, war Arnold Ruge ins Exil gegangen. In Frankreich gründete er 1843, mit Karl Marx als Mitherausgeber, die Zeitschrift „Deutsch-Französische Jahrbücher". Ihr erster und einziger Jahrgang (Paris 1844) wird eingeleitet durch einen programmatischen Briefwechsel zwischen Bakunin, Feuerbach, Marx und Ruge. Daraus drucken wir im vorliegenden Band, S. 342f., den von Feuerbach stammenden und mit großer Wahrscheinlichkeit von A. Ruge redigierten Beitrag, seinen Brief an Ruge vom Juni 1843, „Deutsch-Französische Jahrbücher", Paris

(März) 1844, S. 35, unverändert ab (vgl. auch GW 18, S. 273f.). In die „Sämtlichen Werke" Feuerbachs ist diese Veröffentlichung nicht aufgenommen worden.

16. Zu dem Nekrolog *Andenken an Eduard August Feuerbach*. Der Verstorbene, Universitätsprofessor in Erlangen, auf dem Gebiet des germanischen Rechts durch seine Schrift „Die Lex Salica und ihre verschiedenen Rezensionen" (Erlangen 1831) bekannt geworden, war einer der älteren Brüder Ludwig Feuerbachs. Dessen Nachruf auf den um ein Jahr älteren Bruder erschien im Mai 1843 (vgl. GW 18, S. 268), anonym und ohne Angabe des Jahres in Ansbach, Druck und Verlag von Carl Brügel (13 Seiten Text). Feuerbachs alleinige Autorschaft ist durch seinen Brief an den Bruder Anselm vom 6. Juni 1843 zweifelsfrei erwiesen; vgl. GW 18, S. 270. Das im Feuerbach-Nachlaß der Münchener Universitätsbibliothek befindliche Exemplar weist auf der Umschlagseite unter dem Titel die von Feuerbachs Hand stammende Verfasserangabe *Von Ludwig Feuerbach* auf. Auf S. 11, Z. 18 von oben, hat der Verfasser das Wort „nervösen" (Druckfehler) ausgestrichen und auf gleicher Höhe „venösen" an den Rand geschrieben. Auszüge aus der Schrift veröffentlichte Karl Grün in der zweibändigen Nachlaßsammlung „Ludwig Feuerbach in seinem Briefwechsel und Nachlaß sowie in seiner philosophischen Charakterentwicklung dargestellt", Band I, Leipzig und Heidelberg 1874, S. 413f. Im vorliegenden Band S. 344–352 erstmalig ungekürzter Nachdruck des Originals; dabei Übernahme der vom Autor stammenden handschriftlichen Druckfehlerkorrektur.

17. Zu der Schrift *Das Wesen des Glaubens im Sinne Luthers. Ein Beitrag zum „Wesen des Christentums"*. Die Schrift ist Ende 1843 entstanden. Ende Januar/Anfang Februar 1844 tauscht sich Feuerbach mit seinem jüngeren Bruder Friedrich über das Manuskript aus. Am 13. April bietet Feuerbach die Schrift O. Wigand in Leipzig zum Verlag an; ebenso macht er die Redaktion der „Deutsch-Französischen Jahrbücher" auf die Schrift aufmerksam. Anfang Mai befand sich das Manuskript bereits beim Verleger; Anfang Juli war die Schrift erschienen (vgl. GW 18, S. 304, 315–317, 336–338, 345, 362). Unter diesem Titel zuerst gesondert erschienen im Verlag O. Wigand, Leipzig

1844 (Erstdruck = A). Auszüge, mit großer Wahrscheinlichkeit von Karl Marx ausgewählt (vgl. K. Marx an L. Feuerbach, 11. August 1844), wurden im „Vorwärts. Pariser Deutsche Zeitung", Paris, in 14 Folgen ab Nr. 63 vom 14. August 1844 bis Nr. 87 vom 30. Oktober 1844 abgedruckt. Das Ganze wurde von Feuerbach in leicht überarbeiteter Form unter der Überschrift *„Das Wesen des Glaubens im Sinne Luthers"* in Band I der „Sämtlichen Werke", Leipzig 1846, S. 259–325, aufgenommen (zweite Fassung = B). Später brachte Wigand von der ersten Fassung (von 1844) unter Verwendung des ursprünglichen Druckstocks noch eine *„Zweite, zeitgemäße Auflage"*, wieder gesondert, heraus, die sich von der ersten, abgesehen von diesem Zusatz auf dem Titelblatt, in nichts unterscheidet (*„Das Wesen des Glaubens im Sinne Luthers. Ein Beitrag zum ‚Wesen des Christentums'"*, Leipzig 1855, = C). Die Schrift existiert also in den zwei Fassungen A/C und B. Im vorliegenden Band S. 353–412 Abdruck von A/C, dazu in Fußnoten die Varianten von B.

18. Zu *Der Unterschied der heidnischen und christlichen Menschenvergötterung*. Einzige Fassung der 1844 entstandenen Arbeit, veröffentlicht in Band I der „Sämtlichen Werke", Leipzig 1846, S. 326–333. Im vorliegenden Band Abdruck S. 413–419.

19. Zu *Merkwürdige Äußerungen Luthers nebst Glossen*. Einzige Fassung der 1844 entstandenen Arbeit, veröffentlicht in Band I der „Sämtlichen Werke", Leipzig 1846, S. 334–341. Im vorliegenden Band Abdruck S. 420–426.

20. Zu dem Aufsatz *Über das „Wesen des Christentums" in Beziehung auf den „Einzigen und sein Eigentum"*. Die Schrift von Kaspar Schmidt (1806–1856) erschien unter dem Pseudonym Max Stirner im November 1844 (jedoch bereits unter der Jahreszahl 1845). Sie erregte bei ihrem Erscheinen wegen des Versuchs, die junghegelianische Philosophie im extrem individualistischem Sinne weiterzuentwickeln, großes Aufsehen. Sie enthält eine geschickt vorgetragene scharfe Kritik an den bedeutendsten Repräsentanten der aus Hegels Schule hervorgegangenen radikalen Richtungen, an Feuerbach, an B. Bauer, wie auch an Marx, Engels und M. Heß. Anfangs vermochte sich Feuerbach für Stirners scharfe Polemik zu begeistern.

Er erwog ein „Sendschreiben“ an Stirner. Alsbald meinte er, daß sich Stirner nur auf seine Kosten einen Namen machen wolle und es das Beste sei, die Angriffe zu ignorieren. Schließlich erblickte er in einer Entgegnung doch eine geeignete Möglichkeit, erneut auf sein „Wesen des Christentums“ aufmerksam machen zu können, wobei es ihm daran gelegen war, dem „Egoisten“ gegenüber seine innere Zuwendung zur Gemeinschaftlichkeit und zu dem ihn bewegenden Fragenkreise des „Kommunismus“ zu betonen. Das Manuskript lag Ende Januar 1845 vor (vgl. GW 18, S. 536; GW 19, Brief an O. Wigand, 27. Januar 1845). Feuerbachs Erwiderung erschien anonym unter dem oben wiedergegebenen Titel in „Wigands Vierteljahrsschrift“, Leipzig 1845, Band II, S. 193–205 (Erstdruck = A). Eine stark erweiterte zweite Fassung dieses Aufsatzes erschien im Rahmen von Band I der „Sämtlichen Werke“, Leipzig 1846, S. 342–359 (= B). Im vorliegenden Band S. 427–441 Abdruck von A, dazu in Fußnoten die Varianten von B.

Bei der Redaktion der dritten, durchgesehenen Auflage des vorliegenden Bandes konnten unsere Aussagen zur Textgeschichte und -konstitution im Ergebnis des Fortschreitens der Forschung und insbesondere der Erschließung des Briefwechsels von und an L. Feuerbach im Rahmen unserer Ausgabe präzisiert und erweitert werden. Geringfügige Druckfehlerberichtigungen gegenüber der ersten und der zweiten, durchgesehenen Auflage (1970 bzw. 1982) erfolgten stillschweigend.

Herrn Wolfgang Harich, Berlin, gilt unser Dank für die intensive Mitwirkung bei der Ermittlung der Textgrundlagen und die Erarbeitung der Textgeschichte (Überlieferung), für die Bearbeitung der Texte (einschließlich der Variantenvergleiche) in der Gestalt der ersten Auflage 1970. Die in eckigen Klammern in den Text eingefügten Verdeutschungen fremdsprachiger Stellen besorgten Irene Selle, geb. Schottlaender, Berlin, Rudolf Schottlaender (†) und der Herausgeber. Alle Veränderungen gegenüber der ersten Auflage gehen auf den Herausgeber zurück.

Der Herausgeber

Kleinere Schriften II

(1839–1846)

An Karl Riedel

Zur Berichtigung seiner Skizze[1]

Lieber *Karl Riedel!*[2] Die großen Kulturschritte der Menschheit gelangen zu den Städtern per Estaffetten, zu uns Landleuten aber per pedes apostolorum [zu Fuß wie die Apostel]. Kein Wunder, daß der[3] schwerfällige Landmann immer um eine bedeutende Strecke hinter dem flinken Städter zurück ist. So erhielt ich denn auch erst vergangnen Samstag, den 16ten[4] März, das „Jahrbuch der Literatur. Erster Jahrg. 1839. Hamburg", worin Du nebst einer Skizze von *Daumer* auch eine[5] von meiner Wenigkeit entworfen hast. Aber schon heute, den 19ten[6] März, wo ich eben von[7] einer Arbeit fertig geworden, ergreife ich die Feder, um die Striche Deiner Zeichnung durch einige Gegenstriche zu komplettieren. Du sagst darin unter anderm: „Es wäre gar sehr zu wünschen, daß F.[8] recht bald in eine *bestimmte Wirksamkeit* einträte. In Sphären, welche dem Leben und der Kunst näherstehen, würde sein Talent *glänzen,* während er *gelehrte Kompilationen,* für die er wenig Dank der Mitwelt erntet, andern überlassen könnte." Möglich, aber wie, wenn der Patron jetzt noch nicht glänzen will? Oder[9] nie glänzen wollte? Wenn er den Schatten einer gewissen

[1] *In A darunter auf zwei Zeilen:* von / Ludwig Feuerbach. *In B lautet die Überschrift, auf zwei Zeilen:* L. Feuerbach an K. Riedel / (1839).
[2] Karl Riedel!: K. R.! *B*
[3] *In B folgt Zusatz:* ohnedem
[4] 16. *B*
[5] nebst . . . eine: eine kurze Skizze *B*
[6] 19. *B*
[7] mit *B*
[8] Feuerbach *B*
[9] will? Oder: will oder *B*

Obskurität dem Sonnenschein einer glänzenden Zelebrität vorzieht? Gedeihen alle Pflanzen nur im Sonnenlichte? Kannst Du es dem Fische, dem es nur wohl ist in der Tiefe des Stroms, verargen, daß er nicht an die Oberfläche hervortaucht, um sich im Angesicht der versammelten Zuschauer zu sonnen? Kannst Du zu der Blume, die nur im Schatten des dunkeln Fichtenhaines blüht, sagen: Schade, daß du nicht an einem öffentlichen Spazierplatz oder sonst einem beliebten Belustigungsort stehst? Ist sie nicht, was sie ist, nur auf dem Gebiete, wo sie steht? Gehört nicht der Standort mit zur Charakteristik der Pflanze? Hat nicht jede ihren bestimmten Boden? Suchen sich nicht selbst manche Pflanzen förmlich den ihnen entsprechenden Boden? Wohl schleudert auch der Sturm des Schicksals den Samen der Pflanze an Orte, wo sie nicht hingehört; aber er geht entweder nicht auf, oder die Pflanze *schafft* sich ihre Existenz, indem sie durch eigne Kraft den Mangel des Bodens durch Stoffe aus der Luft ersetzt. Hast Du nicht oft schon die Birke auf Mauern, selbst auf Kirchtürmen wehen sehen? Wie? Und der Mensch, das edelste Gewächs des organischen Reichs, sollte der Laune des Zufalls preisgegeben sein? Er allein sollte nicht den seiner Natur entsprechenden Boden finden? Nimmermehr! Jeder ist der Schmied seines eignen Schicksals. Auch ich habe den Boden gefunden, der *mir* zuträglich ist, und habe ihn gefunden, seitdem ich den Dozentenstand mit dem Stand eines bloßen Privatmanns, dem mir, wenigstens in dieser Zeit, allein zusagenden Stande, vertauschte. Mein Aufenthaltsort *als Ort* ist freilich ein bloßer *Lokalwitz*, der nur an Ort und Stelle an einem stillen Herbstabend oder lauterm[1] Frühlingsmorgen verstanden werden kann – übrigens ein Ort, der selbst schon einen trockenen[2] Gelehrten des vorigen Jahrhunderts zu poetischer Begeisterung gestimmt. Aber die geistige *Qualität* des Orts – und Du weißt doch sicherlich, wie wichtig die Qualität im Leben wie in der Philosophie ist –, die Qualität ist ganz vortrefflich. Reine, gesunde Luft weht hier, aber wie wichtig ist für das wichtigste Organ des Menschen, das Denkorgan, die reine,

[1] lautem *B*

[2] trocknen *B. Diese geringfügige Veränderung wird im folgenden nicht mehr vermerkt.*

frische Luft! Die spekulative Philosophie Deutschlands, wie sie sich bisher entwickelt hat,[1] ist ein Beispiel von den schädlichen Einflüssen der verpesteten Stadtluft. Wer kann leugnen, daß ihr Denkorgan, namentlich in Hegel, vortrefflich organisiert war, aber wer auch übersehen, daß die Funktion des Zentralorgans von den Sinnenfunktionen zu sehr abgesondert, daß namentlich der Kanal bei ihr verstopft war, durch welchen die Natur ihren heilbringenden Odem uns zuströmt? Ich selbst weiß es aus Erfahrung. Stets dachte ich frei und hell; aber ich hatte doch immer noch einen Anflug von Schnupfen, der den Zudrang der freien Naturluft hemmte. Oh, vortrefflich ist der status naturalis [Naturzustand] für den Denker! Wie vielen Illusionen der Menschheit bin ich erst hier recht auf die Spur gekommen! Und wie viele Lücken meines Wissens habe ich in silentio [in aller Stille] ausgefüllt! Wie viele werde ich noch ausfüllen! Gut, daß Du kein Hexenmeister bist. Deine Wünsche könnten mich sonst in dem, mir wenigstens noch mehrere Jahre unentbehrlichen, Frieden meiner – übrigens keineswegs nur „gelehrten", sondern sehr verschiedenartigen – Studien stören und auch[2] einem Boden entziehen, wo ich mich geistig und leiblich wohler als je, unendlich wohler befinde als an irgendeiner Universität, wo außer dem Kartoffelbau der Brotwissenschaften nur noch die fromme Schafszucht im Flor ist. Nicht ein widriges, sondern ein günstiges Lebensgeschick, mein eigner Genius hat mich daher auf diesen Boden versetzt. Messe doch keiner nach sich den andern! Was dem einen Gift, ist dem andern Labsal. Sehr verschieden sind die Wege, die den Menschen zum Ziele führen. Der eine fährt im Omnibus-Wagen[3] auf der Landstraße, der andere geht auf wenig betretenen Pfaden allein und zu Fuß seinem Ziele entgegen. Ich werde *meine* Zwecke erreichen – soweit ihre Erreichung von mir abhängt –, aber ich gehe, unbekümmert und rücksichtslos, nach wie vor meinen ebenso planmäßigen als meiner Natur entsprechenden Gang fort. Eile mit Weile, alles zu seiner Zeit – sind die Grundsätze, die mich leiten.

[1] ,wie . . . hat, *Fehlt in B*
[2] mich *B*
[3] Omnibuswagen *B*

Die *nur* gelehrte, d. i. historische *Schriftstellerei* ist allerdings nicht mein Beruf; im Gegenteil: Sie widerspricht meinem Wesen, sosehr mich auch zu historischen *Studien* ebensowohl die Einsicht ihrer Notwendigkeit als Neigung hinzieht[1]. Aber gerade deswegen, weil sie mir widerspricht, unterzog ich mich ihr. Ich wollte in einem rein *objektiven* Element die eigne Subjektivität überwinden, erst durch Schweigen reden lernen, erst durch Entsagung den Genuß der Selbstzeugung, durch Selbstnegation das Recht der Selbständigkeit erkaufen. Aber so *konnte* und mochte ich natürlich mich nicht überwinden, daß ich dem Niedern das Höhere, dem Historiker den Denker, dem gelehrten Interesse das philosophische aufopferte. Wenn Du daher meine historischen Arbeiten[2] *gelehrte Kompilationen* nennst, so urteilst Du nur nach dem oberflächlichen *Augenschein*. Das wesentliche Moment in ihnen ist nicht die Darstellung, sondern die *Entwicklung* des Mittelpunkts der dargestellten Philosophien, der sich stets auf einen einzelnen (sei es scheinbar oder wirklich) *paradoxen* Satz zurückführen läßt, so bei Cartesius auf den Satz: „Cogito, ergo sum [ich denke, also bin ich]", bei Malebranche auf den Satz: „Nous voyons toutes choses en Dieu [wir sehen alle Dinge in Gott]", bei Spinoza auf den: „Nicht nur die wesentliche Eigenschaft des Geistes, *Denken*, sondern auch die wesentliche Eigenschaft der Materie, die *Ausdehnung*, gehört zur Wesenheit des absoluten Wesens." Hätte ich über den *Sinn* dieser Sätze in den vorhandenen Geschichtsbüchern *Aufschluß* gefunden, so wäre mir es nie eingefallen, über Cartesius, Malebranche, Spinoza zu schreiben. So war es auch mit Leibniz. Nur *ein schwieriger* Punkt dieser Philosophie, die *Bedeutung der Materie*, worüber ich, außer einer ganz zufälligen und flüchtigen Andeutung bei Jacobi, in den – mir wenigstens bekannt gewordenen – Büchern keine Aufklärung gefunden, war es eigentlich, die mich zur Darstellung und Entwicklung *reizte* und bestimmte. Andere[3]

[1] ‚sosehr . . . hinzieht *Fehlt in B.*

[2] *„Geschichte der neuern Philosophie von Bacon von Verulam bis Benedict Spinoza" (GW2) und „Darstellung, Entwicklung und Kritik der Leibnizschen Philosophie" (GW3).*

[3] Andre *B. Geringfügige Veränderung, wird im folgenden nicht mehr vermerkt.*

Punkte dagegen, wie z. B. die von Zeit und Raum, vom zureichenden Grunde, schienen mir hinreichend besprochen, und ich berührte sie daher nur *en passant* [im Vorübergehen], weil ich es für unnötig halte, noch einmal zu sagen, was bereits, und wäre es schon vor 30 oder 50 Jahren, genügend gesagt wurde, und weil der wesentliche Zweck meiner „Geschichte" sich nur auf das beschränkte, was mir einer philosophischen Entwicklung fähig und bedürftig schien; die[1] Entwicklung ist nun aber nichts anders[2] als die Enträtselung des wahren Sinns einer Philosophie. Jede Philosophie der Vergangenheit ist für eine spätere Zeit ein Paradoxon, eine Anomalie, ein Widerspruch mit ihrer Vernunft. Die Entwicklung hat die Aufgabe, diesen Widerspruch aufzulösen, dieses Paradoxe abzustreifen, den fremden Gedanken als einen, wenigstens unter gewissen Bedingungen, möglichen eignen Gedanken von uns nachzuweisen. Sie ist keine empirische Tätigkeit, die es nur mit *Gegebenem* zu tun hat, keine nur historische, die das Original mit philologischem Pedantismus sklavisch wiedergibt und nur mit erklärenden oder bekrittelnden Randglossen begleitet; sie ist eine *reproduzierende*, eine *freie*, *geistige* Tätigkeit, die ihren Gegenstand nicht mit Haut und Haaren, sondern *verklärt* wiedergibt, ihn mit dem Lichte des *Verstandes* penetriert, *transparent* macht. Als eine freie, aus der eignen Auffassung hervorgehende Tätigkeit ist aber die Entwicklung der Möglichkeit des Irrtums und der Täuschung ausgesetzt. Deswegen setzte ich der Entwicklung stets als *Kontrolle* zur Seite die *rein objektive* Darstellung, deren *Mittel* allerdings die historische Kompilation ist, denn man muß die zerstreuten Stellen förmlich zusammenstoppeln, um ein Ganzes herauszubringen – eine mühselige, undankbare, geistlose Arbeit. Aber wenn wir immer nur geistvoll tätig sein wollten, müßten wir nicht am Ende auch die Schriftstellerei samt und sonders aufgeben? Ist nicht Schreiben *als Schreiben* schon eine *geistlose* Tätigkeit? Gibt es nicht genug geistvolle Männer, denen es eine entsetzliche Überwindung kostet, die noble

1 schien; die: schien. Die *B*
2 anders: andres *B. Geringfügige Veränderung, wird im folgenden nicht mehr vermerkt.*

Kopfarbeit mit dem gemeinen Handwerk der Feder zu vertauschen? Heißt vom Kopf auf die Hand kommen nicht ebensoviel als vom Gaul auf den Esel kommen?

Was nun die äußern Verhältnisse meiner historischen Arbeiten betrifft, so habe ich ebensowohl von Seite[1] der Lesewelt als von Seite meines ehrenwerten Verlegers[2] den Dank geerntet, den ich erwartet habe – wenn ich anders einen erwartete –, nicht mehr, aber auch nicht weniger. Wer eine „Geschichte der neuern Philosophie" schreibt, der verzichtet im voraus darauf, éclat [Aufsehen] und rumor [Gerede] zu machen; er weiß, daß sie nur solche Leser finden wird, die sich für einen Cartesius, Spinoza, Bacon interessieren. Und wie wenige sind deren? Allerdings ließ[3] sich auch recht gut die Geschichte der Philosophie auf eine allgemein interessante und bildende Weise behandeln. Aber abgesehen davon, daß bei einer solchen Behandlung das tiefere philosophische Interesse doch immer zu kurz kömmt[4], als ich meine Geschichte begann, war zu einer solchen noch keine Zeit, weil der Stoff noch nicht gehörig bearbeitet war. Die wissenschaftlichen Ideen können überhaupt da erst in das Leben übergehen – ein Übergang, der immer durch die Ästhetik vermittelt ist[5] –, wo sie durch und durch wissenschaftlich ausgebildet sind – daher es viel zu voreilig ist, wenn bereits jüngere Talente die Ideen der neuern Philosophie ins Leben übertragen wollen, da diese selbst noch mannigfacher Modifikationen und selbst kritische[r][6] Berichtigungen bedürfen. Aber gleichwohl habe ich nie – auch nicht auf den steilsten Höhen der Philosophie, auch nicht in den entlegensten Tälern der Historie – die *Beziehung auf das Leben*, die praktische Tendenz aus dem Auge verloren. Freilich *die* Weise, wie einige jüngere Schriftsteller die praktische Tendenz in der Literatur geltend machten, habe ich, sosehr ich sie auch im Gegensatz zum gelehrten Pedantismus gerechtfertigt finde, nie anerkannt und werde ich nie anerkennen, weil sie, *konsequent* durchgeführt, auf die Vernichtung des

[1] ebensowohl . . . Seite: von seiten *B*
[2] als . . . Verlegers *Fehlt in B.*
[3] ließe *B* [4] kommt *B*
[5] der . . . vermittelt ist *In B hervorgehoben.*
[6] *So ergänzt auch B.*

edelsten Momentes der wissenschaftlichen Tätigkeit, der Pflege der Wissenschaft *um ihrer selbst willen*, und folglich auf den gemeinsten, niederträchtigsten Utilismus hinausläuft. Das *Edelste* ist immer auch das im wahren Sinne *Nützlichste* im Leben – und dieses ist die *Gesinnung*. Das wichtigste Mittel zur Bildung und Veredlung der Gesinnung eines Volkes wird aber untergraben, wenn die Wissenschaften und Künste nur nach ihrer Beziehung auf das Leben geschätzt werden, als wäre nicht der Kultus der Kunst und Wissenschaft der höchste Lebensakt. Das Wesen dessen, was man gemeinhin Leben nennt, ist, genau besehen, immer nur der *Egoismus*, welcher, um sein Dasein zu fristen, selbst das Eitelste zum Anhaltspunkt nimmt, selbst das *an sich* Wesenloseste[1] und Unnotwendigste, den Luxus, unter dem *Scheine* der Notwendigkeit in die Welt einschwärzt. Ein Volk, das keiner edlen Taten auf dem Gebiete der Wissenschaft fähig ist, das ist auch keiner edlen Taten im Leben mehr fähig. Nur das edle, freie Griechenvolk kann sich rühmen, einen Parmenides, Plato und Aristoteles hervorgebracht zu haben. Die Erhaltung *edler*, freier Gesinnungen in der Menschheit ist daher nur gebunden an die selbständige Erhaltung und Pflege der abstrakten oder philosophischen, der *rein* naturwissenschaftlichen, der klassischen Studien – freilich nicht in der fluchwürdigen, pedantischen, geistunterdrückenden Weise, wie sie großenteils oder doch hie und da[2] auf unsern Schulen getrieben werden. Notwendig ist es aber vor allem, daß der *freie Geist* nicht bloß der Ästhetik, die auch bei den erntesten Tendenzen zuletzt doch immer mit der Schönheit der Form buhlt und daher Gefahr läuft, in die leerste Eitelkeit und Selbstgefälligkeit auszuarten, sich in die Arme wirft und die *Gelehrsamkeit* – eine gewaltige Waffe, wenn sie der Geist führt – dem Pedantismus oder religiösen Fanatismus oder politischen Absolutismus überläßt. Die Beziehung auf dieses Bedürfnis war die praktische Tendenz, die meiner „Geschichte“ zugrunde lag, die aber freilich da nicht in die Augen springt, wo sie mit der objektiven, rein wissenschaftlichen Tendenz zusammenfällt.

[1] *So richtig B. In A Druckfehler:* Wesentlichste
[2] großenteils . . . da *Fehlt in B.*

Die (im höhern Sinne) praktische Tendenz meiner Schriftstellerei äußert sich übrigens schon in ihrer Methode. Diese Methode besteht nämlich darin, daß sie das Hohe stets mit dem scheinbar Gemeinen, das *Fernste* mit dem *Nächsten*, das *Abstrakte* mit dem *Konkreten*, das *Spekulative* mit dem *Empirischen*, die *Philosophie* mit dem *Leben* verbindet, darin, daß sie das Allgemeine *im Besondern* darstellt, versenkt in das Element der Sinnlichkeit, aber *so*, daß der Gedanke auch mitten im Freude[n]taumel der Phantasie nicht die *Besinnung*, die *Geistesgegenwart* verliert, vielmehr mitten im *Außersichsein* der Sinnlichkeit *unmittelbar bei sich selbst* ist und so, aber ganz inkognito, gegen *die* Lehre polemisiert, welche in der Natur oder Sinnlichkeit *nur* das Anders- und Außersichsein des Geistes erblickt. Das Mittelglied, der terminus medius, zwischen dem Hohen und Niedrigen, dem Abstrakten und Konkreten, dem Allgemeinen und Besondern ist praktisch die *Liebe*, theoretisch der *Humor*. Die Liebe verknüpft den *Geist* mit dem *Menschen*, der Humor die *Wissenschaft* mit dem *Leben*. Die Liebe ist selbst Humor und der Humor Liebe. Den Humor – der übrigens keineswegs nur in gemütlichen Späßen oder in *willkürlichen* Verknüpfungen und Unterbrechungen besteht, überhaupt aber auf dem Gebiete der Wissenschaft nur nach seinen *wesentlichen* Eigenschaften geltend gemacht werden kann –, den Humor in die Wissenschaft einzuführen, das war mein Bestreben. „Der Schriftsteller und der Mensch"[1] – „eine Reihe humoristisch-philosophischer Aphorismen" –[2] ist nichts und sollte nichts [anderes] sein als eine *selbständige* Darstellung meiner Methode an einem *besonderen* Beispiel. Die Aufgabe dieser Schrift war eigentlich keine andere, als das leere Gespenst der *Seele* zu definieren und damit an die Stelle der bisherigen subjektiven und nur quantitativen Unsterblichkeit, die zu ihrem charakteristischen Ausdruck die ewige *Fortdauer* hat, die *objektive* und *qualitative* Unsterblichkeit, die den Wert des Menschen nicht nach der Summe, sondern nach dem Inhalt, der Qualität seines Lebens bemißt, zu setzen. „Das" – heißt es hier z. B. p.[3] 36 –, „was dem Menschen

[1] *Vgl. GW 1, S. 533 ff.*
[2] – „eine . . . Aphorismen" – *Fehlt in B.*
[3] S. *B*

Tag und Nacht keine Ruhe läßt, was ihm nie aus dem Kopf und dem Herzen kommt, worüber er seinen Abend- und Morgensegen zu beten vergißt, . . . das, was ihn sein ganzes Leben lang an der Nase herumführt, was ihn mit unwiderstehlicher Macht an sich fesselt, was ihn so gewaltsam zusammenknebelt, daß er keinen freien Atemzug mehr tun kann . . ., das[1] – und wäre dieses ‚Das' auch nur die Summe von hundert Dukaten oder eine neue Konjektur im Eutropius oder die Erfindung einer neuen Stiefelwichse oder ein Ordensbändchen mit dem Wörtchen ‚von' –, das nur und sonst auch nicht ein Haar breit mehr ist die *Seele* des Menschen.[2] „Die *Seele* des Menschen ist das, was er als das Wahre und Höchste in sich erkennt und erfährt, was seine Art, die Dinge zu beurteilen, zu sein, zu leben und *wirken*, bestimmt" (p. 86).[3] Als *Bild* und *Beispiel* dieses allgemeinen Gedankens wählte ich eine *besondere*, obwohl die geistige[4] und insofern höchste Wirkungs- und Lebenssphäre des Menschen – die Sphäre des Schriftstellers, sei er nun Dichter oder Philosoph oder Gelehrter überhaupt, und ich suchte daher immer, sozusagen, mit *einem* Schlage *zwei* Mücken zu treffen, indem ich zugleich mit der Bedeutung der Schrift im Gegensatz zum sinnlichen[5] Leben die Bedeutung der Seele im Gegensatz zum Geister- und Gespensterreich des Jenseits definierte – aber nur in humoristischen Bildern. Das Bild hat übrigens bei mir nicht die Bedeutung des Auswuchses einer üppigen Phantasie, die sich gedankenlos zwischen den Verstand und die Sache einschickt[6], die den Gedanken mir[7] *verschönern* oder gar *ersetzen* soll, sondern das Bild ist bei mir die Sache selbst, aber in einem konkreten Fall, der Gedanke selbst aber zugleich als ein Gegenstand der Anschauung. Die humoristische Bildertätigkeit ist bei mir *Methode* des *seiner selbst* vollkommen *mächtigen* und *bewußten* Gedankens.[8] „Sehr häufig sind freilich

[1] ‚was ihn mit unwiderstehlicher . . . tun kann, das *Fehlt in B.*
[2] *Vgl. GW 1, S. 612.*
[3] *Vgl. GW 1, S. 612.* „Die Seele des Menschen ist das . . . bestimmt" (p. 86). *Fehlt in B.*
[4] geistigste *B* [5] gemeinen *B*
[6] einschiebt *B* [7] nur *B*
[8] *In B folgt Zusatz:* Siehe Vorrede zum „Abälard", p. IV.

Witz und Phantasie da, wo sie nicht in ihrem eigentümlichen Elemente, dem der Poesie, sind, nur vitia splendida [glänzende Laster], nur Lückenbüßer des Gedankens. Etwas andres ist es dagegen, wo sie die *Früchte der Erkenntnis* sind, denen nur die *innre Reife* den reizenden Farbenschmuck der Schönheit aufgedrückt hat, wo das Feuer der Sinnlichkeit nicht die Glut der Begierde ist, die den *ersehnten* Gegenstand in *täuschenden* Bildern zu erfassen strebt, sondern die Glut des vollendeten Genusses, wo die Phantasie die *Geliebte des Gedankens* ist, die die selige Gewißheit, daß sie *sein*, daß er ihr Wesen ist, *dem Gedanken in freudentrunkenen Blicken entgegenstrahlt*" (Vorrede zum „Abälard", p. IV).[1] Hier sind[2] Witz und Phantasie „nichts weiter als der sich selbst erkennende und klar durchschauende Gedanke, der sich *freiwillig* zum Bilde entäußert, der sich anders ausdrücken könnte, wenn er *wollte*, der nur aus Ironie unter der Maske des Scherzes und Bildes den Ernst der Wahrheit verbirgt. Ein wesentliches Attribut des Gedankens, der sich so ausdrückt, ist aber der *Humor*, der jedoch hier keine andere Bedeutung hat als die, daß er der *Privat*dozent der Philosophie ist" (p. V[3]). Man merke wohl: der *Privat*dozent; denn wenn es der Humor für gut befunden hätte, sich im ordinären Tone eines öffentlichen Dozenten auszusprechen, so würde der Schalk[4] mit dürren Worten oft[5] geredet haben: Ich vermisse in der spekulativen Philosophie das Element der Empirie und in der Empirie das Element der Spekulation; meine Methode ist daher, beide, aber nicht den *Stoff*, sondern das *Element*, d. i. die empirische *Tätigkeit* mit der spekulativen *Tätigkeit*, zu verbinden. Und das Verbindungsglied dieser beiden wirklichen Gegensätze – nicht nur entgegengesetzter Bestimmungen, Abstraktionen – ist mir die *Skepsis* oder *Kritik* ebensowohl gegen das *nur* Spekulative als das *nur* Empirische. Aber ist der Humor nicht skeptischen Humors?

[1] *Vgl. GW 1, S. 537.* „Sehr häufig sind . . . entgegenstrahlt" (Vorrede zum „Abälard", p. IV). *Fehlt in B.*
[2] *In B folgt Zusatz:* , heißt es z. B.,
[3] *Vgl. GW 1, S. 537.*
[4] *So richtig B. In A Druckfehler:* Schall [5] also *B*

Diese Methode hättest Du hervorheben sollen, wenn Du nun einmal durchaus meine in sich selbst verborgene Obskurität an das Licht der Tagesliteratur hervorziehen wolltest. Le style c'est l'homme même [der Stil – das ist der Mensch selbst]; wieviel mehr erst die Methode! Stattdessen hebst Du nur die „Gedanken über Tod und Unsterblichkeit“[1] hervor – eine *anonyme*, eine nicht von mir selbst herausgegebene, eine *in dieser* Form, in welcher sie vorliegt, nicht als die meinige anzuerkennende, nicht nur durch die gewöhnlichen Fehler eines jugendlichen Schriftstellers, sondern auch noch außerdem durch fremde Zusätze (in den Xenien) und *zahllose, sinnlose* Druckfehler entstellte Schrift – eine[2] Schrift endlich[3], auf welcher – oh, wie schaudert's mir! – der Fluch der gesamten Klerisei lastet. Oh, hättest Du sie doch im Dunkel gelassen, bis der Verfasser selbst den Schleier der Anonymität lüftet! Darin allein liegt die „Eigentümlichkeit“ dieser Schrift in ihrer jetzigen Gestalt, daß sie *namenlos* ist, ja, namenlos in jeder Beziehung. Doch ich enthalte mich für jetzt, ausführlicher über diese Schrift mich auszusprechen, und berühre schließlich nur noch einen Zug Deiner Skizze, mit welchem Du mich an die schwarze Tafel der Unzufriednen und Zerrißnen hingezeichnet hast, indem Du sagst, es wohne mir inne „ein geheimer Zug zur Lust an dem Schmerz, an der Pein, der Zerrissenheit“. Verstehst Du unter diesem Schmerz der Zerrissenheit den allgemeinen Schmerz der einer bessern Zukunft sich bewußten Gegenwart oder den Schmerz der Unzufriedenheit mit sich selbst, der alle strebenden Geister rastlos vorwärtstreibt, oder den Schmerz *der* Erfahrung, daß Verstand nicht vor den Jahren kommt, oder den ethischen Schmerz des Bewußtseins, daß wir im Leben immer hinter unsrer Erkenntnis zurückbleiben, so hast Du recht, wenn Du von diesen Schmerzen mich nicht freisprichst; aber unrecht hast Du, wenn Du den Schmerz der Zerrissenheit in einem andern Sinn[4] nimmst, unrecht, wenn Du mir gar eine Lust

[1] *Vgl. GW 1, S. 175*ff.

[2] ‚eine nicht von mir selbst ... entstellte Schrift – eine *Fehlt in B.*

[3] endlich: ‚eine Schrift *B*

[4] Sinne *B*

an dem Schmerz, an der Pein, der[1] Zerrissenheit antust[2]. Ich liebe, im Gegenteil, überall das *Einfache*, das *Ganze*, das *Ungeteilte*. Ich schätze z. B. die *entschiedenen* Wassergeschöpfe, die *Gräten-* und *Knorpelfische*, höher als die Klasse der *Reptilien, sowohl unter Tieren als Menschen*, nur weil ihr Leben ein zerrißnes Leben ist, obwohl ein höher organisiertes. Oft hat's mich wohl schon, wie den Fischer in der Goetheschen Ballade, zu dem stummen Fischlein in sein klares Element hinabgezogen, aber nie, nie bin ich in Versuchung noch gekommen, die windbeutlichen[3] Blasbälge der Batrachier (der Frösche[4], Kröten etc.) oder die zweizüngigen Klapperschlangen, Nattern und Eidechsen um die Vorzüge ihrer Organisation vor der Klasse der Gräten- und Knorpelfische zu beneiden. Nein, mir ist das Fischlein, das in *seinem* Elemente bleibt, lieber als die Kröte, die denselben Boden mit dem Menschen teilt und doch ihrem Ursprunge und Wesen nach dem Moraste angehört; lieber der Gimpel mit seinem eintönigen, aber eigenen, natürlichen Sang als der Papagei, der fremde Worte plappert; lieber der Esel, der nicht mehr als ein Esel sein will, denn der Affe, welcher über das Tier hinauswill und doch zur Bestie verdammt ist. Und diesem innern Gefühl und Sinn für das Ungeteilte, mit sich Einige stimmen alle meine Sinne, selbst bis ins kleinlichste Detail hinein, bei. Meine Augen lieben mehr die Blumen und Pflanzen mit *ganzen* als mit *zerschlitzten* und zerrißnen Blättern; ihre Lieblingsblumen gehören sogar nicht zu den *Di-*, sondern den *Mono*kotyledonen. Meine Hände klatschen diesem Urteil meiner Augen Beifall zu; lieber umfassen sie den geraden, einfachen Stamm einer orientalischen Palme als den buckligen, geteilten, brüchigen Stamm eines *zwielappigen christlich-germanischen* Gewächses. Selbst mein nervus olfactorius [Geruchsnerv] ist *Mono*theist: Er huldigt zwar auf dem Gebiete der fortschreitenden Kultur dem Pariser (scilicet [soll heißen] Schnupftabak), aber auf dem Gebiete der Natur geht ihm nichts über den lieblichen Geruch der Maiblume, die zu den *Mono*kotyledonen gerechnet wird. Mein Geschmack ist zwar pikant, Freund des Sauern, Bittern

[1] Pein, der: Pein der *B* [2] zuschreibst *B*
[3] windbeutligen *B*
[4] *Im Original A:* Fische *Hier berichtigt nach B.*

Salzigen, aber ebendeswegen ein entschiedener Antipode aller widernatürlichen Kompositionen; er verwirft sogar allgemein beliebte Vermischungen, wie die des Kaffees mit Zucker und Kuhmilch, nur um den Kaffee in seiner vollen *Originalität* und *Integrität* zu lassen, den Text der Natur nicht durch fremdartige Ingredienzen zu interpolieren. Meine Ohren endlich beleidigt weit weniger ein Esel, der *spricht* wie ein Mensch, als ein Mensch, der *denkt* wie ein Esel, um den Widerspruch des supranaturalistischen Esels Bileams durch *unvernünftige* Gründe mit der Vernunft in Harmonie zu setzen. Nun mache die Rechnung, aber ich bitte Dich, nicht abermals ohne den Wirt. Zwei Zeugen gelten vor Gericht, und den alten indischen Weisen galt selbst ein einziger Sinn, der Geschmack des Menschen, für ein hinreichendes testimonium morum [Zeugnis seines Charakters]. Ich habe nicht weniger als fünf, sage fünf, Zeugen für mich, nicht weniger als fünf, sage fünf, Sinne auf meiner Seite. Was kannst Du mehr verlangen? Gehab Dich wohl!

*Zur Kritik der Hegelschen Philosophie**[1]

Die deutsche spekulative Philosophie bildet den direkten Gegensatz zur alten Salomonischen Weisheit. Während diese *nichts* Neues, erblickt jene *nur* Neues unter der Sonne; während der Orientale über der Einheit den Unterschied aus dem Gesichte verliert, vergißt der Okzidentale über dem Unterschied die Einheit; während jener seine Gleichgiltigkeit gegen das ewige Einerlei bis zur Apathie des Blödsinns treibt, steigert dieser seine Sensibilität für das Ander- und Mancherlei bis zur Fieberhitze der imaginatio luxurians [wuchernden Phantasie]. Wenn ich sage: die deutsche spekulative Philosophie, so verstehe ich in specie [insbesondere] darunter die gegenwärtig herrschende – die *Hegel*sche Philosophie; denn die Schellingsche Philosophie

* **Schon vor vielen Jahren entwarf der Schreiber dieses ein kritisches Bedenken über die Hegelsche Philosophie[2]. Aber seine Verehrung für Hegel einerseits, andrerseits die vielen** einseitigen oder boshaften oder charakterlosen Gegensätze gegen Hegel – anderer Gründe zu geschweigen – bestimmten ihn zu einem apokryphen philosophischen Häretiker. Die gegenwärtige Kritik ist übrigens, ohne alle Beziehung auf dieses frühere Bedenken, unwillkürlich, rein zufällig entstanden – und ein bloßes *Fragment*. Auch tritt sie vollkommen anspruchslos auf, indem ihr Verf. bemerkt, daß sie von *seinem* Standpunkt aus gemacht ist – eine Bemerkung, die übrigens jeder Kritiker, wenigstens einer Philosophie, machen sollte; denn die Gedanken eines *andern* sind für uns ebensogut Objekte, bei welchen man zwischen Ding an sich und Ding für uns unterscheiden muß, als irgendein äußerer Gegenstand.

1 *In A die Überschrift auf zwei Zeilen:* Zur / Kritik der *usw.; in B darunter:* (1839). *Die Fußnote zur Überschrift fehlt in B.*

2 *Vgl. „1827/1828. Zweifel", GW 10, S. 155ff.*

war eigentlich ein exotisches Gewächs – die alte orientalische Identität auf germanischem Boden –, daher der Zug der Schellingschen Schule nach dem Orient ein wesentlicher Charakterzug dieser Schule ist, wie umgekehrt der Zug nach dem Okzident und die Herabsetzung des Orients ein spezifisches Kennzeichen der Hegelschen Philosophie und Schule. Das charakteristische Element Hegels, dem Orientalismus der Identitäts-Philosophie gegenüber, ist das Element der *Differenz*. Die Naturphilosophie brachte es mit ihren Produkten nicht über die Potenzen der Zoophyten und Mollusken, zu denen bekanntlich die Azephalen und Gasteropoden gehören; Hegel versetzte uns auf eine höhere Stufe, in die Klasse der *Articulata*, deren höchste Ordnung die der *Insekten* ist. Hegels Geist ist ein *logischer*, bestimmter, (sit venia verbo [mit Verlaub gesagt]) ein *entomo*logischer Geist, d. h. ein Geist, der nur in einem Leibe mit vielen hervorstechenden Gliedern, mit tiefen Ein- und Abschnitten sein entsprechendes Lokal findet. Dieser Geist offenbart sich besonders in seiner Anschauung und Behandlung der Geschichte. Hegel fixiert und stellt dar nur die hervorstechendsten Differenzen der verschiedenen Religionen, Philosophien, Zeiten und Völker, und zwar nur in einem aufsteigenden Stufengang; das Gemeinschaftliche, das Gleiche, das Identische tritt ganz in den Hintergrund zurück. Die Form seiner Anschauung und Methode selbst ist nur die exklusive *Zeit*, nicht zugleich auch der tolerante *Raum*, sein System weiß nur von *Subordination* und *Sukzession*, nichts von Koordination und Koexistenz. Wohl ist die letzte Entwicklungsstufe immer die *Totalität*, welche die andern Stufen in sich aufnimmt, aber da sie selbst eine *bestimmte Zeit*existenz ist und daher den Charakter der Besonderheit an sich trägt, so kann sie die andern Existenzen nicht in sich aufnehmen, ohne ihnen das Mark des selbständigen Lebens auszusaugen und damit *die* Bedeutung zu nehmen, die sie nur in ihrer vollkommenen Freiheit haben. Die Hegelsche Methode rühmt sich, den Gang der Natur zu gehen; allerdings ahmt sie die Natur nach, aber es fehlt der Kopie an dem *Leben* des Originals. Wohl hat die Natur den Menschen zum Herrn der Tiere gemacht, aber sie hat ihm nicht nur *Hände* gegeben, um die Tiere zu bändigen, sondern auch *Augen* und *Ohren*, um die Tiere zu bewundern.

Die Selbständigkeit, die die grausame Hand dem Tiere raubt, geben ihm die mitleidigen Ohren und Augen wieder zurück. Die Liebe der Kunst löst die Fesseln, in die der Egoismus des Handwerks die Tiere schmiedet. Das Pferd, welches der Reitknecht mit seinen Hinterbacken niederdrückt, erhebt der Maler zu einem Kunstgegenstand, und den Zobel, den der Kürschner totschlägt, um sein Fell zu einem Momente des Putzes menschlicher Eitelkeit zu machen, erhält die Naturwissenschaft am Leben, um ihn in seiner Totalität kennenzulernen. Die Natur verbindet mit der monarchischen Tendenz der Zeit immer zugleich den Liberalismus des Raumes. Wohl widerlegt die Blume das Blatt; aber wäre die Pflanze vollkommen, wenn nur auf entblättertem Stamme die Blume prangte? Wohl berauben sich wirklich manche Pflanzen ihrer Blätter, um auf die Hervorbringung der Blüte all ihre Kraft verwenden zu können, aber bei den übrigen[1] Pflanzen dagegen erscheint das Blatt entweder später als die Blüte oder gleichzeitig mit ihr, zum Beweise, daß zur Darstellung der Totalität der Pflanze ebensowohl das Blatt als die Blüte gehört. Wohl ist der Mensch die Wahrheit des Tieres[2], aber wäre das Leben der Natur, wäre selbst das Leben des Menschen ein vollkommenes Leben, wenn nicht die Tiere selbständig existierten? Hat der Mensch zu den Tieren nur ein despotisches Verhältnis? Findet der Verlassene und Verstoßene nicht allein in der Treue des Tieres einen Ersatz für den Undank, die Ränkesucht und Treulosigkeit seiner Mitmenschen? Hat nicht für sein zerbrochenes Herz das Tier eine *versöhnende* Heilkraft? Liegt nicht dem Tierkultus auch ein guter, vernünftiger Sinn zugrunde? Ist er uns nicht bloß deswegen vielleicht lächerlich, weil wir in einen Götzendienst anderer Art gefallen sind? Spricht nicht auch das Tier in der Fabel dem Kinde zu Herzen? Hat nicht einst selbst ein Esel einem verstockten Propheten die Augen geöffnet?

Die Entwicklungsstufen in der Natur haben daher keineswegs nur[3] eine *historische* Bedeutung; sie sind allerdings

[1] den übrigen: andern *B*

[2] Tiers *B. Derartige geringfügige Veränderungen werden im folgenden nicht mehr vermerkt.*

[3] *Im Original A:* nun *Hier berichtigt nach B.*

Momente, aber Momente der simultanen Totalität der Natur, nicht einer *besonderen, individuellen* Totalität, die selbst wieder nur ein Moment des Universums, d. i. der Totalität der Natur, ist. Anders ist es in der Hegelschen Philosophie, die zur Form der Anschauung, wie bereits erwähnt, nur die Zeit, nicht auch den Raum hat. Hier wird die Totalität, die Absolutheit einer *besonderen geschichtlichen* Erscheinung oder Existenz als Prädikat vindiziert, so daß die Entwicklungsstufen als selbständige Existenzen nur eine *historische* Bedeutung haben, lebendig aber nur noch als Schatten, als Momente, als homöopathische Tropfen in der *absoluten* Stufe fortexistieren. So wird z. B. die christliche Religion, und zwar in ihrer historisch *dogmatischen* Entwicklung , als die *absolute* Religion bestimmt und zum Behufe dieser Bestimmung *nur* die Differenz der christlichen Religion von andern Religionen hervorgehoben, ganz außer Acht gelassen das Gemeinschaftliche, die *Natur* der Religion, die als das einzige Absolute allen verschiedenen Religionen zugrunde liegt. So ist es auch mit der Philosophie. Die *Hegel*sche Philosophie, sage die *Hegel*sche – also eine, abgesehen von ihrem Inhalte, dessen Beschaffenheit wir zunächst dahingestellt sein lassen, immerhin bestimmte, besondere, *empirisch* daseiende Philosophie – wird, wenn auch nicht von dem Meister selbst, aber doch, und zwar ganz konsequent, ganz im Einklang mit der Lehre des Meisters, von seinen Schülern, wenigstens seinen orthodoxen Schülern, als die *absolute* Philosophie, d. h. nichts weniger als *die Philosophie selbst*, bestimmt und ausgesprochen. So hat erst unlängst ein Hegelianer – ein noch dazu sehr [1] scharfsinniger, denkender, freier [2] Kopf – förmlich, und in seiner Art gründlich, zu beweisen gesucht, daß die Hegelsche Philosophie „die *absolute Wirklichkeit* der *Idee* der Philosophie" sei.

Allein so scharfsichtig sonst der Verfasser[3] ist, so unkritisch verfährt er doch gleich von vornherein darin, daß er sich nicht die Frage aufwirft, ob es denn überhaupt nur *möglich* ist, daß die Gattung in *einem* Individuum, die Kunst in *einem* Künstler, die Philosophie in *einem* Philosophen sich

[1] *Fehlt in B.* [2] *Fehlt, mitsamt dem Komma davor, in B.*
[3] *K. Th. Bayrhoffer.*

absolut verwirkliche. Und doch ist diese Frage die Hauptfrage; denn was helfen mir alle Beweise, daß *dieser* der Messias sei, wenn ich überhaupt nicht glaube, daß irgendein Messias je erscheinen werde, erscheinen müsse, erscheinen könne. Wo daher diese Frage nicht aufgeworfen wird, da wird stillschweigend vorausgesetzt, daß es einen ästhetischen oder spekulativen Dalailama, eine ästhetische oder spekulative Transsubstantiation, einen ästhetischen oder spekulativen Jüngsten Tag geben müsse und wirklich gebe. Aber ebendiese Voraussetzung widerspricht der Vernunft. „Nur *sämtliche* Menschen", sagt Goethe, „erkennen die Natur, nur sämtliche Menschen leben das Menschliche" (Briefw. mit Schiller, IV, S. 460[1]). Wie tief und – was mehr ist – wie wahr! Nur die Liebe, die Bewunderung, die Verehrung, kurz, der Affekt macht das Individuum zur Gattung, wie wenn wir begeistert von der Schönheit und Liebenswürdigkeit einer Person ausrufen: Sie ist die Schönheit, die Liebe, die Güte selbst. Aber die Vernunft, des Salomonischen „Nil novi sub sole [nichts Neues unter der Sonne]" stets eingedenk, weiß nichts von einer wirklichen, absoluten Inkarnation der Gattung in einer bestimmten Individualität. Wohl ist der Geist, das Bewußtsein „die als Gattung existierende Gattung"; aber das Individuum, das Organ des Geistes, der *Kopf*, sei er auch noch so universell, ist stets gezeichnet mit einer *bestimmten*, sei es nun spitzigen oder stumpfen, feinen oder plumpen, langen oder kleinen, gebogenen oder geraden Nase. Was einmal in Raum und Zeit eintritt, das muß sich auch in die *Gesetze* von Raum und Zeit fügen. Der deus terminus [Gott „Begrenzung"] steht als Wächter am Eingang in die Welt. Selbstbeschränkung ist die Bedingung des Eintritts. Was nur immer wirklich wird – es wird nur wirklich als ein Bestimmtes. Eine Inkarnation der Gattung in ihrer ganzen Fülle in *einer* Individualität wäre ein absolutes Wunder, eine gewaltsame Aufhebung aller Gesetze und Prinzipien der Wirklichkeit – wäre in der Tat der *Untergang der Welt*.[2]

[1] 469 *B*
[2] *In A folgt auf neuer Zeile:* (Fortsetzung folgt). *Die Fortsetzung beginnt dann dort Spalte 1665.*

[1]Offenbar hing daher der Glaube der Apostel und ersten Christen an den nahen Weltuntergang aufs innigste mit ihrem Inkarnationsglauben zusammen. Mit der Erscheinung der Gottheit in einer bestimmten Zeit und Gestalt ist *an sich schon* die Zeit und der Raum selbst aufgehoben, und es läßt sich daher auch nichts weiter erwarten als das *wirkliche Ende* der Welt. Geschichte läßt sich nicht mehr denken, sie ist zweck- und sinnlos; *Inkarnation* und *Historie* sind *absolut unverträglich* miteinander; wo die Gottheit selbst in die Geschichte eintritt, hört die Geschichte auf. Geht aber gleichwohl nach wie vor die Geschichte ihren Gang fort, so ist faktisch durch die Geschichte selbst die Inkarnationstheorie widerlegt. Die Erscheinung der Gottheit, welche für andere, spätere Zeiten nur ein Bericht, eine Erzählung und damit nur ein Gegenstand der Vorstellung und Erinnerung ist, hat das Merkmal der Göttlichkeit verloren, ist aus dem Rang einer wunderbaren und außerordentlichen Begebenheit gleichsam in Reih' und Glied mit den übrigen[2] zahmen Erscheinungen der Geschichte eingetreten, indem sie sich auf die späteren Zeiten nur auf *natürlichem* Wege *fortgepflanzt* hat. Mit dem Moment, wo ein Wunder ein perfectum, ein Gegenstand der Erzählung geworden, hat es *aufgehört*, ein Wunder zu sein. Sic transit gloria mundi [so vergeht der Ruhm der Welt]. Nicht umsonst hat man daher gesagt: Die *Zeit* verrät alle Geheimnisse. Veritas filia temporis [die Wahrheit ist die Tochter der Zeit]. Wenn darum eine geschichtliche Erscheinung die wirkliche Erscheinung, die Inkarnation der Gottheit wäre, so müßte diese Erscheinung – nur diese Wirkung wäre ihr Beweis – wie die Sonne die Sterne, wie der Tag unsre Nachtlichter, alle Lichter der Geschichte, besonders auch die Kirchenlichter auslöschen, die ganze Erde mit ihrem entzückenden Himmelsscheine erleuchten, eine absolute, allgegenwärtige und unmittelbare Erscheinung für alle Menschen aller Zeiten sein; denn was übernatürlich ist, das muß auch *über alle Schranken der Zeit hinaus als solches* wirken und sich betätigen, und was daher nur auf natürlichem Wege sich fort-

1 *In A darüber Wiederholung der Überschrift und auf neuer Zeile:* (Fortsetzung)
2 *In B folgt Komma.*

pflanzt, nur durch das *Mittel* der, sei es nun mündlichen oder schriftlichen, Tradition sich erhält und wirkt, ist notwendig an sich selbst nur mittelbarer Abkunft und natürlichen Standes.

Nicht anders ist es mit den Inkarnationstheorien auf dem Gebiete der Kunst, der Wissenschaft. Wenn die Hegelsche Philosophie die absolute Wirklichkeit der Idee der Philosophie wäre, so müßte der Stillstand der Vernunft in der Hegelschen Philosophie den Stillstand der Zeit notwendig zur Folge haben, denn wenn die Zeit nach wie vor ihren traurigen Gang fortginge, so würde die Hegelsche Philosophie unausbleiblich um das Prädikat der Absolutheit kommen. Denken wir uns nur auf einige Augenblicke in die Zukunft der nächsten Jahrhunderte hinein! Wird uns dann nicht schon der Zeit nach die Hegelsche Philosophie eine fremde, eine *überlieferte* Philosophie sein? Werden wir die Philosophie einer *andern* Zeit, die Philosophie der Vergangenheit, als die *unsrige*, gegenwärtige ansehen können? Warum anders vergehen denn die Philosophien, als weil die Menschen und Zeiten vergehen und die Menschen [1] nicht von der Erbschaft ihrer Vorfahren, sondern von dem selbsterworbenen Vermögen leben wollen? Werden wir also nicht die Hegelsche Philosophie, ebenso wie einst die Reformatoren den mittelalterlichen Aristoteles, als einen Zwang, als eine Bürde empfinden? Wird sich nicht notwendig ein Gegensatz zwischen alter und neuer, unfreier, weil überlieferter, und freier, weil selbsterworbener, Philosophie bilden, die Hegelsche Philosophie also nolens volens [ob man will oder nicht] von dem Rang der absoluten Wirklichkeit der Idee in die bescheidene Stelle einer bestimmten und besondern Wirklichkeit zurückgesetzt werden? Ist es nun aber nicht vernünftig, nicht Pflicht und Aufgabe des denkenden Menschen, die notwendigen, unausbleiblichen Wirkungen der Zeit durch die Vernunft zu antizipieren? Aus der Natur der Sache im voraus zu erkennen, was einst aus der Natur der Zeit sich von selbst ergeben wird?

Unternehmen wir es also, der Zeit durch die Vernunft zuvorzukommen und nachzuweisen, daß sie wirklich eine bestimmte, spezielle Philosophie ist. Und der Beweis ist

[1] Nachkommen *B*

nicht schwer, sosehr sich auch die Hegelsche Philosophie durch ihre strenge Wissenschaftlichkeit, ihre Universalität, ihren unbestreitbaren Gedankenreichtum vor allen früheren Philosophien auszeichnet. Die Hegelsche Philosophie ist hervorgegangen zu einer bestimmten Zeit, entstanden in einer Zeit, wo die Menschheit, wie zu jeder andern Zeit, auf einem bestimmten Standpunkt stand, eine bestimmte Philosophie existierte; sie bezog sich auf diese Philosophie, sie schloß sich selbst an dieselbe an; sie muß also selbst einen bestimmten und folglich endlichen Charakter haben. Jede Philosophie beginnt daher, als eine bestimmte Zeiterscheinung, mit einer *Voraussetzung;* sie selbst erscheint *sich* freilich als voraussetzungslos; sie ist es auch in bezug auf die früheren Systeme, aber die spätere Zeit erkennt doch, daß auch sie eine Voraussetzung machte, d. h. eine partikuläre, *an sich* zufällige Voraussetzung zum Unterschiede von den *notwendigen, vernünftigen* Voraussetzungen, die man nicht negieren kann, ohne in absoluten Unsinn zu verfallen. Oder beginnt etwa die Hegelsche Philosophie nicht auch mit einer Voraussetzung? Nein, sie beginnt mit dem reinen Sein; sie beginnt mit keinem *besondern* Anfang, sondern mit dem rein Unbestimmten, mit dem Anfang selbst. So? Ist es denn aber nicht schon eine Voraussetzung, daß die Philosophie überhaupt einen Anfang machen müsse? „Nun, das versteht sich doch wohl von selbst, anfangen muß ja alles, also auch die Philosophie." Freilich; aber dieser Anfang ist ein zufälliger, gleichgiltiger; der Anfang dagegen, womit die Philosophie beginnen soll, hat eine *besondere* Bedeutung, die Bedeutung des an sich oder wissenschaftlich ersten. Aber ich frage eben, warum überhaupt einen solchen Anfang machen? Ist denn der Begriff des Anfangs nicht mehr ein Objekt der Kritik, ist er unmittelbar wahr und allgemein giltig? Warum soll ich im Anfang eben nicht den Begriff des Anfangs aufgeben können, warum mich nicht unmittelbar auf das Wirkliche beziehen? Hegel beginnt mit dem Sein, d. h. dem Begriffe des Seins[1], warum soll ich nicht mit dem Sein selbst, d. h. dem wirklichen Sein, beginnen können? Oder warum nicht mit der Vernunft, da das Sein, inwiefern es gedacht wird, wie es Gegenstand in

[1] *In B folgt Zusatz:* oder dem abstrakten Sein

der „Logik" ist, mich unmittelbar auf die Vernunft zurückwirft? Beginne ich mit einer Voraussetzung, wenn ich mit der Vernunft beginne? Nein, ich kann nicht die Vernunft bezweifeln, nicht von ihr abstrahieren, ohne mein Zweifeln, ohne mein Abstrahieren für vernunftlos zu erklären. Aber gesetzt auch, ich mache eine Voraussetzung, indem ich, unbekümmert um die Frage nach einem Anfang, unmittelbar mit dem wirklichen Sein oder der Vernunft zu philosophieren anfange, was schadet's? Kann ich nicht später beweisen, daß meine Voraussetzung nur eine formelle, scheinbare, in der Tat aber keine ist? Ich fange doch wohl nicht erst zu denken an, indem ich meine Gedanken zu Papier bringe. Ich bin schon vorher des Ausgangs meiner Sache gewiß. Ich setze nur etwas voraus, weil ich weiß, daß meine Voraussetzung sich durch sich selbst rechtfertigen wird.[1]

[2]Ist also der Anfang, wie ihn die Hegelsche Philosophie in der „Logik" macht, ein allgemein, ein absolut notwendiger Anfang? Ist er nicht vielmehr ein bestimmter, und zwar durch den Standpunkt der Philosophie vor Hegel bestimmter, Anfang? Knüpft er sich nicht an die „Wissenschaftslehre" an? Hängt er nicht zusammen mit der vormaligen Frage nach einem ersten Grundsatz der Philosophie, zusammen mit dem Standpunkt, wo das Interesse der Philosophie wesentlich nur ein systematisches, formales, nicht ein materiales, die Frage: „Was ist das wissenschaftlich erste?" die erste Frage war? Ist dieser Zusammenhang nicht schon dadurch bewiesen, daß die Methode Hegels – abgesehen natürlich von der Differenz des Inhalts, die auch zu einer Differenz der Form wird – im *wesentlichen* oder wenigstens im allgemeinen die Methode Fichtes ist? Ist nicht der Gang der „Wissenschaftslehre" auch dieser, daß das, was zunächst nur *für uns* ist, zuletzt auch dasselbe *für sich selbst* sei[3] und so das Ende in den Anfang zurückgeht, der Gang der Wissenschaft also ein Kreislauf ist? (S. „Grundlage der gesamten Wissenschaftslehre", II. Ausg.,

[1] *In A folgt auf neuer Zeile:* (Fortsetzung folgt.) *Die Fortsetzung beginnt dann dort Spalte 1673.*

[2] *In A darüber Wiederholung der Überschrift und auf neuer Zeile:* (Fortsetzung)

[3] ist *B*

S. 291, 301; „Grundriß des Eigentüml. der Wissens.", II. Ausg., S. 4; „Über den Begriff der Wissenschaftslehre", II. Ausg., S. 35–36; Schellings „System des transz. Id.", z. B. S. 186–190). Aber wird die Kreisbewegung, und zwar die *förmliche*, nicht da ein Bedürfnis oder notwendige Konsequenz, wo die Methode, die wissenschaftliche *Darstellung* der Philosophie für das Wesen der Philosophie gilt, wo, was nicht System (System hier im *engsten* Sinne), nicht Philosophie ist? Denn System ist nur, was ein in sich geschlossener Kreis ist, was nicht geradeaus bis ins Unendliche fortläuft, sondern im Ende in seinen Anfang zurückgeht. Die Hegelsche Philosophie ist auch in der Tat das vollendetste *System*, das je noch erschienen. Hegel hat wirklich geleistet, was Fichte leisten wollte, aber nicht leistete, weil Fichte nur in einem Sollen, aber nicht mit einem dem Anfang gleichen Ende schließt. Aber gleichwohl ist das systematische Denken nicht das *Denken an sich*, das *wesentliche* Denken, sondern nur das sich *darstellende* Denken. Indem ich meine Gedanken darstelle, so versetze ich sie *in die Zeit;* was in mir ein Zugleich ist, eine über die Sukzession übergreifende Einsicht, wird jetzt ein Nacheinander. Ich setze das Darzustellende als nicht seiend, ich lasse es entstehen vor meinen Augen, ich abstrahiere von dem, was es vor der Darstellung ist. Was ich daher auch setze als Anfang, es ist zunächst nur das rein Unbestimmte; ich weiß ja noch nichts von ihm – das darstellende Wissen soll nur erst Wissen sein. Ich kann daher, strenggenommen, nur anfangen mit dem Begriff des Anfangs; denn welchen Gegenstand ich auch setzen mag, er hat eben am Anfang die Natur des Anfangs überhaupt. Hegel ist hierin viel konsequenter, wissenschaftlicher als Fichte mit seinem Ich=Ich. Indem nun aber der Anfang das Unbestimmte ist, hat der Fortgang die Bedeutung der Bestimmung. Erst im Verlauf der Darstellung bestimmt sich, offenbart sich, was das ist, womit ich anfange. Der Fortgang ist daher ein Rückgang – ich komme wieder auf das zurück, wovon ich ausgegangen –, im Rückgang nehme ich die *Sukzession*, die *Verzeitlichung* des Gedankens wieder zurück: Ich stelle die verlorengegangene Identität wieder her. Aber das Erste, auf das ich zurückkomme, ist jetzt nicht mehr das anfängliche, unbestimmte, unbewiesene Erste, sondern ein vermittelteś und daher nicht mehr dasselbe oder, wenn auch dasselbe, nicht mehr in derselben Form. Dieser Prozeß ist nun allerdings ein begründeter, notwendiger Prozeß, aber gleichwohl beruht er nur auf dem Verhältnis des erscheinenden, sich darstellenden Gedankens zum Gedanken an sich, d. i. zum innerlichen Gedanken. Man stelle sich dies so vor. Ich lese die Hegelsche „Logik“ von Anfang bis zu Ende durch. Im Ende komme ich auf den Anfang zurück. Die Idee der Idee oder die absolute Idee befaßt in sich die Idee des Wesens, des Seins. Ich weiß also jetzt Sein, Wesen als Momente der Idee oder die absolute Idee als die „Logik“ in nuce. Ich gehe im Ende allerdings auf den Anfang zurück, aber hoffentlich *nicht zeitlich*, nicht so, daß ich die „Logik“ wieder von vorn anfange – denn sonst müßte ich zum zweiten und dritten Mal und so fort den nämlichen Weg machen, so daß mein ganzes Leben nur ein Kreislauf innerhalb der Hegelschen „Logik“ wäre –, sondern ich schlage mit der absoluten Idee die drei Bände der „Logik“ zu, weil ich nun *weiß*, was in der „Logik“ steht; ich hebe in meiner Erkenntnis den zeitlichen Vermittlungsprozeß auf; ich weiß die absolute Idee als das Ganze, und freilich brauche ich Zeit, wenn ich mir formaliter ihren Prozeß wieder vergegenwärtige; aber diese Sukzession ist hier ganz gleichgiltig. Die „Logik“ in drei Bänden, d. h. die dargestellte Logik, ist daher nicht Zweck *an sich;* denn sonst hätte ich keinen andern Lebenszweck, als die „Logik“ immerfort zu lesen oder wie ein Pater noster [Vaterunser] auswendig zu lernen. Die absolute Idee nimmt ja selbst ihren Vermittlungsprozeß zurück, faßt den Prozeß *in sich zusammen*, hebt die Realität der Darstellung auf, indem sie sich als das erste und letzte, als das eine und alle zeigt. Und ebendeswegen schlage auch ich jetzt die „Logik“ zu und fasse diese extensive Existenz in *eine*[1] Idee zusammen. Am Schlusse führt daher die „Logik“ uns auf *uns selbst* zurück, auf den innern Erkenntnisakt; das vermittelnde, darstellende Wissen wird *unmittelbares* Wissen – unmittelbar nicht in dem subjektiven Sinne Jacobis, denn in diesem Sinne gibt es kein unmittelbares Wissen. Ich meine eine andere Unmittelbarkeit.

[1] *In B durch Großschreibung hervorgehoben.*

Das Denken ist eine *unmittelbare* Tätigkeit, inwiefern es *Selbsttätigkeit* ist. Kein anderer kann für mich denken; ich überzeuge mich von der Wahrheit eines Gedankens nur *durch mich selbst.* Plato ist sinnlos, ist gar nicht da für den, der nicht Verstand hat, eine tabula rasa [unbeschriebene Tafel] dem, der nicht dieselben Gedanken mit seinen Worten verbinden kann. Der geschriebene Plato ist nur *Mittel* für mich; das erste, das Apriori, der *Grund,* auf den sich alles bezieht und zurückgeht, ist der Verstand. Verstand zu geben steht nicht in der Macht der Philosophie, denn sie setzt ihn schon *voraus;* sie *bestimmt* nur meinen Verstand. Die *Erzeugung* der Begriffe vermittelst einer bestimmten Philosophie ist keine reale, sondern nur formale, keine Schöpfung aus nichts, sondern nur Entwicklung gleichsam einer noch unbestimmten, aber aller Bestimmungen fähigen, in mir liegenden geistigen Materie. Der Philosoph bringt mir nur zum Bewußtsein, was ich wissen kann, er knüpft an mein geistiges *Vermögen* an. Die Philosophie geht daher in ihrem Ausgange aus dem Munde oder aus der Feder unmittelbar auf ihre eigene *Quelle* zurück; sie spricht nicht, um zu sprechen – daher ihre Antipathie gegen die Schönrednerei –, sondern um *nicht* zu sprechen, um zu *denken;* sie demonstriert nicht, um zu demonstrieren – daher ihr Haß gegen die sophistische Syllogistik –, sondern nur, um zu zeigen, daß, was sie so demonstriert, *schlechthin* so ist im *Prinzip* aller Demonstration, im Verstande, daß das ein gesetzmäßiger Gedanke ist, d. h. ein Gedanke, der für jeden Denkenden ein *Verstandesgesetz* ausdrückt. Die Demonstration ist nichts anderes als das Zeigen, daß das *wahr* ist, was ich *sage,* nichts anderes als die Rücknahme der Entäußerung des Gedankens in die *Urquelle* des Gedankens. Die Bedeutung der Demonstration kann daher nicht gefaßt werden ohne Bezugnahme auf die Bedeutung der *Sprache.* Die Sprache ist – abgesehen hier von dem Bedürfnis, welches ohnedem wohl überall der erste Ausgangspunkt, aber nicht der wahre und letzte Grund ist –[1] nichts anderes als die *Realisation der Gattung,* die Vermittlung des Ich mit dem Du, um durch die Aufhebung ihrer individuellen Getrenntheit die Einheit der Gattung darzustellen. Das Ele-

[1] – abgesehen . . . Grund ist – *Fehlt in B.*

ment des Wortes ist daher die Luft, das spirituellste und allgemeinste Lebensmedium. Die Demonstration hat nun nur in der Vermittlungstätigkeit des Gedankens *für andere* ihren Grund. Wenn ich etwas beweisen will, so beweise ich es für andere. Wenn ich beweise, lehre, schreibe, so beweise, so lehre, so schreibe ich ja hoffentlich nicht für mich; denn ich weiß auch, im wesentlichen wenigstens, was ich nicht schreibe, nicht lehre, nicht auseinandersetze – deswegen kommt man oft am schwersten dazu, über das zu schreiben, was man am besten weiß, was einem so schlechterdings gewiß und klar ist, daß man gar nicht begreifen kann, wie es andere nicht auch wissen sollten. Ein Schriftsteller, der über etwas schreibt, was ihm so gewiß ist, daß er es an sich gar nicht der Mühe wert hält, darüber zu schreiben, wird in eine eigene Gattung von Humor versetzt. Er vereitelt im Schreiben sein Schreiben, er scherzt im Beweis über den Beweis. Wenn ich schreiben soll, und zwar gut und gründlich schreiben soll, so muß ich *zweifeln*, daß die andern wissen, was ich weiß, wenigstens es so wissen, wie ich es weiß. Deswegen nur teile ich mich mit. Aber ich setze zugleich voraus, daß sie es wissen sollen und wissen *können*. Belehren ist nicht Eintrichtern, sondern der Lehrer nimmt Bezug auf eine aktive Fähigkeit, auf ein Wissensvermögen. Der Künstler setzt den Schönheitssinn voraus; er will und kann ihn nicht erst geben; denn damit wir seine Sachen schön finden, sie nur an- und aufnehmen, dazu muß er den Kunstsinn schon in uns voraussetzen, er kann ihn nur bilden, ihm nur eine bestimmte Richtung geben. Ebenso nimmt der Philosoph nicht an, daß er ein spekulativer Dalai Lama ist, daß er die Vernunft rein aufgefressen hat. Damit wir seine Gedanken als wahr erkennen, damit wir sie nur verstehen können, dazu setzt er ebensogut in uns als in sich Vernunft, ein gemeinschaftliches Prinzip, ein gemeinschaftliches Maß, voraus. Was er erkannt hat, sollen wir erkennen, was er gefunden, wir selbst wieder *in uns* finden, denn das Denken ist *in uns*. Alle Demonstration ist daher nicht eine Vermittlung des Gedankens in und für den Gedanken selbst, sondern eine Vermittlung mittelst der Sprache zwischen dem Denken, *inwiefern* es *meines* ist, und dem Denken des *andern, inwiefern* es *seines* ist – wo zwei oder drei in meinem Namen versammelt sind, da bin ich, die Vernunft, die Wahrheit, mitten unter euch –, oder eine Vermittlung des Ich und Du zur Erkenntnis der Identität der Vernunft oder eine Vermittlung, durch die ich bewähre, daß *mein* Gedanke nicht meiner, sondern Gedanke *an und für sich* ist, welcher daher ebensogut wie der meinige der Gedanke des andern sein kann. Wenn wir gleichgiltig sind im Leben, ob unsre Gedanken verstanden und anerkannt werden oder nicht, so bezieht sich diese Gleichgiltigkeit nur auf diesen oder jenen, auf diese und jene Klassen von Menschen, weil wir sie schon für vorurteilsvolle, für von besondern Interessen, von partikulären Gefühlen usw.[1] bestochene, für unverbesserliche, für grundverdorbene Leute halten. Die Zahl ist überhaupt hier ganz gleichgiltig. Satis mihi pauci lectores, satis est unus, *satis est nullus* [es genügt mir, wenige Leser oder auch nur einen oder auch gar keinen zu haben]. Allerdings: Der Mensch kann sich selbst genügen, weil er sich selbst als einen weiß, sich von sich unterscheidet, sich selbst der andere sein kann – der Mensch spricht, unterhält sich mit sich selbst – und weil er weiß, daß sein Gedanke nicht der seinige wäre, wenn er nicht auch, wenigstens der *Möglichkeit* nach, der Gedanke anderer wäre. Aber alle diese Gleichgiltigkeit, alle diese Selbstgenügsamkeit und Beschränkung auf sich ist nur partikuläre Erscheinung. An sich sind wir nicht gleichgiltig; der Trieb der Mitteilung ist ein Urtrieb, der Trieb der Wahrheit. Wir werden nur durch den andern – freilich nicht diesen oder jenen *zufälligen* andern – der Wahrheit unsrer eignen Sache bewußt und gewiß. Was wahr, ist weder mein noch dein ausschließlich, sondern *allgemein*. Der Gedanke, in dem sich *Ich* und *Du* vereinigen, ist ein *wahrer*. Diese Vereinigung ist die Bestätigung, das Zeichen, die Affirmation der Wahrheit nur, weil sie selbst schon Wahrheit ist. Was einigt, ist wahr und gut. Der Einwand: Also ist auch der Diebstahl usw. gut und wahr, denn auch in ihm vereinigen sich oft Menschen, verdient keine Erwiderung, denn hier bleibt jeder für sich.[2]

[1] *Fehlt in B.*

[2] *In A folgt auf neuer Zeile:* (Fortsetzung folgt). *Die Fortsetzung fängt dann dort Spalte 1681 an.*

[1]Alle Philosophen nun, die uns bekannt wurden, haben – sonst wären sie begreiflicherweise uns nicht bekannt worden – entweder mündlich, wie Sokrates, oder schriftlich ihre Gedanken *geäußert, d. h. gelehrt. Gedanken* äußern heißt lehren; aber Dozieren ist Demonstrieren. Also ist die Demonstration nicht die Beziehung des Denkers oder des in sich selbst eingeschlossenen Denkens auf sich selbst, sondern die Beziehung des Denkers auf andere. Die Demonstrations- und Schlußweisen sind daher keine *Vernunftformen** an sich, keine Formen des innerlichen Denk- und Erkenntnisaktes; sie sind nur *Mitteilungsformen*, Ausdrucksweisen, Dar- und Vorstellungen, Erscheinungen des Gedankens. Der geschwinde Kopf läuft daher seinem demonstrierenden Lehrer voraus; er hat mit dem ersten Gedanken schon in einem Nu eine ganze Vermittlungsreihe antizipiert, die ein anderer erst vermittelst der Demonstration durchlaufen muß. Ein *Denkgenie* existiert ebensogut und ist in allen Menschen bis zu einem gewissen Grade

[1] *In A darüber Wiederholung der Überschrift und auf neuer Zeile:* (Fortsetzung)

* Die sogenannten *logischen* Urteils- und Schlußformen sind daher keine *aktiven* Denkformen, keine (ut ita dicam [sozusagen]) *ursächlichen* Vernunftverhältnisse. Sie *setzen voraus* die metaphysischen Begriffe der Allgemeinheit, Besonderheit, Einzelheit, des Ganzen und des Teils, wie die regula de omni [Regel, daß alles, was der Gattung zukommt, auch dem Individuum zukommt], der Notwendigkeit, des Grunds und der Folge; sie werden gedacht nur durch diese Begriffe; sie sind also gesetzte, abgeleitete, nicht ursprüngliche Denkformen. Nur die metaphysischen Verhältnisse sind logische Verhältnisse – nur die Metaphysik, als die Wissenschaft der Kategorien, ist die wahre, *esoterische* Logik – dies der tiefe Gedanke Hegels. Die sogenannten logischen Formen sind nur die *abstrakten, elementarischen Sprachformen*, aber Sprechen ist nicht Denken – sonst müßte der größte Schwätzer der größte Denker sein. Unser gewöhnlich sogenanntes Denken ist nur die Übersetzung eines (mehr oder wenig[er]) unbekannten, schwerverständlichen, in uns genialisch wirkenden fremden Autors in uns verständliche Redensarten, und nur in dieser *Übersetzung*, aber nicht im Original, gelten die sogenannten logischen Formen; sie gehören daher nicht in die Optik, sondern in die *Dioptrik* des Geistes – ein freilich noch unbekanntes Gebiet.

– als Empfänglichkeit – ebensogut vorhanden als ein eigentliches Kunstgenie. Der Grund, daß wir die Mitteilungsformen, die Äußerungsweisen für Grundformen der Vernunft, des Denkens an und für sich selbst halten, kommt nur daher, daß wir unsere Grundgedanken, die unmittelbar aus dem Denkgenie entspringen, die uns kommen, wir wissen selbst nicht wie, die uns mit unserm *Wesen* gegeben sind, schon für uns, wie für einen andern, um sie zu deutlichem Bewußtsein zu bringen, gleichsam vorführen und darstellen, *uns selbst belehren*, daß wir überhaupt schon im Denken selbst unsere Gedanken äußern, sprechen. Die Demonstration ist also nur das Mittel, wodurch ich meinen Gedanken die Form der Meinheit nehme, auf daß sie der andere als seine eignen erkenne. Die Demonstration ist sinnlos ohne *Mitteilung*. Aber Mitteilung von Gedanken ist keine materielle, keine *wirkliche* Mitteilung – der Stoß, der Ton, der meine Ohren erschüttert, das Licht ist eine reale Mitteilung –, Materielles nehme ich passiv auf: Ich leide; aber Geistiges nur durch mich, durch Selbsttätigkeit. Deswegen ist auch das, was der Demonstrator mitteilt, nicht die *Sache selbst*, sondern das Mittel nur; denn er flößt mir nicht seine Gedanken ein wie Arzneitropfen; er predigt nicht tauben Fischen wie der heilige Franziskus; er wendet sich an *denkende* Wesen; die *Hauptsache*, den Verstand der Sache, gibt er mir nicht; er *gibt* überhaupt nicht – sonst könnte der Philosoph wirklich Philosophen *machen*, was bis jetzt noch keinem gelungen ist –, er setzt den Verstand vielmehr voraus; er zeigt mir – d. h. dem andern überhaupt – meinen Verstand nur *im Spiegel;* er ist nur ein Schauspieler, er versinnlicht, er stellt mir nur vor, was ich selbst ihm in mir nachmachen soll – die darstellende, systematische Philosophie ist die dramatische, theatralische Philosophie im Gegensatz zu der Lyrik des in sich gekehrten materialen Denkens –, er sagt und zeigt mir: Das ist vernünftig, das wahr, das Gesetz – so mußt du denken und so denkst du darüber, wenn du wahr denkst –, er will mich zwar zu seinen Gedanken bringen, aber nicht als den seinigen, sondern als den allgemein vernünftigen, also auch den meinigen; er *spricht* nur meinen eignen Verstand aus. Hierin liegt die Berechtigung der Forderung: Die Philosophie soll erwecken, das Denken erregen, nicht unsern

Verstand gefangennehmen unter ein gesprochenes oder geschriebenes Wort – und der mitgeteilte Gedanke ist eben der zum Wort entäußerte –, was immer geisttötende Wirkungen hat. Jede Darstellung der Philosophie, sie sei nun mündliche oder schriftliche, hat nur und kann nur haben die Bedeutung eines Mittels. Jedes System ist nur *Ausdruck*, nur *Bild* der Vernunft, daher nur ein *Objekt* für die Vernunft, welches sie, als eine lebendige, in neuen denkenden Wesen sich forterzeugende Macht, von sich unterscheidet und als einen Gegenstand der Kritik sich gegenübersetzt. Jedes System, welches nicht als ein bloßes *Mittel* erkannt und angeeignet wird, *beschränkt* und verderbt[1] den Geist, denn es setzt das mittelbare, formale Denken an die Stelle des unmittelbaren, ursprünglichen, materialen Denkens; es tötet den Erfindungsgeist; es macht die Unterscheidung des *Geistes* vom *Buchstaben* zu einer Unmöglichkeit, denn es ist *notwendig*, daß mit dem Gedanken – hierin offenbart sich eben die Beschränktheit jedes Systems als einer äußerlichen Existenz – auch das *Wort* festgehalten und so die ursprüngliche Bedeutung und Bestimmung jeder Gedankenäußerung, jedes Systemes völlig verleugnet und verfehlt werde. Alle Darstellung, alle Demonstration – die Darstellung des Gedankens ist Demonstration – hat ihrer *ursprünglichen* Bestimmung zufolge – und nur an diese haben wir uns zu halten – zu ihrem Endzweck den Erkenntnisakt des andern.

Es versteht sich übrigens von selbst, daß die Darstellung oder Demonstration auch für *sich selbst* zugleich Zweck ist – wie denn jedes Mittel zunächst Zweck sein muß. Die Form muß selbst belehrend, objektiv ausgedrückt: die Darstellung der Philosophie selbst philosophisch sein – hierin findet die Forderung der Identität der Form mit dem Inhalt ihre Berechtigung. Die Darstellung, wiefern sie selbst philosophisch ist, entsprechend den Gedanken, ist eben die *systematische*. Dadurch bekommt die Darstellung Wert in und *für sich selbst*. Der Systematiker ist darum Künstler; die Geschichte der philosophischen *Systeme* ist die Bildergalerie, die Pinakothek der Vernunft. Hegel ist der vollendetste *philosophische* Künstler, seine Darstellun-

[1] verdirbt *B*

gen sind[1] *unübertroffene Muster des wissenschaftlichen Kunstsinnes* und wegen ihrer Strenge *wahre Bildungs- und Zuchtmittel des Geistes.* Aber ebendeswegen machte er auch – einem allgemeinen, hier nicht zu erörternden Gesetze zufolge – die Form zum Wesen, das Sein des Gedankens für andere zum Sein an sich, den *relativen Zweck* zum *Endzweck.* Er wollte in der Darstellung den Verstand selbst antizipieren und kaptivieren, in das System komprimieren. Das System sollte gleichsam die Vernunft selbst sein, die unmittelbare Tätigkeit in die mittelbare rein aufgehen, die Darstellung *nichts voraussetzen,* d. h. hier: nichts in uns drinnen und übrig lassen, uns rein aus- und erschöpfen. Das Hegelsche System ist die *absolute Selbstentäußerung* der Vernunft – welche sich unter anderem *objektiv* bei ihm schon dadurch ausspricht, daß sein Naturrecht der reinste *spekulative Empirismus* ist (z. B. *Deduktion selbst der Majoratsherren!*). Hierin allein – darin, daß Hegel alles in die Darstellung komprimiert, abstrahiert von der Präexistenz des Verstandes, nicht appelliert an den Verstand in uns – liegt der wahre und letzte Grund von den Klagen über Formalismus, Zurücksetzung der Subjektivität usw. Zwar nimmt Hegel im Resultat den Vermittlungsprozeß zurück; aber indem die Form als objektive Wesentlichkeit gesetzt ist, so bleibt man wieder über die Objektivität oder Subjektivität des Vermittlungsprozesses im Zweifel. Daher diejenigen, welche behaupten, der Vermittlungsprozeß des Absoluten sei nur ein formaler, wohl *materiell* recht haben, aber diejenigen, die das Gegenteil, die objektive Realität dieses Prozesses, behaupten, wenigstens formell, auch nicht unrecht haben.[2]

[3]Die Hegelsche Philosophie ist also der Kulminationspunkt der spekulativ-systematischen Philosophie. Damit haben wir den Grund von dem Anfang der „Logik" gefunden und erörtert. Alles soll sich darstellen (beweisen) oder in die Darstellung ein- und aufgehen. Die Darstellung abstrahiert von dem vor der Darstellung Gewußten; sie soll einen absoluten Anfang machen. Aber eben hierin offenbart

[1] *In B folgt Zusatz:* , zum Teil wenigstens,

[2] *In A folgt auf neuer Zeile:* (Fortsetzung folgt). *Die Fortsetzung fängt dann dort Spalte 1689 an.*

[3] *In A darüber Wiederholung der Überschrift und auf neuer Zeile:* (Fortsetzung)

sich nun sogleich die *Grenze* der Darstellung. Das Denken ist *früher* als das Darstellen des Denkens. Der Anfang in der Darstellung ist nur für sie, aber *nicht für das Denken* das erste. Die Darstellung bedarf der erst später auftretenden, aber innerlich, im Denken, immer präsenten Gedanken.* Die Darstellung ist das an und für sich Mittelbare, das erste daher auch in ihr nun und nimmermehr ein Unmittelbares, sondern ein Gesetztes, Abhängiges, Vermitteltes, indem das erste bestimmt wird durch Gedankenbestimmungen, die durch sich selbst gewiß sind, vor und unabhängig

* Was hier mit dem Ausdruck „Darstellen" bezeichnet wird, heißt in der Hegelschen Philosophie *Setzen*. Der Begriff z. B. ist *an sich* schon das Urteil, aber noch nicht als solches gesetzt, das Urteil an sich schon der Schluß, aber noch nicht als solcher gesetzt, realisiert. Das Frühere setzt das Spätere schon voraus, aber gleichwohl soll es *für sich selbst* auftreten, damit auch dieses Vorausgesetzte (nämlich das Spätere), welches *an sich* das erste ist, wieder für sich selbst gesetzt werde. Infolge dieser Methode *verselbständigt* nun Hegel Bestimmungen, die *für sich* keine Realität haben. So ist es mit dem Sein am Anfang der „Logik". Was hat denn „Sein" für eine andere Bedeutung als die des *realen, wirklichen* Seins? Was ist denn also der Begriff des Seins *im Unterschiede* vom Begriffe des Daseins, der Realität, der Wirklichkeit? Allerdings *nichts*, aber ist denn *diese Absonderung* und Unterscheidung etwas? Ebenso ist es mit den Schluß- und Urteilsformen, die Hegel als *besondere logische* Verhältnisse verselbständigt. So sollen die *bejahenden, verneinenden* Urteile ein *besonderes* Verhältnis, und zwar das der Unmittelbarkeit, das singuläre, partikuläre, universale Urteil dagegen das Reflexionsverhältnis ausdrücken. Aber alle diese verschiedenen Urteilsformen sind nur *empirische Sprachweisen*, welche erst auf ein *solches* Urteil, wo das Prädikat die *wesentliche Differenz*, die *Natur*, die Gattung des Subjekts enthält, *reduziert* werden müssen, um ein *logisches* Verhältnis *auszudrücken*. Ebenso ist es mit dem assertorischen, problematischen Urteil. Damit auch das Urteil des Begriffs *gesetzt* werde, müssen auch diese Formen als *besondere* Stufen gesetzt werden und das assertorische Urteil *wieder* ein unmittelbares Urteil sein. Aber was soll denn nun diesen Urteilsformen für ein real-logisches Verhältnis zugrunde liegen? Liegt es nicht lediglich in dem *Subjekt*, das urteilt?

von der sich darstellenden, zeitlich explizierenden Philosophie. So appelliert die Darstellung stets an eine höhere, in Beziehung auf sie apriorische Instanz. Oder ist dies etwa mit dem Sein der Hegelschen „Logik" nicht der Fall? „Das Sein ist das Unmittelbare, das Unbestimmte, das sich selbst Gleiche, das mit sich Identische, das Unterschiedlose." Aber sind denn hier nicht die Begriffe der Unmittelbarkeit, der Unbestimmtheit, der Identität vorausgesetzt? „Das Sein geht über in nichts: Es verschwindet unmittelbar in sein Gegenteil, ihre Wahrheit ist diese Bewegung des unmittelbaren Verschwindens." Sind hier nicht selbst Vorstellungen vorausgesetzt? Ist Verschwinden ein Begriff oder nicht vielmehr eine sinnliche Vorstellung? „Das Werden ist Unruhe, die unruhige Einheit von Sein und Nichts, das Dasein die zur Ruhe gekommene." Wird hier nicht selbst eine höchst bezweifelbare Vorstellung, wie Ruhe, vorausgesetzt oder wenigstens akzeptiert? Kann der Skeptiker nicht einwenden: „Ruhe ist nur eine Sinnentäuschung, alles ist immerfort in Bewegung"? Was sollen also am Anfang solche Vorstellungen, wenn auch nur als *Bilder*? Aber, kann man einwenden, solche Voraussetzungen wenigstens, wie die der Begriffe von Gleichheit, Identität usw., verstehen sich von selbst, sind ganz natürlich. Wie könnten wir sonst das Sein denken? Diese Begriffe sind die notwendigen Mittel, durch die wir das Sein als das erste erkennen. Richtig; aber ist denn dann das Sein, für uns wenigstens, das Unmittelbare? Ist nicht vielmehr das, wovon wir nicht mehr abstrahieren können, das erste? Allerdings weiß dies auch die Hegelsche Philosophie. Das Sein, womit die „Logik" beginnt, hat einerseits die „Phänomenologie", anderseits die absolute Idee zur Voraussetzung. Das Sein (das erste, unbestimmte) wird am Ende revoziert; es erweist sich als der nicht[1] *wahre* Anfang. Aber ist denn *so* nicht auch die „Logik" wieder eine „Phänomenologie"? Das Sein nur der *phänomenologische* Anfang? Befinden wir uns nicht auch innerhalb der „Logik" in einem Zwiespalt zwischen Schein und Wahrheit? Warum wird denn nicht mit dem *wahren* Anfang angefangen? „Ja, das Wahre kann nur das *Resultat* sein, das Wahre muß sich als

[1] *In B hervorgehoben.*

solches beweisen, d. h. darstellen." Aber wie erweist es sich denn, wenn das Sein selbst schon die Idee voraussetzt, also die Idee schon *an sich* als das erste vorausgesetzt ist? Und auf diese Weise soll sich die Philosophie als Wahrheit konstituieren und demonstrieren, so daß sie nicht mehr bezweifelt werden kann, d. h. der Zweifel der Skepsis keinen objektiven Grund mehr hat? Freilich, wer A sagt, muß auch B sagen. Wer einmal sich in das Sein der „Logik" am Anfang findet, der findet sich auch in die Idee; wem dieses Sein sich beweist, dem hat sich per se [ebendamit] auch schon die Idee bewiesen. Aber wie, wenn nun einer durchaus nicht A sagen will? Wenn er sagt: „Dein unbestimmtes, reines Sein ist nur eine Abstraktion, der gar nichts Reelles entspricht, wirklich ist nur das konkrete Sein. Oder beweise mir erst die Realität *allgemeiner* Begriffe!"? Kommen wir also hier nicht auf *allgemeine* Fragen, die die Wahrheit und Realität der Philosophie überhaupt, nicht dieser „Logik" da bloß, berühren? Ist die „Logik" erhaben über den Streit der Nominalisten und Realisten (um mit alten Namen einen natürlichen Gegensatz zu bezeichnen)? Widerspricht nicht die „Logik" in ihren ersten Begriffen gleich der sinnlichen Anschauung und ihrem Advokaten, dem Verstande? Hat diese kein Recht, der „Logik" zu opponieren? Die „Logik" mag ihre Stimme verwerfen, aber der Verstand verwirft dafür auch die „Logik", mit den Worten: Du bist judex in propria causa [Richter in eigener Sache]. Haben wir also hier nicht *denselben* Widerspruch gleich am Eingang der Wissenschaft wie in der Fichteschen Philosophie? Dort den Widerspruch zwischen dem *reinen* Ich mit dem empirischen, wirklichen Ich, hier den Widerspruch zwischen dem reinen Sein und dem empirischen, wirklichen Sein? Das „reine Ich ist nicht mehr Ich"; aber das reine, leere Sein ist auch nicht mehr Sein. Die „Logik" sagt: Ich abstrahiere von dem *bestimmten* Sein, die Einheit von Sein und Nichts prädiziere ich nicht von dem bestimmten Sein; wenn dem Verstande diese Einheit paradox und lächerlich erscheint, so schiebt er dem reinen Sein ein bestimmtes unter, und da ist es dann freilich ein Widerspruch, daß Sein nichts sein soll. Aber der Verstand antwortet wieder darauf: Nur *bestimmtes* Sein ist Sein, im Begriffe des Seins liegt der Begriff der absoluten Bestimmtheit. Ich habe den

Begriff des Seins vom Sein selbst, aber alles Sein ist bestimmtes Sein – daher setze ich auch, im Vorbeigehen gesagt, das Nichts, welches bedeutet: nicht etwas, dem Sein entgegen, weil ich stets und unzertrennlich mit dem Sein das Etwas verbinde –, lässest du daher vom Sein die Bestimmtheit weg, so lässest du mir auch kein Sein mehr übrig. Und es ist daher kein Wunder, wenn du dann von *diesem* Sein zeigst, daß es nichts ist. Das versteht sich sogar von selbst. Wenn du vom Menschen weglässest, wodurch er Mensch ist, so kannst du mir ohne alle Schwierigkeit nachweisen, daß er kein Mensch ist. Aber wie der Begriff des Menschen, aus dem du die differentia specifica [das unterscheidende Artmerkmal] des Menschen weggelassen, nicht mehr ein Begriff vom Menschen, sondern [von] einem selbstgemachten Wesen, wie etwa der Platonische Mensch des Diogenes, ist, so ist auch der Begriff des Seins, aus dem du den Inhalt des Seins weggelassen, nicht mehr der Begriff des Seins. So verschieden die Dinge sind, so verschieden ist das Sein. Das Sein ist eins mit dem Dinge, welches ist. Wem du das Sein nimmst, dem nimmst du alles. Das Sein läßt sich nicht für sich absondern. Das Sein ist kein *besonderer* Begriff; dem Verstande wenigstens ist es alles.

Wie kann also die „Logik" oder eine bestimmte Philosophie überhaupt ihre Wahrheit und Realität beweisen, wenn sie beginnt mit einem Widerspruch gegen die sinnliche Realität, gegen den Verstand der Wirklichkeit, *ohne diesen Widerspruch aufzulösen*? Daß sie *sich selbst* als wahr beweist, das unterliegt keinem Zweifel; aber darum handelt es sich nicht. Zum Beweisen gehören *zwei;* im Beweisen *entzweit* sich der Denker; er widerspricht sich selbst; und erst indem der Gedanke diese Sich-selbst-Entgegensetzung bestanden und überwunden hat, ist er ein bewiesener. Beweisen ist nichts anderes als Widerlegen. Jede intellektuelle Bestimmung hat ihren Gegensatz, ihren Widerspruch. Nicht in der Einheit mit ihrem Gegensatz, sondern in der Widerlegung derselben besteht die Wahrheit. Die Dialektik ist kein Monolog der Spekulation mit sich selbst, sondern ein Dialog der Spekulation und Empirie. Der Denker ist darin nur Dialektiker, daß er *sein eigener Gegner* ist. Dies ist die höchste Kunst und Kraft, sich selbst zu bezweifeln. Wenn daher die Philosophie respektive die

„Logik“ sich beweisen will, so muß sie die rationelle Empirie oder den Verstand, der sie leugnet, der allein ihr widerspricht, widerlegen; widrigenfalls bleiben alle ihre Beweise *dem Verstande gegenüber* nur *subjektive* Versicherungen. Der *Gegensatz* des Seins – im allgemeinen, so wie selbes die „Logik“ betrachtet – ist *nicht das Nichts*, sondern das *sinnliche, konkrete Sein*. Das sinnliche Sein leugnet das logische Sein; jenes widerspricht diesem, dieses jenem. Die Auflösung *dieses* Widerspruchs wäre der Beweis von der Realität des logischen Seins, der Beweis, daß es keine unreelle[1] Abstraktion*[2] wäre, wofür jetzt dem Verstande es gilt.[3]

[4]Die einzige *voraussetzungslos* beginnende Philosophie ist *die*, welche die Freiheit und den Mut hat, *sich selbst* zu bezweifeln, welche sich aus ihrem *Gegensatz* erzeugt. Die neueren Philosophien haben aber insgesamt *mit sich* begonnen, nicht mit ihrem Gegenteil. Sie haben die Philosophie, d. h. die ihrige, unmittelbar als Wahrheit vorausgesetzt. Die Vermittlung hat bei ihnen nur die Bedeutung der *Verdeutlichung*, wie bei Fichte, oder der *Entwicklung*, wie bei Hegel. Kant war kritisch gegen die alte Metaphysik, aber nicht gegen sich selbst. Fichte setzte die Kantische Philosophie als Wahrheit voraus. Er wollte nichts weiter als sie zur Wissenschaft erheben, das bei Kant Auseinanderliegende verbinden, aus einem gemeinschaftlichen Prinzip ableiten. Schelling setzte ebenso einerseits die Fichtesche Philosophie als ausgemachte Wahrheit voraus, anderseits ist er der Wiederhersteller Spinozas im Gegensatz zu Fichte. Hegel ist der durch Schelling vermittelte

[1] *Fehlt in B.*

* Unreelle Abstraktion im Unterschiede von der *realen*, in der *Natur* der Sache und der Wissenschaft begründeten, notwendigen Abstraktion. Wer die *Abstraktion* selbst verwirft, greift den Geist, greift den Menschen selbst an seiner *wahren* Ehre an, denn der Mensch unterscheidet sich vom Tiere nur dadurch, daß er *abstrahieren* kann.

[2] *Hierzu in B keine Fußnote Feuerbachs.*

[3] *In A folgt auf neuer Zeile:* (Fortsetzung folgt). *Die Fortsetzung fängt dann dort Spalte 1697 an.*

[4] *In A darüber Wiederholung der Überschrift und auf neuer Zeile:* (Fortsetzung)

Fichte. Hegel polemisierte gegen das Absolute Schellings, er erkannte in ihm den Mangel des Momentes der Reflexion, des Verstandes, der Negativität, d. h., er begeistete[1], er bestimmte, er befruchtete den Schoß der absoluten Identität mit dem Samen des Begriffes (des Fichteschen Ich), aber gleichwohl setzte er doch das Absolute als eine Wahrheit voraus. Er machte der absoluten Identität nicht ihre Existenz, ihre objektive Realität streitig; er setzte die Schellingsche Philosophie als eine dem *Wesen* nach wahre Philosophie voraus, er machte ihr nur den Mangel an *Form* zum Vorwurf. Hegel verhält sich daher ebenso zu Schelling wie Fichte zu Kant. Beiden war die ihrem Inhalt, ihrer Materie nach wahre Philosophie da; beide hatten nur rein wissenschaftliches, d. h. hier *systematisches, formelles,* Interesse. Beide waren Kritiker nur gegen das Besondere, *gegen die*[2] *Eigenschaften,* nicht gegen das *Wesen* der vorhandenen Philosophie. Das Absolute ist, daran ist kein Zweifel; aber es soll sich beweisen, es soll *als solches* erkannt werden. So wird es zum Resultat, so Objekt des vermittelnden Begriffes, d. i. eine wissenschaftliche Wahrheit, nicht eine bloße Versicherung der intellektuellen Anschauung.

Aber ebendeswegen hat auch bei Hegel der *Beweis* des Absoluten – ungeachtet seiner bewundernswürdigen[3] wissenschaftlichen Strenge im Verlauf – dem Wesen, dem *Prinzip* nach nur eine *formelle* Bedeutung. Die Hegelsche Philosophie stellt uns gleich in ihrem Anfangs- und Ausgangspunkt einen Widerspruch dar, und zwar den Widerspruch zwischen Wahrheit und Wissenschaftlichkeit, zwischen Wesentlichkeit und Förmlichkeit, zwischen *Denken* und *Schreiben. Förmlich* ist die absolute Idee allerdings nicht vorausgesetzt, aber dem Wesen nach. Was Hegel vorausschickt als Vermittlungsstufen und Glieder, das *dachte* er schon, *bestimmt* von der absoluten Idee. Hegel hat sich *nicht entäußert,* nicht die absolute Idee *vergessen,* sondern er denkt schon den Gegensatz, aus dem sie sich erzeugen soll, *unter ihrer Voraussetzung.* Sie ist der *Sache* nach

[1] begeisterte *B*

[2] gewisse *B; dort ebenfalls hervorgehoben.*

[3] *Fehlt in B.*

bewiesen, ehe sie förmlich bewiesen wird, darum stets unbeweislich, stets subjektiv für einen *andern*, der in dem Gegensatz der Idee schon eine *Prämisse* erkennt, die *sie selbst* sich vorausgeschickt hat. Die Entäußerung der Idee ist nur eine *Verstellung* sozusagen; sie tut nur so, aber es ist ihr nicht Ernst; *sie spielt*. Der schlagende Beweis ist der Anfang der „Logik", deren Anfang der Anfang der Philosophie überhaupt sein soll. Daß mit dem Sein angefangen wird, ist ein bloßer Formalismus, denn es ist nicht der wahre Anfang, das wahre Erste; es könnte ebensogut mit der absoluten Idee angefangen werden, eben weil Hegeln schon vorher, ehe er die „Logik" *schrieb*, d. h. seinen logischen Ideen eine wissenschaftliche Mitteilungsform gab, die absolute Idee eine Gewißheit, eine unmittelbare Wahrheit war. Die absolute Idee – die Idee des Absoluten – ist die zweifellose Gewißheit ihrer selbst als der absoluten Wahrheit; sie setzt sich selbst als wahr voraus; was sie setzt als das andere, das setzt dem *Wesen* nach schon wieder die Idee voraus. Der Beweis ist so nur ein *formeller*. Dem Hegel *als Denker* war die absolute Idee absolute Gewißheit, dem Hegel *als Schreiber* eine *formelle* Ungewißheit. Dieser Widerspruch zwischen dem *bedürfnislosen*, über die Darstellung übergreifenden Denker, dem die Sache schon ausgemacht ist, und zwischen dem *bedürftigen*, sukzessiven Schreiber, der das dem Denker Gewisse als ein formell Ungewisses setzt, *verobjektiviert*, ist der Prozeß der absoluten Idee, die Sein und Wesen voraussetzt, aber so, daß diese in Wahrheit schon die Idee selbst voraussetzen. Dies ist der allein zureichende Erklärungsgrund von dem Widerspruch des wirklichen Anfangs der „Logik" mit dem eigentlichen Anfang, der erst im Ende liegt. Hegels *Innerem* war, wie gesagt, die absolute Idee eine Gewißheit; er war hierin nicht *Kritiker*, Skeptiker; aber sie sollte sich beweisen, den Schranken der subjektiv intellektuellen Anschauung entrückt werden, sie sollte auch für *andere* sein. So hatte der Beweis eine *wesentliche* und *zugleich* eine *unwesentliche* Bedeutung; er war eine Notwendigkeit – die[1] absolute Idee *muß* sich beweisen, sie ist es nur als sich beweisende –,

[1] *Im Original A:* Notwendigkeit. – Die *Im Original B:* Notwendigkeit: die

aber zugleich eine Überflüssigkeit[1] für die innere Gewißheit von ihrer Wahrheit. Der Ausdruck dieser überflüssigen Notwendigkeit, dieser entbehrlichen Unentbehrlichkeit oder unentbehrlichen Entbehrlichkeit ist die Hegelsche Methode; darum der Anfang das Ende, das Ende der Anfang; darum das Sein schon die *Gewißheit* der Idee, das Sein nichts anderes als die *Idee in ihrer Unmittelbarkeit,* darum das Nichtwissen der Idee von sich am Anfang ein im Sinne der Idee nur ironisches Nichtwissen. Die Idee spricht anders, als sie denkt; sie sagt „Sein", sie sagt „Wesen", aber sie denkt dabei nur sich. Nur am Ende spricht sie, wie sie denkt; hier widerruft nun sie aber auch, was sie am Anfang ausgesagt, und sagt: Das, was ihr bisher, am Anfang und im Verlauf, für ein anderes Wesen gehalten habt, seht, das bin ich selbst. Das Sein, das Wesen ist die Idee, aber sie gesteht es noch nicht ein, daß sie es ist; sie bewahrt das Geheimnis noch für sich.

Aber ebendarum, wiederhole ich, ist der Beweis, die Vermittlung der absoluten Idee nur eine formelle. Die Idee er- und bezeugt sich nicht durch ein *wirklich Anderes* – welches Andere nur die empirisch-konkrete Verstandesanschauung sein könnte –, sie erzeugt sich aus einem *formellen,* scheinbaren Gegensatz. Das Sein ist *an sich* die Idee. Ist das Sein bewiesen, so ist per se die Idee bewiesen. Nun heißt aber beweisen nichts anderes als einen (möglichen oder wirklichen) *Andern* zu meiner eigenen Überzeugung bringen. Die Wahrheit liegt nur in der Vereinigung des Ich und Du. Das Andere des reinen Gedankens ist aber im allgemeinen der sinnliche Verstand. Beweisen auf dem Gebiete der Philosophie heißt also nichts anderes, als daß[2] der Widerspruch des sinnlichen Verstandes gegen den reinen Gedanken überwältigt wird, der Gedanke nicht *nur für sich,* sondern auch für sein Gegenteil wahr ist; denn wenn auch jeder wahre Gedanke nur wahr *durch sich selbst* ist, so ist doch, bei einem Gedanken, der einen *Gegensatz* ausdrückt, solange sein Zeugnis von sich nur ein subjektives, einseitiges, bezweifelbares, solange er sich nur auf

[1] *In B folgt Komma.*

[2] Beweisen . . . als daß: Der Beweis auf dem Gebiete der Philosophie besteht also nur darin, daß *B*

sich stützt. Nun ist aber das logische Sein ein direkter, unvermittelter, abstoßender Widerspruch mit dem Sein der empirisch-konkreten Verstandesanschauung, überdem nur eine Indulgenz[1] der Idee, die sich herablassende, gleichsam freiwillig sich voraussetzende Idee,[2] folglich an sich schon das, was erst zu beweisen ist; also komme ich ebensogut in die „Logik" wie in die intellektuelle Anschauung nur durch eine Gewalttat, durch einen transzendenten Akt, einen *unmittelbaren Bruch* mit der wirklichen Anschauung. Die Hegelsche Philosophie trifft daher derselbe Vorwurf, der die ganze neuere Philosophie von Cartesius und Spinoza an trifft: der Vorwurf eines *unvermittelten* Bruches mit der sinnlichen Anschauung*, der Vorwurf der *unmittelbaren* Voraussetzung der Philosophie.

Die „Phänomenologie" ist kein Einwand dagegen, denn die „Logik" hat die „Phänomenologie" *hinter* sich, aber das Sein, welches den Gegensatz zum logischen Sein bildet, schwebt uns stets vor, wird durch diesen seinen Gegensatz selbst notwendig hervorgerufen und zum Widerspruch gegen die „Logik" aufgereizt, und zwar um so mehr, als die „Logik" ein *neuer* Anfang ist, von vorn anfängt und daher auch von vornherein der Verstand vor den Kopf gestoßen wird. Doch lassen wir der „Phänomenologie" eine positive, gegenwärtige Bedeutung in bezug auf die „Logik"! Hat Hegel aus dem *Anderssein* des Gedankens oder überhaupt der Idee die Idee oder den Gedanken erzeugt? Laßt uns sehen! Das erste Kapitel hat zum Inhalt: „Die *sinnliche Gewißheit* oder das Dies[es] und das Meinen". Es bezeichnet die Stufe des Bewußtseins, wo ihm das sinnliche[3] einzelne Sein als das wahre, reale Sein gilt, dann aber, zunächst unterderhand, als ein allgemeines Sein sich erweist. „Das Hier ist ein Baum"; aber ich gehe weiter und sage: „Das Hier ist ein Haus." Die erste Wahrheit ist verschwunden.

[1] *In B folgt Zusatz:* , eine Herablassung *B*
[2] die sich . . . Idee, *Fehlt in B.*
* Es gibt freilich einen unvermeidlichen Bruch, der in der Natur der Wissenschaft überhaupt liegt; aber daß er ein unvermittelter ist, ist nicht notwendig. Die Philosophie vermittelt ihn dadurch, daß sie sich aus der Nichtphilosophie erzeugt.
[3] *In B folgt Komma.*

„Das Itzt ist Nacht"; aber es dauert nicht lange, so heißt es: „Das Itzt ist Tag." Die erste vermeintliche Wahrheit ist jetzt „schal" geworden. Das Itzt erweist sich also als ein allgemeines Itzt, als ein einfaches (negatives) Viele. Ebenso ist es mit dem Hier. „Das Hier selbst verschwindet nicht, sondern *es ist* bleibend im Verschwinden des Hauses, Baumes usf. und gleichgiltig, Haus, Baum zu sein. Das Dieses zeigt sich also wieder als *vermittelte Einfachheit* oder als *Allgemeinheit*" (S. 27)[1]. Das Einzelne, welches wir in der sinnlichen Gewißheit meinen, können wir daher gar nicht einmal aussprechen. „Die Sprache ist das Wahrhaftere; in ihr widerlegen wir selbst unmittelbar unsere Meinung, und da das Allgemeine das Wahre der sinnlichen Gewißheit ist und die Sprache nur dieses Wahre ausdrückt, so ist es gar nicht möglich, daß wir ein sinnliches Sein, das wir meinen, je sagen können." Ist denn nun aber dies eine dialektische Widerlegung der Realität des sinnlichen Bewußtseins? Ist das *Allgemeine* dadurch als das Reale *bewiesen*? Wohl für den, dem das Allgemeine schon im voraus als das Reale gewiß ist, aber nicht für das sinnliche Bewußtsein, nicht für uns, die wir auf diesem Standpunkt stehen oder in ihn uns *hineinstellen*[2] und uns nun von der Irrealität des sinnlichen Seins und von der Realität des Gedankens wollen überzeugen lassen! Mein Bruder heißt Johann, Adolf, aber außer ihm sind und heißen noch unzählige andere auch Johann, Adolf. Aber folgt daraus, daß mein Johann keine Realität ist, folgt daraus, daß die Johannheit eine Wahrheit ist? Dem sinnlichen Bewußtsein sind alle Worte Namen, nomina propria [Eigennamen]; sie sind für dasselbe an sich ganz gleichgiltig, sie sind ihm nur Zeichen, um auf dem kürzesten Wege seinen Zweck zu erreichen. Die Sprache gehört hier gar *nicht zur Sache*. Die Realität des sinnlichen einzelnen Seins ist uns eine mit unserm *Blute* besiegelte Wahrheit. Auf dem sinnlichen Gebiete heißt es: Auge um Auge, Zahn um Zahn. Ad rem [zur Sache]: Worte hin, Worte her. *Zeige* mir, was du da sagst. Dem sinnlichen Bewußtsein ist eben die Sprache das Unreale, das Nichtige. Wie soll also das sinnliche Bewußt-

[1] *Seitenangabe fehlt in B.*
[2] *In B nicht hervorgehoben.*

sein dadurch, daß das einzelne Sein sich nicht sagen läßt, sich widerlegt finden oder widerlegt sein? Das sinnliche Bewußtsein findet eben gerade darin eine Widerlegung der Sprache, aber nicht eine Widerlegung der sinnlichen Gewißheit. Und hierin hat dasselbe auf seinem Gebiete vollkommen recht; sonst würden wir uns im Leben statt mit Sachen mit Worten *abspeisen* lassen. Der Inhalt des ganzen ersten Kapitels der „Phänomenologie" ist daher dem sinnlichen Bewußtsein nichts anderes als der[1] *aufgewärmte Kohl* des Megarikers Stilpo, nichts anderes als ein Wortspiel des *seiner selbst* schon als der Wahrheit *gewissen* Gedankens mit dem natürlichen Bewußtsein. Aber das Bewußtsein läßt sich nicht irremachen, es hält nach wie vor fest an der Realität der einzelnen Dinge. Das Hier – warum nicht das hier Seiende? –, das Itzt – warum nicht das itzt Seiende? – wird auf *diese* Weise nie dem sinnlichen Bewußtsein, nie uns, die wir hier seinen Advokaten machen und uns eines andern, eines besseren wollen überführen lassen, ein vermitteltes, allgemeines Hier, ein vermitteltes, allgemeines Itzt. Heute ist Itzt, aber morgen ist wieder Itzt, und es ist ganz dasselbe unverwandelte und unverbesserliche Itzt noch, wie es gestern war. Hier ist ein Baum, dort ein Haus, aber dort sage ich auch wieder: hier; das Hier bleibt immer der alte Überall und Nirgends. Nil novi sub sole [nichts Neues unter der Sonne]. Das sinnliche Sein, das Dieses, vergeht, aber es kommt wieder ein anderes Sein, das gleichfalls ein Dieses ist, an seine Stelle. Die Natur widerlegt so *dieses* Einzelne wohl, aber sie korrigiert sich gleich wieder, sie widerlegt die Widerlegung, indem sie ein *anderes* Einzelnes an seinen Platz setzt. Und es ist darum das sinnliche Sein das bleibende, unwandelbare Sein dem *sinnlichen* Bewußtsein.[2]

[3]Derselbe unvermittelte Widerspruch und Zwiespalt, der uns im Anfang der „Logik" begegnet, derselbe tritt uns hier im Anfang der „Phänomenologie" vor die Augen – der Zwiespalt zwischen dem Sein, wie es hier Gegenstand ist, und dem Sein, wie es Gegenstand des sinnlichen Be-

[1] *In B folgt Zusatz:* , nur im entgegengesetzten Sinn, wieder

[2] *In A folgt auf neuer Zeile:* (Fortsetzung folgt). *Die Fortsetzung beginnt dann dort Spalte 1705.*

[3] *In A darüber Wiederholung der Überschrift und auf neuer Zeile:* (Fortsetzung)

wußtseins ist. Das phänomenologische Hier unterscheidet sich in nichts von einem andern Hier, das ich fixiere; es *erweist* sich daher auch als ein allgemeines, weil es in der Tat schon ein allgemeines ist; aber das reale Hier ist eben auf *reale* Weise von einem andern Hier unterschieden, es ist ein *ausschließliches* Hier. „Das Hier ist z. B. der Baum. Ich wende mich um, so ist diese Wahrheit verschwunden." Allerdings in der „Phänomenologie", wo das Umwenden nur ein Wörtchen kostet; aber in der Realität, wo ich meinen schwerfälligen Körper herumwenden muß, erweist sich mir auch hinter meinem Rücken noch das Hier als eine sehr reale Existenz. Der Baum *begrenzt* meinen Rücken; er *verdrängt* mich aus dem Platz, den er bereits einnimmt. Hegel widerlegt nicht das Hier, wie es Gegenstand des sinnlichen Bewußtseins und uns im Unterschiede vom reinen Denken Gegenstand ist, sondern das logische Hier, das logische Itzt. Er widerlegt den *Gedanken* des Diesseins, die haecceitas [Diesheit]; er zeigt die Unwahrheit des Einzelseins, wie es *in der Vorstellung* als eine (theoretische) Realität *fixiert* wird. Die „Phänomenologie" ist nichts anderes als die phänomenologische „Logik". – Nur aus diesem Gesichtspunkt läßt sich das Kapitel von der sinnlichen Gewißheit entschuldigen. Aber ebendeswegen, weil sich Hegel nicht wirklich in das sinnliche Bewußtsein hineingestellt und hineingedacht hat, weil das sinnliche Bewußtsein nur *so* Gegenstand ist, *wie* es Gegenstand des Selbstbewußtseins des Gedankens, weil es nur die Entäußerung des Gedankens *innerhalb* der Gewißheit seiner selbst ist, so beginnt auch die „Phänomenologie" oder die „Logik" – denn es kommt auf eins hinaus – mit einer unmittelbaren Voraussetzung ihrer selbst, folglich – quod erat demonstrandum [was zu beweisen war] – mit einem unvermittelten Widerspruch, einem absoluten Bruch mit dem sinnlichen Bewußtsein; denn sie beginnt, wie gesagt, nicht mit dem Anderssein des Gedankens, sondern mit dem *Gedanken von dem Anderssein des Gedankens*, worin natürlich der Gedanke schon im voraus des Sieges über seinen Gegenpart gewiß ist – daher der Humor, mit welchem der Gedanke das sinnliche Bewußtsein zum besten hält. Aber ebendeswegen hat auch der Gedanke seinen Gegner nicht widerlegt.

Aber auch ganz abgesehen von der Bedeutung der „Phänomenologie", Hegel hat, wie schon erwähnt, vom Uranfang seines Philosophierens an mit der Voraussetzung der absoluten Identität begonnen. Die Idee der absoluten Identität oder des Absoluten überhaupt war ihm schlechtweg eine objektive Wahrheit, und nicht nur eine, sondern die absolute Wahrheit, die absolute Idee selbst – die absolute, d. h. die nicht mehr bezweifelbare, die über alle Kritik und Skepsis erhabene Idee – eine übrigens psychologisch notwendige und *denk*würdige Wirkung und Eigenschaft der Idee des Absoluten, daß der, welcher sie einmal hat, sie nicht mehr bezweifeln kann[1]. Aber gleichwohl war die Idee des Absoluten ihrer *positiven* Bedeutung nach nur die Idee der Objektivität *im Gegensatz* gegen die Idee der Subjektivität der Kantisch-Fichteschen Philosophie. Die Schellingsche Philosophie haben wir daher nicht als die *„absolute"* Philosophie, wofür sie ihren Anhängern* galt, sondern als den *Gegensatz* der kritischen Philosophie zu begreifen. Schelling wollte anfänglich, wie bekannt, nur den entgegengesetzten oder umgekehrten Weg vom Idealismus gehen. Die Naturphilosophie war auch in der Tat zunächst nur der umgekehrte Idealismus und darum der Übergang von diesem in jene nicht schwer. Der Idealismus erblickte auch in der Natur Leben und Vernunft, aber nur als sein eigenes Leben, als seine eigene Vernunft; was er in ihr sah, das hatte er selbst in sie hineingelegt; was er daher der Natur gab, nahm er wieder in sich selbst zurück: Die Natur ist das verobjektivierte Ich, der von sich selbst außer sich angeschaute Geist. Der Idealismus war daher auch schon eine Identität von Subjekt und Objekt, von Geist und Natur, aber so, daß die Natur in dieser Einheit nur die Bedeutung des Objekts, des vom Geiste Gesetzten hatte. Es durfte daher nur die Natur aus den Banden, in die sie der Idealist geschlagen und an sein Ich angekettet hatte,

[1] — eine übrigens . . . bezweifeln kann *Fehlt in B.*

* Auch die Hegelsche Philosophie kann nur dann richtig erkannt, gewürdigt und beurteilt werden, wenn man anerkennt, daß sie, ungeachtet sie formell den Fichteanismus in sich aufgenommen hat, doch ihrem *Inhalt* nach den Gegensatz zum Kant- und Fichteanismus bildet.

zu selbständigem Dasein entlassen werden, um ihr *die* Bedeutung zu geben, die sie später in der Naturphilosophie erhielt. Der Idealist sagte zur Natur: Du bist mein alter ego, mein anderes Ich; aber er betonte nur das Ich, so daß der Sinn seiner Rede war: Du bist der Ausfluß, der Abglanz meiner selbst, nichts Besonderes für dich selbst; der Naturphilosoph sagte das Nämliche, aber er betonte das *alter*: Sie ist allerdings dein Ich, aber dein *anderes*, darum für sich reales, von dir unterschiedenes Ich. Die Bedeutung der Identität von Geist und Natur war daher auch anfänglich in der Naturphilosophie eine rein idealistische. „*Die Natur ist nur der sichtbare Organismus unsers Verstandes*" („Einleit. zu einem Entw. eines Systems der Naturphilos."). „Der Organismus ist selbst nur eine *Anschauungsart* der Intelligenz" („Transzend. Ideal.", S. 265). „Es ist offenbar, daß das Ich, indem es die *Materie* konstruiert, eigentlich *sich selbst* konstruiert. – Dieses Produkt welches die Materie ist, ist also eine vollständige Konstruktion des Ichs, nur nicht für das Ich selbst, welches noch mit der Materie identisch ist" (ebend., S. 189). „Die Natur soll der sichtbare Geist, der Geist die unsichtbare Natur sein" („Ideen zu einer Philos. der Natur", Einleit., S. 64; s. ebendas. S. 128 u. flg. die treffliche Deduktion des Begriffs der Materie). Die Naturphilosophie sollte nur von dem Objektiven beginnen, aber zu demselben Resultat kommen, zu welchem der Idealismus durch und aus sich selbst kam. „Die notwendige Tendenz aller Naturwissenschaft ist, von der Natur aufs Intelligente zu kommen" („Transz. Ideal.", S. 3). „Das Objektive zum Ersten zu machen und das Subjektive daraus abzuleiten ist Aufgabe der Naturphilosophie! Alle Philosophie muß darauf ausgehen, entweder aus der Natur eine Intelligenz oder aus der Intelligenz eine Natur zu machen" (S. 6). Die Naturphilosophie ließ daher den Idealismus in seiner vollen Integrität bestehen; sie wollte eigentlich nur a posteriori beweisen, was der Idealismus a priori von sich ausgesagt hatte. Es war zwischen beiden nur ein Unterschied im Wege, in der Methode. Aber gleichwohl lag diesem entgegengesetzten Wege schon eine entgegengesetzte Anschauung zugrunde oder mußte sich doch wenigstens unvermeidlich aus ihm entwickeln. Es war unausbleiblich, daß die Natur auf diesem Wege eine Bedeutung *für sich selbst* erhielt. Das Objekt war schon aus den Schranken des subjektiven Idealismus entlassen, indem es auch nur als Objekt einer *besonderen* Wissenschaft gesetzt wurde. Wenn auch nicht an sich, so war doch wenigstens *für* die Naturphilosophie die Natur nicht ein Abgeleitetes, Gesetztes, sondern ein Erstes, Selbständiges. Und die Natur erhielt so eine dem Fichteschen Idealismus entgegengesetzte Bedeutung. Aber gleichwohl sollte auch *die* Bedeutung, welche die Natur im Idealismus und für ihn hatte, also die der Naturphilosophie schnurstracks entgegengesetzte Bedeutung, nach wie vor ihre Richtigkeit haben, der Idealismus überhaupt in allen seinen Rechten und Prätensionen ungeschmälert fortbestehen. Wir haben daher jetzt statt der einzigen absolut entschiedenen Selbständigkeit und Wahrheit des Fichteschen Ichs zwei Selbständigkeiten, zwei sich entgegengesetzte Wahrheiten, die Wahrheit des Idealismus, welcher die Wahrheit der Naturphilosophie leugnet, und die Wahrheit der Naturphilosophie, welche ihrerseits wieder die Wahrheit des Idealismus leugnet. Für die Naturphilosophie existiert *nur* Natur, für den Idealismus *nur* Geist. Für den Idealismus ist die Natur nur Objekt, nur Akzidenz, für die Naturphilosophie Substanz, Subjekt-Objekt, das, was innerhalb des Idealismus die Intelligenz nur *sich* vindiziert. Aber zwei Wahrheiten, zwei Absolute ist ein Widerspruch. Wie kommen wir daher aus diesem Zweispalt zwischen dem die Naturphilosophie negierenden Idealismus und der den Idealismus negierenden Naturphilosophie heraus? Nur dadurch, daß wir das *Prädikat*, worin beide übereinstimmen, zum *Subjekt* – so haben wir das Absolute, das Selbständige schlechtweg – und das Subjekt zum Prädikat machen: Das Absolute ist Geist *und* Natur. Geist und Natur sind nur Prädikate, Bestimmungen, Formen des einen und selben, des Absoluten. Was ist denn nun aber das Absolute? Nichts als das *Und*, die Einheit von Geist und Natur. Sind wir denn aber damit weitergekommen? Hatten wir nicht diese Einheit schon im Begriffe der Natur selbst? Die Naturphilosophie ist die Wissenschaft nicht von einem dem Ich entgegengesetzten Objekt, sondern von einem Objekt, das selbst *Subjekt*-Objekt ist, d. h., die Naturphilosophie ist zugleich Idealismus, die[1] Verbindung des Begriffes des Subjektes und Objektes im Begriffe der Natur war eben die Aufhebung der Trennung, die der Idealismus gemacht hatte, der Trennung in ein Intelligentes und Nichtintelligentes, folglich die Aufhebung der Trennung der Natur und des Geistes. Wodurch unterscheidet sich also das Absolute von der Natur? Das Absolute ist die absolute Identität, das absolute Subjekt-Objekt, die Natur ist das objektive Subjekt-Objekt, die Intelligenz das subjektive Subjekt-Objekt. Ach, wie köstlich, wie überraschend! Hier befinden wir uns plötzlich wieder auf dem Standpunkt des idealistischen Dualismus; der Natur wird in demselben Augenblick wieder entzogen, was ihr gegeben wurde. Die Natur ist Subjekt-Objekt mit dem plus [Mehr] *der Objektivität*, d. h. ihr positiver Begriff – wenn anders ein plus einen Begriff gibt –, sofern sie nicht verschwebt im Vakuum des Absoluten, sofern sie *Natur* ist, ist der der *Objektivität*; und ebenso der Begriff des Geistes, inwiefern er Geist ist, nicht ein vages, namenloses ens [Seiendes], der Begriff der *Subjektivität*, indem er zu seinem Merkmal das plus der *Subjektivität* hat. Sind wir nun aber gescheuter, als wir schon am Anfang waren? Haben wir nicht wieder das alte Kreuz der Subjektivität und Objektivität? Wird das Absolute gewußt, d. h., wird es aus dem Dunkel der absoluten Bestimmungslosigkeit, wo es nur ein Objekt der Vorstellung und Phantasie ist, an das Licht des Begriffes gezogen, so wird es nur gewußt *entweder* als Geist *oder* [als][2] Natur. Eine Wissenschaft *des Absoluten als solchen* gibt es nicht, sondern nach wie vor entweder eine Wissenschaft des Absoluten *als Natur* oder des Absoluten *als Geist*, entweder also Naturphilosophie oder Idealismus oder, wenn auch beides zugleich, doch so, daß die Naturphilosophie nur Philosophie des Absoluten als Natur ist, der Idealismus nur Philosophie des Absoluten als Geist. Wenn nun aber die Naturphilosophie zu ihrem Gegenstande das Absolute *als Natur* hat, so ist der *positive* Begriff lediglich der *Begriff der Natur*, d. h., das Prädikat wird wieder zum Subjekt und das Subjekt, das Absolute zu einem vagen, nichts-

[1] Idealismus, die: Idealismus. Die *B*
[2] *So ergänzt auch B.*

sagenden Prädikat. Ich kann also geradezu das Absolute aus der Naturphilosophie *wegstreichen*; denn das Absolute gilt ebensogut vom Geiste als der Natur, ebensogut von diesem bestimmten Gegenstande als von einem andern ihm entgegengesetzten Gegenstande, ebensogut vom Lichte als der Schwere. Es verschwindet mir also das Absolute als ein rein Bestimmungsloses, ein nihil negativum [negatives Nichts] in dem Begriffe der Natur, oder wenn ich es mir aus dem Kopfe nicht schlagen kann, so verschwindet mir vor dem Absoluten die Natur. Die Naturphilosophie brachte es daher auch nur zu *verschwindenden* Bestimmungen und Differenzen, d. h. zu Differenzen und Bestimmungen, die in Wahrheit nur *imaginäre*, nur Vorstellungen von Unterschieden, aber keine realen Erkenntnisbestimmungen sind.[1]

[2]Die positive Bedeutung der Schellingschen Philosophie liegt aber ebendeswegen nur in der *Natur*philosophie, im Gegensatz zu der Beschränktheit des Fichteschen Idealismus, der nur ein negatives Verhältnis zur Natur hatte, daher man sich auch nicht zu verwundern hat, daß der Urheber der Naturphilosophie das Absolute nur von seiner realen Seite dargestellt hat, denn die Darstellung desselben von seiner idealen Seite lag ursprünglich schon hinter der Naturphilosophie im Fichteanismus. Allerdings stellte die Identitätsphilosophie eine verlorene Einheit wieder her, aber nicht insofern, als sie diese Einheit als das Absolute, als ein gemeinschaftliches und doch wieder von Geist und Natur unterschiedenes Wesen vergegenständlichte – denn dieses Absolute war nur ein *unentschiedenes Zwitterding* von Idealismus und Naturphilosophie, entsprungen aus dem Zwiespalt des Urhebers der Naturphilosophie zwischen sich als Idealisten und Naturphilosophen –, sondern nur insofern, als der Begriff dieser Einheit eben der Begriff der Natur als Subjekt-Objekt, also die Wiederherstellung der Natur überhaupt war.

Allein dadurch, daß die Naturphilosophie nicht genug hatte an *diesem* Gegensatz gegen den subjektiven Idealis-

[1] *In A folgt auf neuer Zeile:* (Fortsetzung folgt). *Die Fortsetzung beginnt dann dort Spalte 1713.*

[2] *In A darüber Wiederholung der Überschrift und auf neuer Zeile:* (Fortsetzung)

mus, der ihr positives Verdienst war, daß sie ihre Grenze verkannte, die absolute Philosophie sein wollte, trat sie in einen Gegensatz auch mit dem Positiven des Idealismus. Kant beging den Widerspruch – für ihn eine nicht hier zu erörternde Notwendigkeit –, daß er die *affirmativen, vernünftigen* Grenzen der Vernunft falsch auffaßte und auslegte, indem er sie als *Schranken* faßte. Schranken sind *willkürliche*, nicht sein sollende, aufhebbare Grenzen. Mit diesen Schranken nun verwarf die Identitätsphilosophie auch die positiven Grenzen der Vernunft und Philosophie. Die Einheit von Denken und Sein oder Anschauung in ihr war nicht[s] anders als die Einheit des *Denkens* mit der *Imagination*, denn die Imagination oder Phantasie ist das mit der Anschauung identische Denken[1]. Die Philosophie wurde jetzt *schön*, poetisch, gemütlich, romantisch, aber dafür auch transzendent, abergläubisch, *absolut kritiklos*. Die Urbedingung aller Kritik, die Differenz zwischen dem Subjektiven und Objektiven, war verschwunden. Das *diszernierende* und *determinierende* Denken galt nur für eine endliche, *negative* Tätigkeit – was Wunder daher, daß die Identitätsphilosophie endlich macht- und kritiklos dem Mystizismus des Görlitzer Schusters anheimfiel.

In und mit dieser Philosophie nun begann Hegel zu philosophieren, keineswegs als abhängiger Schüler ihres Urhebers, sondern als Freund mit dem Freunde. Er ist der Wiederhersteller der Philosophie aus ihrem Abfall in das Gebiet der Imagination. Mit Recht hat ein Hegelianer auf ihn angewandt, was Aristoteles von Anaxagoras gesagt, daß er wie unter Trunkenen als der einzige Nüchterne unter den Naturphilosophen erschienen sei. Die Einheit von Denken und Sein bekam bei ihm eine rationelle Bedeutung – übrigens keine über die Kritik erhabene Bedeutung. Sein Prinzip ist der denkende Νοῦς [Geist]. Er nahm das Element des Rationalismus, den Verstand, der zwar nicht der Einbildung und Versicherung, aber der Sache nach in der Idee des Absoluten ausgeschlossen war, in die Philosophie auf, und zwar als ein Moment des Absoluten selbst. Der metaphysische Ausdruck hievon ist der Satz: „Das Negative, das Differente, das der Reflexion Gegen-

[1] , denn die . . . Denken *Fehlt in B.*

ständliche ist nicht nur negativ, nur als endlich, sondern als positiv, als wesenhaft zu fassen." Hegel hat daher ein *negatives, kritisches* Element in sich. Aber gleichwohl bestimmte ihn die Idee des Absoluten. Obwohl er in ihm den Mangel des Verstandes – oder Formprinzips, beides ist ihm eins – anerkannte, obwohl er, indem er dieses Prinzip in dasselbe setzte, das Absolute selbst in der Tat anders bestimmte als Schelling, obwohl er also die Form zu einem Wesentlichen erhob, so hatte doch die Form – was ja notwendig in ihrem Begriffe liegt – zugleich wieder die Bedeutung des nur Formellen, der Verstand *doch* wieder eine nur negative Bedeutung. Der Inhalt ist wahr, ist spekulativ tief – so hieß es von der Philosophie des Absoluten –, aber der Begriff, die Form fehlt. Insofern war der Begriff, die Form, der Verstand als wesentlich gesetzt, inwiefern seine Abwesenheit als Mangel erkannt war. Aber indem der Inhalt wahr ist, ist ebendieser Mangel selbst nur ein *formeller* Mangel – hierin liegt zugleich der Beweis von dem, was oben über die Methode Hegels gesagt wurde. Der Philosophie gehört daher eigentlich nichts an als die Form, der Begriff. Der Inhalt – ob ihn gleich die Philosophie innerhalb ihrer selbst, inwiefern sie ihn bereits in die Begriffsform aufgenommen hat, selbsttätig erzeugen soll – ist ein *gegebener*; die Philosophie hat ihn nur zu begreifen vermittelst der kritischen Unterscheidung zwischen dem Wesentlichen und Unwesentlichen, d. i. dem, was die eigentümliche Form der Vorstellung, Sinnlichkeit usw. hinzutut. Die Philosophie hat daher bei Hegel wohl eine kritische, aber nicht *genetisch*-kritische Bedeutung. Die genetisch-kritische Philosophie ist die, welche einen durch die Vorstellung gegebenen Gegenstand – denn von unmittelbar, d. i. durch die *Natur*, gegebenen, rein wirklichen Gegenständen gilt unbedingt, was Hegel sagt – nicht dogmatisch demonstriert und begreift, sondern seinen *Ursprung* untersucht, welche zweifelt, ob der Gegenstand ein wirklicher Gegenstand oder nur eine Vorstellung, überhaupt ein psychologisches Phänomen ist, welche[1] daher aufs strengste zwischen dem Subjektiven und Objektiven unterscheidet. Die genetisch-kritische Philosophie hat hauptsächlich das

[1] welcher *So, offenbar versehentlich, B.*

zu ihrem Gegenstande, was man sonst die causae secundae [Zweitursachen] nannte; ja, sie verhält sich, um durch ein *Gleichnis* dieses Verhältnis anschaulich zu machen, zur absoluten Philosophie – die, weil sie nur unter der Voraussetzung des Absoluten denkt, subjektive psychologische Prozesse und spekulative Bedürfnisse, z. B. den Jak. Böhm[e]schen Vermittlungsprozeß Gottes, zu Prozessen des Absoluten macht – *so*, wie sich zur theologischen Betrachtung der Natur, welche die Kometen oder sonstige merkwürdige Erscheinungen zu unmittelbaren Wirkungen Gottes macht, die rein physikalische oder naturphilosophische Anschauung verhält, die z. B. die von der Theologie auf den Teufel als ein persönliches Wesen gedeuteten Galläpfel aus einem unschuldigen Insektenstich ableitete. Die Hegelsche Philosophie ist *rationelle Mystik* – daher einzig in ihrer Art, daher zugleich anziehend, zugleich aber auch abstoßend ebensowohl für mystisch-spekulative Gemüter, welchen die Verbindung des Mystischen mit dem Rationellen ein unerträglicher Widerspruch ist, weil der Begriff sie enttäuscht, den mystischen Reiz der dunkeln Vorstellung zerstört, als für rationelle Köpfe, denen die Verbindung des rationellen Elementes mit dem mystischen zuwider ist. Die Einheit des Subjektiven und Objektiven, *wie* sie von Schelling ausgesprochen und an die Spitze der Philosophie selbst gestellt wurde und selbst bei Hegel noch zugrunde liegt, obwohl von ihm, aber nur formaliter, an den richtigen Platz, nämlich ans Ende der Philosophie, als Resultat, gesetzt, diese Einheit ist für die Philosophie ein ebenso unfruchtbares als verderbliches Prinzip, weil sie auch im besondern die Unterscheidung zwischen dem Subjektiven und Objektiven aufhebt, das genetisch-kritische, das konditionelle Denken: si fabula vera [wenn das Gesagte stimmt], vereitelt. So hat denn auch wirklich Hegel im besonderen manche[1] Vorstellungen, die nur subjektive Bedürfnisse ausdrücken, als objektive Wahrheit aufgefaßt, weil er nicht auf die Quelle, das *Bedürfnis* dieser Vorstellung zurückging, hie und da[2] als bare Münze angenommen und mit in die Rechnung gesetzt, was, bei

[1] im . . . manche *Fehlt in B.*
[2] hie . . . da *Fehlt in B.*

Lichte besehen, noch höchst dubiöser Natur ist, das Sekundäre zum Primitiven gemacht und das eigentlich Primitive entweder nicht berücksichtigt oder als das Untergeordnete auf die Seite gestellt. Manches als[1] an und für sich vernünftig demonstriert, was nur partikulär, relativ vernünftig ist.*[2] So sehen wir denn auch gleich am Anfang der „Logik" infolge dieses Mangels an *genetisch*-kritischer Untersuchung *das Nichts* – eine der Idee des Absoluten sehr naheliegende Vorstellung – eine Rolle spielen. Aber was ist denn nun dieses Nichts? „Beim Schatten des Aristoteles!" Das Nichts ist das absolut Gedanken- und Vernunftlose.** Das Nichts kann gar nicht *gedacht* werden, denn Denken ist Bestimmen, wie Hegel selbst sagt; würde also das Nichts gedacht, so würde es *bestimmt*, also wäre es *nicht mehr* nichts. „Non entis", hat man daher richtig gesagt, „nulla sunt praedicata. Non entis nulla est scientia. [Über das Nichtseiende gibt es keine Aussagen. Vom Nichtseienden gibt es kein Wissen.]"*** „Nihilum dicimus (Wolff), cui nulla respondet notio [ein Nichts nennen wir das, dem kein Begriff entspricht]." Das Denken kann nur Seiendes denken, weil es selbst eine *seiende*, wirkliche Tätigkeit ist. Man hat den heidnischen Philosophen den Vorwurf gemacht, daß sie nicht die Ewigkeit der Materie, der Welt überwunden hätten. Die Materie hat bei ihnen nur die Bedeutung des Seins, war nur der sinnliche Ausdruck für Sein; man wirft ihnen daher nur vor, daß sie *gedacht* haben. Aber haben denn die Christen die Ewigkeit, d. i. die Realität, des Seins weggebracht? Sie haben dieselbe nur in ein besonderes Sein, in das göttliche Sein, verlegt, welches sie als Grund seiner selbst, als anfangsloses Sein dachten. Das Denken kann nicht über das Seiende hinaus, weil es nicht über sich selbst hinaus kann, weil nur Sein zu setzen

[1] gestellt . . . als: gestellt, als *B*

*Belege hiezu werden noch bei einer anderen Gelegenheit gegeben werden.

[2] *In B hierzu keine Fußnote Feuerbachs.*

** Hegel nennt das Nichts selbst, wie ich eben finde, gedankenlos. „Schon im Dasein" (heißt es „Logik", III. Bd., S. 94) „wird das gedankenlose Nichts zur Grenze."

*** S. auch Aristoteles' „Analyt. Post.", lib. II, c. 7, § 2, u. lib. I, § 10.

Vernunft ist, weil nur dieses oder jenes Sein, aber nicht das Sein selbst als geworden gedacht werden kann. Die Denktätigkeit beurkundet sich ebendadurch als eine gründliche, reale Tätigkeit, daß ihr erster und letzter Begriff der des anfangslosen Seins ist. Das Augustinsche Nichts, das nur deswegen den Spekulanten so sehr imponiert und so tief erscheint, weil eben nichts dahinter steckt, ist nur der Ausdruck der *absoluten Willkür* und *Gedankenlosigkeit*. Ich kann mir keinen andern Grund der Welt vorstellen als die absolute Willkür, d. h., ich kann mir keinen andern Grund vorstellen als *keinen* Grund, einen bloßen, leeren Willensakt; in einen bloßen Willensakt geht aber eben die Vernunft aus, führe ich nicht etwas, das eine Materie des Denkens wäre, als Grund an; ich sage soviel als wie nichts; ich drücke also nur meine eigene Unwissenheit, meine eigene Willkür aus. Das Nichts ist eine absolute Selbsttäuschung, das πρῶτον ψεῦδος [der Urbetrug], die absolute Lüge in sich selbst. Das Denken des Nichts ist ein *sich selbst widerlegendes* Denken. Wer nichts denkt, denkt eben nicht. Das Nichts ist die Negation des Denkens; es kann daher nur dadurch gedacht werden, daß es zu *etwas* gemacht wird. Es wird also in demselben Momente, wo es gedacht wird, *nicht* gedacht, denn ich denke immer das *Gegenteil* des Nichts. „Das Nichts ist einfache Gleichheit mit sich selbst." So? Sind denn aber Einfachheit, Gleichheit mit sich nicht *reale Bestimmungen*? Denke ich *nichts*, wenn ich die einfache Gleichheit denke? Wird also nicht das Nichts in demselben Momente verneint, wo ich es setzen will? „Das Nichts ist vollkommne Leerheit, Bestimmungs- und Inhaltslosigkeit, Ununterschiedenheit *in ihm selbst*." Das Nichts ist *in ihm selbst* ohne Unterschied? Setze ich also nicht etwas *in* das Nichts, gerade wie in der Kreation aus nichts das Nichts zu einem Quasi-Stoff gemacht wird, indem *aus* ihm, ex nihilo [aus dem Nichts], die Welt geschaffen sein soll? Kann ich also das Nichts nur aussprechen, ohne mich selbst Lügen zu strafen? Das Nichts ist vollkommne Leerheit? Was ist Leerheit? Leer ist, wo nichts ist, aber etwas sein soll oder doch sein kann, also Leerheit der Ausdruck einer Kapazität. Also wäre das Nichts gewissermaßen das ens capacissimum [fähigste Seiende]? Es ist absolute Bestimmungs- und Inhaltslosigkeit? Das Inhalts- und Bestimmungslose kann ich nicht denken ohne Beziehung auf Inhalt und Bestimmung; vom Bestimmungslosen habe ich keinen Begriff außer durch die Bestimmung; ich drücke durch das „-los"[1] einen Mangel, einen Tadel aus; ich denke also den Inhalt, die Bestimmung, weil es das Positive, als das erste; ich denke also das Nichts nur durch das, was *nicht* Nichts ist. Ich beziehe das Nichts auf das Inhaltsvolle, aber wo ich Beziehungen setze, setze ich Bestimmungen. So sehr ist das Denken eine schlechthin determinierte, d. h. *affirmative* Tätigkeit, daß das absolut Bestimmungslose, indem es gedacht wird, als ein Bestimmtes gedacht wird, daß also der Gedanke des Nichts sich unmittelbar durch die Tat als eine Gedankenlosigkeit, als ein *unwahrer* Gedanke, als eine Denk*unmöglichkeit,* als ein *gar nicht zu* Denkendes erweist! Wäre das Nichts in der Tat *denkbar,* so wäre der Unterschied zwischen *Vernunft* und *Unvernunft,* zwischen Gedanke und Gedankenlosigkeit verschwunden, es ließe sich *alles Mögliche,* auch das Unmöglichste, auch der größte Unsinn, denken und rechtfertigen. Solange daher auch die Schöpfung *aus nichts* für einen Gedanken, für eine Wahrheit galt, solange galten die sinnlosesten Phantastereien, die abgeschmacktesten Mirakelpossen für *Möglichkeiten;* sie waren ja nur natürliche Konsequenzen von dem Nichts, das, als eine geheiligte Autorität, an der Spitze der Weltschöpfung stand. Das Nichts ist die *Grenze* der Vernunft. Ein Kantianer würde hieraus, wie aus andern Grenzen, auf die *Beschränktheit* der Vernunft schließen. Aber das Nichts ist eine *vernünftige* Grenze, eine Grenze, die sich die Vernunft selbst setzt, die der Ausdruck ihrer Wesenhaftigkeit und Realität ist, weil das Nichts eben das absolut Vernunftlose ist. Könnte sie das Nichts denken, so würde sie sich als Vernunft aufgeben.[2]

[3] Aber „es gilt doch als ein Unterschied, ob etwas oder *nichts* angeschaut oder gedacht wird. Nichts anschauen

[1] das „-los": das: Los *So im Original A und B, was aber wegen des äquivoken Charakters von „Los" mißverständlich. Gemeint ist das Suffix in „inhalts- und bestimmungslos".*

[2] *In A folgt auf neuer Zeile:* (Schluß folgt). *Der Schluß beginnt dann dort Spalte 1721.*

[3] *In A darüber Wiederholung der Überschrift und auf neuer Zeile:* (Schluß)

oder denken hat also eine Bedeutung; nichts ist in unserm Anschauen oder Denken, oder vielmehr es ist das leere Denken und Anschauen selbst." Aber *leeres* Denken ist kein Denken. Leeres Denken ist Faseln, ein *eingebildetes*, aber kein wirkliches Denken. Wenn Nichts-Denken eine Bedeutung hat – eine Bedeutung hat es allerdings, aber nur die, daß es *kein* Denken ist –, und zwar eine solche, daß daraus auf eine objektive Bedeutung des Nichts geschlossen werden soll, so bedeutet auch *Nichts-Wissen Wissen*, und es kann mir daher einer, wenn ich von einem Unwissenden sage: Er weiß *nichts*, entgegnen: Also schreibst du ihm doch Wissen zu; er *weiß* nichts, er ist also nicht unwissend. Das Nichts ist nur ein kurzer, affektvoller Ausdruck für nichts Gründliches, nichts Tüchtiges, nicht dieses oder jenes Bestimmte, nichts Vernünftiges usw., wie wenn ich sage: Was sich widerspricht, ist nichts, wo das Nichts nur eine Tautologie ist, nichts bedeutet als eben: Es widerspricht sich, es widerlegt sich durch sich selbst, es ist unvernünftig. Das Nichts hat hier nur *sprachliche* Bedeutung. Aber, kann man abermals einwenden, „das Nichts hat doch an dem Denken, Vorstellen usf. sein Sein. Es wird daher gesagt, daß das Nichts zwar im Denken, Vorstellen, aber daß darum nicht *es ist*, daß nur Denken oder Vorstellen dies Sein ist." Zugegeben, daß es in unserm Vorstellen, Einbilden vorkommt, gehört es deswegen in die Logik? Auch das Gespenst kommt in unserm Vorstellen vor, gehört es aber deswegen als ein wirkliches ens etwa in die Psychologie? Allerdings gehört es in die Philosophie, aber nur dazu, damit der Ursprung des Gespenstersehens und -glaubens untersucht wird. Und was ist denn in der Tat das Nichts anders als ein Spektrum, ein Gespenst der spekulativen Imagination? Eine Vorstellung, die *keine* Vorstellung, ein Gedanke, der *kein* Gedanke, wie das Gespenst ein Wesen, das *kein* Wesen, ein Körper, der *kein* Körper? Und verdankt nicht auch das Nichts der *Finsternis* seinen Ursprung, wie das Gespenst? Ist nicht die Vorstellung der Finsternis dasselbe für ein sinnliches Bewußtsein, was die Vorstellung des Nichts für ein abstraktes? Hegel sagt selbst: „Das Nichts ist hier die reine Abwesenheit des Seins, das nihil privativum, wie die Finsternis die Abwesenheit des Lichts ist." Hier wird also eine Verwandtschaft zwischen dem Nichts und der Finsternis zugestanden – eine Verwandtschaft, die denn auch sogleich schon darin sich offenbart, daß, sowenig das Auge die Finsternis *sehen*, sowenig die Intelligenz das Nichts *denken* kann. Aber ebendiese unverkennbare Verwandtschaft führt uns auf ihren gemeinschaftlichen Ursprung. Das Nichts, als *Gegensatz* des Seins, ist ein Produkt der orientalischen Einbildungskraft, welche *das Wesenlose selbst als Wesen* vorstellt, dem Leben den Tod als ein *selbständiges Vernichtungsprinzip*, dem Lichte die Nacht, wie wenn sie nicht nur die reine Abwesenheit des Lichtes, sondern etwas Positives für sich wäre, gegenübersetzt. Soviel oder sowenig Realität daher die Nacht als ein dem Licht entgegengesetztes Wesen hat, ebensoviel oder sowenig[1] Grund und Vernunftrealität hat das Nichts als Gegensatz des Seins überhaupt. Die Nacht wird aber nur dort versubstantialisiert, wo der Mensch noch nicht zwischen dem Subjektiven und Objektiven unterscheidet, wo er seine *subjektiven* Eindrücke und Empfindungen zu objektiven Eigenschaften macht, wo der Horizont seines Vorstellungskreises noch ein höchst beschränkter ist, wo ihm sein lokaler Standpunkt für den Standpunkt der Welt, des Universums selbst gilt, wo daher das Verschwinden des Lichtes *für ihn* als ein wirkliches Verschwinden, die Finsternis als der Untergang der Quelle des Lichtes selbst, der Sonne, ihm erscheint und wo er ebendeswegen die Verdunkelung sich nur erklären kann durch die Annahme eines *besondern*, dem Lichte feindlichen Wesens, welches er denn auch bei Sonnenfinsternissen in Gestalt eines Drachen oder einer Schlange im Kampfe mit dem Lichtwesen erblickt. Die Finsternis als ein besonderes, lichtfeindliches Wesen hat ihren Grund nur in einer intellektuellen Finsternis: Sie existiert nur in der Einbildung. Es gibt *keinen realen Gegensatz* des Lichtes in der Natur. Die Materie ist nicht an und für sich das Finstere, sondern das *Durchscheinbare* oder das nur *nicht* für sich selbst Helle. Das Licht ist nur, um scholastische termini zu brauchen, die Wirklichkeit, der actus einer Möglichkeit, einer potentia, die in der Materie selbst liegt. Darum ist alle Dunkelheit nur relativ. Selbst die Dichtheit

[1] *In B folgt Zusatz:* oder vielmehr noch weniger

ist dem Licht nicht entgegengesetzt. Abgesehen von der Dichte des durchsichtigen Diamants und Kristalls – es gibt Körper, die, selbst verdichtet, wie z. B. mit Öl getränktes Papier, durchsichtig werden. Selbst die dichtesten, dunkelsten Körper werden, in dünne Lamellen geschnitten, durchsichtig (s. Lamberts „Photometria", § 617). Allerdings gibt es keinen *absolut* durchsichtigen Körper, aber dies beruht – abstrahiert von den nähern empirischen Gründen – auf der Selbständigkeit des Körpers und ist ebenso natürlich, als daß ein und derselbe Gedanke, der von verschiedenen denkenden Wesen aufgenommen wird, in ihnen verändert wird. Diese Veränderung beruht auf ihrer Selbständigkeit, ihrer Selbsttätigkeit; aber diese Selbsttätigkeit drückt deswegen noch keinen Gegensatz gegen die Tätigkeit des mitteilenden, seine Gedanken offenbarenden Wesens aus. Mit dem Nichts ist es nun ebenso wie mit der Zoroastrischen Nacht. Das Nichts ist nur eine Schranke menschlicher Vorstellungsweise; es stammt nicht aus dem Denken, sondern dem *Nicht*-Denken. Das Nichts ist eben nichts – damit auch nichts für das Denken; weiter läßt sich darüber nichts sagen; das Nichts widerlegt sich selbst. Nur die Phantasie macht das Nichts zu einem Substantiv, aber nur so, daß sie das Nichts selbst in ein gespenstisches, wesenloses Wesen metamorphosiert. Hegel hat daher die Genesis des Nichts nicht untersucht; er hat das Nichts als bare Münze angenommen. Der Gegensatz von Sein und Nichts als solchen ist daher auch (wegen der eben entwickelten Bedeutung des Nichts) – im Vorbeigehen gesagt – keineswegs ein universaler, metaphysischer Gegensatz*; er fällt vielmehr in ein bestimmtes

* In der griechischen Philosophie ist der Gegensatz von Sein und Nichtsein offenbar nur der *abstrakte Ausdruck* für den Gegensatz von Affirmation und Negation, von Wirklichkeit und Unwirklichkeit im Sinne von Wahrheit und Unwahrheit. Offenbar hat wenigstens bei Plato im „Sophistes" dieser Gegensatz keine andere *Bedeutung* als die des Gegensatzes von Wahrheit und Unwahrheit, daher ist der Mittelbegriff von Sein und Nichtsein, um den sich hier alles dreht, der Begriff des *Unterschiedes;* denn wo *kein Unterschied*, da *ist keine Wahrheit*, wo alles ohne Unterschied, wie bei den Sophisten, wahr ist, da ist nichts wahr.

Gebiet, in das Verhältnis des Einzelseins zum Allgemeinsein, des Individuums zur Gattung, und zwar nur des vorstellenden und reflektierenden Individuums. Die Gattung ist die *Indifferenz* gegen das einzelne Individuum. Das reflektierende Individuum hat das Bewußtsein der Gattung in sich; es kann also über sein wirkliches Sein hinausgehen, dasselbe als gleichgiltig setzen und sein Nichtsein in der Vorstellung und im Gegensatz zu seinem wirklichen Sein – als welcher, aber nur vorgestellter, Gegensatz auch allein das Nichtsein Bedeutung hat – antizipieren. Was liegt an mir? – so kann der Mensch zu sich selbst reden –, was am Leben, was am Tode? Ob ich bin oder *nicht bin*, darnach kräht kein Hahn. Und bin ich einmal tot, nun, so *bin* ich schmerz- und bewußtlos. Das Nichtsein wird hier als der Zustand der reinen Apathie und Empfindungslosigkeit vorgestellt und verselbständigt. Die Einheit von Sein und Nichts hat daher ihre positive Bedeutung nur als *Indifferenz* der Gattung oder des Bewußtseins der Gattung gegen das Einzelsein, der *Gegensatz* selbst aber von Sein und Nichts existiert nur in der Vorstellung; denn Sein existiert wohl in der Wirklichkeit oder ist vielmehr selbst das Wirkliche, aber Nichts, Nichtsein existiert nur in der Vorstellung und Reflexion.

Aber wie mit dem Nichts in der „Logik" ist es mit andern Gegenständen der Hegelschen Philosophie. Hegel hat – und zwar nicht zufällig, sondern infolge des Geistes der spekulativen Philosophie Deutschlands seit Kant und Fichte – die causae secundae, die aber nur zu oft die causae primae [Erstursachen] sind und nur da wahrhaft erfaßt werden, wo sie nicht nur empirisch, sondern auch metaphysisch[1] gefaßt[2] werden, Hegel hat die *natürlichen* Gründe und Ursachen, die Fundamente der genetisch-kritischen Philosophie, auf die Seite gesetzt. Aus dem Extrem eines hyperkritischen Subjektivismus sind wir mit der absoluten Philosophie in das Extrem eines unkritischen Objektivismus gestürzt. Oberflächlich waren freilich die frühern natürlichen und psychologischen Erklärungsweisen, aber nur, weil man in der Psychologie nicht die Logik, in der Physik nicht die Meta-

[1] *In B folgt Zusatz:*, d. h. philosophisch,
[2] erfaßt *B*

physik, in der Natur nicht die Vernunft erkannte. Wird dagegen die Natur wahrhaft erfaßt – erfaßt als die gegenständliche Vernunft –, so ist sie der einzige Kanon ebenso der Philosophie wie der Kunst. Das Höchste der Kunst ist die menschliche *Gestalt* – Gestalt nicht nur im engsten Sinne, sondern auch im Sinne der Poesie –, das Höchste der Philosophie das menschliche *Wesen*. Die menschliche Gestalt ist nicht mehr eine beschränkte, endliche Gestalt – sonst könnte mit leichter Mühe der dichtende Geist diese Schranken beseitigen und eine höhere Gestalt aus ihr hervorzaubern –, sie ist die Gattung der mannigfaltigen Tierarten, die aber im Menschen eben nicht mehr als Art, sondern *als Gattung* existiert; das menschliche Wesen ist nicht mehr ein besonderes, subjektives, sondern ein universales Wesen, denn der Mensch hat das Universum zum Gegenstande seines Erkenntnistriebes; aber nur ein *kosmopolitisches* Wesen kann den Kosmos zu seinem Gegenstande machen. Simile simili gaudet [gleich und gleich gesellt sich gern]. Die Sterne sind zwar keine Gegenstände einer unmittelbar sinnlichen Anschauung, aber die Hauptsache wissen wir – *die*, daß sie *denselben Gesetzen* wie wir parieren. Eitelkeit ist daher alle Spekulation, die über die Natur und den Menschen hinauswill – so eitel als die Kunst, die uns etwas Höheres geben will als die menschliche Gestalt, aber dafür uns nur Fratzen gibt. Eitelkeit ist darum die Spekulation, die sich seither gegen Hegel erhoben und geltend gemacht hat – die Spekulation der Positivisten; denn statt *über* Hegel hinauszugehen, ist sie tief *unter* Hegel hinabgefallen, indem sie nicht verstanden hat gerade die bedeutungsvollsten Winke, die Hegel und schon vor ihm Kant und Fichte, freilich in ihrer Art, gegeben haben. Die Philosophie ist die Wissenschaft der Wirklichkeit in ihrer Wahrheit und Totalität; aber der Inbegriff der Wirklichkeit ist die *Natur* (Natur im universellsten Sinne des Worts). Die tiefsten Geheimnisse liegen in den einfachsten natürlichen Dingen, die der jenseits schmachtende phantastische Spekulant mit Füßen tritt. Die Rückkehr zur Natur ist allein die Quelle des Heils. Falsch ist es, die Natur im Widerspruch mit der ethischen Freiheit zu fassen. Die Natur hat nicht bloß die gemeine Werkstatt des Magens, sie hat auch den Tempel des Gehirns gebaut; sie hat uns nicht nur eine

Zunge gegeben mit Papillen, die den Darmzotten entsprechen, sondern auch Ohren, die nur die Harmonie der Töne, und Augen, die nur das himmlische, selbstlose Wesen des Lichtes entzückt. Die Natur sträubt sich nur gegen die phantastische Freiheit, aber der *vernünftigen* Freiheit widerspricht sie nicht. Jedes Glas Wein, das wir zuviel trinken, ist ein sehr pathetischer und selbst peripathetischer [1] Beweis, daß der Servilismus der Leidenschaft das Blut empört, ein Beweis, daß die griechische σωφροσύνη [Selbstbeherrschung] ganz im Sinne der Natur ist. Der Grundsatz selbst der Stoiker, sage der Stoiker, der rigorosen Stoiker, dieser Vogelscheuche[n] [2] der christlichen Moralisten, war bekanntlich: „τὸ ὁμολογουμένως τῇ φύσει ζῆν [in Übereinstimmung mit der Natur leben]“.[3]

[1] peripatetischer *So richtig B, wodurch aber das Wortspiel verschwindet.*

[2] *So ergänzt auch B.*

[3] *In A folgt auf neuer Zeile die Unterschrift:* Ludwig Feuerbach

„Dr. Christian Kapp und seine literarischen Leistungen. Ein Beitrag zur Literargeschichte des neunzehnten Jahrhunderts." Leipzig 1839, bei Brockhaus. Mannheim bei Bensheimer.[1]

Die „Hallischen Jahrbücher" haben sich in ihren Charakteristiken den schönen Zweck gesetzt, „hemmende, einseitige, scheinbar bedeutende Persönlichkeiten möglichst ins Licht zu stellen, wirklich bedeutende zur Anerkennung und nähern Würdigung zu bringen". Wir glauben daher, ganz diesem Zwecke zu entsprechen, wenn wir hiermit auf Veranlassung vorliegender Schrift, wenn auch nur mit wenigen Worten *[2], auf die Bedeutung eines Mannes aufmerksam machen, welcher nicht zu den hemmenden, sondern den fördernden, nicht zu den einseitigen, sondern den vielseitigen, nicht zu den *scheinbar*, sondern den wirklich bedeutenden Persönlichkeiten gehört, aber gleichwohl bisher, so auch in diesen Blättern, noch nicht die ihm gebührende Anerkennung und Beachtung gefunden hat. Kapp ist allerdings daran teilweise selbst schuld. Die Schriften seiner ersten schriftstellerischen Periode, welche sich von seinem „Christus und die Weltgeschichte oder Sokrates und die Wissenschaft" (dem übrigens nicht nur der Zeit, sondern auch dem Range nach *ersten* Werke aus dieser Periode) bis

[1] *Die Überschrift lautet in B, auf zwei Zeilen gebracht:* „Christian Kapp und seine literärischen Leistungen"/ (1839)

* Eine ausführlichere kritische Darstellung und Würdigung von K.s Ideen und Ansichten, namentlich seinen höchst interessanten, tief eingreifenden geo- und anthropogonischen Ansichten, war einer späteren, gelegneren Zeit vorbehalten, da wir, gegenwärtig zu sehr von andern Arbeiten in Anspruch genommen, wie gesagt, nur durch vorliegende Schrift, die uns übrigens freundlich berührte, veranlaßt wurden, schon jetzt einige Worte über K. in diesen Jahrbüchern fallen zu lassen.

[2] *Hierzu in B keine Fußnote Feuerbachs.*

zu seiner Schrift „Über den Ursprung der Menschen und Völker nach der Mosaischen Genesis“ erstreckt, zeichnen sich aus – wie jedem hinlänglich bekannt ist, der auch nur einmal ein Kappsches Produkt aus dieser Periode zur Hand nahm – durch eine beispiellose Vernachlässigung der Form und Sprache, eine wahrhaft zynische Rücksichtslosigkeit gegen alle die Pflichten, welche der Autor dem Leser schuldig ist; sie sind, trotz ihres Reichtums an einzelnen[1] herrlichen Stellen und Ideen, im ganzen, wenigstens für das allgemeine Publikum, schlechterdings ungenießbar.* Wer jedoch die Kraft hat, über das abstoßende Äußere sich zu erheben, den Kern von der rauhen Schale abzusondern, wird nicht die Bedeutung verkennen, die, ungeachtet ihrer den Leser beleidigenden Mängel und Fehler, auch diesen Schriften Kapps in der Geschichte der deutschen Philosophie zukommt. Und diese Bedeutung liegt nicht etwa in diesem oder jenem schönen und tiefen Gedanken, den K.[2] ausgesprochen, sie liegt in dem Geist, in dem Sinn, aus dem diese Schriften hervorgegangen, in dem so von jeder Beschränktheit und Einseitigkeit freien, nur auf das Große gerichteten[3], universellen, mit wahrer Riesenkraft alles umfassenden, auch die größten, scheinbar unvereinbarsten Gegensätze in sich überwindenden und zusammenbindenden Geist und Sinn, der Kapps *Wesen* konstituiert. Ohne charakterloser Eklektiker zu sein, vereint K. in sich alle bedeutenden philosophischen Anschauungen der alten und neuen Zeit, und zwar nicht als tote Ware, wie der gelehrte Krämer, sondern als *aktive*, lebendige Momente. In Beziehung auf die neuere und neuste Philosophie liegt namentlich seine Bedeutung darin, daß er ebenso die (Schelling-)[4] Hegelsche Philosophie als den *Gegensatz* dieser Philosophie in sich begreift. Der Gegensatz zur Hegelschen Philosophie

[1] *Fehlt in B.*

* Nur sein „Christus und die Weltgeschichte“ macht davon eine Ausnahme. Diese Schrift ist nur im einzelnen nachlässig, stillos, formalistisch, aber im ganzen trefflich.

[2] Kapp *B. Diese Veränderung wird im folgenden nicht mehr vermerkt.*

[3] so von ... gerichteten: nur auf das Große gerichteten, in dem von jeder Beschränktheit und Einseitigkeit freien *B*

[4] *Fehlt in B.*

hat aber im ganzen zu seiner Grundlage kein anderes Prinzip als das *Prinzip der Subjektivität,* welches in seiner ganzen Energie und seiner vollendetsten wissenschaftlichen Form sich in *Fichte* verwirklicht hat. Sowenig auch, wie sich von selbst versteht, die Gegner Hegels eigentliche Fichtianer oder Kantianer oder Jacobianer sind, sowenig läßt sich doch bei einem denkenden Blicke verkennen, daß ihr Prinzip das Subjektivitätsprinzip ist, nur mit *dem* Unterschied von seiner frühern Erscheinung, daß jetzt, vermittelt durch die Hegelsche Philosophie, deren wesentliches Prinzip das Prinzip der Objektivität ist, das sonst sich unmittelbar *als solches* Gegenstand seiende, „seiner als aller Realität gewisse" Ich jetzt als ein *anderes,* aber im Wesen mit ihm identisches, als das Ich der „göttlichen Persönlichkeit" sich Gegenstand ist, daß jetzt der sonst mit sich einige philosophische Gedanke in dem Medium gemütlicher, unmittelbar persönlicher Bedürfnisse und Vorstellungen gebrochen ist in zwei Iche, infolge des nämlichen Gesetzes für die Spekulation, welchem gemäß im Leben der Mensch das Bedürfnis eines alter ego [nach einem anderen Ich] hat. Kapp faßt jedoch nicht in dieser seiner heutigen degradierten Gestalt das Prinzip der Subjektivität in sich, er hat es in seiner *ursprünglichen* Kraft inne. Die hohe sittliche Energie Fichtes hat sich in K., einem seiner wärmsten Verehrer*[1], verbunden mit dem (relativ im Gegensatz zum Fichteschen Idealismus) *objektiv*-wissenschaftlichen Geiste,[2] der Erkenntnis, der sich am vollendetsten in Hegel verwirklicht. *Fichtes Kraft lebt in K.;* aber es ist nicht mehr die bloße Kraft des Willens *im Trotz* gegen die Außenwelt, *im Widerspruch* mit der *theoretischen* Vernunft, sondern die Kraft des Willens ist in ihm die Kraft der Erkenntnis selbst. Das, was Hegel in seiner Sprache den *Begriff* nennt, drückt

* Von den vielen Äußerungen K.s, die diese Verehrung Fichtes ausdrücken, diene hier nur folgende zum Beleg: „Das ungeheure Verdienst seines Geistes vermag nur ein Geist vollends zu schätzen, der ebenso hoch steht als er selbst in der Paulinischen Urkraft seiner Johanneischen Liebe! Bei Fichtes Namen laßt uns betend schweigen!" („Christus und die Weltgeschichte", S. 337).

[1] *Hierzu in B keine Fußnote Feuerbachs.*

[2] *Komma fehlt in B.*

allerdings auch die Einheit der praktischen und theoretischen Kraft aus. Aber Hegel bezeichnet doch zu sehr den Gegensatz zur Subjektivitätsphilosophie oder doch das rein spekulative Prinzip, als daß wir in ihm das Fichtesche Element (in dieser eben angedeuteten Beziehung) als ein charakteristisches hervorheben dürften. Erst in K. ist der „Begriff" der Hegelschen Philosophie zugleich zur *Fichteschen Willensenergie* geworden oder auch, umgekehrt, die Fichtesche Willensenergie zum „Begriff" gekommen.*

Wie aber Kapp von jeder exklusiven Schulrichtung innerhalb der Philosophie absolut frei ist, so ist er nicht weniger auch von *der* Beschränktheit frei, welche die Philosophie nur in ihrer Abstraktion, nur im Sinne einer *besondern* Wissenschaft faßt und betreibt, indem sie den Inhalt der übrigen Wissenschaften als (angeblich) nur empirisches Zeug von sich wirft. Die Philosophie ist K. die Wissenschaft des Alls, sie ist ihm darum nicht eine, sondern *alle* Wissenschaft oder, wie er sich irgendwo ausdrückt, das Band der Wissenschaften, sie ist ihm, was Leibniz die Monade, eine Konzentration des Weltalls, aber ebendeswegen, wie objektiv, so auch subjektiv, nicht der Ausdruck einer isolierten und abstrakten Geisteskraft, sondern *der ganze, wirkliche* Geist selbst, der und wie er sich und die Welt selbstbewußt erfaßt. Keiner hat daher auch die einseitigen Gegensätze von Denken und Wollen, von Begriff und Gefühl, von Theorie und Praxis, von Philosophie und Empirie, von a priori und a posteriori mit solcher Energie wie K. bekämpft.[1] Die Bedeutung, die K., bei dieser seiner hohen Auffassung der Wissenschaft, derselben gibt, ist eine *welthistorische,* wie dies die Zukunft auch den Verblendetsten offenbaren wird, obwohl sie schon jetzt in dieser Bedeutung in allen tieferdenkenden und charaktervollen Geistern lebt und wirkt. Diese Bedeutung ist aber keine

* Übrigens ist nicht der logische Begriff – logisch natürlich nicht im Sinne der formalen Schullogik, sondern im Sinne der neuern Philosophie – in abstracto, als solcher, sondern als konkreter, als materialisierter das Element K.s. Sein Element ist die Logik der Natur, die Logik der Geschichte. Seine *positiven Leistungen* betreffen die Geschichte der Menschheit und die Geschichte der Erde.

[1] Keiner hat . . . bekämpft. *Fehlt in B.*

andere als die, daß die Wissenschaft, als die „absolute Form des Absoluten", im Sinne nicht nur einer hohen, sondern der höchsten geistigen Macht erfaßt und betätigt werde – theoretisch und praktisch. Ist gleich diese Bedeutung ein Gemeingut aller tiefern Denker, hat gleich schon Bacon gewissermaßen die Wissenschaft in diesem, wenn auch mehr materialistischen, Sinne erfaßt und Hegel abstrakt verwirklicht, so gebührt doch *das* Verdienst Kapp, zuerst unter allen jüngern Denkern die erhabne Bestimmung der Wissenschaft, die Bedeutung derselben als einer weltreformierenden Macht, als der wahren Heilquelle der siechen Gegenwart als ein wahrhaft *wissenschaftlicher Prophet* – ein Prädikat, das K. auch noch in vieler andrer Beziehung gebührt – verkündet zu haben. „Die Blüten der Weltgeschichte", heißt es in seinem „Christus und die Weltgeschichte", „sind der *Staat*, als die realisierte Idee der Sittlichkeit, und die *Wissenschaft*, als das Bewußtsein Gottes in der Form des freien Selbstbewußtseins, des sich selbst begreifenden Wissens." „Die Braut der europäischen Welt ist die Wissenschaft; wer ihr widerstrebt, der bricht die Ehe" (S. 287)[1]. „Die Venus Anadyomene, kurz, das Göttliche, was aus dem Gärungsprozesse in der allgemeinen Krise des Todes sich herausgebären wird in Deutschland zum sonnenhellen Tage offenbarer Wirklichkeit, erleuchtend die Nacht des gemeinen Bewußtseins, ist und bleibt ewig – sprecht diesen Namen *betend* aus – die *Wissenschaft*" (S. 94). *„Christus im Elemente der Wissenschaft* wiederzugebären", ist das Losungswort des „Predigers in der Wüste," wie sich damals, 1823, wo sein „Christus" erschien, Kapp, nicht ganz mit Unrecht, ironisch nannte.[2]

Bei diesem seinem[3] gigantischen, allumfassenden Sinne, bei dieser Fülle und Mannigfaltigkeit des empirischen Wissens, welches K. mit der Spekulation verbindet, und zwar in einem Umfange wie vielleicht wenige, vielleicht kein anderer Denker der Gegenwart, bei diesem seinem[3] nur auf das Große gerichteten, alle Kräfte des Menschen in

[1] *Seitenangabe in B nicht in Klammern. Geringfügige Veränderung; wird im folgenden nicht mehr vermerkt.*

[2] „Christus . . . nannte. *Fehlt in B.*

[3] *Im Original A und B:* seinen

jedem[1], selbst in den Moment der Abstraktion konzentrierenden Streben ist es nun kein Wunder, wenn K. die Bedingungen der Schriftstellerei auf eine für den Leser höchst empfindliche Weise vernachlässigte. Die erste Bedingung der Schriftstellerei ist: sich selbst zu determinieren, sich selbst zu *beschränken*. Der Autor muß sich von sich absondern, sein Innerstes veräußern; was er weiß, was in ihm ein ungeteiltes Ganze[s] ist, muß er auseinanderreißen und so erst mühselig allmählich das zerstörte Ganze wiederherstellen. Er muß die Geduld des Landmanns haben; er kann nicht zugleich säen und ernten. Er kann nicht *massenweise* seine Kräfte und Kenntnisse auf einmal wirken lassen, er muß sie vielmehr, selbst wenn er vollkommen seiner Herr ist, alle seine Geisteskräfte und Schätze stets zur Hand hat, verteilen und höchstens nur im entscheidenden Momente vereint wirken lassen; er muß auch den besten Gedanken, auch den köstlichsten Witz, auch das trefflichste Bild, das ihm seine im Denken stets präsente Anschauung liefert, auch das auserlesenste gelehrte Zitat und Exempel, wenn es überflüssig ist oder gar den Zusammenhang stört, den harmonischen Eindruck vernichtet, unterdrücken, dem Ganzen zuliebe einzelne individuelle Schönheiten aufopfern, sollten sie auch für immer verloren sein, wenn er sie nicht auf der Stelle fixiert; er muß überhaupt *sparen*, haushalten können. Diese *ökonomische* Weisheit ist die Bedingung aller wahren Schriftstellerei. Denke man nicht, daß solche Beschränkung dem wahren Naturgenie Eintrag tut. Diese Selbstbeschränkung ist ja keine willkürliche, sondern durch den Gegenstand bestimmte, sie hat keinen andern Zweck, als alle subjektiven Einwirkungen zu beseitigen, um die Sache ihrer freien Selbstentfaltung zu überlassen. Auch die Natur wirkt mit ökonomischer Weisheit; monstra gebiert sie eben nur da, wo sie sich nicht beschränkt, nicht mäßigt. Aber gerade dieser Mangel an aller schriftstellerischen Ökonomie und Teleologie ist es, was die Kappschen Schriften aus seiner ersten Periode hauptsächlich charakterisiert, ein Mangel, der jedoch bei K., wie gesagt, einen positiven guten Grund hat. Außer dem schon angeführten ist es besonders dieser: K.s freier, lebendiger, tatkräftiger

[1] jeden *A. Hier berichtigt nach B.*

Persönlichkeit entspricht mehr das mündliche, lebendige als das schriftliche Wort. Wenn auch das schriftliche Wort ebenso die Energie des Willens als Geistes zur Bedingung hat – Schreiben, namentlich philosophisches, ist ein fortlaufender Selbstbeherrschungsakt –, so ist es doch abstrakter, begrenzter, unfreier als das mündliche, welchem die unmittelbar gegenwärtige Persönlichkeit ihr ganzes Gewicht mitteilen kann und welches daher vorzüglich einem Geiste zusagt, der, wie K., die Wissenschaft unmittelbar lebendig erfaßt, bei dem der logische Begriff Hegels zugleich Fichtesche Willensenergie ist. Mit Recht bemerkt der Verfasser vorliegender Schrift von K.: „Nicht die ‚graue Theorie, sondern der goldene Baum des Lebens' lebt und grünt in seinem wissenschaftlichen Streben. Darum ist ihm auch persönlich jene Charakterfrische eigen, die sich gern mit der Jugend gesellig zusammenfindet und an dem unverkünstelten Gedanken der unbefangenen Natur ihre Freude hat. Es läßt sich in dieser Beziehung in seinem Charakter gar mancher Zug wiederfinden, der auch seinen verewigten Freund, den trefflichen *Daub*, auszeichnete", so auch, fügen wir hinzu, *der* Zug, der den verehrungswürdigen Daub mehr zu einem Manne des lebendigen als des schriftlichen Wortes machte. Kapp allegiert selbst für sich – in seinem trefflichen Vorwort zum „Christus" – das bekannte Wort Goethes: „Schreiben ist ein Mißbrauch der Rede, stille für sich lesen ein trauriges Surrogat der Rede. Der Mensch wirkt alles, was er nur vermag, auf den Menschen durch seine Persönlichkeit." K. schrieb seine ersten Schriften, ohne sich der Diät zu unterwerfen, die das kalte Klima der Schrift erheischt, er war hier nicht in seinem Elemente; er überschritt im Schreiben die Grenzen der Schreibkunst; er mißbrauchte den „Mißbrauch der Rede", indem er ebenso schnell schreiben als denken und dem leichten Gänsekiel nicht nur die Imponderabilien der Gedanken, sondern auch den Eindruck der ganzen Persönlichkeit, die Gewalt der unmittelbaren Willenskraft mitteilen wollte. Wer aber mit *solcher* Kraft die Feder führt, wie sollte der nicht unleserlich schreiben?

Aber beseelt von der ihm innewohnenden rastlosen Fichteschen Kraft, „die Überwindung der Natürlichkeit", wie er selbst sagt, „ihre Verklärung durch das Selbstbewußtsein auch hierin als eine wesentliche erkennend“ (Vorwort zum „Christus“, S. 32),[1] hat K. dennoch seine dem Elemente der Schrift widerstrebende Subjektivität glorreich überwunden – dergestalt überwunden, daß in seinen späteren[2] Leistungen auch nicht die leiseste Spur von seinen frühern bizarren Eigentümlichkeiten mehr zu finden ist. Zwar treffen wir auch schon in seinen frühern Schriften alle die, selbst sprachlichen, Elemente und Eigenschaften an, die seine spätern zieren, aber chaotisch untereinandergeworfen, nur als Extreme sich berührend, nicht zu organischer Einheit verbunden – das spekulative Prinzip verliert sich in scholastische Distinktionen, Formalismen und Barbarismen*, das empirische Prinzip in gelehrte Zitatenkrämerei und bibliothekarische Rezeptivität; das Besondere ist nicht beherrscht von dem Gedanken, der Gedanke, das Allgemeine, nicht erfüllt vom Reichtum des Besondern, so daß die Mängel, die sonst dem *nur* gelehrten Empiristen eigen sind, sich hier zugleich mit den Mängeln, die sonst

[1] „die Überwindung . . . S. 32), *Fehlt in B.*

[2] spätern *B. Geringfügige Veränderung; wird im folgenden nicht mehr vermerkt.*

* Ich verweise wegen dieses Urteils besonders auf seine „Einleitung in die Philosophie“ (1825). Freilich nur eine „Handschrift für seine Zuhörer“, aber eine größtenteils unleserliche, mit Abbreviaturzeichen, die nur K., aber keinem andern verständlich sind. Übrigens sind hier nur die allerallgemeinsten und folglich ungenügendsten Momente zu einer Charakteristik K.s und seiner Schriften gegeben worden. Zu einer speziellen Charakteristik seiner namentlich frühern Schriften gehörte notwendig die Berücksichtigung des Standpunkts der Philosophie, der Literatur überhaupt, der Weltverhältnisse zur Zeit ihrer Erscheinung. Eine besonders wichtige Rolle bei K. spielt nämlich der Kampf des spekulativen Bewußtseins gegen das „*gemeine* Bewußtsein“, welches bei Hegel *unter* dem Text in den Anmerkungen figuriert, bei K. aber sich breiter macht und selbst in den Text aufgenommen wird. Ein anderes, damit zusammenhängendes Moment ist in K. das humoristische Element, der vogtländische Jean Paulianismus[3] im Konflikte mit der Abstraktion; K. ist ein Landsmann Jean Pauls[4].

[3] , der . . . Jean Paulianismus *Fehlt in B.*

[4] K. ist . . . Jean Pauls. *Fehlt in B.*

dem *nur* spekulativen Denker eigen sind, vereint zusammenfinden. Die Schrift, in welcher sich K. zuerst zu einer organischen Durchdringung des spekulativen und empirischen Prinzips erhob, jedoch noch behaftet mit den eigentümlichen Formmängeln des hier präponderierenden empirischen Prinzips, ist seine Schrift „Über den Ursprung der Menschen und Völker", deren wesentlicher philosophischer Gehalt darin liegt, daß die Entstehung der Völker, der Sprachen, der Religionen (Mythologien) als *ein*[1] Akt begriffen wird. Diese Schrift eröffnet daher eine neue Periode in K.s schriftstellerischem Leben – *die*, in welcher er sich mit dem Elemente der Schrift versöhnte, in welcher er aus seinem frühern mittelalterigen Dunkel und Scholastizismus an das Licht der ästhetischen Kultur der modernen Welt empordrang. Bewunderungswürdig reich ist diese Periode an Schriften und Abhandlungen, die sich alle ebenso durch die Gediegenheit des Inhalts als die Kraft der Sprache auszeichnen und den verschiedensten, ja, entgegengesetztesten Gebieten der Wissenschaft: der *Politik* (sein *jetzt besonders lesenswürdiger „Gregor:* ein Gespräch über das *Papstum* und die *Monarchie*", Nürnberg 1833), der *Historie* (z. B. der höchst interessante Aufsatz über den *„Ursprung des Welthandels in den alten Kastenstaaten*", „Hertha", 1836), der *Ästhetik*, der *Naturwissenschaft*, namentlich der von den neuern Philosophen so sehr vernachlässigten *Geologie* angehören. Wir enthalten uns jedoch hier, sie alle namentlich aufzuführen, um so mehr, als sie in vorliegender Schrift sorgfältig aufgezählt sind* und meistens auch eine kurze gute Inhaltsanzeige beigefügt ist. Wir begnügen uns jetzt damit, nur auf seine letzten größern, unstreitig vollendetsten Werke aufmerksam zu machen. Ich meine seinen *„Neptunismus* und *Vulkanismus in Beziehung auf v. Leonhards Basaltgebilde*" (Stuttgart 1834) und sein *„Italien. Schilderungen für Freunde der Natur und Kunst*" (Berlin 1837, 41 Bg. stark). Der „Vulkanismus", voller Feuer, Witz und Humor, voll echt bergmännischer Kraft und Derbheit, voll großartiger Naturanschauung, frisch, scharf, aber eben-

[1] *Im Original A und B durch Großschreibung hervorgehoben.*

* Mit Ausnahme des Aufsatzes „Die Rheinbayern, geschildert von einem Diplomaten" („Athene", II. Heft, 1832, S. 78 bis 110), welcher *höchstwahrscheinlich* auch K. angehört.

deswegen erquickend und belebend wie die Luft, die auf *hohen* Bergen weht, ist eine humoristisch-satirische Streitschrift, veranlaßt durch eine obskure Rezension einer altbayerischen Gelehrtenzeitung über Leonhards „Basaltgebilde" und gerichtet gegen die Pharisäer auf dem Gebiete der Geologie, welche, den unleugbarsten Tatsachen zum Trotz, das Wasser in ihrem Gehirne zum universalen Bildungsstoff der Erde machen, selbst den Basalt, ein unverkennbar plutonisches Produkt, ihrer „wässerigen Theorie" zuliebe zu einem gleichzeitigen und[1] gleichartigen Produkt mit dem trivialen Sandstein degradieren, aber zugleich von allgemeiner Bedeutung, gerichtet gegen den Pharisäismus, Obskurantismus, Schulpedantismus, Autoritätsglauben[2] und Sektengeist jeder Art und Zunft, reich an den beherzigungswertesten, trefflichsten Sentenzen, Lehren und Ermahnungen. Einige Proben mögen dieses Urteil bestätigen. „Jede Theorie wird verwerflich, wenn sie darauf hinzielt, sich auf alle Weise zu behaupten; sie wird, statt den Tatsachen, die täglich mit neuer Kraft sprechen, dem Eigensinn folgen, der an Einbildungen wie an Reliquien festhält. Aus ihm gibt es in der Geologie nur *eine*[3] Rettung: völlige Wiedergeburt des Bewußtseins durch die *Natur*. Offen und klar liegt sie vor dem Menschen. Wie ein Kind, wenn es unartig, seine Mutter böse nennt, trägt der Mensch, der die Natur verwirrt findet, seine Verwirrung, seine Unklarheit in sie. Sie aber führt schon durch die Bedürfnisse des Lebens den Menschen, dem sie auf ihrem Boden ‚das flüchtige Leben gönnt', in ihre Heiligtümer. Das gesunde Auge, die Liebe des Genusses, die Sorge für Selbsterhaltung lehrte[n] ihn schon früh den Gang der Sterne, trieb[en] ihn bald auf offene Meere und in die Schachten der Tiefe. Allüberall umgibt ihn die Natur. Der Zauber ihrer Gestalt erleichtert die Anstrengung jenes Strebens. Sie winkt und ruft bald in der Sprache der Anmut, bald in der der Majestät und Herrlichkeit, bald wortlos und lautlos durch ungemessene Wogen und einsame Wüsten dem kühnen Sohn der Erde, ihre Hand zu ergreifen und mit übersiegender Kraft ihre

[1] gleichzeitigen und *Fehlt in B.*
[2] *Im Original A und B:* Auctoritätsglauben
[3] *Im Original A und B durch Großschreibung hervorgehoben.*

Spur zu verfolgen. Da öffnet sie ‚geheimnisvoll am lichten Tage' dem Unbefangnen, dem Forscher ihren Schoß und leitet seinen Blick auf ihre Höhen und Tiefen. Sie geizt nicht mit ihren Geheimnissen. Ihre Wahrheit flieht nicht den Menschen. Aber der Mensch, der ihr entflieht, geizt gegen seine eigene Mutter, gegen sein besseres Selbst. Sich mit ihr versöhnend, versöhnt er sich mit sich selbst und hört die *Steine reden, wo die Menschen schweigen*. Wer mag über sie urteilen, der nicht hinauswill ins Leben!"[1]

[2]„Auf dem Kirchturm kannst du Geschichten des Mittelalters studieren, dem kleinlichen Streit krankhafter Sekten auf dem Siechbette zuschauen. Die Geschichte der Natur studierst du nur in ihr selbst, in ihren Meeren und Schachten. Schüttle den Schulstaub angelernter Theorien von den Füßen, trete frei, wie dich Gott berufen, hinaus in ihre Welt, opfere ihr dein Meinen, Sinnen und Sorgen. Sei lauterer Mensch! Dann wird deinem Herzen und Verstande jene Wahrheit, Liebe, Sittlichkeit aufgehen, ohne welche die Wissenschaft keinem den Zutritt in das Heiligtum ihres Alltempels gönnt" (S. 83). Welch eine herrliche Stelle! Ist das nicht die Sprache eines *wissenschaftlichen Propheten*, wie ich oben K. nannte? Und wie reich ist die Schrift an ähnlichen herrlichen Gedanken! Wie reich überdem an ebenso anmutigen als gigantischen Phantasien! Wie reich an Laune und Satire! Wie reich an Empirie, Poesie und Philosophie! „Aber auch wie reich", wird mich tadelnd ein *pedantischer* oder *hypochondrischer* Leser dieser Schrift unterbrechen, „an frostigen Übertreibungen und Allegorien, an ermüdenden Anspielungen an[3] den ewig wiederkehrenden Don Quixote, an trocknen Stellen, wo nicht die Feuchtigkeit des Humors das geologische Material durchdrungen!" Ich spreche keineswegs, indem ich lobe, die Schrift frei von Mängeln; aber welche Schrift ist frei von einzelnen Mängeln? Ich gebe namentlich zu, daß das humoristische und geologisch-wissenschaftliche Element sich nicht überall so durchdrungen haben, daß die Schrift einen durch-

[1] *In A folgt, auf neuer Zeile:* (Schluß folgt). *Der Schluß beginnt dort Spalte 2379.*

[2] *Darüber in A, auf zwei Zeilen gebracht, Wiederholung der Überschrift bis* Leistungen *und auf besonderer Zeile:* (Schluß)

[3] auf *B*

gängig harmonischen Eindruck auf den Leser macht, sondern vielmehr die wissenschaftliche Exposition den Humor unterbricht und hinwiederum der Humor das wissenschaftliche Interesse empfindlich schmälert. Aber man bedenke, daß die Schrift die *Natur ihres Gegenstandes* an sich trägt und daß nur die Schrift eine gute ist, welche die Natur ihres Gegenstandes lebendig vergegenwärtigt, weswegen der tüchtige Schriftsteller nicht nur Hirn in seinem Schädel, sondern auch Blut in seinen Adern haben muß, um sich in seinen Gegenstand nicht nur hineinzudenken, sondern auch hineinzuleben. Man bedenke demnach, daß der Gegenstand dieser Schrift der Kampf des Vulkanismus mit dem frostigen und bereits abgestandnen Element des Neptunismus ist. Gewiß waren die plutonischen Prozesse in der Geschichte der Erdbildung die schrecklichsten, aber auch die erhabensten; schade, daß wir dem Schauspiel nicht beiwohnen konnten; aber gewiß würde, wenn wir zugegen gewesen wären, unser Sensorium auf eine höchst disharmonische und extraordinäre Weise erschüttert worden sein. Warum verlangt ihr vom Bilde, was euch das Original nicht geben kann? Könnt ihr von einem Schlachtgemälde die nämlichen Eindrücke verlangen als von einer friedlichen Landschaft? Nimmermehr; also macht auch an den Schriftsteller keine pedantischen[1] ungebührlichen Forderungen, lobt ihn vielmehr, wenn sein Werk ein treues, lebendiges Ebenbild seines Gegenstandes ist. Und so ist es mit K.s „Vulkanismus". Diese Schrift ist ebenso wie ihr nächster Gegenstand, der Basalt, ein echt *plutonisches Produkt*, eine neue geologische Instanz gegen die Universalmonarchie der Wasserpotenz, ein neuer sprechender Beweis von der furchtbaren Gewalt des Feuers als eines bei der Bildung der Erde und folglich auch des Menschen mitwirkenden Elements. Und wenn ihr daher vermißt, daß es hier nicht so flach und eben, so kontinuierlich und geschmeidig fortgeht wie etwa bei einer Fahrt auf der Landstraße oder gar bei einer Wasserpartie, wenn ihr euch manche humoristische[n] Querfeldeinsprünge, manche gewaltsame aphoristische Unterbrechung gefallenlassen müßt – nun, so bedenkt, daß auch in natura der Basalt sich nicht anders aufgeführt

[1] *In B folgt Komma.*

als hier, daß auch er im wesentlichen keine niedrige, wassergleiche Richtung hat, sondern vielmehr in erhabenen, aber eckigen Säulen schroff gen Himmel emporschießt, daß auch er den Neptunisten als der Mephistopheles der Geologie einen impertinenten Strich durch die Rechnung gemacht und ihnen zur Introduktion in die Tiefe des Vulkanismus keine Esels-, sondern *Teufelsbrücke* (an der nördlichen Küste von Irland) geschlagen, daß auch er mit herzzerschneidenden Aphorismen den Zusammenhang der neptunischen (freilich auch plutonischen) Gebilde durchbrochen, die Schichten der verschiedensten Felsmassen gewaltsam verändert, gehoben und verschoben hat. Und wenn ihr euch stoßen wollt an manchen scheinbar oder wirklich nicht zur Sache gehörigen, antiplutonischen Ingredienzen der Schrift, wie z. B. an dem mit den Haaren herbeigezognen Zitat auf Seite 145, nebst der ersten Anmerkung und andern belletristischen Allotrien, so laßt euch dadurch nicht irremachen an dem plutonischen Ursprung dieses Produkts und bedenkt, daß den Autor auch zu dieser Freiheit sein Gegenstand privilegierte! Auch der Basalt enthält allotria, selbst, obwohl selten, Versteinerungen: Chamiten, Pektiniten, Herzmuscheln, Ammoniten, Glossopetren, Pflanzenabdrücke, ja, sogar bisweilen, humoristisch genug, Wasser. Aber man wende auch in dieser Beziehung auf die Schrift an, was in betreff der Versteinerungen K. vom Basalt sagt: Nicht das Vorkommen von Versteinerungen als solches, sondern die *Art* des Vorkommens entscheidet über den feurigen oder wässerigen Ursprung eines Gebildes.

Übrigens ist die Glanzperiode der plutonischen Macht glücklicherweise längst vorüber; auch in K. hat sie ausgetobt. Wer daher kein Freund von revolutionären Naturprinzipien und furchtbar erhabnen Erscheinungen ist, wer sich angegriffen fühlt von den Erschütterungen, die in seinem Nervensystem der Vulkanismus hervorgebracht, der eile in K.s „*Italien*". Hier findet er sich versetzt auf den blumenreichen Boden der beruhigten [1] vollendeten Erde; hier kann er sich im Schatten breitblätteriger Feigenbäume erholen von der verzehrenden Glut des Vulkanismus; hier bietet

[1] *In B folgt Komma.*

ihm die Natur aus dem „Becher von Neapel" die schönsten und zugleich erhabensten Lebensgenüsse und Aussichten dar; hier kann er aus der „Blume von Europa" den Nektar himmlischer Wonne saugen. Aber auch Italien verleugnet, zu seinem eignen Vorteil, keineswegs seinen plutonischen Ursprung. Die Kraft des Vulkanismus ist nicht verschwunden; sie ist nur gebändigt durch den Zauber der Kunst; sie ist nur von der *Oberfläche* zurückgetreten in die Tiefe, wo sie, wie sich's gebührt, in aller Stille fortwirkt, nur daß sie von Zeit zu Zeit ein vernehmliches Zeichen ihres Daseins von sich gibt, um den Kunstenthusiasmus in den Schranken vernünftiger Besonnenheit zu erhalten. Mit andern, bildlosen Worten: K.s „Italien" verbindet die Kraft des Nordens mit der Anmut des Südens*, den Ernst der Philosophie mit der Heiterkeit der Kunst, die Tiefe des Gedankens mit dem Reichtum einer umfassenden Anschauung, die Besonnenheit der Kritik mit der Glut der Bewunderung, die Präzision der Wissenschaft mit der Freiheit der Phantasie, die selbstgenügsame Fülle der Gelehrsamkeit mit edler, würdevoller Popularität der Sprache. Kurz, wie sein „Vulkanismus", so entspricht auch „Italien" vollkommen seinem Gegenstand: Es vergegenwärtigt uns auf jedem Blatte die wohltätigen Einflüsse des italienischen Himmels.[1] Mögen auch dieses Urteil einige Proben bestätigen! Wir wählen dazu K.s Schlußurteil über die größten italienischen Künstler aus. „Anfangs bewegte sich die Kunst in allem einfach; gleich durch *Giotto* von der Übermacht des kirchlichen Einflusses entbunden, wirkte . . . das ästhetische Bewußtsein, vom reinsten Bildungstriebe tief bewegt, *unmittelbar* auf das Schöne hin und förderte, ohne Zutat, dessen Entfaltung. Da ging der bildende Geist in sich, seine Tätigkeit schien innezuhalten" (S. 392–402). „Mit *Masaccio* und *Fiesole* regte sich schon, indem das alte, nach doppelter Richtung, allseitig sich vollendete, die Kraft neuen Lebens, neuer Tat, deren Wendepunkt in *Leonardo* kulminierte. Denn dieser vereinte in sich die gediegene Naturanschau-

* Damit soll übrigens keineswegs geleugnet werden, daß K.s Schreibart hie[2] und da hart und dunkel ist.

[1] *Alles folgende, von* Mögen auch dieses Urteil *bis* Kunstrichtung" (S. 221–237), *fehlt in B.*

[2] hier *B*

ung des Masaccio mit Fiesoles gottestümlicher Innigkeit ... Erst mit *Buonarotti* und mit *Tizian* wurde indes das *Selbstbewußtsein* der italienischen Kunst *frei* und *ungebunden;* jener nahm alle Künste, vor allen die Plastik, dieser fast ausschließend die Malerei in Anspruch, jener das Gebiet des Gedankens, der nichts als sich, die Wahrheit, will, dieser, mit dem Gedanken versöhnt, das Reich individueller Lust und Grazie. Jener suchte und *wollte* Erhabenheit, dieser volle Wärme des Lebens, jener den höchsten Gedanken als Gedanken, dieser den lebendigsten Geist im Zauber der Farbe, in der unübertroffnen Schönheit des Fleisches, in der Lebensfülle des Blickes urkräftig wirkender Liebe. In seinen Werken glaubt man die Worte zu lesen: Lasset uns *Menschen* machen, Fleisch von unserm Fleisch und Blut von unserm Blut! Michelangelo war darum, was Wärme, Licht und Farbe, Geschmack und die siegende Grazie betrifft, eine geringere, dagegen nach *einer* Richtung, nach der erhabenen Richtung kraftvoller Vielseitigkeit des Gedankens und der Arbeit, eine höhere Gestalt selbst als Tizian. Er war – darf ich in der Sprache einer ältern, populär gewordnen Philosophie, der Kantschen, über diesen Künstler, den man den philosophischen genannt hat, reden? – ein synthetischer, ein alles, auch sein Gegenteil umfassender Geist; bloß auf sich gestellt, unterwarf er die Erscheinungen der Natur in jeder Kunst der strengsten Analyse, um seine Werke als synthetische Urteile a priori, d. i. als freie Schöpfungen seines eigensten Selbstes, hinzustellen ... Seiner Gesinnung nach ist er Protestant in seiner Kunst, nur durch Opposition gegen äußere Anmut einseitig, doch durch Denken, Wollen und Handeln ein beispiellos freier Künstler" (S. 524–525). ... „Während nun Tizian das volle Sinnliche mit feurigen Armen, ohne Zagen, zum Himmel emporhebt, Michelangelo, ohne nach Anmut zu fragen, den gedachten Inhalt in die kalte, strenge Form der Wirklichkeit versenkt, malt *Correggio* Heilige, die es, sosehr als möglich, nur im Momente sind, in dem sie erscheinen: Wenn *dieser* Festtag vorüber, können, werden sie anders sein. Das Heiligtum der Kirche selbst war Heiligen-Schein geworden; nur so konnte noch der gesunde Künstler es fassen. In mutwilliger Lüsternheit spielen seine sonstigen Gestalten, anmutvoll, um die Sonne des Lebens. In Tizians

Brust herrschen frei die Götter der Welt; in Buonarottis Werkstatt hämmern endlos mächtige Kyklopen – hinkende Vulkane am Kopfe Jupiters" (S. 425). „Die Erde tut sich auf, entsendet, zum Schrecken der jungen Götter, aus ihrem Schoße die Riesengestalten der Vorzeit" (S. 428). „Nur in *Raphaels* Schöpfungen haben die Götter des Himmels und der Erde Friede geschlossen. Er, der Jüngling von Urbino, bleibt der vatikanische Apoll seiner Kunst, in schönster Lebensmitte zwischen Jugendblüte und Mannesreife und doch über jedes Alter hinaus, weil er alle Kunstperioden seines Landes in sich trägt" (S. 526). Schon im Begriffe zu schließen, können wir uns doch nicht enthalten, noch einige Äußerungen K.s über Michelangelo beizufügen: „Dürfte ich von dem kühnen Bildner ein kühnes Bild wählen, so dürfte ich sagen: M. A. *goß* den Marmor, als wäre er Erz. Denn *als Künstler* begann er, wie Erzgießer, seine Werke und vollendete sie als *Techniker*. Vom Gedanken, von der Kunst ging er aus, nicht vom Handwerk, wie der Marmorbildner in gewissem Sinne pflegt. Aber er schloß auch nicht mit der Kunst, wie dieser" (S. 425). „Er suchte das Erhabene, aber von diesem ist zum Widerlichen nur *ein* Schritt. Ihn beherrschen *allgemeine Begriffe*. Aber er ist der *einzige*, der einseitig diese Herrschaft wollte, ohne aufzuhören, Künstler zu sein. Er machte diese Begriffe zum *Inhalt* seiner Naturanschauung. Bis heute ist er der unübertroffene Meister in der Zeichnung, soweit die Zeichnung den *allgemeinen* Charakter der Gestalten ausmacht und diese in den möglichst denkbaren Ansichten und Bewegungen vorstellt. Er gibt sogar, wo er *mag*, das *Individuelle* charakteristisch. Man sieht dies unwiderlegbar in seinen Handzeichnungen, in mehreren ausgeführten Werken. Aber das Individuelle unterliegt bei alledem seinem Streben, das Allgemeine der Natur, das Innere der Körper, die Anatomie des Menschen darzustellen, sein bewunderungswürdiges, bis jetzt kaum erreichtes Studium der Natur, das Gewicht seiner Gedanken, ironisch zur Schau zu tragen" (S. 429). „Bei ausgeführten Werken zog sein Meißel den Gestalten gleichsam die *Haut* ab und legte das Innere dem Auge bloß, oder vielmehr: Sein bewunderungswürdiges anatomisches Studium drang nicht bis zur Haut vor, es verweilte zu tief im Innern. *Daher* sind unter seinen

Handzeichnungen riesenhaft gedachte Gestalten, die er in verjüngtem Maßstabe für den Meißel oder Pinsel oder ganz sorglos hingeworfen, oft voll Grazie" (S. 426). „*Alle* seine Tugenden, *alle* seine Fehler gehen von dem Streben nach dem Erhabenen aus; die Erreichung des Schwierigsten galt ihm als *erhaben.*" . . .„Er ist gleichsam der Skeptiker der Anmut" (S. 430). „Das Urteil über M. A.s Werke ist zugleich das Urteil über sein Leben . . . Wie in der Kunst, war ihm im Leben *nichts zu schwer*. Er kannte *keinen* Schein, *keine* Furcht. Kühnheit, Anstrengung war das Element seiner *Freude*" (S. 431). Schließlich empfehlen wir noch als besondere Zierden des reichhaltigen Werks den Kunstfreunden K.s Erklärung und Auffassung von Michelangelos Weltgericht (S. 434–451) und Raphaels Transfiguration (S. 476–489), außerdem den Naturfreunden den Abschnitt „Zur Bildungsgeschichte der Apenninen" (S. 62–68), den Geschichtsfreunden den Anhang „Über den Ursprung des römischen Volks und dessen eigentümliche Kunstrichtung" (S. 221–237).

[Wastebook[1]

7.

Das Pathos der Kritik und die Kritik der unreinen[2] *Vernunft]*[3]

[Ein junger Gelehrter, dessen Bedeutung in den ernsten Konflikten der heuchlerischen Theologie mit der gesunden Wissenschaft in kurzem noch energischer als bisher hervortreten wird, schreibt an einem Werke, welches er scherzhaft eine „Kritik der *unreinen* Vernunft" nennt, die ihm ebensosehr am Herzen liegt, als ihre Inhaber den herzlichen Anteil bloß vorgeben. Er spricht sich darüber brieflich folgendermaßen aus:[3]]

[4]„Alles muß bei mir durch das Leben veranlaßt werden, ehe ich einmal die Fühlhörner aus meinem Schneckenhaus herausstrecke. Käme mir nur solches Lumpengesindel wie Haller, Adam Müller und Konsorten öfter in den Wurf – ich hätte längst das Messer an die Gurgel dieser Wölfe und Schafe gesetzt. Aber so ex abrupto [unversehens] aus dem abstrakten Vorsatze zur Kritik den animus [Entschluß] zur Kritik zu holen, statt aus dem Pathos, der Animosität den Vorsatz unwillkürlich entstehen zu lassen – das ist das Fatale. Das Blut muß bei mir, wie beim Embryo, durch die Leber laufen, ehe es geschickt wird, das Hirn zur gehörigen Tätigkeit aufzuregen. Zur sporadischen Kritik fehlt es mir an spezifisch auf die Galle wirkender Lektüre. Dagegen hab' ich eine Arbeit vor, welche tief in die Lebensfragen der Zeit eingreift und diesen Winter wenigstens den Hauptpartien nach vollendet werden muß. – Was ist der letzte Grund unserer geistigen und politischen Unfreiheit?

[1] *Titel einer Rubrik der „Hallischen Jahrbücher".*

[2] *Im Original halbfett.*

[3] *Die Überschrift und der erste Absatz,* Ein junger . . . folgendermaßen aus: , *stammen von Arnold Ruge.*

[4] *Das folgende Zitat,* „Alles muß . . . an einer ‚Kritik der unreinen Vernunft'.", *stammt von Feuerbach.*

Die Illusionen der Theologie. Ich weiß das aus meinem eignen früheren Leben, wo dieser Teufel in Engelsgestalt mich in seinen Krallen gehabt hat. Darum ist aber auch das ein Sujet, ganz für mich gemacht. Denn die Theologie ist bei mir bereits den Weg alles Fleisches, den Weg durch die Leber gegangen. Führ' ich mein Thema gut aus, so hoffe ich die Heuchlerin vollkommen zu entlarven. Ich habe zum Behufe meiner Arbeit auch die alte katholische Dogmatik – den Petrus Lombard, die Konzilienbeschlüsse, den Heil[igen] Bernhard, den langweiligen Ambrosius etc., etc. – ganz durchgemacht. Hieraus läßt sich schließen, welchen Unrat ich aufgehäuft. Es ist unglaublich, welche Illusionen die arme Menschheit beherrschen, noch heute beherrschen, und wie uns die spekulative Philosophie in ihrer letzten Richtung, statt von diesen Illusionen befreit, nur darin bestärkt hat. Übrigens sehne ich mich nach der Vollendung dieses Geschäftes selbst, um aus diesen traurigen, dunklen Regionen ans Licht der Wirklichkeit wieder emporzukommen. Si parva magnis componere fas est [wenn man Kleines mit Großem vergleichen darf]: Kant schrieb eine ‚Kritik der reinen Vernunft'; meine Parvität [Wenigkeit] schreibt an einer ‚Kritik der *unreinen* Vernunft'."

[[1]Wir brauchen den geistreichen und tapfern Verfasser nicht zu nennen. Er ist seinen Feinden und Freunden gleich kenntlich. Seinem Buche aber sehn wir mit Verlangen entgegen; er wird sein Publikum nach beiden Seiten hin beträchtlich vermehren und die große Aufgabe der Wiederherstellung eines Gewissens in der Wissenschaft, d. h. eine neue Reformation, wesentlich befördern.]

[1] *Der folgende letzte Absatz stammt von Ruge. Unter dem Artikel steht auf einer besonderen Zeile als Unterschrift: R. (= Ruge). Mit dem* jungen Gelehrten *bzw.* geistreichen und tapfern Verfasser *ist Feuerbach gemeint. – Vgl. GW 17, S. 383: An Arnold Ruge [Ende November 1839].*

Dr. Karl Bayer, „Betrachtungen über den Begriff des sittlichen Geistes und über das Wesen der Tugend." Erlangen 1839. Bei Palm.[1]

Betrachtungen über den sittlichen Geist und das Wesen der Tugend – richtiger vielleicht: Herzensergüsse, aber Herzensergüsse einer eignen, selbständigen Gattung – kontemplative, *metaphysische* Herzensergüsse. Metaphysische? Ist das kein Widerspruch? Ist Metaphysik Herzenssache? Gedanke Gefühl? Gefühl Gedanke? Wohl nicht immer, aber wenigstens hier in diesem besondern Fall. Hier habt ihr – so seltsam es euch auch klingen mag – einen Kopf, der empfindet, und ein Herz, welches denkt – hier habt ihr den tatsächlichen Beweis von der Einheit des Gefühls und Gedankens, der Erkenntnis und des Willens, von der Einheit der oder wenigstens einer Metaphysik und Ethik.[2]

Das Denken ist ein sittlicher Akt. Dieser Satz ist der oberste ethische Grundsatz des Verf.[3] „Der Gedanke ist Leben, ist des Lebens höchste Form, höchste göttliche Tätigkeitsform, höchste Form und Akt der Freiheit "(S. 86)[4]. „Vernünftig sein und gut sein ist ein und dasselbe. Erkenntnis ist freie Tathandlung der Vernunft, keine Sittlichkeit ohne Freiheit, keine Freiheit ohne Erkenntnis" (S. 83). „Das, wodurch die Sittlichkeit frei, und das, wodurch die Freiheit sittlich wird, ist die *Vernünftigkeit,* die sich selbst ausdrückende Wahrhaftigkeit, die Kraft und die Begei-

[1] *Die Überschrift lautet in B, auf drei Zeilen gebracht:* Über den Begriff des sittlichen Geistes/Von Dr. Karl Bayer/ (1840)

[2] *Der ganze erste Absatz,* Betrachtungen über . . . und Ethik., *fehlt in B.*

[3] Verfassers *B*

[4] *Seitenangabe in B nicht eingeklammert; wird im folgenden nicht mehr vermerkt.*

sterung der Erkenntnis" (S. 84). „Männliche Selbständigkeit, Selbständigkeit des Charakters, *Selbständigkeit im Willen* beruht auf der *Selbständigkeit im Denken.*[1] Sittlichkeit beruht auf des Geistes eigenster, innerster Selbsttätigkeit, auf *Selbstbewußtsein,* auf *Erkenntnis,* auf dem *Gedanken.* ... *Denken ist Freiheitstrieb, Freiheitsbedürfnis, Freiheitsgefühl, Freiheitsbetätigung, Freiheitsbewußtsein.* Ist alle Tugend in dieser Freiheitsbegeisterung der Vernunft gegründet, so ist diese geistige Selbständigkeit des freien Gedankens selbst die *allgemeinste* und *höchste* Tugend und ihre Übung, wo wir selbst denken und wollen, ihre Verteidigung, wo sie angegriffen und gefährdet ist, *unsere allgemeinste und höchste Pflicht. Geistig selbständig zu sein ist Tugend.* Geistig selbständig ist, wer nicht, wo er selbst denken soll, durch Autorität[2] sich bestimmen, wo er selbst urteilen, durch Vorurteile sich leiten lässet[3]; geistig selbständig ist der, welcher, indem er denkt, sich produktiv verhält und, indem er will, nur das will, was allein um seiner selbst willen geliebt werden kann ... Der *geistig selbständige* Mann ist auch der *sittlich selbständige*" (S. 88–89). „Was ist der Wille und die sittliche Freiheit? *Die Energie der Selbstverwirklichung des Gedankens.* Der Wille ist frei und sittlich, sofern er will, was er *gedacht* hat, soferne er will, was er *als wahr* und *recht erkannt,* was er als pflichtgemäß und zweckmäßig, was er als von der Vernunft gefordert eingesehen. Die sittliche Freiheit beruht auf der Erkenntnis" (S. 95). „Der *denkende* Mensch ist auch der gute, der sittlich lautere. Güte ist im Frieden ihrer selbst ruhende Wahrheit, Liebe der Vernunft, Selbstgefühl des Gedankens, der Wahrheit Selbstgefühl" (S. 547). Wenn aber, wie der Verf. trefflich entwickelt, die geistige und sittliche Tätigkeit an sich *eine* Tätigkeit ist, wenn die Ethik nicht außer das Gebiet des Denkens hinausfällt, so liegt auch umgekehrt das eigentliche Gebiet des Denkens, die Wissenschaft, nicht außer dem Gebiete der Ethik: Es gibt *wissenschaftliche Tugenden.* „Gewissenhaftigkeit ist Gesinnung im positiven Sinne, edle würdevolle Gesinnung. – In der

[1] *In B folgen Ausführungszeichen und Gedankenstrich.*
[2] *Im Original A und B:* Auctorität
[3] läßt *B*

Wissenschaft gewissenhaft zu sein ist sittliches Verhalten des Gelehrten" (S. 382–383). „Denken ist an sich selbst der *höchste geistige Akt* und die *höchste ethische Tat*, aber das, was den spezifisch sittlichen Gehalt der denkenden Wahrheit bildet, durch welchen sie selbst eine Form der Tugend ist, dies ist *geistige Unschuld und Selbstvergessenheit*, Kraft der Produktion, sittliche und geistige Wahrhaftigkeit. Sittlich ist der Denker als origineller, primitiver, produktiver Denker, als freier selbständiger Denker, *selbständig* in seinen Forschungen, *frei* in seiner Erkenntnis, schöpferisch sich verhaltend zu den Problemen der Wissenschaft" (S. 507). „*Wahrhaftigkeit* ist Klassizität, klassisch ist, wer nicht nur in unumwundener Aufrichtigkeit, sondern auch in reiner und täuschungsloser Liebe zur Wahrheit und in der Wahrheit rücksichtsloser Erkenntnis alles Egoismus sich entäußert, aller Mutlosigkeit sich entschlagen hat. *Meisterhaft* und *musterhaft* zu sein – dazu ist erforderlich *sittliche* und *geistige Wahrhaftigkeit*; sittliche und geistige Wahrhaftigkeit ist selbst Exemplarität und Virtuosität. Ein jedes Werk ist exemplarisch und meisterhaft, das der Wahrhaftigkeit entquollen, in dem der Geist als *den wahrhaften* sich bezeugt. Der Geist der freien Wahrheit wird in tugendlosen Zeiten als ketzerischer Werk-Urheber verfolgt und verleugnet; die klassischen Perioden der Literatur sind die Perioden der freien Forschung, der freien Kritik, der freien Philosophie, in denen sich der Geist fessellos entfaltet, schrankenloser Liebe zur Wahrheit sich hingebend, ohne Vorbehalt dem Geist der Wahrheit vertrauend. ... Klassisch ist nur der *selbständige* Geist, der *wahrhaftige, vorurteil[s]lose, mutvolle*, der Geist selbständiger Wahrhaftigkeit, der vor keinem Resultat seiner Forschung erbebt, kein Mißverständnis fürchtet, keine Verleumdung scheuet, vor keiner verjährten Lüge sich beuget – der *freiheitgroße, freiheitglückliche* Geist selbständiger Wahrhaftigkeit" (S. 534). „Die Wahrheit zu erkennen und ihr nachzuforschen ist für dich nicht ein Recht, auf das du freiwillig und willkürlich Verzicht leisten könntest, sondern zu *denken* ist für dich eine *geistig sittliche Pflicht*, eine Pflicht, die du üben mußt, für deren Übung du sittlich verantwortlich bist" (S. 510). „Strenge, unbestechliche, unbeugsame, rücksichtslose Wahrheitsliebe ist die eigentliche Tugend des

Gelehrten . . . Ein starker, moralisch starker Geist, ein von Vorurteilen freier, von Resultaten nicht präokkupierter, ein unschuldsvoller Geist allein wird die sittliche Pflicht des geistigen Fortschritts begreifen und ihr genügen" (S. 529).[1]

Es ist ein trauriges Zeichen der Zeit, daß die Einheit des Denkens und der Gesinnung, der Seele des Willens, geleugnet und folglich – eine notwendige Folge – in Beziehung auf das Reich des Denkens, die Wissenschaft, geglaubt wird, daß hier sich der Unterschied zwischen sittlicher Schlechtigkeit und Tüchtigkeit aufhebt, daß ein moralischer Schurke ein tüchtiger Denker sein könne. Es ist dieser Glaube ein Zeichen, daß die klassisch wissenschaftliche Gesinnung von uns gewichen, daß die Wissenschaft, ihres Adels verlustig, zu einem gemeinen Handwerk degradiert worden ist. Wo die Wissenschaft aus dem Innern entspringt, wo die Beschäftigung mit ihr ein Akt der Freiheit und Liebe ist, da wird sie immer auch als *eine sittliche Kraft* empfunden. Wer dies nicht aus sich selbst weiß, der lasse sich durch die Empirie belehren, aber nicht die gemeine Empirie, die von der Gasse ihre Instanzen gegen erhabne Gedanken aufklaubt, sondern *die* Empirie, welche auf *Kritik* beruht, selbst ein *philosophischer Akt* ist, *die* Empirie, welche überall auf die Quelle zurückgeht, den Ort aufsucht, wo ein Wesen in seiner Wahrheit in die Erscheinung tritt, wo der Gegenstand des Denkens ein Objekt der Erfahrung wird. Er gehe also dahin, wo das Denken sich als eine *ursprüngliche* Kraft zeigt, wo aus innerem Wahrheitstrieb sich Denker in einer Nation erheben. Waren nicht z. B. die Philosophen Griechenlands auch zugleich weise, tugendhafte Männer? Waren sie es nicht, die sich gegen und über den unsittlichen Glauben der heidnischen Theologie erhoben? War diese Erhebung über die heidnischen Götter nicht ein *Denkakt* und zugleich ein *sittlicher* Akt? Konnten sie diese Götter als unsittliche verwerfen, ohne sie als falsche Götter zu verwerfen, und umgekehrt? Ist denn nicht überhaupt die Verwerfung des Falschen, weil es falsch, die Bejahung des Wahren, weil es wahr ist, obwohl

[1] „Was ist der Wille und die sittliche . . . und ihr genügen" (S. 529). *Fehlt in B.*

ein theoretischer, zugleich ein sittlicher Akt? Hat ein Schurke Wahrheitssinn, Wahrheitsliebe? Ist das Wahre nicht auch das Gute, das Falsche das Schlechte? Also das *Interesse für das Wahre* nicht ein *sittliches* Interesse? Nicht die Frucht einer erhabenen Gesinnung? Ist es überhaupt möglich, zu denken, zu forschen, wenn wir Sklaven unsrer gemeinen egoistischen Triebe sind, wenn uns die Phantasie lüsterne Bilder vorgaukelt, wenn wir sinnen auf Genuß, auf Rache, auf Gewinnst? Gehört nicht vielmehr notwendig zum Denken ein lauterer, reiner, ein freier Sinn? Ist also Denken nicht ein Freiheitsakt, nicht das wesentliche Prädikat eines freien Menschen?

Um zu beweisen, daß das Denken an und für sich ein sittlicher Akt ist, handelt es sich folglich nur darum, zu beweisen, daß die *Freiheit* nicht das Vermögen, sittlich oder unsittlich, gut oder schlecht zu sein, sondern vielmehr der *reelle Begriff der Sittlichkeit* selbst ist. Und dies hat der Verf. trefflich gezeigt. „Was ist das Gute? Ist gut nicht der, welcher die Gebote der Liebe erfüllt und tut, was die Vernunft von ihm fordert? Ist gut nicht der, welcher, was er als wahr und recht erkannt, auch tut? Und ist der, welcher, was die Vernunft von ihm fordert, ohne durch äußere Gesetze bestimmt zu werden, und was die Liebe gebietet, ohne durch Selbstsucht sich bestimmen zu lassen, auch tut und vollbringt, ist ein solcher nicht frei? Ist ein solcher nicht frei, indem er das Wahre erkennt und die Selbstsucht im Herzen besiegt, nicht frei, indem er zur Tat sich entschließt und sich selber Gesetz ist und Zweck seiner selbst?[1] Ist der Gute nicht frei und der Freie nicht gut? Und ist der Gute nicht frei in demselben Akte, in dem er gut, und aus demselben Grunde, aus dem er gut ist? Betätigt sich nicht in der Freiheit die Güte und in der Güte die Freiheit? Freiheit ist nicht Wahl zwischen dem Guten und Bösen, sondern die das Gute fodernde[2] Idee" (S. 390–391). Sind nicht, fahren wir im Sinne des Verf. fort, um argumenta ad hominem [Beweise aus dem Zugestandenen] zu geben, Neid, Mißgunst, Bosheit, Lügen-

[1] Ist ein solcher nicht frei, indem . . . Zweck seiner selbst? *Fehlt in B.*

[2] fordernde *B*

haftigkeit, Heuchelei, Hinterlistigkeit, Geiz, die häßlichsten Laster, Formen der Unfreiheit? Im Gegenteil die Tugenden der Liebe, des Wohlwollens, der offenen Anerkennung fremder Verdienste, der freudigen Teilnahme an anderer Glück und Unglück, der Freigebigkeit, der Wahrheitsliebe Formen der Freiheit? Ist also die Tugend nicht Freiheit, die Freiheit nicht Tugend? Ist aber Denken nicht ein Freiheitsakt? Muß ich nicht dieselben schmutzigen Gesinnungen und Leidenschaften, um denken zu können, beseitigen, die ich beseitigen muß, um tugendhaft zu sein? Handle ich nicht, indem ich denke, ebenso im Namen und Sinne der Tugend als im Namen und Sinne der Vernunft? Ist also Denken nicht ein tugendhafter Akt, eine Askese der Tugend? Freilich gilt dies nur von *dem* Denken, welches die Betätigung des edelsten Triebes im Menschen, die *Betätigung der reinen, interesselosen Wahrheitsliebe*, ist, nicht von jenem Denken, welches nur eine *formelle*, gegen den *Inhalt gleichgiltige* Tätigkeit ist und sich selbst zum Mittel der unlautersten Zwecke erniedrigen kann, aber eben deswegen auch ein der Bestimmung des Denkens widersprechendes, wesenloses, eitles, schlechtes Denken ist. Wer keiner *erhabnen*[1] *Gedanken* fähig, ist auch keiner *erhabnen Gesinnungen* fähig. Wer nicht die *Wahrheit* liebt, kann auch nicht die *Tugend* lieben. Die Wahrheitsliebe ist die *erste* Tugend. Wem es gleichgiltig, was *wahr*, dem ist auch gleichgültig, was *gut* ist. Wer ein *Sophist von Verstande* ist, der ist auch ein *Schuft von Herzen*. Und nur in diesem Sinne, in welchem das Denken die sich selbst betätigende Wahrheitsliebe bedeutet, nur in diesem spricht der Verf. von der Einheit des Denkens und der Tugend.[2]

[3]Wenn aber das wahre Denken eine sittliche Tätigkeit ist, so folgt auch umgekehrt, daß die wahre Tugend, die sich selbst betätigende Erkenntnis – handelndes Denken, sich selbst zur Tat bestimmendes Denken ist oder daß, „wie der wahrhaft Vernünftige der Gute, so auch der Gute,

[1] erhabenen *B. Wird im folgenden nicht mehr vermerkt.*

[2] *In A folgt auf neuer Zeile:* (Fortsetzung folgt). *Die Fortsetzung beginnt dann dort Spalte 685.*

[3] *In A darüber Wiederholung der Überschrift bis* Geistes etc. *und auf einer neuen Zeile:* (Fortsetzung)

der Tugendhafte der Vernünftige ist". „Der Gedanke ist der Sittlichkeit lebendiger Grund; deshalb ist es unmöglich, die Sittlichkeit anders zu denken denn als Tat, als sich selbst betätigenden Geist. Sie ist die Energie der Selbstbestimmung, die Selbstbetätigungskraft, die Selbstverwirklichungstat des Gedankens: *der Gedanke als Gesinnungstätigkeit.* In dieser Energie, als Verwirklichung seiner selbst, in dieser Tendenz, als Selbstbejahung, in dieser Würde, als seiner selbst Bezeugung, ist der Gedanke *sittlich.* Sittlichkeit ist Tat, Verwirklichung großer und hoher Gedanken, Verwirklichung guter Vorsätze und edler Pläne, Verwirklichung erhabener Zwecke und vernünftiger Postulate" (S. 133–[1]34). „Wille, ohne im Gedanken begriffen, ohne von Vernunft bestimmt zu sein, ist unfreie, äußerliche, ungöttliche Gewalt, eine willkürliche, unselbständige, ungeistige Tätigkeit" (S. 132)[1]. Indem der Verf. daher die Tugend im Zusammenhang mit der Vernunft, die moralische Güte im Zusammenhang[2] mit der Wahrheit und ihrer Verwirklichungstätigkeit, dem Denken, und beide, Denken und Tugend, in der Freiheit, als ihrem gemeinschaftlichen Prinzip, ihrem vinculum substantiale [ihrer festen sachlichen Verknüpfung], begreift, so erhellt, daß der Verf. der Tugend eine *metaphysische Bedeutung* gibt, daß ihm der Begriff der Tugend ein durch die *höchste Idee,* die Idee der Freiheit im höchsten Sinne, vermittelter und geforderter Begriff ist, kurz, daß die Tugend für ihn nicht endlichen, sondern unendlichen Wert, nicht menschliche, sondern göttliche Bedeutung hat. „Die Wissenschaft der Ethik", sagt der Verf. in der Einleitung, S. 19, „ist eine solche, die in der neueren Philosophie nur selten bearbeitet wurde, und die Anerkennung der Tugend ist verschollen in der Religion, im öffentlichen Leben, in der Wissenschaft. Die objektive Sittlichkeit ist von Schleiermacher und Hegel dargestellt worden, die Metaphysik der Sittenlehre und der Begriff der persönlichen Tugend haben seit Kant solche Darstellung, die ihrem Wesen entspräche, nicht erfahren.

[1] *Der Anfang des Absatzes,* Wenn aber das wahre Denken . . . ungeistige Tätigkeit" (S. 132), *fehlt in B. Mit dem folgenden,* Indem der Verf. *usw., beginnt dort dementsprechend ein neuer Absatz.*

[2] Zusammenhange *B*

Den *sittlichen Geist* als eine *wesentliche Form* des *unendlichen Geistes*, als ein *wahrhaftes Verhältnis der Geistigkeit* zu erkennen und das Bild der Tugend als der sittlichen Persönlichkeit zu enthüllen ist unser Zweck." Der Verf. tritt durch diese Erfassung der Tugend in scharfe Opposition gegen Hegel, obwohl er anderwärts ihm auch in dieser Beziehung im Verhältnis zu der bestimmten Aufgabe, die Hegel sich setzte, vollkommne Gerechtigkeit widerfahren läßt. Hegel faßt den Staat, weil er „die Wirklichkeit des substantiellen (allgemeinen) Willens, als Selbstzweck, das Leben im Staate als Zweck des Lebens der einzelnen"; der Verf. dagegen unterordnet den Zweck des Staates „den Zwecken des Geistes und der Sittlichkeit", „er ist für sie da, die Bedingung für ihre Erscheinung". „Der einzig höchste und *selbständige Endzweck des Lebens ist Weisheit*, und das einzig unbedingte und ausnahmslose Gesetz ist das *Gesetz der Tugend und Wahrhaftigkeit*." „Die Tugend der *Individuen* im sittlichen Gemeinwesen ist die Bedingung und Voraussetzung für die Sittlichkeit des Gemeinwesens." Hegel sagt: „Unter einem vorhandenen sittlichen Zustande, dessen Verhältnisse vollständig entwickelt und verwirklicht sind, hat die eigentliche Tugend nur in außerordentlichen Umständen und Kollisionen jener Verhältnisse ihre Stelle und Wirklichkeit. – Im ungebildeten Zustande der Gesellschaft und des Gemeinwesens kommt deswegen mehr die Form der Tugend als solcher vor, weil hier das Sittliche und dessen Verwirklichung mehr ein individuelles Belieben und eine eigentümliche geniale Natur des Individuums ist, wie denn die Alten besonders von Herkules die Tugend prädiziert haben. Auch in den alten Staaten, weil in ihnen die Sittlichkeit nicht zu diesem freien System einer selbständigen Entwicklung und Objektivität gediehen war, mußte es die eigentümliche Genialität der Individuen sein, welche diesen Mangel ersetzte." Darauf erwidert der Verf. von seinem Standpunkt aus: „Durch diese Entgegenstellung der alten Staaten . . . gegen einen sittlichen Zustand, dessen Verhältnisse vollständig verwirklicht und entwickelt sind . . ., durch diese Entgegenstellung werden die modernen europäischen Staaten oder wenigstens einige von ihnen als solche bezeichnet, in denen diese sittlichen Verhältnisse wirklich so vollständig entwickelt seien, daß der einzelne die ‚eigentliche Tugend' zu üben keine Gelegenheit findet und ihrer entbehren kann. Ein solcher Zustand aber wäre nicht verwirklichte Freiheit, nicht der ‚zur vorhandnen Welt und zur Natur des Selbstbewußtseins gewordene Begriff der Freiheit', sondern ein sittlichkeitsloser, schmachvoller Zustand. Aber auch abgesehen von diesem Postulat einer solchen mechanischen Ordnung, in der der Mensch gut nur ist, weil die Verhältnisse ihn so zu sein zwingen, abgesehen von dieser notwendigen Konsequenz, wo sind in Europa Staaten, in denen die Tugend anders zu bestehen vermag als im Kampfe mit der Wirklichkeit? Wo sind soziale Verhältnisse im modernen Europa, in denen nicht der einzelne Selbstüberwindung, Aufopferungsfähigkeit und geistigen Mut und Standhaftigkeit und Seelengröße zu beweisen in jedem Lebensmoment verpflichtet wäre und zu beweisen Gelegenheit hätte? Wo ist in Europa ein sittliches Gemeinwesen, in dem die ‚eigentliche Tugend' zu üben nicht jeder sich verpflichtet fühlte, um durch sittliche Würde und geistige Selbständigkeit der allgemeinen Selbstsucht entgegenzuwirken, der ränkevollen Intrige, der niedrigen Gesinnung solcher, die, als Parteimänner, als Amtsbewerber, als einer wissenschaftlichen Faktion angehörig, nach Herrschaft streben und nach Genuß? Zwar bedarf es in einem solchen Zustande, wie der ist, in welchem wir leben, nicht Herakleischer Taten, aber diejenigen Männer, welche das Altertum als die Ideale der Tugend, als die sittlich großen Menschen bezeichnet, würden auch in unsern modernen Zuständen, auch unter den mannigfach ausgebildeten Rechts- und Staatsverhältnissen die Tugenden zu üben Gelegenheit finden, die unter uns so selten, vielleicht noch seltner sind, als sie in den antiken Staaten waren. Aristides und Phokion würden in jeder Stadt noch solche finden, die schuldlose Männer verfolgen und um ihrer Tugend willen beneiden; Anaxagoras und Sokrates würden wie damals der Gottlosigkeit angeklagt. . . . Die Tugendlosigkeit der Menschen ist dieselbe geblieben, wenn auch die Formen des Lasters sich geändert, die Mittel, deren sich dasselbe bedient, um sich selbst zu behaupten, andere sind, als sie damals waren. Den Giftbecher reichen sie dem Philosophen heutzutage nicht, aber sie verfolgen ihn durch Intrigen, durch Denunziationen, durch Verleumdungen – Fichte haben sie des Atheismus angeklagt, und wie oft wird die Philosophie der Selbstvergötterung geziehen;[1] der Neid und die Bosheit gegen Unschuld und Verdienst, die Rache und der kleinliche Haß bestehen wie sonst, und es ist wie sonst die selbständige Tugend, die Erhabenheit der Gesinnung, deren der Mensch bedarf, um in der allgemeinen Selbstsucht sich rein zu bewahren und in der allgemeinen sittlichen Lahmheit sittliche Würde und Kraft zu behaupten" (S. 193–198). „Die Tugend fodert (sagt der Verf. an einer andern Stelle über das Verhältnis der Sittlichkeit zum Staate), daß ein Staat sei, *daß wir einem Staate angehören*, sie fodert aber auch, daß der Staat selbst *unserer sittlichen und geistigen Freiheit ihre Verwirklichung gewährleiste*. Diejenige Staatsform also ist die beste, welche die sittlichsten Motive im öffentlichen Leben geltend macht, die edelsten Charaktere bildet, die erhabensten Gesinnungen hervorruft, in der die größten Talente sich entwickeln, die geistigsten Menschen leben, die aufopferungsfähigsten, die denkendsten, die weisesten" (S. 207).

Der Standpunkt des Verf. ist im allgemeinen, wenn wir ihn mit einem bestimmten historischen Namen bezeichnen wollen, im Verhältnis oder Gegensatz zur Hegelschen Philosophie der Kant-Fichtesche Standpunkt, aber als ein durchaus *selbständiger, originaler* Standpunkt, frei von den Einseitigkeiten und Schranken, in denen Kant und Fichte die Idee der Sittlichkeit verwirklichten. „Die Erkenntnis des unbedingt Praktischen hebt nach Kant nicht von der Freiheit an, sondern vom Gesetz, es ist das moralische Gesetz, dessen wir uns unmittelbar bewußt werden, der Freiheit können wir uns nicht unmittelbar bewußt werden. Für uns ist der Begriff des moralischen Gesetzes durch die Idee der Freiheit gegeben, die Freiheit aber, als ursprüngliche Tathandlung des Geistes, ihrer selbst gewisse Wahrheit" (S. 359). „Der Geist bestimmt sich durch sich selbst, ist seiner selbst Gesetz; aber nicht einzusehen, daß er sich nur als der sich aus sich verhaltende, nur als der *freie Gedanke* sich durch sich selber bestimmt, ist die

[1] Fichte . . . geziehen; *Fehlt in B.*

Schranke des Kritizismus. Die Schranke des Kritizismus ist, den Begriff des Gesetzes nicht auf den metaphysischen Begriff der Geistigkeit zurückgeführt, nicht in der Freiheit begriffen, sondern ihn als für sich isoliert, als selbständig vorausgesetzt zu haben" (S. 361). Und über Fichtes Prinzip der Ethik bemerkt der Verf.: „Selbständigkeit ist der Ethik Prinzip. Nur Fichte hat die Selbständigkeit als Problem anerkannt; aber er hat sie nicht als in ihrer metaphysischen Allgemeinheit, sondern nur als moralische Willenskraft und nicht als die mit der *Liebe* identische Freiheit, sondern als Tendenz zur Selbständigkeit, nur um der Selbständigkeit willen, als eine Selbsttätigkeit ohne *Selbstbefriedigung*, als eine Selbstbestimmung ohne *Selbstmitteilung* gedacht. Es ist in Fichtes System . . . die Freiheit aus ihrer Wesenseinheit mit der Liebe gerissen – und ebendeswegen ist es nicht die universelle Selbständigkeit als metaphysische Idee, sondern als subjektive moralische Kraft" (S. 49 u. 433).[1]

[2]Das Prinzip des Verf. ist demnach, im Unterschiede von der Kant-Fichteschen Philosophie, die *Freiheit in ihrer Einheit* mit der *Liebe*. „Die Tugend ist Freiheit und Liebe" (S. 46). „Tugend ist Freiheit, die sich zur Liebe, und Liebe, die sich zur Freiheit bestimmt. Der sittliche Geist, als der selbständige Geist, ist die Einheit dieser beiden Ideen, so daß in jeder sittlichen Handlung, in jedem Momente der sittlichen Tat Freiheit und Liebe wirksam und als durch einander bestehend und ineinander bestehend zu denken sind" (S. 301). „*Liebe in der Freiheit* und *Freiheit aus der Liebe*, dieser Begriff ist das Prinzip der Ethik, der Begriff einer Selbstbestimmung als Selbstmitteilung, freier Mitteilung ihrer selbst" (S. 108). „Liebe als metaphysisches Verhältnis ist Verhältnis seiner zu sich, Selbstgefühl, aber eines Wesens, das in sich selbst genugsam ist – so ist die Liebe unbedingte Freiheit von Selbstsucht und Selbstischkeit, sie ist dieser *Selbstsuchtslosigkeit Gefühl, Gefühl der*

[1] „Die Tugend fodert (sagt der Verf. . . . Kraft" (S. 49 u. 433). *Fehlt in B. In A folgt auf diesen letzten Teil des Absatzes auf neuer Zeile:* (Schluß folgt). *Der Schluß beginnt dann dort Spalte 691.*

[2] *In A darüber Wiederholung der Überschrift bis* Geistes etc. *und auf einer neuen Zeile:* (Schluß)

Vollkommenheit, Genugsamkeitsgefühl. – Liebe ist Gefühl, Bewegung des Gemüts und des Herzens, aber geistig sittliche Liebe ist nicht Neigung und Bedürftigkeit, sondern Freiheit und Vernünftigkeit. Wir lieben (in der sittlichen Liebe), was die Vernunft als wahr erkannt, was die Freiheit sich selbst zum Zwecke ihrer selbst gemacht hat: *Liebe ist Erkenntnis der Vollkommenheit des Geliebten, Liebe ist, glücklich zu sein durch diese Vollkommenheit.* – *Geistiger* und *sittlicher* Liebe Wesen ist Freiheit und Vernünftigkeit: der Vernunft Selbstgefühl, des Gedankens freies Selbstgefühl. Die Vernunft als Empfindung, als Gefühl dessen, was sie ist, was sie denkt, was sie hervorbringt, als dieses *Wahrheitsselbstgefühl,* ist *sittliche* und *geistige* Liebe" (S. 111–113). „Die Liebe, in welcher die Freiheit sich beruhigt und die Selbständigkeit sich befriedigt, schließt alle Tugendprinzipien in sich, weil alle in ihr erfüllt sind und zur Ruhe gekommen. Wer liebt, ist frei, ist selbständig; wer frei ist, ist liebebedürftig, liebefähig, liebegewährend, aber die *Liebe* ist in der Freiheit *lebendig,* die Freiheit in der Liebe *erfüllt.* – Lautere Liebe ist *eigennutzlose Tätigkeit, neidloses* Mitgefühl, *eifersuchtslose* Hingebung. *Neidlos* zu sein ist der Liebe Freiheit, *eifersuchtslos* zu sein ist der Liebe Selbständigkeit. So schließt die Liebe die Tätigkeit in sich, die Lebendigkeit, die Freiheit, die Selbständigkeit, und ist sie aller Tugenden Inbegriff, so ist sie das sichtbar unsichtbare Wesen der Tugend, das einigende Band der Vollkommenheit, ein wahres Prinzip der Moral" (S. 115). „Der sittlichen Liebe Begriff ist die tätige Liebe, die im Wohltun sich selbst genügende, in der Selbstverleugnung sich selbst befriedigende Liebe, die Liebe des Nächsten, die Liebe des Menschen, ohne alles persönliche Interesse, ohne alle Beziehung auf eigenen Vorteil, die Liebe, deren Gesetz Mitgefühl, deren Entschluß freie Zustimmung, deren Zweck Wohltätigkeit, diese selbständige Liebe, die liebt, nicht weil sie des andern bedarf, sondern weil der andere ihrer bedarf, und die sich selbst mitteilt, weil sie sich selbst mitzuteilen für den einzigen Gewinn hält, und sich selbst hingibt, weil sie in dieser ihrer Selbst-Hingebung allein sich selbst genugtut, diese Liebe ist sittliche Liebe .... Heilig ist das Mitgefühl, denn es ist der Liebe Gesetz, heilig ist das Bedürfnis, wohlzutun, denn es ist der Liebe Zweck, heilig ist die Freude, denn sie ist der Liebe Selbstgefühl, und auch der Schmerz ist heilig, weil er der Liebe bedarf" (S. 119). Als den Begriff aber, in welchem Freiheit und Liebe sich in eins zusammenfassen, bestimmt der Verf. den Begriff der Autarkie, die Selbstgenugsamkeit. „Kann die Freiheit als universelle, göttliche, selbständige nicht ohne die Liebe sein und bedürfen wir, um eine selbständige Freiheitswissenschaft zu begründen, der Idee der Genugsamkeit, als in welcher die Freiheit in ihrer Einheit mit der Liebe gedacht wird, so ist auch die Liebe nicht *für sich selbst* ein selbständiges Prinzip und nicht für sich selbst der Göttlichkeit Prinzip, sondern nur als die in der Einheit mit der Freiheit zu denkende und im selbstgenugsamen Geiste begriffene Liebe, d. i. als die zu sich selbst sich verhaltende Wahrhaftigkeit." „Selbständig und willkürlos ist die Liebe als in der Einheit mit der Freiheit gedacht, als die *Seligkeit eines selbstgenugsamen Wesens.*" – „Freiheit, die sich selbst zu wirken bewegt, die sich selbst mitzuteilen bestimmt, wodurch bewegt und bestimmt sie sich selbst? Durch ihre Genugsamkeit, durch diese in sich selbst sich befriedigende Seligkeit" (S. 60). „Geist ist Selbstgenugsamkeit. Die Idee des *selbstgenugsamen Geistes* ist der allgemeine Gedanke, in dem alles zu begreifen, aus dem alles abzuleiten ist: der Gedanke der Göttlichkeit" (S. 24). „Selbstgenugsamkeit ist, in sich selbst, in unendlicher Freiheit, in selbständiger Seligkeit selbsttätig sich selbst zu umfassen – *in sich befriedigte Einigkeit seiner mit sich.* – Selbstgenugsamkeit als Selbsttätigkeit – ist Freiheit: Selbstgenugsamkeit als Selbstgefühl – ist Liebe." „Sittlichkeit aber in *metaphysischem* Sinne, d. i. zurückgeführt auf ihren unbedingten Grund und in Gott begriffen, begriffen im selbstgenugsamen Geiste, als ein Verhältnis des Geistes in sich, Sittlichkeit in dieser universellen Bedeutung ist *selbstständige Geistigkeit*" (S. 24–25).[1] *„Die Tugend ist aus Gott!* Sie ist in Gott begründet, ist eine Form des unendlichen Geistes, eine Form seiner selbsttätigen Genugsamkeit, durch sich selbst bestehend, um ihrer selbst willen

[1] *Der Anfang des Absatzes,* Das Prinzip des Verf. ist demnach . . . Geistigkeit" (S. 24–25), *fehlt in B, wo daher mit dem folgenden,* „Die Tugend ist aus Gott! *usw., ein neuer Absatz beginnt.*

da und in sich selber genugsam bedeutungsvoll" (S. 45). Wir sehen hiemit, daß der Verf. der Tugend keine beschränkte, spießbürgerliche, sondern eine universelle, erhabene Bedeutung gibt. Die Tugend ist ihm nicht die Schadenfreude des „guten Willens" über das Elend der theoretischen Vernunft, nicht das Surrogat für den Mangel der Erkenntnis, der Trost der Geistesarmut und Geistesfaulheit – sie ist ihm das wonnetrunkene Selbstbewußtsein der Vernunft und Freiheit, der Spiegel des Gedankens, die Selbstbewährung der Erkenntnis. Die *Ethik* ist ihm selbst *Metaphysik*, die Metaphysik Ethik. Vernünftigkeit, Freiheit, Selbständigkeit, Selbstgenugsamkeit sind die allein positiven metaphysischen Begriffe oder Bestimmungen der Göttlichkeit. Aber die Tugend ist frei, vernünftig, selbständig, selbstgenugsam – die Tugend also eine Form der Göttlichkeit, die Verwirklichung göttlicher Bestimmungen oder Ideen im Menschen –, das Bewußtsein der Tugend das einzig positive Gottesbewußtsein. „Nicht der Glaube an Gott", sagt der Verf. trefflich, „macht den Menschen sittlich, sondern wenn er an Gott nur als ein seinen Bedürfnissen dienstbares Wesen glaubt, wird der Mensch vielmehr durch den Glauben an ein übermächtiges Wesen, das seine Machtfülle zu des Menschen Vorteil gebraucht, entsittlicht und geistig entehrt. Der Glaube an ein Wesen, von dem er sich abhängig fühlt, macht den Menschen nur dann sittlich, wenn er dieses Wesen selbst als ein *sittliches*, als ein heiliges Wesen denkt" (S. 244). „Die Philosophie fodert ein anderes Maß als das des sophistischen Selbstbewußtseins: Sie fodert nicht nur den Glauben an Gott, sondern den *sittlichen Glauben an einen sittlichen Gott.* Der Pöbel aller Zeiten hat seine unsittlich religiösen Vorstellungen gegenüber der reinsten, sittlichen Bildung edler und weiser Männer geltend gemacht, als sei er im Besitz religiöser Gefühle und Überzeugungen, die doch nur mit der edlen Wahrhaftigkeit eines selbstsuchtlosen Bewußtseins verbunden sein können. Ein Volk in solcher Selbsttäuschung zu erhalten ist nicht Erhaltung der öffentlichen Sittlichkeit und Pietät, sondern Unwahrhaftigkeit. Jene Staatsmänner Roms, die von der Nichtigkeit der alten Religion längst überzeugt waren, handelten nicht weise und sittlich, wenn sie durch öffentliche Täuschungen das Volk betrogen" (S. 247–248). Fiat applicatio [Man mache die Anwendung]![1]

Entsprechend dieser[2] erhabenen Bedeutung, welche der Verf. der Ethik vindiziert, ist die erhebende[3] Begeisterung, der entzückende, unerschöpfliche, unwandelbare Enthusiasmus,[4] mit dem[5] er seinen Gegenstand behandelt. Wir können jedoch auch in dieser Beziehung nicht besser die Schrift charakterisieren, als wenn wir des Verfassers eigene Worte über das Wesen des Enthusiasmus hersetzen. Er hat hier seine eigene Methode definiert. „... Geistesgefühl als Geistesselbsttätigkeit ist Enthusiasmus, Begeisterung – Enthusiasmus, Begeisterung ist Gedanke *als sein eigener Affekt,* Liebe als Liebe der Wahrheit ... Der begeisterte Mensch denkt affektvoll, ja, der Wahrheit Gefühl erfüllt ihn mit der Kraft der Leidenschaft, mit der Macht unwiderstehlicher Leidenschaft; aber dies Gefühl, dieser Affekt, diese Gewalt der Leidenschaft ist im Geiste des Weisen Gedanke, der Wahrheit Selbstbezeugung, der Wahrheit Selbstdarstellung" (S. 573).[6] Verzeihen wir es daher dem Verf., wenn er den Grundgedanken seiner Ethik: die Liebe der Tugend um der Tugend willen, nicht oft genug, wenn auch in immer neuen Beziehungen und Wendungen, wiederholen kann. Es gehört dieser Fehler selbst zur Tugend der Schrift. Es ist die Natur des Affekts, der Liebe, im Preis des Geliebten unermüdlich zu sein. Es entschuldigt ihn überdies die Erbärmlichkeit der Zeit, die sich mit dem Wahne schmeichelt, die eigene wohlbewußte Schlechtigkeit durch eine tugendlose, egoistische Religiosität überwinden zu können. Aber unverzeihlich ist es von dem Verf. – unverzeihlich, weil im schneidendsten, störendsten Widerspruch mit der Natur des Affekts, der Begeisterung –, daß er scholastisch-grammatikalische Distinktionen als adäquate Bestimmungen metaphysischer und ethischer Grund-

[1] *Der letzte Teil des Absatzes,* „Nicht der Glaube an Gott" ... Fiat applicatio!, *fehlt in B.*

[2] der *B*

[3] *Fehlt in B.*

[4] der entzückende ... Enthusiasmus, *Fehlt in B.*

[5] der *B*

[6] Wir können jedoch auch ... Selbstdarstellung" (S. 573). *Fehlt in B.*

verhältnisse gebraucht. „Freiheit ist Verhältnis des Geistes seiner *aus sich*", Selbständigkeit ist „Geist als Verhältnis seiner *bei sich*". „Der sich aus sich zu sich in sich verhaltende Geist ist als sich *für* sich selbst verhaltender Geist seiner selbst *Endzweck*." Liebe ist Geist als Verhältnis seiner „*zu* sich". Seligkeit ist Verhältnis des Geistes „*in* sich". Wir haben also in allen diesen Verhältnissen immer ein und dasselbe unveränderte Subjekt, den Geist, in Beziehung auf sich (Geist, Verhalten, sich, Geist als Objekt seiner selbst); die *Unterschiede* dieser Verhältnisse – dieser Weisen, wie sich der Geist Gegenstand ist – werden nur begründet durch die *Präpositionen* in, aus, bei, für, zu. Aber was ist denn nun für ein Unterschied, für ein reeller Gedankenunterschied zwischen in, aus, bei, für, zu sich Sich-Verhalten? Verschwinden nicht diese grammatikalischen Distinktionen vor dem Gedanken in nichts? Gibt mir das Partikelchen „für" vor dem Pronomen „sich" den Begriff des Selbstzweckes? Kann ich nicht ebensogut bei, aus, zu, in dafür setzen? Sind denn diese Präpositionen nicht absolut relativ, so daß ein und derselbe metaphysische Gedanke ohne Veränderung, ohne Unterschied durch alle hindurch ausgedrückt werden kann? Was Selbstzweck, ist allerdings *für* sich, aber es ist auch *zu* sich da, zu eigenem Nutz und Frommen, es ist auch *in* sich – denn es hat ja seinen Zweck in sich – und ebendeswegen auch *bei* sich – denn der Unterschied von Bei-sich-Sein und In-sich-Sein schreibt sich nur von dem usus tyrannus [tyrannischen Gebrauch] her, welcher aus purer Laune im Gegensatz zu dem Außer-sich-Sein in der Leidenschaft, im Trunk, in der Geisteskrankheit dem *Bei*-sich-Sein den Vorzug vor dem gleichbedeutenden In-sich-Sein gegeben –; es ist endlich auch *aus* sich da – denn der Grund, aus welchem es ist, aus welchem es handelt, liegt in ihm selbst. Warum wählt also der Verf. immer nur *eine* Präposition zur Bezeichnung eines metaphysischen und ethischen Verhältnisses aus? Der metaphysische Ausdruck der Liebe soll das Verhältnis seiner „*zu sich*" sein? Aber der Verf. bemerkt selbst, daß nur in einem allgenugsamen, darum freigebigen, mitteilenden Wesen das Zu-sich-Verhalten Liebe, in einem bedürftigen Wesen jedoch Egoismus sei. Warum wählt er denn nun aber zur charakteristischen Form der Liebe, was ebensogut das Gegenteil der Liebe bezeichnet? Möge daher der Verf. uns fürderhin nicht mehr den sonst so herrlichen Genuß seiner begeisterungsvollen Schriften durch solche grammatikalisch-metaphysische[n] Kapricen verbittern! Solches wünschen wir ebenso in seinem eigenen als im Interesse des Lesers.

Das ist es, was wir in formeller oder subjektiver Hinsicht an der Schrift des Verf. auszusetzen haben. In betreff des objektiven, spekulativen oder philosophischen Inhalts aber finden wir uns schließlich für jetzt nur zu folgender kritischen Bemerkung veranlaßt. Obgleich der Verf. durchaus selbständig ist, keiner Schule angehört, so ist er doch darin eines Sinnes mit der bisherigen Philosophie, daß er einen *dogmatischen* Unterschied zwischen *Empirischem* und *Spekulativem* macht, als läge dieser Unterschied in den Dingen an sich und nicht vielmehr lediglich nur in der Betrachtungsweise des Menschen. Diesem fixen Unterschied gemäß hat der Verf. unter anderem auch den Begriff des Bedürfnisses als einen empirischen Begriff von der Idee der Freiheit und Liebe ausgeschlossen. Allein es ist an sich kein (wenigstens in der Natur, im Wesen begründetes) Bedürfnis empirisch, gemein, unedel. Das Bedürfnis ist vielmehr selbst ein Ausdruck von Unbeschränktheit, von Freiheit. Je höher ein Wesen ist, desto mehr Bedürfnisse hat es. Das Tier ist unfrei, weil es beschränkt, aber beschränkt, weil ihm nur *etwas* von der Welt Bedürfnis; der Mensch dagegen ist frei, weil er unbeschränkt, und unbeschränkt, weil ihm nicht etwas, sondern *alles,* die Welt, das Universum, *das Unendliche,* Bedürfnis ist. Das Bedürfnis tritt nur dadurch in Widerspruch mit der Freiheit, daß einem niederen, unwesentlichen[1] Bedürfnis ein höheres Bedürfnis geopfert wird, und nur dadurch in Widerspruch mit der Idee der Sittlichkeit, daß ein Wesen, ein Gegenstand, welcher seiner Natur nach Objekt eines höheren Triebes und Bedürfnisses ist, zum Objekt eines niederen Bedürfnisses degradiert wird. Wer Gott zum Objekt seines Glückseligkeitsbedürfnisses macht, der allerdings ist gemein, aber nicht, wer ihn zum Objekt seines Wahrheitsbedürfnisses macht. Der Begriff des Bedürfnisses ist es gerade, durch welchen ein

[1] *Fehlt, mitsamt dem Komma davor, in B.*

Wesen über die Schranke seiner Subjektivität emporgehoben wird. Indem der Verf. daher den Begriff des Bedürfnisses von der Liebe ausgeschlossen, hat er sie nur in einem subjektiven Sinne dargestellt und überhaupt nur das Prinzip der Subjektivität geltend gemacht. Die Liebe ist eben gerade das Bedürfnis eines *anderen*. Lieben heißt, *nicht* ohne ein anderes sein können, aber auch nicht sein wollen. Durch die Liebe erklärt ein Wesen, daß es sich selbst nicht genug ist, daß es nur in der Verbindung mit einem von ihm *unterschiedenen* Wesen befriedigt ist. Denkt Gott so selbständig und unabhängig, als ihr wollt; setzt ihr Liebe in ihn, so setzt ihr Bedürfnis in ihn. Die Liebe aus Überfülle der Vollkommenheit ist Luxus – wahr, tief ist sie nur, wo ein Wesen durch sie seine eigene Mangelhaftigkeit ergänzt.[1]

[1] *In A folgt auf derselben Zeile, nach rechts gerückt, als Unterschrift:* . . . ch.

E. C. J. Lützelberger, 1) „Grundzüge der Paulinischen Glaubenslehre. Ein theologisch-exegetischer Versuch." Nürnberg 1839. – 2) „Die kirchliche Tradition über den Apostel Johannes und seine Schriften in ihrer Grundlosigkeit nachgewiesen." Leipzig 1840. Verlag von Brockhaus.

Wenn die „Hallischen Jahrbücher" ein Sammelpunkt der progressiven Geistesrichtungen der Gegenwart sind, so gehören ihnen vor allem auch die *freien* empirischen Tendenzen der Zeit an. Die Empirie liegt überhaupt der Philosophie näher, als viele, in nebulosen Spekulationen befangen, wähnen. Der wahre Empiriker und der wahre Philosoph müssen und werden am Ziele, so verschieden auch ihre Wege sind, immer zusammentreffen. Die wahre Philosophie führt zur Empirie und die wahre Empirie zur Philosophie. Allerdings ist der empirische oder historische Weg, zumal bei geistigen Gegenständen, nicht die letzte entscheidende Instanz, allein er ist das unerläßliche Mittel, um über einen Gegenstand, der einmal ein historischer ist, ins reine und klare zu kommen. Der historische Weg führt uns von selbst auf den innern Ursprung, die innere Bedeutung eines Dinges und erhebt uns so durch sich selbst zur Philosophie. Vernachlässigt man den empirischen Weg, so kommt man unzählige Mal in Gefahr, die bedingte Notwendigkeit in eine absolute zu verwandeln oder gar a priori zu konstruieren als notwendig, was doch nie wirklich gewesen. Il faut voir les choses de près, pour s'en delivrer [man muß die Dinge von nahem besehen, um von ihnen loszukommen]. Aber der Standpunkt, von dem aus wir die Dinge in der Nähe ansehen, ist eben der Standpunkt der Empirie. Mögen daher die „Hallischen Jahrbücher", deren verehrliche Redaktion so offen anerkennend, so liberal ist, auch die verschiedenartigsten Richtungen unbeschränkt in ihrer Individualität gewähren zu lassen, neben den spekulativen Theologen, denen wir übrigens weit entfernt sind, ihre Bedeutung absprechen oder nur verringern zu wollen, auch einem nicht spekulativen, empirischen, aber *freisinni-*

gen, wahrheitsliebenden Theologen Platz und Stimme einräumen!

Es ist dies der dem Publikum durch die „Gründe zur Niederlegung meines geistlichen Amts" zuerst bekannt gewordene ehemalige Pfarrer von St. Jobst bei Nürnberg – früher ein frommer, aufrichtiger, ernstlicher Bibelgläubiger, jetzt aber, nach einer mehrjährigen soliden Entwicklungsperiode*, ein ebenso aufrichtiger, strenger Antibibliologe, übrigens immer noch voll Achtung und Pietät gegen die Heilige Schrift, aber eben wegen dieser seiner weder für noch gegen die Bibel parteiisch eingenommenen Stimmung, überhaupt wegen seiner Wahrheitsliebe, welcher er selbst seine bürgerliche Existenz und Wohlfahrt zum Opfer brachte, vollkommen dazu berufen und befähigt, uns gründliche, zuverlässige Aufschlüsse zu geben über das ursprüngliche Wesen des Christentums, welches ja noch heute allgemein für das wahre, normale Christentum gilt. Das Resultat seiner Forschungen auf dem Gebiete der biblischen Theologie ist, daß die Bibel kein uns mehr bindendes und bestimmendes Wort sein könne, weil sie nur individuell menschliche, historisch bedingte Vorstellungen enthalte, Vorstellungen, bei welchen man nicht die Unterscheidung zwischen Idee und Vorstellung könne gelten lassen, weil sie eben nur historische eigentümliche Vorstellungen seien und

* Ich verweise deshalb auf die eben erwähnte Schrift des Verf. – eine Schrift, die übrigens noch einen unentschiedenen, wenigstens durchaus subjektiven Charakter und geistlichen Teint hat und daher auch die unstreitig edle Handlung seiner freiwilligen Amtsniederlegung nur im Lichte einer gewissenhaften Resignation, nicht einer wahrheitskräftigen Opposition erscheinen ließ. Bemerkenswert ist das Geständnis Lützelbergers in dieser Schrift, daß ihn die Schriften *gegen* Strauß vollends in seiner Apistie bestärkt hätten. Übrigens ist an diesem Abfall keineswegs die Philosophie schuld. St. Jobst hat sich stets rein erhalten von den verderblichen Einflüssen der modernen Philosophie (s. die allegierte Schrift). Diesen Fall hat die Theologie allein auf ihrem Gewissen. Er ist auf der via sacra [heiligen Straße] der Historie dem Unglauben in die Hände gefallen. Er ist ein Eingeweidewurm der Theologie, der sich lediglich aus ihrem eigenen Innern erzeugt hat.

sich daher nimmermehr mit unserer Vernunft, unsern Erkenntnissen, unserer Bildung zusammenreimen ließen. Der Weg aber, den er befolgt, ist der schlichte rein empirische, d. h., er entschlägt sich aller Willkür, aller subjektiven Vorurteile und Voraussetzungen, sie seien nun spekulative oder orthodoxe oder theologisch-rationalistische, läßt die Bibel sich selbst aussprechen, unverfälscht und ungedeutelt, um auf diese unbezweifelbar richtige Weise zu zeigen, welch ein himmelweiter Abstand, welch ein ungeheurer Widerspruch stattfindet zwischen den Lehren, welche die Bibel ausspricht, und zwischen den Lehren, die wir selbst in sie hineintragen, um sie noch jetzt unsern Begriffen konform zu machen, zwischen der ursprünglichen und der durch die Spekulation, die Orthodoxie und den theologischen Rationalismus verfälschten Bibel, kurz, zwischen der Bibel, wie sie re vera [in Wahrheit] ist, und zwischen der Bibel, die nur in unseren Vorstellungen und Vorurteilen existiert.

Wollen wir einige der wichtigsten Widersprüche hervorheben. Die religiöse Spekulation verweist uns, wenn sie das ferne Jenseits uns verleiden will, auf den innern Himmel und zitiert zur Bestätigung ihrer Lehre Bibelstellen, etwa die: „Das Reich Gottes ist inwendig in euch", Luk. 17, 21. Aber abgesehen davon, daß dieses „inwendig in euch", *ἐντὸς ὑμῶν*, hier offenbar soviel heißt als „unter euch", so daß der Sinn ist: Im jüdischen Volke wird es unerwartet erscheinen, wie es schon frühere Exegeten erklärt haben (s. z. B. J. G. Rosenmüllers „Scholia in N. T.", 1785) – abgesehen davon, die Bibel lehrt ausdrücklich einen sinnlichen, örtlichen Himmel, einen Himmel, *„nicht viel höher, denn die Wolken gehen"*.

Die spekulative und die rationalistische Bibel lehrt, daß Gott reiner Geist, ein von allem Körperlichen und Materiellen abgesondertes Wesen sei. Aber die wirkliche Bibel widerspricht diesen Abstraktionen. Die Bibel sondert Gott nur von dem grob Materiellen, schließt ihn nur nicht ein in einen irdischen Ort oder einen von Menschenhänden erbauten Tempel; aber er ist ihr doch unstreitig ein fein materielles, ätherisches, lichtvolles, in einem himmlischen Wohnort befindliches Wesen. „Mit der Vorstellung eines persönlichen Wesens verbindet sich unausbleiblich", wie der Verf. vollkommen richtig bemerkt, „auch die Vorstellung des Räumlichen, Gestalteten, Leiblichen“ (S. 110). „Nicht eine einzige Stelle findet sich“, sagt der Verf., „wo bestimmt ausgesprochen wäre, Gott habe durchaus keine Gestalt. Denn im Verbot der Bilder liegt nur der Gedanke, daß nichts in der Welt ihm gleiche, in des Paulus bekannter Stelle, Röm. 1, 20 und 23: daß Gottes Wesen unsichtbar und von unvergänglicher Herrlichkeit (*δόξα*, Glanz, Lichtstoff) sei, in der Stelle des Johannes 4, 24: daß Gott als ein *πνεῦμα*, als ein denkendes, nicht grob materielles und darum auch nicht bloß in Jerusalem wohnendes Wesen, mit Äußerlichem nicht verehrt sein wolle.“ Dieselbe Bemerkung gilt vom Geiste, vom *πνεῦμα*, inwiefern er von Gott als eine besondere Kraft oder Person, wie in der kirchlichen Lehre, unterschieden wird. Er hat die Bedeutung der „impersonellen Lebens- und Denkkraft Gottes“, die aber vorgestellt wird als ein „licht- oder luftartiges Fluidum“. „Es wird von ihm gesagt, daß er ausgegossen werde, mitgeteilt durch Händeauflegen und Anhauchen; er wird gegeben in verschiedenem Maße, ja, er wird von dem einen genommen und dem andern mitgeteilt oder von dem Maße des einen vielen andern gegeben, so daß er also ganz die Natur eines Fluidums teilt“ (S. 113). Man kann dagegen nicht einwenden, daß solche Ausdrücke nur Bilder seien. Mit Recht bemerkt der Verf.: Wie der Mensch denkt, so spricht er; denkt er sinnlich, so drückt er sich auch sinnlich aus; denkt er geistig, abstrakt, so redet er auch also. „Wie völlig materiell der Geist, teilweise wenigstens, im N. T. dargestellt wird, zeigt die Geschichte der Blutflüssigen, wo die heilende Kraft Christi von seinen Kleidern ausgeht, und ebenso werden die Kleider des Apostels Paulus vom Geiste infiziert gedacht, da sie nach der Apostelgeschichte gesund machten. Die heilende, Teufel vertreibende Kraft in Christus und seinen Aposteln ist ja aber nichts anderes als der Heilige Geist, denn nur wer diesen hat, kann solches tun“ (S. 114). Auch in subjektiver Beziehung kann der Geist der Bibel häufig nicht in einem geistigen Sinne genommen werden. So ist Galat. 5, 25 der Satz: „Wenn wir im Geiste leben, so laßt uns auch im Geiste wandeln“, sobald „Geist“ im ersten Glied als eine geistliche Gesinnungsweise gefaßt wird, eigentlich ein Unsinn.

Die Bibel des modernen Humanismus und Rationalismus sagt, das Christentum stelle Gott dar als den allgemeinen Vater der Menschen, welcher sie alle, ohne Unterschied der Konfession, als seine Kinder betrachte und liebe. Aber so liberal ist nicht die echte alte Bibel. „Extra ecclesiam nulla salus [außerhalb der Kirche gibt es kein Heil]“, sagt mit vollem Recht der Verf., „gilt auch schon bei den Aposteln, und unsere heutigen Ansichten, nach welchen alle Menschen ohne Unterschied des Glaubens Kinder Gottes sein sollen und auch durch ihren Glauben selig werden können, wenn sie ihrem Gewissen, ihrer Erkenntnis und Überzeugung gemäß leben, sind dem Apostel (Paulus) durchaus fremd, und er weiß nur von einem Reiche Gottes und von einer Errettung bei den Christen durch den Glauben an Christus. Nicht allein aber dem Apostel Paulus sind solche Gedanken fremd, sondern wohl dem ganzen N. T., auch den Evv. Man hat zwar längsther die Meinung gehegt, gerade darin unterscheide sich die Lehre der Apostel von der Lehre Jesu, daß jene die Seligkeit an das christliche Bekenntnis knüpften und nur die Christen als Kinder Gottes ansähen, wodurch sie sich von beschränkterem und engherzigerem Geiste zeigten als ihr Meister, dieser aber uns den Vater aller Menschen geoffenbart und das große Wort ausgesprochen habe, daß in der ganzen Welt Gottes Gnadenreich sei. Betrachtet man jedoch die Sache genauer, so ist es gewiß schon auffallend, daß, wenn wirklich Jesus den Vater aller Menschen so freisinnig und vielfältig gelehrt hätte, wie man meint, die Apostel sämtlich im alten jüdischen Partikularismus befangen geblieben sein sollten, nur daß sie ihn auf die Christen übertrugen; und es ließe daher sich wohl behaupten, daß keineswegs in den Evv. jemals bestimmt davon geredet werde, Gott sei der *Vater aller* Menschen. Wo von Gott als dem Vater geredet wird, da geht die Rede an die Gläubigen, an die Jünger, wie die Bergpredigt deutlich zeigt, indem es heißt: ‚Ihr seid das Licht der Welt‘ (was natürlich nur die Gläubigen sind). ‚Also lasset euer Licht leuchten vor den Leuten, daß sie eure guten Werke sehen und *euern* Vater im Himmel preisen.‘ Wo denn stünde es klar und deutlich ausgesprochen, daß Gott der Vater aller Menschen sei? Daß man allen Menschen Gutes tun soll, lehrt z. B. das Gleichnis vom Samaritaner allerdings; das lehren aber auch alle Apostel. Mit der Kindschaft bei Gott ist es jedoch ein anderes Ding. Höchstens das findet sich, daß fromme Menschen unter denen, die draußen sind, Gott angenehm seien insofern, daß er ihnen Gelegenheit zum Glauben verschaffe, wie z. B. Cornelius. Von einer möglichen Errettung ohne Glauben an Christus nirgends eine Spur.... Es sind also die Ideen der Evv. nirgends höher und freier als die der Briefe, außer einigen wenigen kurzen Äußerungen, die als Früchte der Vermischung der apostolischen Ideen mit freieren griechischen angesehen werden müssen" („Grundzüge", S. 98–100).[1]

[2]Die spekulative Bibel, die rationalistische Bibel, die Bibel der modernen, laxen, verschämten, rationalistisch-pietistischen Orthodoxie, alle drei deuten moralisch oder überhaupt geistig alles, was die eigentliche Bibel in einem eigentlichen, durchaus realistischen Sinne nimmt. So bedeutet z. B. das biblische Totsein in Sünden nichts weiter als: Wer sündigt, ist durch die Sünde der Macht des Todes anheimgefallen; der Tod selbst aber, welchen die Sünde in die Welt brachte, nichts anderes als die vernichtende, den Leib der *Verwesung* übergebende, die Seele aber im *Hades*, der licht -und freudlosen Unterwelt, fesselnde Gewalt des natürlichen Todes. Der Verf. beweist dieses aus Ephes. 2, 1–5, Kol. 2, 13, Röm. 8, 1–7, 1. Kor. 15, 17–18, also gerade aus den Stellen, aus welchen man gewöhnlich eine geistliche Bedeutung des Todes herauszulocken bemüht ist. Die Stelle z. B. Röm. 8 sagt nicht: „Fleischlich gesinnt sein ist der Tod", sondern: hat den Tod zur Folge, wie dies deutlich hervorgeht aus V. 13 des nämlichen Kapitels und V. 11, wo offenbar von einer wirklichen Auferstehung die Rede ist, nicht von einer Belebung des moralischen Sinns. Der schlagendste Beweis für diese Auffassung des biblischen Todes ist jedoch Actorum [Apostelgesch.] 2, 27–31, wo es von Christus (als dem Sündenlosen) heißt, daß „seine Seele nicht in der Hölle gelassen ist und sein Fleisch die Verwesung nicht gesehen hat". Ebenso wie der Tod hat aber auch die Sünde in der Bibel eine durchaus realistische, unserem

[1] *Im Original folgt auf einer neuen Zeile:* (Schluß folgt). *Der Schluß beginnt dort Spalte 1849.*

[2] *Im Original darüber auf vier Zeilen abgekürzte Wiederholung der Überschrift und auf einer Zeile:* (Schluß)

Vorstellungs- und Denkvermögen völlig fremde Bedeutung. „Sie ist die vom Satan und der Unterwelt ausgehende, verführende, reizende, verunreinigende Kraft, der von der Unterwelt und ihrem Herrscher auf die Welt geübte Einfluß, welchem durch die erste konkrete Übertretung des Menschen Eintritt in die Welt, Wirksamkeit in derselben verschafft ward" (S. 27). Sie kann daher gar nicht gefaßt werden außer im Zusammenhang mit dem *Satan*, welchem die Bibel *eigene persönliche Wirksamkeit* zuschreibt. Er heißt daher 2. Kor. 4, 4 der *Gott dieser Welt*, d. h. der gegenwärtigen und zeitherigen Weltperiode, die sich bis auf die letzte Erscheinung Christi erstreckt, und er heißt Gott dieser Welt keineswegs in dem Sinne, in welchem auch der Bauch Gott heißt. Darum wird auch Ephes. 6, 12 gesagt, daß die Christen nicht nur mit Fleisch und Blut, sondern auch mit den *bösen Geistern*, die im *Luftkreise* hausen, zu kämpfen hätten, und ebendaselbst 2, 2–3, daß Juden wie Heiden unter der Herrschaft des „*Fürsten der Luft*" gestanden hätten.* Entsprechend dieser Bedeutung des Todes und der Sünde ist nun auch das biblische ζωοποιεῖν, die lebendig machende Kraft Christi und des Glaubens an ihn, zu fassen. Auch dieses Lebendigmachen hat durchaus keinen *moralischen* Sinn; es heißt nichts anderes als „erretten aus jener traurigen Notwendigkeit der Verwesung des Leibes und des Aufenthalts der Seele im Hades, Kraft geben zur Auferstehung und Überwältigung des Todes". Und diesen Sinn hat das Lebendigmachen keineswegs nur bei Paulus, sondern auch in den übrigen Schriften des N. T., so namentlich bei Johannes, wo es ausdrücklich z. B. Kap. 6, 40 heißt: „Wer den Sohn siehet und glaubet an ihn, hat das ewige Leben, und ich werde *ihn auferwecken* am Jüngsten Tage." Hieraus erklärt sich nun auch die so viel- und mißgedeutete Stelle 2. Kor. 3, 6: „Der Buchstabe tötet, aber der Geist macht lebendig", nämlich also: Kein positives geschriebenes Gesetz, wie z. B. das Mosaische, kann einen Widerstand dem Tode entgegensetzen, weil es um so mehr übertreten wird, je mehr willkürliche Gebote es enthält; nur der durch

* Es ist ungereimt, zu behaupten, Paulus rede nur so in Beziehung zu den Ephesern, als welche diesen Glauben gehabt hätten.

den Glauben an Christus mitgeteilte Heilige Geist gibt die Kraft, der festhaltenden Gewalt des Todes zu widerstehen und zur Auferstehung tüchtig zu werden.

Außer diesen und anderen hier nicht zu erörternden Widersprüchen zwischen der wirklichen Bibel und der rationalistischen, der orthodoxen, der spekulativen Bibel hebt der Verf. noch besonders hervor den Widerspruch zwischen der biblischen und der kirchlichen Christologie und erklärt die von der Kirche verworfene Lehre des Arianismus für die eigentliche Lehre der Bibel. Wir können aber in diesem Punkte dem Verf. nicht beistimmen. Wenn auch allerdings die orthodoxe oder kirchliche Lehre sich in der Bibel nicht entschieden ausgedrückt findet, so doch auch nicht die arianische oder überhaupt eine dem Rationalismus mehr zusagende Lehre. Der Unterschied zwischen dem kirchlichen und biblischen Sohn Gottes dürfte vielleicht nur der sein, daß dieser, bei Paulus namentlich, mehr das Gepräge eines Phantasiegeschöpfes, daher notwendig eine unbestimmtere Stellung zu Gott hat als in der Kirche, wo er dogmatisch bestimmt und festgesetzt wird. Die Kirche hätte demnach nur abstrakt ausgedrückt, was die Bibel poetisch ausspricht. Sie hat ja auch eine gewisse Unterordnung statuiert: Der Vater ist von sich, a se, der Sohn vom Vater. Jedenfalls verhält sich die kirchliche Lehre zur biblischen nicht anders als wie die konsequente conclusio zur Prämisse. Wenn der Sohn „der vollkommene Repräsentant des Vaters ist, in der *innigsten* Gemeinschaft und Übereinstimmung mit ihm" sich befindet (wie dies der Verf. zugibt und der Bibel zufolge zugeben muß), ist denn diese innige Gemeinschaft und Übereinstimmung denkbar ohne Wesensgleichheit? Ist denn nicht gerade die moralische Einheit (Gemeinschaft und Übereinstimmung) nur möglich unter der Voraussetzung einer physischen oder vielmehr metaphysischen Einheit, ist nicht jene nur die Erscheinung von dieser? Doch es ist hier nicht der Ort, dies zu erörtern, noch weniger, zu beweisen, daß der eigentliche, konkrete Gott des Christentums nicht Gott der Vater, welcher nur eine abstrakte Vorstellung, sondern Christus ist und daß folglich, wenn anders in der Bibel noch Christus hinter dem Vater zurücktritt, dies nur ein Rest des Judaismus ist. Wir kehren zum Verf. zurück.

Lützelberger bestreitet nicht nur die Haltbarkeit und Verbindlichkeit der biblischen Lehren und Vorstellungen für unsere Zeit; er geht noch weiter, er macht selbst vielen Schriften des N. T., so den Evangelien, namentlich dem in neuester Zeit mit solcher Vorliebe festgehaltenen Evangelium Johannis (in der oben angeführten Schrift „Die kirchliche Tradition") seine historische Echtheit und Glaubwürdigkeit streitig, und zwar mit so schlagenden Gründen, daß jeder *uninteressierte*, unbefangene Leser dieser gründlichen Schrift dem Verf. recht geben, wenigstens eingestehen wird und muß, daß er die Gründe, welche man bisher für die Echtheit dieses Evangeliums angeführt, triftig widerlegt hat und daß daher, wenn keine neuen und stichhaltigeren Zeugnisse vorgebracht werden, die historische Unechtheit des Evangeliums, wenigstens negativ, bewiesen ist. Bekanntlich ist die Echtheit des Evangeliums Johannis auch von andern Gelehrten neuerer und neuester Zeit in Zweifel gezogen worden. Aber sie sind, mit Ausnahme Weißes, mit ihren Zweifeln wieder zurückgetreten. Selbst Strauß erklärte, an seinen Zweifeln wieder zweifelhaft geworden zu sein. Lützelberger hat sich aber durch diese rückgängigen Bewegungen nicht abschrecken lassen, noch einmal eine gründliche Untersuchung über dieses Evangelium vorzunehmen, und es ist ihm gelungen, dadurch der Streitfrage eine neue entscheidende Wendung zu geben, daß er den bisher gar nicht oder wenigstens nicht gehörig in Zweifel gezogenen Aufenthalt des Apostels Johannes in Ephesus als eine unbegründete Sage nachweist. Wenn nämlich der Apostel Johannes in Kleinasien lebte und wirkte, so war es freilich, wenn auch nicht gerade unmöglich, doch höchst schwierig – eine Schwierigkeit, die die Anhänger des Evangeliums mit rhetorischen Farben ausmalen –, ein falsches Evangelium unter seinem Namen dort zu verbreiten und geltend zu machen. Allein eben der Aufenthalt, und zwar der lange Aufenthalt, des Apostels in Kleinasien kann nicht bewiesen werden, ist vielmehr völlig zweifelhaft. „Bis ins Jahr 150 und darüber verlautet nichts von diesem Aufenthalt, erst später, seit Irenäus, ist die Rede davon, im ganzen aber doch immer die Überlieferung höchst arm, ungewiß, teils offenbar falsch. Waren nun aber die Verhältnisse in Kleinasien so, wie die Überlieferung will, so ist das Vergessen des Johannes und seiner Schriften bis in die Mitte des zweiten Jahrhunderts bei *allen* Schriftstellern, von denen wir noch etwas haben, und die Armut und Ungewißheit der spätern Nachrichten vollkommen unmöglich, weswegen der umgekehrte Schluß (nämlich von dem Schluß, welchen die Anhänger des Evangeliums machen) geltend gemacht werden muß: *Weil die Verhältnisse des zweiten Jahrhunderts also sind, so sind die im ersten nicht so gewesen, d. h., der Apostel Johannes hat nicht in Ephesus und Kleinasien gelebt und hat auch keine Schriften dort geschrieben*" (S. 167–168). Doch fassen wir die spezielleren Gründe des Verf. gegen die Echtheit des Evangeliums in aller Kürze zusammen, in der Voraussetzung, daß es den Lesern der „Hallischen Jahrbücher" nicht unangenehm sein wird, sie kennenzulernen.

„*Das Zeugnis am Ende des Evangeliums selbst wie einige ähnliche in den frühern Kapiteln sind nicht nur nichts beweisend für die Echtheit, sondern tragen deutlich die Spuren eines fremden Schreibers.*" Dieses angebliche Zeugnis – es steht im 24. und 25. Vers des 21. Kapitels – hat Herr Tholuck in seiner Schrift gegen Strauß besonders urgiert und sogar mit echt pietistischer Windbeutelei für ein förmliches „*Beglaubigungsattest*", ein Zeugnis, „unüberwindlich *gleich Brief und Siegel*", ausgegeben. Der Verf. führt ihn aber gehörig ad absurdum. Es verlohnt sich jedoch nicht der Mühe, die Gründe anzugeben, mit welchen er den pietistischen Windbeutel zurechtweist. Es genüge, daß viele Verehrer des Evangeliums sich genötigt sehen, gerade um die Echtheit des Evangeliums zu retten, jenes Zeugnis für unecht zu erklären.

„*Die Schilderung vom Charakter des Johannes, welche uns der Apostel Paulus in der Zeit von 55 bis 57 macht, verträgt sich nicht mit dem Verf. des Evangeliums und des Briefes.*" Dieser Schilderung zufolge (Galat. 2) erscheint Johannes als ein beschränkter Judenapostel. Wie stimmt dies zusammen mit dem hellenisch gebildeten, freien Verf. des vierten Evangeliums! Oder hat er sich vielleicht später geändert, griechisch gelernt, freiere Ansichten gewonnen? Aber wer verbürgt uns denn dann die Echtheit der schönen langen Reden, die Jesus selbst bei Johannes hält, wenn er sie bis zum Jahre 50 unverstanden in sich herumtrug? Wer steht uns dafür, daß sie nicht bloße Produkte seiner Phantasie sind?

„Auffallen muß, daß der Verf. der Apostelgeschichte und des dritten Evangeliums, der nach dem Jahre 70 schreibt, keine nähere Bekanntschaft mit Johannes zeigt und dessen Überlieferung nicht benutzt." Allerdings muß es auffallen, um so mehr, als der Verf. dieses Evangeliums ausdrücklich versichert, sich nach allem sorgfältig erkundigt zu haben, um seinem Freunde „gewissen Grund" zu verschaffen.

„Barnabas und Hermas, Schriftsteller des ersten Jahrhunderts, kennen keine Johanneischen Schriften. Clemens von Rom vergißt in seinem Briefe nach Korinth, um 96, des Apostels ganz." Daß sich aus diesen dreien kein Beweis für Johannes schöpfen läßt, ist zugestanden, aber man erklärt es sich daraus, daß ihre Schriften mit dem Evangelium Johannis ziemlich in gleichem Alter stünden. Gut, aber wie kommt es denn, daß die Korinther sich nach Rom wenden, nicht an den „Lieblingsjünger des Herrn, die Säule der Kirche", die ihnen doch viel näher lag? Warum verweist sie denn Clemens nicht an Johannes? Wenn man aber annehmen wollte, die Verabfassung dieses Briefes falle bereits in das Todesjahr des Apostels, warum erwähnt er denn unter den Säulen der Kirche, die wegen Neid und Eifersucht Verfolgung erlitten, nicht auch den Johannes? Johannes war ja der Tradition zufolge nach Patmos verwiesen worden und hatte überdem nach der Apostelgeschichte mit Petrus Gefangenschaft und Geißelung erlitten. Lag ihm also nicht auch der Apostel Johannes als ein Beispiel christlicher Geduld nahe?

„Ignatius und Polykarpus gedenken in ihren Briefen, um 116, des Johannes gar nicht, und ein Gebrauch seiner Schriften ist bei ihnen durchaus unerweislich." Ignatius schreibt fünf Briefe an kleinasiatische Gemeinden, schreibt darunter einen Brief selbst an die Ephesier, schreibt an den Polykarp, (angeblich) einen Schüler des Johannes, schreibt gegen die Ketzereien der jüdisch Gesinnten, der Doketen, der Leugner der Auferstehung – und in allen diesen Briefen, wo doch gewiß Veranlassung genug war, irgendwie des Johannes zu erwähnen, findet sich auch nicht eine zuverlässige Silbe von den Schriften, auch nicht eine Spur von der Person des Johannes. „Warum doch ist die Anwendung

der neutestamentlichen Schriften so beschränkt? Kann es denn einen andern vernünftigen und stichhaltigen Grund geben, als: weil Ignatius keine der Art kannte. Oh, wie froh wären gewiß die alten Väter in ihrer Ketzernot gewesen, hätten sie ein Evangelium Johannis oder irgendein anderes apostolisches gehabt; wie würden sie es triumphierend den Ungläubigen entgegengehalten haben, gerade so, wie in späterer Zeit es geschah" (S. 67). Was den Polykarp betrifft, so findet man bei ihm nicht einmal, wie doch bei Ignatius, entfernte Ähnlichkeit in Gedanken und Worten mit Johannes, ausgenommen eine einzige Stelle, die man als ein Zitat aus dem ersten Briefe Johannis ansieht. Aber da man sonst nichts Johanneisches bei Polykarp findet, so ist man zu dieser Annahme keineswegs berechtigt. Vielmehr hat man diese Stelle – sie lautet: „Jeder, der nicht bekennt Jesum Christum im Fleische gekommen, ist der Antichrist" –, wie Lützelberger bemerkt, für nichts weiter als für ein „Zeitschibboleth der rechtgläubigen Kirche gegen die Doketen" anzusehen. Polykarp preist den Paulus. Warum gedenkt er denn nicht auch seines „teuern Lehrers, seines geliebten und verherrlichten Apostels"? Sicherlich nur darum, weil er weder den Johannes noch seine Schriften kennt. Gleichwohl nennt Herr Tholuck mit pietistischer Kühnheit Polykarp „eine *unüberwindliche Stütze* der kirchlichen Überlieferung über Johannes und sein Evangelium".

„*Papias, von 140 bis 160 etwa* (der Sage nach auch ein Schüler des Johannes), *gibt in seinen Büchern von dem Apostel nichts an, weil Eusebius daraus nichts entnehmen kann, kennt vielleicht den Brief, aber schwerlich die Offenbarung.*" Papias sagt an einer Stelle, daß er „kein Wohlgefallen am Geschwätz des großen Haufens gehabt; wenn aber einer aus dem Umgange der Ältesten zu ihm gekommen sei, erforscht habe die Erzählungen der Ältesten: was Andreas oder was Petrus *sagte* . . . oder Johannes oder Matthäus, . . . auch was Aristion und der *Presbyter* Johannes, die Schüler des Herrn, *sagen*". Hieraus schließen Olshausen und Tholuck, daß Papias nicht nur unmittelbar die Apostel – denn diese versteht Olshausen unter den Presbytern, sich deshalb berufend auf 1. Petr. 5, 1, und den 2. und 3. Brief Johannis –, sondern auch die Schüler derselben befragt habe. Aber sicherlich soll das „Was Andreas etc. sagte" nur angeben, *worüber* und *wie* Papias die Aussagen der Presbyter erfragte, nämlich über die Reden *aller* Apostel. Daß Papias nicht unter den Presbytern oder Ältesten die Apostel verstanden, geht einfach schon daraus hervor, daß er ja ausdrücklich den *Presbyter* Johannes von ihnen unterscheidet. Auch geht aus dieser Stelle hervor, daß Papias kein Schüler des Johannes war, denn war er dies, so brauchte er ja nicht bei andern sich nach dessen Aussagen zu erkundigen. Was war denn nun aber das Resultat dieser Nachforschungen, der Inhalt dieser Reden? „Wunderliche, fabelhafte Dinge, seltsame Reden des Herrn." Also ist es mit der Autorität des Papias auch nichts. Nichtsdestoweniger ist dem Herrn Tholuck durch das „Zeugnis dieser beiden Männer (Papias und Polykarp), *welche in unmittelbarem Umgang mit dem Apostel standen*", die Echtheit des Evangeliums bewiesen. „Mit wie wenigem doch der Glaube sich genügen läßt!" „Mit zwei völlig ungewissen Zitaten aus Polykarp und Papias ist die Echtheit des Briefes bewiesen, damit die Echtheit des Evangeliums und damit dann auch die ganze Lebensgeschichte des Johannes in Ephesus" (S. 100). Lücke gesteht offen ein, daß man nie hätte leugnen sollen, daß Barnabas und Clemens von dem Evangelium Johannis nichts wissen und auch die einzige an Johannes anklingende Stelle des Ignatius nichts beweise. Aber er hilft sich mit einer „*innerlichen* Abhängigkeit der Literatur der apostolischen Väter von der neutestamentlichen und mit der noch weit stärkern Abhängigkeit derselben von dem lebendigen Unterricht der Apostel, der lebendigen Tradition", ferner damit, daß das Evangelium Johannis „da, wo die vulgäre (?) evangelische Tradition ausreichte und noch kein höheres Bedürfnis der christlichen Gnosis sich regte, nur sehr langsam in der Kirche sich verbreitete". Aber diese sogenannte vulgäre Tradition ist nur ein haltungsloses Trostmittel, womit man den Widerspruch zwischen dem Johannes und den übrigen Evangelisten heben will. Und wie steht es mit den andern Behauptungen? Warum wissen denn die apostolischen Väter nichts von der Johanneischen Tradition? Hatten sie nicht gerade die Gnostik zu bekämpfen? War also nicht die dringendste Veranlassung vorhanden zu einer schnellen Verbreitung des Evangelium[s] Johannis als des wirksamsten

Gegengiftes? Wo ist denn bei Polykarp die innerliche Abhängigkeit von der Johanneischen Literatur oder vom lebendigen Unterricht? Wo bei Papias, dem groben Chiliasten? Wo bei Ignatius?

„Valentinus und Marcion, von 140 bis 160, zeigen keine Kenntnis der Johanneischen Schriften.“ „Hegesippus, von 160 bis 180, ein Kleinasiate, erzählt in seiner Kirchengeschichte nichts von Johannes und seinem Aufenthalt in Kleinasien, weil sonst Eusebius es ausgezogen haben würde.“ Bei Valentin kommen wohl Worte vor wie „Anfang“, „logos“, „Eingeborner“, „aber die Ableitung der gnostischen Terminologie aus dem Evangelium ist nichts als eine Umkehrung des wahren Verhältnisses“. Das Evangelium Johannis setzt ja solche Ausdrücke wie „λόγος“ als bekannt und gebräuchlich voraus.

„Justin, von 150 bis 160, kennt zwar die Offenbarung unter Johannis Namen, gibt aber über dessen Person nichts Näheres an und kann unmöglich das Evangelium besessen haben.“ Was den Justin betrifft, so genüge hier nur die Bemerkung, daß selbst ein großer Freund und Verteidiger des Evangeliums Johannis, Credner, eingesteht, daß sich aus Justin kein Beweis *für* das Evangelium Johannis anführen läßt, obgleich er bemerkt, daß er sich auch nicht *gegen* dasselbe gebrauchen lasse – eine Einschränkung, die aber bei Justin, dem vielgewanderten Philosophen, dem Anhänger des logos, dem Kämpfer gegen Marcion, wohl nicht gültig ist, indem man hier vielmehr den biblischen Spruch: „Was nicht für mich, ist wider mich“, anzuwenden versucht sein möchte.

Von den spätern Zeugen für das Evangelium Johannis ist hier nur noch *Irenäus* zu nennen; Irenäus, auf den sich die Anhänger des Evangeliums viel zugute tun. Allein wir brauchen uns auch bei ihm nicht lange aufzuhalten. Da trotz seiner Überlieferungen über die Offenbarung, bei welchen er sich auch auf seine alten Presbyter beruft, de Wette, Neander, Lücke, Credner sich die Freiheit nehmen, die Echtheit der Offenbarung, die doch mehr für sich hat als das Evangelium, zu bezweifeln, lediglich weil sie sich nicht wohl mit dem Lieblingsjünger des Herrn zusammenreimen läßt, so kann man es wohl andern nicht verdenken, wenn sie sich die Freiheit nehmen, die Glaubwürdigkeit des

Irenäus auch in betreff des Evangeliums zu bezweifeln, um so weniger, als überhaupt das, was Irenäus aus dem Schatze seiner Überlieferungen von den kleinasiatischen Gemeinden vorbringt, teils unwahrscheinlich und albern, wie die Geschichte vom Zusammentreffen des Johannes mit Kerinth im Badehaus, teils offenbar falsch ist. Mit dem Irenäus fällt aber die letzte nennenswerte Stütze des Evangeliums Johannis. Und so ist denn *„der Wald von Zeugnissen“*, von welchem Herr Tholuck spricht, ausgerottet bis auf Stumpf und Stiel. *„Oh, wie schwinden doch die Blendwerke der Theologie so schnell dahin, wenn man es wagt, näher zuzuschauen“* (s. „Johannes“, S. 121).

[1]*Zur Charakteristik des modernen Afterchristentums. Herr Dr. Nepomuk von Ringseis oder Hippokrates in der Pfaffenkutte*[2]

Veritas sigillum bonitatis [die Wahrheit ist das Zeichen der Güte] – nur was wahr, ist gut, und nur was gut, heilig und verehrungswürdig. Aber was ist wahr? Was nicht mehr sein will, als es sein kann, und nicht weniger, als es sein soll – was sich selbst genug ist. Alles hat seine Grenze; Gott selbst ist ein durch den Begriff der Gottheit begrenztes Wesen;[3] aber eben nur was in seiner (normalen) Grenze sich unbegrenzt fühlt, was an sich selbst genug hat, nur das ist ein seiner Bestimmung entsprechendes, ein wahres Wesen. So war auch das Christentum, wenigstens nach dem Sinn und Eingeständnis der alten musterhaften Christen, nur solange wahres Christentum, solange es die Seligkeit der Geistesarmut als sein höchstes Gut pries, solange es innerhalb seiner Grenze, seiner spezifischen Differenz, d. h. in sich selbst befriedigt, auf die Doktorwürde der Wissenschaft und die Schönheit der Kunst verzichtete. Die Kirche entschuldigte ihren luxuriösen Kultus mit der Behauptung, daß der sinnliche Mensch nur durch sinnliche Reizmittel zum Übersinnlichen emporgehoben werden könne; aber wo einmal Wohlgerüche, schöne Melodien und Bilder

[1] *Gehört in B zu den drei* Kritiken des modernen Afterchristentums, *und zwar als deren drittes Stück. Daher steht dort auf besonderer Zeile über der Überschrift:* III

[2] *In B lautet die Überschrift, auf sieben Zeilen gebracht:* Kritik der christlichen Medizin/ („System der Medizin. Ein Handbuch der allgemeinen und speziellen / Pathologie und Therapie, zugleich ein Versuch zur Reformation und / Restauration der medizinischen Theorie und Praxis." Von Dr. J. N. / von Ringseis, königl. bayer. Obermedizinalrat, Ritter des Zivil- / verdienstordens der bayerschen Krone. 1841) / 1841.

[3] Gott selbst . . . Wesen; *Fehlt in B.*

dem Glauben unter die Arme greifen müssen, da ist eben seine eigene, immanente Kraft bereits erloschen, da ist an die Stelle der religiösen Macht des Glaubens die Macht des Geruchsinns, die Macht der Ohren- und Augenlust getreten. Wohl können Mißtöne, Übelgerüche, häßliche Bilder uns die Lust am Sinnlichen verleiden und so uns veranlassen, zum Übersinnlichen unsere Zuflucht zu nehmen; aber offenbar die entgegengesetzte Wirkung haben Wohlklänge, Wohlgerüche und schöne Bilder; sie fesseln uns an sich selbst; sie ziehen uns, statt hinauf zum creator [Schöpfer], herab zur Kreatur. „Unsere Vorfahren, die alten Christen", sagt J. Aventin in seiner „Chronika" (III. Bd.: ‚Von dem Brauch der alten Christen'), „waren fromme, rechte, geistliche Leute, meineten, wir wären die rechten, wahren lebendigen Bilder, Gemäl' und Kirchen Gottes, darinnen Gott selbst und der Heilige Geist wohnet ... Darum ehreten und ziereten's solche Gottshäuser nit mit Geld, Gemäl' und Gold, so alles weltliche und ungeistliche Ding' sind, dadurch die wahre Geistlichkeit geändert wird ..., suchten gar keinen Lust weder mit dem Gesicht noch dem Gehör, man hätt' weder Orgel noch Pfeifen, weder Gold noch Silber, Seiden noch Gemäl' in Kirchen, ließen sich an wenig genügen."* Was aber im Mittelalter die *Kunst*, das ist jetzt die *Wissenschaft*. Der alte Glaube verlegte nur *in sich* die Christlichkeit; die Wissenschaft war ihm das Allgemein-

* Der Benedikiner Edm. Martenne bemerkt in seiner Schrift „De antiquis Monachorum ritibus", Lugd. 1690: „Primis ecclesiae seculis, cum adhuc in venis fidelium pro nobis effusus Christi sanguis ferveret, psalmos ita *modico vocis flexu decantatos* fuisse, ut *pronuncianti* vicinior esset psallens quam *canenti:* sed *refrigescente* postmodum *charitate* ad excitandam Christianorum et fidem et devotionem, cum *suavi vocis modulatione* divina celebrari coepisse officia. [In den ersten Jahrhunderten der Kirche, als noch in den Adern der Gläubigen das für uns vergossene Blut Christi heiß wallte, sind die Psalmen mit so mäßiger Stimmschwankung gesungen worden, daß der Psalmsänger einem Rezitierenden näher war als einem Singenden; als aber späterhin die Liebe bezüglich der Erregung des Glaubens und der Frömmigkeit der Christen sich abkühlte, da ist damit begonnen worden, daß mit lieblicher Modulation der Stimme die Gottesdienste abgehalten wurden.]"

menschliche, das Gebiet der natürlichen, d. i. allgemeinen Vernunft, worauf auch die außerdem blinden Heiden sehend waren, und zwar nur zu häufig hellsehender als die Christen selbst. Das moderne Christentum dagegen verlangt eine christliche Jurisprudenz, eine christliche Medizin, eine christliche Philosophie. Woher dieser Unterschied? Ist das jetzige Christentum reicher, erfüllter als das alte, ursprüngliche? Oh, nein! Der Unterschied kommt nur daher: Der alte Glaube hatte einen Inhalt, war reich *in sich*, hatte an sich selbst genug, darum brauchte er keine *christliche* Wissenschaft; der moderne Glaube aber ist leer im Kopf und eitel im Herzen; er sucht daher seinen Inhalt *außer sich*, um die eigene Blöße mit den Erzeugnissen des Unglaubens zu bedecken. Was nicht mehr im Menschen, in den Personen, verlegt man in die Dinge, die Sachen. Die alten Philosophen, Juristen und Mediziner waren als Menschen Christen, aber in ihrer wissenschaftlichen Qualität Heiden; die Philosophen, Juristen, Mediziner nach dem neuesten Modeschnitt dagegen sind als Philosophen, als Juristen, als Mediziner Christen, aber als Menschen – Heiden. Die alten Christen wiesen dem Christentum einen besondern Ehrenplatz im Tempel ihres Leibes an, gaben ihm das edelste Organ[1] nur zum Wohnsitz, die übrigen Fleischesglieder aber hatten sie mit den Heiden gemein, fanden sie aber ebendeswegen im Widerspruch mit ihrem christlichen Sinn; darum sehnten sie sich nach einem Zustand, wo dieser Widerstreit des Christlichen und Unchristlichen aufgehoben sein würde. Anders ist es dagegen bei den modernen Christen. Diese verrichten selbst noch einen christlichen actus, wenn sie ihre körperliche Notdurft verrichten; das Christentum erstreckt sich bei ihnen

[1] edelste Organ: Herz *B, wo dazu als Zusatz noch die Fußnote Feuerbachs gehört:* Der fromme H. Suso schrieb sogar „den Namen Jesu auf Pergament, schnitte solchen den Buchstaben nach aus, band ihn aufs Herz und trug solchen stets, daß sein Herz sich nie bewegen konnte, es mußte denn den Namen Jesu berühren." Und der Heiligen Katharina von Siene nahm ihr himmlischer Bräutigam ihr eigenes Herz aus dem Leibe und gab ihr dafür das seinige, so daß sie in ihren Gebeten an ihn sagte: „Ich empfehle dir dein, nicht mein Herz."

selbst bis auf den After. Aber ebendeswegen ist auch der *moderne* christliche Glaube im eigentlichen und vollsten Sinne des Wortes nur ein *Afterglaube* – ein Glaube, der das Christentum im Munde, aber das Heidentum im Herzen hat – ein Glaube, der mit jedem Worte, das er spricht, sich selbst Lügen straft, kurz, ein durchaus eitler, wahrheitsloser und ebendeswegen moralisch nichtswürdiger, ästhetisch widerlicher Glaube.

Als ein charakteristisches Bild dieses nichtsnutzigen Glaubens, als einen höchst affreusen *Vorfall* (prolapsus ani [Mastdarmvorfall]) des modernen pfäffischen Afterchristentums heben wir hier hervor das orthodoxe

„*System der Medizin*. Ein Handbuch der allgemeinen und speziellen Pathologie und Therapie; zugleich ein Versuch zur Reformation (?!) und Restauration der medizinischen Theorie und Praxis." Von Dr. *Joh. Nepomuk von Ringseis,* königl. bayer. Ober-Medizinalrat, Ritter des Zivil-Verdienstordens der bayerschen Krone. Regensburg 1841.

Der Ritter des Zivil-Verdienstordens der bayerschen Krone[1] geht nämlich aus von der „Überzeugung, daß *die Medizin,* wie *alle Wissenschaften, ihre Prinzipien in der traditionellen Offenbarungslehre habe*" (Vorr., S. X), von dem Bestreben, „die Forderungen der Wissenschaft in Übereinstimmung zu bringen mit den kirchlichen Lehren" (S. 15), und behauptet: „*Außer* der *Arche Noahs* wird niemand gerettet; das vom Leibe getrennte Glied kann nicht leben oder lebt nur das allgemeinste niederste Leben; *außer der Kirche weder Kunst noch Wissenschaft,* nur Schein und Zerrbilder beider" (S. 563). „Die *Emanzipation* der *Vernunft* von der *Offenbarung* führte zur Emanzipation des Staates von der Kirche, des Menschen von Gott, des Weibes vom Manne, eines jeden von jedem, des Fleisches vom Geiste, des Atoms vom Atome; sie führte folgerecht auch zur *Emanzipation* der Medizin von *Kirche, Kultus, Sakramenten* und *Sakramentalien,* und *diese Emanzipation gleicht völlig der Emanzipation* der *Muskeln* von den *Nerven*" (S. 28). „Meine Herren und Freunde! *Schöpfung,*

[1] dieses nichtsnutzigen ... bayerschen Krone: des modernen Afterchristentums heben wir hier hervor das oben allegierte orthodoxe „System der Medizin". Der Verfasser *B, wo mit den letzten beiden Wörtern zugleich ein neuer Absatz beginnt.*

Sündenfall und *Erlösung* sind *zentrale* und *universelle* Vorgänge, darum notwendig sich abspiegelnd in allem. Die zweite göttliche Person ist Mit-Allschöpfer, Allerhalter, Allwiederhersteller, somit wirksam nicht bloß in jeder sittlich-geistlichen, sondern auch *leiblichen Erhaltung* und *Heilung*. Wer davon nichts einsieht, rühme sich nimmer, etwas von *Philosophie* zu verstehen" (ebendaselbst). „Wohl ist Natur ein Gottesbild selbst in ihrer äußersten Sphäre, aber wie der Mensch ein *durch Sünde getrübtes und entstelltes*" (S. 27)[1]. „*Erdbeben, Stürme, Überschwemmungen, Hitze* und *Kälte* u. dgl. sind keine ursprünglichen, normalen, gesetzlichen Verhältnisse, sondern spätere, *krankhafte*, gesetzwidrige" (S. 47 u. 121). „Im Paradies waren schon alle Tiere, *und ohne Verbrechen* des Menschen *wären sie wohl kaum gestorben*" (S. 109). „Die Fleischwerdung Christi ist eine *geschichtliche Tatsache*" (S. 125). „Die *Gebete* und *Segnungen der Kirche* müssen sich auf alles Denken, Wünschen, Wollen und Handeln und auf alle Dinge erstrecken, da durch Sünde und ihre Folgen alle verunreinigt wurden" (S. 124). „Da die Krankheit *ursprünglich* Folge der *Sünde* und der Sündige den erhaltenden und wiederherstellenden Kräften in den Kreisen des bewußten und unbewußten Lebens viel weniger, den bewußt und unbewußt zerstörenden aber viel leichter zugänglich, so ist, wenn auch laut Erfahrung *nicht immer unerläßlich, doch ohne Vergleich sicherer* (oh, welch ein unsicherer Glaube!), daß sich der *Kranke* und *Arzt* vor dem Heilversuche *entsündigen* lassen. Der Heiland begann alle Heilung mit Vergebung der Sünde oder Anerkennung des Glaubens des Kranken. Der *christliche Arzt* betrachtet unter *beständigem Gebet* um Erleuchtung, wie die größten Heiligen taten, den Kranken als Stellvertreter Christi und sich als seinen Diener. Gewissenlose, unsittliche, außer den höheren Einflüssen stehende Ärzte entbehren nicht bloß dieser Einflüsse, sondern wirken, durch unlautere, z. B. politische, parteiliche Zwecke mißleitet, noch positiv gefährlich. Auch der *entsündigte berufene* Arzt heilt nicht jeden entsündigten Kranken (ei! ei!), das wissen wir, aber er ist sicher, ihm nicht zu schaden. – Die Mittel der Entsündigung lehrt die

[1] (S. 26) *B*

Kirche" (S. 451). „Wer den ärztlichen Stand nach *anhaltendem Gebete* und nach dem Rate *frommer* Freunde und *Seelenführer* gewählt hat, dem *fehlen gewiß* weder *ärztlicher Blick* und *praktisches Geschick noch die nötige Begeisterung*" (S. 450). Wir sehen hinlänglich aus diesen wenigen Stellen: Der Verfasser ist ein Starkgläubiger, ein Orthodoxer comme il faut [wie er sein soll], „ich glaube", rühmt er selbst von sich, „an Gott, Christus, Sündenfall und Erlösung, ja, sogar an den *Teufel*" (S. 548), und in der Vorrede (S. IX) beruft er sich sogar zur Beglaubigung seiner Rechtgläubigkeit auf das Attest der Theologischen Fakultät. „Die *propädeutische* Abteilung des Werkes las ich meinem seligen teuern Freunde Prof. Klee mit der Bitte vor, mich auf die *etwa dem Dogma widerstreitenden* Stellen aufmerksam zu machen. *Er fand nichts zu rügen*, bemerkte vielmehr, er würde sich in einer *neuen Ausgabe seiner Dogmatik öfter darauf berufen*." Wie ehrenvoll!

Aber sosehr sich der Verf. seines Glaubens rühmt und sosehr er gegen die ungläubigen Philosophen und Naturforscher brutalisiert – er selbst steckt, wie wir sehen werden, tief bis über die Ohren drin im Elend des modernen Unglaubens – er glaubt nur mit dem Munde, aber er glaubt nicht in der Tat und Wahrheit –, sein Glaube ist ein Taugenichts, ein Renommist, ein Windbeutel, der nicht hält, was er verspricht, nicht tut, was er sagt, wenigstens sein Glaube als Patholog und Therapeut, *der* Glaube, den er auf dem anatomischen Theater der Medizin produziert; aber das ist eben der Glaube, welcher allein *für uns* Interesse hat; denn was der Herr Obermedizinalrat für sich selbst als Privatmensch glaubt, ob an Gott oder an den Teufel, ob an Muhamed oder Christus, ob an den Papst oder den Dalailama – das natürlich ist uns völlig einerlei.[1]

[2]Schon im Prinzip der Pathologie bewährt sich sein Glaube als ein völliger Taugenichts. Die Krankheit ist ihm nämlich wohl Folge der Sünde, aber, wohlgemerkt, nur ursprünglich. Oh, wie illusorisch, Herr Obermedizinalrat!

[1] *In A folgt auf neuer Zeile:* (Fortsetzung folgt). *Die Fortsetzung beginnt dann dort Seite 525.*

[2] *Darüber in A Wiederholung der Überschrift bis* Afterchristentums, *dazu auf neuer Zeile:* (Fortsetzung)

Wie gläubig und zugleich wie ungläubig! Nur ursprünglich, d. h. im Reich der Träume und Vergangenheit, nicht im Reich der Gegenwart und Wirklichkeit, im Jenseits, aber nicht im Diesseits der Medizin, im Vorhof der Propädeutik, aber nicht im Klinikum der Pathologie selbst, wo es vielmehr ganz natürlich zugeht, die Krankheit aus natürlichen Ursachen abgeleitet wird. Zwar sucht er die Krankheit soviel als möglich anzuschwärzen; er bezeichnet und schildert sie als ein widernatürliches, heterogenes, feindseliges Wesen im organischen Wesen, als ein eigenes selbständiges und selbsttätiges Lebensprinzip (S. 260 u. 261). „Die eigene selbstbewegende Bildungstätigkeit der Krankheitsseele bezeugt der Umstand, daß in *entzündeten* Teilen Blutbewegung nach dem Tode noch statthat, nachdem sie in allen anderen verschwunden" (S. 262). „Weil der Organismus, so lebt auch das, was in ihm nicht harmoniert; würde es nicht leben, so könnte es nicht *wirken*. Es lebt, aber auf eigne, fremdartige Weise, sonst könnte es nicht *stören*" (S. 359).[1] Aber haben nicht auch solche Ärzte, die nicht von den Prinzipien der christlichen Tradition ausgingen, im wesentlichen ebenso die Krankheit bestimmt? Harvey sagt: „Quin etiam experimur saepius in corporibus nostris cancros, sarcoses, melicerides aliosque id genus tumores quasi *propria anima* vegetativa nutriri et crescere [ja, wir machen sogar die Erfahrung, daß öfters in unseren Körpern Krebsgeschwüre, Fleischgeschwülste, Abszesse und andere derartige Geschwülste gleichsam durch eine eigene vegetative Seele sich ernähren und wachsen]", Sydenham: „Morbus est species, quemadmodum planta est species, quae parem semper ad normam e terra nascitur, floret, interitque [die Krankheit ist eine Art (von Lebewesen), wie die Pflanze eine solche Art ist, die immer nach einer gleichen Norm aus der Erde entsteht, dann erblüht und untergeht]"[2], Meckel[3]: „Man kann die Exantheme als sehr unvollkommene Organismen oder sogar als mehr oder minder gelungene Versuche zur Bildung von Eiern ansehen", Hartmann: „Krankheit ist eine eigene Art des

1 „Die eigene selbstbewegende . . . stören" (S. 359). *Fehlt in B.*
2 Harvey . . . interitque" *Fehlt in B.*
3 , Meckel: Meckel z. B. sagt *B*

Lebens und einem Schmarotzergewächse vergleichbar, das sich in oder auf einer anderen Pflanze einnistet", Bernt: „Krankheiten sind fremdartige, in das Leben eingedrungene Lebensschemata", Eisenmann: „Man mag sich einen Standpunkt wählen, welchen man will, so werden uns die Krankheiten immer *als Leben* am Leben und *auf Kosten des Lebens* erscheinen" („Die vegetativen Krankheiten", S. 88). Gerade nun so wie die naturhistorischen Ärzte bestimmt auch unser christlicher Medikus die Krankheiten.* „Die Krankheitsursache ist zoophytisches Wesen" (S. 374). „Die pseudoplastischen Wesen stufen sich ab von den pflanzenhaften oder zoophytischen, korallenähnlichen, mit ihrem Boden, dem Organismus, verwachsenen, bis zur selbständigen Absonderung von demselben in den Würmern" (S. 256). „Das Krankmachende (Kränkelnde) ist somit stets ein relativ, im Vergleich mit dem Organismus und seinen Teilen niederes, minder zusammengesetztes, häufig

* Besonders gefällt er sich darin, die Krankheit mit einem feindlichen Angriff auf den Organismus zu vergleichen. Aber auch dieses Bild ist nichts Besonderes und Neues. So vergleicht schon der Arzt *Levinus Lemnius* in seiner „Occulta Naturae miracula" (1564), l. II, c. 4, die akute Krankheit mit einem feindlichen Sturme, der auf die Festung des Leibes gemacht wird. Zu bemerken ist noch, daß der Verf. besonders eifert gegen *die* Pathologen (Schönlein, Stark, Eisenmann)[1], welche Krankheitserscheinungen wie Fieber, Entzündung, Exantheme als Heilbestrebungen, als Reaktionen betrachten, während sie nach ihm in Beziehung auf den Kranken Passionen, in Beziehung auf die Krankheitsursache Aktionen sind. Aber wer leugnet denn, daß dergleichen Reaktionsprozesse zugleich Krankheitsprozesse sind? So bemerkt z. B. Häser über Eisenmann („Archiv f. d. ges. Medizin", B. I, H. I, 1840, S. 142), daß man „nicht vergessen dürfe, daß diese Reaktionen nichtsdestoweniger *krankhafte* Erscheinungen sind". Ist nicht die Träne Erscheinung eines Gemütsleidens, aber zugleich gerade als *Äußerung* des Schmerzes das Linderungsmittel derselben? So ist auch der Schrei allerdings „Wahrnehmung und Ausdruck des Schmerzes" (§ 524), aber zugleich Reaktion, Mitteilung des Schmerzes an die Außenwelt, darum Erleichterung.

[1] (Schönlein ... Eisenmann) *Fehlt in B.*

elementares, d. i. aus den einfachsten Prinzipien bestehendes Wesen, eine dynamische oder dynamisch-materielle Schlingpflanze, ein dynamisch-materieller, vielarmiger Polyp" (S. 254). Zwar nennt er sie nicht, um ihren ketzerischen, illegitimen Ursprung zu bezeichnen, Organismen, sondern *Pseud*[*o*]-Organismen. Aber verdankt er diese Distinktion dem Heiligen Geist der christlichen Tradition, auf die er seine Medizin begründen will? Hat nicht schon *J. Spindler* im Jahre 1810 in seiner „Allgemeinen Nosologie und Therapie als Wissenschaft" (S. 70, § 91) gesagt: „Krankheit ist *Scheinorganismus* im Organismus"? Ist aber ein Unterschied zwischen Schein- und Pseud[o]-organismus?[1] Zwar hebt er, wie schon erwähnt, besonders hervor das feindselige un- und widernatürliche Wesen der Krankheit, aber gleichwohl kann er nicht umhin, dennoch derselben einen dem Organismus immanenten, also natürlichen Ursprung zu vindizieren. „Insofern der Körper nicht vermag, alle äußeren Dinge zu beherrschen, d. i. sie zu überwinden, niederzuhalten oder sich anzueignen etc., insofern *kann* der Mensch erkranken oder, was dasselbe, hat er *allgemeine*, sog. *natürliche* Anlage zu Krankheiten, eine Anlage, die der *jetzigen*[2] menschlichen Natur *nicht widerspricht*" (§ 290). „Die Krankheitsursache, ihr Prozeß und ihr Produkt sind somit, im allgemeinen betrachtet, allerdings *natürliche, ja, organische* Dinge, aber feindlich entgegengesetzt der *individuellen* Natur und Organisation des Erkrankten" (§ 310). (Wer wird das leugnen?)[3] Er parallelisiert selbst die Krankheitsprozesse mit natürlichen, normalen Erscheinungen. „So wie jedes organisch-tierische Wesen, so bildet auch das Pseud[o]organische sich zuerst Zellstoff aus dem Flüssigen und daraus seine primäre Form." „Die sekundären Elemente sind also im pseud[o]-organisierten Wesen dieselben wie im Organismus" (§ 311). „Die im Krankheitsprozesse bildenden Prinzipien und gebildeten Stoffe sind dieselben, die auch im Gesunden" (§ 308). „Die erste Lebensoffenbarung des Pseud[o]orga-

[1] „Das Krankmachende (Kränkelnde) . . . zwischen Schein- und Pseud[o]organismus? *Fehlt in B.*

[2] *In B folgt Zusatz:* (?)

[3] *In B nicht eingeklammert.*

nischen wie jedes Organischen ist Pulsation, Oszillation" (§ 369, s. auch § 360).[1] Ja, er vergleicht sogar, wie viele andere Pathologen und Physiologen, den Zustand der Krankheit mit dem Zustand der Schwangerschaft (S. 270 bis 276). „Die Krankheit ist Schwängerung durch ein Fremdartiges."* Sehr schön; aber wo ist denn hier eine Spur von dem theologischen Ursprung der Krankheit? Warum bestimmt er denn dieses Fremdartige, wodurch der Mensch geschwängert wird, nicht als den Teufel, wenn der ursprüngliche, d. i. wahre Grund der Krankheit die Sünde, der Teufel aber der Grund der Sünde ist? „Der Mensch wendete seine mütterlich empfangende Liebe freiwillig, wie heilige Urkunden sagen, durch die *bösen Engel verführt*, von Gott ab" (S. 118). Warum? Weil er als Arzt leugnet, was er als Christ glaubt, weil er nur in der Propädeutik Christ, in der Pathologie selbst aber Naturalist und Rationalist ist.

R. Fludd definiert also die Krankheit in seinem „Integrum Morborum Mysterium" (T. I, Tract. II, Sect. I, P. II, c. I): „Morbus est malum seu angustia quaedam quae homini *peccanti* ob *faciei Jehovae absentiam* et *occultationem* advenit. Vel sic: Morbus est quaedam *a manu Jehovae irascentis percussio*, quae pro proprietatis percussoris varietate varia esse dignoscitur. Vel sic: Morbus est dolor, quem impertitur Deus in ira sua. Vel sic: Morbi sunt *sagittae omnipotentis* in aegrotum graves admodum, quarum virus ebibit spiritum ipsius. [Die Krankheit ist ein Übel oder eine Art von Beengung, die dem sündigen Menschen

[1] „So wie jedes organisch-tierische . . . § 360).: (S. z. B. § 311, 308, 369). *B*

* Übrigens müssen wir der Wahrheit gemäß bemerken, daß der Verf. bei dieser Vergleichung als skrupulöser Orthodox sogleich die pfäffische Note unter den Text setzt: „Allerdings ist die gegenwärtige Weise, zu zeugen und zu empfangen, schon Folge der großen Katastrophe des Sündenfalls." Aber Gründe, welche er in seiner „Propädeutik" (S. 119 bis [1]20) für die Abnormität des gegenwärtigen Zeugungsvermögens vorbringt, sind so abnorm ungereimt und „schamlos" [2], daß er offenbar nur auf *indirekte* Weise die Normalität desselben beweisen wollte.

[2] ungereimt . . . „schamlos" *Fehlt in B.*

zustößt wegen der Abwesenheit und Enthüllung des Antlitzes Gottes (Jehovas). Oder auch so: Die Krankheit ist eine Art von Schlag, der von der Hand des zürnenden Gottes (Jehovas) ausgeht und der gemäß der Mannigfaltigkeit der Eigenart des Schlagenden als mannigfaltig erkannt wird. Oder auch so: Die Krankheit ist ein Schmerz, den Gott in seinem Zorn uns zuteilt. Oder auch so: Krankheiten sind Pfeile des Allmächtigen gegen den Patienten, Pfeile von erheblicher Heftigkeit und so, daß ihr Gift seinen Lebensgeist aussaugt.]" In der Tat, eine christliche Medizin, eine Medizin, welche wirklich, nicht nur vorgeblich und illusorisch, ihr Prinzip aus dem traditionellen Offenbarungsglauben ableitet, hat keine andere Aufgabe und Tendenz, denn die Krankheiten als Ausbrüche des Zornes Gottes oder, was dasselbe ist – denn die Dämone[n] verdanken ihre Existenz offenbar nur dem Zorne Gottes –, als *dämonische* Krankheiten aufzufassen, darzustellen und zu erweisen. Hat *die Krankheit* einen übernatürlichen Grund, so müssen auch *die Krankheiten* einen solchen haben, denn der Apfel fällt nicht weit vom Stamme. Unglücklicherweise gibt es nicht nur *eine*, sondern sehr viele Krankheiten, aber glücklicherweise, wenigstens für den wissenschaftlichen christlichen Arzt, gibt es auch nicht nur einen, sondern sehr viele Teufel. Dies ist eine historische Tatsache. So gab es zu Christi Zeiten einen Besessenen, der nicht weniger als eine Legion Teufel, d. h. gerade so viele, als eine römische Legion Soldaten, also 6666 Teufel (s. Haubolds „Christusgeschichte", I. T., S. 213), bei sich hatte. Ja, noch im vorigen Jahrhunderte, 1784, fand sich zu Velpa in Tirol eine Besessene, die sogar eine *Million Teufel* im Leibe hatte (s. Göze, „Nützl. Allerlei", II. Bd., S. 66, 67). Der christliche Arzt hat also die Aufgabe, nicht nur die Krankheit im allgemeinen, die ja keine Existenz hat, sondern auch die vielen verschiedenen Krankheiten aus den vielen verschiedenen Teufeln abzuleiten und bei dieser Deduktion folgenden Weg einzuschlagen. Obgleich der Inhalt der christlichen Medizin ein durchaus supranaturalistischer ist*[1] (s. z. B.

* So definiert z. B. R. Fludd in seiner Schrift „Pulsus s. nova et arcana Pulsuum historia" den Puls also: „Pulsus est

[1] *Die Fußnote Feuerbachs hierzu fehlt in B.*

hierüber des eben zitierten R. Fludds „Christliches Mysterium der Krankheiten“)[1], so muß sie doch, schon um der Ungläubigen willen, formell wenigstens sich an die natürliche Logik anschließen und daher vom Bekannten zum Unbekannten, vom Leichtern zum Schwereren, vom Sichtbaren zum Unsichtbaren aufsteigen. Sie geht also aus von der eigentlichen unverkennbaren Teufelsbesessen-

actus Christi (vitae fontis) in cordis mei systole et diastole consistens, quo Christus in me vivens efficit, ut ego in Christo vivam, panemque vitae esuriens a coelo descendentem omni momento inspirem. Vel sic: Pulsus est actio seu motus cordis et arteriarum in diastole et systole a Christo vitae fonte agitatus satque excitatus. [Der Puls ist eine Handlung Christi (des Lebensquells), die in Zusammenziehung und Ausdehnung meines Herzens besteht, wodurch der in mir lebende Christus bewirkt, daß ich in Christus lebe und das vom Himmel herabkommende Himmelsbrot hungernd in jedem Augenblick einatme. Oder auch so: Der Puls ist eine Handlung oder eine Bewegung des Herzens oder der Adern, in Ausdehnung und Zusammenziehung von Christus, dem Lebensquell, angetrieben und erregt.]“

1 *Hierzu in B als Zusatz folgende Fußnote Feuerbachs:* Wenn ich oben die Scheidung des Christlichen und Unchristlichen, Geistlichen und Weltlichen als den Charakter der frühern Christen bezeichne, hier dagegen auf Fludd als das Muster eines christlichen Mediziners verweise, so ist dies kein Widerspruch, denn Fludd ist ein Mystiker. Der Mystizismus, wenigstens der, von dem hier die Rede, ist aber gerade der christliche oder religiöse Naturalismus und Materialismus. Der Mystiker begnügt sich nicht mit einer Ableitung der Welt aus Gott im allgemeinen, er will eine spezielle Erklärung der materiellen Erscheinungen; er ist insofern Naturalist; aber er ist zugleich Christ noch, er macht also Gott, das supranaturalistische Wesen der Religion, zu einem materiellen, naturalistischen Wesen. So leitet Fludd aus einer zusammenziehenden, dicht, kalt machenden und einer ausdehnenden, verdünnenden, warm machenden Eigenschaft Gottes die natürlichen Erscheinungen ab. Aber eben wegen dieser Vermischung des Supranaturalismus und Naturalismus fand der Mystizismus nie allgemeine Anerkennung unter den Christen; er ist eine abnorme Erscheinung, kommt also bei einer allgemeinen Charakteristik nicht in Betracht.

heit als einer unleugbaren, nicht nur durch die göttliche Tradition der Kirche, sondern auch durch die gegenwärtige Erfahrung noch (s. J. Kerner) beglaubigten Tatsache und hat nun nach den Regeln der natürlichen Analogie und Syllogistik zu beweisen, daß auch die übrigen Krankheiten von den Dämonen herkommen, nur mit dem Unterschied, daß in den *κατ' ἐξοχήν* [ganz speziell] sogen. dämonischen Krankheiten der Teufel sensibel, in den übrigen Krankheiten aber latent ist. Und die weitere Aufgabe der christlichen Medizin ist nun keine andere, als diesen latenten Teufel zu entbinden; denn ist einmal der versteckte stumme Teufel zur Rede gesetzt, erkannt, *was für* ein Teufel in dieser oder jener Krankheit steckt, so ist auch leicht das Mittel zu finden, wie dieser spezielle Teufel auszutreiben ist. Damit haben wir nun auch sogleich einen schönen natürlichen Übergang von der christlichen Pathologie zur *christlichen Therapie* gefunden. Die christliche Pathologie hat zu lehren, daß alles, auch das physische Übel aus der Sünde, aus dem Unglauben oder, was eins ist, aus dem Teufel, die christliche Therapie, daß alles, auch das physische Heil nur aus dem Glauben kommt. Wenn die Sünde die Krankheit verursacht und nicht nur den Menschen – „unser gegenwärtiger Körper ist das *Kind des Versehens am Bilde der Schlange*" (S. 118) –, sondern auch die ganze Natur mit ins Verderben gerissen, verändert, entstellt, getrübt und vergiftet hat – *„alle Gesetze* der Natur veränderte die Sünde des Menschen" (S. 869) –, so ist ja notwendig das Prinzip der Heilung und Genesung außerhalb der Natur, nur in der göttlichen supranaturalistischen Macht des Glaubens zu finden. Eitel und frivol wäre der Einwurf, daß der Glaube nur das antidotum [Gegengift] des Unglaubens, der Sünde sei, aber gegen die materiellen Folgen der Sünde, gegen die leiblichen Krankheiten, nichts, wenigstens unmittelbar, vermöge, denn dieser Einwurf, diese Distinktion drückt nichts aus als den Unglauben an die Macht des Glaubens und die Wahrheit der „göttlichen Traditionen", der[1] Glaube ist nicht gebunden an den schlechten Kausalnexus der natürlichen Logik, an die langweiligen Differenzen von mittelbar und unmittelbar,

[1] , der: . Der *B*

an die endlichen Distanzen von Raum, Zeit und Qualität. Nein, der Glaube ist vielmehr eine schlechthin ungebundene, unbeschränkte, ja, allmächtige Kraft, vor der alle Grenzen und Gesetze (?) der Natur, die nur den „dummen" ungläubigen Philosophen und Naturforschern als ewige Gesetze imponieren, in nichts verschwinden. Und diese Universalmacht des Glaubens ist eine geschichtliche Tatsache, bestätigt durch „tausendjährige Erfahrungen und Traditionen" der alleinseligmachenden, aus dem Diluvium des Unglaubens und ewigen Verderbnisses errettenden Arche Noahs.

Beispiele und historische Beweise von der wunderbaren Heilkraft des traditionellen christlichen Glaubens.[1] Zu dem Heiligen Malachias, einem Zeitgenossen des Heiligen Bernhard, kam einst eine schwangere, ja, wahrhaft schwangere (vere gravida), Frau mit der Klage, daß sie wider alle Gesetze der Natur bereits 15 Monate und 20 Tage eine Leibesfrucht in sich trage. Was tut nun der Heilige Malachias? Wie macht er den Accoucheur? Greift er nach dem Pelvimeter, nach dem Perforatorium, nach der Geburtszange? Ei beileibe! So erniedrigt sich nicht der Glaube; der christlichen Arzneikunst stehen andere remedia [Heilmittel] zu Gebote. Der Heilige Malachias, ergriffen von Mitleid, „betet, und die Frau gebiert zur Freude und Verwunderung der Anwesenden". „Eine Frau lag am Tode. Sehnsuchtsvoll schickt sie nach dem Heiligen Malachias, aber er kann nicht auf der Stelle abkommen."[2] Was tut nun der Heilige? Erkundigt er sich etwa darnach, was ihr fehlt? Schickt er ihr etwa einstweilen ein Arzneimittelchen? Bewahre! „Der Heilige Malachias rief einen Burschen herbei und sagte zu ihm: ‚Bringe der Frau diese drei Äpfel da, über die ich den Namen des Herrn angerufen; ich habe das Vertrauen, daß sie, wenn sie davon gekostet, so lange leben wird, bis ich selbst nachfolgen kann.'"[3] Und richtig, so war's: Die Frau starb nicht nur [nicht], die Frau genas

[1] *In B beginnt mit dem folgenden ein neuer Absatz.*

[2] *Der vorige Satz,* Eine Frau ... abkommen, *in B nicht in Anführungszeichen.*

[3] *Das Vorige,* Der Heilige ... nachfolgen kann, *in B nicht in Anführungszeichen.*

(„Vita S. Mal.“, a beato *Bernardo* edita). Und nicht nur über die Pseud[o]organismen im menschlichen Organismus, über die Krankheiten, auch über die organischen Wesen außer dem Menschen, ja, selbst über die unorganischen Mächte, über die Elemente, gebietet der in der traditionellen Offenbarungslehre gegründete Glaube. „Einst kam[1] der Heilige Bernhard in eine von ihm gegründete Abtei. Als man das neue Oratorium einweihen wollte, belästigte eine unglaubliche Menge von Mücken die Eingehenden. Der Heilige Bernhard sagte: ‚Ich tue sie in den Kirchenbann (excommunico eas)‘ – und am andern Morgen fand man alle tot“[2]* („*Vita Sancti Bernhardi*“, l. I, c. 12). Einst diktierte ebendieser Heilige einem Klosterbruder einen Brief religiösen Inhalts in die Feder. Sie saßen beide unter freiem Himmel. Auf einmal stürzt über sie ein Platzregen los. Der Schreiber natürlich will jetzt nicht mehr schreiben. Aber der heilige Vater verwehrte es ihm mit den Worten: „Das ist eine Sache Gottes, fürchte dich nicht zu schreiben.“ Und er schrieb und schrieb mitten im Regen ohne Regen, „in medio imbre sine imbre“ (ebend.). Nichts vermochte die Naturgewalt gegen das Blatt Papier, das bestimmt war, die heiligen Gedanken des frommen Vaters aufzunehmen. So schirmt der Glaube vor Wassersgefahren. Aber nicht nur wasserdicht, auch feuerbeständig macht der traditionelle Glaube den Menschen. Und diese Kraft der Incombustibilität inhäriert dem Glauben nicht etwa nur, wenn er[3] dem gemeinen Küchenfeuer, sondern sogar auch, wenn er dem furchtbarsten Feuer, das wir kennen, dem vulkanischen Feuer, ausgesetzt wird. So erzählt die Kirchengeschichte, daß einst die Einwohner der Stadt Catanea nur

[1] „Einst kam: So kam einst *B*

[2] *Ausführungszeichen fehlt in B.*

* „Der Papst exkommunizierte sogar den Kometen, der sich 1532 am hellen Tage zeigte. Im Jahr 1554 exkommunizierte der Bischof von Lausanne eine Art von Blutegel, weil sie den Fischen, den Fastenspeisen der geistlichen Herren, nachteilig seien“ (Christ. *Kapp*, „*Hertha*“, S. 293–295). Zweifelsohne verfehlten auch diese Bannflüche nicht ihre Wirkung.

[3] *In B folgt Zusatz:* , wie z. B. die Heilige Katharina von Siena,

dadurch die ihnen bereits den Untergang drohenden Feuerströme des Ätna von sich ableiteten, daß sie ihnen den Schleier der Heiligen Agathe entgegenhielten, also bei dieser Gelegenheit die erfreuliche „*Erfahrung*“ machten, daß dieser Schleier ein untrügliches Präservativ[1] gegen die Flammen feuerspeiender Berge sei („*Sacra Hist.* de gentis hebr. ortu etc.“ aut. P. P. Mezger. *Cum facultate superiorum.* Aug. V. 1700, p. 571). Seht an diesen Exempeln, die sich übrigens bis ins Unendliche vervielfältigen und verstärken ließen, wie sich der Glaube von Kunst und Wissenschaft diszerniert. Was der Natur, der Kunst, der Wissenschaft eine Unmöglichkeit, ist dem Glauben eine Leichtigkeit. Die Kunst gehorcht der Natur, der Glaube gebietet ihr – gebietet über Tod und Leben. Die Kunst vermag wohl den schlummernden Lebensfunken im Scheintode wieder zur hellen Flamme anzufachen, aber der Glaube kann Tote, wirklich Tote wieder lebendig machen. So rief der Heilige Malachias nach der glaubwürdigen Erzählung seines Biographen, des Heiligen Bernhard, Tote ins Leben zurück, und zwar lediglich vermittelst der Kraft seiner Tränen und Gebete.[2]

[3]Wenden wir uns nun wieder zu unserem modern christlichen Medikus zurück. Er verlangt allerdings, wie wir gesehen, in seiner Therapie, daß der christliche Arzt beten, sich und den Kranken entsündigen lassen müsse. Er räumt also dem Gebete, überhaupt den geistlichen Mitteln, eine entsündigende Kraft ein; aber warum nicht auch eine entkrankheitende? Er beginnt also nur die Heilung mit dem Gebete, aber vollbringt sie nicht mit ihm? Erst läuft der Herr Obermedizinalrat in die Kirche und dann in die Apotheke? Erst wendet er sich an seinen Beichtvater und dann an Hippokrates? Erst greift er nach dem Gebetbuch und dann nach der Moxa [Einbrennmittel], nach dem Kauterium [chirurgischen Brenneisen]? Mehr vermag also die Glut des Eisens als die Glut des Gebetes? An der Macht der

[1] Mittel *B*

[2] *In A folgt auf neuer Zeile:* (Fortsetzung folgt). *Die Fortsetzung beginnt dann dort Seite 529.*

[3] *Darüber in A Wiederholung der Überschrift bis* Afterchristentums, *dazu auf neuer Zeile:* (Fortsetzung)

Materie scheitert die Macht des Gebetes, des Glaubens? Stimmt das mit den heiligen Traditionen der Kirche überein?*

Unser christlicher Medikus sagt selbst in seiner „Propädeutik", S. 151: „Im Gebete *berühren* (womit? mit welchem Organ?) wir Gott, setzen uns in *Verbindung* mit dem *Urquell aller Macht, alles Lebens. Erfahrungstatsache* ist es, daß durch Gebet häufig (wie? Nur häufig? Nicht immer?) gegenwärtige Übel gehoben werden, weil im Gebete der Mensch wieder in ein richtigeres Verhältnis zu Gott und dadurch zur Natur tritt, somit die *Folge der Trennung* von Gott, das *Übel*, schon darum aufhört oder abnimmt (nur abnimmt?) ... Betend werden wir *vermittelnde Zuleiter göttlicher Kräfte* an den, für welchen wir beten ... Das Gebet maßte sich an, die unabänderliche Weltordnung, den ewigen Ratschluß Gottes zu ändern und zu stören? *Ja, wie Arzneien, Wetterableiter und Dämme.* Jede mächtigere Kraft beschränkt notwendig die schwächere. Wenn Gedanke und Wille nicht bloß den eignen Körper, sondern selbst den Pendel bewegen, auf Magnetisierte und andere wirken, wie vermag man die leitenden Kräfte des tiefsten und innigsten aller Akte im Menschen zu leugnen?" (S. 152). Und in seiner „Allgemeinen Therapie": „Die Sakramente und Sakramentalien sind vom Schöpfer, Erhalter und Erlöser, vom Heiland, vom *Arzt aller Ärzte, berührte Talismane* und Träger von göttlichen Kräften. Die völlige Blindheit über das wahre Verhältnis des Geschöpfs zum Schöpfer und über den gegenwärtigen Zustand der geschaffenen Natur führte zur herrschenden Naturvergötterung, denn wer den wahren Gott nicht erkennt, schnitzt notwendig sich Götzen. Die Natur hat allerdings göttliche Kräfte (so?), noch reine Verhältnisse; aber sie ist nirgends mehr *ganz* rein (oh, welche Halbheit und Mediokrität!), überall ist sie, hier mehr, dort weniger, vergiftet. Die Kirche und der zuerst selbst entsündigte Mensch hat den Auftrag, wahrhaft alchemistisch das Unreine vom Reinen zu scheiden und das Reine auf allen Wegen, durch alle Sinne und

* Allerdings, wenigstens mit dem *frommen Betruge* jener Mönche, welche die Hundswut mit dem heiligen *Hubertusschlüssel* kurierten, aber so, daß sie nebenbei das Eisen glühend machten.

äußere[n] Organe dem Menschen und der ganzen Natur wieder zuzuführen. Das ist die Bedeutung der Sakramente und Sakramentalien" (S. 491). Wenn nun aber das Gebet der unmittelbare Kontakt mit dem Urquell aller Macht, alles Lebens ist, wenn wir uns durch dasselbe in ein richtigeres Verhältnis zu Gott und Natur setzen, wenn es gegenwärtige Übel heilt, ja, die Quelle alles Übels, die Trennung von Gott, aufhebt, wenn überdies die übernatürlichen Kräfte des Gebetes so natürlich sind als Blitzableiter, Arzneien und Dämme, warum macht er denn nicht das Gebet zum Prinzip seiner Therapie? Wozu das Gerede von assimilierbaren und nicht assimilierbaren Heilmitteln? Wenn das Gebet überhaupt das Übel überhaupt, das Grundübel, heilt, so muß ein bestimmtes Gebet auch ein bestimmtes Übel heilen. Warum verleugnet er also die notwendigen, immanenten und immediaten Konsequenzen seines Prinzips? Warum gibt er uns keine schweißtreibenden, keine abführenden, keine krampfstillenden Gebete und Litaneien* zum besten? Wenn die Gebete schon wirken[1] wie Arzneien, warum wirft er denn nicht die Apotheken, diese Asyle des Unglaubens, zum Teufel? Wenn ich des Glaubens bin, daß mein Gebet die Kraft eines Blitzableiters hat, prostituiere ich nicht zu aller Welt Lust und Schau ebendiesen meinen Glauben, wenn ich dennoch zugleich einen metallenen Blitzableiter auf mein Haus setze? Wenn die Kirche schon „eine elektrisierende Batterie" ist (S. 159), wozu noch die galvanische Batterie der Physik? Ist sie nicht überflüssig? Wenn ferner, wie nicht zu leugnen,[2] die Sakramente „vom Arzt aller Ärzte berührte Talismane und Träger von göttlichen Kräften sind", warum kuriert er denn nicht allein mit ihnen, warum vertauscht er diese göttlichen Heilmittel mit Blasenpflastern, Senfteigen, Fontanellen, Merkurialpräparaten? Wie kann er mit der Wirkung und „Bedeutung der Sakramente und Sakramenta-

* So heilte z. B. P. Joh. Franz Suarez S. J. den Erzbischof von Wien in Frankreich vom *Podagra*, indem er nur die *lauretanische Litanei* für ihn betete. S. A. v. *Bucher*, *„Die Jesuiten in Bayern"*, II. Abt., S. 436. Sämtl. W., II. B.

[1] wieder *So, offenbar versehentlich, A; hier berichtigt nach B.*

[2] , wie . . . leugnen, *Fehlt in B.*

lien“ unmittelbar die Wirkung und Bedeutung von „Brechmitteln, von Schweiß, Urin und Stuhlgang befördernden Mitteln“ verknüpfen? Ist das nicht die heilloseste Vermischung des Reinen und Unreinen, des Göttlichen und Ungöttlichen? Solche Mixtur soll die Menschheit kurieren und restaurieren? Hat so der Heilige Bernhard, der Heilige Malachias seine Patienten behandelt und kuriert? Haben sie in das geweihte Wasser, welches sie aus dem Born der heilgöttlichen Allmacht schöpften und den Kranken als Heilmittel spendeten, zugleich Fachinger oder Geilnauer, Bilnauer oder Bockleter Wasser (S. 530) hineingeschüttet, um es kräftig und wirksam zu machen? Haben sie bei ihren Kuren zugleich die Hostie und die Klistierspritze, das Kruzifix und den Blutegel appliziert? Haben sie ihre Kranken und Zuhörer zugleich auf Christus und Hippokrates verwiesen?* Oh, wie unendlich fern waren sie von dieser Unlauterheit und Indiskretion der Empfindung und Gesinnung[1], von dieser wahrhaft sodomitischen Unzucht des Geistes und Charakters, welche das keusche Lamm Gottes mit dem schamlosen Hund des Äsculapius zusammenkoppelt. So sagt der *Heilige* Bernhard: „*Hippocrates* et *sequaces ejus* (darunter gehört auch unser Medikus) docent animas salvas facere in hoc mundo; *Christus* et *ejus discipuli* perdere ... Epicurus atque Hippocrates corporis alter voluptatem, alter bonam habitudinem praefert, meus magister utriusque rei contemptum praedicat.“[2] Wie? Der Herr Obermedizinalrat will an die heiligen Traditionen der Kirche sich anschließen? Ist aber diese eben ausgesprochene Gesinnung nicht die von der Kirche anerkannte, geheiligte, autorisierte Gesinnung? Nicht die Gesinnung, welche zu allen Zeiten die wahrhaft Heiligen

* Der Verf. knüpft seine Lehre nämlich an zugleich an „die uralten Lehren der großen Beobachter und Praktiker sowie an die göttlichen Traditionen“ (S. 25).

1 *In B folgt Zusatz:* des modernen Glaubens

2 *In B deutsch:* „Hippokrates und seine Anhänger (darunter gehört auch unser Medikus) lehren, das Leben in dieser Welt zu erhalten, Christus und seine Schüler aber, es zu verlieren ... Epikur gibt dem körperlichen Vergnügen, Hippokrates der körperlichen Gesundheit den Vorzug; mein Meister aber predigt mir die Verachtung von beidem.“

mit ihren Schriften und ihrem Leben bekräftigten? Und *er*[1] macht den Hippokrates zum Kollegen, ja, zum eigentlichen Medizinalrat des Heilands? Denn wer gibt ihm denn alle die assimilierbaren und nicht assimilierbaren, die roborierenden und debilitierenden, die derivierenden und exzitierenden Arzneien, womit er seine Patienten kuriert, in den Kopf und an die Hand? Der Heiland oder Hippokrates? Hippokrates. Also vermag der Heiland nichts ohne Hippokrates? Der Glaube nichts ohne Blutegel und Klistierspritzen? Oh, wie schwach, wie impotent, wie nichtsnutzig ist der Glaube des Herrn Obermedizinalrats! Wie tritt er die heiligsten Traditionen der Kirche mit Füßen! „Dem Heiligen Bernhard wurde angeboten, von dem Haupte des Heiligen Cäsarius sich nach Belieben einen Teil zu nehmen. Er wählte einen Zahn. Seine fratres [Brüder] bemühten sich, mit *eisernen Instrumenten* den Zahn herauszureißen, aber vergeblich – der Zahn blieb unbeweglich. Da sagte der Heilige Bernhard: ‚Laßt uns beten! Wir bringen den Zahn nicht heraus, wenn ihn nicht der heilige Märtyrer selbst hergibt.' Gesagt, getan. Und nun, nach verrichtetem Gebete zog er mit der größten Leichtigkeit den hartnäckigen Zahn heraus"[2] („Vita S. Bernh.", lib. IV, c. I). Sehen Sie, Herr Obermedizinalrat, an diesem abermaligen Beispiel, was Glauben und Beten heißt – Glauben und Beten in Übereinstimmung mit den göttlichen Traditionen der Kirche; und wie sehr Sie selbst in der Irre des Unglaubens, wie Sie dem Satan verfallen sind.

Sie vergleichen „die Emanzipation der Medizin von Kirche, Kultus, Sakrament und Sakramentalien mit der Emanzipation der Muskeln von den Nerven". Sehr schön gesagt und sehr kirchlich gläubig gedacht! Der Kirchenglaube – denn was ist Kultus, Sakrament, Kirche ohne Glauben? – ist der nervus rerum der Medizin. Aber zeigen Sie mir doch – ich bitte Sie inständigst – die Nervenstränge, vermittelst welcher Sie die „elektrische Batterie der Kirche" mit den Muskeln der Arzneikunde in Berührung bringen! Ich mag meine Augen anstrengen, soviel

[1] *In A durch Großschreibung, in B gar nicht hervorgehoben.*
[2] *In B das Vorige,* Dem Heiligen . . . Zahn heraus, *nicht in Anführungszeichen.*

ich will – ich erblicke in Ihrer Pathologie und Therapie nur pures blankes Muskelfleisch, aber keine Nerven. Sie reden zwar an mehreren Stellen sehr erbauungsvoll von den segensreichen Wirkungen der Sakramente und Sakramentalien, aber Sie hätten an diesen Stellen ebensogut auch mit „infernaler Begeisterung" die wohltätigen Wirkungen eines Ballettes, die himmlischen Reize einer Venus Anadyomene feiern können, ohne die Kontinuität ihres medizinischen Fleisches auf eine unangenehme Weise zu unterbrechen. Ja, man kann geradezu alle diese salbungsvollen Stellen mit dem anatomischen Messer der Kritik wegschneiden, ohne daß dadurch der Organismus ihrer Pathologie und Therapie auch nur den geringsten Verlust und Schaden erlitte. Nirgends, nirgends finden wir einen Nervenfaden, der sich vom Haupte der Kirche in das ungläubige Fleisch des Herrn Obermedizinalrat[s] hineinerstreckte. Überall läßt ihn sein Glaube im Stich. Er versprach uns, das gemeine Wasser der natürlichen Heilkunde vermittelst der galvanischen Batterie der Kirche zu magnetisieren; aber das Experiment ist total mißlungen. Das Bockleter und Brückenauer Wasser spielt nach wie vor die nämliche Rolle, hat seine Bedeutung, Wirkung und Beschaffenheit nicht verändert. Die geistlichen Einflüsse sind bei ihm nicht in succum et sanguinem [Fleisch und Blut] übergegangen. Stark war der Geist, aber noch stärker das Fleisch. Wirksam ist das heilige Chrisma, aber doch noch wirksamer ein Blasenpflaster.[1]

[2]Sie sagen: „Die von der Kirche abgetrennte Kunst und Wissenschaft ist nur Schein und Zerrbild", und dennoch sagen Sie wieder in der Einleitung (S. 29): „Welche das Christentum und alle Beziehungen zu demselben verkennen oder verhöhnen, mögen das daraus Bezügliche im folgenden überschlagen." Gestehen Sie nicht dadurch selbst naiv genug ein, daß das Christentum bei Ihnen nicht tief in das Fleisch gedrungen ist, daß es in keinem organischen Zusammenhang mit Ihrer Medizin steht, daß folglich auch

[1] *In A folgt auf neuer Zeile:* (Schluß folgt). *Der Schluß beginnt dort Seite 533.*

[2] *Darüber in A Wiederholung der Überschrift bis* Afterchristentums, *dazu auf neuer Zeile:* (Schluß)

Ihre Medizin ein von der Kirche abgetrenntes, emanzipiertes Scheinleben führt? Oh, wie widersprechen Sie sich in Ihrem Glauben – und zwar weit stärker als die Ungläubigen selbst. Die Ungläubigen sagen: Wir brauchen in der Medizin nicht die Kirche, wir haben die den Muskel bewegenden Nerven in unserm Fleische; Sie aber sagen: „Quod non [nichts da], das christliche Glaubenssystem ist das Nervensystem der Medizin" – eine Behauptung, aus der unmittelbar folgt, daß, wer kein Christentum im Leibe hat, nicht einmal klistieren und schröpfen kann, denn wo der Nerv unterbunden wird, da findet keine Muskelbewegung mehr statt. Aber gleichwohl schröpfen und klistieren Sie nach Noten in Ihrer Therapie, ohne daß Ihre Muskeln bei diesen Operationen von dem Oberhaupt der Kirche oder den empfindlichen Nerven eines christlichen Heiligen zur Bewegung gereizt würden. Welch ein Widerspruch! Die Ungläubigen, wenigstens die tieferen, leugnen nicht, daß der Muskel nicht ohne Nerv Leben und Bewegung habe, nur wollen sie ihr Fleisch durch ihre eignen, nicht durch die Nerven des Heiligen Nepomuk oder des Heiligen Ignaz von Loyola in Bewegung gesetzt wissen; Sie aber stellen, faktisch wenigstens, die in der Physiologie unerhörte Lehre auf, daß sich der Muskel ohne Nerven bewegen könne, denn, wie gesagt und bewiesen, in Ihrer „Pathologie und Therapie" bewegen sich Ihre Muskeln, obgleich der Nerv des Zusammenhangs mit der christlichen Kirche durchschnitten ist. Wie stark, wie autokratisch ist das Muskelfleisch Ihres ärztlichen Hylozoismus! Wie ohnmächtig das Nervensystem Ihres christlichen Glaubens! Es darf uns daher auch nicht im geringsten befremden, wenn es Ihnen eine durch „tausendjährige Erfahrung" ausgemachte Wahrheit ist, daß „Verstorbene, Wiedererschienene denken *ohne Gehirn** (folglich Kopf) und Blut" (S. 116), da,

* Vortrefflich ist der Beweis hievon. „Daß Denken von Gehirnfunktion verschieden, zeigt auch die Tatsache, daß wir kein Bewußtsein vom anatomisch-physiologischen Zustand des Gehirns haben." Hieraus folgt, daß die Verstorbenen auch ohne Nieren, Harnleiter und Urinblase pissen können, daß auch das Pissen eine von der Funktion dieser Organe verschiedene Tätigkeit ist, denn wir haben im Pissen kein

ganz im Widerspruch mit der Vernunft und Natur, welche selbst die Zusammenziehung der Muskeln des Mastdarms und der Blase, desgleichen die Empfindung und das Bedürfnis der Ausleerung unter den Einfluß des Nervensystems des Hirns und Rückenmarks gestellt hat, Sie in Ihrer „Allgemeinen Therapie", z. B. S. 526, schwitzen, sich erbrechen, urinieren und den besten Stuhlgang haben, ohne daß Sie in allen diesen so wichtigen, so entscheidenden Akten der ärztlichen Praxis auch nur den geringsten consensus nervorum [die geringste Übereinstimmung der Nerven] mit Ihrem geistlichen Oberhaupt verraten. Welch ein Widerspruch! Sie haben Ihren Mastdarm und Ihre Blase von der Kirche emanzipiert – und Ihr Kopf nur schmachtet noch in den Ketten der Hierarchie? Sie haben einen „*kritischen* Stuhl", einen „*kritischen* Urin" (S. 526) und doch einen unkritischen Kopf! Ihr Kopf wimmelt nach Ihrem eignen Geständnis von „hirnlosen Gespenstern" aller Art, und Ihrem Mastdarm überlassen Sie die „alchemistische Scheidung des Reinen und Unreinen"[1], der assimilierbaren und nicht assimilierbaren Heilmittel Ihrer Therapie? Läßt sich das zusammenreimen? Kann man den Teufel im Leibe und zugleich den Heiligen Geist der Hierarchie im Kopfe[2] haben? Nimmermehr, denn auch der Kopf gehört zum Leibe und der Leib zum Kopfe, der Leib ist nichts

Bewußtsein vom anatomisch-physiologischen Dasein, geschweige Zustand der Nieren, Harnleiter und Urinblase. Allerdings ist das Denken als solches unterschieden vom Hirnakt als solchem, aber um die Differenz und zugleich Identität dieser Akte zu erkennen, diese Diffikultät zu lösen, dazu gehört kein „hirnloser" Kopf.[3]

[1] *Ausführungszeichen fehlt in A; hier berichtigt nach B.*

[2] Kopf *B*

[3] Allerdings ist . . . „hirnloser" Kopf.: In unser Bewußtsein und Gefühlt fällt nur die Wirkung, aber nicht die Ursache. Aus dem Gefühl und Bewußtsein des Hungers wissen wir nicht, daß und was der Magen ist; wir wissen es nur aus der Anatomie und Physiologie. So haben wir also auch im Denken, ausgenommen abnorme Fälle, wo es Kopfweh verursacht, kein Gefühl, kein Bewußtsein von seiner organischen Ursache. Diese Kluft zwischen der bewußten Wirkung und der unbewußten, ungegenständlichen Ursache ist die Quelle alles psychologischen Aberglaubens. *B*

ohne Kopf, aber auch der Kopf nichts ohne Leib. Also werfen Sie sich ganz und gar mit Leib und Seele, mit Rumpf und Kopf entweder dem Heiligen Ignatius von Loyola *oder* dem unheiligen Hippokrates in die Arme! Das heißt auf gut ärztliches Deutsch: Emanzipieren Sie entweder auch Ihren[1] Kopf von dem hirnlosen Gespenste der Hierarchie oder – die Wahl steht Ihnen natürlich frei – stellen Sie auch Ihren[1] Mastdarm, ohne welchen sich keine ärztliche Praxis denken läßt, in alleruntertänigster Devotion der Hierarchie zur Disposition! Q. f. f. s.[2] Sie sagen: „Das Höchste wirkt nicht ohne Träger und sinnliche Zeichen. Nicht der Kot und Speichel heilte, womit Christus den Kranken berührte, sondern Christus durch den Speichel, *nicht ohne* denselben: conditio sine qua non [unerläßliche Bedingung]. Wir lassen den sinnlich materiellen Mitteln ihre Ehre, erkennen ihre Bedeutung [an]" (S. 489). Jawohl! Das wissen wir recht gut. Sie lassen nicht nur den sinnlich materiellen Mitteln ihre Ehre, Sie geben ihnen überall, wo es zum Treffen kommt, die einzige Ehre, Sie kurieren, ganz im Widerspruch mit Ihren Glaubensprinzipien, welchen zufolge die Natur gefallen und verdorben ist und folglich nur durch einen außer- und übernatürlichen Arzt geheilt werden kann, die Natur aus der Natur, mit der Natur, durch die Natur, geradeso wie die ungläubigen Naturvergötterer (s. z. B. § 505, 519).* Wir tadeln Sie deswegen nicht; im Gegenteil, es gereicht Ihnen zur Ehre und Ihren Patienten

[1] den *B*

[2] Q. f. f. s. *Fehlt in B.*

* Die immanente Heilkraft der Natur, vis naturae medicatrix, ist das charakteristische Prinzip der Hippokratischen Jatrosophie. Der Verf.[3] lese nur hierüber seine eigne frühere Schrift nach, „De doctrina Hippocratica et Browniana", § 10 und § 84. Aber gerade diese selbsttätige Heilkraft der Natur verwarfen als ein *heidnisches, irreligiöses Prinzip die christlichen Naturforscher*[4]. S. z. B. *J. Chr. Sturm, „De Naturae agentis idolo"*; *Malebranche, „De la Rech. de la Verité"*, T. II, L. VI, P. II, ch. 3; *Rob. Boyle „De ipsa Natura"*, wo er unter anderm sagt, daß Gott und die Engel öfter, als die Philosophen sich einbilden, bei den menschlichen Krankheiten sich in das Mittel schlagen und den

[3] Verfasser *B* *[Vorige Note läuft S. 139 weiter.]*

[4] Denker *B*

zum Vorteil, daß Sie die phantastischen Prinzipien Ihrer theologisch-medizinischen Theorie in der Praxis negieren. Aber beflecken Sie nicht mit dem „Kote“ Ihres von der kirchlichen Autorität emanzipierten Mastdarms die Ehre des alten traditionellen Glaubens! Wie viele durch die Tradition und Autorität der Kirche verbürgten Wunderkuren sind unmittelbar durch die bloße Kraft des Willens und Gebetes vollbracht worden! Wie widersprechen Sie also dem Glauben der Kirche, wenn Sie den Glauben *nicht ohne* den „Kot“ der Materie wirken lassen! Ja, freilich bedient sich auch häufig der Glaube bei seinen Kuren sinnlich materieller Zeichen und Träger. Aber was sind das für Zeichen und Träger? Vom Glauben, von der Kirche emanzipierte Dinge? Belladonna, Hyoscyamus, Digitalis, Quecksilberpräparate, Blasenpflaster, Blutegel u. dgl. gottloses Zeug? Die Träger und Leiter, deren sich der Glaube bedient, sind Dinge, die, an und für sich selbst ganz indifferent, in den Augen und Händen des Unglaubens völlig unwirksam sind, in gar keinem Zusammenhang stehen mit den Organen, welche durch sie geheilt werden – dergleichen sind die Sakramente, Reliquien, das Zeichen des Kreuzes, der Rosenkranz usw.* Warum schweigen Sie[1] in Ihrer

Säften einen ganz andern Lauf geben, als die allgemeinen Gesetze erforderten. Sosehr daher auch unser moderner Bombastus[2] mit dem Christentum renommiert, sowenig weiß er doch, wie so viele christliche Schwätzer der Gegenwart, was Christentum ist und wie es sich vom Heidentum unterscheidet.

* Um seine Ungebundenheit zu zeigen, bedient sich sogar der Glaube, gleichsam der Natur zum Trotz und Hohn, solcher Mittel, welche an sich selbst die entgegengesetzten Wirkungen von denen haben, welche der Glaube vermittelst derselben hervorbringt. „Ipsam aquarum salsuginem sale in aquas misso sanavit Elisaeus, ut tanto illustrius esset miraculum [Elisaeus hat dem Salzgehalt der Gewässer gerade dadurch abgeholfen, daß er Salz ins Wasser brachte, damit das Wunder desto herrlicher wäre]“ (P. Metzger loc. c., p. 560). Die Mittel, deren sich der Glaube bedient, haben nur die Bedeutung an sich willkürlicher Zeremonien. Die *Könige von Frankreich* hatten bekanntlich die Wunder-

[1] *In B folgt Zusatz:* also [*Vorige Note läuft S. 140 weiter.*]

[2] *Gemeint: Paracelsus*

auf die tausendjährigen heiligen Traditionen der Kirche gegründeten Medizin von diesen infallibeln Universalheilmitteln[1]? „Die Kirche", sagen Sie trefflich, „ist industriös bis zum Luxus." Nun, warum sind denn Sie so karg, so zurückhaltend mit den medizinischen Luxusartikeln der Kirche? Nirgends eine Silbe von den zahllosen Heiligen der Kirche, von denen fast jeder der Vorstand eines besondern Übels ist, oder den mirakulösen Mariabildern – was um so unverzeihlicher, als Sie in Ihrem Kopfe nur „Bilder", keine Gedanken haben und daher den Ausspruch jenes Franzosen bestätigen, daß in München nur gebildert, nicht gedacht wird –, nirgends auch nur die leiseste Spur eines Eindrucks von einem heilbringenden Unterkiefer oder Schenkelknochen eines christlichen Märtyrers, nirgends auch nur der geringste Fetzen von dem wundertätigen Karmeliterskapulier oder dem wundertätigen Sterbekleid des Heiligen Ignatius.* Oder haben Sie so ein kurzes Gedächtnis? Sind Ihnen die heiligen Geschichten entfallen? Aber sicherlich klingt Ihnen doch noch in den Ohren die Wundermedaille,

gabe, die *Kröpfe zu heilen* durch bloße Berührung, indem sie dabei das Zeichen des Kreuzes machten und zu jedem Kranken sagten: *„Roi te touche, Dieu te guerisse* [der König berührt dich, Gott möge dich heilen]." Der König berührte, Gott heilte den Kropf, d. h. der Glaube, nicht der tierische Magnetismus. Das royalistische Attouchement war nur eine Zeremonie.[2]

[1] diesen . . . Universalheilmitteln: den Wunderheilmitteln der Kirche *B*

* J. P. Maffeius, „De Vita et Moribus Ignatii Loiolae. *Ex auctoritate superiorum*", *l.* III, c. 14.

[2] *Der Wortlaut dieser Fußnote Feuerbachs aus A ist in B an derselben Stelle in den Text eingefügt. Als Zusatz folgen dann in B im Text noch folgende Sätze:* Als im vierzehnten Jahrhundert die Gesuche um das Kanonisieren der Wunderärzte kein Ende nahmen, wurden zur Einschränkung derselben folgende bemerkenswerte Bedingungen festgesetzt: „Wenn ein Arzt für eine Wunderkur unter die Heiligen versetzt werden solle, so müsse die Krankheit, in der er Hülfe geleistet, völlig unheilbar gewesen und die Heilung in einem Augenblick geschehen sein; wenn endlich der Arzt ein Mittel angewendet habe, so müsse sich aus der Theorie gar nicht erklären lassen, wie es die Heilung habe bewirken können" (Eichhorn, „Geschichte der Literatur", II. B., Erste Hälfte, § 393).

die erst vor einigen Jahren und, wenn ich nicht irre, selbst in München so vielen Anklang gefunden hat. Warum sind Sie auch davon mäuschenstill? Oh, wie verheimlichen und verleugnen Sie den Glauben der Kirche! Oder geben Sie diese wundertätigen Heilmittel der kirchlichen Tradition uns erst in der *speziellen* „Pathologie und Therapie" zum besten? Wir wollen sehen und zur Ehre Ihres Glaubens es hoffen. Oder sollten wir nicht zu dieser Hoffnung berechtigt sein? Sollte ein wundertätiger Unterrock der Mutter Gottes, ein wundertätiger Rückenwirbelknochen eines Heiligen den Horizont Ihres Glaubens übersteigen? Gewiß nicht. Ihr Kopf wimmelt nach Ihrem eignen Eingeständnis von den „hirnlosesten"[1] Dingen und Gespenstern. Sie kennen keine Gesetze der Natur und folglich auch keine Gesetze des Denkens. Ihnen ist das Vernünftige das Absurde und folglich das Absurde das Vernünftige, das Natürliche das Unnatürliche und das Widernatürliche das Natürliche. Sie sind ein Ungläubiger in den allein glaubwürdigen, aber ein Starkgläubiger in allen unglaublichen Dingen. Sie sind ein esprit fort [Freigeist] gegen die Philosophie und Naturwissenschaft, aber dafür glauben Sie alles ohne Anstand, was Ihnen nur immer der Pfaff oder ein hysterisches Weib[2] vorschwatzt. Wenn Sie daher glauben, in der „Minorität" zu sein (Vorrede S. X), so sind Sie gewaltig in der Irre. Allerdings, unter den naturwissenschaftlich und philosophisch gebildeten Männern sind Sie in der Minorität; aber gehen Sie zu den Spitalweibern, zu den Bauern, zu den Holzhackern und Kohlenbrennern, so werden Sie sich überzeugen, daß Sie die Majorität für sich haben. Ja, Sie glauben Dinge, die selbst den Köhlerglauben übersteigen.[3] Als Beispiel nur noch dies: „Der Pfarrer Held (wohlgemerkt, ein Pfarrer, sonst würde es vielleicht der Herr Obermedizinalrat selbst nicht glauben) in Oberailsfeld, Landgerichts Hollberg in Oberfranken, fand *durch Versuche*, daß, wenn er Kartoffeln gegessen hatte, ein an einem Faden gehaltener Ring Kreis- und Pendelbewegungen machte über *Kalk*[4] und Feuersteinen, gesammelt auf dem Acker, auf dem jene

[1] den „hirnlosesten": „hirnlosen" *B*
[2] oder . . . Weib *Fehlt in B.*
[3] Wenn Sie daher . . . übersteigen. *Fehlt in B.*
[4] *In B nicht hervorgehoben.*

Kartoffeln gewachsen waren, nicht aber über andern Steinen seiner Mineraliensammlung" (S. 70). Ihren Prinzipien zufolge können Sie also alles ohne Unterschied, auch das Unglaublichste und Ungereimteste, glauben, und nicht nur glauben, auch ohne Bedenken denken und beweisen; Ihnen ist ein in Weingeist aufbewahrtes Stück ägyptischer Finsternis so evident und klar als uns „ungläubigen Dummköpfen" ein in Weingeist aufbewahrtes Stück Fleisch. Aber ebendeswegen berechtigen Sie auch uns zu den schönsten Erwartungen und Hoffnungen – berechtigen Sie uns, zu hoffen und selbst zu verlangen von Ihnen, daß Sie die aufgezeigten Blößen Ihrer „Allgemeinen Pathologie und Therapie" in der *speziellen* mit dem wundertätigen Brustlatz des Heiligen Ignatius von Loyola oder sonst eines andern akkreditierten Heiligen – die Wahl steht Ihnen natürlich auch hierin frei – zudecken werden. Täuschen Sie uns nicht in dieser Hoffnung! Gelingt Ihnen auch nur eine einzige Wunderkur, d. h. eine Kur aus dem Fundament und Prinzip Ihrer „Medizin" – so seien Sie sicher, daß Sie auf ewig den Unglauben aus dem Gebiete der Naturwissenschaft verbannt haben, daß, wie die Mücken vor dem Bannstrahl des Heiligen Bernhard, so wir Ungläubigen vor Ihnen maustot zu Boden fallen werden. In keiner Zeit waren Wunderkuren, Wunder überhaupt notwendiger als in der unsrigen. Daß da Wunder geschehen, wo Wunder geglaubt werden, ist kein Wunder, ist sehr natürlich; aber da Wunder zu tun, wo keine geglaubt werden, das ist das größte Wunder. Möge es Ihnen beschieden sein, das Wunder der Wunder zu vollbringen und somit das dringendste Zeitbedürfnis zu befriedigen! Aber durchschneiden Sie mir ja nicht mehr die *pneumogastrischen* Nerven, denn nur diese sind imstande, die Bedürfnisse Ihres medizinischen Unterleibes mit dem hierarchischen Oberhaupt zu vermitteln; sonst mißlingt abermals die Operation. *Der Heilige Ignaz von Loyola sei mit Ihnen!*

Einige Bemerkungen über den „Anfang der Philosophie" von Dr. J. F. Reiff[1]

„Die Philosophie unterscheidet sich von den realen Wissenschaften dadurch, daß ihr Gegenstand ihr nicht gegeben ist und daß sie keine Grundsätze und keine Methode fertig hat, um ihren Gegenstand zu denken. Die Philosophie ist voraussetzungslos. Diese Voraussetzungslosigkeit ist ihr Anfang, derjenige Anfang, durch welchen sie sich von allen andern Wissenschaften unterscheidet. Sie ist der Begriff der Philosophie, so wie derselbe in ihrem Anfang auftritt." „Etwas voraussetzen heißt ein Gegebenes für eine weitere Betrachtung zugrunde legen." So wird in dieser Schrift[2] der Anfang, der erste Begriff der Philosophie bestimmt. Aber diese Bestimmung ist keineswegs, in solcher uneingeschränkten Allgemeinheit ausgesprochen,[3] so unbezweifelbar gewiß, frei und voraussetzungslos, als sie hier ohne weiteres vorausgesetzt wird. Wenn die „realen Wissenschaften" es einmal zu einer bestimmten Existenz gebracht haben, so ist allerdings ihr Gegenstand und ihre Methode gegeben, aber nicht, solange sie im Werden begriffen sind. Die Aufgabe der Wissenschaft überhaupt ist, nicht etwa den Gegenstand aufzuheben, Gott bewahre! – das, was *nicht* gegenständlich ist, *gegenständlich* zu machen. Aber was nicht Gegenstand, ist begreiflicherweise nicht gegeben – alle Wissenschaft beginnt daher ohne datum, beginnt bodenlos. Denn was ist das Nicht-Gegenständliche? – Alles, was ist – auch das sinnlichste, auch das gemeinste, alltäglichste Ding, solange es nur ein Gegenstand des Lebens-

[1] *Die Überschrift lautet, auf zwei Zeilen gebracht, in B*: Über den „Anfang der Philosophie" / (1841)
[2] dieser Schrift: einer Schrift, „Über den Anfang der Philosophie", von J. F. Reiff, *B*
[3] , in solcher . . . ausgesprochen, *Fehlt in B.*

genusses oder der gemeinen Anschauung, nicht der Wissenschaft, ist. Ein sehr lehrreiches und interessantes Beispiel liefert die Luft. Sie ist das uns wesentlichste, allernächste, unentbehrlichste, das ein- und zudringlichste Außenwesen, und doch, wie lange hat sie selbst noch die Physiker und Philosophen zum besten gehabt, wie lange dauerte es, bis auch nur ihre Elementareigenschaften, die Schwere und Expansibilität, uns Gegenstand wurden! Es ist daher nichts absurder, als wenn man das „Jenseits, das Geisterreich" und dergleichen Dinge oder Undinge als ungegenständliche und unnahbare, als mysteriöse Dinge bezeichnet. Längst war den Menschen das Geisterreich aufgeschlossen, als ihnen noch das Reich der Lüfte verschlossen war; eher lebten sie im Lichte einer andern als im Lichte dieser Welt; eher kannten sie die Schätze des Himmels als die Schätze der Erde. Das Nächste ist gerade dem Menschen das Fernste; weil es ihm für kein Geheimnis gilt, ebendeswegen ist es ihm ein Geheimnis; weil es ihm *immer*, ist es ihm *nimmer* Gegenstand.

Ungegenständliches gegenständlich, Unfaßliches faßlich machen, d. h. etwas aus einem Objekt des Lebensgenusses zu einem Gedankending, einem Gegenstand des *Wissens* erheben – dies ist daher ein absoluter, ein philosophischer Akt – derselbe Akt, dem die Philosophie, das Wissen überhaupt sein Dasein verdankt. Die unmittelbare Folge hievon aber ist, daß der Anfang der Philosophie der Anfang des *Wissens überhaupt* ist, nicht der Anfang ihrer als eines *besondern*, vom Wissen der realen Wissenschaften *unterschiedenen* Wissens. Dies bestätigt selbst die Geschichte. Die Philosophie ist die Mutter der Wissenschaften. Die ersten Naturforscher waren Philosophen, wie in der alten, so in der neuern Zeit. Darauf macht nun allerdings auf eine erfreuliche Weise auch der Verf. vorliegender Schrift aufmerksam, aber nicht, wie er sollte, am Anfang, sondern am Ende der Philosophie. Denn wenn der Anfang des philosophischen und empirischen Wissens ursprünglich ein und derselbe Akt ist, so hat offenbar die Philosophie die Aufgabe, sich sogleich von vornherein an diesen gemeinschaftlichen Ursprung zu erinnern und folglich nicht mit dem *Unterschiede* von der (wissenschaftlichen) Empirie, sondern vielmehr mit der *Identität* mit derselben zu beginnen. Im

Verlaufe mag sie, ja, soll sie[1] sich von ihr scheiden; aber beginnt sie mit der Absonderung, so wird sie sich nimmermehr am Ende auf wahrhafte Weise mit ihr befreunden, wie man doch will, denn durch ihren aparten Anfang kommt sie nicht über die Stellung einer aparten Wissenschaft hinaus, behält sie gleichsam stets die verzwickte Haltung einer superdelikaten Persönlichkeit, die sich allein schon durch die Berührung eines Handwerkzeuges der Empirie zu entwürdigen glaubt, gleich als wäre einzig und allein nur der Gänsekiel das Offenbarungsorgan und Instrument der Wahrheit, nicht auch das[2] Teleskop der Astronomie, das Lötrohr der Mineralogie, der Hammer der Geologie, die Lupe des Botanikers. Allerdings ist das eine bornierte, eine miserable Empirie, die sich nicht bis zum philosophischen Denken erhebt oder wenigstens nicht erheben will; aber ebenso beschränkt ist eine Philosophie, die nicht zur Empirie herabsteigt. Aber wie kommt die Philosophie zur Empirie? Dadurch, daß sie sich nur die Resultate der Empirie aneignet? Nein, nur dadurch, daß sie die *empirische Tätigkeit* auch als eine philosophische Tätigkeit anerkennt – anerkennt, daß auch das *Sehen Denken* ist, auch die *Sinneswerkzeuge Organe der Philosophie* sind. Die neuere Philosophie unterschied sich eben gerade dadurch von der scholastischen, daß sie die empirische Tätigkeit mit der Denktätigkeit wieder verband, daß sie dem von den *wirklichen Dingen abgesonderten Denken* gegenüber den Grundsatz aufstellte: „Duce sensu philosophandum esse [unter Führung der Sinne soll man philosophieren]." Gehen wir daher auf den Anfang der neuern Philosophie zurück, so kommen wir auf den wahren Anfang der Philosophie. Die Philosophie kommt nicht am Ende erst auf die Realität, sie beginnt vielmehr mit der Realität. Dies allein ist der natürliche, d. i. sachgemäße und wahre, Gang, nicht der, welchen der Verf. im Einklang mit der spekulativen Philosophie seit Fichte einschlägt. Der Geist folgt auf den Sinn, nicht der Sinn auf den Geist; der Geist ist das Ende, nicht der Anfang der Dinge. Der Übergang von der Empirie zur Philosophie ist *Notwendigkeit*, der Über-

[1] ,ja . . . sie *Fehlt in B.*
[2] *Im Original A und B:* der

gang von der Philosophie zur Empirie[1] *luxuriöse Willkür.* Die Philosophie, die mit der Empirie beginnt, bleibt ewig jung, die Philosophie aber, die mit der Empirie schließt, wird zuletzt altersschwach, lebenssatt, ihrer selbst überdrüssig. Denn wenn wir mit der Realität beginnen und in ihr bleiben, so ist die Philosophie uns ein immerwährendes Bedürfnis, die Empirie läßt uns bei jedem Schritte im Stiche und treibt uns so stets[2] auf das Denken zurück. Endlich ist daher die mit der Empirie schließende, unendlich die mit ihr beginnende Philosophie; diese hat immer Stoff zum Denken, jener geht am Schlusse der Verstand aus. Die Philosophie, die mit dem Gedanken *ohne Realität* beginnt, schließt konsequent mit einer *gedankenlosen* Realität. Schreiber dieses hat nichts dagegen, wenn man ihn ob dieses eben ausgesprochenen Gedankens des Empirismus zeiht. Er für seinen Teil hält es wenigstens für ehrenvoller und vernünftiger, mit der *Nicht-Philosophie zu beginnen* und mit der *Philosophie* zu *enden,* als umgekehrt, wie so mancher *„große"* Philosoph Deutschlands – exempla sunt odiosa [Beispiele sind verhaßt] –, das curriculum vitae [den Lebenslauf] mit der *Philosophie zu eröffnen* und mit der *Nichtphilosophie* zu *beschließen.* – Übrigens läßt sich der Weg von der Empirie zur Philosophie auch recht gut spekulativ begründen. Wenn nämlich, wie nicht zu bezweifeln, die Natur die Basis des Geistes ist, aber nicht deswegen, weil, wie in der Lehre des Mystizismus, die Natur Finsternis, der Geist Licht ist und das Licht sich nur aus der Finsternis entwickelt, sondern vielmehr deswegen, weil die Natur selbst schon Licht, Geist, Zweck, Vernunft[3] ist, so ist notwendig auch der objektiv begründete Anfang, die wahre Basis der Philosophie die Natur. Die Philosophie muß mit ihrer *Antithese,* mit ihrem *alter* ego [anderen Ich] beginnen; widrigenfalls bleibt sie stets subjektiv, stets im Ich befangen. Die nichts voraussetzende Philosophie ist die *sich selbst* voraussetzende, unmittelbar mit sich selbst beginnende Philosophie.

Als den voraussetzungslosen Anfang der Philosophie bestimmt Reiff näher „das Ich, das reine Ich", und zwar also:

[1] *In B folgt Zusatz:* aber
[2] *Fehlt in B.*
[3] , Geist . . . Vernunft *Fehlt in B.*

„Ein Gegebenes als solches, sofern es überhaupt dem Ich gegeben ist, ist ein anderes als Ich. Aber es ist nicht gegeben als anderes, sondern Ich unterscheidet das Gegebene als anderes von sich, es erfaßt sich im Unterschied von ihm; es spricht es aus, daß das Gegebene nicht Ich, sondern ein anderes als Ich ist. Dies ist nur möglich durch den Akt der Unterscheidung vom Gegebenen, damit setzt Ich das Gegebene als ein andres, als es, nämlich das Ich, ist. Das Gegebene ist also bereits verschwunden. Es ist das andere des Ich geworden. Dieses andere ist nur im unterscheidenden Akt des Ich." Allein ist denn dieses von den Dingen sich absondernde, das Gegenständliche als das andere seiner setzende und dadurch aufhebende Ich kein hypothetisches Ich? Ist wenigstens dieses Ich nicht das Ich eines *besondern* Standpunktes? Dieser Standpunkt aber ohne weiteres ein notwendiger, absoluter, *der* Standpunkt, auf den sich die Philosophie stellen muß, wenn sie Philosophie sein will? Ist denn das Objekt weiter gar nichts als Objekt? Sicherlich ist es das andere des Ich, aber kann ich nicht auch umgekehrt sagen: Das Ich ist das andere, das Objekt des Objekts und folglich auch das Objekt ein Ich? Wie kommt denn das Ich dazu, ein anderes zu setzen? Nur dadurch, daß es dasselbe in Beziehung auf das Objekt ist, was das Objekt in Beziehung auf das Ich ist. Aber das Ich gesteht sich dies freilich nur auf *indirekte* Weise ein, indem es sein passivum zu einem activum macht. Wer jedoch das Ich selbst zum Objekt der Kritik macht, erkennt, daß das freiwillige Setzen des Objekts von seiten des Ich aus in Wahrheit nichts anderes ausdrückt als das unfreiwillige Gesetztsein des Ich von seiten des Objekts. Wenn aber das Objekt nicht nur ein Gesetztes, sondern auch (um in dieser abstrakten Sprache zu bleiben) ein sich selbst Setzendes ist, so erhellt, daß das voraussetzungslose, das Objekt von sich ausschließende und verneinende Ich nur eine Voraussetzung des subjektiven Ich ist, gegen welche das Objekt protestiert, folglich kein universelles, zureichendes Deduktionsprinzip, wofür es dem Verf. gilt. Wenn daher die sich selbst voraussetzende, im Anfang eigentlich schon mit sich fertige Philosophie ihr wesentlichstes Interesse in die Beantwortung der Frage setzt: Wie kommt Ich zur Annahme einer Welt, eines Objekts?, so stellt die sich objektiv erzeugende, mit ihrer Antithese beginnende Philosophie vielmehr sich die *entgegengesetzte*, weit interessantere und fruchtbarere Frage: *Wie kommen wir zur Annahme eines Ich, welches also fragt und fragen kann?*

Es ist richtig, daß nichts an und in das Ich kommen kann, wofür sich nicht im Ich selbst ein Grund, wenigstens eine Empfänglichkeit auffinden läßt, daß[1] insofern jede Bestimmung von außen zuletzt zugleich eine Selbstbestimmung, daß[2] der Gegenstand selbst nichts anderes ist als das gegenständliche Ich. Aber ebenso wie das Ich im Gegenstande, ebenso setzt und bewährt sich der Gegenstand im Ich. Die Realität des Ich im Gegenstande ist zugleich die Realität des Gegenstandes im Ich. Käme es nur auf die Eindrücke des Objekts an, wie der geistlose Materialismus und Empirismus meinen, so könnten, ja, müßten auch schon die Tiere Physiker sein; käme es nur auf das Ich an, so könnten nicht andere vom Ich unterschiedene Wesen außer uns die nämlichen oder doch analoge Eindrücke wie wir von den nämlichen Gegenständen empfangen. Wohl ist der Eindruck auf das Ich „unterschieden von dem Eindrucke, den der Finger auf das Wachs macht“, allein auch der Eindruck auf das Wachs ist unterschieden von dem Eindruck auf den Talg, auf den Kalk oder irgendeinen andern Körper. Der Talg ist geschmeidig oder vielmehr mild und biegsam[3], doch bei weitem nicht so nachgiebig, so charakterlos wie das Wachs, aber an der impertinenten Derbheit des calcareus densus [dichten Kalks] scheitert jeder Versuch, mit dem Finger in sein Wesen einzudringen. Der Grund daher, daß ich auf das Wachs drücken kann, ohne von ihm einen andern Eindruck zu empfangen als höchstens den schmierigen des semper aliquid haeret [etwas bleibt immer hängen], liegt in der Qualität seiner eigenen Charakterlosigkeit; wie umgekehrt der Grund, daß ich auf den Kalk nicht drücken kann, ohne von ihm empfindlich gedrückt zu werden, in seiner eignen felsenfesten Kraft. Schon Theophrast bemerkt in seiner Abhandlung von den Steinarten, daß „die verschiedenen Steinarten auch ver-

1 *In B folgt Komma.*
2 *Fehlt in B.*
3 geschmeidig . . . biegsam: mild, weich *B*

schieden behandelt werden müssen" – gerade also so wie die ich-begabten Menschen, die auch nicht alle über einen Leisten geschlagen werden wollen und können.

Schiebe man also nicht auf die Virtuosität und Universalität des Ich allein, was auch der eignen Lebenskraft und Individualität der Dinge angehört, darum auf die nämliche oder doch analoge Weise das Nicht-Ich wie das Ich affiziert. Die Wärme der Frühlingssonne, die das menschliche Ich aus den Fesseln der frostigen Bürokratie ins Freie hinauslockt, zieht auch die Eidechsen und Blindschleichen aus ihren Schlupfwinkeln ans Licht hervor. Die stapelia hirsuta [Aasblume] hat nicht nur für uns, sondern auch für die Aasfliege den Geruch des Aases, sonst würde sie nicht, von diesem Geruche verführt, derselben ihre Eier anvertrauen. Der Bergkristall, welcher den Strahlen des Lichtes keine Grenzen setzt, läßt ebendeswegen auch unsere Blicke frei durch sich hindurch passieren, zum größten Gaudium für unsere Augen, und das für unser Gefühl unwichtige Wachs macht auch auf das Wasser nur einen oberflächlichen Eindruck, während der gravitätische Kalkstein, der im Wasser bis auf den Grund dringt, auch unser Ich zu Boden drückt. Wie glücklich wären wir daran, wenn die Natur ihre Reize nur unserm Ich enthüllte! Oh, wie glücklich! Dann würde keine Honig- oder Wachsmotte unsere Bienenstöcke, kein Rüsselkäfer unsere Kornböden, keine Kohlweißlingsraupe unsere Gemüsegärten zugrunde richten. Allein was uns süß und lieblich schmeckt, mundet auch andern Wesen außer uns. Hinc lacrymae illae [Daher jene Tränen]!

Oder sollten der Geschmack und Geruch, weil wir hier selbst mit den Rüsselkäfern und Kohlweißlingen in Kollision und Rivalität geraten, unter der Würde des menschlichen Ich sein? Sollten sie, wie die Sinne überhaupt, nicht mehr *zu unserm Ich*, sollten sie schon gleichsam zu den Wesen außer und unter uns gehören? Aber wenn dir das Auge blind, das Ohr taub, der Geschmack und Geruch stumpf werden, wirst du dich nicht höchst elend und unglücklich, wie leiblich, so auch geistig, fühlen, wirst du nicht tausendmal des Tages schmerzlichst ausrufen: Oh, hätte ich meine Sinne wieder!, und dadurch offen eingestehen und erklären, daß allerdings auch die Sinne zu deinem Ich gehören, daß du – *du* sage ich, *du selbst*, nicht bloß dein Leib – ohne Sinne oder mit unvollkommnen Sinnen ein erbarmungswürdiger Krüppel bist? Oder sollte *das* Ich, welches durch den Verlust der Sinne defekt, krüppelhaft wird, wie z. B. dein oder wenigstens mein Ich, welches so ehrlich ist, einzugestehen, daß es einen *Teil seiner selbst* verloren, wenn es einen *Teil seines Körpers* verloren, sollte dieses Ich nicht das spekulative Ich sein? Aber was soll denn dann dieses Ich der Spekulation für ein Ich sein? Wie kann von der „Gemeinempfindung, vom Trieb, vom Sinn" und dergleichen Dingen die Rede sein, wenn es ein vom wirklichen Ich unterschiedenes Ich ist? Wie könnte es den Namen „Ich" beibehalten, wenn es seine Affinität mit dem empirischen Ich verleugnen wollte? Vielmehr wird das spekulative Ich vor unserm empirischen keine andere Distinktion voraushaben wollen, als daß es *das* Ich ist, worunter sich jeder, der „ich" sagt, ohne Unterschied befassen kann – das von allen Partikularitäten, Unwesentlichkeiten und Zufälligkeiten der Empirie gereinigte Ich. Aber zu diesen Partikularitäten und Zufälligkeiten ist offenbar nicht der Leib zu rechnen. Also gehört auch zum spekulativen Ich der Leib, wenigstens der spekulative Leib; denn es ist nicht einzusehen, warum wir nur dem Ich, nicht auch dem Leib den Unterschied zwischen dem Notwendigen und Zufälligen vergönnen sollten, nicht einzusehen also, warum wir nicht ebensogut wie das Ich so auch den Leib von allen Ungehörigkeiten und Zufälligkeiten sollten säubern dürfen.

Das Ich ist beleibt – heißt aber nichts anderes als: Das Ich ist nicht nur ein activum, sondern auch passivum. Und es ist falsch, diese Passivität des Ich *unmittelbar*[1] aus seiner Aktivität ableiten oder als Aktivität darstellen zu wollen. Im Gegenteil: Das passivum des Ich ist das activum des Objekts. Weil auch das Objekt *tätig* ist, leidet das Ich – ein Leiden, dessen sich übrigens das Ich nicht zu schämen hat, denn das Objekt gehört selbst zum innersten Wesen des Ich.

Aber ebendeswegen ist es im höchsten Grade einseitig und parteiisch, wenn man, abgesondert von den Gegenständen, alle Bestimmungen des Ich als bloße Selbstbestimmungen

[1] *Fehlt in B.*

desselben betrachten und darstellen will, überdem auch völlig unausführbar. Das eigne Vermögen des Ich nämlich reicht keineswegs aus, um alle seine Bedürfnisse zu bestreiten; es muß daher nolens volens die fehlenden Mittel der objektiven Welt respektive dem eignen Leibe abborgen. So ist z. B. offenbar „die Empfindung der animalischen Wärme", welche das Ich in der Psychologie bekommt, rein körperlichen Ursprungs. Aber wie stimmt dies mit dem nur aus sich selbst alles schöpfenden Ich zusammen? Wie kommt das beunruhigende Feuer der animalischen Wärme in die „gnostische *σιγή* [Stille] des nur in sich konzentrierten Ich"? Etwa deswegen, weil dem Wechsel der äußern Temperatur gegenüber die animalische Wärme eine eigne Selbständigkeit und Unabhängigkeit behauptet? Aber auch diese Unabhängigkeit hat ihre Grenze, die uns sogleich an die Unzertrennlichkeit des Subjekts und Objekts erinnert. Unter dem Äquator sind Menschen plötzlich gestorben, wenn sich die Temperatur 40° näherte. Oder ist der animalische Leib überhaupt so identisch mit dem Ich, daß es aus sich selbst schöpft, was es aus dem Leibe schöpft? Allein das Ich ist keineswegs *„durch sich selbst"* als solches, sondern durch sich als leibliches Wesen, also durch den Leib, der *„Welt offen"*. Dem absolvierten Ich gegenüber ist der Leib die objektive Welt. Durch den Leib ist Ich nicht Ich, sondern Objekt. Im Leib sein heißt in der Welt sein. Soviel Sinne – soviel Poren, soviel Blößen. Der Leib ist nichts als das *poröse* Ich. Oder soll nur die Empfindung der animalischen Wärme *als Empfindung* dem Ich angehören? Aber was ist Empfindung ohne Wärme? Was bleibt denn überhaupt übrig, wenn ich vom Gegenstand oder Inhalt der Empfindungen oder Tätigkeiten des Ich abstrahiere? Wie kann ich z. B. die Empfindung oder Tätigkeit des Sehens dem Ich beilegen, wie sie in die Psychologie aufnehmen, wie definieren, wenn ich von dem Gegenstande derselben, dem Lichte, abstrahiere? Das Sehen ist aber[1] zunächst gar nichts andres[2] als die Empfindung oder Wahrnehmung des Lichts, die Empfindung des Helleseins überhaupt; das Auge der „Lichtsinn". Sehen ohne Licht

[1] eben *B*
[2] anderes *B*

ist ebensoviel als Atmen ohne Luft; Sehen ist *Genuß* des Lichtes.*[1]

Allerdings kann man auch – jedoch immer im Widerspruch mit der Bedeutung, die wir mit dem Begriffe oder doch Worte „Ich" seit Fichte verknüpfen – das Ich zu einem universalen Deduktionsprinzip machen, aber nur unter dieser Bedingung, daß man im Ich selbst ein *Nicht-Ich,* überhaupt Unterschiede, Gegensätze aufdeckt und nachweist; denn mit der einfältigen monotonen Litanei des ewigen „Ich=Ich" ist schlechterdings nichts anzufangen. Das Ich, aus welchem der musikalische Ton hervorgeht, ist ein *ganz anderes* Ich als das Ich, aus welchem eine logische Kategorie oder ein moralisches oder juridisches Gesetz entspringt. Die allen anderen Wissenschaften vorangehende, die erste, die allgemeine Wissenschaft ist aber dann einzig die *Psychologie,* als welche keine andre Aufgabe hat, als das Ich zu deklinieren, um aus den verschiedenen Verhältnissen des Ich in sich selber verschiedene Prinzipien zu deduzieren – also ganz unangemessen und unstatthaft, die Psychologie, wie von R[eiff][2] geschieht, zu einer besondern Wissenschaft zu machen und nur die abstrakten Wissenschaften, Logik und Metaphysik, aus ihr abzuleiten. Aber der wesentlichste, der ursprüngliche, der notwendig mit dem Ich verknüpfte Gegensatz des Ich ist – der *Leib,* das *Fleisch,* der[3] Konflikt von Geist und Fleisch, nur der allein, meine Herren, ist das oberste principium metaphysicum, nur der allein das Geheimnis der Schöpfung, der Grund der Welt. Ja, das Fleisch oder, wenn ihr lieber wollt, der Leib hat nicht nur

* Anders ist es mit den Gegenständen des transzendenten, sei es nun spekulativen oder religiösen, Objektivismus. Hier gilt unumschränkt die volle Ableitung aus dem Ich. Ganz richtig ist es daher, wenn R[eiff] z. B. in betreff der Religion sagt: „Eine Philosophie der Offenbarung ist ein reiner Widerspruch; denn philosophisch nachweisen wollen, daß im Ich selbst nicht die Genesis der Religion liegen könne – dies müßte eine Philosophie der Offenbarung tun –, hieße nichts anderes, als durch Philosophie selbst die Philosophie der Religion aufheben."

[1] *Diese Fußnote Feuerbachs fehlt in B.*

[2] *So ergänzt auch B.*

[3] , der: . Der *B*

eine naturhistorische oder empirisch-psychologische, er hat wesentlich eine spekulative, eine metaphysische Bedeutung. Denn was ist der Leib anderes als die Passivität des Ich? Und wie wollt ihr auch nur den Willen, auch nur die Empfindung aus dem Ich deduzieren ohne ein passives Prinzip? Der Wille ist nicht denkbar ohne etwas, was wider den Willen strebt, und in jeder Empfindung, sie sei auch noch so spirituell, ist nicht mehr Tätigkeit als Leiden, nicht mehr Geist als Fleisch, nicht mehr Ich als Nicht-Ich.[5]

[5] *In A folgt auf derselben Zeile, nach rechts gerückt, als Unterschrift:* L. F.

Erklärung vom Verfasser des „Hippokrates in der Pfaffenkutte“

Ein nicht nennenswerter, vom Gifte der Theologie infizierter Mediziner hat unlängst in einer „Gegensätze in der Medizin“ etc. betitelten Schrift sich erdreistet, meine bereits auch vom römisch-katholischen Weihrauchdampf Görresschen Bilderschwulstes angenebelte Kritik der modernen afterchristlichen Medizin in dem ganz gemeinen, rohen Tone ordinärer Rezensentenbosheit anzufallen. Ich halte es aber gänzlich unter der Würde meines Geistes, meines Charakters und meines von der Geschichte und Natur, den höchsten Behörden der Welt, mir angewiesenen Berufes, eine solche Stimme wie diese und so manche andere, die sich ex infima plebe literatorum [aus der untersten Masse der Literaten] auf Veranlassung meiner, insbesondere antitheologischen, Schriften gegen mich erhoben, zu beachten oder gar zu beantworten. Diese meine aus einem wohlbegründeten Selbstgefühl entspringende Geringschätzung und Gleichgültigkeit gegen die Angriffe und Urteile solcher Leute, welche meinen Geist nicht einmal von seiner formellen Seite zu fassen, geschweige zu beurteilen fähig sind, habe ich von jeher durch die rücksichtslose Tendenz wie meines Lebens, so meiner Schriften deutlich genug bewiesen. Um mich jedoch endlich auch einmal ad captum vulgi [gemäß dem Verständnis der Menge], der nichts versteht, was ihm nicht ausdrücklich durch das Sprachrohr eingetrichtert wird, zu akkommodieren, übersetzte ich hiemit die stillschweigende Tat in das laute, jedermann faßliche Wort. Was nun aber noch insbesondere jene Kritik betrifft, so ist sie ohnedem viel zu guten Humors und viel zu wahr und viel zu gewappnet, als daß sie noch einer nachträglichen Unterstützung bedürfen, nicht für sich selbst allein imstande sein sollte, den selbst der notwendigsten Unterscheidungen, der notwendigsten Folgerungen unfähigen, den unkultivierten, plumpen, pöbelsinnigen Rezensenten in sein Nichts zurückzuwerfen. Warum verschwieg ich aber meinen Namen? Aus demselben Grunde, aus welchem ich bisher keine Veranlassung und Lust hatte, meine seit vielen Jahren in glücklicher Muße gesammelten naturwissenschaftlichen Anschauungen und Kenntnisse, die mich aber gerade, in Verbindung mit meinen theologischen und philosophischen Kenntnissen, zur Kritik der gläubigen Medizin *berechtigten,* vor dem Publikum auszukramen. Wenn ich aber hier abermals mich nicht nenne, so geschieht es nur deswegen, weil ich meinen vulkanischen Ursprung und Namen viel zu hoch halte, als daß ich diesen in einem solchen vis-a-vis [Gegenüber], als ich mich gegenwärtig befinde, aussprechen möchte.

Über den Marienkultus

„Die Glorie der heiligen Jungfrau Maria. Legenden und Gedichte nach spanischen, italienischen, lateinischen und deutschen Relationen und Originalpoesien. Durch Eusebius Emmeran.“[1]

Eine Sammlung von marianischen Gedichten und Legenden in der lieblichsten, vollendetsten poetischen[2] Form. Aber was ist ihre Tendenz? Eine phanero- oder kryptokatholische? Oder eine fromme, eine *christliche* überhaupt? Nein, eine rein ästhetische, eine rein poetische Tendenz. Aber läßt sich nicht mit der poetischen Tendenz, unbeschadet ihrer Freiheit und Selbstgenugsamkeit, dennoch ein didaktischer oder praktischer Zweck verknüpfen? Warum nicht? Wenn nur anders dieser Zweck nicht besonders für sich hervortritt, wenn er unmittelbar mit der freien poetischen Tendenz in eins zusammenfällt. Was will nun aber Eusebius Emmeran mit diesem schönen Blumenstrauß seiner marianischen Gedichte und Legenden uns sagen? Nichts anderes und Geringeres, als daß die Heilige Jungfrau Maria, die Mutter Gottes, die einzig *göttliche* und *positive*, d. h. die einzig verehrungs- und liebenswürdige, die *einzig poetische* Gestalt des Christentums ist; denn Maria ist die Göttin der Schönheit, die Göttin der Liebe, die Göttin der Menschlichkeit, die Göttin der Natur, die Göttin der Freiheit von Dogmen.

Die Göttin der Schönheit.

„Was suchet ihr? Wofern
Ein Haupt von weichem Golde reich umlockt,
Ein lichtgeborner, schöner Augenstern
Euch also sehr verleitet und verlockt,

[1] *Die Überschrift lautet in B, auf vier Zeilen gebracht:* Über den Marienkultus / (Die Glorie der heiligen Jungfrau Maria. Legenden und Gedichte / durch Eusebius Emmeran. 1841) / 1842

[2] , vollendetsten poetischen *Fehlt in B.*

Wo strahlen auch dergleichen Herrlichkeiten
In so vollkommen göttlich echter Schau
Wie bei der hohen Frau,
Der himmlischen, der hochgebenedeiten."
(Spanisch, S. 78)

„Wie bist du reich an Liebreiz,
Ganz Seligkeit, ganz Schöne,
Ganz Himmel und ganz Licht!
Ein nie gefühltes Feuer
Durchströmt Gebein und Ader." (S. 50)

So spricht ein Maure, den keine Belehrung, keine Drohung der Klerisei, den nur die Schönheit der Maria seinem Glauben abspenstig machte. In der marianischen Legendensammlung von Rho und[1] Bovius (II. Abt., 5. B., 31 Ex.)[2] heißt Maria daher ausdrücklich *„die Mutter der Schönheit"*. Und die Kirche bezog die Lobsprüche, die im Hohenliede Salomonis der Bräutigam seiner Braut erteilt, auf die Heilige Jungfrau, so z. B. den Vers: „Du bist allerdings schöne, meine Freundin, und ist kein Flecken an dir." *„Tota* pulchra es, amica mea, formosa mea, columba mea [du bist ganz und gar schön, meine Freundin, meine Schöne, meine Taube]." Nun ist aber ein wesentliches Attribut der weiblichen Schönheit, wie männiglich bekannt, ein „schneeweißer Busen". „Wie schön sind deine Brüste, meine Schwester, liebe Braut!", heißt es im Hohenlied, Kap. 4, V. 10. Kein Wunder also, wenn auch im Kultus Mariä der Busen eine besonders hervortretende Rolle spielt. So heißt es in Ranbecks „Calendarium annale Benedict.", übersetzt von Vierholz, 3. T., S. 1731, wörtlich vom Heiligen Bernhard: „In Verehrung der allerseligsten jungfräulichen Mutter hat er es, wenigstens zu seiner Zeit, allen bevorgetan. Es ist aber der Gegengunst Mariä nicht klein gewesen, indem sie ihm zum öftern ihre mütterliche Gnadenbrust gezeigt und von dero jungfräulichen Milch hat kosten lassen." Dasselbe süße Glück widerfuhr dem Heiligen Fulbert. „Ecce repente coelo spectabilis Virgo dulcissimum

[1] Rho und *Fehlt in B*.
[2] (II. Abt. . . . 31 Ex.) : (5. T., 31 Ex.) *B*

uber digito premit atque morbo faticentem Fulbertum rotrane arcuatim lactis nectare suavissime recreat [siehe da, plötzlich erscheint am Himmel die Junfgrau und drückt auf ihre süße Brust mit dem Finger und erfrischt aufs lieblichste den von der Krankheit ermatteten Fulbert, indem sie ihn in hohem Bogen mit dem Nektar ihrer Milch betaut]" („Glorie", Anm. S. 164). E. Emmeran hat diese Legende in Verse gesetzt S. 100. Siehe auch[1] Nr. IX, wo Maria einem kranken Kanonikus „den himmelreinen Busenschnee" darreicht. In Italien bildete sich sogar im Jahr 1742 eine eigne zahlreiche Sekte von Mammillare, Busengeistern, auf Veranlassung einer „Talti mammillari" betitelten Schrift des Jesuiten Benzi (s. Bucher, „Allerneuster Jesuit. Eulenspiegel", S. 480).

Vor allem gehört aber auch zur weiblichen Schönheit ein schönes Haar. Natürlich konnte also dieses der Maria, als dem Ideale weiblicher Schönheit, nicht fehlen. Und so war denn auch wirklich das schöne Haar Mariä ein Gegenstand der religiösen Verehrung. So hatten die *Jesuiten in München* eine besondere *Andacht zu den heiligen Haaren* Mariä* und besangen sie in folgenden erbaulichen und geschmackvollen Versen, die uns glücklicherweise die Geschichte aufbewahrt:

„Doch, Maria, deine Locken
Mich zu deiner Lieb anlocken,
Schönste Jungfrau, deine Strähnen
Pfleg ich allzeit anzuflehnen.

[1] So heißt es in Ranbecks . . . Siehe auch: Siehe z. B. „Glorie" Anm. S. 164 und *B*

* Wir haben uns hier nur auf einige, und zwar exoterische, Schönheiten des weiblichen Körpers beschränkt; natürlich kamen aber auch die esoterischen im Marienkultus zur Sprache. Die mirakulöse Empfängnis und Geburt – Materien, worin die Maria wenigstens für den Verstand keineswegs die rosa sine spina [Rose ohne Dorn] war – gaben hiezu[2] die Initiative. Auch gab es, wie an die einzelnen Körperteile Christi, so an *die einzelnen Körperteile der Maria* gerichtete Gebete.

[2] hierzu *B. Geringfügige Veränderung, wird im folgenden nicht mehr vermerkt.*

Steh' uns bei in all' Gefahren,
Deck' uns zu mit deinen Haaren,
Führe uns an deinen Locken
In die Stadt, wo all' frohlocken."
(*Bucher*, *„Die Jesuiten in Bayern"*, I. B., S. 88)

Man erlaube mir bei dieser Gelegenheit eine höchst interessante Konjektur. Der Pater *J. Pemble*, weiland Präses der Lateinischen Kongregation zu München, nennt in seiner anno 1760 herausgegebenen „Pietas quotidiana" die Maria die *Kellnerin* der ganzen heiligen Dreifaltigkeit: „Maria est cellaria totius Trinitatis." Warum eine Kellnerin? Offenbar, wenigstens nach meiner Vermutung, nur wegen ihrer körperlichen Schönheit, denn bekanntlich zeichnen sich die bayerischen, besonders Münchner Kellnerinnen durch ihre Schönheit aus. Mache man deswegen dem Pater Pemble nicht den Vorwurf der Gemeinheit und Frivolität. Wenn ein Raphael seine Geliebte zum Vorbild seiner Madonna wählte, so kann man es gewiß einem bayerischen Jesuiten nicht verargen, wenn er in einer Münchner Kellnerin das Modell der Jungfrau Maria erblickt und verehrt.

Maria ist die Göttin der Liebe – eine notwendige Folge ihrer Schönheit, denn beide sind unzertrennlich.

„Ich habe mir erlesen
Ein Lieb so zart, ein Lieb so fein;
Hochadelig von Wesen,
Hochfürstlich ist die Traute mein;
Von allem Harm ist meine Brust genesen,
Seit ich belacht von ihrer Hulden Schein.

Oh Gott, wie kann sie grüßen
Aus minniglichem Rosenmund!
Wie kann sie Blicke schießen
Bis in der Seele tiefsten Grund!
Wie sollte dem noch eine Träne fließen,
Dem diese Grüße, diese Blicke kund."
(Altdeutsch, S. 148)

Zwar soll die Schönheit der himmlischen Jungfrau keine unkeuschen, d. h. verliebten, Gedanken erwecken. „Pulchritudo B. Virginis", sagt z. B. der H. Thomas, „intuentes ad castitatem excitabat."[1] Ein französischer Karthäuser schrieb ihr darum eine chasteté pénétrative [durchdringende Keuschheit] zu, d. h., wie es ein loser Vogel[2] exponiert, eine nicht nur immanente, sondern auch transeunte, gleichsam ansteckende Keuschheit. Aber gleichwohl ist sie doch der Gegenstand einer förmlichen Liebschaft[3]. Der[4] eben genannte Pater Joseph *Pemble* – weiland, sagte ich, ich muß mich aber korrigieren, auch jetzt noch der wenigstens unsichtbare Apollo und Präses der marianischen Congregatio Litteratorum zu München – der Pater Pemble gibt[5] verschiedene Arten an, wie man der Heiligen Jungfrau die Cour machen soll. Darunter kommen z. B. folgende vor: 1) „*Den Namen Mariä küssen, sooft er im Lesen auffällt.*" Oh, wie verliebt! 2) „*Der Jungfrau Maria sagen, daß man geneigt wäre, ihr seinen Platz im Himmel einzuräumen, wenn sie nicht schon einen eignen hätte.*" Oh, wie galant! 3) „*Öfters gegen den Himmel blicken, um Maria zu sehen, ja, deswegen früher oder auf der Stelle zu sterben wünschen.*" Oh, wie schmachtend! 4) „*Keinen Apfel essen, weil Maria von der Schuld des Apfelessens frei geblieben.*" Oh, wie abgeschmackt! Aber amare et sapere vix deo competit [Lieben und Wissen kommt Gott kaum zu]. Oh, Pemble! Oh, Pemble! Wie hat dich die Maria um dein bißchen Verstand gebracht! Doch Pemble beiseite – zwischen der religiösen und wirklichen Weiberliebe läßt sich kein reeller Unterschied aufzeigen. Die himmlische Jungfrau hat natürlich zwar schönere Augen und Haare als die irdischen Jungfrauen; aber ihre Augen sind doch immerhin jungfräuliche[6] Augen, ihre Haare immerhin Haare. Es ist daher durchaus nicht einzusehen, warum die schönen Augen der Jungfrau Maria einen andern, wenigstens einen wesentlich andern Eindruck auf uns machen sollten als die schönen Augen einer irdischen Jungfrau. Und wenn wir auch allenfalls den Liebesblicken der Maria noch besondere

[1] *In B deutsch:* „Der Anblick der Schönheit der seligen Jungfrau", sagt z. B. der H. Thomas, „reizt zur Keuschheit an."
[2] ein . . . Vogel: Bayle *B*
[3] Liebe *B*
[4] So gibt der *B*
[5] der . . . gibt *Fehlt in B.*
[6] *Fehlt in B.*

Prärogative zugestehen wollen, so müssen wir doch dies schlechterdings verneinen von den heißen Küssen, die sie ihren Liebhabern auf die Stirn und Lippen drückt. S. z. B.[1] Nr. XII und XXI. Kuß ist Kuß. Der Kuß von irdischen Lippen ist ein himmlischer, aber der Kuß von himmlischen Lippen ein irdischer Genuß. Die Blicke sind die immateriellsten, subtilsten, unbestimmtesten Liebeserklärungen; sie lassen uns in der Pein des Zweifels stecken, ob wirkliche Liebe oder nur eine fallacia optica [optische Täuschung] vorhanden ist; aber unter dem Drucke der Lippen, ach, da hört alles Räsonieren, Distingieren und Platonisieren auf, da entzündet sich das Feuer des *indiskreten* Sensualismus. Der Blick ist die durch die Zensur des Anstandes, des Zweifels, der Rücksicht gebundene oder[2] beschränkte Liebe, aber der Kuß ist die *Preßfreiheit* der Liebe, die erst die Wahrheit ungeschmälert ans Licht bringt. Also, wenn die H. Jungfrau sich einmal so weit herabläßt, daß sie küßt, so kann sie nicht mehr leugnen, daß sie liebt, wirklich liebt, liebt wie ein irdisches Weib.

Maria ist die Göttin der Dogmenfreiheit – eine notwendige Folge der *Preßfreiheit.* Um selig zu werden, braucht man nichts weiter zu wissen und zu sagen – so liberal ist Maria – als nur das Ave oder Salve Maria [Willkommen oder Sei gegrüßt, Maria]. Ein Gruß also, dem holden Weibe dargebracht, hat für alle Zeit und Ewigkeit mehr oder doch ebensoviel Gewicht und Kraft als die gesamte christliche Dogmatik. So war einmal in Spanien ein Klerikus, dem weiter gar nichts in den Kopf einging als:

„Das Salve sancta parens
[Sei gegrüßt, heilige Mutter],
Das sang er unbeschwert,
Nur in Mariens Preise
Stark, munter und gelehrt."

Der orthodoxe Episkopus fordert darob erzürnt den einfältigen Priester vor sein Gericht. Aber dieser wendet sich in seiner Not an Maria – und Maria, stets dienstfertig und hilfreich gegen die Ihrigen, tritt alsogleich vor den Episkopus hin und hält ihm eine derbe Strafpredigt:

[1] *In B folgt Zusatz:* „Glorie",
[2] gebundene oder *Fehlt in B.*

„Ihr haltet es für arge
Strafwerte Ketzerei,
Daß man in Kirchen singe
Nur *meine* Melodei?
Sogleich von aller Sorge
Macht den Erschreckten frei." (S. 56)

Ja, es ist nicht einmal nötig, die heilige Dreifaltigkeit zu kennen und [zu] verehren. Wer nur *sie*, die einzige, ja, nur ihren Namen kennt, weiß genug, weiß alles, was zu seiner Seligkeit nottut (s. z. B.[1] Nr. VI).*

Maria ist die Göttin der Natur. – Unter ihren Tritten sprossen Blumen hervor (Nr. XXXIII), Tiere knien vor ihrem Bilde und beten es an, Bäume und Stauden tragen es wie ihre eigne Frucht auf ihren Zweigen, Teiche spiegeln es in ihren Fluten ab, Fische tragen es aus dem Meere empor, geflügelte Ameisen kommen alljährlich über das Meer, um auf ihrem Altar zu sterben (Nr. I). Was aber aufs schönste die *nicht theo-*, sondern *geologische* Natur und Sinnesart der Maria darstellt und beweist, das ist – wahrlich ein herrlicher Zug – ihre *Vorliebe für Berge* und *Anhöhen.* Oft brachte man von den Bergen herab daselbst gefundene wunderbare Marienbilder ins platte Land und in Städte, um ihr hier Kirchen zu erbauen; aber plötzlich waren sie verschwunden, und man fand sie wieder auf den alten Plätzen: Nur wo die Freiheit wohnt, nur auf Bergen, nur in der frischen, freien Natur, gedeiht die Blume der holden Jungfrau. „Fugite ad montes, Luc. 21", schreibt ein Benediktiner, „Cur ad montes? quia in montanis habitat Maria, Mater gratiae, Mater misericordiae, nubes rore plena, pulviis gravida."[3] Maria erscheint also hier – auch

[1] *In B folgt Zusatz:* „Glorie",

* Und selbst der Name „Maria" darf bis auf den Anfangsbuchstaben dahinfahren. Das bloße M schon besiegt die Pforten der Hölle. „Eine Pfarrköchin schwört Jesum und die Maria ab. Doch behält sie vom Namen Maria das M, und der Teufel, mit dem sie etliche Jahre in der Welt herumhurte, konnte nicht über sie Meister werden" (Bucher[2], II. Bd., S. 495).

[2] *In B folgt Zusatz:* „„Die Jesuiten in Bayern",

[3] *In B deutsch*: „Fliehet auf das Gebirge!" (Luk. 21, 21) „Warum auf das Gebirge?", schreibt ein Benediktiner:

in mehreren Sagen – als eine wahre Regenmutter – als eine Maria pluvia, ähnlich dem Jupiter pluvius des Heidentums.

Maria ist die Göttin der Menschlichkeit – der liebenswürdigsten Menschlichkeit, der alles ohne Unterschied, ohne Bedenken, ohne Vermittlung vergebenden Nachsicht und Milde – die allgemeine, die allbarmherzige Mutter.

„Oh, haltet an Maria fest!
Arm ist allein, wer sie verläßt;
Und was ihr auch für Schuld verübt,
Und wie ihr auch den Herrn betrübt,
Sein noch so dräuend Strafgericht
Schirmt jene nur, es schmettert nicht.“ (Nr. VI)

„Oh Rose, du alleine
Die ohne Dorn,
Licht ohne Glut,
In dessen hellem Scheine
Wir unsre Geister wohlgemut
Und ohne Bange sonnen,
Du aller Huld ein Bronnen,
Du alles Heils ein Born!“ (Nr. XXXIX)

Maria ist zwar für sich selbst die Keusche; aber wunderleicht vergibt sie doch andern die Sünden gegen die Keuschheit. Unter den Geboten, die sie einer ihrer Dienerinnen, die sich um ihre Gunst besonders bewerben wollte, gibt, findet sich kein Keuschheitsgebot. Nur Mildtätigkeit, Demut, Versöhnlichkeit gebieten sie (Nr. XV). Ja, für eine Klosterküsterin, die aus Weltlust ihrem Kloster entsprungen, funktionierte die gutmütige Maria selbst so lange, bis die Verirrte das Leben im „sündentrunkenen Weltgebiet“ herzlich satt hatte und nun, weil geistig und leiblich aufs erbärmlichste heruntergekommen, wieder fähig und bereit war, in den Stand einer Betschwester einzutreten.

„Weil auf den Bergen Maria wohnt, die Mutter der Gnade, die Mutter der Barmherzigkeit, die tauvolle regenschwangere Wolke.“

„So handelt' unsre Königin
An einer armen Sünderin;
Solch ein Langmut und Geduld
Erprobte sie an dieser Schuld;
Solch eine Demut übte sie,
Und kein Verzug betrübte sie,
Mit solch erhabner Liebe Tau
Labt einzig unsre liebe Frau." (S. 26)

Maria ist, mit *einem* Worte, das Bild der Weiblichkeit – der Kultus der Jungfrau Maria der Kultus des Weibes, der Kultus der Frauenliebe.

„Das ewig Weibliche
Zieht uns hinan." (Goethe)

Wollte nur der Himmel, daß sich mit diesem Bilde keine andern Eindrücke verknüpften als die schönen, welche die Maria des E. Emmeran auf uns macht! Wer sollte sich nicht erfreuen an einem reinen, vollendeten Bilde der Weiblichkeit, finde er es auch, wo er es wolle? Aber leider hat hier unter dem wechselnden Monde alles seine Licht- und Schattenseite. Und E. Emmeran hat uns in seiner poetischen Begeisterung nur *einseitig* die Maria dargestellt. Die Gerechtigkeit und Wahrheit erfordern, auch ihre Schattenseite zu zeigen. Maria ist nämlich keineswegs, wie uns der Verf.[1], freilich nur indirekt, insinuieren will, eine christliche Venus, wenn sie gleich, namentlich im Volksglauben, manches mit der heidnischen Venus gemein haben mag, wie z. B. dies, daß sie aus dem Meere heraufsteigt, daß unter ihren Tritten Blumen emporsprossen – Maria ist *wesentlich* eine negative, naturwidrige Gestalt, nichts anderes als die naturwidrige katholische Kastität als eine Person. Sie heißt darum ausdrücklich die magistra virginitatis oder castitatis [Lehrerin der Jungfräulichkeit oder Keuschheit], und der Maria dienen, sich weihen, sich vermählen heißt nichts anderes als sich, zwar nicht leiblich, was die Kirche streng verbot, aber geistig *kastrieren, sich entmannen.* Aber zwischen der geistigen und leiblichen

[1] Verfasser *B*

Kastration ist kein wesentlicher Unterschied. Die physiologische Funktion ist die Seele eines Organs. Jene[1] nehmen heißt diese nehmen. Wenn es also erlaubt, ja, löblich, christlich ist, einem Organe seine Funktion, seine Seele zu nehmen, so soll es nicht erlaubt sein, dieses Organes Leichnam, eine Existenz, die keine Existenz mehr ist, zu nehmen.[2] Oh, ihr Hypokriten! Aber so war es von jeher, so ist es noch heute. Die Seele dir oder andern zur Ehre Gottes foltern und zu Tode martern, das hat nichts auf sich, denn es fällt nicht in die Sinne, es *scheint* nicht so zu sein, wie es wirklich ist; aber nur kein Blut darf fließen; denn da hat der Schein ein Ende; die blutige Tat spricht zu laut, als daß der Hypokrit sie leugnen könnte. Mit dem Gedanken an die Maria ist daher unzertrennlich verbunden der Gedanke oder die Erinnerung an alle jene widernatürlichen, widerwärtigen, abscheulichen und zugleich abgeschmackten Mittel der *Selbstentmannung*, welche die Priester und Diener derselben anwenden, um ihrem himmlischen Vorbilde nachzukommen. „Zu London hat sich Ursus mit seinen Nägeln das Gesicht zerrissen, damit sich seine schöne Gestalt verlieren und er niemand zur Liebe reizen möchte.“ „In Ingolstadt hat Cajus seine Hand so lange auf Kohlen gebraten, bis die unkeusche Brunst in seinem Herzen nachließ.“ „Nichts ist nützlicher“, sagt der Pater Lechner, „als die Mortifikation an den Augen, um die Keuschheit zu erhalten.“[3] „Innerhalb neun Jahren lebte ein Sodalis in einer Stadt, und er kannte seine zwei Basen nicht einmal von Angesicht.“ „Titus hat einen Bund mit seinen Augen gemacht und verlobt, dieselben gar nimmer zu eröffnen. Nun geschah es öfter, daß er in eine Lache fiel oder da und dort anstieß, wie denn der Teufel selbst manchen an ihn anrennen ließ, daß er über und über purzelte und eine Beule am Kopfe davontrug. Aber alle diese Schmerzen hat er seiner Braut Maria aufgeopfert“ („Die Jesuiten in Bayern vor und nach ihrer Aufhebung[4]“ von Bucher, I. B., S. 111–118). Wahrlich, man braucht nur an die Jesuiten und marianischen

1 Organs. Jene: Organs; jene *B*
2 nehmen.: nehmen? *B*
3 „Nichts ist . . . zu erhalten.“ *Fehlt in B.*
4 vor und . . . Aufhebung *Fehlt in B.*

Kongregationen Bayerns zu denken, um von aller poetischen Begeisterung für den Marienkultus für immer radicaliter kuriert zu werden. Oder sollten die unflätigen, obszönen und zugleich lächerlichen Mortifikationsmittel des bayerischen Jesuitismus nicht der Mutter Gottes selbst schuld gegeben werden können? – Qualis rex, talis grex [Wie der Herr, so's Gescherr]. Ein ästhetischer Kultus hat notwendig eine ästhetische, ein unästhetischer notwendig eine unästhetische Gestalt zur Voraussetzung. Das widernatürliche Dogma, daß die Abstinenz[1] von einer notwendigen physiologischen Funktion eine Tugend, ja, eine exquisite, wahrhaft himmlische Tugend sei, hat notwendig eine widernatürliche, d. h. abgeschmackte, unästhetische, Praxis im Gefolge, die Abstinenz[2] von notwendigen, in den tiefsten Tiefen der Natur begründeten Bedürfnissen ist per se [an sich] eine Albernheit. Die[3] Folgen eines albernen Prinzips – was können sie anders als albern sein? Wer die Natur, gibt die Vernunft auf. Daß du die Natur tötest, ist Gesetz, ist notwendig; *wie* du sie tötest, das ist deine Sache, das ist gleichgültig[4] – gleichgültig, ob du dich mit bloßem Körper im Schnee wälzest oder einen aus Brennesseln und Rosendörnern geflochtenen Bußgürtel anhast oder gar, wie die heilige Mutter Passidea von Siena, wie eine Fledermaus im Schornsteine dich aufhängst, um durch diesen verkehrten asketischen Hang dich ins himmlische Jenseits hinüberzuschwingen.[5]

[6]Und wenn einmal ein[7] notwendiger, wesentlicher Naturtrieb negiert wird, so ist durchaus kein Grund vorhanden, warum nicht auch andere Bedürfnisse und Triebe auf eine ebenso widersinnige und widernatürliche Weise beschränkt

[1] Enthaltung *B*
[2] Gefolge . . . Abstinenz: Gefolge. Die Enthaltung *B*
[3] Albernheit. Die: Albernheit; die *B*
[4] Daß du die . . . ist gleichgültig: Wenn es einmal Gesetz ist, daß du die Natur tötest, so ist es ganz gleichgültig, wie du sie tötest
[5] *In A folgt auf neuer Zeile:* (Schluß folgt). *Der Schluß beginnt dann dort Seite 41.*
[6] *In A darüber Wiederholung der Überschrift bis* Marienkultus *und darunter auf neuer Zeile:* (Schluß)
[7] *In B hervorgehoben.*

und unterdrückt werden sollen. Wenn daher Mönche, um den natürlichen Abscheu des Menschen vor allem Ekelhaften und Häßlichen zu bezwingen, sogar tote Mäuse und Ratten verzehrten, wenn marianische Brüder aus[1] Mortifikation[2] den Spülicht in der Küche auffraßen wie Hunde und Schweine und die Teile ableckten, welche der Aussatz angesteckt hatte („Die Jesuiten in Bayern", Bucher, I. B., S. 117), so waren alle diese und ähnliche heroische Taten der geschmackwidrigsten Naturverleugnung[3] keine[4] „Übertreibungen", keine[5] „Verirrungen", sondern echte, wahre, notwendige Konsequenzen des an und für sich selber natur- und geschmackwidrigen Prinzips der Abstinenz. Oder ist etwa die in Nonnenklöstern infolge einer widernatürlichen Abstinenz so häufig vorkommende Krankheit des *Mutterkrebses** auch nur eine zufällige Verirrung, die dem Prinzipe selbst nicht zur Unehre und zum Fluche gereicht? Aber eben weil mit dem Gedanken an die Jungfrau Maria sich wesentlich verknüpft der Gedanke an die Übel, welche dieses Muster der perpetuierlichen und immakulierten Jungferschaft den unglücklichen Nonnen zuzog, ebendeswegen ist die Maria, ungeachtet alles poetischen Scheines, der sie äußerlich umgibt, eine im Grunde und Wesen unästhetische, unpoetische[6] Gestalt. Auch die Heiden verehrten eine ewige Jungfrau als Göttin. Aber sie war nicht die einzige, die ausschließliche Göttergestalt, die verehrt wurde; neben ihr standen die Götter und Göttinnen der Liebe; sie war nur der künstlerisch fixierte, für die Anschauung befestigte Moment jungfräulicher Schöne und Reinheit, ohne alle naturfeindliche Tendenz, was schon daraus hervorgeht, daß die ihr geweihten Priesterinnen, die Vestalinnen, nach beendigter Dienstzeit sich ehelich verbinden durften, wenngleich dies für ein böses Anzeichen galt.

[1] zur *B*
[2] *In B folgt Zusatz:* ihres Fleisches
[3] Selbst- und Naturverleugnung *B*
[4] *In B folgt Zusatz:* zufällige[n]
[5] oder *B, wo das Komma davor fehlt.*
* Elias von Siebold, „Handb. der Frauenzimmerkrankheiten", 2. Aufl., 1. B., S. 653 u. 654.
[6] *In B folgt Zusatz:* , abstrakte

Überdem[1] vergesse man doch ja nicht, daß die Vesta die Konservation ihrer Jungferschaft nur einem *Esel* verdankt. Die keusche Jungfrau war, des süßen Weines voll, eingeschlummert; diesen günstigen Augenblick wollte Priap benutzen, um sie ihres jungfräulichen Schmuckes zu berauben; aber in demselben Moment fing unglücklicherweise der vorlaute Esel Silens furchtbar zu schreien an – und Vesta erwachte. Welch ein Unterschied also zwischen der heidnischen und christlichen Jungfrau! Die Vesta *konnte* doch ihre Jungfräulichkeit verlieren und hätte sie auch wirklich beinahe verloren; aber die Maria konnte sie nicht verlieren und verlor sie selbst nicht durch die Mutterschaft. „Perfecta Virginitas excludit omnem aperturam et dilatationem claustri foeminei juxta illud Ezechielis cap. 4: *Porta haec clausa erit et non aperietur.* ... Quod non stat cum perfecta virginali integritate Mariae, hoc non potest admitti. [Die vollkommene Jungfräulichkeit schließt jede Öffnung und Erweiterung des weiblichen Verschlusses aus nach jenem Wort Ezechiels, Kapitel 4: Diese Tür wird geschlossen sein und nicht geöffnet werden ... Was nicht übereinstimmt mit der vollkommenen jungfräulichen Reinheit Marias, das kann nicht zugelassen werden.]" (Bucher, II. B., S. 500). Aber nur die verlierbare, die in Gefahr schwebende, die, wenigstens der Möglichkeit nach, vergängliche Jungfräulichkeit hat einen poetischen Reiz.

Allerdings ist Maria wieder ein sinnliches Wesen – die christliche Liebesgöttin. Aber dieses Feuer der Sinnlichkeit, dieses gleichsam verliebte Temperament[2], welches Eusebius Emmeran so rühmend, so begeistert an der Maria hervorhebt, hat keineswegs primitive, sondern nur sekundäre Bedeutung. Weil ihr ursprüngliches Wesen die

[1] eine ewige Jungfrau ... Überdem: ewige Jungfrauen: Minerva, Diana, Vesta. Aber die Motive ihrer Jungferschaft sind keine unmenschlichen, Minerva konnte und mochte nicht aus Kriegslust, Diana nicht aus Jagdlust und mädchenhafter Sprödigkeit sich in die Bande der Liebe schmiegen. Diana rächte zwar strenge die Verletzungen der Keuschheit, aber gleichwohl blieb sie selbst nicht unempfindlich gegen die Schönheit des Jägers Endymion. Was aber die Vesta betrifft, so *B*

[2] , dieses ... Temperament *Fehlt in B.*

Negation der Sinnlichkeit ist, gerade deswegen ist es eine notwendige Folge, daß sie hernach wieder die Position der Sinnlichkeit ist. Was das religiöse Bewußtsein im Leben, in der Wirklichkeit verneint, das gerade bejaht es in der Religion. Was es hier auf Erden, d. h. im wirklichen Leben, aufopfert, das bekommt es im Himmel der Religion hundertfältig wieder. *„Je mehr das Sinnliche negiert wird“*, sagt L. Feuerbach im „Wesen des Christentums“,[1] *„desto sinnlicher ist der Gott, dem das Sinnliche geopfert wird.“* Maria ist die volle und zugleich sinnfällige Bestätigung dieser Wahrheit. Maria ist das religiöse Opfer des Fleisches, das feierliche Gelübde der Keuschheit, die aufgegebene irdische Liebe, aber dafür ist sie selbst wieder der Gegenstand irdischer Liebe. Was sie dem Menschen mit der einen Hand nimmt, das gibt sie ihm mit der andern wieder zurück. Der Verlust der menschlichen Schönheit hat zur Folge den Gewinn der himmlischen oder göttlichen Schönheit, die aber selbst gar nichts andres ist als die verlorne menschliche, durch die Phantasie wiederhergestellte Schönheit.[2] So sagt der unvergeßliche, nicht oft genug zu nennende Pater *Jos. Pemble* in seinem *„Quodlibet von schönen Verehrungen der heiligen Jungfrau“*, man solle „die Augen an ein *schönes* Marienbild heften, das Ansehen und Wohlgefallen irdischer Frauenzimmer zu hemmen“, d. h. auf deutsch: Man solle über den schönen Augen und Brüsten der himmlischen Jungfrau die schönen Augen und Brüste der irdischen Jungfrauen vergessen und verschmerzen. An einer andern Stelle ruft derselbe Pater geradezu entzückt aus: „Welche

[1] , sagt . . . „Wesen des Christentums“, *Fehlt in B.*

[2] *In B hierzu als Zusatz folgende Fußnote Feuerbachs:* Ein höchst populäres Beispiel aus dem „Marianischen Gnaden- und Wunderschatz“ von C. Bovius, I. T., 16. Exemp. Die schöne Euphemia hatte „ihre Jungfrauschaft Gott dem Herrn durch ein Gelübd’ geschenkt und aufgeopfert“. Aber ihre Eltern wollten sie trotzdem verheiraten. Was tut nun Euphemia? Sie schneidet „mit resoluter Hand die Nase und Lefzen hinweg, wodurch sie die Annehmlichkeit vor denen menschlichen Augen vorloren, bei Gott aber selbe vermehret hat“. Jedoch durch die Gnade der Maria wurde ihr später „die Nasen und Lefzen wiederum ergänzet“, und zwar „mit solchem Glanz und Schein, daß fast die Sonnen selbsten in dero Vergleich mußte dahintenstehen“.

Seligkeit, die jungfräulichen Brüste zu schauen!" Aber, müssen wir abermals fragen, was ist für ein Unterschied zwischen himmlischen und irdischen Brüsten? Ach, lieber Pater Pemble, wo die tatti mammillari anfangen, da hört der Unterschied zwischen Himmel und Erde auf. – Also: Maria ist nur positiv, *weil* sie negativ ist. Und das Negative ist ihr Wesen, das Positive nur Schein. Sie besticht unsere Augen, unsre Phantasie durch das Gold ihrer blonden Locken und den blendend weißen „Busenschnee"[1]. Aber wenn wir über diese doch immer nur äußerlichen, nur oberflächlichen Reize hinausgehen und tiefer in ihr Wesen eindringen, so kommen wir zuletzt zu unsrer größten Bestürzung und Entrüstung auf die obgedachten Übel der Abstinenz. Zwar ist die Maria keine strenge Sittenrichterin; sie vergibt vielmehr, wie wir wissen, außerordentlich leicht Sünden, besonders die Sexualsünden; allein sie bleibt doch immer die heikle, naturscheue, immakulierte Jungfer, die allein schon durch den Anblick einer „nackten Wade oder Zehe" aufs tiefste verletzt wird (s. Pater Pembles „Quodlibet"). Was sie anderen erlaubt oder doch vergibt, verdammt sie an sich selber. Ihr Liberalismus in Beziehung auf andere widerspricht dem, was sie in Beziehung auf sich selbst ist.

Damit soll jedoch keineswegs geleugnet werden, daß die Maria, inwiefern sie das Weib überhaupt repräsentiert – also abgesehen von der dem weiblichen Wesen widersprechenden perpetuierlichen Jungferschaft –, im Gegensatz zur Beschränktheit des protestantischen Orthodoxismus und Pietismus und[2] im Gegensatz zu dem moralischen Despotismus blutbefleckter „naturfeindlicher[3] männlicher Gottheiten" eine erfreuliche, wohltätige und selbst zweckmäßige Erscheinung ist. Demut[4], Milde, Güte, Geduld, Liebe, Barmherzigkeit – alle diese Tugenden sind generis feminini [weiblichen Geschlechts]. Als Eigenschaften männlicher oder abstrakter Gottheiten machen sie keinen harmonischen und haltbaren Eindruck; sie stehen mit dem sonstigen Wesen dieser Gottheiten in Widerspruch oder

[1] *In B nicht in Anführungszeichen.*
[2] *Fehlt in B. Stattdessen dort Komma.*
[3] *In B Anführungszeichen bereits vor* blutbefleckter[.]
[4] ist. Demut: ist, Demut *B*

doch nicht in einem innigen, notwendigen Zusammenhang. Erst in eine weibliche Gestalt eingekehrt, sind sie auf ihrem eignen Grund und Boden, haben sie eine mit ihrem Wesen übereinstimmende Existenz. Die Liebe männlicher Gottheiten ist nur eine vorgestellte, nur ausgesagte; es mangelt ihr eine objektive, reelle Basis; wir können daher keine unbedingte Zuneigung, kein ungeteiltes, zweifelloses Vertrauen zu ihr fassen. Nur was selbst die reine, selbstlose Hingebung ist, erweckt auch wieder unbedingte Hingebung. Aber mit einem männlichen Gotte verbindet sich notwendig die abstoßende Vorstellung des Egoismus, der Herrsch- und Ehrbegierde, des Ingrimms, des Zornes. Nur eine weibliche Gestalt verbürgt ein weibliches Herz, und nur das weibliche Herz ist das Zentralorgan, das Hirn der Liebe. Die männliche Gottheit sucht nur *sich*, die weibliche *anderes*, jene setzt ihr Höchstes in die *Ehre*, den Ruhm, diese in die *Liebe*. Kein Wunder daher, daß die Menschen durch das weibliche Herz der Maria die Gewalt der männlichen Gottheiten bezwungen oder doch besänftigt sich vorstellten:

„. . . in jener lichten Höhe,
Wo um Marien und den Mächtigen,
Der *zartbewältigt* ihr im Schoße ruht
Und alle seine Macht an sie entäußert,
Ein myriadenfältig Ave schallt.“ („Glorie“, S. 111)

Kein Wunder, daß das weibliche Herz der Maria die Herzen der Völker für sich gewann und der Zufluchtsort der Schuldbeladenen, der Bedrängten, der Notleidenden ward.

„Mutter, zu dir, zu dir
Sämtliche seufzen wir,
Düster umrungen von Jammer und Not,
Trösterin magst allein,
Freundliche, du uns sein.
Schrecket uns Arme der grimmige Tod,
Fasset sein Weh' uns,
Liebend erfleh' uns
Gnad' und Erbarmen vom himmlischen Thron,
Schirmend erweiche den göttlichen Sohn!“
(„Glorie“, S. 144)

Kein Wunder, sage ich, denn die Liebe in einer weiblichen Gestalt ist allein die deutliche, die allgemein faßliche, die *populäre* Liebe. Das weibliche Herz ist der Kehlkopf der Liebe, durch den sie die Stimme ihrer verborgenen Weisheit zur Volksstimme macht. Aber wenn irgendwo die Allgemeinfaßlichkeit ein Zeichen der Wahrheit ist, so ist es hier. Liebe ohne ein weibliches Wesen oder Prinzip ist – wenn nämlich zugleich diese kastrierte Liebe doch wieder als ein Wesen vorgestellt wird – nichts anderes als eine hirnlose Chimäre.

Aber ungeachtet aller der Würden und Ehrentitel, welche der Maria als der Mutter der Gnädigkeit und Barmherzigkeit, als der Göttin der Liebe gegeben werden – als da sind z. B. die, daß sie ist die domina mundi [Herrin der Welt], die imperatrix universi [Kaiserin des Universums], die janua coeli [Tür zum Himmel], die mediatrix hominum [Mittlerin für die Menschen], die porta paradisi [das Tor des Paradieses] – Ehrentitel, die ihr allerdings von Rechts wegen zukommen, übrigens auch, freilich nur mit Lukrezischer Frivolität, recht gut auf eine heidnische Venus übertragen werden könnten –, ungeachtet aller dieser herrlichen Prädikate müssen wir dennoch dem E. Emmeran offenherzig eingestehen, daß[1] die Maria, als eine einseitige und folglich negative[2] Gestalt, uns nicht genügt, und zwar weder in physiologischer noch intellektueller Beziehung. Nicht in physiologischer, weil die Maria, inwiefern sie das himmlische Komplement und Surrogat der, sei es nun freiwillig oder unfreiwillig, verlornen irdischen Liebe ist und sein soll, als ein nur weibliches Wesen diesen Posten offenbar nicht ausfüllt. Die männliche *Kraft* ist das *Salz* der Liebe; darum begehrt die Liebe der Kraft; Liebe ohne Kraft ist ein Fehler. Die Maria befriedigt nun[3] wohl im Manne das Bedürfnis der Liebe; aber sie befriedigt es nicht im Weibe. Der Mann hat seinen Himmel in einem weiblichen, aber das Weib in einem männlichen Prinzipe. Wie daher Maria, und zwar hauptsächlich für die Männer, so war Christus, und zwar hauptsächlich für die Weiber – gleichgiltig[4], ob

[1] *In B folgt Zusatz:* , auch ganz abgesehen von ihren negativen Eigenschaften,

[2] und . . . negative *Fehlt in B.*

[3] ausfüllt. Die . . . befriedigt nun: ausfüllt; denn sie befriedigt *B*

[4] gleichgültig *B*

als Mann oder Kindlein –, der Gegenstand einer förmlichen, sinnlichen Liebe.[1] „So ließ sich die *heilige Kapuzinerin Veronika Juliani* mit dem göttlichen Lämmlein vermählen, es an ihren jungfräulichen Brüsten trinken, küssete und halsete es und gab auch wirklich einige Tropfen Milch von sich. Und als sie endlich die Blatterrose in der Stirne bekam, träumte es ihr, Christus habe ihr seine Dornenkrone aufgesetzt." Noch weit rührender aber ist, was der Kreuzordensnonne *Agnes Blanbeckin* passierte. Von ihr heißt es: „Eam aliquando scire desiderasse cum *lacrymis et moerore maximo, ubinam esset praeputium Christi.* Ecce vero in instanti sensisse eam illud et dulcissimi quidem saporis in ore, super lingua vel centies versatum, quod totidem vicibus deglutiverit, donec tandem, cum pelliculam hanc tentaret digito attingere, ea sponte in guttur descenderit [sie habe einmal zu wissen begehrt, unter Tränen und im tiefsten Kummer, wo die Vorhaut Christi sei, und siehe da, im Augenblick habe sie das Begehrte gespürt, und es sei von süßestem Geschmack gewesen, und es habe sich in ihrem Munde und auf ihrer Zunge wohl hundertmal hin- und herbewegt, und sie habe in ihrem Munde wohl hundertmal daran gelutscht, bis endlich dieses Häutchen, während sie es mit dem Finger zu berühren suchte, von selbst in ihre Kehle hinabgeglitten sei]." Köstlich ist auch folgendes im alten würtembergischen Gesangbuch stehende Lied:

„Ich suchte dich in *meinem Bette,*
Holdseligster Immanuel,
Oh, daß ich dich gefunden hätte,
So freute sich mein Leib und Seel',
Komm, kehre willig bei mir ein,
Mein Herz soll deine Kammer sein.
Kannst du dein Haupt sonst nirgends legen,
So leg' es hier auf meine Brust,
So kann ich süßer Wollust pflegen."*

[1] *In B folgt Zusatz:* So seufzte einst die Heilige Katharina von Siena, nach der Erzählung ihres Beichtvaters: „‚Ich möchte den Leib meines Herrn.' Und siehe, es erscheint ihr herrlicher Bräutigam, öffnet seine Seite und sagt zu ihr: ‚Nun trinke soviel Blut, als du selbst willst!'"

* Osiander, „Über die Entwicklungskrankheiten in den Blütenjahren des weiblichen Geschlechts", I. T., 1820.

Bemerken müssen wir noch, daß selbst auch den Jesuiten, ungeachtet ihrer servilen Devotion für die Maria, die „jungfräuliche Milch“ für sich allein nicht ganz zusagte und daß sie deswegen dieselbe mit dem Blute des Heilands vermischten. So sagt der ehrwürdige *Pater Pemble* in seinem „Quodlibet“, man solle „sich zwischen die Wunden Christi und die Brüste Mariä legen und so viele Gnaden daraus saugen, als möglich ist“. Freilich war den Jesuiten auch hinwiederum das Blut für sich allein nicht schmackhaft und wirksam genug. Darum singt oder schreit vielmehr ein anderer Jesuit:

„Nach Gott sollst du, oh, Jungfrau rein,
Zu lieben mir die nächste sein,
Durch deine Brust beweg' dein Sohn,
Daß er alldorten mir verschon';
Vermisch' dein *Milch mit seinem Blut*,
Das ist für mich das beste Gut.“
(Bucher, II. Bd., S. 507)

Aber noch weniger tut uns die Maria in intellektueller Beziehung Genüge. Die höchsten, allumfassenden, prinzipiellen[1] und voneinander unzertrennlichen Prinzipien der Philosophie oder Metaphysik[2] sind *Leben* oder *Lieben* – denn das eigentliche Leben ist die Liebe – und *Denken*. Und die Individualisationen, die Existenzen dieser Prinzipien sind *Mann* und *Weib*. Im Weibe konzentriert sich das Prinzip des Lebens oder Liebens, im Manne das des Denkens. Das *Denken ist die männlichste Kraft* und Tätigkeit.[3] Wahrheit und Vollkommenheit ist daher nur da, wo beide Prinzipien verbunden werden. Das Weiberregiment taugt nirgends etwas.[4] Der ausschließliche, der unbeschränkte Kultus des Weibes, der *cultus hyperduliae* [Kult der tiefsten Selbsterniedrigung], wie von der katholischen Theologie die der Maria gebührende Verehrung bezeichnet wird, schwächt die Willens-, Denk- und Urteilskraft; denn der Kultus des Weibes erfordert keine besondere Kopfarbeit; eine Kraft aber schwindet, wenn sie nicht durch

[1] *Fehlt, mitsamt dem Komma davor, in B.*
[2] der . . . Metaphysik *Fehlt in B.*
[3] Das Denken . . . Tätigkeit. *Fehlt in B.*
[4] Das Weiberregiment . . . etwas. *Fehlt in B.*

einen ihr entsprechenden Stoff in Übung, in Tätigkeit versetzt wird. Je mehr aber der Kopf zurücktritt, desto gewaltsamer tritt die Brutalität im Menschen hervor. Mit dem kopflosen Kultus der Jungfrau Maria ist daher immer zuletzt die Brutalität des religiösen Fanatismus verbunden. Zwar ist mit dem Kultus jeder *ausschließlichen Persönlichkeit* Fanatismus, d. h. die Wut, alles, was diese Persönlichkeit nicht anerkennt, zu verdammen, zu vernichten, verbunden. Aber wenn nun gar diese Persönlichkeit eine weibliche ist, und zwar eine Jungfrau und noch dazu eine keusche, reine Jungfrau, so steigert sich der religiöse Fanatismus bis zum furor [zur Raserei] der sinnlichen Liebe. Wer ihre jungfräuliche Ehre antastet, wer da leugnet oder nur zweifelt, daß sie noch eine keusche Jungfrau ist – und wie leicht ist daran zu zweifeln! –, der ist ohne weiteres ein des Todes würdiges Subjekt. So kam einst der Heilige Ignaz von Loyola, der Don Quichote des Katholizismus, über einen Mauren, welcher die Jungferschaft der Maria nach ihrer Geburt leugnete, so in heilige Wut, daß er den frivolen Heiden ohne weiteres erdolcht haben würde, wenn ihn nicht ein glücklicher Zufall, d. h. sein *Maulesel*, zur Räson gebracht hätte (s. *Maffei „De Vita et Moribus Ignatii L.“*, l. I, c. III). Und seine würdigen Nachfolger, die Jesuiten, nahmen sich leider nicht diesen räsonabeln Maulesel, sondern nur den wutentbrannten Ignaz zum Beispiel und[1] Vorbild. Die bayerischen Jesuiten namentlich liefern die glänzendsten Belege, daß mit dem scheinbar so liberalen, so milden, so menschenfreundlichen Kultus der Maria ein wahrhaft bestialischer, ja, hundswütiger Fanatismus verbunden ist. Ich sage: ein hundswütiger Fanatismus. Hier die Rechtfertigung dieses bezeichnenden Beiworts. Der Vater Xaver Gruber, Prediger in der Malteserkirche zu München, sagt in einer noch im Jahre 1781 gehaltenen Predigt: „Auch wir Prediger und Seelsorger ... sollen *gute Haushunde, gute Kirchenhunde* sein, wenn die falschen Propheten und Irrlehrer die Kirchenzucht angreifen wollen. Da sollen wir uns tapfer wehren und so lange *bellen*, bis wir die gottlose Räuberbande verjagen. Da ist es eine heilige Pflicht, zu zörnen, dareinzuschlagen mit dem furchtbaren

[1] Beispiel und *Fehlt in B.*

Arm unserer geistlichen Macht, zu *beißen mit den Zähnen* des festen Glaubens" (Bucher, II. Bd., S. 94). Sind hier nicht alle Symptome der Hundswut vorhanden?

[1]Endlich ist die Maria nicht einmal ein veritables Weib. Sie ist vielmehr, wie gezeigt, als die religiöse Feier und Verherrlichung der trocknen, immakulierten, perpetuierlich fixierten Jungferschaft eine dem hingebenden Wesen des Weibes, überhaupt der Natur, der Vernunft, dem guten Geschmacke zuwidere, kurz, eine unästhetische Gestalt. Notwendig hat daher auch ihr Kultus die geschmacklosesten, naturwidrigsten und unvernünftigsten Vorstellungen, Gesinnungen und Handlungen zur Folge. Wer sich hierüber ausführlicher belehren will, lese nur die Schriften von A. v. Bucher, und er wird staunen über die unsägliche Fülle von Unflat und Unsinn, von Dummheit und Albernheit, welche der Jesuitismus mit seinem Marienkultus über Bayern ausgeschüttet hat. Indes, wer auch nur den Vater Pemble kennt, auch nur nach dem wenigen, was hier von diesem Akephalos angeführt ward, kennt hinlänglich den Geist des Jesuitismus, den Geist der marianischen Kongregationen. Ex uno disce omnes [aus einem lerne sie alle kennen]. Pemble ist ein wahres Original. Und Pemble ist nicht gestorben – Pemble lebt heute noch.[2]

[1] *Der letzte Absatz,* Endlich ist . . . heute noch, *fehlt in B.*
[2] *Darunter folgt in A auf neuer Zeile als pseudonyme Unterschrift:* Anti-Pemble

Beleuchtung der in den „Theologischen Studien und Kritiken" (Jahrgang 1842, 1. Heft) enthaltenen Rezension meiner Schrift „Das Wesen des Christentums"[1]

Die in Hamburg erscheinenden *„Theologischen Studien und Kritiken"*, Jahrgang 1842, I. Heft, enthalten eine *vom Standpunkt der Theologie* verfaßte, J. Müller unterzeichnete Rezension meiner Schrift *„Das Wesen des Christentums"*. Die Vorwürfe des Rezensenten sind folgende*:[2]

[1] *Die Überschrift lautet in B, auf vier Zeilen gebracht:* Beleuchtung einer theologischen Rezension / vom / „Wesen des Christentums" / 1842

* An und für sich ist die Rezension einer Erwidrung[3] unwürdig, denn nur im alles verwirrenden und entstellenden[4] Traume hat der Rez. meine Schrift gelesen; nur im Traume sie rezensiert. Aber gleichwohl hat derselbe sie so gelesen, so aufgefaßt, so beurteilt, so *widerlegt,* wie sie jeder Theologe *als Theologe* lesen, auffassen, beurteilen und *widerlegen* wird und muß; der Theologe – natürlich als Theolog, nicht als Mensch – kann und darf aus heiliger Verpflichtung mir, der ich nicht als Theolog, sondern als denkender *Mensch* über die Mysterien der Theologie schreibe, nicht recht geben. Er *muß* vielmehr die *sonnenklarste Evidenz* für *rabenschwarze Nacht,* den *schlagendsten Beweis* für *unbegründete Voraussetzung,* die *einfachste Wahrheit* für *dialektische Spiegelfechterei,* die *unvermeidliche Notwendigkeit* der Natur der Sache für ein *willkürliches Hirngespinst* ansehen und erklären. Er *muß* über die *wesentlichen* Dinge so oberflächlich und „leicht wie eine Wasserspinne" hinweggehen, in den *unwesentlichen* Dingen aber sich aufhalten und mir hier aus theologischer Eitelkeit den impertinenten Vorwurf der *„Unwissenheit"* machen, um sich und sein

[2] Die Vorwürfe . . . folgende: *Fehlt hier in B, wo außerdem die in A hierzu gehörende Fußnote Feuerbachs, und zwar als neuer Absatz, in den Text selbst eingefügt ist.*

[3] Beleuchtung *B*

[4] alles . . . entstellenden *Fehlt in B.*

[1]In betreff meiner Einleitung beschuldigt mich der Rezensent einer „Subjektivitätsphilosophie, der kein Objekt gegeben" sei. „Auch die sinnlichen Gegenstände sind", sage ich, „*weil* und *wiefern* sie dem Menschen Gegenstand sind, Offenbarungen des menschlichen Wesens"; aber er bedarf, schließt daraus der Rez., „der illusorischen Vorstellung eines Objekts, um an dem Gegenstand sich seiner selbst bewußt zu werden". Keine grundlosere Beschuldigung als diese! Daraus, daß die Gegenstände, *weil* und *wiefern* sie

Publikum mit der Täuschung zu trösten: Weil im Unwesentlichen, so sei natürlich auch im Wesentlichen meine Schrift nichts. Er *muß*, jedoch mit christlicher Liebe und Demut, also auf schlangenkluge Weise, der Schrift *immoralische* Tendenzen und Konsequenzen substituieren; er *muß* besonders die Stellen, wo, im Gegensatz zu den hohlen Illusionen des Supranaturalismus, der Materie, der Natur, der *Sinnlichkeit* das Wort geredet wird, hervorheben und, weil er selbst nichts im Kopfe hat als biblische Bilder und Vorstellungen, zu verstehen geben, daß ich nach dem Vorangang des Apostels Paulus, welcher *συνεκδοχικῶς* [stellvertretend] das praeputium [die Vorhaut] des Menschen für den ganzen Menschen setzt, den ganzen Menschen in das cavum abdominis, in die Bauchhöhle, einschließe, alles aber, was darüber hinausgeht, wie die Lunge, das Herz, den Kopf, die Augen und Ohren, nicht mehr zur Natur und Sinnlichkeit, sondern bereits zu den hohlen Illusionen des Supranaturalismus zähle. Er *muß* aus theologischer Verkehrtheit selbst die formellen Eigenschaften der Schrift als Irrlichter – im empörten Wahrheitsgefühle „*Blasphemie*", in der Geistesfreiheit „*Frivolität*", im rücksichtslosen Affekt „*Schlauheit*", im unwillkürlichen Stile „*kluge Manier*", im Enthusiasmus des naturwissenschaftlichen Wissenstriebes die „*entfesselte Lust*" des Geschlechtstriebes erblicken. Kurz, er muß es, wenigstens der Hauptsache nach, gerade so machen, wie es der Rez. gemacht hat. Ich betrachte daher seine Rezension als die Rezension nicht eines theologischen Individuums, sondern der Theologie. Dieser Gesichtspunkt nur bestimmte mich zu einer Erwidrung, die ich übrigens so kurz und schnell als möglich abfertige. *[Fortsetzung der Note * von S. 177.]*

[1] *In B steht davor, als besonderer Absatz, folgend auf den Textteil, den in A die Fußnote Feuerbachs bringt:* Die Vorwürfe des Rezensenten sind im wesentlichen folgende:

der Mensch erkennt, Spiegel seines Wesens sind, folgt nicht im geringsten die Irrealität der Gegenstände oder die bloße Subjektivität der Erkenntnis. Nur ein Beispiel, um die Sache kurz abzumachen. Cajus ist ein Mineraloge; wer nicht weiß, daß Cajus ein leidenschaftlicher Mineraloge ist, weiß nicht, *was er ist* – ist mit Leib und Seele. Daß sich aber der Mensch selbst für den toten Stein interessieren, ja, begeistern kann, dies drückt eine wesentliche Bestimmung der menschlichen Natur aus, so daß der Mensch *sich selbst*, und zwar hier als ein minera*logisches* Wesen, erkennt, indem er die Steine erkennt. Aber folgt hieraus, daß die Mineralogie nur eine illusorische Vorstellung des Menschen ist?

Übrigens ist meine Einleitung nur aufzufassen und zu würdigen in Beziehung auf das eigentliche Thema der Schrift, auf die *Religion*, wo sich der Mensch nicht zu Dingen außer ihm, sondern zu seinem Wesen verhält. Sie ist nur entsprungen aus der *Analyse* der Religion und erst gemacht worden, nachdem die Schrift schon im wesentlichen fertig war, und nur gemacht, um der wissenschaftlichen Formalität, die das Allgemeine dem Besondern vorausschickt, G[e]nüge zu leisten. Wenn daher der Rez. von dem allgemeinen Satze in der Einleitung: „Bei den sinnlichen Gegenständen ist Bewußtsein und Selbstbewußtsein wohl zu unterscheiden, aber bei dem religiösen Gegenstande fallen sie zusammen", behauptet, er habe „nicht die Dignität eines Resultates", sondern die eines „vermeintlichen Axioms" oder vielmehr einer „unbewiesenen *Voraussetzung*", so verdankt offenbar diese komische Behauptung ihren Ursprung nur der scharfsinnigen Beobachtung, daß auf dem Papier jener Satz *voraus*gesetzt ist. Hätte ich ihn am Schlusse meiner Schrift ausgesprochen, so würde er ihm sicherlich nicht die Dignität eines positiven Resultates verweigert haben, gleichwie er jetzt in dem biblischen edite, bibite [Eßt und trinkt]!, weil ich damit meine Schrift schließe, das positive Resultat derselben erblickt.

Als ein Beispiel von den *„unzähligen Übertreibungen"*, deren ich mich schuldig mache, führt der Rez. den Satz aus der Einleitung an: „Die Religion weiß nichts von Anthropomorphismen: die Anthropomorphismen sind ihr keine Anthropomorphismen", und bemerkt dagegen: „Also wenn Christus die Erde den Schemel der Füße Gottes nennt, meint der Verf. wirklich, daß Christus und die Apostel Gott als eine menschliche Gestalt vorstellten?" Der Rez. hat nichts in seinem Kopfe und Herzen als seine liebe, heilige Theologie, und nun glaubt er natürlich auch von mir, daß ich gleichfalls nichts weiter, nur in einem entgegengesetzten Sinne, im Kopfe und auf dem Korn habe als die liebe, heilige Theologie. Aber ich muß dem Rez. gleich von vornherein erklären, daß die Tendenz meiner Schrift eine *höhere*, eine *allgemeine, philosophische* ist. Polemische Beziehung auf die niedrigen Vorstellungen der Theologie war unvermeidlich, aber nur Nebensache. So dachte ich denn auch wirklich bei dieser „Übertreibung" an die abstrakten Theisten, an die Pantheisten, an *die* Philosophen, welche nicht nur Liebe, Güte, Gerechtigkeit, sondern sogar Selbstbewußtsein, Persönlichkeit, Wille, Verstand als menschliche Eigenschaften von Gott negieren. Wo aber einmal Selbstbewußtsein und Persönlichkeit auf dem Spiele stehen, wahrlich, da denkt man nicht mehr an die *anatomischen Extremitäten* des Menschen, an die Hände und Füße. Hände und Füße kann der Mensch verlieren, ohne aufzuhören, anthropos [Mensch] zu sein. Was der Rez. daher Übertreibung nennt, das ist nichts andres als die *unendliche Erhabenheit* des *philosophischen* Standpunktes über den *Standpunkt der Theologie*, welcher sich nicht einmal *über den Schemel der Füße Gottes erhebt*.

Über den Satz der Einleitung, daß, „je *menschlicher* Gott im *Wesen* sei, um so größer die *scheinbare Differenz* zwischen Gott und Mensch sei", macht der Rez. die theologische Exklamation: „Oh, wie unsäglich schlau und raffiniert ist doch die Religion." Dies ist eine Entstellung. Die Religion beruht auf der unwillkürlichen Selbstentäußerung, Selbstanschauung des menschlichen Wesens. *Unsäglich schlau* und *raffiniert ist nur die Theologie*. Und gegen den Satz: „Je mehr das Sinnliche negiert wird (am Menschen), desto sinnlicher ist der Gott, dem das Sinnliche geopfert wird", macht er die spitzige Bemerkung: „Der Verf. hätte nur auch nachweisen sollen, wie sein oben aufgefundnes Gesetz sich auch nach der entgegengesetzten Seite an den sinnlich genießenden Heiden bewahrheite, deren religiöse Vorstellungen hiernach ohne Zweifel höchst spirituell und idealistisch sein werden." Vollkommen bewährt es sich auch hier. Erst seitdem sich die Menschen über die Beschränktheit der christlichen Asketik zur Freiheit eines vernünftigen Lebensgenusses erhoben, haben sie sich auch über die *religiösen Sinnlichkeiten* der älteren und ersten Christen, wie z. B. über die Vorstellungen eines vom Himmel herab- und wieder hinaufsteigenden Gottes, über die Vorstellung[1] einer *fleischlichen* Auferstehung und Unsterblichkeit, zu idealistischen Vorstellungen erhoben. Der *vernünftige* Realismus *im Leben* wird zu einem *vernünftigen* Idealismus *im Geiste*, wie umgekehrt ein unvernünftiger Idealismus, richtiger: *Spiritualismus, im Leben* zu einem unvernünftigen Realismus, richtiger: *Materialismus*, im Geiste wird. S. 251 greift der Rez. diesen Satz nochmals auf und will mich hier des Widerspruchs zeihen, daß, nach meiner Ansicht, welcher zufolge die Negation des Sinnlichen in ungleich höherm Maße dem Christentum wesentlich sei als dem Hebraismus, die neutestamentlichen Vorstellungen von Gott viel sinnlicher sein müßten als die alttestamentlichen. Wahrscheinlich hat hier wieder der Rez. die *anatomischen Extremitäten* der Menschheit im Sinne. Aber ist denn nicht der neutestamentliche Gott, im Unterschiede vom Jehova des A. T., *Vater* und *Sohn* in sich? Konzentriert sich aber nicht in diesem Verhältnis eine Fülle der intensivsten sinnlichen Gefühle und Vorstellungen? Ist Christus, der *eins* mit dem Vater, nicht eine *menschliche Gestalt?* Und zwar *dieselbe*, nur jetzt verklärte Gestalt im Schoße der Trinität im Himmel, die er hier auf Erden war? Ist nicht Christus, der reelle, weil herzliche, fühlbare Gott des Christentums; ein Wesen, das einst selbst den verklärten Augen des Körpers Gegenstand sein wird? „Quod *oculis corporis* Christum visuri simus, dubio caret [daß wir mit den Augen unseres Körpers Christus sehen werden, steht außer Zweifel]" (J. Fr. Buddeus, „Comp. Inst. Th. Dogm.", l. II, c. III, § 10; s. auch Döderlein „Inst. Theol. chr.", l. II, p. II, c. II, s. II, obs. 3).[2] Ist ferner die Liebe des Vaters zu den Menschen, um deren willen er selbst

[1] wie z. B. ... Vorstellung: über die Vorstellungen eines fleischlichen Gottes, *B*

[2] *Das lateinische Zitat aus Buddeus und der Hinweis auf Döderlein fehlen, mitsamt den Quellenangaben, in B.*

des eignen eingebornen Sohnes nicht schonet, keine sinnliche Vorstellung?

S. 190 wundert sich der Rez., den Geheimnissen der, und zwar hier spekulativen, Theologie das Geheimnis der Natur angereiht zu treffen, und fragt: „Soll denn das Christentum alles, was die Spekulation und Theosophie in seinem äußern Geschichtsgebiet erzeugt hat, zu vertreten haben? Dann gäbe es, um es der verderblichsten Tendenz oder doch des entsetzlichsten Widerspruchs mit sich selbst zu überführen, ja gar kein einfacheres Mittel, als daß ihm der Verf., der doch auch die Wohltat der Bildung (wahrscheinlich die Wohltat des christlichen Religionsunterrichtes[1]?) in jenem Gebiete genossen hat, seine eigne philosophische Lehre aufbürdete." Aber habe ich denn dem Christentum das Geheimnis der Natur in Gott aufgebürdet? Oder mache ich ihm daraus einen Vorwurf, daß es im logos die göttliche Kraft des Wortes, in Christus die göttliche Kraft des Herzens bewahrheitet hat? Was indes die in dieser Schrift niedergelegten Ansichten betrifft, so muß ich allerdings gestehen, daß ich sie dem Christentum verdanke, denn ich habe sie nur durch die unbestochne Analyse seines Inhalts gefunden, selbst die am Schlusse ausgesprochne Ansicht. Ich für mich wäre wahrlich nie darauf gefallen, Essen und Trinken für religiöse Akte zu erklären. Nur die Analyse des Christentums, welches sich seines Gottes auch vermittelst der organischen Funktionen des Essens und Trinkens bemächtigt, brachte mich auf diesen Satz. „Dies", sagt Luther, „ist in summa unsre Meinung, daß wahrhaftig in und mit dem Brot der *Leib Christi geessen* wird, also daß alles, was das Brot würket und leidet, der *Leib Christi leide und würke,* daß er ausgeteilt, geessen und mit den *Zähnen zerbissen* werde propter unionem sacramentalem [wegen der Einswerdung durch das Sakrament]" (Plancks „Gesch. der Entst. des protest. Lehrbeg.", VIII. B., S. 369). Wie leicht ist es nun aber, hieraus zu schließen, daß dem Essen und Trinken eine religiöse Bedeutung zukommt, wenn sich der Mensch vermittelst dieser Akte des religiösen Gegenstandes versichert und bemächtigt! Die am Schlusse ausgesprochnen Ansichten, die mir der Verf. als meine eignen positiven

[1] *Im Original A und B das Fragezeichen bereits hinter* Wohltat

anrechnet, gehören mir daher ebensowenig oder ebensoviel an wie die im ersten Teile ausgesprochnen, eigentlich positiven Ansichten, wie z. B.: „Leiden für andere ist göttlich."

S. 200 ruft der Rez. aus: „Was sollen wir nun sagen zu dieser Prozedur, wodurch der Gesamtinhalt der christlichen Religion in das Erzeugnis begehrlicher, anmaßender Subjektivität etc. aufgelöst werden soll?" Was ihr dazu sagt, das ist mir ganz einerlei. Zeigt und beweist mir, daß das Wunder *nicht* ein realisierter supranaturalistischer Wunsch, die Auferstehung *nicht* der realisierte Wunsch unmittelbarer Gewißheit von der individuellen Fortdauer nach dem Tode, die Allmacht der Güte *nicht* die Allmacht des Gemüts, der christliche Himmel *nicht* der realisierte Wunsch des Menschen nach unbeschränkter, unaufhörlicher Glückseligkeit ist.

S. 201 „protestiert" der Rez. dagegen, daß „das Christentum verantwortlich gemacht werde für die *Verehrung einer Mutter Gottes*" – die nach dem Verf. S. 83 [vgl. GW 5, S. 143] ebenso wesentlich zur christlichen Religion gehört wie der Glaube an den *Sohn* Gottes und den Gott *Vater* – „oder für die Rede von *einem Leiden und Sterben Gottes*". Auch bei den Protestanten heißt Maria die *hochgelobte Jungfrau*, die „wahrhaftig *Gottes Mutter* und *gleichwohl eine Jungfrau* blieben ist", *„alles höchsten Lobes wert"* (Apol. der Augsb. Konf., Art. 9). Die Vorstellung von einem Gott *Vater*, einem *Sohne* Gottes führt notwendig auf die *Mutter* Gottes. Wenn aber gar der Rez. die Rede von einem Leiden und Sterben Gottes verwirft als eine unchristliche, so verleugnet er die tiefste Wahrheit des christlich-religiösen Gemütes und Affektes. Nur wenn das Leiden Christi als ein wirkliches Leiden Gottes vorgestellt wird, ist die *Inkarnation*, ist die *Liebe Gottes*, der Grund der Inkarnation, *keine Phrase, keine Illusion*. Freilich was das Gemüt, was der Affekt bejaht und bestätigt, das leugnet wieder die Verstandeslist der Dogmatik.

S. 202 macht der Rez. mir den Vorwurf, daß ich es mir „sehr bequem", sollte heißen: sehr sauer, gemacht habe, „wenn ich die frommen Wünsche und Bedürfnisse die christlichen Vorstellungen von einem liebenden Gotte, einer Trinität *selbst erzeugen* lasse". Aber gerade diese, natürlich unwillkürliche, Genesis ist der wohlbegründetste und eigentlich philosophische Zentralpunkt meiner Schrift. *Allgewaltig* ist das Bedürfnis, wenn es einmal ein *wahres* Bedürfnis geworden. Ist es aber einmal ein wahres, inniges, den Menschen mit sich fortreißendes Bedürfnis geworden, so sind ebendamit auch die *Hemmungen, Zweifel* und *Schranken* verschwunden, die seiner Befriedigung im Wege standen. Darum wende ich den Ausspruch der gemeinen Not: *„Not bricht Eisen"*, an einer Stelle auch auf die Gemütsnot an. Was einmal zum *Bedürfnis,* das ist mir zur *Notwendigkeit* geworden. Und was den Charakter der Notwendigkeit, das hat für mich den Charakter der *Objektivität.* Nur die Vorstellung, nur das Gefühl der *Notwendigkeit* gibt mir die Vorstellung, gibt mir das Gefühl einer *Materie,* einer *Objektivität.* S. hierüber des Verf. „Leibniz", § 8 [vgl. GW 3, S. 64ff.]. Bei *inneren* Gegenständen aber fällt die *Vorstellung* und das *Bedürfnis* zusammen. Entsteht in mir das Bedürfnis, so entsteht auch zugleich in mir die Vorstellung der Sache. Aber die Vorstellung, die aus einem Bedürfnis, aus innerer Gemütsnotwendigkeit entspringt, ist ebendeswegen eine *wesenhafte, notwendige* und als eine solche die Vorstellung eines *notwendigen Wesens.* Weil sie eine gewaltsame Vorstellung, eine Vorstellung des Bedürfnisses ist, verliert sie den Charakter einer *idealen* Vorstellung, wird sie eine *materielle,* d. h. eben eine *unfreie* oder, besser, *unfreiwillige* Vorstellung, eine Vorstellung, die nicht ich, sondern die mich beherrscht. Zu dieser Macht des Bedürfnisses gesellt sich aber noch eine andere *souveräne Macht,* die *Macht der Zeit,* deren Herrschaft auch das *Herz* oder *Gemüt* untertan ist. *Bestimmte Bedürfnisse* entstehen und befriedigen sich nur zu *bestimmten Zeiten.* Und die Zeit der *Befriedigung* ist erschienen, wo eben ein Bedürfnis nicht mehr den Charakter eines *subjektiven,* darum *unberechtigten* Wunsches hat, sondern unter der Gunst oder Mißgunst äußerer historischer Verhältnisse und Bedingungen mit der Gewalt, d. h. dem *absoluten Rechte,* der Notwendigkeit auftritt. Das *Bedürfnis* ist die höchste, die souveräne Macht – das *Schicksal der Geschichte.* Und noch mehr: *Das Bedürfnis einer Zeit ist die Religion dieser Zeit* – der Gegenstand dieses Bedürfnisses ihr höchstes Wesen, ihr *Gott.* Nur im Bedürfnis wurzelt die Religion. Was du bedarfst, aus innerstem Grunde bedarfst

– das allein, sonst nichts ist dein Gott. So ist auch die christliche Religion aus Bedürfnissen, und zwar Herzens-, aber zugleich auch Vernunftbedürfnissen, entsprungen, denn was der Mensch als etwas Notwendiges empfindet, erkennt er auch als etwas Vernünftiges. Wo der Mensch mit dem Verstande oder der Vernunft verneint, was er mit dem Herzen bejaht, da ist etwas kein wahres, kein objektives Bedürfnis mehr. Aber es ist *anmaßend*, die Bedürfnisse des Herzens, aus denen die christlichen Vorstellungen der Trinität, des Himmels, des persönlichen Gottes entsprungen, *von der Geschichte abzusondern*, sie als *unzeitliche, übergeschichtliche* Bedürfnisse hinzustellen, d. h. das *christliche Gemüt* zu dem *universalen, schlechthin absoluten Wesen* zu machen, dem alle Zeiten und Menschen ohne Unterschied untertan sein sollen. Auch die Bedürfnisse des Gemüts gehorsamen, wie gesagt, der Macht der Zeit. Wie viele Vorstellungen, welche den frühern Christen Gemütsbedürfnisse waren, sind es den heutigen nicht mehr! Ach, wie viele! Mit Wohlbedacht und ohne mir zu widersprechen, wie mein *oberflächlicher, inkompetenter* Rez. meint, brauche ich daher in meiner Schrift die Worte „*Gemüt*" und „*Herz*". Wo es nicht *notwendig* ist, sie zu unterscheiden, unterscheide ich sie auch nicht; außerdem ist mir das Herz das *universale* Gemüt, das Gemüt das *christliche Herz* – das Herz, das lediglich in den Inhalt des Christentums das Wesen, das absolute Wesen des Herzens setzt. Das Herz ist mir das „*weltoffne*" Gemüt, das Gemüt, das sich nicht *gegen die Macht der Zeit und Vernunft*, d. i. die Macht *der Wahrheit*, sträubt; das Gemüt aber das Herz, das sich von dem Schicksal der Welt absondert, das sich verschließt vor der Macht der Natur und Geschichte, das besondere, historische Bedürfnisse zu absoluten, über alle Zeit erhabenen Bedürfnissen macht. Das Christentum, sage ich, ist entsprungen aus dem Herzen, inwiefern es aus dem göttlichen Triebe der Wohltätigkeit im höchsten Sinne entsprungen, inwiefern es das Leiden für andere als das höchste Gebot ausgesprochen; aber weil auch das Christentum unter historischen Bedingungen und Vorstellungen entsprungen, so hat es diese allgemeine Wahrheit an gewisse historische, und zwar supranaturalistische, Vorstellungen geknüpft und dadurch die Sache des Herzens zu einer Sache des Gemütes gemacht.

Wenn ich daher S. 62 [vgl. GW 5, S. 119][1] das *Positive* des Christentums, welches lediglich die Liebe des Menschen zum Menschen ist, aus dem Herzen ableite, dagegen S. 386 bis 389 [vgl. GW 5, S. 479–485][2], nachdem ich das Herz *näher bestimmt, unterschieden* habe in Herz und Gemüt, dem Christentum als dem durch die Differenz des christlichen Glaubensbekenntnisses *beschränkten* Herzen das Gemüt, dem Heidentum[3], überhaupt der Philosophie das Herz vindiziere, so ist das kein Widerspruch, höchstens nur in den Augen eines befangenen theologischen Rezensenten, der ex officio [von Amts wegen] auch die sonnenklarste Wahrheit leugnen muß. Denn nicht das christliche Gemüt, sondern das *Herz* hat sich über die *Differenz* von Christentum und Heidentum erhoben, die Schranken niedergerissen, welche die Glaubensborniertheit zwischen der christlichen und heidnischen Menschheit befestigt hatte. Das Herz ist, wie gesagt, das universale Gemüt, und aus diesem *allgemeinen* Gemüte kam das *Allgemeine*, das Positive des Christentums, die Liebe des Menschen zum Menschen; denn auch die Heiden hatten schon teilweise als Philosophen die Idee und Gesinnung der allgemeinen Menschenliebe. Nun wieder zu unserm Rez. zurück.[4]

[5]S. 202 ruft er echt theologisch aus: „Warum folgt ihr nicht einer Stimme des Herzens, die nicht schweigen will noch kann? Soll das Christentum seine objektive Wahrheit dadurch bewähren, daß es dem Bedürfnis des Herzens *nicht* entspricht?" Nein, nur mache man nicht die Herzensbedürfnisse einer vergangenen Zeit zu ewigen Bedürfnissen! Nur bürde man nicht die Bedürfnisse des himmlischen, supranaturalistischen Gemütes dem durch Philosophie und Naturanschauung *gebildeten* und *gezüchtigten* Herzen als Gesetze auf! Nur anerkenne man die Verschiedenheit und

[1] S. 62: erst *B*.

[2] S. 386–389: später *B*.

[3] *In B folgt Zusatz*: d. h. dem Unglauben.

[4] *In A folgt auf neuer Zeile:* (Fortsetzung folgt). *Die Fortsetzung beginnt dann dort Seite 69.*

[5] *In A darüber Wiederholung der Überschrift, dazu auf einer neuen Zeile:* (Fortsetzung)

Veränderlichkeit des menschlichen Herzens im Laufe der Weltgeschichte und bedenke also, daß, was das Herz einer frühern Zeit *aufs höchste entzückte*, das Herz einer spätern Zeit *aufs tiefste empört und indigniert*. „Die *meisten Empfindungen*", sagt Napoleon (Las Cases), „sind *Überlieferungen*; wir erfahren sie, weil sie vor uns da waren." Sehr wahr; und so manche Empfindungen und Bedürfnisse des Gemüts sind *Luxusartikel*. Auch[1] das Gemüt hat seinen Luxus. Der Rez. fährt fort: „So sehen wir, wie hier der Angriff auf das Christentum *wider seinen Willen* (wider seinen Willen? Oh, wie blind ist doch der Theologe!) in eine Apologie desselben umschlägt." „Was über die Korrespondenz zwischen Christentum und Gemüt gelehrt wird, darunter finden wir vieles (wie gnädig!) ganz richtig, einiges sogar (natürlich nur einiges, nicht z. B. die Deduktion der Mutter Gottes, welche der Rez. von seinem Standpunkt aus ex officio schon perhorreszieren muß) schön entwickelt und mit einer *seltsamen* (?) unwillkürlichen Begeisterung vorgetragen, die von der *geheimen Macht* zeugt, die der fremd gewordene Gegenstand wenigstens noch über die *Phantasie* des Verf. ausübt" (S. 203). Über die Phantasie? Oh, ich bin nicht so schwach, daß ich mich durch eine geheime, auf die Phantasie wirkende Macht übertölpeln lasse. Meine Begeisterung ist überall eine unwillkürliche, aber eine bewußte, vom Verstande überwachte. Ich bestimme keinen Gegenstand willkürlich durch vorausgefaßte Begriffe und Vorstellungen; ich lasse mich von ihm bestimmen: patior [ich erleide]. Wie er *ist*, so stimmt er mich – das Positive stimmt und macht mich positiv, das Negative negativ. Ist der letzte Satz meiner Analyse frivol, so erkenne man daher auch ihn an als den adäquaten Ausdruck einer *gegenständlichen Frivolität*. Der Vorwurf der Frivolität, der Blasphemie, des Atheismus ist mir übrigens[2] aus dem Munde eines beschränkten Theologen[3] ein absolut gleichgiltiger.[4] Man lese, was schon P. Bayle hierüber gesagt, S. 160 meiner Schrift

[1] Jawohl, auch *B*

[2] *In B folgt Zusatz:* , wie überhaupt jeder Vorwurf und Schimpf

[3] *In B folgt Komma.*

[4] *In B hierzu Fußnote Feuerbachs, die den ersten Teil des folgenden Satzes,* Man lese . . . gesagt, *enthält.*

über P. B. [vgl. GW 4, S. 207][1] Ich bin nichts weniger als ein nicht unterscheidender, *unkritischer*, fanatischer Gegner der Religion. Ich scheide nur das Wahre vom Falschen – eine Scheidung, die freilich der Theolog qua Theologus [als Theologe] nicht vertragen, nicht akzeptieren kann, denn er goutiert nur die Wahrheit, wenn ihr eine tüchtige Dosis von Falschheit beigemengt ist. Insbesondere unterscheide ich zwei Elemente im Christentum – ein *universelles*[2], welches die Liebe, und ein *egoistisches*[3], welches der Glaube ist, weil im Unterschiede von der Liebe sein Gegenstand nichts anderes ist als das *abgezogene Wesen des menschlichen Selbstes*.[4]

„Aber hat denn nicht", ruft der Rez. aus (S. 204), „der Verf. gezeigt, daß *alle* diese Bedürfnisse selbstischer Natur sind, daß die Religion ... ganz auf dem Egoismus des Gemüts ruht?" Wo hat er denn das gezeigt? Ist denn das Bedürfnis, von sich zu abstrahieren und vermittelst des Denkens zum Begriffe der reinen Intelligenz sich zu erheben, ein Bedürfnis, welches sich im Begriffe des von allen endlichen und anthropomorphistischen Bestimmungen gereinigten Urwesens vergegenständlicht und befriedigt, auch ein Bedürfnis selbstischer Natur? Oder das Bedürfnis, der göttlichen Realität des Wortes, der Phantasie, des Willens sich bewußt zu werden? Oder gar das Bedürfnis,

[1] Man ... gesagt. *In B als Fußnote.* S. 160 ... P. B. *Fehlt in B.*

[2] *In B folgt Zusatz:* (oder menschliches)

[3] *In B folgt Zusatz:* (oder theologisches)

[4] *In B folgt Zusatz:* Und ich bin daher nicht für das begeistert, was im Sinne der Theologie, sondern was im Sinne der Anthropologie das Wahre und Wesenhafte der Religion ist. So fei[e]re ich z. B. die Maria, aber ich fei[e]re in ihr nicht die Wahrheit des Katholizismus, sondern die Wahrheit und Notwendigkeit des weiblichen Wesens. Nicht also für die Maria als religiösen Gegenstand, sondern als Bild des wirklichen Weibes, nicht für die in den Himmel der theologischen Illusion erhobene, sondern für die auf das wirkliche Weib als ihr Urbild reduzierte Maria bin ich begeistert. So fei[e]re ich auch z. B. den logos, aber nicht als ein besonders, theologisches Wesen, sondern nur als ein Bild, als einen Ausdruck von der Macht und der Bedeutung des menschlichen Worts.

die für andere lebende und sterbende Liebe als das höchste Wesen zu bekennen? Oder ist es vielleicht überhaupt gar Egoismus, wenn nur der Mensch den Menschen liebt, den Menschen zum höchsten Gegenstande seiner Liebe und Tätigkeit macht? Allerdings, wenigstens in dem Wahne des unverfälschten orthodoxen Glaubens, der aus *Furcht* vor dem Zorne eines selbstischen, eifersüchtigen Gottes, d. h. aus Furcht vor dem Gespenst seines eignen Selbstes, sich nicht den Menschen *um des Menschen willen* zu lieben getraut. Diesen starken Glauben scheint auch der Rez. noch zu haben ganz im Widerspruch mit dem purgierten Glauben der modernen Welt. Er sagt nämlich: „Aber wenn der Mensch in der Religion doch nur sein *eignes*, und zwar subjektives, Wesen vergegenständlicht, indem er dasselbe zur Absolutheit erhebt, was ist die Religion anderes als Egoismus?" (S. 206). Ja, sie ist Egoismus, aber in demselben Sinne, als es Egoismus ist, wenn der Mensch in der Liebe zur Menschheit auf- und untergeht. Aber über *diesen* Egoismus könnt ihr nicht hinaus, ohne in einen *unendlich widrigern*, ohne in den *eigentlichen Egoismus* zu verfallen. Je mehr ihr euern Gott vom Wesen des Menschen unterscheidet, desto selbstischer ist er; selbst wenn ihr euch helft, zum Behufe dieses Unterschiedes, mit der nichtigen Unterscheidung zwischen Bestimmungen des göttlichen Wesens, die jetzt, und zwischen Bestimmungen, die einst erst euch offenbar werden – auch diese Kluft zwischen Jetzt und Einst ist nur eine Leere, eine Pore eures Selbstes. *Gott* vom *Wesen* des Menschen unterscheiden heißt *sich* vom *Wesen* der Menschheit absondern, *sich* über sein *Wesen* hinwegsetzen. Der *außer-* und *übermenschliche* Gott ist nichts anderes als das *außer-* und *übernatürliche* Selbst, das seinen Schranken entrückte, über sein *objektives* Wesen gestellte subjektive Wesen des Menschen.

In der Abendmahlslehre, bemerkt der Rez. S. 216, zeige ich mich „wenig unterrichtet von den hier vorkommenden Unterschieden – katholische, lutherische, kalvinische Vorstellungen werden ziemlich wirr durcheinandergeworfen." Ei ei! Wenig unterrichtet? Und doch zitiere ich auch in betreff dieser Materie, die ich gerade um so gründlicher studierte, je geistloser sie ist, den H. *Bernhard*, den *Ambrosius*, den *Petrus Lombardus*, die *„Theol. schol."* von

Mezger, das *Konkordienbuch*, den J. Fr. *Buddeus*, den *Melanchthon*, die lutherische Glaubenskomödie von *Frischlin* und hätte noch weit mehr *zitieren* können, wenn ich nicht überhaupt nur deswegen zitierte, um mir den boshaften Pedantismus jener armseligen Zunftgelehrten vom Halse zu schaffen, die nur dadurch zeigen wollen, daß sie etwas wissen, daß sie andern Unwissenheit vorwerfen, und zwar in Dingen, über die man sich in einer guten[1] Viertelstunde bis zum Überdruß satt instruieren kann, wenn man es nicht verschmäht, in das Handwerk irgendeines Zunftgelehrten hineinzublicken. Wie ich mich überhaupt von meinem Standpunkt[2] aus mehr an das Identische, Allgemeine des religiösen Bewußtseins hielt, so war es mir auch in dieser Materie nicht darum zu tun, die konfessionellen Unterschiede besonders hervorzuheben oder gar die katholische oder protestantische Abendmahlslehre als die *allein vernünftige a priori zu demonstrieren*. Übrigens hebe ich dennoch genug die Unterschiede hervor, aber natürlich nur für den, der *Augen* hat, und zwar gute Augen. „Auch über die Lehre der Kirche von der Taufe als Kindertaufe ist der Verf. übel instruiert, wenn er S. 326 [vgl. GW 5, S. 398f.] bemerkt, daß man dabei das Moment der Subjektivität in den Glauben anderer, in den Glauben der Eltern oder deren Stellvertreter, verlegt habe." Der ohnmächtige Theologe! Weil er nicht imstande ist, auch nur *einen* wesentlichen Satz meiner Schrift umzuwerfen, sucht er sich dadurch zu revanchieren, daß er in Lappalien mich widerlegen will. Und doch kommt er mir auch nicht einmal hierin bei. Sage ich, daß dies die *Lehre der Kirche war*? Drücke ich mich nicht unbestimmt aus, wenn ich sage, *man* habe etc? Und ist dies nicht wirklich so? Hier gleich die Beweisstellen. „Non quod vel ipsi (infantes), quando baptizantur, fide omnino careant, *sine qua impossibile est vel ipsos placere Deo*, sed salvantur et *ipsi per fidem*, non tamen suam, sed *alienam* [nicht nur, daß sie selbst (die kleinen Kinder), wenn sie getauft werden, den Glauben überhaupt nicht haben, ohne den es unmöglich

[1] *Fehlt in B.*

[2] Standpunkte *B. Derartige geringfügige Veränderungen werden im folgenden nicht mehr vermerkt.*

ist, daß sie auch nur selber Gott gefallen – sie erlangen das Heil auch selber, zwar durch den Glauben, aber nicht den ihrigen, sondern den anderer]“ (*Bernhard.*, „Epist. ad magistrum Hugonem de Sct. Victore“; Ep. 77 in der in meiner Schrift zitierten Ausgabe). „His aliisque testimoniis aperte ostenditur, adultis sine fide et poenitentia vera in baptismo non conferri gratiam remissionis, quod *nec parvulis sine fide aliena*, quia *propriam habere nequeunt*, datur in baptismo remissio [durch diese und andere Zeugnisse zeigt sich offen, daß den Erwachsenen ohne wahre Gläubigkeit und Reue in der Taufe nicht die Gnade der Vergebung zuteil wird, weil ja auch den ganz Kleinen ohne den Glauben anderer, da sie ja einen eigenen nicht haben können, in der Taufe keine Vergebung gewährt wird]“ (*Petrus Lomb.*, l. IV, dist. IV, c. I). Soll denn nur das ein Ausdruck der Religion sein, was die Schlangenklugheit der Kirche zum Dogma gestempelt hat? Oh, wie pauvre, wie arm an Geist und Herz wäre die Religion, wenn nur das für Religion gelten sollte, was der Papst oder ein aufgeblasener Professor der protestantischen Dogmatik ex cathedra [von der Kanzel herab] spricht!

Auch in betreff des *Wunders* ist mein guter Rez. aus sehr begreiflichen Gründen nicht gut auf mich zu sprechen. Nach meiner Schrift ist „das Wunder, d. h. bei *dem Verf.* die Aufhebung der Naturgesetze, nicht bloß des Glaubens liebstes, sondern eigenstes Kind“. Wie? *Nur bei mir* ist das Wunder die Aufhebung des Naturgesetzes? „Per miracula enim *ordo naturae tollitur* [durch die Wunder wird nämlich die Ordnung der Natur aufgehoben]“ (*J. Fr. Buddei* „Comp. Inst. Th. dog.“ l. II, c. l, § 28). „Ad miraculum enim requiritur, ut *leges naturae* a Deo stabilitae *tollantur* vel *suspendantur;* quod cum *sine potentia infinita* fieri nequeat, sequitur, solum Deum posse miracula edere. Solus quoque Deus leges istas constituit, solus ergo etiam eas tollere aut suspendere potest. [Zum Wunder wird nämlich erfordert, daß die von Gott festgesetzten Naturgesetze aufgehoben oder außer Kraft gesetzt werden; da dies ohne unendliche Macht nicht geschehen kann, folgt, daß Gott allein Wunder tun kann. Gott allein auch hat jene Gesetze eingerichtet, also kann auch er allein sie aufheben oder außer Kraft setzen.]“ (Ebendas. l. II, c. II, § 28 Anm.).

„Hieraus erhellet", sagt[1] *Leibniz* („Abhandl. von der Übereinst. des Glaubens mit der Vernunft", § 3, nach der Übers. v. Gottsched), „hieraus erhellet, daß Gott *die Gesetze,* welche er den Kreaturen vorgeschrieben, auch gar wohl hinwiederum *aufheben* und in denselben etwas hervorbringen könne, was die *Natur nicht mit sich bringt,* indem er ein Wunderwerk tut, da die Kreaturen zu größerer Kraft und Vollkommenheit erhoben werden als die, wozu sie natürlicherweise gelangen können. Die Scholastiker nennen diese Kraft ein Vermögen zu gehorsamen, d. i. eine solche Kraft, welche die Sache erlangt, indem sie den *Befehlen* desjenigen gehorcht, der ihr *geben kann, was sie nicht hat.*[2]" „Cum Deus sit omniscius et omnipotens, quid est, cur non possit aut quod scit, significare, aut *quod vult,* agere, etiam *extra communem naturae ordinem,* quippe *a se constitutum* et *opificii jure subjectum* [da Gott allwissend und allmächtig ist, warum sollte er nicht imstande sein, entweder das, was er weiß, zu bezeichnen oder das, was er will, zu tun, und zwar auch außerhalb der gemeinsamen Naturordnung, da diese ja von ihm eingerichtet ist und ihm nach Urheberrecht untersteht]" (*H. Grotius,* „De verit. Rel. chr.", l. I, § 13). „Das Wunder ist", sagt P. Bayle („Rép. aux Quest.", p. 544–45, T. III s. Werke), „une *exception* aux lois générales, un évènement supérieur aux causes secondes et opposé à l'action qu'elles sont accoutumées de produire [eine Ausnahme von den allgemeinen Gesetzen, ein Ereignis, erhaben über die Zweitursachen und entgegengesetzt der Aktion, die diese für gewöhnlich hervorbringt]"[3]. Alle andern Bestimmungen des Wunders, wie z. B., daß es sei eine übernatürliche Wirkung, eine Wirkung, die nicht aus den Kräften der Kreatur abgeleitet werden könne, sind nur unbestimmte Periphrasen der allein präzisen Definition, daß das Wunder, als eine unmittelbare Position des göttlichen Willens, die Negation der natürlichen Notwendigkeit, des Naturgesetzes ist. Allerdings ist diese Bestimmung nur ein *Urteil* des Verstandes über das Wunder des Glaubens; oder nur dem erscheint das Wunder *so,*

[1] *In B folgt Zusatz:* selbst

[2] bringt, indem er . . sie nicht hat.: bringt. *B, wo der Rest des Zitats aus Leibniz fehlt.*

[3] „Das Wunder . . . de produire." *Fehlt in B.*

welcher bereits mit seinem Verstande außer dem Glauben steht, dessen Verstand daher das Wunder widerspricht, ob er es gleich glaubt und, weil er es glaubt, nun auch in seinem Verstande annimmt. Erst in der scholastischen Theologie ist daher diese Bestimmung des Wunders aufgekommen. Dem Glauben selbst aber ist, weil er nichts von *Gesetzen*, überhaupt nichts von der Natur weiß, das Wunder eine ganz *natürliche* Wirkung, wie ich dies schon anderwärts, so[1] in meiner Abhandlung „Über das Wunder", ausgesprochen habe. Die Wunder sind ihm gleichbedeutend mit den natürlichen Wirkungen, weil ihm die Wirkungen der Natur *Wirkungen der Allmacht Gottes* sind, weil er nur *eine*[2] Ursache kennt – Gott. Selber das Wunder der Resurrektion der Toten ist dem Glauben so klar, so natürlich als der Aufgang und Untergang der Sonne. So sagt z. B. Minucius Felix: „Sol demergit et nascitur; astra labuntur et redeunt; flores occidunt et reviviscunt etc. Exspectandum nobis etiam corporis ver est. [Die Sonne geht unter und auf, die Sterne sinken und kommen wieder, die Blumen vergehen und leben wieder auf. Auch wir dürfen einen Frühling des Leibes erwarten.]" („*Octavius*", cap. 34). Und Tertullian: „Lux quotidie interfecta resplendet et tenebrae pari vice decedendo succedunt; sidera defuncta reviviscunt [das täglich getötete Licht erglänzt wieder, und die Finsternis vergeht und entsteht in gleichem Wechsel, die untergegangenen Gestirne gehen wieder auf]" etc. („*Apologeticus*", cap. 48).[3] Der Mangel des Begriffs der Natur ist ein spezifisches Merkmal[4] religiösen Bewußtseins. Wenn daher die Kirchenväter, wie z. B. Augustin in seiner „Civitas Dei", die Wunder nicht der Natur entgegensetzen, so kommt das nur daher, weil sie auch von der Natur nur eine theologische, d. h. mirakulöse, Anschauung haben, sie nur vom Gesichtspunkt der göttlichen[5] Allmacht aus betrachten, kurz, weil sie keinen Begriff von der Natur und folglich auch keinen spezifischen Begriff vom Wunder haben. Aber dadurch,

[1] anderwärts, so *Fehlt in B.*

[2] *Im Original A und B durch Großschreibung hervorgehoben.*

[3] Selber das Wunder . . . („Apologeticus", cap. 48). *Fehlt in B.*

[4] *In B folgt Zusatz:* des

[5] *Fehlt in B.*

daß das Wunder für den Glauben kein Wunder, wenigstens in unserm Sinne, keine Negation des Gesetzes, des Wesens der Natur ist, hebt sich nicht die gegebene Bestimmung auf.

Wenn übrigens das Wunder als das spezifische Objekt des Glaubens bestimmt wird, so ist damit nicht das äußerliche[1] gemeine[1] physikalische Wunder gemeint. Auch die Dogmen sind Wunder – intellektuelle Wunder; der gesamte Inhalt des Christentums von Anfang bis zu Ende ist ein Zyklus von Wundern. Das äußerliche Wunder ist nur ein „Phänomen", ein äußerliches Mittel zur Erweckung des Glaubens,[2] daher selbst nicht immer unbedingt notwendig. Die Hauptsache ist der Glaube an *das Wesen,* welches diese Wunder tut zum Wohl und Heil der[3] Menschen – der Glaube also an das *wundertätige,* allmächtige, an keine Gesetze der Natur gebundene, unbeschränkte Wesen. Das *Prinzip* des Wunders ist das Prinzip des Glaubens. Ob Wunder *geschehen* oder nicht, das ist einerlei; wenn nur der Glaube feststeht an das Wesen, welches alles tun kann, was es nur will – „Non ob aliud vocatur omnipotens (sc. Deus), nisi quoniam *quidquid vult potest* [aus keinem anderen Grunde wird Gott allmächtig genannt, als weil er alles kann, was er will]" (Augustin, „De civ. Dei", l. 21, c. 7) –, und, was es tut oder geschehen läßt, auch das Widrige, nur zum Wohle des Menschen, sei es nun dem zeitlichen oder ewigen, tut. Die zeitliche und räumliche Erscheinung des Wunders kann man fahrenlassen; das *Wesen* des *Wunders* kann man nicht aufheben, ohne das *Wesen des Glaubens* zu negieren.

Dies gilt auch von der Vorsehung, über deren von mir gegebene Bestimmung sich, gleichfalls aus sehr begreiflichen Gründen, der Rez. S. 222 gewaltig skandalisiert. „Der Satz, die Vorsehung offenbare sich nur im Wunder, hat zur Kehrseite den Satz: Wo keine Wunder geschehen, da ist für den Glauben auch keine Vorsehung. Und eine solche Schwäche und Beschränktheit des Glaubens, dem der natürliche Zusammenhang eine unübersteigliche Schranke

[1] *In B folgt Komma.*
[2] ein äußerliches . . . des Glaubens, *Fehlt in B.*
[3] des *B*

für das göttliche Wirken wäre, wagt der Verf. dem christlichen Glauben als wesentliches Attribut aufzubürden, ja, wie zum Hohne gerade dar[e]in seine Stärke zu setzen. Um diese monströse Beschuldigung zu belegen, zitiert er sonderbarerweise[1] zwei Stellen protestantischer Autoren . . . eine dritte von L. Vives." Ach, was wäre ich für ein armseliger Tropf[2], wenn ich einen so wesentlichen Gedanken auf ein paar *Stellen* gründete! Mein ganzes Buch ist der Beweis. Aber hier besonders, freilich nicht weniger auch bei allen andern Gelegenheiten, beweist eben der Rez., daß er meine Schrift, ob er gleich sie beurteilen will, nicht nur nicht begriffen hat, sondern auch von seinem theologischen Standpunkt aus unfähig ist, sie zu verstehen. Ich sage nicht, daß sich die Vorsehung überhaupt, sondern daß sich die *religiöse* Vorsehung, die ich wohlweislich von der *natürlichen* unterscheide, im Wunder offenbare. Die *religiöse* Vorsehung ist nur die, welche dem Menschen seinen *spezifischen Unterschied* von den übrigen natürlichen Wesen zum Bewußtsein bringt, denn die Religion beruht – erster Satz meiner Schrift – auf dem wesentlichen Unterschied des Menschen vom Tiere. Die natürliche Vorsehung erstreckt sich aber auf *alle Wesen ohne Unterschied;* sie unterscheidet *nicht den Menschen von den Lilien auf dem Felde* und von *den Vögeln* unter dem Himmel; sie ist nichts anderes als die *Vorstellung der Natur,* wie sie das religiöse Bewußtsein an die Vorstellung Gottes anknüpft. Die Lilie, die heute blüht, ist morgen verwelkt, und der Vogel, der heute singt, morgen auf ewig verstummt[3] infolge des natürlichen Verlaufs der Dinge. Um der Tiere willen geschehen keine Wunder, aber um der Menschen willen. Also ist erst *die* Vorsehung, welche den Menschen durch *das Wunder* aus dem natürlichen Zusammenhang der übrigen Dinge und Wesen hervorhebt und auszeichnet, die *religiöse* Vorsehung.* Unglaublich ist es –

[1] *Im Original A und B:* sonderbarer (?) Weise

[2] armseliger Tropf: armseliges Geschöpf *B*

[3] *In B folgt Zusatz:* in Gemäßheit der natürlichen Vorsehung, d. h.

* Darum definiere ich in meiner Schrift [vgl. GW 5, S. 515] die religiöse Vorsehung (das Wunder) als das *religiöse* Bewußtsein des Menschen von seinem Unterschiede von der Natur.

oder wäre es, wenn nicht von einem Theologen[1] alles glaublich wäre –, daß mir ein Theologe den Satz streitig macht, daß der Glaube an Wunder und der Glaube an die religiöse Vorsehung identisch sind. Ist nicht das ganze Alte Testament, das ganze Neue Testament der Beweis davon? Was ist der Beweis der göttlichen Vorsehung im A. T.? Das Wunder. Was[2] im N. T.? Die Erscheinung des Sohnes Gottes auf Erden? Aber ist diese kein Wunder? Was ist die Vorsehung Gottes für den Menschen anderes als seine *Vorliebe* für denselben? Aber wodurch konnte er diese besser zeigen und beweisen als durch die wunderbare Sendung seines eingebornen Sohnes? Ich verweise über diesen Punkt jeden Leser, der nur durch Zitate überzeugt wird, auf die S. 390 [vgl. GW 5, S. 489] abgedruckte Stelle aus Gregor von Nyssa. Doch sie stehe lieber gleich selbst hier: „Christianos autem haec universa docent, ***providentiam*** esse, ***maxime vero divinissimum*** et ***propter excellentiam amoris erga homines incredibilissimum providentiae opus, dei incarnatio***, quae ***propter nos*** facta est. [*In Feuerbachs Übersetzung, a. a. O.:* Den Christen beweist das Dasein einer Vorsehung diese ganze Welt, vor allem aber das göttlichste und wegen der ausgezeichneten Liebe zu den Menschen unglaublichste Werk der Vorsehung, die Menschwerdung Gottes, welche unsretwegen geschehen ist.]“[3] Die Vorsehung ist, wie bewiesen wird in meiner Schrift, eine Vorstellung ohne Realität, eine Phrase, wenn sie nicht die ***Liebe*** zur Basis hat. Die Liebe allein ist die ***intime,*** die spezielle Vorsehung; die Liebe aber bewährt sich durch außerordentliche Taten. Nur die Liebe wirkt Wunder im wahren und imaginären Sinne. Also ***realisiert*** sich die ***Vorsehung*** in der ***Liebe,*** die ***Liebe*** aber im ***Wunder.*** Und an diesem innigen Bande zwischen der Vorsehung und dem Wunder hält heute noch das religiöse Gemüt auch im Protestantismus fest, wenngleich die Willkür einer raffinierten kasuistischen Dogmatik dies Band zerrissen hat. Die Protestanten glauben zwar keine kirchlichen Wunder mehr wie die Katholiken, aber Wunder der Vorsehung im

[1] *In B folgt Zusatz:* , wenigstens im Kampfe gegen den Unglauben,
[2] *In B folgt Zusatz:* der Hauptbeweis
[3] Ich verweise . . . facta est.“ *Fehlt in B.*

Privatleben der Menschen glauben sie heute noch, wie dies genug Schriften beweisen. Bei dieser Gelegenheit gibt der Rez. ein schönes Pröbchen von der, ich weiß nicht, soll ich sagen Gedanken- oder Gewissenlosigkeit seiner Rezension. „Der Verf.", sagt er, „verwickelt sich hier in das Netz widersprechender Behauptungen. In der Natur, heißt es, offenbare sich nur die natürliche, nicht die göttliche Vorsehung, die Vorsehung, wie sie Gegenstand der Religion. Im Widerspruch damit heißt es: ‚Der religiöse Naturalismus ist allerdings auch ein *Moment der christlichen Religion.*' Und doch wieder auf der folgenden Seite: ‚Die natürliche Vorsehung ist in den Augen der Religion *soviel als keine.*' Dies steigert sich gleich darauf noch dahin: ‚Wenn die Vorsehung in der Natur, welche von den frommen christlichen Naturforschern so sehr bewundert wird, eine Wahrheit ist, so ist die Vorsehung der Bibel eine Lüge, und umgekehrt.'" Wodurch entstehen nun aber diese Widersprüche? Dadurch, daß der Rez. eine *wesentliche Bestimmung* ausläßt. Es heißt nämlich in meiner Schrift also: „Der religiöse Naturalismus ist allerdings auch ein Moment der christlichen Religion – *mehr noch* der mosaischen, so tierfreundlichen Religion. Aber er ist *keineswegs* das *charakteristische*, das *christliche* Moment der christlichen Religion." Beide Worte sind noch dazu *unterstrichen;* aber was übersieht nicht ein Theolog in der Furcht seines Herrn? Der religiöse Naturalismus ist nicht das *christliche* Moment der christlichen Religion, heißt nun aber nichts andres als: Die natürliche Vorsehung, *die* Vorsehung, die sich in den *Fang-* und *Freßwerkzeugen* der Tiere offenbart, ist *nicht* die religiöse, ist eine „ganz andere", ja, der religiösen entgegengesetzte. Seht, *so* widerlegt der Theolog den Philosophen [1]! Aber eine noch schönere, eine wahrhaft charakteristische Probe von seiner kritischen Kapazität gibt der Rez. S. 251. In meiner Schrift heißt es S. 145 [vgl. GW 5, S. 209]: „Im Essen und Trinken feiert und erneuert der Israelite den Kreationsakt; im Essen erklärt der Mensch die Natur für ein *an sich* nichtiges Objekt. Als die siebzig Ältesten mit Mose den Berg hinanstiegen, da

[1] den Philosophen *Fehlt in B.*

‚sahen sie Gott, und da sie Gott geschauet hatten, tranken und aßen sie.' Der Anblick des höchsten Wesens beförderte also bei ihnen nur den Appetit zum Essen."[1]

[2]Dagegen bemerkt nun der Rezensent: „Jeder Kundige weiß, daß dies Essen und Trinken hervorgehoben werde im Gegensatze gegen die herrschende Vorstellung, daß der Anblick Gottes todbringend sei." Daraus ziehe[3] „der Verf. den Schluß (Schluß?): ‚Der Anblick des höchsten Wesens' etc. Mit derselben Frivolität und[4] *Unwissenheit* wird unmittelbar vorher Exod. 16, 12 *schmählich verdreht.*" Impertinent! Gerade das, was mir der Rez. hier entgegenstellt und worüber er mich in seinem theologischen Dünkel belehren will, gerade das führe ich selbst auf derselben Seite in der Anmerkung an: „Tantum abest, ut *mortui* sint, ut *contra convivium hilares celebrarint* [weit entfernt, daß sie tot wären, haben sie vielmehr fröhlich ihr Mahl gefeiert]" (Clericus in seinem Kommentar des A. T.). Ebenso impertinent als lächerlich ist die Beschuldigung wegen Exod. 16, 12, da ich diese Stelle hinstelle, ohne eine Erklärung zu geben. Aber freilich haben nur die Theologen das Privilegium, die Bibel „schmählich verdrehen" zu dürfen. Oder nimmt etwa gar mein scharfsinniger Rez. die vorausgehende Stelle: „Nur im Genusse des Manna wurden die Israeliten ihres Gottes inne", im *wörtlichen* Sinne oder als eine Behauptung, von welcher das nachfolgende Zitat der Beweis sein soll? Wenn er das glaubt – und er glaubt es wirklich, wie er dies bei Gelegenheit eines Zitats von mir aus Paulus beweist –, so ist er gewaltig in der Irre. Überall kommt es nur auf das Prinzip an. Gesetzt, es stünden die angeführten Stellen auch gar nicht in der Bibel, es bliebe doch die gezogene Konsequenz. Das Judentum, welches innerhalb des heidnischen Zeitalters das ist, was außerhalb dieser Zeit das Christentum, hatte im Gegensatz zu der einerseits ästhetischen, andrerseits idololatrischen Anschauung der Heiden von der Natur nur eine egoistisch-tele-

[1] *In A folgt auf neuer Zeile:* (Fortsetzung folgt). *Die Fortsetzung beginnt dann dort Seite 73.*

[2] *In A darüber Wiederholung der Überschrift, dazu auf neuer Zeile:* (Fortsetzung)

[3] zieht *B, wo das ganze Zitat in direkter Rede steht.*

[4] in *A; hier berichtigt nach B.*

ologische Anschauung, deren sinnliche Spitze die gastrischen Sinne sind.

S. 258 beschuldigt mich der Rez. der Willkür, Nichtigkeit und Abhängigkeit zu identifizieren.[1] Sollte Gott nur über Nichtiges, Unwirkliches Herr sein wollen? Nein, so viel Selbstsein hat Gott der Kreatur gegönnt, daß sie Gott „zu *leugnen vermag*", wie z. B. der Verf. Abhängig im religiösen Sinne ist, was den Grund seines Seins und Bestehens nicht in sich, sondern in Gott hat, was *für sich selbst, ohne* Gott, *außer* Gott *nichts* ist? *Gott* ist es, in dem die Kreatur ihr *Sein* und *Wesen* hat – Gott allein ist das *Positive* in ihr. „Et inspexi caetera infra te, et vidi nec omnino esse, nec omnino non esse. *Esse* quidem, quoniam *abs te* sunt; *non* esse autem, quoniam *id quod es, non sunt*" (*Augustinus*, „Confess.", l. VII, c. XI).[2] Und ebendeswegen, weil die Kreatur *für sich selbst*, ohne Gott nichts ist, hängt sie von Gott ab. Die Abhängigkeit ist nur die zum Gefühl, zum Bewußtsein, zur Erscheinung kommende innere Nichtigkeit. Soweit ich mich *abhängig* fühle, soweit fühle ich mich *nichtig*. Nur im Gefühl meiner Selbständigkeit habe ich das Gefühl, daß ich *etwas* bin. Wer ein vom Urteil anderer Menschen *abhängiges* Urteil hat, der hat in Wahrheit gar *kein* Urteil. Seine Stimme gilt nichts. Freilich, indem mit dem eigentlich pantheistischen Begriff des Wesens[3] Gottes zugleich der Begriff der Individualität, Persönlichkeit verbunden wird, so tritt die Kreatur als ein selbstpersönliches, selbstberechtigtes Wesen dem Kreator gegenüber. Und je mehr die Persönlichkeit Gottes hervor-, desto mehr tritt die Abhängigkeit des Menschen zurück; denn nur da wird das höchste Wesen als persönliches erfaßt, der höchste Nachdruck auf seine Persönlichkeit gelegt, wo die Persönlichkeit als das höchste Wesen erkannt wird, wo also der Mensch sein *höchstes Selbstgefühl* darin findet, ein *persönliches* Wesen zu sein. Aber dieser Punkt ist sattsam in meiner Schrift entwickelt, wenigstens dem Prinzip nach. Überhaupt ist alles, was der Rez. gegen die von mir behauptete antikosmische Tendenz des Christentums vor-

[1] *In B beginnt die folgende Anführung bereits hier.*
[2] „Et inspexi . . . 1. VII, c. XI). *Fehlt in B. Sinngemäß deutsch in den Sätzen davor und danach.*
[3] *In B hervorgehoben.*

bringt, so wenig im Widerspruch mit dem Prinzip, dem wesentlichen Grundgedanken meiner Schrift, daß es vielmehr dem Scharfsinn des Rez. keine große Ehre macht, nicht entdeckt zu haben den einzigen erheblichen Widerspruch, an welchem meine Schrift laboriert, nämlich diesen, daß ich nur den Einklang, nicht auch den Widerspruch der antikosmischen Tendenz der alten Christen mit dem Wesen der christlichen Religion *dargestellt* habe. Wenn nämlich das Wesen der Religion, d. i. das Wesen Gottes, nichts andres ist als einerseits das abgezogene, geläuterte und idealisierte Wesen der Welt – ein Moment, das ich jedoch nicht in meiner Schrift darstellte, mich lediglich auf den Menschen beschränkend –, andrerseits das abgezogene, geläuterte und idealisierte Wesen des Menschen, so ist es notwendig, daß in der Entwicklung der Religion das zuerst als ein andres, als ein dem Menschen *entgegengesetztes* Wesen angeschaute Wesen derselben als ein *menschliches* und *weltliches* verwirklicht werde. Meine Schrift hat daher die seltsame Eigenschaft, daß ihre Wahrheit um so mehr bestätigt wird, je mehr sie von den modernen Christen und Theologen angegriffen und verworfen wird. Denn weswegen greifen sie meine Schrift an, weshalb ereifern sie sich so gegen dieselbe? Deswegen, weil ich sage, das Wesen Gottes sei das Wesen des Menschen? Ach, die Theologie ist längst zur Christologie geworden*[1]; und die Christologie ist nichts andres als die offenbare religiöse Anthropologie. Nein, deswegen, weil ich z. B. sage, die Ehelosigkeit, natürlich die freiwillige, die aus ungeteilter, enthusiastischer, mystischer Liebe zu Gott sich ergebende Ehelosigkeit, entspreche dem Wesen des Christentums. Die modernen Christen aber sind samt und sonders verheiratet, meist glücklich verheiratet; sie haben Gefühl, ein warmes Gefühl für die ehelichen Freuden; sie huldigen selbst ungescheut der sukzessiven Polygamie. Zugleich wollen sie aber Christen sein, und zwar gute, echte Christen, ja, Christen par excellence, Christen im vorzüglichsten Sinne, Christen im Sinne der *ersten*, der biblischen Christen. Was man in praxi bekräftigt, kann man in der Theorie nicht verleugnen, ohne sich einen

* Der Protestantismus war von Hause aus *Christologie*.

[1] *Diese Fußnote Feuerbachs fehlt in B.*

unerträglichen Widerspruch auf die Schultern zu laden. Es ist daher ganz natürlich, daß die modernen Christen die Ehelosigkeit, die sie praktisch desavouieren, auch theoretisch als unchristlich verwerfen, höchstens historisch, als einen nur für die Zeit der Gründung der Kirche, wo den physikalischen Wundern auch moralische zur Seite stehen mußten, notwendigen Stand anerkennen – ganz natürlich, daß sie den als Ketzer, als Irrlehrer höhnend bezeichnen, der lehrt, daß nicht die Ehe, sondern die Ehelosigkeit das *Geheimnis* des *esoterischen*, wahren Christentums sei. Und sie haben hierin vollkommen recht – selbst im Sinne dieses Irrlehrers; denn wenn das allgemeine, d. i. göttliche Wesen des Christentums nichts anderes als das menschliche Wesen ist, so kann es auch nicht den menschlichen Gefühlen und Trieben in dieser Beziehung widersprechen. Wenn aber das Christentum dem Geschlechtstrieb, überhaupt den Bedürfnissen und Trieben des natürlichen Herzens nicht entgegen, sondern vielmehr konform ist, so ist die Menschlichkeit und Natürlichkeit seines Ursprungs und Inhalts außer allen Zweifel gestellt; denn dazu, daß der Mensch seine Triebe befriedigt, bedarf es keiner besondern Offenbarung, auch nicht dazu, daß er diese Triebe verklärt, veredelt, vergeistigt und ihre Befriedigung durch politische, ästhetische oder moralische Gesetze beschränkt; denn zur Natur des Menschen gehört nicht nur das Fleisch, sondern auch, und zwar vor allem, der Geist. Aber die Darstellung dieses, des modernen Christentums lag außer oder vielmehr unter meiner Aufgabe, obgleich das Prinzip dazu enthalten und deutlich genug ausgesprochen ist in der Lehre von der ewigen Glückseligkeit, welche die alten Christen in das Jenseits nur verlegten, die modernen aber schon hienieden realisieren, in der Lehre von der Auferstehung der Körper und der Wiederherstellung aller Dinge nur in einer schönern, von allen Beschwerlichkeiten der Gegenwart gereinigten Gestalt, in der Lehre von Gott als dem das zeitliche und ewige, d. i. sinnliche und geistige, Wohl des Menschen bezweckenden Wesen, in der Lehre von Gott als dem gemeinsamen Vater der Menschen, welcher nichts anderes ist als der mystische Gattungsbegriff der Menschheit, namentlich von Christus, welcher bestimmt wird als das religiöse Bewußtsein von der Identität des

Menschengeschlechts. Meine Aufgabe war – an sich eine unnötige, denn die Geschichte hat sie schon gelöst –, ein *psychologisches Rätsel* aufzulösen. Ein solches ist aber nicht das moderne Christentum, denn hier liegt der menschliche Inhalt und Ursprung auf platter Hand. Ein solches ist nur das alte Christentum; denn hier wurde Gott wirklich – wirklich, sage ich, denn die moderne Vorstellung von Gott als einem *andern* als menschlichen Wesen ist nur noch eine vage, illusorisch-konsolatorische Vorstellung, keine praktische Wahrheit –, hier wurde Gott als ein vom Menschen unterschiednes und nicht nur unterschiednes, sondern ihm entgegengesetztes, kurz, als ein *nicht* menschliches Wesen angeschaut; hier hatte daher auch der Mensch in der praktischen Realisierung dieser religiösen Anschauung, in der Moral, kein andres Ziel, als *nicht* Mensch, *mehr als* Mensch zu sein. Der *übermenschliche Gott bewährt sich nur in einer übermenschlichen Moral.* Die Moral ist das einzige Kriterium, ob eine religiöse Vorstellung noch eine Wahrheit oder nur eine Lüge ist.[1]

[2]Jetzt können wir auf das antworten, was der Rez. S. 232 mir vorwirft. „Seine Belege nimmt er vornehmlich von einigen Theologen des Mittelalters, besonders *natürlich* von den Mystikern, am liebsten von Bernhard und Pseudo-Bernhard, wobei denn jeder Ausbruch des mystischen Affekts sogar zum Dogma gemacht wird." Lächerlich, ja, wahrhaft lächerlich! Glaubt denn mein scharfsichtiger Rez., daß ich meinen ganzen Vorrat verschossen, daß ich weiter nichts gelesen, als was ich zitiere? Habe ich eine Geschichte der Theologie oder Dogmatik schreiben wollen? Gehören übrigens zu den Theologen des Mittelalters auch Tertullian, Salvian, Ambrosius, Hieronymus, Augustin, Cyprian, Clemens A[lexandrinus], Origenes, Gregor v. N[yssa], Minucius Felix? Und wenn ich den Petrus Lombardus so oft zitierte, warum geschah es? Weil er ein frommer Sammler ist von den Aussprüchen der angesehensten Kirchenlehrer über die Glaubensmaterien. Und was den Heil. Bernhard betrifft, wurde er nicht als ein Zeuge der christ-

[1] *In A folgt auf neuer Zeile:* (Fortsetzung folgt). *Die Fortsetzung beginnt dann dort Seite 77.*

[2] *In A darüber Wiederholung der Überschrift, dazu auf neuer Zeile*: (Fortsetzung)

lichen Wahrheit auch von den Reformatoren hochgeschätzt? Finden sich nicht auch in der Apol. der Augsb. Konfession *Zitate* aus ihm? Und wie? Er findet es ***natürlich***, daß ich so oft aus den Mystiken zitiere? Wie leicht wäre es mir gewesen, aus den Dogmatiken den wesentlichen Grundgedanken meiner Schrift nachzuweisen! Denn in den Dogmatiken, wo sogar von Verheißungen, von Absichten und Institutionen Gottes, von der gloria dei [dem Ruhm Gottes], von den Ämtern Christi und dergleichen empirischen Dingen die Rede ist, in den Dogmatiken, sage ich, zeigt sich Gott nicht als ein ***tief-***, sondern als ein ***gemein-***, ein ***empirisch-menschliches Wesen.*** Von allen diesen Dingen weiß der wahre Mystiker nichts. In der Mystik verschwindet der Begriff der göttlichen, aber ebendamit auch der Begriff der menschlichen Persönlichkeit; in der Mystik löst sich der Mensch in seinem Wesen auf. Die Dogmatik ist durchaus anthropomorphistisch, die Mystik nicht; die Mystik ist Begeisterung. In der Begeisterung tritt das Wesen des Menschen an die Stelle des Ich, ist das Wesen das Tätige, das Selbst das Leidende, aber das Wesen des Menschen ist der Gott des Menschen. Die Mystik allein ist das psychologische Rätsel auf dem Gebiete der Religion; sie allein ist ein der Philosophie würdiges Objekt; denn sie ist[1] unendlich tiefer und großartiger und geistreicher[2] als die Heilige Schrift. Übrigens gehört der H. Bernhard nicht einmal zu den tiefern spekulativen, sondern zu den praktischen, asketischen Mystikern. Ich muß daher meinem Rez. gegenüber vielmehr nur darüber mein Bedauern ausdrücken, daß ich mir so manchen seltnen Mystiker nicht verschaffen konnte.

Der Rez. fährt fort: „In der Theologie unserer Kirche dagegen, ***namentlich der neuern*** (auch der katholischen, soweit sie ihm bekannt), sieht er nichts *als Halbheit, versteckten Unglauben, Lüge* und *Heuchelei.*" Allerdings, und das kann nur der leugnen, der selbst in dieser Halbheit, in diesem gläubigen Unglauben, in dieser Lüge, dieser

[1] Objekt ... ist: Objekt, eben weil sie am schwierigsten zu erklären und allerdings nicht in den praktischen, moralischen, aber eigentlich theologischen, spekulativen Materien *B*

[2] *In B folgt Zusatz:* ist

Heuchelei mitten drinnen steckt. Wenn ich indes von Heuchelei spreche, so verstehe ich darunter natürlich nicht die gemeine. Mit dieser besudle ich nicht meinen Geist, meine Feder. Heuchelei ist mir, wenn man, auch selbst wider Wissen und Willen, eine Bestimmung z. B. vom Wunder, von der Offenbarung gibt, welche, indem sie dieselbe bejahen soll, [sie] in der Tat aufhebt, verneint. Und wenn ich vom Widerspruch des Lebens mit dem Glauben rede, so verstehe ich darunter natürlich nicht das Privatleben, welches ein des Wissens unwürdiges Objekt ist, sondern das objektive Lebensprinzip, die moralische Lebensanschauung, die nicht nur die Basis des individuellen, sondern auch [die des] öffentlichen oder allgemeinen Lebens ist. „Dem Protestantismus kann er es nicht verzeihen, daß er nicht an die Kontinuität der Wunder in der Kirche glaubt, daß er nicht überall Gotteserscheinungen sieht."* Wo steht das geschrieben? Ich finde es vielmehr sehr löblich und vernünftig, daß er die Wunder in das Schattenreich der Vergangenheit verstoßen hat. Nur halte ich *den* Protestantismus für eine Schwachheit, welcher die Wunder nicht weiter zurück- und endlich ganz vertreibt. Die Notwendigkeit zu Wundern ist immer vorhanden. Namentlich als die Kirche gegründet war, die Kirche zu einem Weltreich, die Christen wieder zu Heiden wurden, wären Wunder, wenigstens die sogenannten miracula restitutionis [Wunder der Wiederherstellung], ganz am Platz gewesen. „Er verhöhnt ihn (nämlich den Protestantismus), daß er im Gegensatz gegen die Verehrung des himmlischen Weibes das irdische Weib mit offenen Armen in sein Herz aufgenommen." Ich sollte den Protestantismus deswegen verhöhnen? Ich lobe, ich preise ihn gerade deswegen (s. meinen „P. Bayle" [GW 4, S. 17 ff.]), daß er so viel Mut, so viel Natur, so viel praktischen Verstand hatte, ein imaginäres supranatu-

* Wie jede Behauptung von mir, so entstellt der Rez. auch das über das Wunder Gesagte. Siehe S. 262[1] meiner Schrift. Dem Glauben sind die natürlichen Wirkungen Wirkungen der göttlichen Allmacht, Wunder – also ist es gar nicht nötig, daß immer *besondere* Wunder geschehen. Und dennoch lebt und webt der Glaube nur im Wunderglauben.

[1] *Gemeint ist „Wesen des Christentums", Kapitel „Der wesentliche Standpunkt der Religion"; 2. Fassung Kap. XX.*

ralistisches Weib mit dem wirklichen Weibe zu vertauschen. „Mit Verachtung wendet er sich von dem modernen Christentum ab.“ Mit Verachtung, ja, mit tiefster Verachtung. Ein welthistorisches, darum philosophisches, ein *denkwürdiges* Objekt ist ihm das Christentum nur da, wo es antike Charakterkraft, wie in den Kirchvätern, oder reiner Affekt, pure Seele, enthusiastische Liebe war, wie in den Mystikern des Mittelalters. Im (religiösen) Protestantismus findet er nur *eine welthistorische* Gestalt – den Urheber der Reformation, *Luther*, und zwar deswegen, weil er in der Geschichte der christlichen Religion der *erste Mensch* war. Die Kirchenväter und Mystiker wollten *nur* Christen sein. Luther ist Christ *und* Mensch. Die welthistorische Frucht und Bedeutung des Protestantismus ist nicht die Religion, sondern die *Wissenschaft*. Mit andern Worten: Im Protestantismus hat sich das *produktive Genie* nicht auf die Religion, sondern die Poesie und Wissenschaft geworfen. Wahrhaft lächerlich ist es aber wieder, wenn der Rez. bemerkt: „Im Gebiete des Protestantismus nimmt der Verf. *am meisten Notiz* von den Produktionen der Brüdergemeinde, *sehr begreiflich*, weil in ihnen eben Gemüt und Phantasie ganz unbeschränkt herrschen.“ Gemüt und Phantasie bewegen sich übrigens in dem Gesangbuch der Brüdergemeinde innerhalb der Schranken des christlichen Glaubens; sie drücken sich nur sinnlich, unverhohlen, aber ebendeswegen bezeichnend aus. Gewöhnlich bilden die daraus angeführten Stellen den Schluß von Zitaten aus anderen Autoren; und wo ich sie allein anführe, da hätte ich ebensogut auch andere religiöse oder theologische Schriften zitieren können, wenn ich *gewollt* hätte. Meine Zitate sollen überhaupt nur Beispiele sein, nur zeigen, daß, was die Analyse sagt, selbst in das religiöse Bewußtsein, natürlich in seiner Weise, gefallen ist. Ob ein Schwärmer oder Orthodoxer, ob ein simpler Herrnhuter oder ein aus Zitaten komponierter Professor der Theologie, das ist mir ganz eins. Nein, nicht eins; der religiöse Affekt hat weit mehr Geist und Autorität als eine verschmitzte Dogmatik, die weder kalt noch warm, weder religiös noch vernünftig, weder gläubig noch ungläubig ist.

S. 235 kommt der Rez. auf meine Entwicklung der Ehe. Er läßt hier natürlich, wie überall, alle wesentlichen Begrenzungen und vermittelnden Bestimmungen meiner Ansicht weg, um seinen Amtsbrüdern und allen denen, die meine Schrift nicht lesen, sie als eine durchaus krasse, grundlose hinzustellen. Nachdem ich vorausgeschickt und mit Zitaten belegt habe, daß in der übernatürlichen Abkunft des Heilands die unbefleckte Jungfräulichkeit als das Prinzip des Heilands[1] hingestellt werde, daß die Erbsünde nichts anderes sei als die Lust der Sexualfunktion, in der alle Menschen gezeugt und empfangen werden, sage ich: „Es erhellt hieraus, daß die Ehe, *inwiefern sie auf den Geschlechtstrieb sich gründet,* d. h. also auf das Bedürfnis und die Lust der Sexualfunktion, ehrlich herausgesagt, ein Produkt des Teufels sei." Allerdings stark, sehr stark ausgedrückt, aber doch wahr: Die natürliche, die fleischliche Lust ist ja ein Produkt des Teufels. Wer nicht das Bedürfnis derselben empfindet, verheiratet sich nicht. Und die Ehe gründet sich daher auf ein Bedürfnis, auf ein Verlangen, welches der noch nicht verführte, der paradiesische Mensch, dessen Wiederherstellung der christliche ist, nicht empfand. Wären die Menschen nicht gefallen, so würden sie sich, wie Augustin sagt, ohne alle sinnliche Begierde vermischt und fortgepflanzt haben. Dieser meiner Behauptung setzt nun der Rez. den Ausspruch des Apostels entgegen, daß es eine *Teufelslehre* sei, wenn jemand die Ehe *verbiete**, als stünde er im Gegensatz zu meiner Behauptung, als hätte ich nicht dasselbe gesagt. Ausführlich habe ich diese Materie, und noch dazu an der Hand des Heiligen Ambrosius und Tertullian, entwickelt. Freilich ist das *Verbot* der Ehe Teufelslehre; die sich nicht enthalten können, *sollen* heiraten. Die Ehe ist, sage ich selbst, „gut, löblich, heilig selbst als das beste Arzneimittel gegen die fornicatio [Hurerei]." Aber sie ist ebenso heilig als unheilig, ebenso christlich als unchristlich – unchristlich, inwiefern sie sich

[1] Christentums *B*

* Vortrefflich sagt Tertullian, diese Materie entwickelnd: „Non propterea appetenda sunt quaedam, quia non vetantur: etsi *quodammodo vetantur, cum alia illis* praeferuntur" [manche Dinge sind nicht deswegen zu erstreben, weil sie nicht verboten werden; obwohl sie gewissermaßen immer dann verboten werden, wenn andere Dinge ihnen vorgezogen werden]" („Ad uxorem", l. I, c. 3).

auf einen antiparadiesischen Trieb, ein Verlangen des unenthaltsamen Fleisches gründet, christlich, inwiefern sie diesen Trieb beschränkt, die Sünde der fornicatio verhütet. „Besser ist freien denn Brunst leiden." „Aber *wieviel besser ist*", sagt Tertullian, diesen Spruch erörternd, „weder freien noch Brunst leiden." Der Rez. fährt fort: „Doch der Verf. *beweist* seine Behauptung damit, daß wir alle *‚von Natur Kinder des Zornes Gottes sind'*. Keineswegs; wir *waren* Kinder des Zorns. Die Natur ist *an sich* gut." Mit dieser Stelle aus Paulus sollte ich meine Behauptung *beweisen*? Wie kann mir der Rez. eine solche Beschränktheit, ja, Albernheit zutrauen! Die durch meine ganze Schrift hindurch geführte Anschauung des Christen vom Menschen, von Gott, vom Jenseits ist der *Beweis*. Das Ideal des Christen ist der geschlechtslose Mensch, der Mensch, wie er im Jenseits existiert. Das Geschlechtsgefühl ist ein dem christlichen Ideal widersprechendes. Und was will denn der Rez. mit seinem Imperfekt in jener aus Ephes. 2, 13 zitierten Stelle? Indem der Apostel sagt: „Wir waren Kinder des Zornes Gottes, solange wir Kinder der Natur, nicht des Glaubens waren", so ist ja damit ausgesprochen, daß *wir von Natur aus* Kinder des Zornes Gottes *sind*. So haben es auch die Dogmatiker verstanden. So sagt z. B. J. Fr. Buddeus in der oben zitierten Schrift, l. III, c. II, § 24: „Unde et omnes natura filii irae *sunt* [daher sind auch alle von Natur Söhne des Zornes]" (Ephes. II. 13). Und in der Anmerkung nochmals: „Unde et omnes homines *natura filii irae dicuntur* [daher heißen auch alle Menschen von Natur Söhne des Zornes]." Merkt's euch![1]

[2]So *widerlegt* der Theolog den Philosophen[3]! Was ferner den Satz betrifft, daß die Natur *an sich* gut sei, so habe ich ihn gleichfalls, nur mit andern Worten, angeführt; aber diese an sich gute Natur ist ja nur eine Hypothese; sie *existiert nicht*. Oder hat etwa das Christentum diese verlorne Natur wiederhergestellt? Aber hat es denn die

[1] *In A folgt auf neuer Zeile:* (Fortsetzung folgt). *Die Fortsetzung beginnt dann dort Seite 81.*

[2] *In A darüber Wiederholung der Überschrift, dazu auf neuer Zeile:* (Fortsetzung)

[3] den Philosophen *Fehlt in B.*

Natur verändert? Verdanken nicht auch wir Christen noch dem vitium concupiscentiae [Laster der Begehrlichkeit] unsere Existenz? Haben die Christen nicht die wahre, vollständige Aufhebung der Folgen des Sündenfalls in das Jenseits verlegt? Als ein Beispiel von meinen Eingriffen in das Privilegium der Theologie, d. h. der Willkür, die ich mir in der Auslegung der Schrift erlaube, führt der Rez. an, daß ich „die Matthäi 19 enthaltne Stelle über die Ehe nur auf das Alte Test. beziehe". Was verstehe ich denn hier unter dem A. T.? Allerdings bezieht sich diese Stelle nicht nur auf das A. T., denn der Apostel Paulus beruft sich selbst auf diesen Ausspruch; aber gleichwohl bezieht sie sich auf die Ehe als ein alttestamentarisches Institut. Die Ehe war selbst bei den Heiden heilig – die Ehe ist kein *christliches*, kein *spezifisch* christliches Institut. Die sich verehelichen, bleiben auf dem Standpunkt des A. T. stehen, zu schwach, das Geheimnis des Christentums in dieser Beziehung zu fassen oder zu betätigen. Denn das Neue, das Besondere, das, wodurch sich das Christentum vom Heidentum und Judentum unterscheidet, das *spezifisch Christliche* also, ist das Geheimnis des freiwilligen religiösen Zölibats, welches erst V. 11 und 12 ausgesprochen wird. „Non omnes sufficiunt huic rei, non ita sunt comparati, ut hoc praestare nempe uxore carere possint [nicht alle sind hierzu tauglich noch so beschaffen, daß sie dies, nämlich die Entbehrung eines Eheweibes, leisten können]" (I. G. Rosenmüller, „Scholia in N. T."). Und so faßten diese Stelle einstimmig die Kirchenväter (s. die Bemerkungen des Hugo Grotius zu dieser Stelle). Wäre im religiösen, im spezifisch christlichen Prinzip des Christentums die Natur, die Ehe geheiligt gewesen, warum hätten sich die Christen gegen den Gedanken einer natürlichen oder ehelichen Abkunft ihres Heilands gesträubt?

Doch[1] finis coronat opus [das Ende krönt das Werk]. Der Rez. schließt diese Materie mit den Worten: „Was der Verf. hier noch weiter sagt über die notwendige Rivalität zwischen der Liebe zu Gott und der ehelichen Liebe nach christlichen Begriffen sowie über die notwendige Ausschließung der letzteren von der Erde, weil sie ja durch

[1] *Fehlt in B, wo der Absatz mit* Finis *beginnt.*

Lukas 20, 35. 36 vom Himmel ausgeschlossen sei, ist *so erstaunlich haltlos*, daß wir kein Wort darüber verlieren mögen." Also ist auch *erstaunlich haltlos*, was der Apostel Paulus sagt, wenn er uns die Rivalität zwischen ehelicher und religiöser Liebe also schildert: *„Wer ledig ist, der sorget, was dem Herrn angehöret, wie er dem Herrn gefalle. Wer aber freiet, der sorget, was der Welt angehöret, wie er dem Weibe gefalle. Es ist ein Unterschied zwischen einem Weibe und einer Jungfrau. Welche nicht freiet, die sorget, was dem Herrn angehört, daß sie heilig sei, beides, am Leibe und auch am Geiste; die aber freiet, die sorget, was der Welt angehöret, wie sie dem Manne gefalle."** Erstaunlich haltlos! Höchst bezeichnend für so eine matte moderne Christenseele, die alles Wahrheitssinnes ledig, keiner ungeteilten Empfindung mehr fähig, der jeder unbedingte, große Gedanke eine „rohe Abstraktion", eine „Übertreibung" ist! Höchst charakteristisch für so einen modernen Theologen, dessen Herz zwischen Himmel und Erde, Christus und Belial, Gott und Mensch haltungslos hin und her baumelt, daß er Argumente, die selbst die eiserne Notwendigkeit der Weltgeschichte unterstützt, in dünkelhafter Beschränktheit für erstaunlich haltlos erklärt. Und ein solches Argument unwiderstehlicher, freilich höchst bittrer und niederschlagender Wahrheit ist das vom Himmel herabgeholte. Der Himmel ist „die wahre Meinung, das offne Herz, der letzte Wille einer Religion". „Was der Mensch von seinem *Himmel* ausschließt, das schließt er von seinem *Wesen* aus." Wer will diesen Satz leugnen? Jede Religion bestätigt ihn. Der Muhamedaner schließt von seinem Paradies alle Schranken und Widerwärtigkeiten aus, welche hier mit dem sinnlichen Genuß verknüpft sind; er erklärt dadurch unbeschränkten sinnlichen Genuß für sein höchstes Ideal, für sein höchstes Wesen. Und dieses Ideal realisiert er schon hienieden, soviel er kann. Ein Jenseits, das *nicht aktiv, nicht bestimmend* schon in dieses Leben eingreift,

* Natürlich wird mir der Rez. auch bei diesem Zitat wieder den Vorwurf einer schrankenlosen, willkürlichen Verdrehung machen. Ist es ja von meiner Seite schon ein willkürlicher Eingriff in das Privateigentum der theologischen Professionisten, wenn ich, der Profane, auch nur die Bibel zitiere.

ist eine Chimäre; denn die Vorstellung des Jenseits ist nichts anderes als die Vorstellung dessen, was der Mensch *sein soll und sein will.* Wenn also das Christentum die Geschlechtsdifferenz vom Himmel ausschließt, so heißt das gerade soviel als: Der Christ schließt die Geschlechtsdifferenz von seinem Wesen aus, und seine praktische Tendenz ist daher in dieser Beziehung die Negation des Geschlechtstriebes. Das Leben im Diesseits bestimmt das Schicksal im Jenseits. Wer in den Himmel kommen will, muß hier schon himmlisch leben. „Eo dirigendus est spiritus", sagt selbst ein frommer *protestantischer* Theologe, den ich in meiner Schrift zitiere, „quo aliquando est iturus [dorthin muß der Geist gelenkt werden, wohin er einmal gehen wird]." Ist unsere Bestimmung, einst Engel zu sein, so ist unser Bestreben hienieden, Engel zu werden. Das Jenseits ist ein realisierter Wunsch – so ist das Jenseits des Muhamedaners der realisierte Wunsch desselben, frei zu sein von allen Schranken des sinnlichen Triebes und Genusses. Glaubt der Christ daher, einst frei zu sein von dem Geschlechtstrieb, so glaubt er dies nur, weil er es wünscht. Wünscht er es aber, so wünscht er es nur deswegen, weil er in dem Geschlechtstrieb eine Schranke, etwas Negatives, einen Widerspruch mit seinem Wesen findet. Was man aber im Widerspruch mit seinem *Wesen* empfindet, das ist zum Tode verurteilt, zu einem Objekt der moralischen Negation herabgesetzt. Die Moral einer Religion hängt ab von der Vorstellung ihres Jenseits. „Tota vita pii Christiani", sagt Augustin, „*sanctum desiderium* est [das ganze Leben eines frommen Christen ist heiliges Verlangen]." Nur in dem Glauben an das himmlische Jenseits, an die Engelsnatur des Menschen ist der theoretische Ursprung des klösterlichen, überhaupt asketischen Lebens im Christentum zu suchen. Aber warum, könnte man einwenden, haben denn die Christen nicht Essen und Trinken aufgegeben, da sie doch einst als Engel auch nicht essen und trinken werden? Weil die Natur hier wie anderwärts der Transzendenz des Glaubens eine unübersteigliche Grenze, die er folglich unwillkürlich einhalten mußte, entgegengesetzt hat. Essen und Trinken kann man nicht aufgeben, ohne das Leben aufzugeben; aber wohl die Sexualfunktion. Zudem ist die Funktion des Essens und

Trinkens eine weit indifferentere als die Sexualfunktion. Übrigens bestimmt gleichwohl der Glaube an ein himmlisches Leben, wo man nicht mehr dem Bedürfnisse des Essens und Trinkens unterworfen ist, auch das irdische Leben in dieser Beziehung, wie der entgegengesetzte Glaube, daß man im Himmel in unaufhörlichen sinnlichen Genüssen schwelgt, gleichfalls, nur im entgegengesetzten Sinne, das Leben des Menschen determiniert. Die entzückende Vorstellung der überirdischen, himmlischen Genüsse benimmt dem Menschen den Geschmack an den armseligen, beschränkten Genüssen der Erde. So hatte der Heilige Bernhard förmlich seinen Geschmackssinn verloren: Er aß Schmer für Butter, trank Öl für Wasser. Ja, er hatte sich durch die überschwengliche Fülle der himmlischen Speisen so den Magen verdorben, daß er durch den Mund die irdischen Speisen wieder von sich gab. Ekel an der Erde ist die notwendige Folge von der Vorstellung des Himmels, wenn diese Vorstellung noch eine *lebendige* ist.

Aber freilich, für einen modernen Theologen ist der christliche Himmel ein erstaunlich haltloses Argument gegen die Christlichkeit der Sexualfunktion, aus dem einfachen Grunde, weil der *christliche* Himmel keinen Halt und Bestand mehr in ihm hat. Wie die modernen Christen nur noch in der Imagination, aber nicht mehr in ihrem Wesen die Übermenschlichkeit Gottes festhalten, so ist auch die Überirdischkeit des Himmels nur noch eine imaginäre, keine reelle Vorstellung mehr. Sowenig ihnen Gott ein *nicht-*, ein *über*menschliches Wesen, sowenig ist ihnen das Jenseits ein *nicht-*, ein *über*menschlicher Zustand. Die Differenz zwischen Diesseits und Jenseits ist aufgehoben; wie sollte also der Glaube an das Jenseits sie im Diesseits genieren, wie in ihnen von den Wirkungen des Glaubens an das Diesseits unterschiedene Wirkungen hervorbringen?[1] Das wesentliche Interesse in ihrem Glauben an das Jenseits

[1] *In B hierzu als Zusatz folgende Fußnote Feuerbachs:* Die vollständige Identität des Jenseits und Diesseits und folglich die indirekte Aufhebung des Jenseits zeigt sich bei den modernen Christen besonders in der Vorstellung, daß auch das dortige Leben ein aktives, fortschreitendes, rühriges ist, dort also der Tanz wieder von neuem angeht.

ist, daß sie *sich selbst* und die *Ihrigen*, und was sie eben sonst lieb und gern auf der Erde haben, im Himmel wiederfinden. Ein Beispiel. „At nescio quanta me voluptas capiat dum cogito, me non modo ad *parentis* et *conjugis* et *liberorum* et *propinquorum societatem*, sed ad *viros probos*, quos *diligo* et quorum a doctrina vel benevolentia amplos fructus capere contigit, sed quibus per absentiam et mortem non licuit beneficiorum referre gratiam, profecturum et opportunitatem habiturum, declarandi his animi mei pietatem ... Neque me ab hac spe dejicit servator optimus (natürlich nicht, denn die Bibel akkommodiert sich den Bedürfnissen der Zeit), cum negat, post resurrectionem conjugum commercia locum habere Matth. 22, 23, nam illa sexus diversitas et copulatio omnio tolli potest, quamvis amicitiae, quae proprie conjugii et propinquitatis vinculum est, firmitas non tollatur. [Aber ein unbeschreibliches Vergnügen erfaßt mich, wenn ich daran denke, daß ich nicht nur zur Gemeinschaft mit Eltern, Frau, Kindern und Verwandten, sondern zu rechtschaffenen Männern, die ich liebe und von deren Gelehrsamkeit oder Wohlwollen reiche Früchte zu ernten mir vergönnt war, denen ich aber infolge von Abwesenheit oder Tod den Dank für ihre Wohltaten nicht abstatten durfte, reisen werde und die Gelegenheit erhalten werde, ihnen die Frömmigkeit meines Herzens zu bekunden. ... Und aus dieser Hoffnung wirft mich der beste Heiland nicht heraus, wenn er sagt, daß nach der Auferstehung der eheliche Verkehr keine Stätte mehr hat, denn jene Verschiedenheit des Geschlechts und die Begattung kann ganz und gar aufgehoben werden, obwohl die Festigkeit der Freundschaft, die ja im eigentlichen Sinne das Band der Ehe und Verwandtschaft ist, nicht aufgehoben wird.]" (*Döderlein*, „Instit. Theol. Christ.", l. II, p. II, c. II, s. II, § 302, obs. 4). Den heroischen Gedanken der alten christlichen Mystik, daß einst nur Gott und die fromme Seele allein ist, kapiert und verträgt nicht mehr das moderne Pygmäengeschlecht[1]. Auch mein modern gläubiger Rez. drückt sich mit wahrer Indignation über die Zumutung aus, daß sich einst die Seele nur mit Gott begnügen soll. Er sagt: „Auch die Seligkeit der Vollendeten

[1] Christengeschlecht *B*

ist im Sinne des Christentums keineswegs als ein unverwandtes *Hineinstarren* in die Sonne des göttlichen Wesens (das wäre viel zu langweilig, Gott ist ja [k]ein *leeres* Wesen, denn nur in das Leere starrt man hinein), als ein Zustand, wo nichts außer Gott und der Seele, wie der Verf. es darstellt, zu denken; die Heil. Schrift führt nicht von fern auf diese Vorstellungen." Aber ebendeswegen ist auch die *Bibel* kein Objekt der philosophischen Kritik; ihre Vorstellungen sind zu ungebildet, zu populär, zu beschränkt, zu sinnlich, zu anthropomorphistisch; und ebendeswegen anerkenne ich auch kein Argument, das *nur* aus der Bibel hergeholt wird*; denn ich stehe nicht auf dem unglaublich beschränkten und willkürlichen Standpunkt eines protestantischen Theologen, welcher die Bibel zur einzigen, zur absoluten Norm der christlichen Religion macht. Die Apostel hatten keine Zeit, sich in das Wesen der Religion zu vertiefen. Ihre Aufgabe war eine durchaus praktische. Ihre Lehren selbst entwickelten sie nur im Kampfe gegen die interesselosesten rohesten Vorstellungen und Vorurteile. Erst als die Christen nicht mehr an das praeputium [die Vorhaut] der Juden und dergleichen Allotria zu denken brauchten, konnten sie sich *in sich sammeln*, konzentrieren in das Wesen des Christentums. Und notwendig sind die Gesinnungen, Vorstellungen und Aussprüche des in sich konzentrierten, des *sich in sich vertiefenden* Christentums energischer, unbedingter, rücksichtsloser, aber auch intensiver, bestimmter und entscheidender als die Aussprüche des *sich ausbreitenden* und nur mit seinem Gegensatze beschäftigten Christentums. Aber nur da, wo etwas, um mich so auszudrücken, rücksichtslose Leidenschaft, unbedingter Affekt wird, erst da erhebt es sich zu einem Gegen-

* Deswegen habe ich auch z. B. ganz unberücksichtigt gelassen die Meinung derjenigen Exegeten, welche die Vorstellung von der übernatürlichen, überehelichen Abkunft des Heilands für eine später erst entstandne erklären. Eine Vorstellung, welche durch die ganze Geschichte des Christentums hindurch für einen heiligen, unantastbaren Glaubensartikel galt, hat keinen zufälligen Ursprung, sondern sie hängt mit dem Wesen des Christentums zusammen, sonst würde sie nicht einstimmig von den Christen als eine christliche anerkannt worden sein.

stand wie der Poesie, so der Philosophie, denn nur das Unbedingte in jeder Sphäre ist Gegenstand der Philosophie. Also: Nicht die Liebe des Christen zum Weibe, die in demselben Weibe[1] nur die Braut oder Schwester Christi liebt, sondern *die* Liebe, die ihren Gegenstand um sein[er] selbst willen liebt, die ihn anbetet, nicht *die* Liebe zu Gott, welche das Herz zwischen Gott und den Menschen teilt, welche sich mit der Gatten-, Eltern-, Verwandtenliebe verschwägert, sondern nur *die* Liebe, welche die Energie besitzt, Gott den Menschen aufzuopfern oder, umgekehrt, den[2] Menschen Gott aufzuopfern, den Menschen als Gott zu lieben, kurz, nur das überhaupt, was in den Augen der *Mittelmäßigkeit* und *Halbheit* Abstraktion – alles Große, Wahre ist, weil unbedingt, abstrakt –, Übertreibung ist, nur das bietet wie ein poetisches, so ein philosophisches Interesse dar.

S. 248 tadelt der Rez., daß ich schon im Satze: „Gott ist die Liebe", den Widerspruch zwischen Glaube und Liebe ausgedrückt finde. „Diese Stelle, wonach, wenn Gott noch etwas andres ist als die Liebe, dies notwendig die Negation der Liebe sein muß, ist eine der merkwürdigsten Proben der *abstrakten Dialektik*, durch welche der Verf. die Religion in lauter Abstraktion aufzulösen sucht." Wie sonderbar, wie komisch! Der Hegelianismus hat mir immer den Vorwurf gemacht, daß ich in Abstraktionen mich herumtreibe, weil ich die Dinge stets in ihrer schärfsten Charakterbestimmtheit zu erfassen bestrebt bin, abhold aller dialektischen Spiegelfechterei, die nie bis zum Gegenstand selbst dringt. Und hier[3] muß ich aus einem theologischen Munde denselben Vorwurf hören – aus einem Munde, der mir zugleich vorwirft, daß ich den mystischen Affekt zum Dogma erhebe. Demnach wäre also auch der religiöse Affekt eine merkwürdige Probe abstrakter Dialektik. Möge doch der scharfsinnige Rez. ein wesentliches Bedürfnis unsrer Literatur befriedigen und eine Schrift de Hegelianismo ante Hegelium [über den Hegelianismus vor Hegel] schreiben und darin beweisen, daß auch schon der Heilige

[1] *Fehlt in B.*
[2] dem *B*
[3] hie *B*

Augustin, der Heilige Ambrosius, der Heilige Hieronymus, der Heilige Bernhard, ja, selbst der heilige Apostel Paulus von dem zerstörenden Gifte der modernen Dialektik angesteckt waren! Denn alle meine Argumente sind nichts weiter als in Gedanken umgesetzte und in Verbindung gebrachte Tatsachen des religiösen Wesens.

Doch zur Sache! Ist dieses andere, was Gott, abgesehen von der Liebe, ist, ein unbestimmtes andere[s]? Nein, es ist im Sinne meiner Schrift und im Sinne des Glaubens Gott als *Subjekt*, als *Selbst*, als *Person*, kurz, Gott als ein für sich seiendes Wesen, mit dessen Vorstellung sich *notwendig*, wie die *Geschichte* und die *Vernunft* beweist, die Vorstellung der Ehre, der Beleidigung, der Lästerung Gottes, die Vorstellung des *crimen* laesae Majestatis Dei [Verbrechen der Verletzung der Majestät Gottes], die Vorstellung der *Ketzerei*[1] verbindet. Darauf beruht auch, um gleich hier die spätern Vorwürfe des Rez. zu antizipieren, das Hauptargument in dem Abschnitt über den Widerspruch zwischen Glaube und Liebe, wo der Rez. mir auch vorwirft, daß nach mir jede Besonderung eine Negation des Allgemeinen wäre, als wenn es nicht auch eine mit der Vernunft übereinstimmende Bestimmung des Allgemeinen gäbe. Der Rez. sagt in betreff dieser Materie: „Wenn aber der Verf. jene Verirrungen (?) (die religionsgeschichtlichen Greuel, sage: die *religionsgeschichtlichen*, also nur die, welche wirklich aus Glaubenseifer entsprangen, wie die Hinrichtung des Servet) dem Wesen des Christentums selbst als notwendige Konsequenz desselben zur Last legt, so müssen wir dies so lange für eine *aller Wahrheit ermangelnde Blasphemie* halten, bis er seine Beschuldigung z. B. mit Lukas 9, 55. 56 in Einklang gebracht. Freilich dürfte ihm auch dies nicht schwer werden bei der schrankenlosen Willkür der Exegese, mit der er z. B. von dem Gebote der Feindesliebe sagt, es beziehe sich nur auf Privatfeindschaften unter Christen, nicht auf ungläubige Feinde." Der Rez. entstellt hier wieder meinen Satz, denn unter ungläubigen Feinden sind nur persönliche Feinde zu verstehen. Es heißt aber bei mir: „Der Satz: ‚Liebet eure Feinde!' bezieht sich nur auf Privatfeindschaften unter

[1] , die Vorstellung der Ketzerei *Fehlt in B*.

Christen (richtiger[1] auf persönliche Feinde, wie aus dem Gegensatz erhellt), aber nicht auf die öffentlichen Feinde, die *Feinde Gottes*, die *Feinde des Glaubens*, die Ungläubigen." Das Christentum lehrt allerdings, im Gegensatze zum Judentum, welches die Liebe nur auf den Israeliten beschränkte, allgemeine Menschenliebe, was ich ja selbst ausspreche; daher ich sage: Die religionsgeschichtlichen Greuel widersprechen dem Christentum, inwiefern es die Liebe gebietet, die Liebe selbst zu einem Prädikate Gottes macht. Aber es beschränkt sogleich wieder diese Liebe durch den *Glauben*. „Also hat Gott die Welt geliebt, daß er seinen eingebornen Sohn gab, auf daß *alle, die an ihn glauben*, nicht verloren werden, sondern das ewige Leben haben. Denn Gott hat seinen Sohn nicht gesandt in die Welt, daß er die Welt richte, sondern daß die Welt durch ihn selig werde. Wer *an ihn glaubet*, der wird *nicht gerichtet;* wer aber *nicht glaubet*, der *ist schon gerichtet*, denn er *glaubet nicht* an den Namen des eingebornen Sohnes Gottes" (Ev. Joh. 3, 16–18). „Non homini, sed Dei filio, ipsi Deo denegat fidem, quod est facinus maxime indignum [nicht einem Menschen, sondern dem Sohn Gottes, Gott selber verweigert er den Glauben, und das ist eine Missetat]." „Das ist aber der Wille des', der mich gesandt hat, daß, wer den Sohn siehet und glaubet an ihn, habe das ewige Leben, und ich werde ihn auferwecken am Jüngsten Tage" (ebend. 6, 40). Die Seligkeit, das ewige Leben, die Gnade, das Wohlgefallen, die Liebe Gottes wird abhängig gemacht vom Glauben. Wer nicht glaubt, ist schon dadurch, daß er nicht glaubt, gerichtet, verdammt, unteilhaftig der Seligkeit, ein Gegenstand des göttlichen Mißfallens, des göttlichen Zornes, denn von Natur, d. h. ohne Glauben, sind wir alle Kinder des Zorns; „ohne Glauben ist es unmöglich, Gott zu gefallen." Wer nicht glaubt, verleugnet Gott; wer aber Gott negiert, wird von Gott negiert. „Verleugnen wir, so wird er uns auch verleugnen" (2. Timoth. 2, 12). „Qui Christum negat, negatur a Christo [wer Christus leugnet, wird von Christus verleugnet]" (Cyprian). „Ein jeglicher Geist, der da nicht bekennet, daß Jesus Christus ist in das Fleisch gekommen, der ist *nicht von Gott*. Und das ist der *Geist des Widerchrists*."

[1] *In B folgt Zusatz:* ausgedrückt,

Wer also nicht an Gott glaubt, wenigstens so, wie es in der Bibel gelehrt wird, der ist nicht vom Geiste Gottes, sondern vom Geiste des Antichrists, des bösen Wesens, des Satans beseelt. „Scimus . . .“, schreibt Melanchthon an den Senat von Venedig, „*Diabolum*, cum sit *hostis Christi*, in hoc praecipue intentum fuisse ab initio, ut sereret *impias opiniones* ac obrueret *gloriam Christi*. Ac incitat *Diabolus* curiosa et prava ingenia, ut corrumpant aut convellant vera dogmata. [Wir wissen, daß der Teufel, da er der Feind Christi ist, von Anfang an hauptsächlich danach getrachtet hat, unfromme Meinungen auszustreuen und den Ruhm Christi zu verschütten. Und es stachelt der Teufel neugierige und niederträchtige Geister, die wahren Glaubenssätze zu verderben oder zu zerfetzen.]“ Wie ist es nun aber möglich, daß der *Christ* den *Antichristen* oder einen vom *Teufel besessenen Menschen* liebt? Wie möglich, daß ein Gegenstand des *göttlichen Zorns* ein Gegenstand *menschlicher Liebe* sei? Wie möglich, daß der Mensch bejaht, was sein Gott verneint, verwirft? Wie möglich, daß ich die Liebe vom Glauben sondere, wenn aller göttlicher Segen auf dem Glauben ruht, daß die Liebe sich über die Schranken des Glaubens erstrecke? Ich werde daher solange die Beschuldigung des Rez. als eine *dreiste Negation einer evidenten, welthistorischen Wahrheit* betrachten, solange man nicht beweist, daß die z. B. von Cyprian und andern von mir zitierten Kirchenvätern ausgesprochnen Gesinnungen über und gegen die Ketzer *nicht notwendige* Konsequenzen, *nicht adäquate* Ausdrücke des biblischen Christentums sind. Um nicht die schon in meiner Schrift S. 353[1] in der Anmerkung[2] aus Cyprian mitgeteilte Stelle zu wiederholen, stehe hier eine andere aus der 73. Epist. Nr. XV (edit. cit.): „Si autem *quid apostoli de haereticis senserint* consideremus, inveniemus, *eos in omnibus epistolis suis exsecrari et detestari haereticorum sacrilegam pravitatem*. Nam cum dicant, sermonem eorum ut cancer serpere (2. Timoth. 2, 17), quomodo potest is sermo (es handelt sich hier von der Giltigkeit der Ketzertaufe) dare remissam peccatorum, qui ut cancer

[1] *Vgl. GW 5, S. 428.*
[2] S. 353 . . . Anmerkung *Fehlt in B.*

serpit ad aures audientium? Et cum dicant, nullam participationem esse justitiae et iniquitati, nullam communionem lumini et tenebris (2. Kor. 6, 14), quomodo possunt aut tenebrae illuminare aut iniquitas justificare? Et cum dicant, *de Deo eos non* esse, sed esse *de antichristi spiritu*, quomodo gerunt spiritalia et divina, qui sunt *hostes Dei* et quorum *pectora obsederit spiritus antichristi?* Quare si rejectis humanae contentionis erroribus ad *evangelicam auctoritatem* atque ad *apostolicam traditionem sincera et religiosa fide* revertamur, intelligemus, nihil eis ad gratiam ecclesiasticam et salutarem licere, qui spargentes atque impugnantes ecclesiam Christi *a Christo ipso adversarii, ab apostolis vero ejus antichristi nominantur.* [Wenn wir aber betrachten, was die Apostel von den Ketzern gedacht haben, werden wir finden, daß in allen Briefen die tempelschänderische Niedertracht der Ketzer verflucht und verabscheut wird. Denn wenn sie sagen, daß ihre Rede wie ein schleichender Krebs sich ausbreitet, wie kann dann ... *die* Rede Vergebung der Sünden gewähren, die wie ein schleichender Krebs in die Ohren der Hörer eingeht? Und wenn sie sagen, es gebe nichts Gemeinsames zwischen Gerechtigkeit und Ungerechtigkeit, keine Gemeinschaft zwischen Licht und Finsternis ..., wie kann dann die Finsternis leuchten oder die Ungerechtigkeit rechtfertigen? Und wenn sie sagen, daß sie nicht von Gott, sondern vom Geist des Antichrist stammen, wie verwalten sie dann Geistliches und Göttliches, die sie doch Feinde Gottes sind, deren Herzen vom Geist des Antichrist besessen sind? Wenn wir daher in Verwerfung der Irrtümer menschlicher Bestrebung zur Autorität des Evangeliums und zur apostolischen Tradition in echtem und frommem Glauben zurückkehren, werden wir erkennen, daß diejenigen auf die kirchliche Heilsgnade keinen Anspruch haben, die, weil sie den Kampf gegen die Kirche Christi verbreiten, von Christus selbst Widersacher, von seinen Aposteln aber Antichristen genannt werden.]" Wer, außer ein befangener, wahrheitsloser[1] Theologe, kann leugnen, daß diese hier ausgesprochne Gesinnung gegen die Antichristen eine der Bibel konforme, eine christliche Gesinnung ist? Wer leugnen, daß der Christ nur *christlich* ge-

[1] *Fehlt, mitsamt dem Komma davor, in B.*

sinnt ist, wenn er gegen den Antichristen *antichristlich* gesinnt ist?[1]

[2]Aber in dieser Vorstellung von den Ketzern, in dieser Gesinnung gegen dieselben haben wir das subjektive Prinzip zu den antiketzerischen Handlungen, welche sich die glaubenseifrigen Christen erlaubten. Wer einmal vom Glauben, der Quelle alles Heils, aller Gottwohlgefälligkeiten, aller religiösen Rechte und Güter, ausgeschlossen ist, der wird in der weitern Entwicklung notwendig auch vom Genusse politischer Rechte ausgeschlossen. Was die höchste Autorität, die Macht des Glaubens, zum geistlichen Tode verurteilt, warum sollte das die weltliche Macht, welche sich auf diese Autorität stützt, nicht zum leiblichen Tode verurteilen? Ob es übrigens bis zu dieser äußersten Tat kommt oder nicht, ist gleichgiltig. Es genügt, daß in den Augen des Glaubens der Häretiker ein Gott mißfälliges, ja, ein von Gott negiertes, der ewigen Pein bestimmtes Subjekt ist. Mit diesen Gesinnungen des Glaubens gegen die Ketzer steht nun keineswegs das Gebot der Feindesliebe im Widerspruch; denn es ist (wenigstens *im Sinne der Bibel*, verglichen mit den Stellen, welche die dogmatischen Feinde betreffen) nur ein moralisches Gebot*, wie dies aus dem ganzen Zusammenhang hervorgeht, in welchem es ausgesprochen wird, und bezieht sich offenbar nur auf persönliche Feinde. „Liebet eure Feinde, segnet, die euch fluchen, tut wohl denen, die euch hassen, bittet für die, so euch be-

[1] *In A folgt auf neuer Zeile:* (Schluß folgt). *Der Schluß beginnt dann dort Seite 85.*

[2] *In A darüber Wiederholung der Überschrift, dazu auf neuer Zeile:* (Schluß)

* *„Glaube und Hoffnung handelt allein mit Gott, aber die Liebe gehet auf Erden unter den Leuten um* und tut viel Gutes mit Trösten, Lehren, Unterrichten, Helfen, Raten, heimlich und öffentlich. Doch lassen wir zu, daß Gott und den Nächsten lieben die höchste Tugend sei, denn dies ist das höchste Gebot: Du sollst Gott lieben von ganzem Herzen. Daraus folgt nur nicht, daß die Liebe uns gerecht macht" (*Apol. der Augsburg. Konfess.*, Art. 3), d. h. also: Die Liebe versöhnt uns nicht mit Gott, macht uns nicht Gott angenehm, d. h., sie gilt nur in der Moral, aber nicht in der Dogmatik, nicht vor Gott.

leidigen und verfolgen!" „Denn so ihr liebet, die euch lieben, was werdet ihr für Lohn haben? Tun nicht dasselbe auch die Zöllner? Und so ihr euch nur zu euren Brüdern freundlich tut, was tut ihr Sonderliches? Tun nicht die Zöllner auch also?" Was sind im Gegensatze zu denen, die uns lieben, zu unsern Brüdern, Wohltätern, die, welche uns hassen, verfolgen, verfluchen, beleidigen, anders als unsere persönlichen Feinde? Aber die Häretiker und Antichristen hassen nicht uns, verfolgen und beleidigen nicht uns (wenigstens nicht direkt), sondern sie sind Gotteslästerer, Blasphemisten, kurz, nicht *unsre Feinde*, sondern die *Feinde Gottes*, die *Feinde des Glaubens*. Obgleich Calvin den Servet auf den Scheiterhaufen brachte, so sagte er doch ausdrücklich von sich: „Me nunquam *privatas injurias* fuisse persecutum [ich habe niemals Unrecht privater Natur verfolgt]", und schied von ihm mit bibelfester Gesinnung *secundum Pauli praeceptum* [im Sinne der Vorschrift des Paulus]. Er konnte sich also rühmen, das Gebot der Feindesliebe nicht verletzt zu haben, denn er brachte den Servet nicht als seinen Feind, also nicht aus persönlichem Hasse, sondern als einen Feind des wahren Glaubens, als einen Antichristen, also aus *dogmatischen* Gründen auf den Scheiterhaufen. Selber der *sanftmütige* Melanchthon billigte die Hinrichtung Servets. „Judico etiam senatum Genevensem recte fecisse, quod hominem pertinacem et non omissurum blasphemias sustulit. *Ac miratus sum, esse, qui severitatem illam improbent.* [Auch halte ich dafür, daß der Genfer Senat recht daran getan hat, daß er einen hartnäckigen, mit Gotteslästerungen nicht aufhörenden Menschen beseitigt hat. Und ich habe mich gewundert, daß es Leute gibt, die jene Strenge mißbilligen.]" (Vita Mel. „Vitae Germ. Theol." a M. Adamo)[1]. Was aber die Stelle im Lukas betrifft, auf die mich der Rez. verweist, so ist hier nichts enthalten als eine Zurechtweisung der beschränkten Jünger, welche die auch zum Heile berufenen Samaritaner mit dem himmlischen Feuer des Elias vertilgt wissen wollten. Die Stelle aber: „Des Menschen Sohn ist nicht gekommen, der Menschen Seelen zu verderben, sondern zu erhalten", erhält ihre Erklärung

[1] *Quellenangabe fehlt in B.*

durch die oben aus Joh. 3, 17. 18 mitgeteilte. Zu bemerken ist noch, daß die Bibel zum Behufe des Gebots der Feindesliebe die Vollkommenheit (Matth. 5, 48) oder die Barmherzigkeit (Luk. 6, 36) des himmlischen Vaters als Vorbild aufstellt. Aber der biblische Gott ist nicht ein *nur* barmherziger Gott, der indifferent „lässet seine Sonne aufgehen über die Bösen und über die Guten und lässet regnen über Gerechte und Ungerechte"; er ist vielmehr in der biblischen Dogmatik ein aufs strengste zwischen Gläubigen und Ungläubigen *unterscheidender*, die Gläubigen nur zu Gnaden annehmender, die Ungläubigen verdammender Gott.

S. 248 gibt nun der Rez. noch weitere Proben meiner angeblich „abstrakten Dialektik", wobei jedoch die fromme Seele den Kniff wieder anwendet, überall den terminus medius wegzulassen, um durch das unmittelbare Aneinanderstoßen der Prämisse und der Konklusion bei den gläubigen Brüdern den beabsichtigten Effekt hervorzubringen. „Das Christentum bejaht die Existenz Gottes, also verneint es die Welt, denn Gott als Gott ist das Nichtsein der Welt." Weiter nichts? Hier wurde also aus der Existenz des Nichtseins der Welt das Nichtsein derselben gefolgert. Wie scharfsinnig! Der terminus medius zwischen der Bejahung Gottes und der Verneinung der Welt ist die Allmacht des Willens, welcher die Welt aus dem Nichtsein ins Sein gerufen und einst – und dieses „einst" ist dem Glauben ein sehr nahes – aus dem Sein wieder ins Nichtsein rufen wird – obgleich nachher wieder die negierte Welt in einer neuen Gestalt gesetzt wird. Die Welt ist ein bloßes Willensprodukt, heißt: Die Welt ist nicht notwendig, sie hat den Grund, warum sie ist, nicht in sich. Was aber den Grund, warum es ist, nicht in sich hat, ist ein an sich wesenloses Ding. Daher ist es eins, wie ich schon in meinen frühern Schriften gezeigt, ob man sagt: Die Welt ist aus nichts geschaffen, oder: Sie ist durch den bloßen Willen hervorgebracht. Das Gemüt ist das Verlangen, daß keine Materie, keine Naturnotwendigkeit sei. Dieses Verlangen realisiert die Allmacht, für welche es keine Schranke, keine Notwendigkeit gibt. Den modernen Christen freilich ist es ein „rechter Ernst" mit der Welt, und darum natürlich meint es nun auch ihr Gott, der nichts ausdrückt als ihr eignes

Wesen, [der] ein weltlicher Gott ist, recht ernstlich mit derselben. Doch, beunruhigt und verfolgt zugleich noch von dem Geist des alten Christentums, kapitulieren sie zwischen der Bejahung und Verneinung der Welt und behelfen sich zu diesem Zwecke mit der Einschränkung, daß die antikosmische Tendenz des Christentums sich nur auf die „gegenwärtige Welt*gestalt*" beziehe. Aber abgesehen davon, daß die alten Christen, mit Ausnahme der Engel und Menschen, die Welt überhaupt, das Universum, Sonne, Mond und Sterne, untergehen ließen, wenn sie gleich selbst wieder nach Petrus und nach der Apokalypse einer neuen Erde und eines neuen Himmels warteten * – der Glaube an das Ende dieser gegenwärtig existierenden Welt ist nur dann ein wahrer, ein lebendiger, ein *religiöser*, wenn er der Glaube an die *nahe Gegenwart* dieses Endes ist, wie es der Glaube der alten Christen war. Was nicht das Gemüt affiziert, hat keine religiöse Bedeutung und Wahrheit; was ich aber in die Ferne der Vergangenheit oder Zukunft hinausschiebe, das tangiert mich nicht. Oder glauben vielleicht die modernen Polemiker gegen die Dauer der gegenwärtigen Welt an einen demnächst bevorstehenden Untergang derselben? Sind sie auch hierin wieder zur Reinheit der biblischen Lehre zurückgekehrt? Glauben sie aber nur an eine *einstige* Umgestaltung der Erde, so differieren sie auch in diesem Punkte nicht von den modernen Heiden, welche die Naturanschauung überzeugt, daß die Erde nicht ewig so bleiben wird, wie sie gegenwärtig ist.

„Das Christentum hat es ganz mit Bedürfnissen des Geistes zu tun, also will es die möglichste Annihilierung des Leibes durch Askese und ist aller materiellen Kultur entgegengesetzt." Wo habe ich gesagt, daß das Christentum es nur mit Bedürfnissen des *Geistes* zu tun hat? Ist das Bedürfnis einer fleischlichen Auferstehung und Unsterblichkeit, das Bedürfnis eines spiritualistischen Körpers, das Bedürfnis des Himmels ein Bedürfnis des *Geistes?* Das Christentum hat es mit *übersinnlich-sinnlichen* Bedürfnissen und Vorstellun-

* Übrigens waren die späteren[1] Christen darüber uneinig, ob der Welt eine völlige Vernichtung oder nur eine Umwandlung bevorstehe.

[1] die späteren: allerdings auch schon die früheren *B*

gen zu tun. Das Christentum ist der Glaube an den Himmel als den wahren Bestimmungsort des Menschen; dort sind wir in unsrer *Heimat*, hier in der Fremde. Der Trieb zur materiellen Kultur geht aber aus dem dem christlichen Glauben entgegengesetzten Glauben hervor, daß *hier* unser *Wohnort, hier*[1] unser *Vaterland* ist. Himmel und Erde sind Gegensätze. Willst du die Seligkeit des Himmels genießen, so ist es deine verdammte Schuldigkeit, deine einzige ethische Aufgabe, auf die Freuden und Schätze der Erde zu verzichten, durch Leiden, durch Selbstkreuzigung, aber nicht durch materielle Kultur dich der himmlischen Genüsse würdig zu machen. So haben einstimmig alle wahren Christen der Vergangenheit gedacht, geschlossen und darnach gelebt. Allerdings hat das Christentum auch materielle Kultur befördert – übrigens mehr noch gehemmt und bekämpft. Aber dies[2] verdanken wir nicht dem *Prinzip* des christlichen (natürlich altchristlichen) Glaubens, sondern den *Schranken*, welche die Vernunft und Natur der himmlischen Transzendenz des Christentums entgegensetzen. Die Mönche konnten nicht immer beten, Psalter singen und meditieren über ihre himmlische Bestimmung; sie mußten sich daher auch mit der Kultur der Materie beschäftigen. Aber *diese Schranke*, daß sie *nicht immer* sich mit Gott beschäftigen konnten, *diese Notwendigkeit* der materiellen Kultur war ja gerade ein Grund, warum sie an ein himmlisches Leben glaubten, wo sie von dieser Schranke, dieser ihrer Tendenz widersprechenden Notwendigkeit erlöst sein würden.

„Der Theismus will die Natur nicht angebetet wissen, also will er sie auch nicht angeschaut wissen“, wozu zitiert wird S. 149[3] meiner Schrift. Hier heißt es: „Die Anbetung ist nur die kindliche, *die religiöse Form* der Anschauung.“ „Naturstudium ist Naturdienst und Götzendienst nichts als die *erste befangene, unfreie* Naturanschauung des Menschen.“ Hier sträubt sich der Rez. in seiner theologischen Beschränktheit gleichfalls wieder gegen ein welthistori-

[1] *In B nicht hervorgehoben.*
[2] dies: diese Beförderung *B*
[3] *Vgl. GW 5, S. 213.*

sches Argument, eine welthistorische Wahrheit. Nicht den Juden, nicht den Christen – nur den Völkern, welchen die Natur zuerst ein Gegenstand der *religiösen*, dann der *philosophischen* Anschauung war, verdanken wir die ersten naturwissenschaftlichen Wahrheiten und Entdeckungen. Anschauung ist Bewunderung, Enthusiasmus, Entzückung in den Gegenstand; in der Anschauung verhält sich der Mensch zum Gegenstand um des Gegenstandes willen – ästhetisch, nicht teleologisch. Der Theismus aber betrachtet die Natur nur vom Standpunkt der Teleologie; er hat also keine ästhetische, überhaupt keine Anschauung von ihr. Der Theismus, natürlich nur der religiöse,[1] erlaubt sich die Anschauung der Natur nur unter *der* Bedingung, daß er den Schöpfer derselben, seine Güte, Macht und Weisheit, *nicht die Natur selbst* bewundert. Einer *Naturanschauung* erfreuen sich daher auch die modernen Völker erst, seitdem sie den Standpunkt der *theistischen Teleologie* aufgaben.

„Das Christentum glaubt an eine Vorsehung, also negiert es den natürlichen Zusammenhang." Der – natürlich *religiöse* – Glaube an die Vorsehung ist dieser, daß allein der an keinen natürlichen Zusammenhang, an keine Notwendigkeit, kein Gesetz gebundne Wille Gottes herrscht und regiert. Ja, für den ungebrochnen, ursprünglichen Glauben existiert gar kein natürlicher Zusammenhang. Der Regen, der heute meine Felder erquickt hat, war nicht die Folge einer natürlichen Ursache – die Religion in ihrem ursprünglichen Wesen weiß nichts von Physik –, sondern die Wirkung des barmherzigen und allmächtigen Willens. Erst wenn sich der Mensch entzweit in den Glauben an Gott und den Glauben an die Natur, verfällt er auf die rohe, mechanische Vorstellung, daß sich die Vorsehung dem natürlichen Zusammenhang *akkommodiert*, denselben veranlaßt, eine von ihr beabsichtigte Wirkung auf natürlichem Wege hervorzubringen. Aber diese dem natürlichen Zusammenhang akkommodierte Vorsehung ist nichts andres als der dem Unglauben akkommodierte Glaube.

Dies sind also die Proben von meiner abstrakten Dialektik. Nun zum Ersatz noch eine ergötzliche Probe *theolo-*

[1] , natürlich . . . religiöse, *Fehlt in B.*

*gischer Studien und Kritiken.** [1] S. 207 sagt der Rez.: „Nicht egoistisch ist nur der Verstand, weil er, wie der Verf. mit Jacobi will, seinem Wesen nach atheistisch, der Verstand, der mit demselben Enthusiasmus den Floh, die Laus betrachtet als das Ebenbild Gottes, den Menschen, der von allem wissen will, nur nichts von Gott." Wie witzig und spitzig! Nur nichts von Gott! Und doch handle ich S. 38–40, 87, 88, 104, 105, 384, 385, 426[2] ausdrücklich[3] von

* Nur noch eines Widerspruchs werde gedacht, dessen der Rez. im Dünkel seiner theologischen Zunftgelehrsamkeit mich zeihen will. Dieser Widerspruch soll sein, daß ich sage S. 61[4]: „In der strengen Orthodoxie werde jede Subordination des Sohnes vermieden, aber ebendadurch der Unterschied in der Trinität, hiemit der mystische Reiz derselben aufgehoben", S. 188 dagegen: „Die Kirche hat hierin einen sehr guten Takt bewiesen, daß sie so sehr auf die Wesenseinheit des logos (Christus) mit Gott drang." Dies widerspräche sich? *In der Trinität* handelt es sich von der *Realität*, folglich dem *Unterschiede* der *Personen*, der ohne eine logische Subordination – der Sohn ist vom Vater gezeugt – nicht gedacht werden kann. Aber die zweite Person in der Trinität ist in *Wahrheit* die *erste* Person der Religion, weil in ihr erst das Wesen der Religion sich offenbart, die wahre Persönlichkeit Gottes (S. 188–195)[5], der reelle Gott der Christen. Und die Kirche hat daher hierin einen sehr guten Takt bewiesen, daß sie auch in der Trinität so sehr auf die *Wesens*einheit des Sohnes mit dem Gott Vater drang. Wo wäre hier ein Widerspruch? Noch einige andere Widersprüche, die mir der Rez. vorwirft, verdienen gar keine Erwähnung. Sie existieren nur in seiner eignen Blindheit.

[1] *Diese Fußnote Feuerbachs fehlt in B.*

[2] S. 38 . . . 426 *Fehlt in B. Gemeint sind im „Wesen des Christentums" Teile aus den Kapiteln „Gott als Gesetz oder als Wesen des Verstandes", „Das Geheimnis des Logos und göttlichen Ebenbildes", „Das Geheimnis des kosmogonischen Prinzips in Gott" (2. Fassung Kap. III, VIII und IX) sowie aus dem Anhang.*

[3] *In B folgt Zusatz:* auch

[4] *Vgl. GW 5, S. 104f.*

[5] *Vgl. GW 5, S. 254–261.*

dem Gott des Verstandes, der indes nicht das Thema meiner Schrift ist[1]. Und doch ist es eine *notwendige Folge* von den Prinzipien meiner Schrift (freilich nur dann, wenn sie verstanden werden), daß auch der Verstand einen Gott hat. Religion oder, was eins ist, Gott haben heißt nämlich den Prinzipien meiner Religionsphilosophie zufolge nicht[s] andres als *sein Wesen heilig halten, sein Wesen behaupten*, in *sein Wesen sich vertiefen*. Also ist nur der *oberflächliche* Verstand der *atheistische*, der in sich vertiefte Verstand dagegen hat einen Gott[2] – einen Gott natürlich, der nicht die Negation, sondern die Position des Verstandes, sein Wesen ausdrückt[3]. Aber allerdings gehört der Atheismus, der Materialismus, der Skeptizismus, der Indifferentismus der Naturwissenschaft, welche *pflichtgemäß* mit demselben Interesse oder derselben Interesselosigkeit den Floh, die Laus als den Menschen betrachtet, wesentlich zur *Charakteristik* des Verstandes – insbesondere da, wo *im Gegensatz* zum Herzen oder Gemüte der Verstand bestimmt wird. Ebenso oberflächlich oder vielmehr grundlos ist die Behauptung des Rez., daß nach mir nur der Verstand, und zwar der Verstand, welcher den Menschen mit den Flöhen und Läusen identifiziert, nicht egoistisch sei. Also wäre es nach mir Egoismus, wenn der Mensch dem Menschen aus Liebe sich opfert. Und doch ist dies gerade der *wesentliche Grundsatz* meiner Schrift, daß allein die *unbedingte, die ungeteilte* Liebe des Menschen zum Menschen, *die* Liebe, welche *in sich selbst* ihren *Gott* und *Himmel* hat, die wahre Religion – *wesentlicher, ausgesprochner Grundsatz* meiner Schrift, daß das *höchste Wesen*, welches der Mensch glauben, fühlen, denken kann, das *Wesen* des Menschen, seine höchste (theoretische) Aufgabe also das *Γνῶθι σαυτόν* [Erkenne dich selbst!] ist – *wesentlicher, notwendiger Folgesatz* also, daß nicht der Verstand, welcher bei den Sternen, Tieren, Pflanzen, Steinen stehenbleibt und den Menschen mit ihnen amalgamiert

1 , der indes . . . ist *Fehlt in B.*

2 . Religion oder . . . einen Gott *Fehlt in B.*

3 *In B folgt Zusatz:* , nichts ist als das vergötterte Wesen des Verstandes selbst; denn Religion oder, was eins ist, Gott haben heißt, den Prinzipien meiner Religionsphilosophie zufolge, sein Wesen heilig halten, sein Wesen behaupten, vergegenständlichen, verehren, verherrlichen.

(denn ohne sich zu diesen Wesen und Dingen hingezogen zu fühlen, ohne sich mit ihnen zu identifizieren, versteht man sie nicht), sondern vielmehr *der* Verstand, welcher *das Wesen* des Menschen zu seinem Objekt hat, der höchste Verstand ist. Die Natur ist nach meiner Schrift das *erste* Prinzip, die *Basis* der Ethik und Philosophie, der Anfang zu einem neuen Leben der Menschheit, die Grundbedingung ihrer Wiedergeburt, das unerläßliche antidotum gegen das grundverderbliche Gift des theologischen, supranaturalistischen Dünkels und Lügengeistes; aber sie ist nicht das höchste, das *letzte* Prinzip. Dieses ist vielmehr die *Einheit* von *Ich* und *Du*. „*Ich* ist *Verstand, Du* ist *Liebe. Liebe* aber *mit Verstand* und *Verstand* mit *Liebe* ist *Geist*" (S. 75)[1]. Die Natur ist aber nur deswegen die Basis der Ethik, weil der Wille nicht dem Wesen der Natur, die Natur nicht dem Wesen des Willens widerspricht – in der erhabnen und abgesonderten Stellung, die sie dem Haupte im Gegensatze zum Thorax und Unterleib gegeben, hat sie dem Willen und Verstande die Oberherrschaft über den Trieb eingeräumt –, überhaupt nur deswegen die Basis des Geistes, weil sie selbst schon Geist ist.*[2]

Dies Wenige g[e]nüge zur Widerlegung der brutalen[3] Konsequenzen, welche der Rez. aus einigen Stellen, besonders dem Schlusse meines Buches, zieht. Einer besonderen Beleuchtung und Widerlegung[4] sind sie nicht wert. Ich be-

[1] *Vgl. GW 5, S. 132.*

* **Wenn ich daher S. 314 [vgl. GW 5, S. 386] sage: „Wenn wirklich Geist und Natur identisch sind, so ist die Wahrheit dieser Identität die Identität der Natur mit sich selber . . ., so ist alles Naturlehre", so sieht jeder urteilsfähige, denkende Leser auf der Stelle ein, daß es ebensogut heißen kann: oder „alles Geisteslehre" oder „die Identität des Geistes mit sich", denn die Natur ist ja kein andres, dem Geiste entgegengesetztes Wesen, sondern selbst Geist, Leben, Vernunft.**

[2] –, überhaupt nur . . . Geist ist *Fehlt in B, desgleichen die dazugehörende Fußnote Feuerbachs.*

[3] Widerlegung . . . brutalen: Berichtigung der *B*

[4] und Widerlegung *Fehlt in B.*

merke nur noch, daß man es einem befangenen, beschränkten Theologen nicht verargen kann, wenn er glaubt, daß alle sittlichen Bande, die ja für ihn keinen Grund in der Natur des Menschen haben, sich auflösen, daß das Weltgebäude selbst einstürzt, sowie seine theologische Baracke zusammenfällt.[1]

[1] *Darunter steht in A auf einer neuen Zeile:* Am dritten Adventsonntag 1841 *und dazu nach rechts gerückt als Unterschrift:* L. F.

Zur Beurteilung der Schrift „Das Wesen des Christentums“[1]

Die über meine Schrift „Das Wesen des Christentums“, richtiger: der Religion überhaupt,[2] bisher erschienenen Urteile sind so grenzenlos oberflächlich, daß ich mich genötigt sehe, selbst einige data zu einer richtigen Beurteilung derselben dem Leser an die Hand zu geben. Ein Korrespondent aus Frankfurt a. M. in der „Augsburger Allgemeinen Zeitung“ ist in seiner indiskreten Urteilslosigkeit sogar so weit gegangen, daß er sich nicht gescheut hat, öffentlich zu behaupten, man brauche nur „einige Seiten“ in meiner Schrift zu lesen, um sich zu überzeugen, daß der Verfasser dieser Schrift mit dem Verfasser der „Posaune des Jüngsten Gerichts“ identisch oder doch wenigstens nicht von ihm zu unterscheiden sei. Hätte derselbe statt einiger Seiten lieber nur *eine einzige* Seite meiner Schrift richtig gelesen, so würde er gefunden haben, daß zwischen Hegels Methode und meiner Weise zu philosophieren[3], zwischen der Hegelschen und meiner Religionsphilosophie, folglich auch zwischen der „Posaune“, welche die Resultate der „negativen Religionsphilosophie“ direkt aus Hegel, als hätte er *dasselbe* gesagt, ableiten will, und meiner Schrift ein wesentlicher Unterschied stattfindet.

Meine Religionsphilosophie ist so wenig eine Explikation der Hegelschen, wie der – übrigens sehr geist- und kraftvolle –[4] Verfasser der „Posaune“ will glauben machen, daß sie vielmehr nur aus der *Opposition* gegen die Hegelsche entstanden ist, *nur aus dieser Opposition* gefaßt und beur-

[1] *In B darunter auf neuer Zeile:* 1842
[2] , richtiger . . . überhaupt, *Fehlt in B.*
[3] Weise . . . philosophieren: Denkweise *B*
[4] – übrigens . . . kraftvolle – *Fehlt in B.*

teilt werden kann. Was nämlich bei Hegel die Bedeutung des *Sekundären, Subjektiven, Formellen* hat, das hat bei mir die Bedeutung des *Primitiven*, des *Objektiven, Wesentlichen*. Nach Hegel ist z. B. die Empfindung, das Gefühl, das Herz die *Form*, in die sich der woandersher stammende Inhalt der Religion versenken soll, damit sie das Eigentum des Menschen werde; nach mir ist der Gegenstand, der Inhalt des religiösen Gefühls selbst nichts andres als das *Wesen des Gefühls*[1]. Dieser wesentliche Unterschied tritt auf eine höchst deutliche Weise schon in der Art hervor, wie Hegel und wie ich gegen Schleiermacher, den *letzten* Theologen des Christentums, polemisiere[n]. Ich tadle Schleiermacher nicht deswegen, wie Hegel, daß er die Religion zu einer Gefühlssache machte, sondern nur deswegen, daß er aus theologischer Befangenheit nicht dazu kam und kommen konnte, die notwendigen Konsequenzen seines Standpunkts zu ziehen, daß er nicht den Mut hatte, einzusehen und einzugestehen, daß *objektiv* Gott selbst nichts andres ist als das *Wesen des Gefühls*, wenn subjektiv das Gefühl die Hauptsache der Religion ist. Ich bin in dieser Beziehung so wenig gegen Schleiermacher, daß er vielmehr eine wesentliche Stütze, die tatsächliche[2] Bestätigung meiner aus der Natur des Gefühls gefolgerten Behauptungen ist[3]. Hegel ist ebendeswegen nicht in das eigentümliche Wesen der Religion eingedrungen, weil er als abstrakter Denker nicht in das Wesen des Gefühls eingedrungen ist. Man zeige mir doch in der ganzen Hegelschen Philosophie einen Gedanken oder Satz, aus welchem durch Explikation oder Folgerung sich z. B. der Satz meiner Schrift ergäbe – ein Hauptsatz –, daß Christus, d. h. der „christliche" Christus, Christus, *wie* er Gegenstand des christlichen Gemüts war, im Unterschied von dem *historischen* Christus, obgleich auch diese religiöse Bestimmtheit als der Reflex einer historischen betrachtet werden kann oder vielmehr muß, daß, sage ich, Christus das gegenständliche Wesen des menschlichen Herzens ist. Oder einen Gedanken, woraus z. B. der Gedanke meiner Schrift gefolgert werden könne, daß Gott als das unbeschränkt sinn-

[1] Herzens *B*
[2] vielmehr . . . tatsächliche: mir vielmehr zur tatsächlichen *B*
[3] dient *B*

liche Wesen, als das allzeitliche, d. i. ewige, das allörtliche oder allgegenwärtige Wesen nichts andres ist als das Wesen der Phantasie.[1]

Was nach Hegel *Bild*, ist nach mir *Sache*. Nach Hegel sind z. B. die Personen der Trinität nur Vorstellungen, Vater und Sohn unangemessne, dem organischen, natürlichen Leben entnommne[2] Bilder. Nach meiner Schrift ist gerade dies das Wesen der Trinität, daß Gott in Beziehung auf sich selbst Vater und Sohn, ein Bund sich innigst liebender Personen, ist.

Hegel *identifiziert* die Religion mit der Philosophie, ich hebe ihre *spezifische Differenz* hervor; Hegel betrachtet die Religion nur *im Gedanken*, ich in ihrem *wirklichen Wesen*; Hegel findet die Quintessenz der Religion nur im *Kompendium* der *Dogmatik*, ich schon im *einfachen Akte* des Gebets; Hegel *objektiviert* das Subjektive, ich *subjektiviere* das Objektive; Hegel stellt die Religion dar als das Bewußtsein eines *andern*, ich als das Bewußtsein des *eignen Wesens* des Menschen; Hegel setzt darum das Wesen der Religion in den *Glauben*, ich in die *Liebe*, weil die Liebe nichts andres ist als das *religiöse Selbstbewußtsein* des Menschen, das religiöse Verhältnis des Menschen *zu sich selbst*; Hegel verfährt *willkürlich*, ich *notwendig*; Hegel *unterscheidet*, ja, *trennt* den *Inhalt*, den *Gegenstand* der Religion von der *Form*, von dem *Organ*, ich *identifiziere Form* und *Inhalt*, *Organ* und *Gegenstand*; Hegel geht vom *Unendlichen*, ich vom *Endlichen* aus; Hegel setzt das *Endliche* in das *Unendliche*, weil er noch den alten metaphysischen Standpunkt des Absoluten, Unendlichen zu seinem Ausgangspunkt hat, und zwar *so*, daß er im Unendlichen die Notwendigkeit der Begrenzung, Bestimmung, Endlichkeit aufzeigt; ich setze das *Unendliche* in das *Endliche*; Hegel setzt das Unendliche dem Endlichen, das *„Spekulative“* dem *Empirischen entgegen*, ich finde, eben weil ich schon im Endlichen das Unendliche, schon im Empirischen das Spekulative finde, das Unendliche mir nichts andres ist als das *Wesen des Endlichen*, das Spekulative nichts andres als das *Wesen* des

[1] Man zeigte mir doch . . . Wesen der Phantasie. *Fehlt in B.*
[2] entnommene *B. Derartige geringfügige Änderungen werden im folgenden nicht mehr vermerkt.*

Empirischen, auch in den „spekulativen Geheimnissen" der Religion nichts andres als empirische Wahrheiten, wie z. B. in dem „spekulativen Mysterium" der Trinität keine andre Wahrheit als diese, daß nur *gemeinsames* Leben *Leben* ist – also keine aparte, transzendente, supranaturalistische, sondern eine allgemeine, dem Menschen *immanente*, populär ausgedrückt: *natürliche*, Wahrheit.

Es ist daher nichts alberner[1], als die Gedanken meiner Schrift, die gerade aus der Opposition gegen die abstrakte, d. i. von dem wirklichen Wesen der Dinge abgesonderte, Spekulation entstanden sind, für Produkte einer „abstrakten Dialektik"* zu erklären. Sind diese Gedanken Produkte der abstrakten oder Hegelschen Dialektik, so ist auch ihr Verfasser mit Haut und Haaren, mit Fleisch und Blut, mit Knochen und Nerven ein Produkt der abstrakten Dialektik; denn diese seine Gedanken sind sein *Wesen*. Es ist überhaupt nichts törichter, als unangenehme Wahrheiten sich dadurch vom Halse schaffen zu wollen, daß man ihnen einen *zufälligen* Ursprung vindiziert, wie dies der oberflächliche Verfasser des Aufsatzes „Strauß und F[euerbach]" in der Leipz. „Deutschen Monatsschrift" tut. Anerkennt ihr eine Vorsehung, eine allbestimmende Macht, ein Schicksal – oder wie ihr es nennen mögt –[2] in den Dingen unter dem Monde, nun, so dehnt auch diese Macht, dieses Schicksal[3] auf die Gedanken des Menschen aus, denn sie lassen sich nicht vom Wesen des Menschen abtrennen. Und wollt ihr daher ein Radikalmittel gegen das immer tiefer und weiter um sich greifende Übel der Vernunft anwenden, so bleibt euch kein andres Mittel, als sämtlichen Ungläubigen die *Köpfe abzuschlagen*. Welch ein lächerlicher Wahn, daß nur

[1] verkehrter *B*

* Über das Wort *„abstrakt"* herrscht übrigens die größte Konfusion. So gilt jetzt sehr vielen Leuten die unbehagliche Scheidung des Lichts und der Finsternis, der Wahrheit und Lüge, der Vernunft und Albernheit, des Unglaubens und Glaubens für die Tat einer abstrakten Dialektik. Aber nur auf *dieser* abstrakten Dialektik, nur auf dieser kritischen Scheidung beruht die Wiederherstellung unsrer geistigen und leiblichen Gesundheit.

[2] Vorsehung . . . nennen mögt – : Notwendigkeit *B*

[3] Macht . . . Schicksal: Notwendigkeit *B*

mit den Bedürfnissen des Magens, nicht mit den Bedürfnissen des Kopfs die Macht der Notwendigkeit, das Schicksal der Dinge im Bunde stehe! Welch ein törichtes Bestreben, die Dampfmaschinen und Runkelrübenzuckerfabriken in Bewegung, aber die große Denkmaschine, den Kopf, in ewigen Stillstand versetzen zu wollen! Welch ein Einfall –[1] die religiösen Wirren dadurch schlichten zu wollen, daß man über die Religion *plötzlich* nicht mehr denkt, d. h., daß man sich zum Besten der deutschen Nationalinteressen, d. h. der Dampfmaschinen und Runkelrübenzuckerfabriken, in religiösen Dingen stante pede [auf der Stelle] zur *Bestie* degradiert! Und welch ein niedriger, welch ein[2] verwerflicher Gedanke, daß man die Religion, weil sie Sache des Gefühls sei, nicht vor das Forum der philosophischen Kritik ziehen solle! Gerade das Gegenteil. Soweit *unser Verstand* reicht, soweit geht unser Beruf, unser Recht, unsre Pflicht. Was wir erkennen *können*, das *sollen* wir erkennen. Die theoretische Aufgabe der Menschheit ist identisch mit ihrer sittlichen. Nur der ist ein wahrhaft sittlicher, ein wahrhaft menschlicher Mensch, der seine religiösen Gefühle und Bedürfnisse zu durchschauen den Mut hat. Wer ein Knecht seiner religiösen Gefühle ist, der verdient, auch politisch nicht anders denn als Knecht behandelt zu werden. Wer nicht sich selbst in der Gewalt hat, hat auch nicht die Kraft, nicht das Recht, sich vom materiellen und politischen Druck zu befreien. Wer sich in sich selbst von dunkeln, fremden Wesen beherrschen läßt, der bleibe auch äußerlich im Dunkel der Abhängigkeit von fremden Mächten sitzen. Und wer daher dem religiösen Gefühle im Gegensatz zur Freiheit des Denkens das Wort redet, der ist ein *Feind* der „Aufklärung" und Freiheit, der redet dem *Obskurantismus* das Wort, denn *alles ohne Unterschied sanktioniert* der *Obskurantismus* des *religiösen Gefühls*. Selbst den Lastern, selbst dem Schrecken, der Furcht, selbst einem deus crepitus [Gott der abgehenden Winde] huldigte das religiöse Gefühl der frommen Römer[3]. Und war es bei den Christen wesentlich anders? Hing einst nicht

[1] *In B Komma statt des Gedankenstrichs.*
[2] niedriger . . . ein *Fehlt in B.*
[3] Heiden *B*

auch das religiöse Gefühl der Christen ebenso fest an den *Gespenstern*, den *Teufeln*, den *Hexen* als an Gott? War nicht einst alles, selbst der Lauf der Erde, vom religiösen Gefühle und Glauben in Beschlag genommen? War darum eben nicht jeder Fortschritt in der Philosophie, in den Naturwissenschaften eine *Negation*, ein *Frevel* gegen das religiöse Gefühl? Und geht das religiöse Gefühl[1] nicht auch in die politische „Tat" über? Widersprach es dem religiösen Gefühl und Glauben unsrer Reformatoren, den Servet im Feuer zu Tode zu martern? Hat sich nicht auch in unsren Tagen wieder das religiöse Gefühl auf eine höchst arrogante Weise in die Politik eingemischt? Und ist es nicht überall, wo es Charakter gezeigt, absolut negativ gegen das wahre Menschliche, gegen Kunst und Wissenschaft[2] aufgetreten? Ja, wahrlich, purer Hohn ist das Wort „Freiheit", das Wort „Aufklärung" im Munde dessen, der die Finsternis des religiösen Gefühls in Schutz nimmt.

Es ist demnach eine *moralische Notwendigkeit*, eine *heilige Pflicht* des Menschen, das dunkle, lichtscheue Wesen der Religion ganz in die Gewalt der Vernunft zu bringen; und diese Pflicht ist um so dringender, je größer der Widerspruch ist, in welchem die Vorstellungen, Gefühle und Interessen der Religion mit den anderweitigen Vorstellungen, Gefühlen und Interessen der Menschheit stehen, wie dies gegenwärtig der Fall ist, was niemand wird leugnen können und wollen, außer wer selbst in diesen Widerspruch verwickelt ist. Denn wo die Religion im Widerspruch steht mit den wissenschaftlichen, politischen, sozialen, kurz, geistigen und materiellen Interessen, da befindet sich die Menschheit in einem *grundverdorbnen*, *unsittlichen* Zustand – im Zustand der *Heuchelei*.

Wie häßlich stellt sich nicht z. B. in den Naturforschern des vielgepriesnen Englands diese Heuchelei dar! Sie wollen ihre naturwissenschaftlichen Ansichten und Überzeugungen mit dem Bibelglauben in Harmonie bringen – wie fromm, wie christlich! –, und gleichwohl erklären sie – oh, wie unchristlich, wie frivol! –[3] den Glauben, daß alle Wesen und Dinge um des Menschen willen seien, für einen un-

[1] das . . . Gefühl: dasselbe *B*
[2] wahre . . . Wissenschaft: menschliche Wesen *B*
[3] *In B folgt Zusatz:* z. B.

erträglichen *Hochmut*, als wenn nicht ebendieser, ja, ein noch weit stärkrer, „hochmütigerer" Glaube in der Bibel enthalten wäre*[1], nicht in der Bibel die Sonne selbst um des Menschen willen stillestünde, nicht in der Bibel die ganze Natur um Israels willen ihre Beschaffenheit änderte. Ja, dieser Glaube, dem in der Tat auch eine Wahrheit zu*grunde* liegt,[2] war in der Christenheit ein so heiliger, daß man selbst noch im vorigen Jahrhundert wegen der entgegengesetzten Ansicht in den Verdacht der Irreligiosität, der Freigeisterei kam. Die Christen sagten zwar, daß die Welt nicht allein um des Menschen, sondern auch der Engel willen erschaffen sei. Aber was sind die Engel anders als die religiösen Dienstboten des Menschen? Soll nun dieser Zustand des Widerspruchs, der Heuchelei, der sich schon im Macchiavelli, im Vanini, im Leibniz, hier nur in einer andern Weise, mehr noch im Cartesius, im Bayle – siehe insbesondere ob dieses häßlichen Widerspruchs meinen „Bayle" –[3] auf das widerwärtigste darstellte, in der sogenannten „positiven Philosophie"**[4] aber, wie sie sich wenigstens

* „Sancta litterae docent, hominem fuisse ultimum Dei opus, et sic inductum fuisse in hunc mundum, quasi in domum jam paratam et instructam, illius enim causa facta sunt omnia [die Heilige Schrift lehrt, daß der Mensch das letzte Werk Gottes ist und daß er in die Welt so eingeführt wurde wie in ein schon bereitgestelltes und eingerichtetes Haus, denn seinetwegen ist alles gemacht worden]" (Lactantius, „Inst.", l. II, c. 9).

[1] *Diese Fußnote Feuerbachs fehlt in B.*

[2] , dem . . . zugrunde liegt, *Fehlt in B.*

[3] – siehe . . . „Bayle" – *Fehlt in B.*

** Ich verweise auf meine „Kritik der sog. positiven Philosophie" in den „Hall. Jahrbüchern", Dezbr. 1838, und zwar deswegen, weil *der* von meiner Schrift wie von einem Blitz aus heiterm Himmel getroffen wird, welcher nicht die Stufen kennt, die sie veranlaßten, bedingten und vermittelten. Wer aber auch nur z. B. einen Blick in das Elend dieser sog. Philosophie geworfen, welche die unvereinbarsten Widersprüche, Glaube und Unglaube, Religiosität und Frivolität, Personalismus und Pantheismus, Willkür und Notwendigkeit, auf die lächerlichste und zugleich widerlichste Weise verbindet, der wird in meiner Schrift ein notwendiges und wohltätiges Gewitter erblicken.

[4] *Hierzu in B keine Fußnote Feuerbachs.*

bisher ausgesprochen,[1] seinen tragikomischen Schluß- und Kulminationspunkt gefunden hat, soll dieser Zustand nicht aufgehoben werden, soll er ein dauernder sein? Nein, er muß überwunden werden; dieser Widerspruch ist der *faulste Fleck*, der *Schandfleck* unsrer neuern Geschichte, unsrer Gegenwart.[2]

[3]Aber wodurch soll er, wodurch kann er überwunden werden? Dadurch, daß man die Menschheit gewaltsam auf den Zustand des ersten Christentums oder einen analogen Zustand wieder zurückversetzt? Wie albern! Solche repetitoria [Wiederholungsstoffe] kommen wohl im Kopf eines theologischen Repetenten vor, aber in natura [in der Natur] finden sie nicht statt. Dadurch, daß man Altes und Neues pêle-mêle [durcheinander] untereinander mischt? Nichts ist widerlicher, nichts unausstehlicher als solcher Mischmasch. Oder dadurch, daß man dem alten Glauben ein modernes Kleid gibt? Das ist ebenso lächerlich, als wenn man einen alten Mann dadurch wieder jung machen wollte, daß man ihn in das Kleid eines Jünglings steckt. Wodurch also? Nur dadurch, daß wir uns ehrlich und redlich eingestehen, daß das Tote tot ist, alle Wiederbelebungsversuche also eitel und vergeblich sind, nur dadurch, daß wir uns daher eine neue, lebensfrische, aus unserm eignen Fleisch und Blut erzeugte Anschauung der Dinge schaffen. Selbsttäuschung ist es, diese Geistesrichtung, welche einen Zustand des Widerspruchs, der Heuchelei rücksichtslos negiert, als eine *negative* zu bezeichnen. Sie allein ist gerade die positive, die *sittliche* Geistesrichtung*[4], denn sie ist nur

[1] , wie . . . ausgesprochen, *Fehlt in B.*

[2] *In A folgt auf einer neuen Zeile:* (Schluß folgt). *Der Schluß beginnt dann dort Seite 157.*

[3] *In A darüber Wiederholung der Überschrift und dazu auf neuer Zeile:* (Schluß)

* Nur die *Negation* des Christentums ist, so paradox es klingen mag, die Wiederherstellung des wahren Christentums. Die *affektierte* oder, wie sie *A. Ruge* nennt, die „*kaprizierte*" Christlichkeit unsrer Tage dagegen ist das *perverse, frivole, unchristliche* Christentum. Nur die, welche den *Namen* Christen verschmähen, welche den Christen im

[4] *Hierzu in B keine Fußnote Feuerbachs. [Vorige Note läuft* *S. 237 weiter.]*

negativ gegen etwas, was bereits selbst ein Nichts in sich ist, aber sich noch immer stellt und gebärdet, als wäre es etwas. Positiv ist allein, was *wahr* und *gut* ist. Aber ist nicht der sogenannte positive Glaube längst und gerade am meisten in denen, die nichts andres als ebendieses Wort im Munde führen, zur Karikatur, zur Lüge, zur Heuchelei, zur Selbsttäuschung geworden? Allerdings sollen wir konservativ sein, aber notabene [wohlgemerkt] nur gegen das, was in sich selbst noch Lebens- und Selbsterhaltungskraft besitzt. Ein gesundes Glied töten ist Frevel, Barbarei, aber ein krankes Glied amputieren Wohltat und Weisheit. Die Konservation des Guten ist gut und vernünftig, aber die des Schlechten selbst eine Schlechtigkeit und Torheit.

Was nun aber das Verhältnis der Hegelschen Philosophie zu diesem Zustande einer welthistorischen Heuchelei betrifft, so kann ihr keineswegs die Ehre vindiziert werden, denselben entlarvt und wahrhaft überwunden zu haben. Er ist vielmehr ebensoviel in ihr überwunden als *nicht* überwunden. Hegel ist durch und durch ein Widerspruch.[1] Es gehört wesentlich zur *Charakteristik* seiner Philosophie, daß sich ebensogut die Orthodoxie als die Heterodoxie auf ihn stützen kann und sich wirklich gestützt hat, daß sich ebensogut, übrigens nur mit *größter Anstrengung und Willkür*,[2] die Töne der „Posaune" aus ihr hervorbringen lassen als die süßen einschmeichelnden Flötentöne der Harmonie des Glaubens und Unglaubens. Hegel ist die Aufhebung des abgelebten Alten *im Alten*.[3] Wie überhaupt die philosophi-

Menschen untergehen lassen, sind die *wahren* Christen. Nur auf dem Wege, den *Strauß* und *B. Bauer* in der Theologie, ich in der Philosophie eingeschlagen, kann der wahre, *unzweideutige* Christus, *der* Christus, welcher *in Wahrheit* des Menschen Freund und Bruder ist, gefunden, Christus, wie es längst *Kapp* [vgl. vorl. Bd., S. 67] ausgesprochen, im Elemente der Wissenschaft wiedergeboren werden.

[1] Hegel ... Widerspruch. *Fehlt in B.*

[2] , übrigens ... Willkür, *Fehlt in B.*

[3] *In B Komma statt des Punkts und, darauf folgend, als Zusatz:* die Aufhebung der supranaturalistischen Tendenz des Christentums in selbst supranaturalistischer und transzendenter Weise. *Damit endet dieser Absatz in B.*

schen Systeme, so ist auch, und zwar insbesondere, das Hegelsche System ein unerläßliches, bleibendes Zucht- und Bildungsmittel des Geistes, das keiner *ungestraft* ignorieren kann. Aber so notwendig die Schule, so notwendig ist die *Überwindung* der Schule. Nicht die Schule, sondern die *Freiheit* von der Schule ist der wahre Zweck derselben. Notwendig ist es, sich durch ein philosophisches System zu bestimmen, zu bilden, aber die festgehaltne, die fixierte Bestimmtheit ist *Beschränktheit*. Nur die *flüssige* Philosophie, *die* Philosophie, welche *aufhört*, ein fixes System zu sein, welche die Wahrheit der vorhandnen Systeme in sich begreift, ohne selbst ein abgeschlossnes System zu sein, und doch zugleich keine Eklektik ist, nur diese ist die Philosophie des Lebens, der Zukunft.*

Die Hegelsche Philosophie kann schon deswegen nicht festgehalten werden, weil die verzwickte, untergeordnete, unnatürliche Stellung der Natur in ihr ganz der Bedeutung widerspricht, welche immer mehr im Leben und in der Wissenschaft die Natur gewinnt. Die wahre Stellung der Natur finden wir aber nur, wenn wir an die Stelle des abstrakten Spektrums des „Weltgeistes" den lebendigen Menschengeist setzen. Die Hegelsche Philosophie ist überhaupt in ihrer Methode viel zu einförmig, in ihren Übergängen viel zu willkürlich und unnatürlich, in ihrem Baue viel zu kompliziert, in ihren Bestimmungen viel zu abgesondert von der Anschauung des Menschen in der Natur, in ihrem ganzen Wesen viel zu widerspruchsvoll, in ihren historischen Beziehungen viel zu sehr noch behaftet mit allerlei Antiquitäten, als daß nicht auch hier, d. h. also *auf dem Gebiete der Philosophie ebensogut wie anderwärts*, die Scheidung des Lichts von der Finsternis, der Notwendigkeit von der Willkür, der Einheit vom Widerspruch, des Wesens vom Scheine, der Wahrheit vom Irrtum ein dringendes Bedürfnis sein sollte.[1]

* Die bisherige Philosophie hat schon der *Form* nach Philosophie sein wollen, die Form mit dem *Wesen* der Philosophie identifiziert. Im Gegensatze zu dieser auf die Form erpichten Philosophie behaupten wir gerade, daß nur die *sich selbst verleugnende* Philosophie, *die* Philosophie, der man es *nicht ansieht*, daß sie Philosophie ist, die *wahre* ist.

[1] Wie überhaupt die philosophischen Systeme . . . Bedürfnis

Meine Schrift ist nun gerade hervorgegangen aus dem Bestreben, die bisher trotz ihrer gepriesnen „Immanenz" immer[1] so transzendente und deswegen so widerspruchsvolle und komplizierte Philosophie *„zunächst* auf dem Gebiete der spekulativen Religionsphilosophie" auf ihre *einfachsten, dem Menschen immanenten Elemente zu reduzieren, zu simplifizieren.**[2] Aber ebendiese Tendenz begründet einen wesentlichen Unterschied zwischen der Hegelschen und meiner Religionsphilosophie. Daher ist mir der Mittelpunkt der Religion, die Inkarnation Gottes, der theanthropos, nicht, wie dem Hegel, ein widerspruchs-

sein sollte. *Fehlt in B mitsamt der zu* Philosophie des Lebens, der Zukunft *gehörenden Fußnote Feuerbachs.*

[1] *In B folgt Zusatz:* noch

* Übrigens dürfen nur die Grundsätze dieser Schrift auf die übrigen Teile der Philosophie *angewandt* werden, um eine *Reformation* der gesamten Philosophie zu bewerkstelligen. Ich bemerke hier nur in Beziehung auf die Hegelsche „Logik" so viel. Das *Sein* reduziert sich auf das *Bewußtsein*, die *Qualität* auf die *Empfindung*, die *Quantität* auf die *Anschauung*, das *Wesen* auf die *Reflexion*, der *Begriff* auf den logischen *Denkakt*. Das heißt: Das *Sein für sich*, objektiviert, *abgetrennt* vom *Bewußtsein*, ist *nichts*, ein metaphysisches *Gespenst*. *Bewußtsein* ist der *Unterschied* von Sein und Nichtsein. Ebenso kann die Qualität nicht von der Empfindung abgetrennt werden. Die Philosophie der Qualität ist die Philosophie der Empfindung. Die Lehre vom Wesen ist bei Hegel die Lehre von der Reflexion, und doch sollen diese Reflexionsbestimmungen für sich selbst, abgetrennt von der Reflexion, betrachtet werden. Die Lehre vom Begriff ist und *heißt* sogar die *subjektive* Logik, und doch *soll* es *nicht* die subjektive Logik sein – *dasselbe* und doch ein *andres, gerade wie in der Theologie*. Allerdings sind die logischen Bestimmungen, die wahren, begründeten, nicht nur subjektive, wie die gegenstandslose Subjektivitätsphilosophie will, als wäre unser *Kopf* ein *außerwesentliches* und *außerweltliches* Ding, nur die Pfote und die Gosche im Besitze der Realität und Objektivität. Aber die subjektiven Bestimmungen müssen nicht als *abgeschiedne Geister*, sondern in der *Einheit mit dem Wesen der lebendigen Subjektivität* betrachtet und als objektive Bestimmungen erkannt werden.

[2] *Auch hierzu in B keine Fußnote Feuerbachs.*

volles Kompositum von Gegensätzen, kein synthetisches, sondern *analytisches* Urteil – die sinnliche Konsequenz einer Prämisse, die dasselbe, nur auf unsinnliche Weise, sagt. Daher ist der Grund und das Resultat meiner Schrift nicht die Identität des menschlichen und eines *andern* Wesens, sondern die Identität des Wesens des Menschen *mit sich selbst*. Die Hegelsche Religionsphilosophie *schwebt in der Luft*, meine steht mit zwei Beinen auf dem heimatlichen Boden der Erde fest. Die Hegelsche Religionsphilosophie hat kein *Pathos* in sich, kein *leidendes* Wesen, kein *Bedürfnis*, kurz, keine *Basis*; bei mir ist die Basis der Religionsphilosophie in ihren niedern Teilen die *esoterische Anthropologie*[1], in ihren höhern Teilen die *esoterische Psychologie*. Die Religionsphilosophie im *Sinne der esoterischen Psychologie* ist eine *neue* und *fruchtbare* Wissenschaft. Jeder Philosoph, der eine Religionsphilosophie in einem *andern* Sinne geben will, kann sich von nun an nur *blamieren*. Kurz, meine Religionsphilosophie ist die geradezu auf den Kopf oder vielmehr auf ihre wahre Basis gestellte, *umgekehrte* bisherige religiöse Spekulation, selbst die Hegelsche mit eingeschlossen. Siehe die Anmerkung Seite 18[2] meiner Schrift.

Ein wesentlicher Unterschied endlich zwischen Hegel und meiner Wenigkeit besteht darin, daß Hegel *Professor* der Philosophie war, ich aber kein Professor, kein Doktor bin, Hegel also in einer akademischen Schranke und Qualität, ich aber als *Mensch*, als purer blanker Mensch lebe, denke und schreibe – kein Wunder, daß ich daher im Gegensatz zur Hegelschen Religionsphilosophie auch nichts weiter aus der Religion herausbringe als eben den *Menschen*. Die wesentliche Tendenz der philosophischen Tätigkeit kann überhaupt keine andre mehr sein als die, den *Philosophen* zum *Menschen*, den *Menschen* zum *Philosophen* zu machen. Der wahre Philosoph ist der *universelle* Mensch – der Mensch, der für alles wesentlich Menschliche Sinn und

[1] Religionsphilosophie in ... Anthropologie: Religion die Anthropologie. *B, wo dann der Rest dieses Absatzes, bis* Schrift. *fehlt.*

[2] *„Das Wesen des Christentums", Kapitel „Das Wesen der Religion im allgemeinen"; 2. Fassung Kap. II.*

Verstand, also den Sinn und Verstand der Gattung hat. Die Philosophie soll nicht die Wissenschaft einer *besondern Fakultät*, keine *abstrakte Qualität* sein; sie soll das *ganze Wesen* des Menschen, alle Fakultäten in sich fassen. Zum Philosophen gehört daher nicht nur der actus purus [die reine Tätigkeit] des Denkens, sondern auch der actus impurus oder mixtus [die unreine oder gemischte Tätigkeit] der *Leidenschaft*, der sinnlichen Rezeptivität, die uns allein in den universalen Konflux der wirklichen Dinge versetzt. Die Philosophie als Sache einer besondern Fakultät, als Sache des bloßen *abgesonderten* Denkens isoliert und entzweit den Menschen; sie hat daher die übrigen Fakultäten *notwendig* zu ihrem Gegensatze. Nur dann erst wird die Philosophie von diesem Gegensatze frei, wenn sie den *Gegensatz* zur Philosophie in sich selbst aufnimmt. Darum stimme ich dem Verfasser der „Posaune" auch hierin nicht bei, wenn er über das gegenwärtige Schicksal der Philosophie in Deutschland klagt. Es ist allerdings eine Tatsache, daß es bereits so weit gekommen ist bei uns, daß Philosophie und Professur der Philosophie absolute Widersprüche sind, daß es ein spezifisches Kennzeichen *eines Philosophen* ist, *kein Professor* der Philosophie zu sein, umgekehrt ein spezifisches Kennzeichen eines *Professors der Philosophie, kein Philosoph* zu sein. Aber der Philosophie gereicht diese humoristische Tatsache nur zum Vorteil. Dadurch, daß die Philosophie vom Katheder herabgestiegen, ist sie eben äußerlich, faktisch schon über die armseligen Schranken einer Fakultätswissenschaft erhoben, ist sie nicht mehr zu einer bloßen Professoralangelegenheit, sondern zur *Sache des Menschen*, des ganzen, freien Menschen gemacht. Mit dem Austritt der Philosophie aus der Fakultät beginnt daher eine *neue Periode der Philosophie*. Erst mit Wolff wurde die neuere Philosophie – zu ihrem Vorteil, aber auch Nachteil –[1] zu einer förmlichen Fakultätswissenschaft. Leibniz, Spinoza, Cartesius, G. Bruno, Campanella waren keine Professoren der Philosophie. Die Universitäten sträubten sich vielmehr aus allen Kräften gegen das Licht der neuern Philosophie; die Universitäten hatten es überhaupt von jeher, mit Ausnahme weniger, schnell vorüber-

[1] – zu . . . Nachteil – *Fehlt in B.*

geeilter Lichtmomente in ihrer Geschichte, nur mit dem toten, abgemachten, nicht dem lebendigen, schaffenden Wissen zu tun. In Leipzig waren die Professoren der Philosophie einst förmlich verbunden, nicht von der Lehre des Aristoteles abzuweichen, selbst nicht einmal in der Dialektik (H. ab Elswich, „De varia Aristotelis in Scholis Protestantium Fortuna“, 1720, p. 73, p. 68). Und die österreichischen Universitäten wurden unter Ferdinand III. sogar eidlich verpflichtet, die Lehre von der unbefleckten Empfängnis der Mutter Gottes zu verteidigen (Jöcher, „Gelehrtenlexikon“, Art. Jo. Gans). Stehen unsre heutigen Universitäten auf einem höhern, freiern Standpunkt? Dank darum, lauten aufrichtigen Dank den Reaktionen gegen die Philosophie! Sie haben die Philosophie wieder auf ihren *ursprünglichen Boden* versetzt, auf den *antediluvianischen* und folglich *ante- und antitheologischen* Boden des Paradieses, wo mit dem *ersten Menschen* auch der *erste Philosoph* geboren wurde. Die neue Periode der Philosophie beginnt mit der *Inkarnation* der Philosophie. Hegel gehört in das *Alte Testament* der neuen Philosophie. Hegel überwindet das Wesen der Philosophie als einer abstrakten Fakultät, aber selbst nur in abstracto; es *ist* nicht überwunden; er ist selbst noch im Scholastizismus befangen. Die *menschgewordne* Philosophie ist *allein* die *positive*, d. i. wahre Philosophie. Die einfachsten Wahrheiten sind es gerade, auf die der Mensch immer erst am spätesten kommt. Dem[1] einfachen Kopernikanischen System ging[2] das verwickelte Ptolemäische System voraus.[3]

[1] So ging dem *B*

[2] *Fehlt entsprechend an dieser Stelle in B.*

[3] *In B folgt auf einer neuen Zeile*: 9. Januar [1842] *und dazu, nach rechts gerückt, als Unterschrift*: L. F.

Vorläufige Thesen zur Reformation[1] *der Philosophie*[2]

Das Geheimnis der *Theologie* ist die *Anthropologie,* das Geheimnis aber der *spekulativen Philosophie* –[3] die *Theologie* – die *spekulative* Theologie, welche sich dadurch von der *gemeinen* unterscheidet, daß sie das von dieser aus Furcht und Unverstand in das Jenseits entfernte göttliche Wesen ins Diesseits versetzt, d. h. *vergegenwärtigt, bestimmt, realisiert.*

Spinoza ist der[4] Urheber der[5] spekulativen Philosophie.[6] *Schelling* ihr Wiederhersteller, *Hegel* ihr Vollender.

Der „*Pantheismus*" ist die *notwendige Konsequenz* der Theologie (oder des Theismus) – die *konsequente* Theologie; der „*Atheismus*" die *notwendige Konsequenz* des „Pantheismus", der *konsequente* „Pantheismus".*

[1] Reform *B*
[2] *In B darunter auf neuer Zeile:* (1842)
[3] *Gedankenstrich fehlt in B.*
[4] *In B folgt Zusatz:* eigentliche
[5] *In B folgt Zusatz:* modernen
[6] *In B Komma statt des Punktes.*
* Diese *theologischen* Bezeichnungen werden hier nur im *Sinne trivialer Spitznamen* gebraucht. An sich sind sie falsch. Sowenig Spinozas und Hegels Philosophie Pantheismus ist – der Pantheismus ist ein Orientalismus –, sowenig ist die neue Philosophie Atheismus. – Über den notwendigen Übergang der *halben* Theologie zur *ganzen,* d. h. zum Pantheismus, siehe § 112 meiner „Geschichte der Philosophie von Baco bis Spinoza."[7]
[7] An sich sind . . . meiner „Geschichte der Philosophie von Baco bis Spinoza". *Fehlt in B. Gemeint ist der § 83; in der vorliegenden Ausgabe Bd. 2, Seite 264ff.*

Das Christentum ist der *Widerspruch* von *Polytheismus* und *Monotheismus.*

Der Pantheismus ist der *Monotheismus* mit dem *Prädikate* des Polytheismus, d. h., der Pantheismus macht die selbständigen Wesen des Polytheismus zu Prädikaten, Attributen des *einen*[1] selbständigen Wesens. So machte Spinoza das Denken, als den Inbegriff der denkenden Dinge, und die Materie, als den Inbegriff der ausgedehnten Dinge, zu Attributen der Substanz, d. i. Gottes. Gott ist ein denkendes Ding, Gott ist ein ausgedehntes Ding.

Die Identitätsphilosophie unterschied sich nur dadurch von der Spinozischen, daß sie das tote, phlegmatische Ding der Substanz mit dem spiritus [Geist] des Idealismus begeisterte. Hegel insbesondere machte die Selbsttätigkeit, die Selbstunterscheidungskraft, das Selbstbewußtsein zum Attribute der Substanz. Der paradoxe Satz Hegels: „Das Bewußtsein von Gott ist das Selbstbewußtsein Gottes", beruht auf *demselben Fundament* als der paradoxe Satz Spinozas: „Die Ausdehnung oder Materie ist ein Attribut der Substanz", und hat keinen andern Sinn als: Das Selbstbewußtsein ist ein Attribut der Substanz oder Gottes, Gott ist Ich. Das Bewußtsein, welches der Theist im Unterschiede vom *wirklichen* Bewußtsein Gott zuschreibt, ist nur eine Vorstellung ohne Realität. Der Satz Spinozas aber: „Die Materie ist *Attribut* der Substanz", sagt nichts weiter aus als: Die Materie ist substantielle göttliche Wesenheit; ebenso der Satz Hegels nichts weiter als: Das Bewußtsein ist göttliches Wesen.

Die Methode der reformatorischen Kritik der *spekulativen Philosophie überhaupt* unterscheidet sich nicht von der bereits in der *Religionsphilosophie* angewandten. Wir dürfen nur immer das *Prädikat* zum *Subjekt* und so als *Subjekt* zum *Objekt* und *Prinzip* machen – also die spekulative Philosophie nur *umkehren,* so haben wir die unverhüllte, die pure, blanke Wahrheit.

Der „Atheismus" ist der umgekehrte „Pantheismus".

[1] *Im Original A und B durch Großschreibung hervorgehoben.*

Der Pantheismus ist *die Negation der Theologie auf dem Standpunkte der Theologie.*

Wie nach Spinoza („Ethik", P. I, Defin. 3 u. Propos. 10) das Attribut oder Prädikat der Substanz die Substanz selbst ist, so ist auch nach Hegel das *Prädikat* des Absoluten, des Subjekts überhaupt, das *Subjekt selbst.* Das Absolute ist nach Hegel Sein, Wesen, Begriff (Geist, Selbstbewußtsein). Das Absolute aber, als Sein nur gedacht, ist gar *nichts anderes* als Sein; das Absolute, inwiefern es unter dieser oder jener Bestimmtheit, Kategorie gedacht wird, geht *ganz* in diese Kategorie, diese Bestimmtheit auf, so daß es *abgesehen* davon ein bloßer Name ist. Aber dessenungeachtet liegt doch noch das Absolute *als Subjekt* zugrunde, hat das *wahre* Subjekt, *das,* wodurch das Absolute nicht ein bloßer Name, sondern *etwas* ist, die *Determination,* doch noch immer die Bedeutung eines bloßen Prädikates, gerade wie bei Spinoza das Attribut.

Das Absolute oder Unendliche der spekulativen Philosophie ist, psychologisch betrachtet, nichts anderes als das nicht Determinierte, Unbestimmte – die Abstraktion von allem Bestimmten, gesetzt als ein von dieser Abstraktion unterschiedenes, zugleich aber wieder mit derselben identifiziertes Wesen; historisch betrachtet aber nichts anderes als das alte theologisch-metaphysische *nicht* endliche, *nicht* menschliche, *nicht* materielle, *nicht* bestimmte, *nicht* beschaffene Wesen oder Unwesen – das vorweltliche Nichts, gesetzt *als Akt.*

Die Hegelsche „Logik" ist die zur *Vernunft* und *Gegenwart* gebrachte, zur *Logik* gemachte *Theologie. Wie das göttliche Wesen der Theologie der ideale oder abstrakte Inbegriff aller Realitäten, d. i. aller Bestimmungen, aller Endlichkeiten, ist, so die „Logik".* Alles, was auf Erden, findet sich wieder im Himmel der Theologie – so auch *alles, was in der Natur, im Himmel der göttlichen Logik:* Qualität, Quantität, Maß, Wesen, Chemismus, Mechanismus, Organismus. Alles haben wir *zweimal* in der Theologie, das eine Mal in abstracto, das andre Mal in concreto – alles *zweimal* in der Hegelschen Philosophie, als Objekt der „Logik" und dann wieder als Objekt der Natur- und Geistesphilosophie.

Das Wesen der Theologie ist das *transzendente*, außer den Menschen hinausgesetzte Wesen des Menschen; das Wesen der „Logik" Hegels das *transzendente* Denken, das Denken des Menschen, *außer den Menschen gesetzt*.

Wie die Theologie den Menschen *entzweit* und *entäußert*, um dann das entäußerte Wesen wieder mit ihm zu identifizieren, so *vervielfältigt* und *zersplittert* Hegel das *einfache, mit sich identische Wesen* der Natur und des Menschen, um das gewaltsam Getrennte dann wieder gewaltsam zu vermitteln.

Die Metaphysik oder Logik ist nur dann eine *reelle, immanente* Wissenschaft, wenn sie *nicht* vom sogenannten *subjektiven Geiste abgetrennt* wird. Die Metaphysik ist die *esoterische Psychologie*. Welche Willkür, welche Gewalttat, die Qualität für sich, die Empfindung für sich zu betrachten, beide in besondre Wissenschaften entzweizureißen, als wäre die Qualität etwas ohne Empfindung, die Empfindung etwas ohne Qualität.

Der *absolute Geist* Hegels ist nichts andres[1] als der *abstrakte*, von sich selbst abgesonderte,[2] sogenannte *endliche* Geist, wie das unendliche Wesen der Theologie nichts andres ist als das *abstrakte* endliche Wesen.

Der absolute Geist offenbart oder realisiert sich nach Hegel in der Kunst, in der Religion, in der Philosophie. Das heißt auf deutsch: Der *Geist der Kunst, der Religion, der Philosophie ist der absolute Geist*. Aber die Kunst[3] kann man nicht von der menschlichen Empfindung[4] und Anschauung, die Religion nicht von dem Gemüte und der Phantasie,[5] die Philosophie nicht vom Denken, kurz, den absoluten Geist nicht vom subjektiven Geiste oder Wesen

[1] anderes *B. Diese geringfügige Veränderung wird im folgenden nicht mehr vermerkt.*
[2] *Komma fehlt in B.*
[3] *In B folgt Zusatz:* und Religion
[4] *In B folgt Zusatz:* , Phantasie
[5] , die Religion nicht . . . der Phantasie, *Fehlt in B.*

des Menschen absondern, ohne uns wieder auf den alten Standpunkt der Theologie zurückzuversetzen, ohne uns den absoluten Geist als einen *andern*, vom menschlichen Wesen unterschiedenen Geist, d. h. [als] ein außer uns existierendes Gespenst von uns selbst vorzuspiegeln.

Der „absolute Geist" ist der „abgeschiedene Geist" der Theologie, welcher in der Hegelschen Philosophie noch als *Gespenst* umgeht.

Die Theologie ist *Gespensterglaube*. Die *gemeine* Theologie hat aber ihre Gespenster in der sinnlichen Imagination, die *spekulative* Theologie in der unsinnlichen Abstraktion.

Abstrahieren heißt das *Wesen* der Natur *außer die Natur*, das *Wesen* des Menschen *außer den Menschen*, das *Wesen* des Denkens *außer den Denkakt* setzen. Die Hegelsche Philosophie hat den Menschen *sich selbst entfremdet*, indem ihr ganzes System auf diesen Abstraktionsakten beruht. Sie identifiziert zwar wieder, was sie trennt, aber nur auf eine selbst wieder *trennbare, mittelbare* Weise. Der Hegelschen Philosophie fehlt *unmittelbare Einheit, unmittelbare Gewißheit, unmittelbare Wahrheit*.

Die unmittelbare, sonnenklare, truglose Identifikation des durch die Abstraktion vom Menschen entäußerten Wesens des Menschen *mit* dem Menschen kann nicht auf positivem Wege, kann nur als die *Negation* der Hegelschen Philosophie aus ihr abgeleitet, kann überhaupt *nur begriffen*, nur *verstanden* werden, wenn sie *als die totale Negation* der spekulativen Philosophie begriffen wird, ob sie gleich die *Wahrheit* derselben ist. Alles steckt zwar in der Hegelschen Philosophie, aber immer zugleich mit seiner *Negation*, seinem *Gegensatze*.

Der *augenfällige* Beweis, daß der absolute Geist der sogenannte endliche, subjektive Geist ist, also jener nicht von diesem abgesondert werden kann und darf – ist die *Kunst*. Die Kunst geht aus dem Gefühl hervor, daß das diesseitige Leben das wahre Leben, das *Endliche* das *Un-*

endliche ist – aus der Begeisterung für ein *bestimmtes, wirkliches* Wesen als das *höchste*, das *göttliche* Wesen. Der *christliche Monotheismus* hat *kein Prinzip* der *künstlerischen* und *wissenschaftlichen Bildung in sich*. Nur der *Polytheismus*, der sogenannte *Götzendienst*, ist die *Quelle der Kunst und Wissenschaft*. Die Griechen erhoben sich nur dadurch zur Vollendung der plastischen Kunst, daß ihnen *unbedingt* und *unbedenklich* die menschliche Gestalt für die höchste Gestalt, für die Gestalt der Gottheit, galt. Die Christen kamen erst da zur Poesie, als sie die *christliche Theologie praktisch negierten*, das *weibliche* Wesen als *göttliches* Wesen verehrten. Die Christen waren im *Widerspruch* mit dem Wesen ihrer Religion, wie sie es vorstellten, wie es *Gegenstand* ihres Bewußtseins war, Künstler und Poeten. Petrarca *bereute* aus Religion die Gedichte, in denen er seine Laura vergöttert hatte. Warum haben die Christen nicht, wie die Heiden, ihren religiösen Vorstellungen adäquate Kunstwerke? Warum kein so[1] vollkommen befriedigendes Christusbild? Weil die religiöse Kunst der Christen scheitert an dem verderblichen *Widerspruch* zwischen ihrem *Bewußtsein* und der *Wahrheit*. Das Wesen der christlichen Religion ist in Wahrheit das menschliche, im Bewußtsein der Christen aber ein *andres*, ein *nicht* menschliches. Christus soll Mensch und wieder nicht Mensch sein; er ist eine Amphibolie. Die Kunst kann aber nur das Wahre, *Unzweideutige* darstellen.

Das entschiedene, zu Fleisch und Blut gewordene Bewußtsein, daß das Menschliche das Göttliche, das Endliche das Unendliche, ist die Quelle einer neuen Poesie und Kunst, die an Energie, Tiefe und Feuer alle bisherige übertreffen wird. Der Glaube an das Jenseits ist ein absolut unpoetischer Glaube. Der Schmerz ist die Quelle der Poesie. Nur wer den Verlust eines endlichen Wesens als einen unendlichen Verlust empfindet, hat die Kraft zu lyrischem Feuer. Nur der schmerzliche Reiz der Erinnerung an das, was *nicht mehr ist*, ist der erste Künstler, der erste Idealist im Menschen. Aber der Glaube an das Jenseits macht jeden Schmerz zum Scheine, zur Unwahrheit.

[1] sie *B*

Die Philosophie, welche das Endliche aus dem Unendlichen, das Bestimmte aus dem Unbestimmten ableitet, *bringt es nie zu einer wahren Position des Endlichen und Bestimmten.* Das Endliche wird aus dem Unendlichen abgeleitet – das heißt: Das Unendliche, das Unbestimmte wird bestimmt, *negiert*; es wird eingestanden, daß das Unendliche *ohne Bestimmung, d. h. ohne Endlichkeit, nichts* ist, als die *Realität* des Unendlichen also das *Endliche* gesetzt. Aber das negative Unwesen des Absoluten bleibt zugrunde liegen; die gesetzte Endlichkeit wird daher immer wieder aufgehoben. Das *Endliche* ist die *Negation* des *Unendlichen* und wieder das *Unendliche* die Negation des *Endlichen.* Die Philosophie des Absoluten ist ein *Widerspruch.*

Wie in der Theologie der *Mensch* die *Wahrheit, Realität* Gottes ist – denn alle Prädikate, die Gott als Gott realisieren, Gott zu einem *wirklichen Wesen* machen, wie Macht, Weisheit, Güte, Liebe, selbst Unendlichkeit und Persönlichkeit, als welche den *Unterschied* vom Endlichen zur Bedingung haben, werden erst *in* und *mit* den[1] Menschen gesetzt –, ebenso ist in der spekulativen Philosophie die *Wahrheit* des *Unendlichen* das *Endliche.*

Die Wahrheit des Endlichen wird von der absoluten Philosophie nur auf *indirekte, verkehrte* Weise ausgesprochen. Wenn das Unendliche nur ist[2], nur *Wahrheit* und *Wirklichkeit* hat, wenn es *bestimmt,* d. h., wenn es nicht als Unendliches, sondern *Endliches* gesetzt wird, so ist ja in Wahrheit das *Endliche* das *Unendliche.*

Die Aufgabe der wahren Philosophie ist nicht, das Unendliche als das Endliche, sondern das Endliche als das *nicht* Endliche, als das Unendliche zu erkennen, oder: nicht das Endliche in das Unendliche, sondern das Unendliche in das Endliche zu setzen.

Der Anfang der Philosophie ist nicht Gott, oder des Absoluten[3] nicht das Absolute, nicht das Sein als *Prädikat*[4]

[1] dem *B* [2] *In B hervorgehoben.*
[3] oder . . . Absoluten *Fehlt in B.*
[4] *In B folgt Zusatz:* des Absoluten oder

der Idee – der Anfang der Philosophie ist das Endliche*, das Bestimmte, das *Wirkliche.* Das Unendliche kann gar nicht gedacht werden *ohne* das Endliche. Kannst du *die* Qualität denken, definieren, ohne an eine *bestimmte Qualität* zu denken? Also ist nicht das Unbestimmte, sondern das Bestimmte das erste, denn die *bestimmte* Qualität ist nichts andres als die *wirkliche* Qualität; der gedachten Qualität geht die wirkliche voraus.

Der *subjektive* Ursprung und Gang der Philosophie ist auch ihr *objektiver* Gang und Ursprung. Ehe du die Qualität denkst, *fühlst* du die Qualität. Dem Denken geht das *Leiden* voran.

Das Unendliche ist das *wahre Wesen* des Endlichen – das *wahre* Endliche. Die[1] Spekulation[2] ist nichts als die *wahre* und *universale Empirie.* Einer der tiefsten und wahrsten Gedanken Hegels ist der von ihm in der „Geschichte der Philosophie", aber nur zufällig, bei Gelegenheit des Aristoteles geäußerte: „Das *Empirische* in seiner *Totalität* ist das *Spekulative.*"[3]

Das Unendliche der Religion und Philosophie ist und war nie etwas anderes als irgendein *Endliches,* irgendein Bestimmtes, aber *mystifiziert,* d. h. ein Endliches, ein Bestimmtes *mit dem Postulat, nichts* Endliches, *nichts* Bestimmtes zu sein. Die spekulative Philosophie hat sich *desselben Fehlers* schuldig gemacht als die Theologie – die

* Das Wort „endlich" brauche ich immer nur im Sinne der „absoluten" Philosophie, welcher vom Standpunkt des Absoluten das Reale, das Wirkliche als das Unwirkliche, Nichtige erscheint, weil ihr das Unwirkliche, das Unbestimmte für das Reale gilt, ob ihm gleich andrerseits wieder vom *Standpunkt der Nichtigkeit* aus das Endliche, das Nichtige als das Reale erscheint – ein Widerspruch, der besonders in der früheren Schellingschen Philosophie hervortritt, aber auch der Hegelschen noch zu*grunde* liegt.

1 *In B folgt Zusatz:* wahre

2 *In B folgt Zusatz:* oder Philosophie

3 Einer der tiefsten . . . das Spekulative." *Fehlt in B.*

Bestimmungen der Wirklichkeit oder Endlichkeit nur durch die *Negation der* Bestimmtheit, in welcher sie sind, *was sie sind,* zu Bestimmungen, Prädikaten des Unendlichen gemacht.

Ehrlichkeit und Redlichkeit sind zu allen Dingen nütze – auch zur Philosophie. Ehrlich und redlich ist aber nur die Philosophie, wenn sie die Endlichkeit ihrer spekulativen Unendlichkeit eingesteht – eingesteht also, daß z. B. das Geheimnis der Natur in Gott nichts anderes ist als das Geheimnis der menschlichen Natur, daß die *Nacht,* die sie in Gott setzt, um aus ihr das Licht des Bewußtseins zu erzeugen, nichts ist als ihr eignes *dunkles, instinktartiges* Gefühl von der Realität und Unentbehrlichkeit der Materie.

Der bisherige Gang der spekulativen Philosophie vom Abstrakten zum Konkreten, vom Idealen zum Realen ist ein verkehrter. Auf diesem Wege kommt man nie zur *wahren, objektiven* Realität, sondern immer nur zur *Realisation seiner eignen Abstraktionen,* und ebendeswegen nie zur wahren *Freiheit* des Geistes; denn *nur die Anschauung der Dinge und Wesen in ihrer objektiven Wirklichkeit macht den Menschen frei und ledig aller Vorurteile.* Der Übergang vom Idealen zum Realen hat seinen Platz nur in der praktischen Philosophie.

Die Philosophie ist die Erkenntnis dessen, *was ist.* Die Dinge und Wesen *so* zu denken, *so* zu erkennen, *wie sie sind* – dies ist das höchste Gesetz, die höchste Aufgabe der Philosophie.

Das, was ist, *so, wie es ist* – also das Wahre *wahr* ausgesprochen, *scheint oberflächlich;* das, was ist, *so, wie es nicht ist* – also das Wahre *unwahr, verkehrt* ausgesprochen, *scheint tief* zu sein.

Wahrhaftigkeit, Einfachheit, Bestimmtheit sind die formellen Kennzeichen der *reellen* Philosophie.

Das Sein, mit dem die Philosophie beginnt, kann nicht vom Bewußtsein, das Bewußtsein nicht vom Sein abgetrennt werden. Wie die Realität der Empfindung die Qualität und umgekehrt die Empfindung die Realität der Qualität ist, so ist auch das Sein die Realität des Bewußtseins, aber ebenso umgekehrt das Bewußtsein die Realität des Seins – das Bewußtsein erst das *wirkliche* Sein. Die *reelle* Einheit von Geist und Natur ist nur das Bewußtsein.

Alle die Bestimmungen, Formen, Kategorien, oder wie man es sonst nennen will, welche die spekulative Philosophie vom Absoluten abgestreift und in das Gebiet des *Endlichen, Empirischen* verstoßen hat, enthalten gerade das *wahre Wesen* des Endlichen, das *wahre Unendliche,* die *wahren und letzten Mysterien* der Philosophie.

Raum und *Zeit* sind die Existenzformen alles Wesens. Nur die Existenz in Raum und Zeit ist *Existenz.* Die Negation von Raum und Zeit ist immer nur die *Negation ihrer Schranken, nicht ihres Wesens.* Eine zeitlose Empfindung, ein zeitloser Wille, ein zeitloser Gedanke, ein zeitloses Wesen sind Undinge. Wer keine Zeit überhaupt, hat auch keine Zeit, keinen Drang zum Wollen, zum Denken.

Die Negation von Raum und Zeit in der Metaphysik, im Wesen der Dinge hat die verderblichsten praktischen Folgen. Nur wer *überall* auf dem Standpunkte der Zeit und des Raums steht, hat auch im Leben *Takt* und *praktischen Verstand.* Raum und Zeit sind die ersten Kriterien der Praxis. Ein Volk, welches aus seiner Metaphysik die Zeit ausschließt, die ewige, d. h. *abstrakte,* von der Zeit abgesonderte, Existenz vergöttert, das schließt konsequent auch aus seiner Politik die Zeit aus, vergöttert das rechts- und vernunftwidrige, antigeschichtliche Stabilitätsprinzip.

Die spekulative Philosophie hat die von der *Zeit abgesonderte Entwicklung* zu einer Form, einem Attribut des Absoluten gemacht. Diese Absonderung der Entwicklung von der Zeit ist aber ein wahres Meisterstück *spekulativer Willkür* und der schlagende Beweis, daß die spekulativen Philosophen es ebenso gemacht haben mit ihrem Absoluten wie die Theologen mit ihrem Gotte, der alle Affekte des

Menschen hat *ohne Affekt,* liebt *ohne Liebe,* zürnt *ohne Zorn.* Entwicklung ohne Zeit ist soviel als Entwicklung *ohne Entwicklung.* Der Satz: Das absolute Wesen entwikkelt sich aus sich – ist übrigens nur *umgekehrt* ein wahrer, vernünftiger. Es muß also heißen: Nur ein sich entwickelndes, sich zeitlich entfaltendes Wesen ist ein *wahres,* ein *wirkliches,* ein *absolutes*[1] Wesen.

Raum und Zeit sind die Offenbarungsformen des *wirklichen* Unendlichen.

Wo *keine Grenze, keine Zeit, keine Not, da ist auch keine Qualität, keine Energie, kein spiritus, kein Feuer, keine Liebe.* Nur das *notleidende* Wesen ist das *notwendige* Wesen. *Bedürfnislose* Existenz ist *überflüssige* Existenz. Was frei ist von Bedürfnissen überhaupt, hat auch kein Bedürfnis der Existenz. Ob es ist oder nicht ist, das ist eins – eins für es selbst, eins für andere. Ein Wesen ohne Not ist ein Wesen ohne *Grund.* Nur was *leiden* kann, verdient zu existieren. Nur das *schmerzensreiche Wesen ist göttliches Wesen.* Ein Wesen *ohne Leiden* ist ein Wesen *ohne Wesen.* Ein Wesen ohne Leiden ist aber nichts anderes als ein Wesen *ohne Sinnlichkeit, ohne Materie.*

Eine Philosophie, welche kein *passives Prinzip* in sich hat, eine Philosophie, welche spekuliert über Existenz *ohne Zeit,* über das Dasein *ohne Dauer,* über die Qualität *ohne Empfindung,* über das Wesen *ohne Wesen,* über das Leben *ohne Leben,* ohne Fleisch und Blut – eine solche Philosophie, wie die des Absoluten überhaupt, hat, als eine durchaus *einseitige, notwendig* die Empirie zu ihrem Gegensatz. Spinoza hat die Materie wohl zu einem Attribut der Substanz gemacht, aber nicht als ein Prinzip des Leidens, sondern gerade deswegen, weil sie *nicht* leidet, weil sie einzig, unteilbar, unendlich ist, weil sie insofern die *nämlichen* Bestimmungen hat als das ihr *entgegengesetzte* Attribut des Denkens, kurz, weil sie eine *abstrakte* Materie, eine Materie *ohne Materie,* ist, gleichwie das Wesen der Hegelschen „Logik“ das Wesen der Natur und des Menschen ist, aber *ohne Wesen, ohne Natur, ohne Mensch.*

[1] wahres . . . absolutes: absolutes, d. i. wahres, wirkliches *B*

Der Philosoph muß das im Menschen, was *nicht* philosophiert, was vielmehr *gegen* die Philosophie ist, dem abstrakten Denken *opponiert*, das also, was bei Hegel nur zur *Anmerkung* herabgesetzt ist, in den *Text* der Philosophie aufnehmen. Nur so wird die Philosophie zu einer *universalen, gegensatzlosen, unwiderleglichen, unwiderstehlichen Macht*. Die Philosophie hat daher nicht *mit sich*, sondern mit ihrer *Antithese*, mit der *Nichtphilosophie*, zu beginnen.*[1] Dieses vom Denken unterschiedene, unphilosophische, absolut *antischolastische* Wesen in uns ist das Prinzip des *Sensualismus*.

Die wesentlichen Werkzeuge, Organe der Philosophie sind der *Kopf*, die Quelle der Aktivität, der Freiheit, der metaphysischen Unendlichkeit, des Idealismus, und das *Herz*, die Quelle der Leiden, der Endlichkeit, des Bedürfnisses, des Sensualismus – theoretisch ausgedrückt: *Denken* und *Anschauung*; denn das *Denken* ist das *Bedürfnis* des Kopfes, die *Anschauung*, der *Sinn* das *Bedürfnis* des *Herzens*. Das Denken ist das Prinzip der Schule, des Systems, die Anschauung das *Prinzip des Lebens*. In der Anschauung werde ich *bestimmt* vom Gegenstande, im Denken *bestimme* ich den Gegenstand; im Denken bin ich *Ich*, in der Anschauung *Nicht-Ich*. Nur aus der *Negation* des Denkens, aus dem *Bestimmtsein* vom Gegenstande, aus der *Passion*, aus der Quelle aller Lust und Not erzeugt sich der wahre, objektive Gedanke, die wahre, objektive Philosophie. Die Anschauung gibt nur[2] das mit der *Existenz unmittelbar identische*, das Denken das durch die *Unterscheidung*, die *Absonderung* von der Existenz *vermittelte* Wesen. Nur da also, wo sich mit dem Wesen die Existenz, mit dem Denken die Anschauung, mit der Aktivität die Passivität, mit dem *scholastischen Phlegma der deutschen Metaphysik* das *antischolastische, sanguinische*

* Siehe hierüber, wie überhaupt über die Schellingsche und Hegelsche Philosophie, meine in den „Hallischen Jahrbüchern" (Sept. 1839) erschienene „Kritik der Hegelschen Philosophie", die, wie das damals freilich nicht anders zu erwarten war, aufs leichtsinnigste *überhudelt* wurde.

1 *Diese Fußnote Feuerbachs fehlt in B.*

2 *Fehlt in B.*

Prinzip des französischen Sensualismus und Materialismus vereinigt, nur da ist *Leben* und *Wahrheit.*

Wie die Philosophie, so der Philosoph, und umgekehrt: Die Eigenschaften des Philosophen –[1] die *subjektiven Bedingungen* und *Elemente* der Philosophie –[2] sind auch ihre *objektiven.* Der wahre, der *mit dem Leben, dem Menschen identische* Philosoph muß *gallo-germanischen* Geblüts sein. Erschreckt nicht, ihr keuschen Deutschen, über diese Vermischung! Schon anno 1716 haben diesen Gedanken die „Acta Philosophorum" ausgesprochen: „Wenn wir die *Teutschen* und *Franzosen* gegeneinanderhalten, so haben zwar dieser ihre ingenia [geistigen Anlagen] mehr Hurtigkeit, jene aber mehr Solidität, und könnte man füglich sagen, das temperamentum Gallico-germanicum schicke sich am besten zur Philosophie oder ein Kind, welches einen *Franzosen* zum Vater und eine *teutsche*[3] Mutter hat, müßte (caeteris paribus [wenn alles übrige gleich ist]) ein gut ingenium philosophicum [eine gute geistige Anlage zur Philosophie] bekommen." Ganz richtig, nur müssen wir die Mutter zur Französin, den Vater zum Deutschen machen. Das *Herz* – das weibliche Prinzip, der *Sinn* für das Endliche, der Sitz des Materialismus – ist *französisch gesinnt*; der Kopf – das männliche Prinzip, der Sitz des Idealismus – deutsch[4]. Das Herz revolutioniert, der Kopf reformiert; der Kopf bringt die Dinge zu *Stande,* das Herz in *Bewegung.* Aber nur wo Bewegung, Wallung, Leidenschaft, Blut, Sinnlichkeit, da ist auch *Geist.* Nur der *esprit* Leibniz', sein sanguinisches, *materialistisch*-idealistisches Prinzip, war es, was zuerst die Deutschen aus ihrem philosophischen Pedantismus und Scholastizismus herausriß.

Das Herz galt bisher in der Philosophie für die Brustwehr der Theologie. Aber gerade das Herz ist das schlechterdings *antitheologische,* das im Sinn der Theologie ungläubige, atheistische Prinzip im Menschen. Denn es glaubt an *nichts anderes* als *an sich selbst,* glaubt nur an die unumstößliche,

[1] *In B Komma statt des Gedankenstrichs.*
[2] *Gedankenstrich fehlt in A und B.*
[3] Teutsche zur *B*
[4] *In B hervorgehoben.*

göttliche, absolute Realität *seines* Wesens. Aber *der* Kopf, welcher das Herz *nicht* versteht, verwandelt, weil Trennen, Unterscheiden in Subjekt und Objekt seine Sache ist, das eigne Wesen des Herzens in ein vom Herzen *unterschiedenes objektives, äußerliches* Wesen. Allerdings ist dem Herzen ein *anderes* Wesen ein Bedürfnis, jedoch nur ein solches Wesen, welches seinesgleichen, *nicht* vom Herzen unterschieden ist, *nicht* dem Herzen widerspricht. Die Theologie *leugnet* die *Wahrheit* des *Herzens*, die *Wahrheit* des *religiösen Affekts*. Der religiöse Affekt, das Herz, sagt z. B.: „Gott *leidet*"; die Theologie dagegen sagt: Gott leidet *nicht*, d. h., das Herz *leugnet* den *Unterschied* Gottes vom Menschen, die Theologie *behauptet* ihn.

Der Theismus beruht auf dem *Zwiespalt* von *Kopf* und *Herz*; der Pantheismus ist die Aufhebung dieses Zwiespalts *im*[1] *Zwiespalt* – denn er macht das göttliche Wesen nur *als transzendentes* immanent –, der Anthropotheismus *ohne Zwiespalt*. Der Anthropotheismus ist das zu *Verstand* gebrachte Herz; er spricht im Kopf nur auf Verstandesweise aus, was das Herz in seiner Weise sagt; er setzt als absolutes Wesen *das* Wesen, welches das Herz als einen wesentlichen Teil seiner selbst erkennt[2]. Die Religion ist nur Affekt, Gefühl, Herz, Liebe, d. h. die Negation, *Auflösung* Gottes[3] im Menschen. Die neue Philosophie ist daher, als die *Negation* der *Theologie*, welche die Wahrheit des religiösen Affekts leugnet, die *Position der Religion*. Der Anthropotheismus ist die *selbstbewußte Religion* – die Religion, *die sich selbst versteht*. Die Theologie dagegen *negiert* die Religion *unter dem Scheine*, als wenn sie sie *ponierte*.

Schelling und *Hegel* sind *Gegensätze*. Hegel repräsentiert das männliche Prinzip der Selbständigkeit, der Selbsttätigkeit, kurz, das idealische Prinzip; Schelling das weibliche Prinzip der Rezeptivität, der Empfänglichkeit – erst rezipierte er Fichte, dann Plato und Spinoza, endlich J. Böhm[e] –, kurz, das materialistische Prinzip. H[egel]

[1] *In B nicht hervorgehoben.*
[2] ; er setzt ... erkennt *Fehlt in B.*
[3] *In B hervorgehoben.*

fehlt es an *Anschauung*, S[chelling] an *Denk-*, an *Bestimmungskraft*. S. ist Denker nur im *allgemeinen*; aber [so]wie es zur Sache kommt, im Besondern, Bestimmten, verfällt er in den Somnambulismus der Imagination. Der Rationalismus bei S. ist nur *Schein*, der Irrationalismus *Wahrheit*. H. bringt es nur zu einer *abstrakten*, dem irrationalen Prinzip, S. nur zu einer dem rationellen Prinzip widersprechenden *mystischen*, *imaginären* Existenz und Realität. H. ergänzt den Mangel am Realismus durch *derbsinnliche*, S. durch *schöne* Worte. H. drückt das Ungemeine gemein, S. das Gemeine ungemein aus. H. macht die *Dinge* zu *bloßen Gedanken*, S. bloße *Gedanken* – z. B. die Aseität in Gott – zu *Dingen*. H. täuscht die denkenden Köpfe, S. die *nicht* denkenden. H. macht die Unvernunft zur Vernunft, S. umgekehrt die Vernunft zur Unvernunft. S. ist die Realphilosophie im *Traume*, H. schon im *Begriffe*. S. negiert das abstrakte Denken *in der Phantasie*, H. im *abstrakten Denken*. H. ist als die *Selbstnegation* des negativen Denkens, als die Vollendung der alten Philosophie der negative Anfang der neuen; S. ist die alte Philosophie *mit der Einbildung*[1] *der Illusion*, die neue Realphilosophie zu sein.

Die Hegelsche Philosophie ist die Aufhebung des Widerspruchs von Denken und Sein, wie ihn insbesondere *Kant* ausgesprochen, aber, wohlgemerkt, nur die Aufhebung dieses Widerspruchs *innerhalb des Widerspruchs* – innerhalb des *einen* Elementes – *innerhalb des Denkens*. Der *Gedanke* ist bei H[egel] das *Sein* – der *Gedanke* das *Subjekt*, das *Sein* das *Prädikat*. Die „Logik" ist das Denken im Elemente des Denkens oder der sich selbst denkende Gedanke – der Gedanke als *prädikatloses Subjekt* oder der Gedanke, der *zugleich Subjekt*, *zugleich das Prädikat von sich* ist. Das Denken aber im Elemente des Denkens ist noch abstraktes; es realisiert, es entäußert sich daher. Dieser realisierte, entäußerte Gedanke ist die Natur, überhaupt das Reale, das Sein. Was ist aber das wahre Reale in diesem Realen? Der Gedanke – welcher darum auch alsbald das Prädikat der Realität wieder von sich abstreift, um seine Prädikatlosigkeit als sein wahres Wesen herzu-

[1] *In B folgt Komma.*

stellen. Aber ebendeswegen ist H. nicht zum *Sein als Sein*, zum freien, selbständigen, in sich selber glücklichen Sein gekommen. H. hat die Objekte nur gedacht als *Prädikate* des sich selbst denkenden Gedankens. Der nun eingestandne Widerspruch zwischen der *seienden* und *gedachten* Religion in der H.schen „Religionsphilosophie" kommt nur daher, daß auch hier, wie anderwärts, der Gedanke zum Subjekt, der Gegenstand, die Religion, aber zu einem bloßen *Prädikate* des Gedankens gemacht wird.

Wer die Hegelsche Philosophie nicht aufgibt, der gibt nicht die Theologie auf. Die Hegelsche Lehre, daß die Natur, die Realität von der Idee *gesetzt* – ist nur der *rationelle* Ausdruck von der theologischen Lehre, daß die Natur von Gott, das materielle Wesen von einem immateriellen, d. i. abstrakten, Wesen geschaffen ist. Am Ende der „Logik" bringt es die absolute Idee sogar zu einem nebulosen „*Entschluß*", um eigenhändig ihre Abkunft aus dem theologischen Himmel zu dokumentieren.

Die Hegelsche Philosophie ist der letzte Zufluchtsort, die letzte rationelle Stütze der Theologie. Wie einst die katholischen Theologen *de facto* Aristoteliker wurden, um den Protestantismus, so müssen jetzt die protestantischen Theologen *de jure Hegelianer* werden, um den „Atheismus" bekämpfen zu können.

Das wahre Verhältnis vom Denken zum Sein ist nur dieses: Das *Sein* ist *Subjekt*, das *Denken Prädikat*, aber ein solches Prädikat, welches das *Wesen* seines Subjekts enthält[1]. Das Denken ist aus dem Sein, aber das Sein nicht aus dem Denken. Sein ist aus sich und durch sich – Sein wird nur durch Sein gegeben – Sein hat seinen Grund in sich, weil nur Sein Sinn, Vernunft, Notwendigkeit, Wahrheit, kurz, alles in allem ist. – Sein *ist*, weil Nichtsein Nichtsein, d. h. nichts, *Unsinn*, ist.

Das Wesen des Seins *als Seins* ist das Wesen der Natur. Die zeitliche Genesis erstreckt sich nur auf die Gestalten, nicht auf das Wesen der Natur.

[1] , aber ein . . . enthält *Fehlt in B.*

Das Sein wird nur da vom Denken abgeleitet, wo die *wahre Einheit* von Denken und Sein *zerrissen* ist, wo man erst dem Sein seine *Seele,* sein *Wesen* durch die Abstraktion genommen und dann hintendrein wieder in dem vom Sein abgezogenen Wesen den *Sinn* und *Grund* dieses für sich selbst leeren Seins findet; gleichwie nur da die Welt aus Gott abgeleitet wird und werden muß, wo man das Wesen der Welt von der Welt willkürlich absondert.

Wer nach einem *besondern* Realprinzip der Philosophie spekuliert wie die sogenannten positiven Philosophen,

„Ist wie ein *Tier* auf *dürrer Heide*
Von einem *bösen* Geist im *Kreis* herumgeführt,
Und rings umher liegt *schöne, grüne Weide*".

Diese schöne, grüne Weide ist die Natur und der Mensch, denn beide gehören zusammen. Schaut die Natur an, schaut den Menschen an! Hier habt ihr die Mysterien der Philosophie vor euern Augen.

Die Natur ist das von der *Existenz ununterschiedne,* der Mensch das von der Existenz sich *unterscheidende Wesen.* Das nicht unterscheidende Wesen ist der Grund des unterscheidenden – die Natur also der Grund des Menschen.

Die neue, die allein positive Philosophie ist die *Negation aller Schulphilosophie,* ob sie gleich das Wahre derselben in sich enthält, ist die Negation der Philosophie *als einer abstrakten, partikularen, d. h. scholastischen,* Qualität: Sie hat kein besonderes, kein abstraktes Prinzip –[1] sie hat kein *Schibboleth,* keine *besondere* Sprache, keinen *besondern* Namen, kein *besonderes* Prinzip. Die neue Philosophie ist keine *abstrakte Qualität* mehr, keine *besondere Fakultät* –[2] sie ist der *denkende Mensch* selbst – der Mensch, der *ist* und *sich weiß* als das selbstbewußte Wesen der Natur, als das Wesen der Geschichte, als das Wesen der Staaten, als das Wesen der Religion – der Mensch, der *ist* und *sich weiß*

[1] Sie hat . . . *Prinzip – Fehlt in B.*
[2] Die neue . . . Fakultät – *Fehlt in B, wo davor statt des Punkts ein Semikolon steht.*

als die *wirkliche* (nicht imaginäre) *absolute Identität* aller Gegensätze und Widersprüche, aller aktiven und passiven, geistigen und sinnlichen, politischen und sozialen Qualitäten – *weiß*, daß das *pantheistische* Wesen, welches die spekulativen Philosophen oder vielmehr Theologen vom Menschen *absonderten*, als ein *abstraktes* Wesen vergegenständigten[1], nichts andres ist als sein *eignes unbestimmtes*, aber *unendlicher Bestimmung* fähiges Wesen.

Die neue Philosophie ist die *Negation* ebensowohl des *Rationalismus* als des *Mystizismus*, ebensowohl des *Pantheismus* als des *Personalismus*, ebensowohl des *Atheismus* als des *Theismus*; sie ist die *Einheit aller dieser antithetischen Wahrheiten* als eine *absolut selbständige* und *lautere Wahrheit*.

Die neue Philosophie hat sich bereits als Religionsphilosophie ebenso *negativ* als *positiv* ausgesprochen. Man darf nur die *Konklusionen* ihrer Analyse zu *Prämissen* machen, um in ihnen die Prinzipien einer positiven Philosophie zu erkennen. Aber die neue Philosophie buhlt nicht um die Gunst des Publikums. Ihrer selbst gewiß, verschmäht sie es, das zu *scheinen*, was sie ist, muß aber ebendeswegen unsrer Zeit, welcher in den wesentlichsten Interessen der Schein für Wesen, die Illusion für Realität, der Name für die Sache gilt, das *sein*, was sie *nicht* ist. So ergänzen sich die Gegensätze! Wo das *Nichts für etwas*, die *Lüge für Wahrheit* gilt, da muß konsequenterweise das *Etwas* für *nichts*, die *Wahrheit* für *Lüge* gelten. Und wo man – komischerweise gerade in dem Moment, wo die Philosophie in einem entscheidenden, universalen *Selbstenttäuschungsakt* begriffen ist – den bisher unerhörten Versuch macht, eine Philosophie lediglich auf die *Gunst* und *Meinung* des *Zeitungspublikums* zu gründen, da muß man auch ehrlicher- und christlicherweise philosophische Werke nur dadurch zu *widerlegen* suchen, daß man sie in der „Augsburger Allgemeinen Zeitung" beim Publikum *verleumdet*. Oh, wie ehrbar, wie sittlich sind doch die öffentlichen Zustände Deutschlands!

[1] vergegenständlichten *B*

Ein neues Prinzip tritt immer mit einem *neuen Namen* auf; d. h., es erhebt einen Namen aus einem niedrigen, zurückgesetzten Stande in den Fürstenstand – macht ihn zur Bezeichnung des Höchsten. Wenn man den Namen der neuen Philosophie, den Namen „Mensch", mit *„Selbstbewußtsein" übersetzt,* so legt man die neue Philosophie im Sinne der alten aus, versetzt sie wieder auf den alten Standpunkt zurück, denn das Selbstbewußtsein der alten Philosophie, *als abgetrennt vom Menschen, ist eine Abstraktion ohne Realität.* Der Mensch *ist* das Selbstbewußtsein.

Der Sprache nach ist der Name „Mensch" wohl ein besonderer, aber der Wahrheit nach der Name aller Namen. Dem Menschen gebührt das Prädikat *πολυώνυμος* [vielnamig]. Was der Mensch auch immer nennt und ausspricht – immer spricht er sein eigenes Wesen aus. Die Sprache ist daher das Kriterium, wie hoch oder wie niedrig der Grad der Bildung der Menschheit. Der Name Gottes ist nur der Name dessen, was dem Menschen für die höchste Kraft, das höchste Wesen, d. h. für das höchste Gefühl, den höchsten Gedanken, gilt.

Der Name „Mensch" bedeutet insgemein nur den Menschen mit seinen Bedürfnissen, Empfindungen, Gesinnungen – den Menschen als Person, im Unterschiede von seinem Geiste, überhaupt seinen allgemeinen öffentlichen Qualitäten – im Unterschiede z. B. vom Künstler, Denker, Schriftsteller, Richter, gleich als wäre es nicht eine *charakteristische, wesentliche Eigenschaft des Menschen,* daß er Denker, daß er Künstler, daß er Richter usw. ist, gleich als wäre der Mensch in der Kunst, in der Wissenschaft usw. *außer sich.* Die spekulative Philosophie hat diese Absonderung der wesentlichen Qualitäten des Menschen vom Menschen theoretisch fixiert und dadurch lauter abstrakte Qualitäten als selbständige Wesen vergöttert. So heißt es z. B. im Hegelschen „Naturrecht", § 190: „Im Rechte ist der Gegenstand die *Person,* im moralischen Standpunkt das *Subjekt,* in der Familie das Familienglied, in der bürgerlichen Gesellschaft überhaupt der Bürger (als bourgeois), hier auf dem Standpunkte der Bedürfnisse ist es das concretum der *Vorstellung* (?), das man *Mensch* nennt, es ist also erst hier und auch eigentlich nur hier vom Menschen in diesem Sinne die Rede." In *diesem* Sinne[1] also handelt es sich auch, wenn die Rede ist vom Bürger, vom Subjekt, vom Familienglied, von der Person, in Wahrheit immer nur von dem *einen* und *selben* Wesen, dem Menschen, nur in einem andern Sinne, nur in einer andern Qualität.

Alle Spekulation über das Recht, den Willen, die Freiheit, die Persönlichkeit ohne den Menschen, außer dem oder gar über dem Menschen ist eine Spekulation *ohne Einheit, ohne Notwendigkeit, ohne Substanz, ohne Grund, ohne Realität.* Der Mensch ist die Existenz der Freiheit, die Existenz der Persönlichkeit, die Existenz des Rechts. Nur der Mensch ist der *Grund* und *Boden* des Fichteschen Ichs, der *Grund* und *Boden* der Leibnizschen Monade, der *Grund* und *Boden* des Absoluten.

Alle Wissenschaften müssen sich auf die *Natur* gründen. Eine Lehre ist solange nur eine *Hypothese,* solange nicht ihre *natürliche Basis* gefunden ist. Dieses gilt insbesondere von der *Lehre der Freiheit.* Nur der neuen Philosophie wird es gelingen, die Freiheit, die bisher eine *anti-* und *supranaturalistische Hypothese* war, zu *naturalisieren.*

Die Philosophie muß sich wieder mit der Naturwissenschaft, die Naturwissenschaft mit der Philosophie verbinden. Diese auf gegenseitiges Bedürfnis, auf innere Notwendigkeit gegründete Verbindung wird dauerhafter, glücklicher und fruchtbarer sein als die *bisherige Mesalliance* zwischen der Philosophie und Theologie.

Der Mensch ist das *Ἓν καὶ πᾶν* [Ein und alles] des Staates. Der Staat ist die realisierte, ausgebildete, explizierte Totalität des menschlichen Wesens. Im Staate werden die wesentlichen Qualitäten oder Tätigkeiten des Menschen in besondern Ständen verwirklicht, aber in der Person des Staatsoberhaupts wieder zur Identität zurückgeführt. Das Staatsoberhaupt hat alle Stände ohne Unterschied zu vertreten; vor ihm sind sie alle gleich notwendig,

[1] *In B folgt Doppelpunkt.*

gleich berechtigt. Das Staatsoberhaupt ist der Repräsentant des universalen Menschen.

Die christliche Religion hat den Namen des Menschen mit dem Namen Gottes in den *einen*[1] Namen des Gottmenschen verbunden – den Namen des Menschen also zu einem Attribut des höchsten Wesen[s] erhoben. Die neue Philosophie hat der Wahrheit gemäß dieses Attribut zur Substanz, das Prädikat zum Subjekt gemacht – die neue Philosophie ist die *realisierte Idee* – die[2] *Wahrheit* des Christentums. Aber eben weil sie das *Wesen* des Christentums in sich hat, gibt sie den *Namen* des Christentums auf. Das Christentum hat die Wahrheit nur *im Widerspruche mit der Wahrheit* ausgesprochen. Die widerspruchslose, reine, unverfälschte Wahrheit ist eine *neue Wahrheit* – eine *neue, autonomische Tat* der Menschheit.[3]

[1] *Im Original A und B durch Großschreibung hervorgehoben.*
[2] *In B hervorgehoben.*
[3] *In A folgt auf zwei Zeilen:* Bruckberg, 28. Jan. 1842/L. Feuerbach

Grundsätze der Philosophie der Zukunft[1]

[2]Vorwort

Diese Grundsätze enthalten die Fortsetzung und weitere Begründung meiner von der schrankenlosen Willkür der deutschen Zensur exilierten „Thesen zur Reform der Philosophie". Dem ersten Manuskript nach waren sie auf ein ausführliches Buch berechnet; aber als ich an die Reinschrift kam, ergriff mich – ich weiß selbst nicht wie – der Geist der deutschen Zensur, und ich strich *barbarisch.* Was diese indiskrete Zensur übriggelassen, reduziert sich auf folgende wenige Bogen.

Grundsätze der Philosophie *der Zukunft* nannte ich sie deswegen, weil die Gegenwart im allgemeinen, als eine Zeit raffinierter Illusionen und vettelhafter Vorurteile, unfähig ist, *die einfachen Wahrheiten,* von welchen diese Grundsätze abstrahiert sind, eben wegen dieser ihrer Einfachheit zu kapieren, geschweige zu würdigen.

Die Philosophie der Zukunft hat die Aufgabe, die Philosophie aus dem Reiche der „abgeschiedenen Seelen" in das Reich der *bekörperten,* der *lebendigen* Seelen wieder einzuführen, aus der göttlichen, nichtsbedürfenden Gedankenseligkeit in das *menschliche Elend* herabzuziehen. Zu diesem Zwecke bedarf sie nichts weiter als einen *menschlichen* Verstand und *menschliche* Sprache. Rein und wahrhaft menschlich zu denken, zu reden und [zu] handeln ist aber erst den kommenden Geschlechtern vergönnt. Gegenwärtig handelt es sich noch nicht darum, den Menschen *dar-*

[1] *In A steht die Überschrift auf einem besonderen Titelblatt und lautet dort auf fünf Zeilen:* Grundsätze / der / Philosophie der Zukunft / Von / Ludwig Feuerbach. *B bringt nur eine einfache Überschrift auf zwei Zeilen:* Grundsätze der Philosophie der Zukunft / (1843)

[2] *Das Vorwort samt Überschrift fehlt in B.*

zustellen, sondern darum, ihn nur erst aus dem Morast, worein er versunken war, herauszuziehen. Dieser saubern und sauern Arbeit Früchte sind auch diese Grundsätze. Ihre Aufgabe war, aus der Philosophie des Absoluten, d. i. der Theologie, die Notwendigkeit der Philosophie des Menschen, d. i. der Anthropologie, abzuleiten und durch die *Kritik* der *göttlichen* Philosophie die *Wahrheit der menschlichen* zu begründen. Sie setzen daher zu ihrer Würdigung eine genaue Bekanntschaft mit der Philosophie der neuern Zeit voraus.

Die Konsequenzen dieser Grundsätze werden nicht ausbleiben.

Bruckberg, den 9. Juni 1843

§ 1

Die Aufgabe der neueren Zeit war die Verwirklichung und Vermenschlichung Gottes – die *Verwandlung*[1] und Auflösung der Theologie in die Anthropologie.

§ 2

Die *religiöse* oder *praktische* Weise dieser Vermenschlichung war der Protestantismus. *Der* Gott, welcher Mensch ist, der menschliche Gott, also Christus – dieser nur ist der Gott des Protestantismus. Der Protestantismus kümmert sich nicht mehr, wie der Katholizismus, darum, was Gott *an sich selber* ist, sondern nur darum, *was er für den Menschen ist*; er hat deshalb keine spekulative oder kontemplative Tendenz mehr wie jener; er ist nicht mehr *Theologie* – er ist wesentlich nur Christologie, *d. i. religiöse Anthropologie.*

§ 3

Der Protestantismus negierte jedoch den Gott an sich oder Gott als Gott – denn Gott an sich ist erst eigentlicher

[1] *In B nicht hervorgehoben.*

Gott – nur *praktisch*; theoretisch ließ er ihn bestehen; er *ist*[1] aber nur nicht für den Menschen, d. h. den *religiösen* Menschen – er ist ein *jenseitiges* Wesen, ein Wesen, das einst erst dort im Himmel ein Gegenstand *für den Menschen wird*. Aber was *jenseits* der Religion, das liegt *diesseits* der Philosophie; was kein Gegenstand für jene, das ist gerade der Gegenstand für diese.

§ 4

Die *rationelle* oder *theoretische* Verarbeitung und Auflösung des für die Religion jenseitigen, ungegenständlichen Gottes ist die *spekulative Philosophie*.

§ 5

Das *Wesen* der spekulativen Philosophie ist nichts andres[2] als das *rationalisierte, realisierte, vergegenwärtigte Wesen Gottes*. Die spekulative Philosophie ist die *wahre*, die *konsequente*, die *vernünftige* Theologie.

§ 6

Gott als Gott – als *geistiges oder*[3] *abstraktes*, d. i. *nicht* menschliches, *nicht* sinnliches, *nur der Vernunft oder Intelligenz zugängliches* und *gegenständliches*, Wesen – ist *nichts andres als das Wesen der Vernunft* selbst, welches aber von der *gemeinen Theologie* oder vom *Theismus vermittelst der Einbildungskraft* als *ein von der Vernunft unterschiedenes, selbständiges Wesen vorgestellt wird*. Es ist daher eine innere, eine heilige *Notwendigkeit*, daß das von der Vernunft unterschiedene Wesen der Vernunft endlich *mit der Vernunft identifiziert*, das göttliche Wesen also *als das Wesen der Vernunft* erkannt, verwirklicht und vergegenwärtigt werde.

[1] *In B folgt Komma.*
[2] anderes *B. Geringfügige Veränderung, die im folgenden nicht mehr vermerkt wird*
[3] *In B nicht hervorgehoben.*

Auf dieser Notwendigkeit beruht die *hohe geschichtliche Bedeutung* der *spekulativen Philosophie.*

Der Beweis, daß das göttliche Wesen das Wesen der Vernunft oder Intelligenz ist, liegt darin, daß die *Bestimmungen* oder *Eigenschaften Gottes* – soweit natürlich diese *vernünftige*[1] sind, *nicht Bestimmungen der Sinnlichkeit oder*[2] *Einbildungskraft – Eigenschaften der Vernunft* sind.

„Gott ist das unendliche Wesen, das Wesen ohne alle Einschränkungen." Aber was keine Grenze oder Schranke Gottes, das ist auch keine Schranke der Vernunft. Wo z. B. Gott ein über die Schranken der Sinnlichkeit erhabenes Wesen ist, da ist es auch die Vernunft. Wer keine andere Existenz denken kann als eine sinnliche, wer also eine durch die Sinnlichkeit beschränkte Vernunft hat, der hat auch ebendeswegen einen durch die Sinnlichkeit beschränkten Gott. Die Vernunft, welche Gott als ein unbeschränktes Wesen denkt, die denkt in Gott nur *ihre eigene* Unbeschränktheit. Was der Vernunft das göttliche, das ist ihr auch erst das[3] *vernünftige* Wesen – das affirmative Wesen der Vernunft, d. h. das erst vollkommen die Vernunft ausdrückende und repräsentierende Wesen[4] und ebendeswegen[5] befriedigende Wesen. Das aber, worin sich ein Wesen befriedigt, ist nichts andres als sein *gegenständliches* Wesen. Wer sich in einem Dichter befriedigt, ist selbst eine dichterische, wer in einem Philosophen, selbst eine philosophische Natur, und daß er es ist, das wird ihm und andern erst in dieser Befriedigung Gegenstand. Die Vernunft bleibt aber nicht bei den sinnlichen, endlichen Dingen stehen; sie befriedigt sich nur in dem unendlichen Wesen[6] – also ist uns erst in diesem Wesen das Wesen der Vernunft aufgeschlossen.

„Gott ist das notwendige Wesen." Aber diese seine Notwendigkeit beruht darauf, daß er ein *vernünftiges, intelligentes* Wesen ist. Die Welt, die Materie hat den Grund, warum sie ist und so ist, wie sie ist, nicht in sich, denn es

[1] *In B folgt Zusatz:* oder geistige

[2] *In B nicht hervorgehoben.*

[3] *In B folgt Zusatz:* wahrhaft

[4] das affirmative ... Wesen: d. h. das vollkommen der Vernunft entsprechende *B*

[5] *In B folgt Zusatz:* sie

[6] bleibt aber ... Wesen *Dies in B in Anführungszeichen.*

ist ihr völlig einerlei, ob sie ist oder nicht ist, ob sie so oder anders ist.* Sie setzt daher notwendig als Ursache ein anderes Wesen voraus, d. h.[1] ein *verständiges, selbstbewußtes,* nach Gründen und Zwecken wirkendes Wesen. Denn nimmt man von diesem andern Wesen die Intelligenz weg, so entsteht von neuem die Frage nach dem Grund desselben. Die Notwendigkeit des ersten, höchsten Wesens beruht darum auf der Voraussetzung, daß der *Verstand* allein das *erste* und *höchste,* das *notwendige* und *wahre* Wesen ist. Wie überhaupt die metaphysischen oder ontotheologischen Bestimmungen erst Wahrheit und Realität haben, wenn sie auf psychologische oder vielmehr anthropologische Bestimmungen zurückgeführt werden, so hat also auch die Notwendigkeit des göttlichen Wesens in der alten Metaphysik oder Ontotheologie erst Sinn und Verstand, Wahrheit und Realität in der psychologischen oder anthropologischen Bestimmung Gottes als eines intelligenten Wesens. Das notwendige Wesen ist das notwendig zu denkende, schlechterdings zu bejahende, schlechterdings unleugbare oder unaufhebbare Wesen, aber nur als ein *selbst denkendes* Wesen. In dem notwendigen Wesen beweist und zeigt also die Vernunft nur ihre eigene Notwendigkeit und Realität.

„*Gott ist das unbedingte, allgemeine* – ‚Gott ist nicht dies und das' –, *unveränderliche, ewige oder zeitlose Wesen.*" Aber Unbedingtheit, Unveränderlichkeit, Ewigkeit, Allgemeinheit sind selbst nach dem Urteil der metaphysischen Theologie auch Eigenschaften der Vernunftwahrheiten oder Vernunftgesetze, folglich Eigenschaften der Vernunft selbst; denn was sind diese unveränderlichen, allgemeinen, unbedingten, schlechthin[2] immer und überall gültigen Vernunftwahrheiten anders als Ausdrücke von dem Wesen der Vernunft?

* *Anm.* Es versteht sich von selbst, daß ich hier, wie in allen Paragraphen, welche historische Gegenstände betreffen und entwickeln, nicht in meinem Sinne, sondern im Sinne des jedesmaligen Gegenstandes, hier also im Sinne des Theismus, rede und argumentiere.

[1] d. h.: und zwar *B*

[2] *Fehlt in B.*

„Gott ist das unabhängige, selbständige Wesen, welches keines andern Wesens zu seiner Existenz bedarf, folglich von und durch sich selbst ist." Aber auch diese abstrakte metaphysische Bestimmung hat nur Sinn und Realität als eine Definition von dem Wesen des Verstandes und sagt daher nichts weiter aus, als daß Gott ein denkendes, intelligentes Wesen oder umgekehrt nur das denkende Wesen das göttliche ist; denn nur ein *sinnliches* Wesen bedarf zu seiner Existenz andere[r] Dinge außer ihm. Luft bedarf ich zum Atmen, Wasser zum Trinken, Licht zum Sehen, pflanzliche und tierische Stoffe zum Essen, aber nichts, wenigstens unmittelbar, zum Denken. Ein atmendes Wesen kann ich nicht denken ohne die Luft, ein sehendes nicht ohne Licht, aber das denkende Wesen kann ich für sich isoliert denken. Das atmende Wesen bezieht sich *notwendig* auf ein Wesen außer ihm, hat seinen *wesentlichen* Gegenstand, das, wodurch es ist, was es ist, *außer sich*; aber das denkende Wesen *bezieht sich auf sich selbst,* ist sein eigner Gegenstand, hat sein Wesen in sich selbst, ist, was es ist, durch sich selbst.

§ 7

Was im *Theismus Objekt,* das ist in der *spekulativen Philosophie Subjekt,* was dort das nur *gedachte,* vorgestellte Wesen der Vernunft, ist hier das *denkende* Wesen der Vernunft selbst.

Der Theist stellt sich Gott als ein *außer der Vernunft,* außer dem Menschen überhaupt *existierendes, persönliches* Wesen vor – er denkt als Subjekt über Gott als *Objekt*[1]. Er denkt Gott als ein dem *Wesen,* d. h. seiner Vorstellung, nach *geistiges, unsinnliches,* aber der *Existenz,* d. h. der *Wahrheit,* nach *sinnliches* Wesen; denn das *wesentliche Merkmal* einer objektiven Existenz[2] außer dem Gedanken oder der Vorstellung ist die *Sinnlichkeit.* Er unterscheidet Gott von sich in demselben Sinne, in welchem er die sinnlichen Dinge und Wesen als außer ihm existierende von sich unterscheidet; kurz, er denkt Gott vom *Standpunkt*

[1] *In B nicht hervorgehoben*
[2] *In B folgt Zusatz:* , einer Existenz

der Sinnlichkeit aus. Der spekulative Theologe[1] oder Philosoph dagegen denkt Gott *vom Standpunkt des Denkens* aus; er hat daher nicht zwischen sich und Gott in der Mitte die störende Vorstellung eines sinnlichen Wesens; er identifiziert somit ohne Hindernis das objektive, gedachte Wesen mit dem *subjektiven*, denkenden Wesen.

Die innere Notwendigkeit, daß Gott aus einem *Objekt* des Menschen zum *Subjekt, zum denkenden Ich* des Menschen wird, ergibt sich aus dem bereits Entwickelten näher so: Gott ist Gegenstand des Menschen und nur des Menschen, nicht des Tieres[2]. *Was* aber ein Wesen ist, das wird nur aus seinem *Gegenstande*[3] erkannt; der Gegenstand, auf den sich ein Wesen notwendig bezieht, ist nichts anderes als sein *offenbares* Wesen. So ist der Gegenstand der pflanzenfressenden Tiere die Pflanze; aber durch diesen Gegenstand unterscheiden sich wesentlich dieselben von den andern, den fleischfressenden Tieren. So ist der Gegenstand des Auges das Licht, nicht der Ton, nicht der Geruch. Im Gegenstand des Auges ist uns aber sein Wesen offenbar. Ob einer nicht sieht oder kein Auge hat, ist darum einerlei. Wir benennen daher auch im Leben die Dinge und Wesen nur nach ihren Gegenständen. Das Auge ist das „Lichtorgan". Wer den Boden bebaut, ist ein Bauer; wer die Jagd zum Objekt seiner Tätigkeit hat, ist ein Jäger; wer Fische fängt, ein Fischer usw. Wenn also Gott – und zwar, wie er es ja ist, notwendig und wesentlich – ein Gegenstand des Menschen ist, so ist in dem Wesen dieses Gegenstandes nur das eigne Wesen des Menschen ausgesprochen. Stelle dir vor, ein denkendes Wesen auf einem Planeten oder[4] Kometen bekäme zu Gesichte[5] die paar Paragraphen einer christlichen Dogmatik, welche von dem Wesen Gottes handeln. Was würde dieses Wesen aus diesen Paragraphen folgern? Etwa die Existenz eines Gottes im Sinne einer christlichen Dogmatik? Nein, es würde nur daraus folgern, daß auch auf der Erde denkende Wesen sind; es würde in

[1] Theolog *B*
[2] Tiers *B*
[3] Gegenstand *B*
[4] *In B folgt Zusatz:* gar
[5] Gesicht *B*

den Definitionen der Erdbewohner von ihrem Gotte[1] nur Definitionen von ihrem eignen Wesen – z. B. in der Definition: Gott ist ein Geist, nur den Beweis und Ausdruck ihres eignen Geistes –[2] finden; kurz, es würde aus dem Wesen und den Eigenschaften des Objekts auf das Wesen und die Eigenschaften des Subjekts schließen. Und mit vollem Rechte[3]; denn die Unterscheidung zwischen dem, was der Gegenstand *an sich selbst*, und dem, was *er für den Menschen* ist, fällt bei *diesem* Objekt weg. Diese Unterscheidung ist nur an ihrem Platze bei einem unmittelbar sinnlich und ebendeswegen auch noch anderen Wesen außer dem Menschen gegebenen Gegenstande. Das Licht ist nicht nur für den Menschen da, es affiziert auch die Tiere, auch die Pflanzen, auch die unorganischen Stoffe; es ist ein allgemeines Wesen. Um zu erfahren, was das Licht ist, betrachten wir darum nicht nur die Eindrücke der[4] Wirkungen desselben in[5] uns, sondern auch in andern[6], von uns unterschiednen[7] Wesen. Notwendig, objektiv begründet ist daher hier die Unterscheidung zwischen dem Gegenstand *an sich selbst* und dem Gegenstande *für mich*[8], namentlich zwischen dem Gegenstande[9] in der Wirklichkeit und dem Gegenstande[9] in meinem[10] Denken und Vorstellen. Gott aber ist *nur* ein Gegenstand des Menschen. Die Tiere und Sterne preisen Gott nur[11] *im Sinne des Menschen*. Es gehört also zum Wesen Gottes selbst, daß er keinem andern Wesen außer dem Menschen Gegenstand, daß er ein spezifisch menschlicher Gegenstand, ein Geheimnis des Menschen ist. Wenn aber nur im Menschen Gott offenbar[12] ist, was offen-

[1] Gott *B*
[2] – z. B. . . . Geistes – *In B dasselbe, aber nicht als Parenthese.*
[3] Recht *B*
[4] und *B*
[5] auf *B*
[6] in andern: auf andere *B*
[7] unterschiedne *B*
[8] Gegenstande für mich: Gegenstand für uns *B*
[9] Gegenstand *B*
[10] unserem *B*
[11] *In B hervorgehoben.*
[12] nur . . . offenbar: Gott nur ein Gegenstand des Menschen *B*

bart sich uns im Wesen Gottes? Nichts andres als das Wesen des Menschen. Denn worin liegt der Grund, daß er nur dem Menschen Gegenstand ist? In der Natur Gottes, aber ebenso in der Natur des Menschen – also in der Identität der göttlichen und menschlichen Natur.[1] Wem das höchste Wesen Gegenstand ist, das ist selbst das höchste Wesen. Je mehr den Tieren vom Menschen Gegenstand wird, desto höher stehen sie, desto mehr nähern sie sich dem Menschen. Ein Tier, dem der Mensch als Mensch, das eigentliche menschliche Wesen, Gegenstand wäre, das wäre kein Tier mehr, sondern selber Mensch. Nur ebenbürtige Wesen sind sich Gegenstand, und zwar so, wie sie *an sich* sind. Die Identität des göttlichen und menschlichen Wesens fällt nun allerdings auch in das Bewußtsein des Theismus. Aber weil er Gott, ungeachtet daß er das wesentliche Sein Gottes *im* Menschen findet[2], doch zugleich als ein außer dem Menschen existierendes, sinnliches Wesen vorstellt, so ist ihm auch diese Identität nur als *sinnliche* Identität, als *Ähnlichkeit* oder *Verwandtschaft*, Gegenstand. Verwandtschaft drückt dasselbe aus als Identität, aber es ist mit ihr zugleich verbunden die sinnliche Vorstellung, daß die verwandten Wesen zwei selbständige, d. i. sinnliche, außereinander existierende, Wesen sind.

§ 8

Die *gemeine* Theologie macht den *Standpunkt des Menschen zum Standpunkt Gottes;* die *spekulative* dagegen macht den *Standpunkt Gottes* zum *Standpunkt des Menschen oder vielmehr des Denkers.*

Gott ist der gemeinen Theologie Objekt, und zwar geradeso wie irgendein anderes sinnliches Objekt; aber zugleich ist er ihr wieder Subjekt, und zwar Subjekt gerade wie das menschliche Subjekt: Gott bringt Dinge *außer sich* hervor, hat Beziehungen *zu sich selbst* und zu andern, außer ihm existierenden Wesen, liebt und denkt sich zugleich und andere Wesen. Kurz, der Mensch macht seine Gedanken und selbst Affekte zu Gedanken und Affekten Gottes, sein

[1] Denn worin . . . menschlichen Natur. *Fehlt in B.*
[2] wesentliche . . . findet: Wesen Gottes in den Geist setzt *B*

Wesen, seinen Standpunkt zum Wesen und Standpunkt Gottes. Die spekulative Theologie aber kehrt diese[1] um. Und diese Umkehrung ist vollkommen begründet und gerechtfertigt. Wenn ich Gott menschliche Gedanken, menschliche Eigenschaften überhaupt beilege, warum soll ich nicht göttliche Eigenschaften dem Menschen beilegen? Wenn Gott denkt wie oder vielmehr als ein Mensch, warum sollte der Mensch nicht denken wie oder als ein Gott?[2] In der gemeinen Theologie ist daher Gott ein vom Menschen gedachtes Wesen, in der spekulativen dagegen der Mensch ein von Gott gedachtes Wesen. In der gemeinen Theologie ist Gott[3] ein *Widerspruch mit sich selbst*, denn er *soll* ein *nicht-*, ein *über*menschliches Wesen sein, aber ist doch allen seinen Bestimmungen nach in Wahrheit ein menschliches; in der spekulativen Theologie oder Philosophie ist dagegen Gott ein *Widerspruch mit dem Menschen* – er *soll* ein[4] Wesen *im*[5] Menschen – wenigstens in[6] der Vernunft – sein und ist doch in Wahrheit ein nicht-, ein übermenschliches, d. i. abstraktes, Wesen. Der übermenschliche Gott ist in der gemeinen Theologie nur eine erbauliche Floskel, eine Vorstellung, ein Spielzeug der Phantasie, in der spekulativen Philosophie dagegen Wahrheit, bittrer Ernst. Der heftigste[7] Widerspruch, den die spekulative Philosophie gefunden, hat nur darin seinen Grund, daß sie den Gott, welcher im Theismus nur ein Wesen der Phantasie, ein ferngehaltnes, unbestimmtes, nebuloses Wesen ist, zu einem gegenwärtigen, bestimmten Wesen gemacht und dadurch den illusorischen Zauber zerstört hat, den ein entferntes Wesen im blauen Dunst der Vorstellung hat. So haben die Theisten sich darüber skandalisiert[8], daß die Logik nach Hegel die Darstellung Gottes in seinem ewigen, vorweltlichen Wesen sei und doch, z. B. in der Lehre von der Quantität, von der extensiven und intensiven Größe, den Brüchen, den Poten-

[1] dies *B*
[2] Und diese . . . als ein Gott? *Fehlt in B.*
[3] ein vom . . . ist Gott *Fehlt in B.*
[4] das *B*
[5] des *B*
[6] *Fehlt in B.*
[7] heftige *B*
[8] geärgert *B*

zen, den Maßverhältnissen usw. handle. Wie, riefen sie entsetzt aus, dieser Gott soll unser Gott sein? Und doch, was ist dieser Gott der Hegelschen „Logik"[1] anders als der aus dem Nebel der unbestimmten Vorstellung an das Licht des bestimmenden Gedankens hervorgezogene, der sozusagen ad coram [öffentlich] beim Wort genommene Gott des Theismus, welcher alles nach Maß, Zahl und Gewicht geschaffen und geordnet hat? Wenn Gott alles nach Zahl und Maß geordnet und geschaffen, also Maß und Zahl, ehe sie an den außergöttlichen Dingen zur Wirklichkeit kamen, im Verstande[2] und folglich im Wesen Gottes – denn zwischen Gottes Verstand und seinem Wesen ist kein Unterschied – enthalten waren und heute noch sind, gehört denn nicht auch die Mathematik zu den Mysterien der Theologie? Aber freilich sieht ein Wesen ganz anders in der Einbildung und Vorstellung aus als in der Wahrheit und Wirklichkeit; kein Wunder, daß denen, die nur nach dem Aussehen, nach dem Schein sich richten, das eine und selbe Wesen als zwei ganz verschiedene Wesen erscheint.

§ 9

Die *wesentlichen Eigenschaften oder Prädikate des göttlichen Wesens* sind die *wesentlichen Eigenschaften oder Prädikate der spekulativen Philosophie.*

§ 10

Gott ist reiner Geist, reines Wesen, reine Tätigkeit – actus purus – ohne Leidenschaften, ohne Bestimmungen von außen, ohne Sinnlichkeit, ohne Materie. Die spekulative Philosophie ist dieser *reine Geist, diese reine Tätigkeit, verwirklicht als Denkakt* – das *absolute Wesen als absolutes Denken.*

Wie einst die Abstraktion von allem Sinnlichen und Materiellen die notwendige Bedingung der Theologie war,

[1] dieser . . . „Logik": er *B*
[2] Verstand *B*

so war sie auch die notwendige Bedingung der spekulativen Philosophie, nur mit dem Unterschiede, daß die Abstraktion der Theologie, weil ihr Gegenstand, obwohl ein abstraktes Wesen, doch zugleich wieder als ein sinnliches Wesen vorgestellt wurde, selbst eine *sinnliche* Abstraktion, Asketik war, während die Abstraktion der spekulativen Philosophie nur eine geistige, denkende ist, nur eine szientifische oder theoretische, keine praktische Bedeutung hat. Der Anfang der Cartesischen Philosophie, die Abstraktion von der Sinnlichkeit, von der Materie, ist der Anfang der neuern spekulativen Philosophie. Aber Cartesius und Leibniz betrachteten diese Abstraktion nur als eine subjektive Bedingung, das immaterielle göttliche Wesen zu erkennen, sie stellten sich die Immaterialität Gottes als eine von der Abstraktion, vom Denken *unabhängige, objektive* Eigenschaft vor; sie standen noch auf dem Standpunkt des Theismus, machten das immaterielle Wesen nur zum *Objekt*, aber nicht zum *Subjekt*, zum[1] *Prinzip*, zum *wirklichen Wesen* der Philosophie selbst. Allerdings ist auch bei C[artesius] und L[eibniz] Gott Prinzip der Philosophie, aber nur als ein vom Denken *unterschiednes Objekt* – darum Prinzip nur im allgemeinen, nur in der Vorstellung, nicht in der Tat und Wahrheit. Gott ist nur die *erste* und *allgemeine* Ursache der Materie, der Bewegung und Tätigkeit; aber die besondern Bewegungen und Tätigkeiten, die bestimmten wirklichen materiellen Dinge werden unabhängig von Gott betrachtet und erkannt. L. und C. sind nur im allgemeinen Idealisten, im besondern bloße Materialisten. Gott nur ist der konsequente, der vollständige, wahre Idealist, denn er nur stellt alle Dinge ohne Dunkelheit sich vor, d. h. im Sinne der Leibnizischen Philosophie ohne Sinne und Einbildungskraft; er ist reiner, d. i. von aller Sinnlichkeit und Materialität abgesonderter, Verstand; für ihn sind daher die immateriellen[2] Dinge pure Verstandeswesen, pure Gedanken; für ihn existiert überhaupt gar keine Materie, denn diese beruht nur auf dunkeln, d. i. sinnlichen, Vorstellungen. Aber gleichwohl hat bei L. auch der Mensch schon eine gute Portion Idealismus in sich – wie wäre es auch möglich, sich

[1] *In B folgt Zusatz:* aktiven
[2] materiellen *B*

ein immaterielles Wesen vorzustellen, ohne ein immaterielles Vermögen und folglich ohne immaterielle Vorstellungen zu haben? –, denn er hat außer den Sinnen und der Einbildungskraft Verstand, und der Verstand ist eben immaterielles, *reines*, weil denkendes Wesen; nur ist der Verstand des Menschen nicht *ganz* so rein, nicht in der Unbeschränktheit und Ausdehnung rein wie der göttliche Verstand oder das göttliche Wesen. Der Mensch, respektive dieser Mensch: Leibniz, ist also ein *partialer, halber Idealist, Gott* nur ein *ganzer Idealist,* Gott nur „der *vollkommene Weltweise*", wie er ausdrücklich von Wolff genannt wird; d. h., Gott ist die Idee des vollendeten, des bis ins Spezielle durchgeführten, des absoluten Idealismus der spätern spekulativen Philosophie. Denn was ist der Verstand, was das Wesen Gottes überhaupt? Nichts andres als der Verstand, als das Wesen des Menschen, abgesondert von den Bestimmungen, die zu einer bestimmten Zeit Schranken des Menschen sind, seien es[1] nun wirkliche oder vermeintliche. Wer keinen mit seinen Sinnen entzweiten Verstand hat, die Sinne nicht für Schranken hält, der stellt sich auch nicht einen Verstand ohne Sinne als den höchsten, den wahren Verstand vor. Was ist aber die Idee einer Sache anders als ihr Wesen, gereinigt von den Beschränkungen und Verdunklungen, die sie in der Wirklichkeit, wo sie im Zusammenhange mit andern Dingen steht, erdrückt[2]? So liegt die Schranke des menschlichen Verstandes nach Leibniz darin, daß er mit dem Materialismus, d. i. mit dunkeln Vorstellungen, behaftet ist, aber diese dunkeln Vorstellungen entspringen selbst wieder nur daraus, daß das menschliche Wesen im Zusammenhange mit andern Wesen, mit der Welt überhaupt steht. Aber diese Verbindung gehört nicht zum Wesen des Verstandes, sie steht vielmehr im Widerspruch mit demselben, denn er ist *an sich,* d. i. in der Idee, ein immaterielles, *d. i. für sich selbst seiendes,* isoliertes, Wesen. Und diese Idee, dieser also von allen materialistischen Vorstellungen gereinigte Verstand ist eben der göttliche Verstand. Was aber bei Leibniz nur *Idee* war, das wurde in der spätern Philosophie *Wahrheit* und *Wirklich-*

[1] sie *B*
[2] erleidet *B*

keit. Der absolute Idealismus ist nichts anderes als der *realisierte göttliche Verstand* des Leibnizschen Theismus, der systematisch durchgeführte reine Verstand, der alle Dinge ihrer Sinnlichkeit entkleidet, sie zu puren Verstandeswesen, zu Gedankendingen macht, der mit nichts Fremdartigem behaftet, nur mit sich selbst als dem Wesen der Wesen beschäftigt ist.

§ 11

Gott ist ein denkendes Wesen, aber die Gegenstände, die er denkt, in sich begreift, sind, wie sein Verstand, *nicht unterschieden von seinem Wesen*, so daß er, indem er die Dinge denkt, nur *sich selbst* denkt, also in *ununterbrochner Einheit mit sich selbst* bleibt. Diese *Einheit des Denkenden und Gedachten* ist aber das *Geheimnis des spekulativen Denkens*.

So sind z. B. in der Hegelschen „Logik" die Gegenstände des Denkens nicht unterschieden vom Wesen des Denkens. Das Denken ist hier in ununterbrochner Einheit mit sich selbst; die Gegenstände desselben sind nur Bestimmungen des Denkens, sie gehen rein im Gedanken auf, haben nichts für sich, was außer dem Denken bliebe. Aber was das Wesen der „Logik", ist auch das Wesen Gottes. Gott ist ein[1] abstraktes Wesen; denn alle Bestimmungen wirklicher Wesen sind als Beschränkungen von ihm ausgeschlossen; sie werden ihm wohl beigelegt, aber abstrahiert von der Bestimmtheit, die sie in der Wirklichkeit haben.[2] Aber[3] er ist zugleich das Wesen der Wesen, das alle Wesen in sich faßt, und zwar in Einheit mit diesem seinem abstrakten Wesen. Aber was sind die mit einem abstrakten, geistigen Wesen identischen Wesen? Selber abstrakte Wesen – *Gedanken*. Die Dinge, wie sie in Gott sind, sind nicht so, wie sie außer Gott sind; sie sind vielmehr ebenso unterschieden von den wirklichen Dingen als die Dinge, wie sie Gegenstand der „Logik", von den Dingen, wie sie Gegenstand der wirklichen Anschauung sind. Worauf reduziert sich also der Unterschied

[1] *In B folgt Zusatz:* geistiges,
[2] denn alle . . . haben. *Fehlt in B.*
[3] aber *B*

zwischen dem göttlichen und dem metaphysischen Denken? Nur auf einen Unterschied der Einbildung, auf den Unterschied zwischen dem nur *vorgestellten* und *wirklichen* Denken.

§ 12

Der Unterschied zwischen dem *Wissen* oder dem *Denken Gottes*, welches *als Urbild* den Dingen *vorausgeht*, sie *schafft*, und dem *Wissen* des *Menschen*, welches den Dingen *nachfolgt als Abbild* derselben, ist nichts anderes als der *Unterschied* zwischen dem *apriorischen* oder *spekulativen* und dem *aposteriorischen oder empirischen Wissen.*

Der Theismus stellt sich Gott, obwohl als ein denkendes [1], doch zugleich als ein *sinnliches Wesen* vor. Er verbindet daher mit dem Denken und Willen Gottes unmittelbar *sinnliche, materielle* Wirkungen – Wirkungen, die mit dem Wesen des Denkens und Willens in Widerspruch stehen, die nichts weiter als die *Macht der Natur* ausdrücken. Eine solche *materielle* Wirkung – folglich ein bloßer Ausdruck sinnlicher Macht – ist vor allem die Schöpfung oder Hervorbringung der wirklichen, materiellen Welt. Die spekulative Theologie dagegen verwandelt diesen dem Wesen des Denkens widersprechenden sinnlichen Akt in einen logischen oder theoretischen Akt, die materielle Hervorbringung des Gegenstandes in die spekulative Erzeugung aus dem Begriffe. Im Theismus ist die Welt ein zeitliches Produkt Gottes – die Welt existiert seit einigen Jahrtausenden, und ehe sie wurde, war Gott; in der spekulativen Theologie dagegen ist die Welt oder Natur *nach* Gott nur dem Range, der Bedeutung nach: Das Akzidenz setzt die Substanz, die Natur die Logik voraus, dem Begriffe, aber nicht dem sinnlichen Dasein, folglich nicht der Zeit nach.

Der Theismus verlegt jedoch in Gott nicht nur das spekulative, sondern auch das *sinnliche, empirische* Wissen, und zwar in seiner höchsten Vollendung. Wie aber das vorweltliche, vorgegenständliche Wissen Gottes in dem apriorischen Wissen der spekulativen Philosophie, so hat auch das *sinnliche Wissen* Gottes erst in den *empirischen Wissenschaf-*

[1] *In B folgt Zusatz:* oder geistiges

ten der neueren Zeit seine Realisation, seine Wahrheit und Wirklichkeit gefunden. Das vollkommenste und also göttliche sinnliche Wissen ist nämlich nichts andres als das *allersinnlichste* Wissen, das Wissen der allergrößten Kleinigkeiten und unmerklichsten Einzelheiten – „Gott ist deswegen der Allwissende", sagt der H. Thomas A[quino], „weil er die allereinzel[n]sten Dinge weiß" –, *das* Wissen, welches die Haare am Haupte des Menschen nicht indiskret in *einen* Schopf zusammenfaßt, sondern sie zählt, alle, Haar für Haar kennt. Aber dieses göttliche Wissen, welches in der Theologie nur eine Vorstellung, eine Phantasie ist, wurde *vernünftiges, wirkliches* Wissen in dem teleskopischen und mikroskopischen Wissen der Naturwissenschaft. Sie hat die Sterne am Himmel gezählt, z. B. in dem einzigen Orion 2000 Sterne,[1] die Eier in den Leibern der Fische und Schmetterlinge, die Tüpfelchen auf den Flügeln der Insekten, um sie voneinander zu unterscheiden; sie hat allein in der Raupe des Weidenspinners am Kopfe 228, am Körper 1647, am Magen und [an] den Gedärmen 2186 Muskeln anatomisch nachgewiesen. Was will man mehr verlangen? Hier haben wir daher ein sinnfälliges Beispiel von der Wahrheit, daß die Vorstellung des Menschen von Gott nichts andres ist als eine[2] Vorstellung des menschlichen Individuums von seiner Gattung, daß Gott als der Inbegriff aller Realitäten oder Vollkommenheiten nichts andres ist als der zum Nutzen des beschränkten Individuums kompendiarisch zusammengefaßte Inbegriff der unter die Menschen verteilten, im Laufe der Weltgeschichte sich realisierenden Eigenschaften der Gattung. Das Gebiet der Naturwissenschaften ist seinem quantitativen Umfang nach für den einzelnen Menschen ein völlig unübersehbares, unermeßliches. Wer kann zugleich die Sterne am Himmel und die Muskeln und Nerven am Leibe der Raupe zählen? Lyonet verlor sein Gesicht über der Anatomie der Weidenraupe. Wer kann zugleich die Unterschiede der Höhen und Vertiefungen im Monde und zugleich die Unterschiede der zahllosen Ammoniten und Terebrateln beobachten? Aber was nicht der einzelne Mensch weiß und kann, das wissen und können die

[1] z. B. . . . Sterne, *Fehlt in B.*
[2] nichts . . . eine: die *B*

Menschen zusammen. So hat das göttliche Wissen, das alles einzelne *zugleich* weiß, seine Realität im Wissen der Gattung.

Wie mit der göttlichen Allwissenheit ist es aber auch mit der göttlichen Allgegenwart, die sich gleichfalls im Menschen realisiert hat. Während der eine Mensch bemerkt, was auf dem Monde oder Uranus vorgeht, ist ein andrer auf der Venus oder in den Eingeweiden der Raupe oder sonst an einem Orte, wohin weiland unter der Herrschaft des allwissenden und allgegenwärtigen Gottes kein menschliches Auge gedrungen ist. Ja, während der Mensch diesen Stern vom Standpunkte Europas aus beobachtet, beobachtet er zugleich denselben Stern vom Standpunkte Amerikas aus. Was *einem* Menschen allein absolut unmöglich, ist zweien möglich. Aber Gott ist ja an allen, allen Orten zugleich und weiß alles, alles ohne Unterschied zugleich. Freilich; aber nur ist zu bemerken, daß diese Allwissenheit und Allgegenwart bloß in der Vorstellung, Einbildung existieren, und also nicht zu übersehen der schon mehrmals erwähnte wichtige Unterschied zwischen dem nur eingebildeten und dem wirklichen Ding. In der Einbildung kann man allerdings die 4059 Muskeln einer Raupe mit *einem* Blicke überschauen, in der Wirklichkeit aber, wo sie außereinander existieren, nur nacheinander. So kann auch das beschränkte Individuum in seiner Einbildung sich den Umfang des menschlichen Wissens als beschränkt vorstellen, während es doch, wenn es wirklich sich dieses Wissen aneignen wollte, nun und nimmermehr an ein Ende desselben kommen würde. Man stelle sich als Beispiel nur eine Wissenschaft, die Historie z. B., vor und löse im[1] Gedanken die Weltgeschichte auf in die Geschichte der einzelnen Länder, diese in die Geschichte der einzelnen Provinzen, diese wieder in die Stadtchroniken, die Stadtchroniken in Familiengeschichten, in Biographien. Wie käme je ein einzelner Mensch an den Punkt, wo er ausrufen könnte: Hier bin ich am Ende des historischen Wissens der Menschheit! So erscheint uns auch in der Einbildung unsre Lebenszeit, sowohl die vergangene als die mögliche zukünftige, sollten wir auch diese noch so sehr verlängern, außerordentlich

[1] in *B*

kurz, und wir fühlen uns daher in den Momenten solcher Einbildung gedrungen, diese vor unserer Vorstellung verschwindende Kürze durch ein unübersehbares, endloses Leben nach dem Tode zu ergänzen; aber wie lange dauert in der Wirklichkeit auch nur *ein* Tag, auch nur *eine* Stunde! Woher dieser Unterschied? Daher: Die Zeit in der Vorstellung ist die *leere* Zeit, also nichts zwischen dem Anfangs- und Endpunkt unsrer Rechnung; aber die wirkliche Lebenszeit ist die erfüllte Zeit, wo Berge von Schwierigkeiten aller Art zwischen dem Jetzt und dem Dann in der Mitte liegen.

§ 13

Die *absolute Voraussetzungslosigkeit* – der Anfang der spekulativen Philosophie ist nichts andres als die *Voraussetzungs- und Anfangslosigkeit, die Aseität des göttlichen Wesens*. Die Theologie unterscheidet zwischen tätigen und ruhenden Eigenschaften Gottes. Die Philosophie aber verwandelt auch die ruhenden Eigenschaften in tätige – das ganze Wesen Gottes in Tätigkeit, aber menschliche Tätigkeit. Dies gilt auch von dem Prädikat dieses Paragraphen. Die Philosophie setzt nichts voraus – dies heißt nichts weiter als: Sie *abstrahiert* von allen unmittelbar, d. i. sinnlich, gegebnen, vom Denken unterschiednen Objekten, kurz, von allem, wovon man abstrahieren kann, ohne aufzuhören zu denken, und macht diesen Akt der Abstraktion von aller Gegenständlichkeit zum Anfang von sich. Was ist aber das absolute Wesen anders als das Wesen, dem nichts vorausgesetzt, dem kein Ding außer ihm gegeben und notwendig ist, das von allen Objekten, allen von ihm unterschiedenen und unterscheidbaren sinnlichen Dingen abgezogne Wesen, welches daher dem Menschen auch nur durch die Abstraktion von ebendiesen Dingen Gegenstand wird? Wovon Gott frei ist, davon mußt du dich selbst frei machen, wenn du zu Gott kommen willst, und machst dich also wirklich frei, wenn du ihn dir vorstellst. Denkst du dir folglich Gott als ein Wesen ohne Voraussetzung irgendeines andern Wesens oder Objekts, so denkst du selbst ohne Voraussetzung eines äußerlichen Objektes; die Eigenschaft, die du in Gott verlegst, ist eine Eigenschaft deines Denkens. Nur ist im

Menschen *Tun*, was in Gott *Sein* ist oder als solches vorgestellt wird. Was ist also das Ich Fichtes, welches sagt „Ich bin schlechthin, weil ich bin", was das reine, voraussetzungslose Denken Hegels anders als das in das ***gegenwärtige, aktive, denkende*** **Wesen des Menschen verwandelte göttliche Wesen der alten Theologie und Metaphysik?**

§ 14

Die spekulative Philosophie ist, als die Verwirklichung Gottes, zugleich die *Position, zugleich die Aufhebung oder Negation Gottes, zugleich Theismus, zugleich Atheismus*, denn Gott ist nur solange Gott – Gott im Sinne der Theologie –, als er als ein vom Wesen des Menschen und der Natur unterschiednes, selbständiges Wesen vorgestellt wird. *Der* Theismus, welcher als die Position Gottes zugleich die Negation Gottes ist oder, umgekehrt, als die Verneinung Gottes zugleich noch die Bejahung desselben, ist der *Pantheismus*. Der eigentliche oder theologische Theismus aber ist nichts andres als der *imaginäre* Pantheismus, dieser nichts andres als der reelle wahre Theismus.

Was den Theismus vom Pantheismus scheidet, ist einzig die Einbildung, die Vorstellung Gottes als eines persönlichen Wesens. Alle Bestimmungen Gottes – und Gott wird notwendig bestimmt, sonst ist er nichts, gar nicht Objekt einer Vorstellung – sind Bestimmungen der Wirklichkeit, entweder der Natur oder des Menschen, oder beiden gemeine, also *pantheistische* Bestimmungen; denn was Gott nicht unterscheidet vom Wesen der Natur oder des Menschen, ist Pantheismus. Gott ist also nur seiner Persönlichkeit oder Existenz nach, aber nicht seinen Bestimmungen oder [seinem] Wesen nach von der Welt – dem Inbegriff der Natur und Menschheit – unterschieden, *d. h.*, er wird nun[1] *vorgestellt* als ein anderes Wesen, er *ist* aber *in Wahrheit kein andres Wesen*. Der Theismus ist der Widerspruch zwischen Schein und Wesen, Vorstellung und Wahrheit, der Pantheismus die Einheit beider – der Pantheismus die *nackte*

[1] nur *B*

Wahrheit des Theismus.[1] Alle Vorstellungen des Theismus, wenn sie ins Auge gefaßt, ernstlich genommen, wenn sie durchgeführt, realisiert werden, führen notwendig zum Pantheismus. Der Pantheismus ist der *konsequente* Theismus. Der Theismus denkt sich z. B.[2] Gott als die Ursache, und zwar als eine lebendige, persönliche Ursache, als den[3] Schöpfer der Welt: Gott hat die Welt durch seinen Willen hervorgebracht. Aber der Wille reicht nicht aus. Wo einmal Wille ist, da muß auch Verstand sein: *Was* man will, das ist nur Sache des Verstandes. Ohne Verstand kein Gegenstand. Die Dinge, die Gott hervorbrachte, waren daher vor ihrer Hervorbringung *in* Gott, als Objekte seines Verstandes, als Verstandeswesen. Der Verstand Gottes ist [4] der Inbegriff aller Dinge und Wesenheiten. Woher wären sie auch sonst entsprungen als aus dem Nichts? Und es ist gleichgültig, ob du dir dieses Nichts in deiner Einbildung selbständig vorstellst oder es in Gott verlegst. Aber Gott enthält oder ist alles nur *auf ideale Weise, in der Weise der Vorstellung*. Dieser ideale Pantheismus führt nun aber notwendig zum realen oder wirklichen; denn vom Verstande Gottes ist nicht weit bis zum Wesen und vom Wesen nicht weit bis zur Wirklichkeit Gottes. Wie sollte sich der Verstand vom Wesen, das Wesen von der Wirklichkeit oder Existenz Gottes trennen lassen? Sind die Dinge im Verstande Gottes, wie sollen sie außer seinem Wesen sein? Sind sie Folgen seines Verstandes, warum nicht Folgen seines Wesens? Und wenn in Gott sein Wesen unmittelbar mit seiner Wirklichkeit identisch ist, vom Begriffe Gottes die Existenz desselben sich nicht absondern läßt, wie sollte sich im Begriff[5] Gottes von den Dingen der Begriff des Dinges und das wirkliche Ding trennen lassen, wie also in Gott *der* Unterschied stattfinden, welcher nur die Natur des

[1] *In B hierzu als Zusatz noch folgende Fußnote Feuerbachs:* Wenn der Pantheismus und Theismus in ihre letzten unterscheidenden Elemente aufgelöst werden, so bestimmt sich freilich ihr Verhältnis zueinander anders – nämlich so, wie es anderwärts von mir bereits bestimmt wurde.

[2] z. B. *Fehlt in B.*

[3] *So richtig B. In A Druckfehler:* der

[4] *In B folgt Zusatz:* , heißt es in der Theologie,

[5] Begriffe *B*

endlichen, ungöttlichen Verstandes konstituiert, der Unterschied zwischen dem Ding in der Vorstellung und dem Dinge außer der Vorstellung? Haben wir aber einmal keine Dinge mehr *außer dem Verstande* Gottes, so haben wir bald auch keine mehr *außer dem Wesen* und endlich auch keine mehr *außer der Existenz* Gottes – alle Dinge *sind* in Gott, und zwar in der Tat und Wahrheit, nicht in der Vorstellung nur; denn wo sie nur in der Vorstellung – sowohl Gottes als des Menschen –, also nur ideal oder vielmehr imaginär in Gott sind, da existieren sie zugleich außer der Vorstellung, außer Gott. Haben wir aber einmal keine Dinge, keine Welt mehr außer Gott, so haben wir auch keinen Gott mehr außer der Welt – kein nur ideales, vorgestelltes, sondern ein reales Wesen; so haben wir mit *einem* Worte den Spinozismus oder Pantheismus. Was aber von dem Verstande Gottes, das gilt noch weit mehr von andern Bestimmungen, wie z. B. von der Allgegenwart, von der Unendlichkeit – Bestimmungen, die erst im Pantheismus realisiert werden. Selbst die Bestimmung Gottes als der Ursache der Welt oder Materie ist im Theismus eine Vorstellung ohne Realität, eine bloße Phantasie.[1] Der Theismus stellt sich Gott als ein pur immaterielles Wesen vor. Gott aber als immateriell bestimmen heißt nichts andres als die Materie als ein nichtiges Ding, als ein Unwesen bestimmen; denn Gott nur ist das Maß des Wirklichen, Gott nur Sein, Wahrheit, Wesen; nur was von und in Gott gilt, das *ist;* was von Gott verneint wird, ist nicht. Die Materie aus Gott ableiten heißt daher nichts andres als durch ihr Nichtsein ihr Sein begründen wollen; denn Ableitung ist Angabe eines Grundes, Begründung. Gott hat die Materie gemacht. Aber wie, warum, woraus? Darauf gibt der Theismus keine Antwort. Die Materie ist für ihn ein rein *unerklärliches* Dasein, d. h., sie ist die *Grenze,* das *Ende* der Theologie, an ihr scheitert sie, wie im Leben, so im Denken. Wie kann ich also aus der Theologie, ohne sie zu negieren, das Ende, die Negation der Theologie ableiten? Wie da, wo ihr der Verstand ausgeht, einen Erklärungsgrund, eine Auskunft suchen? Wie aus der Verneinung der Materie oder Welt, welche das Wesen der Theologie ist, aus

[1] Was aber . . . bloße Phantasie. *Fehlt in B, wo dann mit dem folgenden ein neuer Absatz beginnt.*

dem Satze: Die Materie *ist nicht,* die Bejahung der Materie, den Satz: *Sie ist,* und zwar dem Gotte der Theologie zum Trotze, herausbringen? Wie anders als durch bloße Fiktionen? Die materiellen Dinge können nur aus Gott abgeleitet werden, wenn *Gott selbst als ein materialistisches Wesen bestimmt* wird. So nur wird Gott aus einer nur vorgestellten, eingebildeten Ursache zur *wirklichen* Ursache der Welt. Wer sich nicht schämt, Schuhe zu machen, der schäme sich auch nicht, ein Schuster zu sein und zu heißen. Hans Sachs war wohl Schuster und Dichter zugleich. Aber seine Schuhe waren die Werke seiner Hände, seine Gedichte die Werke seines Kopfes. Wie die Wirkung, so die Ursache. Aber die Materie ist *nicht* Gott, sie ist vielmehr das Endliche, das Ungöttliche, das Gott Verneinende – die unbedingten Verehrer und Anhänger der Materie sind Atheisten. Der Pantheismus verbindet daher mit dem Theismus den Atheismus – mit Gott die *Negation* Gottes: *Gott* ist ein *materielles,* in Spinozas Sprache: ein *ausgedehntes,* Wesen.

§ 15

Der Pantheismus ist der *theologische Atheismus,* der *theologische Materialismus,* die *Negation der Theologie,* aber selbst auf dem *Standpunkte der Theologie;* denn er macht die Materie, die Negation Gottes, zu einem *Prädikat* oder *Attribut des göttlichen Wesens.* Wer aber die Materie zu einem Attribut Gottes macht, der erklärt die Materie für ein *göttliches Wesen.* Die[1] *Verwirklichung Gottes* hat überhaupt zur *Voraussetzung* die *Göttlichkeit, d. i. Wahrheit* und *Wesenhaftigkeit, des Wirklichen.* Die *Vergötterung* des *Wirklichen,* des *materiell Existierenden* – der Materialismus, Empirismus, Realismus, Humanismus –, die *Negation* der Theologie ist aber das Wesen der neuern Zeit. Der Pantheismus ist daher nichts andres als das zum *göttlichen Wesen,* zu einem *religionsphilosophischen Prinzip* erhobene *Wesen der neuern Zeit.*

Der Empirismus oder Realismus, worunter hier überhaupt die sogenannten realen Wissenschaften, insbesondere

[1] *In B hervorgehoben.*

die Naturwissenschaften, verstanden werden, negiert die Theologie[1] aber nicht theoretisch, sondern *praktisch – durch die Tat,* indem der Realist das, was die Negation Gottes oder wenigstens *nicht* Gott ist, zur *wesentlichen* Angelegenheit seines Lebens, zum *wesentlichen Gegenstand* seiner Tätigkeit macht. Wer aber Geist und Herz nur auf das Materielle, das Sinnliche konzentriert, der spricht dem Übersinnlichen *tatsächlich* seine Realität ab; denn nur das ist, für den Menschen wenigstens, wirklich, was ein Objekt reeller[1] wirklicher Tätigkeit ist. „Was ich nicht weiß, macht mich nicht heiß." Die Rede, man könne vom Übersinnlichen nichts wissen, ist nur eine Ausrede. Man weiß nur dann nichts mehr von Gott und göttlichen Dingen, wenn man von ihnen nichts mehr wissen *mag.* Wie vieles wußte man von Gott, wie vieles von den Teufeln, wie vieles von den Engeln, solange noch diese[2] Wesen Gegenstand eines *wirklichen* Glaubens waren! Wofür man sich *interessiert,* dazu hat man auch *Fähigkeit.* Die Mystiker und Scholastiker des Mittelalters hatten nur darum keine Fähigkeit und Geschicklichkeit zur Naturwissenschaft, weil sie kein Interesse für die Natur hatten. Wo der Sinn nicht fehlt, da fehlen auch nicht die Sinne, die Organe. Wofür das Herz offen, das ist auch dem Verstand kein Geheimnis. So verlor denn auch die Menschheit in neuerer Zeit nur deswegen die Organe für die übersinnliche Welt und ihre Geheimnisse, weil sie mit dem Glauben an sie auch den Sinn für sie verlor, weil ihre wesentliche Tendenz eine antichristliche, antitheologische, d. h. eine anthropologische,[3] realistische, materialistische Tendenz war.[4] Spinoza traf daher mit seinem paradoxen Satz: Gott ist ein ausgedehntes, d. i. materielles, Wesen, den Nagel auf den Kopf. Er fand den, für seine Zeit wenigstens, wahren philosophischen Ausdruck für die materialistische Tendenz der neuern Zeit; er legitimierte, sanktionierte sie.[5]

[1] *In B folgt Komma.*

[2] *In B folgt Zusatz:* übersinnlichen

[3] *In B folgt Zusatz:* kosmische,

[4] *In B hierzu als Zusatz noch folgende Fußnote Feuerbachs:* Die Unterschiede zwischen Materialismus, Empirismus, Realismus, Humanismus sind natürlich hier in dieser Schrift gleichgiltig.

[5] *In B Doppelpunkt statt des Punktes.*

Gott selbst ist Materialist. Spinozas Philosophie war Religion, er selbst ein Charakter. Nicht stand bei ihm, wie bei unzähligen andern, der Materialismus im Widerspruch mit der Vorstellung eines immateriellen, antimaterialistischen Gottes, der konsequent auch nur *antimaterialistische, himmlische Tendenzen* und *Beschäftigungen* dem Menschen zur *Pflicht* macht; denn Gott ist nichts andres als das Ur- und Vorbild des Menschen: *Wie* und *was* Gott ist, so und das *soll,* so und das *will* der Mensch sein oder hofft er wenigstens, einst zu werden. Aber nur, wo die Theorie nicht die Praxis, die Praxis nicht die Theorie verleugnet, ist Charakter, Wahrheit und Religion. Spinoza ist der Moses der modernen Freigeister und Materialisten.

§ 16

Der *Pantheismus* ist die *Negation* der *theoretischen,* der *Empirismus* die *Negation* der *praktischen* Theologie – der Pantheismus negiert das *Prinzip,* der Empirismus die *Konsequenzen* der Theologie.

Der Pantheismus macht Gott zu einem gegenwärtigen, wirklichen, materiellen Wesen, der Empirismus, wozu auch der Rationalismus gehört, zu einem abwesenden, fernen, unwirklichen, negativen Wesen. Der Empirismus spricht Gott nicht die Existenz ab, aber alle positiven Bestimmungen, weil ihr Inhalt nur ein endlicher, empirischer, das Unendliche daher kein Gegenstand für den Menschen sei. Je mehr Bestimmungen ich aber einem Wesen abspreche, desto mehr setze ich es außer Zusammenhang mit mir, desto weniger räume ich ihm Macht und Einfluß auf mich ein, desto freier mache ich mich von ihm. Je mehr Qualitäten ich habe, desto mehr bin ich auch für andere, desto größer ist auch der Umfang meiner Wirkungen, meines Einflusses. Und *je mehr* einer *ist,* desto mehr *weiß* man auch von ihm. Jede Negation einer Eigenschaft Gottes ist daher ein partialer Atheismus, eine Sphäre der Gottlosigkeit. Soweit ich die Eigenschaft wegnehme, soweit nehme ich Gott das Sein weg. Ist z. B. Teilnahme, Barmherzigkeit keine Eigenschaft Gottes, so bin ich in meinen Leiden allein für mich – Gott *ist nicht da* als mein Tröster. Ist Gott die

Negation alles Endlichen, so ist konsequent auch das Endliche die Negation Gottes. Nur wenn Gott an mich denkt – so schließt der Religiöse –, habe ich auch Grund und Ursache, an ihn zu denken; nur in seinem Für-mich-Sein liegt der Grund meines Für-ihn-Seins. Dem Empirismus ist daher in Wahrheit das theologische Wesen nichts mehr, d. h. nichts Wirkliches, aber er verlegt dieses Nichtsein nicht in den Gegenstand, sondern *nur in sich*, in sein *Wissen*. Er spricht Gott nicht das Sein ab, d. h. das tote, gleichgültige[1] Sein, aber er spricht ihm das Sein ab, das sich *als Sein* beweist, das wirksame, fühlbare, ins Leben eingreifende Sein. Er bejaht Gott, aber *negiert alle Konsequenzen*, die mit dieser Bejahung *notwendig* verbunden sind. Er verwirft die Theologie, gibt sie auf, aber nicht aus theoretischen Gründen, sondern aus *Widerwillen*, aus *Abneigung* gegen die Gegenstände der Theologie, d. h. aus einem dunkeln Gefühl von ihrer Unrealität. Die Theologie ist nichts, denkt der Empiriker bei sich, aber er setzt noch hinzu: *für mich*, d. h., sein Urteil ist ein subjektives, *pathologisches;* denn er hat nicht die Freiheit, aber auch nicht die Lust und den Beruf, die Gegenstände der Theologie vor das Forum der Vernunft zu ziehen. Dies ist der Beruf der Philosophie. Die Aufgabe der neueren Philosophie war daher keine andere, als das *pathologische Urteil des Empirismus, daß es mit der Theologie nichts sei*, zu einem *theoretischen, objektiven Urteil* zu erheben – die indirekte, unbewußte, negative Negation der Theologie in eine direkte, positive, bewußte Negation zu verwandeln. Wie lächerlich ist es darum, den „Atheismus" der Philosophie unterdrücken zu wollen, ohne zugleich den Atheismus der Empirie zu unterdrücken! Wie lächerlich, die theoretische Negation des Christentums zu verfolgen und doch zugleich die tatsächlichen Negationen des Christentums, von denen die neuere Zeit wimmelt, bestehen zu lassen! Wie lächerlich, mit dem *Bewußtsein*, d. h. dem Symptom, des Übels auch zugleich die *Ursache* des Übels aufheben zu wollen! Ja, wie lächerlich! Und doch, wie reich an solchen Lächerlichkeiten ist die Geschichte! Sie wiederholen sich in allen kritischen Zeiten. Kein Wunder; in der Vergangenheit läßt man sich alles

[1] gleichgiltige *B*

gefallen, anerkennt man die Notwendigkeit der vorgefallenen Veränderungen[1]; aber gegen die Anwendung auf den *gegenwärtigen* Fall sträubt man sich immer mit Händen und Füßen; die Gegenwart macht man aus Kurzsichtigkeit oder Bequemlichkeit zu einer Ausnahme von der Regel.

§ 17

Die Erhebung der Materie zu einer göttlichen Wesenheit ist unmittelbar zugleich die Erhebung der *Vernunft* zu einer *göttlichen Wesenheit.* Was der Theist aus *Gemütsbedürfnis,* aus Verlangen nach unbegrenzter Glückseligkeit vermittelst der Einbildungskraft von Gott verneint, das bejaht der Pantheist von Gott aus *Vernunftbedürfnis.* Die Materie ist der wesentliche Gegenstand der Vernunft[2]. Wäre keine Materie, so hätte die Vernunft keinen *Reiz* und *Stoff* zum Denken, keinen Inhalt. Die Materie kann man *nicht aufgeben,* ohne *die Vernunft aufzugeben, nicht anerkennen,* ohne *die Vernunft anzuerkennen.* Materialisten sind Rationalisten. Aber der Pantheismus bejaht die Vernunft als eine göttliche Wesenheit nur *indirekt* – nur so, daß er Gott aus einem Wesen der Einbildungskraft, welches er[3] im Theismus ist, zu einem Vernunftgegenstande, einem Vernunftwesen macht; die *direkte* Apotheose der Vernunft ist der *Idealismus.* Der Pantheismus führt *notwendig* zum Idealismus. Der Idealismus verhält sich zum Pantheismus gerade wie dieser zum Theismus.

Wie das Objekt, so das Subjekt. Nicht die Sinne, sondern nur der *Verstand* nimmt nach Cartesius das *Wesen* der körperlichen Dinge, den Körper *als Substanz* wahr[4]; aber ebendeswegen ist auch nicht der Sinn, sondern der Verstand nach Cartesius das *Wesen* des wahrnehmenden Subjekts, des Menschen. Nur dem Wesen ist Wesen als Objekt

[1] *In B folgt Zusatz:* und Revolutionen
[2] wesentliche ... Vernunft: Vernunft ein wesentlicher Gegenstand *B*
[3] *In B folgt Zusatz:* als ein persönliches Wesen
[4] die ... wahr: den Sinnen, sondern nur dem Verstand ist nach Cartesius das Wesen der körperlichen Dinge, der Körper als Substanz Gegenstand *B*

gegeben. Die Meinung hat nach Plato nur die unbeständigen Dinge zum Objekt, aber darum ist sie selbst das unbeständige, veränderliche Wissen – eben nur Meinung. Das Wesen der Musik ist dem Musiker das höchste Wesen – darum das Gehör das höchste Organ; er verliert lieber die Augen als die Ohren; der Naturforscher dagegen lieber die Ohren als die Augen, weil sein objektives Wesen das Licht. Vergöttere ich den Ton, so vergöttere ich das Ohr. Sage ich also wie der Pantheist: Die Gottheit oder, was eins ist, das absolute Wesen, die absolute Wahrheit und Realität ist *nur für die Vernunft, nur der Vernunft Gegenstand*, so erkläre ich Gott selbst für ein Vernunftding oder Vernunftwesen und spreche dadurch nur indirekt die absolute Wahrheit und Realität der Vernunft aus. Und es ist daher notwendig, daß die Vernunft *auf sich selbst* zurückgeht, diese *verkehrte* Selbstanerkennung *umkehrt*, sich direkt als die absolute Wahrheit ausspricht, sich selbst unmittelbar, ohne das Zwischenglied eines Objekts, als die absolute Wahrheit Gegenstand wird. Der Pantheist sagt dasselbe, was der Idealist, nur spricht jener objektiv oder realistisch aus, was dieser subjektiv oder idealistisch. Jener hat seinen *Idealismus* im *Gegenstande* – außer der Substanz, außer Gott ist nichts, alle Dinge sind nur Bestimmungen Gottes –, dieser hat seinen *Pantheismus* im *Ich* – außer dem Ich ist nichts, alle Dinge sind nur als Objekte des Ich. Aber gleichwohl ist der Idealismus die Wahrheit des Pantheismus; denn Gott oder die Substanz ist nur das Objekt und als Objekt[1] der Vernunft, des Ich, des denkenden Wesens – glaube, denke ich[2] keinen Gott, so habe ich keinen Gott, er ist *für mich* nur *durch mich*, für die Vernunft nur durch die Vernunft –, das Apriori, das *erste* Wesen ist also nicht das *gedachte*, sondern das *denkende* Wesen, *nicht das Objekt, sondern das Subjekt*. So notwendig die Naturwissenschaft vom Lichte auf das Auge, so notwendig ging die Philosophie von den Gegenständen des Denkens auf das „Ich denke" zurück. Was ist das Licht, als erleuchtendes, hell machendes Wesen, als Objekt der Optik, ohne das Auge? Nichts. Und so weit geht die Naturwissenschaft. Aber was

[1] und . . . Objekt *Fehlt in B.*

[2] *In B folgt Zusatz:* überhaupt

ist – so fragt nun weiter die Philosophie – das Auge ohne Bewußtsein? Gleichfalls nichts – ob ich sehe *ohne Bewußtsein* oder *nicht* sehe, ist identisch. Erst das Bewußtsein des Sehens ist die Wirklichkeit des Sehens oder wirkliches Sehen. Aber warum glaubst du, daß etwas ist außer dir? Weil du etwas siehst, hörst, fühlst. Also ist dieses Etwas erst *als Objekt des Bewußtseins* ein *wirkliches* Etwas, ein *wirkliches Objekt* – also das Bewußtsein die absolute Realität oder Wirklichkeit, das Maß aller Existenz. Alles, was ist, *ist* nur als seiend für das Bewußtsein, als *Bewußtes*; denn *Bewußtsein* ist erst *Sein*. So verwirklicht sich im Idealismus das Wesen Gottes, das Wesen der Theologie im Ich, im Bewußtsein[1]. Ohne Gott kann nichts sein, nichts gedacht werden –[2] das heißt im Sinne des Idealismus: Alles ist nur als – sei es nun wirklicher oder möglicher –[3] Gegenstand des Bewußtseins; Sein heißt *Gegenstand*sein,[4] setzt also Bewußtsein voraus. Die Dinge, die Welt überhaupt ist ein Werk, ein Produkt des absoluten Wesens[5] Gottes; aber *dieses absolute Wesen* ist ein Ich, ein *bewußtes, denkendes* Wesen – also ist die Welt, wie Cartesius vortrefflich vom Standpunkte des Theismus aus sagt, ein *ens rationis divinae* [Wesen aus göttlicher Vernunft], ein Hirngespinst, ein *Gedankending*[6] Gottes. Aber dieses Gedankending ist im Theismus, in der Theologie selbst wieder nur eine vage Vorstellung. Realisieren wir daher diese Vorstellung, führen wir sozusagen praktisch aus, was im Theismus nur Theorie ist, so haben wir die Welt als Produkt des Ich (Fichte) oder – wenigstens so, wie sie uns erscheint, wie wir sie anschauen – als ein Werk oder Produkt unserer Anschauung, unsers Verstandes (Kant). „Die Natur wird von den Gesetzen der Möglichkeit der Erfahrung überhaupt abgeleitet." „Der Verstand schöpft seine Gesetze (a priori) nicht aus der

1 Gottes . . . im Bewußtsein: der Theologie im Ich, im Bewußtsein das Wesen Gottes *B*

2 *In B Semikolon statt des Gedankenstrichs.*

3 *In B die Parenthese durch Kommas, nicht durch Gedankenstriche markiert.*

4 Gegenstandsein: Gegenstand sein *B*

5 *In B folgt Komma.*

6 Hirngespinst . . . Gedankending: Gedankending, ein Hirngespinst

Natur, sondern schreibt sie dieser vor.“ Der Kantsche Idealismus, wo sich die Dinge nach dem Verstande, nicht der Verstand nach den Dingen richtet, ist also[1] nichts anderes als die Verwirklichung der theologischen Vorstellung vom göttlichen Verstande, der nicht von den Dingen bestimmt wird, sondern umgekehrt diese bestimmt. Wie töricht ist es daher, den Idealismus im Himmel, d. h. den Idealismus der Einbildung, als eine göttliche Wahrheit anzuerkennen, aber den Idealismus auf Erden, d. h. den Idealismus der Vernunft, als einen menschlichen Irrtum zu verwerfen! Leugnet ihr den Idealismus, nun, so leugnet auch Gott! Gott nur ist der Urheber des Idealismus. Wollt ihr die Konsequenzen nicht, so wollt auch das Prinzip nicht! Der Idealismus ist nichts als der *rationelle* oder rationalisierte Theismus. Aber der Kantsche Idealismus ist noch ein beschränkter Idealismus – der *Idealismus* auf dem *Standpunkte des Empirismus*. Dem Empirismus ist Gott, der schon oben gegebenen Entwickelung zufolge, nur noch ein Wesen in der Vorstellung, in der Theorie – Theorie im gewöhnlichen, schlechten Sinne –, aber nicht in der Tat und Wahrheit, ein Ding an sich, aber nicht mehr ein Ding *für ihn*; denn die Dinge für ihn sind allein die empirischen, wirklichen Dinge. Die Materie ist die einzige Materie seines Denkens – er hat daher *keine Materialien mehr für Gott:* Gott *ist*, aber er ist *für uns* eine tabula rasa, ein leeres Wesen, ein bloßer Gedanke. Gott – Gott, wie wir ihn vorstellen, denken – ist unser Ich, unser Verstand, unser Wesen, aber *dieser* Gott ist nur eine *Erscheinung von uns für uns, nicht Gott an sich*. Kant ist der noch im Theismus befangene Idealismus. Wir sind oft längst von einer Sache, einer Lehre, einer Idee der Tat nach frei, aber gleichwohl sind wir es noch nicht im Kopfe; sie ist keine Wahrheit mehr in *unserm Wesen* – sie war es vielleicht nie –, aber sie ist noch eine theoretische Wahrheit, d. h. eine Schranke unsers Kopfes. Der Kopf, weil er die Dinge am gründlichsten nimmt, wird auch am spätesten frei. Die theoretische Freiheit ist, wenigstens in vielen Dingen, die letzte Freiheit. Wie viele sind Republikaner von Herzen, von Gesinnung, aber im Kopfe können sie nicht über die

[1] daher *B*

Monarchie hinaus; ihr republikanisches Herz scheitert an den Einwürfen und Schwierigkeiten, welche der Verstand macht. So ist es denn auch mit dem Theismus Kants. Kant hat die Theologie in der *Moral*, das göttliche Wesen im *Willen* realisiert und negiert. Der Wille ist Kant das wahre, ursprüngliche, unbedingte, von sich selbst anfangende Wesen. Kant vindiziert also in der Tat die Prädikate der Gottheit dem Willen; sein Theismus hat daher nur noch die Bedeutung einer Schranke seines Kopfes[1]. Der von der Schranke des Theismus freie Kant ist Fichte – der „Messias der spekulativen Vernunft". Fichte ist der Kantsche Idealismus, *aber auf dem Standpunkte des Idealismus*. Nur auf dem empirischen Standpunkte gibt es nach Fichte einen von uns unterschiedenen, außer uns seienden Gott, aber in Wahrheit, auf dem Standpunkte des Idealismus, ist das Ding an sich, ist Gott – denn Gott ist das eigentliche Ding an sich – nur das Ich *an sich*, d. h. das vom Individuum, vom empirischen Ich, unterschiedene Ich. Außer dem Ich gibt es keinen Gott: „Unsere Religion ist die Vernunft." Aber der Fichtesche Idealismus ist nur die Negation und Realisation des abstrakten und formalen Theismus, des Monotheismus, nicht des religiösen, materiellen, inhaltserfüllten Theismus, des Tritheismus, dessen Realisation erst der *„absolute"*, der *Hegel*sche Idealismus ist. Oder: Fichte hat nur den Gott des Pantheismus, *inwiefern* er ein *denkendes* Wesen, aber nicht, wiefern er ein ausgedehntes, materielles Wesen ist, realisiert. Fichte ist der theistische Idealismus, Hegel der pantheistische Idealismus.

§ 18

Die neuere Philosophie hat das von der Sinnlichkeit, der Welt, dem Menschen abgesonderte und unterschiedene göttliche Wesen verwirklicht und aufgehoben – aber *nur im Denken, in der Vernunft*, und zwar einer *gleichfalls von der Sinnlichkeit, der Welt, dem Menschen abgesonderten und unterschiedenen Vernunft*. Das heißt, die neuere Philosophie hat nur *die Gottheit des Verstandes bewiesen* – nur

[1] Schranke . . . Kopfes: theoretischen Schranke *B*

den, und zwar *abstrakten*, *Verstand* als das *göttliche*, das *absolute Wesen* erkannt. Die Definition des *Cartesius von sich, als Geist*: „*Mein Wesen besteht einzig darin, daß ich denke*", ist die *Definition der neuern Philosophie von sich*. Der *Wille* des Kantschen und Fichteschen Idealismus ist selbst ein *pures Verstandeswesen* und die Anschauung, die Schelling, im Gegensatz zu Fichte, mit dem Verstande verband, nur Phantasie, keine Wahrheit, kommt also nicht in Betracht.

Die neuere Philosophie ist von der Theologie ausgegangen – sie ist selbst nichts anderes als die in Philosophie aufgelöste und verwandelte Theologie. Das abstrakte und transzendente Wesen Gottes konnte daher selbst *nur auf eine abstrakte und transzendente Weise* verwirklicht und aufgehoben werden. Um Gott in die Vernunft zu verwandeln, mußte die Vernunft selbst die Beschaffenheit des abstrakten göttlichen Wesens annehmen. „Die Sinne", sagt Cartesius, „geben keine wahre Realität, kein Wesen, keine Gewißheit – nur der von den Sinnen abgezogene Verstand gibt Wahrheit". Woher dieser Zwiespalt zwischen dem Verstande und den Sinnen? Nur aus der Theologie kommt er. Gott ist kein sinnliches Wesen, er ist vielmehr die Negation aller Bestimmungen der Sinnlichkeit, wird nur erkannt durch die Abstraktion von derselben; aber er ist Gott, d. h. das *allerwahrste, allerrealste, allergewisseste* Wesen. Woher soll also Wahrheit in die Sinne kommen – in die Sinne, die geborene Atheisten sind? Gott ist das Wesen, bei dem sich die Existenz nicht vom Wesen, vom Begriffe absondern läßt, das gar nicht anders denn als seiend gedacht werden kann. Cartesius verwandelt dieses objektive Wesen in subjektives, den ontologischen Beweis in einen psychologischen, das „Cogitatur deus ergo est [Gott wird gedacht, also ist er]" in „Cogito ergo sum [ich denke, also bin ich]". Wie sich in Gott nicht das Sein vom Gedachtwerden, so läßt sich in mir – als Geist, der aber mein Wesen – nicht vom Denken das Sein absondern, und wie dort, so konstituiert auch hier diese Unzertrennlichkeit das Wesen. Ein Wesen, das *nur ist* – gleichviel, ob an sich oder für mich – *als Gedachtes*, als Gegenstand der Abstraktion von aller Sinnlichkeit, realisiert und versubjektiviert sich notwendig auch nur in einem Wesen, das *nur ist als denkendes*, dessen Wesenheit nur das abstrakte Denken.

§ 19

Die *Vollendung* der neueren Philosophie ist die *Hegel*sche Philosophie. Die *historische Notwendigkeit* und *Rechtfertigung* der neuen Philosophie knüpft sich daher hauptsächlich an die *Kritik Hegels.*

§ 20

Die neue Philosophie hat, ihrem historischen Ausgangspunkte nach, *dieselbe* Aufgabe und Stellung der *bisherigen Philosophie* gegenüber, welche *diese* der *Theologie* gegenüber hatte. Die neue Philosophie ist die *Realisation* der Hegelschen, überhaupt bisherigen Philosophie – aber eine Realisation, die zugleich die *Negation,* und zwar *widerspruchlose* Negation, derselben ist.

§ 21

Der *Widerspruch* der neueren Philosophie, insbesondere des Pantheismus, daß er die *Negation der Theologie auf dem Standpunkte der Theologie* oder *die* Negation der Theologie ist, welche *selbst wieder Theologie,* dieser Widerspruch *charakterisiert insbesondere die Hegelsche Philosophie.*

Das immaterielle Wesen, das Wesen, wie es pures Verstandesobjekt, reines Verstandeswesen, ist der neueren Philosophie, so auch der Hegelschen, allein das wahre, das absolute Wesen – Gott. Selbst die Materie, die Spinoza zum Attribut der göttlichen Substanz macht, ist ein metaphysisches Ding, ein pures Verstandeswesen; denn die wesentliche Bestimmung der Materie im Unterschied von dem Verstande, der Denktätigkeit, die Bestimmung, ein leidendes Wesen zu sein, ist ihr genommen. Aber Hegel unterscheidet sich von der früheren Philosophie dadurch, daß er das Verhältnis des materiellen, sinnlichen Wesens zum immateriellen anders bestimmt. Die früheren Philosophen und Theologen dachten das wahre, das göttliche Wesen als ein von Natur, per se von der Sinnlichkeit oder Materie abgelöstes, befreites Wesen; nur *in sich selbst* verlegten sie die Mühe und Arbeit der Abstraktion, des Sich-Frei-Machens vom Sinnlichen, um zu dem zu kommen, was *an sich selber* davon *frei ist*. In dieses *Freisein* setzten sie die *Seligkeit* des göttlichen, in dieses Sich-*Frei-Machen* die *Tugend* des menschlichen Wesens. Hegel dagegen machte diese subjektive Tätigkeit zur *Selbst*tätigkeit des göttlichen Wesens. Gott selbst muß sich dieser Arbeit unterziehen, sich, wie die Heroen des Heidentums, durch Tugend seine Gottheit erkämpfen. So nur wird die Freiheit des Absoluten von der Materie, die außerdem nur Voraussetzung, nur Vorstellung ist, Tat und Wahrheit. Aber diese Selbstbefreiung von der Materie kann nur in Gott gesetzt werden, wenn zugleich die Materie in ihn gesetzt wird. Wie kann sie aber in ihn gesetzt werden? Nur dadurch, daß er sie selbst setzt. Aber in Gott ist nur Gott. Also nur dadurch, daß er *sich selbst* als Materie, als Nicht-Gott, als sein anderes setzt. Die Materie ist so kein dem Ich, dem Geiste auf eine unbegreifliche Weise vorausgesetzter Gegensatz: Sie ist die *Selbstentäußerung* des Geistes. Damit bekommt die Materie selbst Geist und Verstand, sie ist aufgenommen in das absolute Wesen als ein Lebens-, Bildungs- und Entwickelungsmoment desselben; zugleich ist sie aber doch wieder als ein *nichtiges, unwahres* Wesen gesetzt, indem erst das aus dieser Entäußerung sich herstellende, d. h. die Materie, die Sinnlichkeit von sich abstreifende, Wesen als das Wesen in seiner Vollendung, in seiner wahren Gestalt und Form ausgesprochen wird. Das Natürliche, Materielle, Sinnliche – und zwar das Sinnliche nicht im gemeinen, moralischen, sondern metaphysischen Sinne – ist also auch hier *das zu Negierende*, wie in der Theologie die durch die Erbsünde vergiftete Natur. Es wird zwar aufgenommen in die Vernunft, das Ich, den Geist, aber es ist das *Unvernünftige* in der Vernunft, das *Nicht-Ich* im Ich, das *Negative* desselben, wie bei Schelling die Natur in Gott das Nicht-Göttliche in Gott, *in* ihm *außer* ihm ist, wie in der Cartesischen Philosophie der Leib, wenngleich mit mir, mit dem Geiste verbunden, dennoch *außer mir* ist, nicht zu mir, zu meinem Wesen gehört und es daher gleichgültig ist, ob er mit mir verbunden ist oder nicht ist. Die Materie bleibt *im Widerspruch* mit dem von der Philosophie als wahres Wesen vorausgesetzten Wesen.

Die Materie wird zwar in Gott gesetzt, d. h. als Gott gesetzt, und die Materie als Gott setzen ist soviel als sagen: Es ist kein Gott, also soviel als die Theologie aufheben, die Wahrheit des Materialismus anerkennen. Aber zugleich ist doch die Wahrheit des Wesens der Theologie noch vorausgesetzt. Der Atheismus, die Negation der Theologie, wird daher wieder negiert, d. h. die Theologie durch die Philosophie wiederhergestellt. Gott ist *Gott* erst dadurch, daß er die Materie, die Negation Gottes, überwindet, negiert. Und erst die Negation der Negation ist nach Hegel wahre Position. Am Ende sind wir daher wieder, wovon wir anfänglich ausgegangen – im Schoße der christlichen Theologie. So haben wir schon im obersten Prinzip der Hegelschen Philosophie das Prinzip und Resultat seiner Religionsphilosophie, daß die Philosophie die Dogmen der Theologie nicht aufhebe, sondern nur aus der Negation des Rationalismus wiederherstelle, sie nur vermittele. Das Geheimnis der Hegelschen Dialektik ist zuletzt nur dieses, daß er die Theologie durch die Philosophie und dann wieder die Philosophie durch die Theologie negiert. Anfang und Ende bildet die Theologie, in der Mitte steht die Philosophie als die Negation der ersten Position, aber die Negation der Negation ist die Theologie. Erst wird alles umgeworfen, aber dann wieder alles an seinen alten Platz gestellt, wie bei Cartesius. Die Hegelsche Philosophie ist der letzte großartige Versuch, das verlorene, untergegangene Christentum durch die Philosophie wiederherzustellen, und zwar dadurch, daß, wie überhaupt in der neuern Zeit, die *Negation* des Christentums *mit dem Christentum selbst identifiziert* wird. Die vielgepriesene spekulative Identität des Geistes und der Materie, des Unendlichen und Endlichen, des Göttlichen und Menschlichen ist nichts weiter als der unselige Widerspruch der neuern Zeit – die Identität von Glaube und Unglaube, Theologie und Philosophie, Religion und Atheismus, Christentum und Heidentum – auf seinem höchsten Gipfel, auf dem Gipfel der Metaphysik. Nur dadurch wird dieser Widerspruch bei Hegel den Augen entrückt, verdunkelt, daß die Negation Gottes, der Atheismus, zu einer objektiven Bestimmung Gottes gemacht – Gott als ein *Prozeß* und als ein Moment dieses Prozesses der Atheismus bestimmt wird. Aber sowenig der aus dem Unglauben wiederhergestellte Glaube ein wahrer, weil stets mit seinem Gegensatz behafteter, Glaube ist, sowenig ist der aus seiner Negation sich wiederherstellende Gott ein wahrer, vielmehr ein sich selbst widersprechender, ein atheistischer, Gott.

§ 22

Wie das göttliche Wesen nichts anders ist als das Wesen des Menschen, befreit von der Schranke der Natur, so ist das Wesen des *absoluten Idealismus* nichts anderes *als das Wesen des subjektiven Idealismus, befreit von der, und zwar vernünftigen, Schranke der Subjektivität, d. h.* von der *Sinnlichkeit* oder *Gegenständlichkeit* überhaupt. Die Hegelsche Philosophie läßt sich daher *unmittelbar* aus dem Kantschen und Fichteschen Idealismus ableiten.

Kant sagt: „Wenn wir die Gegenstände der Sinne, wie billig, als *bloße Erscheinungen* ansehen, so gestehen wir hierdurch doch zugleich, daß ihnen ein *Ding an sich selbst* zum Grunde liege, ob wir dasselbe gleich nicht, wie es an sich beschaffen sei, sondern nur seine Erscheinung, d. i. die Art, wie unsere Sinne von diesem unbekannten Etwas affiziert werden, kennen. Der Verstand also, ebendadurch, daß er *Erscheinungen annimmt*, gesteht auch das Dasein *von Dingen an sich selbst* zu, und sofern[1] können wir sagen, daß die Vorstellung solcher Wesen, die den Erscheinungen zum Grunde liegen, mithin *bloßer Verstandeswesen*, nicht allein zulässig, sondern auch *unvermeidlich* sei." Die Gegenstände der Sinne, der Erfahrung sind also für den Verstand *bloße Erscheinung, keine Wahrheit*; sie befriedigen also nicht den Verstand, d. h., sie *entsprechen nicht seinem Wesen*. Der Verstand ist folglich keineswegs durch die Sinnlichkeit in seinem Wesen beschränkt; sonst würde er die sinnlichen Dinge nicht für Erscheinungen, sondern für blanke Wahrheit nehmen. Was mich nicht befriedigt, begrenzt und beschränkt mich auch nicht. Und dennoch sollen die Verstandeswesen keine wirklichen Objekte für den Verstand sein! Die Kantsche Philosophie ist der Widerspruch von *Subjekt* und *Objekt*, *Wesen* und *Existenz*, *Denken*

[1] insofern *B*

und *Sein*. Das Wesen fällt hier in den Verstand, die Existenz in die Sinne. Die *Existenz ohne Wesen* ist *bloße Erscheinung* – das sind die *sinnlichen Dinge* –, das *Wesen ohne Existenz* ist *bloßer Gedanke* – das sind die *Verstandeswesen*, die noumena; sie werden gedacht, aber es fehlt ihnen die Existenz – wenigstens die Existenz für uns – die Objektivität; sie sind die Dinge an sich, die *wahren* Dinge, nur sind sie keine *wirklichen* Dinge und folglich auch keine Dinge für den Verstand, d. h. keine von ihm bestimm- und erkennbaren. Aber welch ein Widerspruch, die Wahrheit von der Wirklichkeit, die Wirklichkeit von der Wahrheit abzutrennen! Heben wir daher diesen Widerspruch auf, so haben wir die Identitätsphilosophie, wo die *Verstandesobjekte*, die *gedachten Dinge als die wahren* auch die *wirklichen* sind, wo das Wesen und die Beschaffenheit des *Objekts* des Verstandes dem Wesen und der Beschaffenheit des Verstandes oder *Subjektes*[1] entspricht, wo also das Subjekt nicht mehr beschränkt und bedingt ist durch einen außer ihm existierenden, seinem Wesen widersprechenden Stoff. Aber das Subjekt, das kein Ding mehr außer sich und folglich keine Schranken mehr in sich hat, ist nicht mehr „endliches" Subjekt – nicht mehr *das* Ich, dem ein Objekt gegenübersteht –, ist das absolute Wesen, dessen theologischer oder populärer Ausdruck das Wort „Gott" ist. Es ist zwar dasselbe Subjekt, dasselbe Ich wie im subjektiven Idealismus – aber *ohne Schranken, das Ich*, das daher auch nicht mehr Ich, subjektives Wesen zu *sein scheint* und deswegen auch nicht mehr Ich *heißt*.

§ 23

Die Hegelsche Philosophie ist der *umgekehrte* – der *theologische* Idealismus, wie die *Spinozische* Philosophie der *theologische Materialismus* ist; sie hat das *Wesen* des Ich *außer* das Ich gesetzt, abgesondert vom Ich, als Substanz, als Gott vergegenständlicht, aber dadurch wieder – also *indirekt, verkehrt* – die *Göttlichkeit des Ich* aus-

[1] Subjekts *B. Geringfügige Veränderung; wird im folgenden nicht mehr vermerkt.*

gesprochen, daß sie dasselbe, wie Spinoza die Materie, zu einem *Attribut* oder *zur Form der göttlichen Substanz* machte: Das *Bewußtsein des Menschen von Gott* ist das *Selbstbewußtsein Gottes*. Das heißt: Das Wesen gehört Gott an, das Wissen dem Menschen. Aber das Wesen Gottes ist bei Hegel in der Tat nichts andres als das Wesen des Denkens oder das Denken, *abstrahiert von dem Ich, dem Denkenden*. Die Hegelsche Philosophie hat das Denken, also das *subjektive Wesen*, aber gedacht ohne Subjekt, also als ein von demselben *unterschiedenes* Wesen vorgestellt, zum *göttlichen*[1] *absoluten* Wesen gemacht.

Das Geheimnis der *„absoluten"* Philosophie ist daher das Geheimnis der Theologie. Wie diese die Bestimmungen des Menschen dadurch zu göttlichen Bestimmungen macht, daß sie dieselben *der* Bestimmtheit beraubt, in welcher sie sind, was sie sind, geradeso macht es auch die absolute Philosophie. „Das Denken der Vernunft ist jedem zuzumuten; um sie als *absolut* zu denken, um also auf den Standpunkt zu gelangen, welchen ich fordere, muß vom *Denkenden abstrahiert* werden. Dem, welcher die *Abstraktion* macht, hört die Vernunft unmittelbar auf, etwas *Subjektives* zu sein, wie sie von den meisten vorgestellt wird; ja, sie kann selbst nicht mehr als *etwas Objektives* gedacht werden, da ein *Objektives* oder *Gedachtes nur im Gegensatz* gegen ein *Denkendes* möglich wird, von dem hier *völlig abstrahiert* ist; sie wird also durch *jene Abstraktion* zu dem wahren *An sich*, welches eben in den Indifferenzpunkt des Subjektiven und Objektiven fällt" (Schelling). Ebenso ist es bei Hegel, nur daß dieser an die Stellen der hohlen Phrasen Schellings bestimmte Begriffe gesetzt hat[2]. Das seiner *Bestimmtheit, in der es Denken, Tätigkeit der Subjektivität* ist, *beraubte Denken* ist das *Wesen* der Hegelschen „Logik". Der dritte Teil der „Logik" ist und heißt sogar ausdrücklich die *„subjektive* Logik", und gleichwohl *sollen* die Formen der Subjektivität, welche der Gegenstand derselben sind, *nicht subjektive* sein. Der Begriff, das Urteil, der Schluß, ja, selbst die einzelnen Schluß- und Urteilsformen, wie das problematische, assertorische Urteil, sind

[1] *In B folgt Komma.*
[2] , nur daß . . . gesetzt hat *Fehlt in B.*

nicht Begriffe, Urteile, Schlüsse von uns; nein, sie sind objektive, an und für sich seiende, absolute Formen. So entäußert und entfremdet die absolute Philosophie dem Menschen sein eignes Wesen, seine eigne Tätigkeit! Daher die Gewalt, die Tortur, die sie unserm Geiste antut. Wir sollen das Unsrige nicht als Unsriges denken, sollen abstrahieren von der Bestimmtheit, in der etwas ist, was es ist, d. h., wir sollen es denken *ohne Sinn*, sollen es nehmen im *Unsinn* des Absoluten. *Unsinn* ist das höchste Wesen der Theologie – der gemeinen wie der spekulativen.

Was Hegel tadelnd von Fichtes Philosophie bemerkt, daß jeder das Ich in sich zu haben meint, an sich erinnert[1] und doch nicht das Ich in sich findet, gilt von der spekulativen Philosophie überhaupt. Sie nimmt fast alle Dinge in einem Sinne, in welchem man diese Dinge nicht mehr erkennt. Und der Grund dieses Übels ist eben die Theologie. Das göttliche, das absolute Wesen muß sich unterscheiden von den endlichen, d. h. wirklichen, Wesen. Aber wir haben keine Bestimmungen für das Absolute als eben die Bestimmungen der wirklichen Dinge, sei's nun der natürlichen oder menschlichen. Wie werden also diese Bestimmungen zu Bestimmungen des Absoluten? Nur dadurch, daß sie in einem andern Sinne[2] als in ihrem wirklichen Sinne, d. i. [in] einem gänzlich verkehrten Sinn, genommen werden. Alles ist im Absoluten, was im Endlichen; aber dort ist es *ganz anders* als wie hier; dort gelten ganz *andere* Gesetze als bei uns; dort ist Vernunft und Weisheit, was bei uns purer Unsinn ist. Daher die *grenzenlose Willkür* der Spekulation, daß sie den Namen einer Sache gebraucht, ohne doch den Begriff gelten zu lassen, welcher mit diesem Namen verbunden ist. Die Spekulation entschuldigt diese ihre Willkür damit, daß sie sagt, sie wähle für ihre Begriffe aus der Sprache Namen, mit denen das „gemeine Bewußtsein" Vorstellungen verknüpfe, welche eine entfernte Ähnlichkeit mit diesen Begriffen hätten; sie schiebt also die Schuld auf die Sprache. Aber die Schuld liegt in der Sache, im *Prinzip* der Spekulation selbst. Der Widerspruch zwischen

[1] *In B folgt Zusatz:* wird

[2] Sinn *B. Geringfügige Veränderung; wird im folgenden nicht mehr vermerkt.*

dem Namen und der Sache, der Vorstellung und dem Begriffe der Spekulation ist nichts andres als der alte theologische Widerspruch zwischen den Bestimmungen des göttlichen und menschlichen Wesens, welche Bestimmungen in Beziehung auf den Menschen im eigentlichen, wirklichen Sinne, in Beziehung auf Gott aber nur in einem symbolischen oder analogischen Sinn genommen werden. Allerdings hat sich die Philosophie nicht zu kehren an die Vorstellungen, welche der gemeine Gebrauch oder Mißbrauch mit einem Namen verbindet, aber sie hat sich zu binden an die bestimmte Natur der Dinge, deren Zeichen Namen sind.

§ 24

Die *Identität von Denken und Sein*, der *Zentralpunkt* der *Identitätsphilosophie*, ist nichts andres als eine *notwendige Folge* und *Ausführung* von dem *Begriffe Gottes* als des Wesens, dessen Begriff oder Wesen das Sein enthält. Die spekulative Philosophie hat nur *verallgemeinert*, nur zu einer Eigenschaft des Denkens, des *Begriffes*[1] *überhaupt* gemacht, was die Theologie zu einer *ausschließlichen Eigenschaft des Begriffes Gottes* machte. Die Identität von Denken und Sein ist daher nur der Ausdruck von der *Gottheit der Vernunft* – der Ausdruck davon, daß das Denken oder die *Vernunft das absolute* Wesen, der *Inbegriff aller Wahrheit* und Realität ist, daß es *keinen Gegensatz* der Vernunft gibt, daß vielmehr die Vernunft alles ist, wie in der strengen Theologie Gott alles ist, d. i. alles Wesenhafte und wahrhaft Seiende. Aber ein *vom Denken nicht unterschiedenes* Sein, ein Sein, das nur ein *Prädikat* oder eine Bestimmung der Vernunft ist, das ist nur ein *gedachtes,*[2] *abstraktes* Sein, in Wahrheit aber *kein* Sein. Die Identität von Denken und Sein drückt daher nur die *Identität* des *Denkens mit sich selbst* aus[3]. Das heißt: Das absolute Denken kommt *nicht von sich weg, nicht aus sich heraus zum Sein.* Sein bleibt ein

[1] Begriffs *B. Geringfügige Veränderung; wird im folgenden nicht mehr vermerkt.*
[2] *Komma fehlt in B.*
[3] *In B ebenfalls hervorgehoben.*

Jenseits. Die absolute Philosophie hat uns wohl das *Jenseits der Theologie* zum *Diesseits* gemacht, aber dafür hat sie uns das *Diesseits der wirklichen Welt* zum *Jenseits* gemacht.

Das Denken der spekulativen oder absoluten Philosophie bestimmt im Unterschiede *von sich,* als der Tätigkeit des Vermittelns, das Sein als das[1] *Unmittelbare, nicht Vermittelte. Für das Denken* – wenigstens das Denken, was wir hier vor uns haben – ist das Sein nichts weiter als dieses. Das Denken setzt sich das Sein entgegen, aber *innerhalb seiner selbst,* und hebt dadurch unmittelbar,[2] ohne Schwierigkeit den Gegensatz desselben gegen sich auf; denn das Sein als Gegensatz des Denkens *im* Denken ist nichts andres als selbst ein Gedanke. Wenn das Sein weiter nichts ist als das Unmittelbare, die Unmittelbarkeit allein seinen Unterschied vom Denken ausmacht, wie leicht ist es, nachzuweisen, daß auch dem Denken die Bestimmung der Unmittelbarkeit, also Sein zukömmt! Wenn eine bloße *Gedankenbestimmtheit* das Wesen des Seins ausmacht, wie sollte das Sein vom Denken unterschieden sein?

§ 25

Der Beweis, daß etwas *ist,* hat keinen andern Sinn, als daß etwas *nicht nur Gedachtes* ist. Dieser Beweis kann aber *nicht aus dem Denken selbst* geschöpft werden. Wenn zu einem Objekt des Denkens das *Prädikat des Seins*[3] hinzukommen soll, so muß zum Denken selbst etwas vom *Denken Unterschiednes*[4] *hinzukommen.*

Das von Kant bei der Kritik des ontologischen Beweises zur Bezeichnung des Unterschieds vom Denken und Sein gewählte, von Hegel aber verhöhnte Beispiel von dem Unterschiede zwischen hundert Talern in der Vorstellung und hundert Talern in der Wirklichkeit ist im wesentlichen

[1] als das *In B ebenfalls hervorgehoben.*
[2] *Komma fehlt in B.*
[3] Prädikat . . . Seins: Sein *B*
[4] Unterschiedenes *B. Geringfügige Veränderung; wird im folgenden nicht mehr vermerkt.*

ganz richtig. Denn die einen Taler habe ich nur im *Kopf*, die andern aber in der *Hand*; jene sind nur *für mich* da, diese aber auch *für andere* – sie können gefühlt, gesehen werden; aber nur das existiert, was für mich und den andern zugleich ist, worin ich und der andere übereinstimmen, was nicht nur mein – was *allgemein* ist.

Im Denken als solchem befinde ich mich in Identität mit mir selbst, bin ich absoluter Herr; da widerspricht mir nichts; da bin ich Richter und Partei zugleich, da ist folglich kein kritischer Unterschied zwischen dem Gegenstande und meinen Gedanken von ihm. Aber wenn es sich lediglich um das *Sein* eines Gegenstandes handelt, so kann ich nicht mich allein um Rat fragen, so muß ich *von mir unterschiedne* Zeugen vernehmen[1]. Diese von mir als Denkendem unterschiednen Zeugen sind die Sinne. Sein ist etwas, wobei nicht ich allein, sondern auch die andern, vor allem auch der *Gegenstand* selbst *beteiligt* ist. Sein heißt *Subjekt* sein, heißt *für sich* sein. Und das ist wahrlich nicht einerlei, ob ich Subjekt oder nur Objekt bin, ein Wesen für mich selbst oder nur ein Wesen für ein andres Wesen, d. h. nur ein Gedanke. Wo ich ein bloßes Objekt der Vorstellung bin, folglich nicht mehr selbst bin, wie es der Mensch nach dem Tode ist, da muß ich mir alles gefallenlassen, da kann sich der andere ein Bild von mir machen, das eine wahre Karikatur ist, ohne daß ich dagegen protestieren kann; aber wenn ich noch wirklich bin, so kann ich ihm einen Strich durch die Rechnung machen, kann es ihn[2] fühlen lassen, beweisen, daß zwischen mir, wie ich in seiner Vorstellung, und mir, wie ich in Wirklichkeit bin, also zwischen mir, wie ich Objekt von ihm, und mir, wie ich Subjekt bin, ein himmelweiter Unterschied vorhanden ist. Im Denken bin ich absolutes Subjekt, ich lasse alles nur gelten als Objekt oder Prädikat von mir, dem Denkenden, bin intolerant; in der Sinnentätigkeit dagegen bin ich liberal, ich lasse den Gegenstand sein, was ich selber bin – Subjekt, *wirkliches*[3] *sich selbst betätigendes* Wesen. Nur der Sinn, nur die Anschauung gibt mir etwas *als Subjekt*.

[1] vornehmen *So Druckfehler im Original von A, hier berichtigt nach B.*

[2] *Im Original A und B:* ihm

[3] *In B folgt Komma.*

§ 26

Ein *nur*, und zwar *abstrakt, denkendes* Wesen hat gar *keine Vorstellung von Sein, Existenz, Wirklichkeit. Sein* ist die *Grenze* des *Denkens; Sein als Sein* ist *kein Gegenstand der, wenigstens abstrakten, absoluten, Philosophie*. Die spekulative Philosophie spricht *dies selbst indirekt dadurch aus*, daß ihr *das Sein gleich Nichtsein – nichts ist*. Nichts ist aber *kein Gegenstand* des *Denkens*.

Das Sein, *wie es Objekt des spekulativen Denkens*, ist das schlechthin Unmittelbare, d. i. Unbestimmte, also *nichts ist in ihm zu unterscheiden, nichts zu denken*. Aber das spekulative Denken ist sich das Maß aller Realität, es erklärt nur das für etwas, worin es sich betätigt findet, woran es Stoff zum Denken hat. Das Sein ist daher dem abstrakten Denken, weil es das Nichts des Gedankens, d. h. nichts für den Gedanken – das *Gedankenlose*, ist, an und für sich selbst nichts. Aber ebendeswegen ist auch das Sein, wie es die spekulative Philosophie in ihr Gebiet hereinzieht und dem Begriffe vindiziert, ein pures Gespenst, das absolut im Widerspruch steht mit dem wirklichen Sein und dem, was der Mensch unter „Sein" versteht. Unter „*Sein*" versteht nämlich der Mensch sach- und vernunftgemäß *Dasein, Fürsichsein, Realität, Existenz, Wirklichkeit, Objektivität*. Alle diese Bestimmungen oder Namen drücken nur von verschiedenen Gesichtspunkten eine und dieselbe Sache aus. Sein *in abstracto*, Sein *ohne* Objektivität, *ohne* Wirklichkeit, *ohne* Fürsichsein, ist freilich nichts, aber in *diesem Nichts spreche ich nur die Nichtigkeit dieser meiner Abstraktion aus*.

§ 27

Das *Sein* der *Hegelschen „Logik"* ist das *Sein der alten Metaphysik*, welches von allen Dingen *ohne Unterschied* ausgesagt wird, weil nach ihr *alle darin übereinkommen, daß sie sind*. Dieses *unterschiedslose Sein* ist aber ein *abstrakter Gedanke*, ein *Gedanke ohne Realität. Das Sein ist so verschieden als die Dinge, welche sind*.

„Darin", heißt es z. B. in einer „Metaphysik" aus der Wolffischen Schule, „stimmen Gott, die Welt, der Mensch, der Tisch, das Buch usw. miteinander überein, daß sie sind." Und Christ[ian] Thomasius sagt: „Das Sein ist überall einerlei. Das Wesen ist so vielfältig als die Dinge." Dieses überall gleiche, unterschieds- und inhaltslose[1] Sein ist nun auch das Sein der Hegelschen „Logik". Hegel bemerkt selbst, daß die Polemik gegen die Identität von Sein und Nichts nur daher komme, daß man dem Sein einen bestimmten Inhalt unterstelle. Aber eben das Bewußtsein des Seins ist immer und notwendig an[2] *bestimmten* Inhalt gebunden. Abstrahiere ich vom *Inhalt* des Seins, und zwar von allem Inhalt, denn alles ist Inhalt des Seins, so bleibt mir freilich nichts übrig als der Gedanke von nichts. Und wenn daher Hegel dem gemeinen Bewußtsein vorwirft, daß es etwas, was nicht zum Sein gehöre, dem Sein, wie es Gegenstand der „Logik", unterstelle, so trifft vielmehr ihn der Vorwurf, daß er eine bodenlose Abstraktion dem, was das natürliche[3] Bewußtsein rechtmäßiger- und vernünftigerweise unter „Sein" versteht, unterstellt. Das Sein ist *kein allgemeiner, von den Dingen abtrennbarer Begriff. Es ist eins mit dem, was ist.* Es ist nur mittelbar denkbar – nur denkbar durch die Prädikate, welche das Wesen eines Dinges begründen. Das Sein ist die Position des Wesens. *Was mein Wesen, ist mein Sein.* Der Fisch ist im Wasser, aber von diesem Sein kannst du nicht sein Wesen abtrennen. Schon die Sprache identifiziert Sein und Wesen. Nur im menschlichen Leben sondert sich, aber auch nur in abnormen, unglücklichen Fällen, Sein vom Wesen – ereignet es sich, daß man nicht da, wo man sein Sein, auch sein Wesen hat, aber eben wegen dieser Scheidung auch nicht wahrhaft, nicht mit der Seele da ist, wo man wirklich, mit dem Leibe ist. Nur wo dein Herz, da[4] *bist* du[4]. Aber alle Dinge[5] sind – naturwidrige Fälle ausgenommen – gerne[6] da, wo, und gerne das, was sie sind,

[1] *In B nicht hervorgehoben; in A Hervorhebung möglicherweise Druckfehler.*
[2] am *So, wohl versehentlich, B.*
[3] menschliche *B*
[4] *In B ebenfalls hervorgehoben.*
[5] Wesen *B*
[6] gern *B. Geringfügige Veränderung; wird im folgenden nicht mehr vermerkt.*

d. h., ihr Wesen ist nicht von ihrem Sein, ihr Sein nicht vom Wesen abgetrennt. Und du kannst folglich nicht das Sein als ein schlechthin Identisches im Unterschiede von der Verschiedenheit des Wesens für sich fixieren. Das Sein *nach Abzug aller wesentlichen Qualitäten* der Dinge ist nur *deine Vorstellung* vom Sein – ein gemachtes, erdachtes Sein, ein Sein *ohne das Wesen* des Seins.

§ 28

Die *Hegelsche Philosophie* ist *nicht über den Widerspruch von Denken und Sein* hinausgekommen. Das *Sein, mit welchem die „Phänomenologie"* beginnt, steht nicht minder als *das Sein, mit welchem die „Logik" anhebt, im direktesten Widerspruch mit dem wirklichen Sein.*

Dieser Widerspruch kommt in der „Phänomenologie" in der Form des „Diesen" und des „Allgemeinen" zum Vorschein, denn das Einzelne gehört dem Sein an, das Allgemeine dem Denken. In der „Phänomenologie" nun fließt „Dieses" mit „Diesem" ununterscheidbar für den Gedanken zusammen; aber welch ein gewaltiger Unterschied ist zwischen dem „Diesen", wie es Objekt des abstrakten Denkens, und ebendemselben, wie es Objekt der Wirklichkeit ist! *Dieses* Weib *z. B.* ist *mein* Weib, *dieses* Haus *mein* Haus, obgleich jeder von seinem Hause und seinem Weibe wie ich sagt: dieses Haus, dieses Weib. Die Gleichgültigkeit[1] und Unterschiedslosigkeit des logischen „Diesen" wird hier also durch den Rechtssinn unterbrochen und aufgehoben. Würden wir das logische „Diese" im Naturrecht gelten lassen, so kämen wir direkt auf die Güter- und Weibergemeinschaft, wo kein Unterschied ist zwischen jener und dieser, jeder jede hat – oder vielmehr gradezu auf die Aufhebung alles Rechtes[2]; denn das Recht ist nur gegründet auf die Realität des Unterschieds von diesem und jenem.

Wir haben im Anfang der „Phänomenologie" nichts weiter vor uns als den Widerspruch zwischen dem *Wort,*

[1] Gleichgiltigkeit *B*
[2] Rechts *B. Geringfügige Veränderung; wird im folgenden nicht mehr vermerkt.*

welches allgemein, und der *Sache,* welche immer eine einzelne ist. Und der Gedanke, der sich nur auf das Wort stützt, kommt nicht über diesen Widerspruch hinaus. Sowenig aber das Wort die Sache ist, sowenig ist das *gesagte* oder *gedachte* Sein das wirkliche Sein. Entgegnet man, bei Hegel sei nicht, wie hier, vom Sein auf dem praktischen, sondern nur theoretischen Standpunkt die Rede, so ist zu erwidern, daß dieser[1] hier ganz am Orte ist. Die Frage vom Sein ist eben eine praktische Frage, eine Frage, bei dem unser Sein beteiligt ist, eine Frage auf Tod und Leben. Und wenn wir im Rechte an unserm Sein festhalten, so wollen wir es uns auch von der Logik nicht wegnehmen lassen. Es muß auch von der Logik anerkannt werden, wenn sie nicht im Widerspruch mit dem wirklichen Sein beharren will. Übrigens wird der praktische Standpunkt – der Standpunkt des Essens und Trinkens – selbst von der „Phänomenologie" zur Widerlegung der Wahrheit des sinnlichen, d. i. einzelnen, Seins herbeigezogen. Allein auch hier verdanke ich meine Existenz nun und nimmermehr dem sprachlichen oder logischen Brote – dem Brote in abstracto –, sondern immer nur *diesem* Brote, dem *„Unsagbaren"*. Das Sein, gegründet auf lauter solche Unsagbarkeiten, ist darum selbst etwas Unsagbares. Jawohl, das Unsagbare. Wo die Worte aufhören, da fängt erst das Leben an, erschließt sich erst das Geheimnis des Seins. Wenn daher Unsagbarkeit Unvernünftigkeit ist, so ist alle Existenz, weil sie immer und immer nur diese[2] Existenz ist, Unvernunft. Aber sie ist es nicht. Die Existenz hat für sich selbst, auch ohne Sagbarkeit, Sinn und Vernunft.

§ 29

Das *„über sein andres"* – „das andere des Denkens" ist aber das *Sein* – *„übergreifende"* Denken ist das seine *Naturgrenze überschreitende Denken.* Das Denken greift über sein Gegenteil über – heißt: Das Denken *vindiziert sich,* was *nicht dem Denken, sondern dem Sein zukommt.* Dem *Sein* kommt

[1] *Gemeint: jener, (nämlich der praktische Standpunkt).*
[2] *In B hervorgehoben.*

aber die *Einzelheit, Individualität,* dem *Denken* die *Allgemeinheit* zu. Das Denken *vindiziert sich also die Einzelheit* – es macht die Negation der Allgemeinheit, die wesentliche Form der Sinnlichkeit, die *Einzelheit, zu einem Moment des Denkens.* So wird das „abstrakte" Denken oder der abstrakte Begriff, der das Sein *außer sich* hat, *„konkreter"* Begriff.

Wie kommt der Mensch aber zu diesen Übergriffen des Denkens in das Eigentum des Seins? Durch die Theologie. Gott ist ein allgemeiner Begriff – *nicht ein* Wesen, *dieses* oder *jenes,* sondern *das* Wesen, das schlechthin allgemeine, alles umfassende und enthaltende Wesen. Aber Gott ist nicht nur Wesen, sondern zugleich Existenz, Wirklichkeit.[1] In Gott ist also, und zwar[2] unmittelbar,[3] mit dem Wesen oder Begriffe das Sein, mit der Allgemeinheit die Einzelheit, die Existenzform verbunden. Der *„konkrete Begriff" ist der in den Begriff verwandelte Gott.* Aber wie kommt der Mensch von dem „abstrakten" Denken zum „konkreten" oder absoluten Denken, wie von der Philosophie zur Theologie? Die Antwort auf diese Frage hat die Geschichte selbst schon gegeben in dem Übergang von der alten heidnischen Philosophie zur sogenannten *neuplatonischen;* denn die neuplatonische Philosophie unterscheidet sich von der alten nur dadurch, daß sie Theologie ist, während jene nur Philosophie ist. Die alte Philosophie hatte zu ihrem Prinzip die Vernunft, die „Idee", aber „die Idee ist von Plato und Aristoteles nicht als das *alles Enthaltende* gesetzt worden" [(Hegel)]. Die alte Philosophie ließ etwas außer dem Denken bestehen – einen Rest gleichsam übrig, der nicht in das Denken aufging. Das Bild dieses Seins außer dem Denken ist die *Materie* – das Substrat der Realität. Die Vernunft hatte an der Materie ihre *Grenze.* Die alte Philosophie lebte noch im Unterschiede vom Denken und Sein, ihr war noch nicht das Denken, der Geist, die Idee die *alles befassende, d. i. die einzige, die ausschließliche,* die *absolute Realität.* Die alten Philosophen waren noch *Weltweise* – Physiologen, Politiker, Zoologen, kurz, *Anthropologen,* nicht Theologen, wenigstens nur *teilweise* Theologen –, freilich ebendeswegen

[1] Gott ist ein . . . Existenz, Wirklichkeit. *Fehlt in B.*
[2] also . . . zwar *Fehlt in B.*
[3] *Komma fehlt in B.*

auch nur noch teilweise, darum beschränkte, mangelhafte Anthropologen. Den Neuplatonikern dagegen ist die Materie, die materielle, die wirkliche Welt überhaupt, keine Instanz, keine Realität mehr. Vaterland, Familie, weltliche Bande und Güter überhaupt, welche die alte peripatetische Philosophie noch zur Seligkeit des Menschen rechnete – alles das ist nichts für den neuplatonischen Weisen. Er hält den Tod sogar für besser als das körperliche Leben; er rechnet den Leib nicht zu seinem Wesen; er versetzt die Seligkeit nur in die Seele, sich absondernd von allen körperlichen, kurz, äußerlichen Dingen. Wo der Mensch aber nichts außer sich mehr hat, da sucht und findet *er alles in sich*, da setzt er an die Stelle der wirklichen Welt die imaginäre, die intelligible Welt, in der alles ist, was in der wirklichen, aber auf *abstrakte, vorgestellte Weise*. Selbst die Materie findet sich bei den Neuplatonikern in der immateriellen Welt, aber hier ist sie nur eine ideale, gedachte, imaginäre. Und wo der Mensch kein *Wesen außer sich* mehr hat, da setzt er sich in *Gedanken* ein Wesen, welches *als ein Gedankenwesen* doch zugleich die *Eigenschaften eines wirklichen Wesens* hat, *als unsinnliches zugleich ein sinnliches Wesen, als* ein *theoretisches Objekt* zugleich ein *praktisches* ist. Dieses Wesen ist *Gott* – das höchste Gut der Neuplatoniker. Nur im *Wesen* befriedigt sich der Mensch. Den Mangel des wirklichen Wesens ersetzt er sich daher durch ein ideales Wesen, d. h., er unterstellt jetzt das Wesen der aufgegebnen oder verlornen Wirklichkeit seinen Vorstellungen und Gedanken – die Vorstellung ist ihm *keine* Vorstellung mehr, sondern der *Gegenstand* selbst, das Bild *kein* Bild mehr, sondern [die] Sache selbst, der Gedanke, die Idee Realität. Eben weil er sich nicht mehr als Subjekt zu einer wirklichen Welt als sein[em] Objekt verhält, so werden ihm dafür *seine Vorstellungen* zu *Objekten*, zu *Wesen*, zu *Geistern und Göttern*. Je abstrakter er ist, je negativer gegen das wirkliche Sinnliche, desto *sinnlicher* ist er *gerade im Abstrakten*. Gott, das Eine – das höchste Objekt und Wesen der Abstraktion von aller Vielheit und Verschiedenheit, d. h. Sinnlichkeit – wird **durch Berührung, durch unmittelbare Gegenwart** (παρουσία) erkannt[1]. Ja, wie das Niedrigste, die Materie, so wird auch

[1] erkennt *So Druckfehler in A, hier berichtigt nach B.*

das Höchste, das Eine, durch *Nichtwissen*, durch *Unwissenheit* gewußt. Das heißt: Das nur gedachte, abstrakte, das *nicht-*, das *über*sinnliche Wesen ist zugleich ein wirklich seiendes, ein *sinnliches* Wesen.

Wie da, wo der Mensch sich *entleibt*, den Leib[1], diese *vernünftige Schranke* der Subjektivität,[2] negiert, er in eine phantastische[3] transzendente Praxis verfällt, mit *leiblichen* Gottes- und Geistererscheinungen umgeht, also den Unterschied zwischen Imagination und Anschauung *praktisch* aufhebt, so verliert sich auch *theoretisch* der *Unterschied zwischen Denken und Sein, subjektiv und objektiv, sinnlich und unsinnlich*, wo ihm die *Materie keine Realität* und *folglich keine Grenze* der denkenden Vernunft, wo ihm die Vernunft, das intellektuelle Wesen, *das Wesen der Subjektivität überhaupt, in dieser seiner Unbeschränktheit* das *alleinige*, das *absolute Wesen* ist. Das Denken negiert alles; aber nur, um alles zu setzen in sich. Es hat *keine Grenze mehr an etwas außer* ihm, aber dadurch tritt es *selbst außer seine immanente, seine natürliche Grenze*. So wird die Vernunft, die Idee konkret, d. h., das, was die *Anschauung geben soll, wird dem Denken zugeeignet, das, was die Funktion, die Sache des Sinns, der Empfindung, des Lebens ist*, zu einer Funktion, einer Sache des *Denkens*, d. h. *das Konkrete* zu einem *Prädikate des Gedankens*, das Sein zu einer bloßen *Gedankenbestimmtheit* gemacht; denn der Satz: *„Der Begriff ist konkret", ist identisch mit dem Satz: Das Sein ist eine Gedankenbestimmtheit.* Was in den Neuplatonikern Vorstellung, Phantasie ist, das hat Hegel nur in Begriffe verwandelt, rationalisiert. Hegel ist nicht der „deutsche oder christliche Aristoteles" – er ist der deutsche *Proklus*. Die *„absolute Philosophie"* ist die *wiedergeborne alexandrinische Philosophie*. Nach Hegels ausdrücklicher Bestimmung ist nicht die Aristotelische, überhaupt altheidnische, sondern die alexandrinische Philosophie die absolute – die christliche, allerdings noch mit heidnischen Ingredienzen vermischte – Philosophie, aber noch im Elemente der Abstraktion von dem konkreten Selbstbewußtsein.

[1] der Leib *(ohne Komma dahinter). So wohl Druckfehler in A, hier berichtigt nach B.*

[2] *Komma fehlt im Original A und B, was in A vielleicht sinnvoll wäre.*

[3] *B folgt Komma.*

Bemerkt werde noch, daß die neuplatonische Theologie besonders deutlich zeigt, daß, wie das Objekt, so das Subjekt, und umgekehrt, daß folglich das Objekt der Theologie nichts andres ist als das vergegenständlichte Wesen des Subjektes, des Menschen. Gott in höchster Potenz ist den Neuplatonikern das Einfache, Eine, schlechthin Unbestimmte und Unterschiedslose – kein Wesen, sondern über dem Wesen, denn das Wesen ist dadurch noch bestimmt, daß es Wesen ist; kein Begriff, kein Verstand, sondern ohne Verstand und über den[1] Verstand, denn auch der Verstand ist dadurch bestimmt, daß er Verstand ist; und wo Verstand, da ist Unterscheidung, Entzweiung in Denkendes und Gedachtes, die folglich in dem schlechthin Einfachen nicht stattfinden kann. Aber was objektiv, das ist auch subjektiv dem Neuplatoniker das höchste Wesen; was er im Gegenstand, in Gott als Sein, das setzt er in sich als Tätigkeit, als Streben. Nicht mehr Unterschied, nicht mehr Verstand, nicht mehr selbst sein ist und heißt Gott sein. Aber was Gott *ist*, bestrebt sich der Neuplatoniker zu *werden* – das Ziel seiner Tätigkeit ist, aufzuhören, „selbst zu sein, Verstand und Vernunft zu sein". Ekstase, Entzückung ist dem Neuplatoniker der höchste psychologische Zustand des Menschen. Dieser Zustand, als Wesen vergegenständlicht, ist das göttliche Wesen. So kommt der Gott nur aus dem Menschen, aber nicht umgekehrt, wenigstens ursprünglich, der Mensch aus Gott. Dies zeigt sich besonders deutlich auch in der gleichfalls bei den Neuplatonikern vorkommenden Bestimmung Gottes als des nichts bedürftigen, des seligen Wesens. Denn worin anders als in den Schmerzen und Bedürfnissen des Menschen hat dieses schmerzenlose[2] und bedürfnislose Wesen seinen Grund und Ursprung? Mit der Not des Bedürfnisses und Schmerzes fällt auch die Vorstellung und Empfindung der Seligkeit. Nur im Gegensatze zur Unseligkeit ist die Seligkeit eine Realität. Nur im Elend des Menschen hat Gott seine Geburtsstätte. Nur aus dem Menschen nimmt Gott alle seine Bestimmungen, Gott *ist*, was der Mensch sein *will* – sein eignes Wesen, sein eignes Ziel, vorgestellt als

[1] ein *So Fehler in A, hier korrigiert nach B.*
[2] schmerzen- *B*

wirkliches Wesen. Hierin liegt auch der Unterschied der Neuplatoniker von den Stoikern, Epikure[er]n[1] und Skeptikern. Leidenschaftslosigkeit, Seligkeit, Bedürfnislosigkeit, Freiheit, Selbständigkeit war auch das Ziel dieser Philosophen; aber nur als Tugend des Menschen, das heißt: Es lag noch der *konkrete*, der *wirkliche Mensch als Wahrheit* zugrunde, die Freiheit und Seligkeit sollte diesem Substrat als Prädikat zukommen. Bei den Neuplatonikern aber wurde, obgleich auch die heidnische Tugend in ihnen noch Wahrheit war – daher ihr Unterschied von der christlichen Theologie, welche die Seligkeit, Vollkommenheit und Gottgleichheit des Menschen ins Jenseits verlegte –, dieses Prädikat zum Subjekt, ein adjectivum des Menschen zum Substantiv, zu wirklichem Wesen. Aber ebendadurch wurde nun auch der wirkliche Mensch zu einem bloßen abstractum ohne Fleisch und Blut, zu einer allegorischen Figur des göttlichen Wesens. Plotin schämte sich, wenigstens nach dem Bericht seines Biographen, einen Körper zu haben.

§ 30

Die Bestimmung, daß nur der „*konkrete*" Begriff, *der* Begriff, welcher die Natur des Wirklichen an sich trägt, der *wahre* Begriff ist, drückt die Anerkennung von der *Wahrheit* des Konkreten oder Wirklichen aus. Weil aber gleichwohl *von vornherein* der Begriff, *d. i. das Wesen des Denkens*, als das *absolute, allein wahre Wesen vorausgesetzt* ist, so kann das Reale oder Wirkliche nur auf *indirekte* Weise, nur als das wesentliche und notwendige adjectivum des Begriffs anerkannt werden. Hegel ist *Realist*, aber *pur idealistischer* oder vielmehr *abstrakter* Realist – Realist in der *Abstraktion von aller Realität*. Er *negiert* das Denken, nämlich das abstrakte Denken, aber *selbst wieder im abstrakten Denken*, so daß die Negation der Abstraktion selbst wieder eine Abstraktion ist. Nur „*was ist*" hat die Philosophie nach ihm zum Objekt, aber dieses „ist" ist selbst nur ein *abstraktes, gedachtes*. Hegel ist ein sich im Denken *überbietender* Denker – er will das *Ding selbst* ergreifen, aber *im Gedanken* des Dings,

[1] *So ergänzt auch B.*

[er will] *außer* dem Denken sein, aber *im Denken* selbst – daher die Schwierigkeit, den „konkreten" Begriff zu fassen.

§ 31

Die Anerkennung des *Lichtes der Wirklichkeit* im *Dunkel der Abstraktion ist ein Widerspruch* – die Bejahung des Wirklichen in der Verneinung desselben. *Die neue Philosophie,* welche das *Konkrete nicht in abstracto,* sondern *in concreto* – das Wirkliche *in seiner Wirklichkeit,* also auf eine dem *Wesen des Wirklichen entsprechende* Weise *als das Wahre* anerkennt und zum *Prinzip* und *Gegenstand* der Philosophie erhebt, ist daher erst die *Wahrheit* der Hegelschen, die *Wahrheit der neuern Philosophie überhaupt.*

Die historische Notwendigkeit oder Genesis der neuen Philosophie aus der alten ergibt sich näher so. Der konkrete Begriff der [1] Idee ist nach Hegel zunächst nur abstrakt, nur im Elemente des Denkens – der rationalisierte Gott der Theologie *vor der Schöpfung der Welt.* Aber wie Gott sich äußert, offenbart, verweltlicht, verwirklicht, so realisiert sich die Idee – Hegel ist die in einen logischen Prozeß verwandelte Geschichte der Theologie. Kommen wir aber einmal mit der Realisation der Idee in das Reich des Realismus, ist die *Wahrheit* der Idee, daß sie *wirklich* ist, daß sie *existiert,* so haben wir ja die *Existenz* zum *Kriterium der Wahrheit:* Nur was *wirklich,* ist *wahr.* Und es fragt sich nur: Was ist wirklich? Das nur Gedachte? Das, was nur Objekt des Denkens, des Verstandes ist? Aber so kämen wir nicht aus der Idee in abstracto heraus. Objekt des Denkens ist auch die platonische Idee; innerliches Objekt auch das himmlische Jenseits – Objekt des Glaubens, der Vorstellung. Ist die Realität des Gedankens die Realität *als gedachte,* so ist die Realität des Gedankens selbst wieder nur der Gedanke, so bleiben wir nur in der *Identität des Gedankens mit sich selbst,* im Idealismus – ein Idealismus, der sich von dem subjektiven Idealismus nur dadurch unterscheidet, daß er allen Inhalt der Wirklichkeit umfaßt und zu einer Gedankenbestimmtheit macht. Ist es daher *wirklich Ernst* mit der Realität des Gedankens oder der Idee, so muß

[1] Begriff der: Begriff, die *B*

etwas *andres*, als er selbst ist, zu ihm hinzukommen, oder: Er muß als *realisierter Gedanke* ein *andres sein* denn als *nicht realisierter*, als *bloßer Gedanke* – Gegenstand nicht nur des Denkens, sondern auch des *Nicht*denkens. Der Gedanke realisiert sich heißt eben, er *negiert* sich, hört auf, bloßer Gedanke zu sein. Was ist denn nun aber dieses Nichtdenken, dieses vom Denken Unterschiedene? Das Sinnliche. Der Gedanke realisiert sich heißt demnach, er macht sich zum *Objekt des Sinnes*. Die *Realität der Idee* ist also die *Sinnlichkeit*, aber die Realität die *Wahrheit* der Idee – also die Sinnlichkeit erst die Wahrheit derselben. Aber gleichwohl haben wir so die Sinnlichkeit nur noch zu einem Prädikat, die Idee oder den Gedanken zum Subjekt. Allein warum versinnlicht sich denn die Idee? Warum ist sie *nicht wahr*, wenn sie *nicht real, d. i. sinnlich*, ist? Wird denn nicht dadurch ihre Wahrheit von der Sinnlichkeit abhängig gemacht? Nicht dem Sinnlichen *für sich selbst*, abgesehen davon, daß es die Realität der Idee [ist], Bedeutung und Wert eingeräumt? Wenn die Sinnlichkeit für sich selbst nichts ist, wozu bedarf derselben die Idee? Wenn die Idee erst der Sinnlichkeit Wert und Gehalt gibt, so ist diese reiner Luxus, reiner Tand – nur eine Illusion, die sich der Gedanke vormacht. Aber so ist es nicht. An den Gedanken ergeht nur die Forderung, sich zu realisieren, zu versinnlichen, weil *unbewußt* dem Gedanken die Realität, die Sinnlichkeit, *unabhängig* von dem Gedanken, *als Wahrheit vorausgesetzt* ist. Der Gedanke bewährt sich durch die Sinnlichkeit; wie wäre dies möglich, wenn sie nicht *unbewußt* für Wahrheit gälte? Weil aber gleichwohl *bewußt* von der Wahrheit des Gedankens ausgegangen wird, so wird die Wahrheit der Sinnlichkeit erst hintendrein ausgesprochen und die Sinnlichkeit nur zu einem Attribut der Idee gemacht, was aber ein Widerspruch ist; denn sie ist nur Attribut, und doch gibt sie erst dem Gedanken Wahrheit, ist also zugleich Hauptsache und Nebensache, zugleich Wesen und Akzidenz. Von diesem Widerspruch erlösen wir uns nur, wenn wir das Reale, das Sinnliche zum *Subjekt seiner selbst* machen, wenn wir demselben absolut selbständige, göttliche, primative[1], nicht erst von der Idee abgeleitete Bedeutung geben.

[1] primitive *B*

§ 32

Das Wirkliche *in seiner Wirklichkeit* oder *als Wirkliches* ist das Wirkliche *als Objekt des Sinnes*, ist das *Sinnliche*. *Wahrheit*, *Wirklichkeit*, *Sinnlichkeit* sind identisch. Nur ein sinnliches Wesen ist ein *wahres*, ein *wirkliches* Wesen, nur die Sinnlichkeit *Wahrheit* und *Wirklichkeit*[1].

§ 33[2]

Nur durch die *Sinne* wird ein *Gegenstand im wahren Sinne* gegeben – nicht durch das Denken *für sich selbst*. Das mit dem *Denken gegebne* oder *identische Objekt* ist *nur Gedanke*. Wo *kein Sinn*, ist kein Wesen, kein *wirklicher Gegenstand*.[3] Ein Objekt, ein wirkliches Objekt wird mir nämlich nur da gegeben, wo mir ein auf mich wirkendes Wesen gegeben wird, wo meine Selbsttätigkeit – wenn ich vom Standpunkt des Denkens ausgehe – an der Tätigkeit eines andern Wesens ihre *Grenze* – Widerstand findet. Der Begriff des Objekts ist ursprünglich gar nichts andres als der Begriff eines *andern Ich* – so faßt der Mensch in der Kindheit alle Dinge als freitätige, willkürliche Wesen auf –, daher ist der Begriff des *Objekts* überhaupt vermittelt durch den Begriff des Du, des *gegenständlichen Ich*. Nicht dem Ich, sondern dem Nicht-Ich in mir, um in der Sprache Fichtes zu reden, ist ein Objekt, d. i. andres Ich, gegeben; denn nur da, wo ich aus einem Ich in ein Du umgewandelt werde, wo ich leide, entsteht die Vorstellung einer *außer mir seienden* Aktivität, d. i. Adjektivität[4]. Aber nur durch den Sinn ist Ich *nicht* Ich.

Charakteristisch für die frühere abstrakte Philosophie ist die Frage, wie verschiedne selbständige Wesen, Substanzen,

[1] , nur die . . . Wirklichkeit *Fehlt in B. Stattdessen dort Punkt hinter* Wesen *und daran anschließend, ohne Absatz dazwischen, die beiden ersten Sätze,* Nur durch *bis* nur Gedanke., *des § 33 von A.*

[2] *Dieser Paragraph fehlt als gesonderter in B; sein Inhalt gehört dort noch zu § 32.*

[3] Wo kein . . . Gegenstand. *Fehlt in B.*

[4] Objektivität *B*

aufeinander, z. B. der Körper auf die Seele, das Ich, einwirken könne[n]. Diese Frage war aber für sie eine unauflösliche, weil von der Sinnlichkeit abstrahiert wurde, weil die Substanzen, die aufeinander einwirken sollten, abstrakte Wesen, pure Verstandeswesen waren. Das Geheimnis der Wechselwirkung löst nur die Sinnlichkeit. Nur sinnliche Wesen wirken aufeinander ein. Ich bin ich – für mich – und zugleich Du – für anderes. Das bin ich aber nur als sinnliches Wesen. Der abstrakte Verstand jedoch isoliert dieses Fürsichsein als Substanz, Atom, Ich, Gott – er kann daher nur *willkürlich* das Sein für anderes damit verbinden; denn die *Notwendigkeit* dieser Verbindung ist allein die Sinnlichkeit, von welcher er aber abstrahiert. Was ich ohne Sinnlichkeit denke, denke ich ohne und außer alle[r] Verbindung. Wie kann ich also das Unverbundene zugleich wieder als ein Verbundenes denken?

§ 34[1]

Die neue Philosophie betrachtet und berücksichtigt *das Sein*, wie es für uns ist[2] *nicht nur als denkende*, sondern als *wirklich seiende Wesen* – das *Sein also als Objekt des Seins* – als Objekt *seiner selbst*. Das Sein als Gegenstand des Seins – und nur *dieses* Sein ist erst Sein und verdient erst den Namen des Seins – ist das *Sein des Sinns*[3], *der Anschauung, der Empfindung, der Liebe*. Das Sein ist also ein *Geheimnis* der Anschauung, der Empfindung, der Liebe.

Nur in der Empfindung, nur in der Liebe hat „*Dieses*" – diese Person, dieses Ding –, d. h. das einzelne, absoluten Wert, ist das *Endliche* das *Unendliche* – darin und nur darin allein besteht die unendliche Tiefe, Göttlichkeit und Wahrheit der Liebe. In der Liebe allein ist der Gott, der die Haare auf dem Haupte zählt, Wahrheit und Realität. Der christliche Gott ist selbst nur eine Abstraktion von der menschlichen Liebe, nur ein Bild derselben. Aber eben weil dieses[4] nur in der Liebe absoluten Wert hat, so erschließt

[1] *In B § 33.*
[2] *In B folgt Komma.*
[3] *Im Original A:* Seins *Hier berichtigt nach B.*
[4] „Dieses" *B*

sich auch in ihr nur, nicht im abstrakten Denken, das Geheimnis des Seins. Die Liebe ist Leidenschaft, und nur die Leidenschaft ist das Wahrzeichen der Existenz. Nur was – sei es nun wirkliches oder mögliches – *Objekt der Leidenschaft*, das *ist*. Das empfindungs- und leidenschaftslose abstrakte Denken hebt den *Unterschied zwischen Sein und Nichtsein* auf, aber der Liebe ist dieser dem Gedanken verschwindende Unterschied eine Realität. Lieben heißt nichts anders als diesen Unterschied innewerden. Wer nichts liebt – der Gegenstand sei nur, welcher es wolle –, dem ist es völlig gleichgültig[1], ob was ist oder nicht ist. Aber wie mir nur durch die Liebe, durch die Empfindung überhaupt Sein im Unterschied vom Nichtsein, so ist mir auch nur durch sie ein *Objekt* im Unterschiede[2] von mir gegeben. Der Schmerz ist eine laute Protestation gegen die Identifikation des Subjektiven im[3] Objektiven. Der Schmerz der Liebe ist, daß das *nicht* in der Wirklichkeit ist, was in der Vorstellung ist. Das Subjektive ist hier das Objektive, die Vorstellung der Gegenstand; aber das *soll* eben nicht sein, das ist ein Widerspruch, eine Unwahrheit, ein Unglück – daher das Verlangen nach der Herstellung des wahren Verhältnisses, wo das Subjektive und Objektive nicht identisch ist. Selbst der animalische Schmerz spricht vernehmlich genug diese Differenz aus. Der Schmerz des Hungers besteht nur darin, daß nichts Gegenständliches im Magen, der Magen sich selbst gleichsam Objekt ist, die leeren Wände sich aneinander reiben statt an einem Stoffe. Die menschlichen Empfindungen haben daher keine empirische, anthropologische Bedeutung im Sinne der alten transzendenten Philosophie, sie haben ontologische, *metaphysische* Bedeutung: In den Empfindungen, ja, in den alltäglichen Empfindungen sind die tiefsten und höchsten Wahrheiten verborgen. So ist die Liebe der wahre *ontologische* Beweis vom Dasein eines Gegenstands außer unserm Kopfe – und es gibt keinen andern Beweis vom Sein als die Liebe, die Empfindung überhaupt. Das, dessen *Sein* dir *Freude*, dessen

[1] gleichgiltig *B*

[2] Unterschied *B*. *Geringfügige Veränderung; wird im folgenden nicht mehr vermerkt.*

[3] und *B*

Nichtsein dir *Schmerz* bereitet, das nur *ist*. Der Unterschied zwischen Objekt und Subjekt, zwischen Sein und Nichtsein ist ein ebenso *erfreulicher* als *schmerzlicher* Unterschied.

§ 35[1]

Die *neue Philosophie* stützt sich auf die *Wahrheit der Liebe*, die *Wahrheit der Empfindung*. In der Liebe, in der Empfindung überhaupt *gesteht jeder Mensch die Wahrheit der neuen Philosophie ein*. Die neue Philosophie ist in Beziehung auf ihre Basis selbst nichts andres als das zum *Bewußtsein erhobene Wesen* der *Empfindung* – sie *bejaht* nur *in und mit der Vernunft*, was *jeder Mensch* – *der* wirkliche Mensch – *im Herzen bekennt*. Sie ist das zu Verstand gebrachte Herz. Das Herz will keine abstrakten, keine metaphysischen oder theologischen – es will *wirkliche*, es will *sinnliche Gegenstände und Wesen*.

§ 36[2]

Wenn die *alte* Philosophie sagte: Was *nicht gedacht* ist, *das ist nicht*, so sagt dagegen die *neue* Philosophie: Was nicht geliebt wird, *nicht geliebt werden kann*, das *ist nicht*. Was aber nicht geliebt werden kann, das kann auch nicht angebetet werden. Nur was *Objekt der Religion* sein kann, das ist Objekt der Philosophie.

Wie aber objektiv, so ist auch subjektiv die Liebe das Kriterium des Seins – das Kriterium der Wahrheit und Wirklichkeit. Wo *keine Liebe, ist auch keine Wahrheit*. Und nur der *ist etwas*, der *etwas liebt* – *nichts sein* und *nichts lieben* ist identisch. Je mehr einer ist, desto mehr liebt er, und umgekehrt.

§ 37[3]

Wenn die *alte Philosophie* zu ihrem Ausgangspunkt den Satz hatte: *Ich bin ein abstraktes, ein nur denkendes Wesen,*

[1] *In B § 34.*
[2] *In B § 35.*
[3] *In B § 36.*

der Leib gehört nicht zu meinem Wesen, so beginnt dagegen die *neue* Philosophie mit dem Satze: *Ich bin ein wirkliches, ein sinnliches Wesen,* der *Leib gehört zu meinem Wesen; ja, der Leib in seiner Totalität ist mein Ich, mein Wesen selber.* Der alte Philosoph dachte daher in einem *fortwährenden Widerspruch* und *Hader mit den Sinnen,* um die sinnlichen Vorstellungen abzuwehren, die abstrakten Begriffe nicht zu verunreinigen; der neue Philosoph dagegen denkt *im Einklang* und *Frieden mit den Sinnen.* Die alte Philosophie gestand die Wahrheit der Sinnlichkeit ein – selbst im Begriffe Gottes, welcher das Sein in sich begreift, denn dieses Sein sollte doch zugleich wieder *ein vom Gedachtsein unterschiedenes Sein,* ein Sein *außer dem Geiste, außer dem Denken, ein wirklich objektives, d. i. sinnliches,* Sein sein –, aber *nur versteckt,* nur *in abstracto,* nur *unbewußt* und *widerwillig,* nur weil sie *mußte* –; die *neue* Philosophie dagegen anerkennt die *Wahrheit* der Sinnlichkeit *mit Freuden, mit Bewußtsein* – sie ist die *offenherzig sinnliche* Philosophie.

§ 38[1]

Die neuere Philosophie suchte etwas *unmittelbar Gewisses.* Sie verwarf daher das *grund-* und *bodenlose* Denken der Scholastik, gründete die Philosophie auf das *Selbstbewußtsein,* d. h., sie setzte an die Stelle des *nur gedachten* Wesens, an die Stelle Gottes, des obersten, letzten Wesens der[2] scholastischen Philosophie – das *denkende* Wesen, *das Ich,* den *selbstbewußten Geist;* denn das Denkende ist dem Denkenden *unendlich näher, gegenwärtiger, gewisser* als *das Gedachte.* Bezweifelbar ist die Existenz Gottes, bezweifelbar überhaupt das, was ich denke; aber unbezweifelbar ist, daß ich bin, ich, der ich denke, der ich zweifle. Allein das Selbstbewußtsein der neuern Philosophie ist selbst *wieder nur ein gedachtes, durch Abstraktion vermitteltes,* also *bezweifelbares Wesen. Unbezweifelbar, unmittelbar gewiß* ist nur, was *Objekt des Sinns, der Anschauung, der Empfindung* ist.

[1] *In B § 37.*
[2] aller *B*

§ 39[1]

Wahr und *göttlich* ist nur, was *keines Beweises bedarf*, was *unmittelbar durch sich selbst gewiß ist, unmittelbar für sich spricht und einnimmt*, unmittelbar die Affirmation, daß es ist, nach sich zieht – das *schlechthin Entschiedene, schlechthin Unzweifelhafte, das Sonnenklare*. Aber sonnenklar ist nur das Sinnliche; nur wo die *Sinnlichkeit anfängt, hört aller Zweifel und Streit auf*. Das Geheimnis des *unmittelbaren* Wissens ist die *Sinnlichkeit*.

„Alles ist vermittelt", sagt die Hegelsche Philosophie. Aber *wahr* ist etwas nur, wenn es nicht mehr ein Vermitteltes, sondern Unmittelbares ist. Geschichtliche Epochen entstehen darum nur da, wo, was früher nur ein Gedachtes, Vermitteltes war, Objekt unmittelbarer, sinnlicher Gewißheit – *Wahrheit* darum wird, was früher nur Gedanke war. Scholastik ist es, die Vermittlung zu einer göttlichen Notwendigkeit und wesentlicher[2] Eigenschaft der Wahrheit zu machen. Ihre Notwendigkeit ist nur eine *bedingte;* sie ist nur da notwendig, wo noch eine *falsche Voraussetzung* zugrunde liegt, wo eine Wahrheit, eine Lehre auftritt im Widerspruch mit einer Lehre, die auch noch für wahr gilt, noch respektiert wird. Die *sich vermittelnde* Wahrheit ist die noch *mit ihrem Gegensatze behaftete* Wahrheit. Mit dem Gegensatz wird begonnen; er wird aber hernach aufgehoben. Wenn er nun aber ein Aufzuhebendes, ein zu Negierendes ist, warum soll ich mit ihm, warum nicht lieber[3] gleich mit seiner Negation beginnen? Ein Beispiel. Gott als Gott ist ein abstraktes Wesen; er besondert, bestimmt, realisiert sich zur Welt, zum Menschen; so ist er konkret, so ist[3] erst das abstrakte Wesen negiert. Aber warum soll ich denn nicht gleich mit dem Konkreten beginnen? Warum soll denn das *durch sich selbst* Gewisse und Bewährte nicht höher sein als das durch die Nichtigkeit seines Gegenteils Gewisse? Wer kann also die Vermittlung zur Notwendigkeit, zum Gesetz der Wahrheit erheben? Nur der, welcher selbst noch befangen ist in dem zu Negierenden, welcher

[1] *In B § 38.*
[2] wesentlichen *B*
[3] *Fehlt in B.*

noch mit sich kämpft und streitet, noch *nicht vollkommen mit sich im reinen* ist – kurz, nur der, in welchem eine Wahrheit nur noch Talent – Sache eines besondern, wenn auch eminenten Vermögens –, nicht Genie – Sache des ganzen Menschen – ist. Genie ist unmittelbares, sinnliches Wissen. Was das Talent nur im Kopfe, das hat das Genie im Fleisch und Blute, d. h. eben: Was für das Talent nur noch ein Objekt des Denkens, ist für das Genie ein Objekt des Sinnes.

§ 40[1]

Die alte absolute Philosophie hat die *Sinne* nur in *das Gebiet der Erscheinung,* der *Endlichkeit verstoßen,* und doch hat sie im *Widerspruch* damit das *Absolute,* das *Göttliche* als den *Gegenstand* der *Kunst* bestimmt. Aber der *Gegenstand der Kunst* ist – mittelbar in der redenden, unmittelbar in der bildenden Kunst – *Gegenstand des Gesichts,* des *Gehörs,* des *Gefühls.* Also ist *nicht nur das Endliche,* das *Erscheinende,* sondern auch das *wahre, göttliche Wesen Gegenstand der Sinne* – der *Sinn Organ des Absoluten.* Die Kunst „stellt die Wahrheit im Sinnlichen dar" – das heißt, richtig erfaßt und ausgedrückt: *Die Kunst stellt die Wahrheit des Sinnlichen* dar.

§ 41[2]

Wie mit der Kunst, ist es mit der *Religion.* Die *sinnliche Anschauung,* nicht die Vorstellung, ist das *Wesen der christlichen Religion* – die Form, das *Organ* des *höchsten,* des *göttlichen Wesens.* Wo aber die sinnliche Anschauung für das *Organ* des *göttlichen,* des *wahren Wesens* gilt, da wird das *göttliche Wesen als ein sinnliches,* das *sinnliche als das göttliche Wesen ausgesprochen und anerkannt,* denn *wie das Subjekt, so das Objekt.*

„Und das Wort ward Fleisch und wohnete unter uns, und wir *sahen* seine Herrlichkeit." Nur für die Spätern ist der Gegenstand der christlichen Religion ein Objekt der Vor-

[1] *In B § 39.*
[2] *In B § 40.*

stellung und Phantasie; aber die ursprüngliche Anschauung wird wiederhergestellt. Im Himmel ist Christus, ist Gott Objekt der *unmittelbaren*, der *sinnlichen* Anschauung; dort wird er aus einem *Gegenstande der Vorstellung, des Gedankens*, also aus *einem geistigen Wesen*, was er hier für uns ist, ein *sinnliches*, ein *fühlbares, sichtbares Wesen*. Und diese Anschauung ist, wie der Anfang, so das Ziel – also das Wesen des Christentums. Die spekulative Philosophie hat daher die Kunst und Religion nicht im wahren Lichte[1], im Lichte der Wirklichkeit, sondern nur im Zwielicht der Reflexion erfaßt und dargestellt, indem sie infolge ihres Prinzips, welches die Abstraktion von der Sinnlichkeit ist, die Sinnlichkeit nur zu einer Formbestimmtheit derselben verflüchtete: Die Kunst ist Gott *in* der Formbestimmtheit der sinnlichen Anschauung, die Religion Gott *in* der der Vorstellung. Aber in der Wahrheit ist das gerade das Wesen, was der Reflexion nur als die Form erscheint. Wo Gott im Feuer erscheint und angebetet wird, da wird in Wahrheit das Feuer als Gott angebetet. Der Gott *im* Feuer ist nichts anderes als das – den Menschen ob seiner Wirkungen und Eigenschaften frappierende – *Wesen* des Feuers, der Gott im *Menschen* nichts anderes *als das Wesen des Menschen*. Und ebenso ist das, was die Kunst in der Form der Sinnlichkeit darstellt, nichts anderes als das von *dieser Form unabtrennbare, eigene Wesen der Sinnlichkeit*.

§ 42[2]

Den *Sinnen* sind nicht nur *„äußerliche"* Dinge Gegenstand. Der *Mensch* wird *sich selbst nur durch den Sinn gegeben* – er ist sich selbst als Sinnenobjekt Gegenstand. Die *Identität* von *Subjekt und Objekt*, im *Selbstbewußtsein* nur *abstrakter Gedanke*, ist *Wahrheit* und *Wirklichkeit* nur in der *sinnlichen Anschauung des Menschen vom Menschen*.

Wir fühlen nicht nur Steine und Hölzer, nicht nur Fleisch und Knochen, wir fühlen auch Gefühle, indem wir die

[1] Licht *B. Geringfügige Veränderung; wird im folgenden nicht mehr vermerkt.*
[2] *In B § 41.*

Hände oder Lippen eines fühlenden Wesens drücken; wir vernehmen durch die Ohren nicht nur das Rauschen des Wassers und das Säuseln der Blätter, sondern auch die seelenvolle Stimme der Liebe und Weisheit; wir sehen nicht nur Spiegelflächen und Farbengespenster, wir blicken auch in den Blick des Menschen. Nicht nur Äußerliches also –[1] auch *Innerliches,* nicht nur Fleisch –[1] auch *Geist,* nicht nur das Ding –[1] auch das *Ich* ist Gegenstand der Sinne. – Alles ist darum sinnlich wahrnehmbar, wenn auch nicht unmittelbar, doch mittelbar, wenn auch nicht mit den pöbelhaften, rohen, doch mit den gebildeten Sinnen, wenn auch nicht mit den Augen des Anatomen oder Chemikers, doch mit den Augen des Philosophen. Alle unsere Ideen entspringen darum auch aus den Sinnen; darin hat der Empirismus vollkommen recht[2]; nur vergißt er, daß das wichtigste, wesentlichste Sinnenobjekt des Menschen der *Mensch selbst* ist, daß nur im Blicke des Menschen in den Menschen das Licht des Bewußtseins und Verstandes sich entzündet. Der Idealismus hat daher recht, wenn er *im* Menschen den Ursprung der Ideen sucht, aber unrecht, wenn er sie aus dem isolierten, als für sich seienden[3] Wesen, als Seele fixierten Menschen, mit einem Worte: aus dem Ich ohne ein sinnlich gegebenes Du, ableiten will. Nur durch Mitteilung, nur aus der Konversation des Menschen mit dem Menschen entspringen die Ideen. Nicht allein, nur selbander kommt man zu Begriffen, zur Vernunft überhaupt. Zwei Menschen gehören zur Erzeugung des Menschen – des geistigen sogut wie des physischen: Die Gemeinschaft des Menschen mit dem Menschen ist das erste Prinzip und Kriterium der Wahrheit und Allgemeinheit. Die Gewißheit selbst von dem Dasein anderer Dinge außer mir ist für mich vermittelt durch die Gewißheit von dem Dasein eines andern Menschen außer mir. Was ich allein sehe, daran zweifle ich; was der andere auch sieht, das erst ist gewiß.

[1] *In B Komma statt des Gedankenstrichs.*

[2] Alle . . . recht: Mit Recht leitet daher auch der Empirismus den Ursprung unsrer Ideen von den Sinnen ab *B*

[3] *Im Original A und B:* seiendem

§ 43 [1]

Die *Unterschiede* zwischen *Wesen* und *Schein, Grund* und *Folge, Substanz* und *Akzidenz, notwendig* und *zufällig, spekulativ* und *empirisch* begründen *nicht zwei Reiche* oder *Welten* – eine *übersinnliche,* welcher das *Wesen,* und eine *sinnliche Welt,* welcher der *Schein* angehört, sondern diese *Unterschiede fallen innerhalb des Gebiets der Sinnlichkeit selbst.*

Ein Beispiel aus den Naturwissenschaften. In dem Linnéschen Pflanzensystem werden die ersten Klassen nach der Zahl der Staubfäden bestimmt. Aber schon in der elften Klasse, wo 12–20 Staubgefäße vorkommen, noch mehr aber in der Klasse der Zwanzigmännigkeit und der Vielmännigkeit wird die Zahlbestimmtheit gleichgültig[2]; es wird nicht mehr gezählt. Hier haben wir daher auf dem einen und demselben Gebiet vor unsern Augen den Unterschied zwischen bestimmter und unbestimmter, notwendiger und gleichgültiger[3], rationeller und irrationeller Vielheit. Wir brauchen also *nicht über die Sinnlichkeit* hinauszugehen, um an die *Grenze* des *nur Sinnlichen,* nur *Empirischen* im *Sinne der absoluten Philosophie* zu kommen; wir dürfen nur *nicht den Verstand von den Sinnen abtrennen,* um das Übersinnliche, d. i. Geist und Vernunft, *im Sinnlichen* zu finden.

§ 44 [4]

Das *Sinnliche* ist *nicht* das *Unmittelbare*[5] *in dem Sinne,* daß es das *Profane,* das *auf platter Hand Liegende,* das *Gedankenlose,* das *sich von selbst Verstehende* sei. Die unmittelbare, sinnliche Anschauung ist vielmehr *später* als die Vorstellung und Phantasie. Die *erste* Anschauung des Menschen ist selber nur die *Anschauung der Vorstellung und Phantasie.* Die Aufgabe der Philosophie, der Wissenschaft überhaupt besteht daher *nicht* darin, von den *sinnlichen, d. i. wirklichen,* Dingen *weg,* sondern *zu ihnen hin zu kommen – nicht*

[1] *In B § 42.*
[2] gleichgiltig *B*
[3] gleichgiltiger *B*
[4] *In B § 43.*
[5] *In B folgt Zusatz:* im Sinn der spekulativen Philosophie,

darin, die *Gegenstände* in *Gedanken* und *Vorstellungen* zu verwandeln, sondern darin, das den *gemeinen Augen Unsichtbare sichtbar, d. i. gegenständlich,* zu machen.

Die Menschen sehen zuerst die Dinge nur so, *wie sie ihnen erscheinen,* nicht, wie sie sind, sehen in den Dingen nicht sie selbst, sondern nur ihre Einbildungen von ihnen, legen ihr eigenes Wesen in sie hinein, unterscheiden nicht den Gegenstand und die Vorstellung von ihm. Die Vorstellung liegt dem ungebildeten, subjektiven Menschen *näher* als die *Anschauung,* denn in der Anschauung wird er *aus sich* herausgerissen; in der Vorstellung *bleibt er bei sich.* In der Anschauung ist der *Gegenstand* die handelnde und redende Person, ich mache nur den Zuschauer oder Zuhörer; in der Vorstellung dagegen fühle ich das Wort. Die Anschauung *widerspricht* mir, die Vorstellung aber gibt mir immer recht; in der Vorstellung bin ich judex in propria causa [Richter in eigener Sache].[1] Aber wie mit der Vorstellung, ist es mit dem Gedanken. Eher und weit länger beschäftigen[2] sich die Menschen mit den himmlischen, göttlichen als mit den irdischen, menschlichen Dingen, d. h. eher und weit länger mit den *in den Gedanken übersetzten* Dingen als mit den *Dingen im Original,* in der *Ursprache.* Erst in neuerer Zeit ist die Menschheit wieder, wie einst in Griechenland nach Vorausgang der orientalischen Traumwelt, zur *sinnlichen, d. i. unverfälschten, objektiven,* Anschauung des Sinnlichen, d. i. Wirklichen, aber ebendamit auch erst *zu sich selbst* gekommen; denn ein Mensch, der sich nur mit Wesen der Einbildung oder des abstrakten Gedankens abgibt, ist selbst nur ein abstraktes oder phantastisches, kein *wirkliches,* kein wahrhaft menschliches Wesen. Die Realität des Menschen hängt nur von der Realität seines Gegenstandes ab. *Hast* du nichts, so *bist* du nichts.

§ 45[3]

Raum und *Zeit* sind *keine bloßen Erscheinungsformen* – sie sind *Wesensbedingungen, Vernunftformen, Gesetze des Seins wie des Denkens.*

[1] In der Anschauung ist . . . propria causa. *Fehlt in B.*
[2] beschäftigten *B*
[3] *In B § 44.*

Dasein ist das erste Sein, das erste Bestimmtsein. *Hier* bin ich – das ist das erste Zeichen eines *wirklichen, lebendigen* Wesens. Der Zeigefinger ist der Wegweiser vom Nichts zum Sein. *Hier* ist die erste Grenze, die erste Scheidung. Hier bin ich, dort du; wir sind außereinander; darum können wir beide sein, ohne uns zu beeinträchtigen; es ist Platz genug. Die Sonne ist nicht da, wo der Merkur, der Merkur nicht da, wo die Venus, das Auge nicht da, wo das Ohr, usw. Wo kein Raum, da hat auch *kein System* Platz. Die *Ortsbestimmung* ist die *erste Vernunftsbestimmung*[1], auf der jede weitere Bestimmung Fuß faßt. Mit der Verteilung an verschiedene Orte – aber mit dem Raume sind unmittelbar verschiedene Orte gesetzt – beginnt die organisierende Natur. Nur im Raume orientiert sich die Vernunft. Wo bin ich?, ist die Frage des erwachenden Bewußtseins, die erste Frage der Lebensweisheit. Beschränkung in Raum und Zeit ist die erste Tugend, die Ortsdifferenz die erste Differenz des Schicklichen vom Unschicklichen, die wir dem Kinde, dem rohen Menschen beibringen. Dem rohen Menschen ist der Ort gleichgültig, er tut alles an jedem Orte ohne Unterschied; der Narr desgleichen. Narren kommen darum zu Vernunft, wenn sie sich wieder an Zeit und Ort binden. Verschiedenes an verschiedene Orte zu stellen, räumlich zu scheiden, was qualitativ verschieden, das ist Bedingung jeder Ökonomie, selber der geistigen. Nicht in den Text zu setzen, was in die Anmerkung, nicht an den Anfang, was erst an das Ende gehört, kurz, räumliche Sonderung und Begrenzung gehört auch zur Weisheit des Schriftstellers. Selbst im Denken ist die logische Ordnung der Gedanken zugleich räumliche Ordnung.[2]

Allerdings ist hier immer die Rede von einem bestimmten Orte, aber es kommt hier doch nichts weiter in Betracht als die Ortsbestimmtheit. Und ich kann nicht vom Raum den Ort absondern, wenn ich den Raum in seiner *Wirklichkeit* erfassen will. Mit dem Wo entsteht mir erst der Begriff des Raumes. Wo? ist allgemein, gilt von jedem Orte ohne Unterschied, und doch ist Wo bestimmt. Mit diesem Wo ist zugleich jenes Wo, mit der Bestimmtheit des

[1] Vernunftbestimmung *B*
[2] Selbst . . . Ordnung. *Fehlt in B.*

Orts daher zugleich die Allgemeinheit des Raums gesetzt; aber ebendeswegen ist der allgemeine Begriff des Raums nur in der Verbindung mit der Bestimmtheit des Orts ein realer, konkreter Begriff. Hegel gibt vom[1] Raume, wie überhaupt von der Natur, nur eine *negative* Bestimmung. Allein Hiersein ist positiv. Ich bin *nicht* dort, *weil ich hier bin* – dieses Nicht-dort-Sein ist also nur eine Folge von dem positiven, ausdrucksvollen Hiersein. Es ist nur eine Schranke für deine Vorstellung, aber keine Schranke an sich, daß hier nicht dort, daß eines außer dem andern ist. Es ist ein Außereinander, das *sein soll*, das der *Vernunft* nicht wider-, sondern *entspricht*. Bei Hegel aber ist dieses Außereinander-Sein eine negative Bestimmung, weil es das Außereinander dessen ist, was *nicht* außereinander *sein soll* – weil der logische Begriff, als die absolute Identität mit sich, für die Wahrheit gilt – der Raum geradezu die *Negation* der Idee, der Vernunft, in welche daher auch nur dadurch wieder Vernunft gebracht werden kann, daß sie *negiert* wird. Allein geschweige, daß der Raum die Negation der Vernunft ist – im Raume wird vielmehr der Idee, der Vernunft nur Platz gemacht –, ist der Raum[2] die erste Sphäre der Vernunft. Wo kein räumliches Außereinander, ist auch kein logisches. Oder umgekehrt – wenn wir, wie Hegel, von der Logik aus zum Raume übergehen wollen –: Wo kein Unterschied, ist auch kein Raum. Die Unterschiede im Denken müssen verwirklicht werden als Unterschiedene; Unterschiedene treten aber räumlich außereinander. Das räumliche Außereinander-Sein ist daher erst die *Wahrheit* der logischen Unterschiede. Aber was außereinander ist, das kann auch nur nacheinander gedacht werden. *Wirkliches* Denken ist Denken in Raum und Zeit. Die Negation von Raum und Zeit (Zeitlänge) fällt immer *innerhalb* des Raumes und der Zeit selbst. Wir wollen nur Raum und Zeit sparen, um *Raum und Zeit* zu *gewinnen*.

[1] dem *B, versehentlich ohne Streichung des nächsten* von[.]
[2] gemacht –, ist der Raum: gemacht, der Raum ist *B*

§ 46[1]

Die *Dinge* dürfen *nicht anders gedacht* werden, als wie sie in der *Wirklichkeit vorkommen.* Was *in der Wirklichkeit getrennt* ist, soll auch *im Gedanken nicht identisch sein.* Die *Ausnahme* des Denkens, der Idee – der Intellektualwelt bei den Neuplatonikern – von den *Gesetzen der Wirklichkeit* ist das *Privilegium theologischer Willkür.* Die *Gesetze der Wirklichkeit* sind auch *Gesetze des Denkens.*

§ 47[2]

Die *unmittelbare Einheit entgegengesetzter* Bestimmungen ist nur in der *Abstraktion möglich* und *gültig*[3]. In der *Wirklichkeit* sind die *Gegensätze* stets nur durch einen terminus medius verbunden. Dieser terminus medius ist der *Gegenstand,* das *Subjekt* der Gegensätze.

Es ist daher nichts leichter, als die Einheit entgegengesetzter Prädikate aufzuzeigen; man braucht nur von dem Gegenstande oder Subjekt derselben zu abstrahieren. Mit dem Gegenstande schwindet die Grenze zwischen den Gegensätzen; sie sind nun boden- und haltlos, fallen also unmitelbar zusammen. Betrachte ich z. B. das Sein nur in abstracto, abstrahiere ich von aller Bestimmtheit, die ist, so habe ich natürlich Sein gleich Nichts. Der Unterschied, die Grenze zwischen Sein und Nichts ist ja allein die Bestimmtheit. Wenn ich *das, was ist,* weglasse, was ist noch dieses bloße „ist"? Aber was von *diesem* Gegensatz und seiner Identität, gilt auch von der Identität der übrigen Gegensätze in der spekulativen Philosophie.

§ 48[4]

Das Mittel, *entgegengesetzte* oder *widersprechende Bestimmungen ohne Widerspruch*[5] in einem und demselben Wesen zu *vereinigen,* ist nur – die *Zeit.*

[1] *In B § 45.*
[2] *In B § 46.*
[3] giltig *B*
[4] *In B § 47.*
[5] ohne Widerspruch: auf eine der Wirklichkeit entsprechende Weise *B*

So ist es wenigstens im[1] lebendigen Wesen. So nur kommt hier z. B. im Menschen der Widerspruch zum Vorschein, daß jetzt diese Bestimmung – diese Empfindung, dieser Vorsatz –, jetzt eine andere, eine geradezu entgegengesetzte Bestimmung mich erfüllt und beherrscht. Nur da, wo eine Vorstellung die andere, eine Empfindung die andere verdrängt, wo es zu keiner Entscheidung, keiner bleibenden Bestimmtheit kommt, die Seele sich in einem fortwährenden Wechsel entgegengesetzter Zustände befindet, nur da befindet sie sich in der Höllenpein des Widerspruchs. Würde ich die entgegengesetzten Bestimmungen zugleich in mir vereinigen, so würden sie sich neutralisieren, abstumpfen, gleichwie die Gegensätze des chemischen Prozesses, welche zugleich da sind, ihre Differenz in einem neutralen Produkt verlieren. Aber eben gerade darin besteht der Schmerz des Widerspruchs, daß ich jetzt mit Leidenschaft will und bin, was ich den nächsten Augenblick darauf ebenso energisch nicht will und nicht bin, daß Position und Negation aufeinander folgen, beide Gegensätze, aber *jeder mit Ausschluß des andern,* jeder also in seiner vollen Bestimmtheit und Schärfe mich affiziert.

§ 49[2]

Das *Wirkliche* ist im *Denken nicht in ganzen Zahlen,* sondern nur in *Brüchen darstellbar.* Diese Differenz ist eine *normale* – sie beruht auf der Natur des Denkens, dessen Wesen die Allgemeinheit ist, im Unterschiede von der Wirklichkeit, dessen Wesen die Individualität. Daß aber diese Differenz *nicht* zu einem *förmlichen Widerspruch* zwischen dem *Gedachten* und dem *Wirklichen* kommt, dies wird nur dadurch verhindert, daß das Denken *nicht in gerader Linie, in der Identität mit sich fortläuft, sondern sich durch die sinnliche Anschauung unterbricht.* Nur das durch die *sinnliche Anschauung* sich *bestimmende* und *ratifizierende*[3] Denken ist *reales, objektives* Denken – Denken *objektiver Wahrheit.*

[1] in *B*
[2] *In B § 48.*
[3] rektifizierende *B*

Es ist das Wichtigste, zu erkennen, daß das absolute, d. h. das isolierte, von der Sinnlichkeit abgesonderte, Denken *nicht über die formale Identität*[1] – die *Identität*[1] *des Denkens mit sich selbst* – hinauskommt; denn wenngleich das Denken oder der Begriff bestimmt wird als die Einheit entgegengesetzter Bestimmungen, so sind doch diese Bestimmungen selbst wieder nur Abstraktionen, Gedankenbestimmungen – also immer wieder Identitäten des Denkens mit sich, nur multipla [Vielfaches] *der* Identität, von welcher als der absoluten Wahrheit ausgegangen wird. Das andere, was sich die Idee gegenübersetzt, ist, als ein von ihr Gesetztes, nicht wahrhaft, realiter von ihr unterschieden, nicht außer die Idee entlassen, höchstens nur pro forma [der Form nach], zum Scheine, um ihre Liberalität zu zeigen; denn dieses *andre* der Idee ist selbst *wieder die Idee*, nur noch nicht in der Form der Idee, noch nicht gesetzt, verwirklicht als Idee. So bringt es das Denken *für sich selbst allein* zu keinem *positiven Unterschiede* und *Gegensatze von sich*, hat aber ebendeswegen auch kein anderes Kriterium der Wahrheit, als daß etwas nicht der Idee, nicht dem Denken widerspricht – also ein nur formales, subjektives Kriterium, welches nicht darüber entscheidet, ob die gedachte Wahrheit auch eine wirkliche Wahrheit ist. Das Kriterium, welches hierüber entscheidet, ist einzig die *Anschauung*. Audiatur et *altera pars* [gehört werde auch die andere Seite]. Aber eben die sinnliche Anschauung ist die *Gegenpartei* des Denkens. Die Anschauung nimmt die Dinge in einem *weitern*[2], das Denken im *engsten* Sinne; die Anschauung läßt die Dinge in ihrer *unbeschränkten Freiheit*. das Denken gibt ihnen *Gesetze*, aber sie sind nur zu oft *despotische;* die Anschauung *klärt* den Kopf auf, aber *bestimmt* und *entscheidet nichts;* das Denken *determiniert*, aber *borniert* auch oft den Kopf; die Anschauung für sich hat *keine Grundsätze*, das Denken für sich *kein Leben;* die *Regel* ist die *Sache des Denkens;* die *Ausnahme* von der Regel die *Sache der Anschauung*. Wie daher nur die durch das Denken *beschränkte*[3] Anschauung die wahre ist, so ist auch umge-

[1] *Im Original A sinnentstellend:* Idealität *Hier berichtigt nach B.*
[2] weiten *B*
[3] determinierte *B*

kehrt nur das durch die Anschauung *erweiterte* und *aufgeschlossene* Denken das wahre, dem Wesen der Wirklichkeit entsprechende Denken. Das mit sich identische, kontinuierliche Denken läßt im *Widerspruch mit der Wirklichkeit* die Welt sich *im Kreise* um ihren Mittelpunkt drehen; aber das durch die Beobachtung von der Ungleichförmigkeit dieser Bewegung, also durch die *Anomalie* der Anschauung *unterbrochene* Denken verwandelt der Wahrheit gemäß diesen Kreis in eine *Ellipse*. Der *Kreis* ist das Symbol, das Wappen der *spekulativen* Philosophie, des nur *auf sich selbst sich* stützenden Denkens – auch die Hegelsche Philosophie ist bekanntlich ein Kreis von Kreisen, ob sie gleich in Beziehung auf die Planeten, aber nur durch die Empirie hiezu bestimmt, die Kreisbahn für „die Bahn einer *schlechtgleichförmigen* Bewegung" erklärt –, die *Ellipse* dagegen ist das Symbol, das Wappen der *sinnlichen* Philosophie, des auf die *Anschauung* sich stützenden Denkens.

§ 50[1]

Die *wirkliche* Erkenntnis gewährenden Bestimmungen sind immer nur *die*, welche den *Gegenstand durch den Gegenstand selbst bestimmen – seine eigenen, individuellen* Bestimmungen –, also *nicht allgemeine*, wie die *logisch-metaphysischen* Bestimmungen sind, welche *keinen Gegenstand bestimmen*, weil sie sich auf *alle Gegenstände ohne Unterschied* erstrecken.

Ganz richtig hat daher Hegel die logisch-metaphysischen Bestimmungen aus Bestimmungen von Gegenständen in selbständige Bestimmungen – Selbstbestimmungen des Begriffs – verwandelt, sie aus Prädikaten, was sie in der alten Metaphysik waren, zu Subjekten gemacht und dadurch der Metaphysik oder Logik die Bedeutung des selbst genügsamen[2], göttlichen Wissens gegeben. Aber ein Widerspruch ist es, daß denn[3] doch wieder in den konkreten Wissenschaften, gerade wie in der alten Metaphysik, diese logisch-

[1] *In B § 49.*
[2] selbst genügsamen: selbstgenügsamen *B*
[3] dann *B*

metaphysischen Schatten zu Bestimmungen der wirklichen Dinge gemacht werden, was natürlich nur dadurch möglich ist, daß entweder mit den logisch-metaphysischen Bestimmungen immer zugleich konkrete, aus dem Gegenstand selbst geschöpfte, darum treffende Bestimmungen verbunden werden oder der Gegenstand auf ganz *abstrakte* Bestimmungen, in welchen er gar *nicht mehr erkenntlich* ist, reduziert wird.

§ 51[1]

Das *Wirkliche in seiner Wirklichkeit und Totalität*, der *Gegenstand* der *neuen* Philosophie, ist auch nur einem *wirklichen* und *ganzen* Wesen Gegenstand. Die neue Philosophie hat daher zu ihrem *Erkenntnisprinzip*, zu ihrem *Subjekt nicht das Ich, nicht den absoluten*, d. i. abstrakten, Geist, kurz, *nicht die Vernunft in abstracto*, sondern das *wirkliche und ganze Wesen des Menschen*. Die *Realität*, das *Subjekt der Vernunft* ist nur der *Mensch*. Der *Mensch* denkt, nicht das Ich, nicht die Vernunft. Die neue Philosophie stützt sich also nicht auf die Gottheit, d. i. Wahrheit, der Vernunft allein für sich, sie stützt sich auf die *Gottheit, d. i. Wahrheit*, des *ganzen Menschen*. Oder: Sie stützt sich wohl auch auf die Vernunft, aber auf die Vernunft, deren *Wesen* das *menschliche Wesen*, also *nicht* auf eine *wesen-*, *farb-* und *namenlose* Vernunft, sondern auf die mit dem *Blute des Menschen getränkte* Vernunft. Wenn daher die alte Philosophie sagte: Nur *das Vernünftige ist das Wahre* und *Wirkliche*, so sagt dagegen die neue Philosophie: Nur das *Menschliche ist das Wahre* und *Wirkliche;* denn das Menschliche nur ist das Vernünftige, *der Mensch das Maß der Vernunft.*

§ 52[2]

Die *Einheit* von *Denken* und *Sein* hat nur *Sinn* und *Wahrheit*, wenn der *Mensch* als der *Grund*, das *Subjekt dieser Einheit* gefaßt wird. Nur ein *reales Wesen* erkennt *reale*

[1] *In B § 50.*
[2] *In B § 51.*

Dinge; nur wo das Denken nicht *Subjekt für sich selbst,* sondern *Prädikat* eines *wirklichen* Wesens ist, nur da ist auch der *Gedanke nicht vom Sein getrennt.* Die Einheit von Denken und Sein ist daher *keine formelle,* so daß dem *Denken an* und *für sich* das *Sein als eine Bestimmtheit* zukäme; sie hängt nur ab von dem *Gegenstand,* dem *Inhalt* des Denkens.

Hieraus ergibt sich folgender kategorischer Imperativ: Wolle nicht Philosoph sein *im Unterschied vom Menschen,* sei nichts weiter als ein *denkender Mensch;* denke nicht *als Denker,* d. h. in einer aus der *Totalität* des wirklichen Menschenwesens *herausgerissenen* und *für sich isolierten Fakultät;* denke als *lebendiges, wirkliches* Wesen, als welches du den belebenden und erfrischenden Wogen des Weltmeers ausgesetzt bist; denke *in* der Existenz, *in* der Welt als ein Mitglied derselben, nicht im Vakuum der Abstraktion, als eine vereinzelte Monade, als ein absoluter Monarch, als ein teilnahmloser, außerweltlicher Gott – dann kannst du darauf rechnen, daß deine Gedanken Einheiten sind von Sein und Denken. Wie sollte das Denken als Tätigkeit eines wirklichen Wesens nicht die wirklichen Dinge und Wesen erfassen? Nur wenn man das Denken vom Menschen absondert, für sich selbst fixiert, entstehen die peinlichen, unfruchtbaren und für diesen Standpunkt unauflöslichen Fragen, wie das Denken zum Sein, zum Objekt komme. Denn *für sich selbst* fixiert, d. h. außer *den Menschen* gesetzt, ist das Denken außer allem Verbande und Zusammenhang mit der Welt. Zum Objekt erhebst du dich nur dadurch, daß du dich dazu erniedrigst, selbst Objekt für andres zu sein. Du denkst nur, weil *deine Gedanken* selbst *gedacht* werden können, und sie sind nur wahr, wenn sie die Probe der Objektivität bestehen, wenn sie der andere *außer dir,* dem sie Objekt sind, auch anerkennt; du siehst nur als ein selbst sichtbares, fühlst nur als ein selbst fühlbares Wesen. Offen steht die Welt nur dem offnen Kopf, und die *Öffnungen des Kopfs* sind nur *die Sinne.* Aber das für sich isolierte, *in sich verschlossene* Denken, das Denken *ohne Sinne, ohne den Menschen, außer* dem Menschen, ist *absolutes Subjekt,* das für andres nicht Objekt sein kann und sein *soll,* aber ebendeswegen auch trotz aller Anstrengungen *nun und nimmermehr einen Übergang zum Objekt, zum Sein findet;*

sowenig als ein Kopf, der vom Rumpf abgetrennt ist, einen Übergang findet zur Besitzergreifung eines Gegenstandes, weil die Mittel, die Organe des Ergreifens fehlen.

§ 53[1]

Die neue Philosophie ist die *vollständige*, die *absolute*, die *widerspruchslose Auflösung der Theologie in der Anthropologie;* denn sie ist die Auflösung derselben nicht nur, wie die alte Philosophie, in der Vernunft, sondern auch *im Herzen*, kurz, im *ganzen*, *wirklichen* Wesen des Menschen. Aber sie ist auch in dieser Beziehung nur das *notwendige Resultat* der alten Philosophie – denn was einmal im Verstande aufgelöst ist, muß sich endlich auch im *Leben*, im *Herzen*, im *Blute* des Menschen auflösen –, aber auch zugleich erst die *Wahrheit* derselben, und zwar als eine *neue*, *selbständige* Wahrheit; denn erst die *Fleisch* und *Blut gewordne Wahrheit* ist *Wahrheit*. Die alte Philosophie fiel *notwendig* wieder in die Theologie zurück: Was nur *im Verstande*, nur *in abstracto* aufgehoben ist, das hat noch einen *Gegensatz* am *Herzen;* die neue Philosophie dagegen kann *nicht mehr rückfällig* werden: Was an Leib und Seele zugleich tot ist, das kann auch nicht einmal als Gespenst wiederkehren.

§ 54[2]

Der *Mensch unterscheidet* sich *keineswegs nur durch* das *Denken* von dem *Tiere*. Sein *ganzes Wesen* ist vielmehr *sein Unterschied vom Tiere*. Allerdings ist der, welcher *nicht* denkt, *kein* Mensch, aber nicht, weil das Denken die Ursache, sondern nur, weil es eine *notwendige Folge* und *Eigenschaft* des menschlichen Wesens ist.

Wir brauchen daher auch hier nicht über das Gebiet der Sinnlichkeit hinauszugehen, um den Menschen als ein über den Tieren stehendes Wesen zu erkennen. Der Mensch ist kein partikuläres Wesen wie das Tier, sondern ein *universelles*, darum kein beschränktes und unfreies, sondern [ein] un-

[1] *In B § 52.*
[2] *In B § 53.*

eingeschränktes, freies Wesen, denn Universalität, Unbeschränktheit, Freiheit sind unzertrennlich. Und diese Freiheit existiert nicht etwa in einem *besondern* Vermögen, dem Willen, ebensowenig diese Universalität in einem besonderen Vermögen,[1] der *Denkkraft*, der Vernunft – diese Freiheit, diese Universalität erstreckt sich über sein *ganzes* Wesen. Die tierischen Sinne sind wohl schärfer als die menschlichen, aber nur in Beziehung auf bestimmte, mit den Bedürfnissen des Tiers in notwendigem Zusammenhang stehende Dinge, und sie sind schärfer eben wegen dieser Determination, dieser ausschließlichen Beschränkung auf Bestimmtes. Der Mensch hat nicht den Geruchssinn[2] eines Jagdhundes, eines Raben; aber nur, weil sein Geruchssinn[2] ein alle Arten von Gerüchen umfassender, darum freier, gegen besondere Gerüche indifferenter Sinn ist. Wo sich aber ein Sinn erhebt über die Schranke der Partikularität und seine Gebundenheit an das Bedürfnis, da erhebt er sich zu *selbständiger*, zu *theoretischer* Bedeutung und Würde: *Universeller* Sinn ist *Verstand*, *universelle* Sinnlichkeit *Geistigkeit*. Selbst die untersten Sinne, Geruch und Geschmack, erheben sich im Menschen zu geistigen, zu wissenschaftlichen Akten. Geruch und Geschmack der Dinge sind Gegenstände der Naturwissenschaft. Ja, selbst der *Magen* des Menschen, so verächtlich wir auch auf ihn herabblicken, ist kein tierisches, sondern *menschliches*, weil universales, nicht auf bestimmte Arten von Nahrungsmittel[n] eingeschränktes Wesen. Ebendarum ist der Mensch frei von der Wut der Freßbegierde, mit welcher das Tier über seine Beute herfällt. Laß einem Menschen seinen Kopf, gib ihm aber den Magen eines Löwen oder Pferdes – er hört sicherlich auf, ein Mensch zu sein. Ein beschränkter Magen verträgt sich auch nur mit einem beschränkten, d. i. tierischen, Sinne. Das sittliche und vernünftige Verhältnis des Menschen zum Magen besteht daher auch nur darin, denselben nicht als ein viehisches, sondern menschliches Wesen zu behandeln. Wer mit dem Magen die Menschheit abschließt, den Magen in die Klasse der Tiere versetzt, der autorisiert den Menschen im Essen zur Bestialität.

1 *Komma fehlt in B.*
2 Geruch *B*

§ 55 [1]

Die neue Philosophie macht den *Menschen* mit *Einschluß der Natur,* als der Basis des Menschen, zum *alleinigen, universalen* und *höchsten Gegenstand* der Philosophie – die *Anthropologie* also, mit *Einschluß der Physiologie, zur Universalwissenschaft.*

§ 56 [2]

Kunst, Religion, Philosophie oder *Wissenschaft* sind nur die Erscheinungen oder Offenbarungen des *wahren menschlichen Wesens.* Mensch, vollkommner, wahrer Mensch ist nur, wer *ästhetischen* oder *künstlerischen, religiösen* oder *sittlichen* und *philosophischen* oder *wissenschaftlichen Sinn* hat – Mensch überhaupt nur der, welcher *nichts wesentlich Menschliches von sich ausschließt.* „*Homo sum, humani nihil a me alienum puto* [ich bin Mensch, nichts Menschliches weiß ich mir fremd]" – dieser Satz, in seiner *universellsten* und *höchsten Bedeutung* genommen, ist der *Wahlspruch des neuen Philosophen.*

§ 57 [3]

Die *absolute Identitätsphilosophie* hat den *Standpunkt* der *Wahrheit gänzlich verrückt.* Der *natürliche Standpunkt* des Menschen, der Standpunkt der *Unterscheidung* in *Ich* und *Du, Subjekt* und *Objekt,* ist der *wahre,* der *absolute Standpunkt,* folglich auch der *Standpunkt der Philosophie.*

§ 58 [4]

Die Philosophie ist *kein absoluter Akt,* kein *actus purus ohne Subjekt* – sie ist ein *Akt des menschlichen Subjekts.*

[1] *In B § 54.*
[2] *In B § 55.*
[3] *In B § 56.*
[4] *Ziffer 58 ist in B an den übernächsten Paragraphen (§ 60 von A) vergeben.*

Folglich muß sie auch das *Wesen* dieses Subjekts *unverstümmelt enthalten und ausdrücken.* Der Mensch ist aber kein identisches oder einfaches, sondern wesentlich ein *dualistisches*, ein *tätiges* und *leidendes*, *selbständiges* und *abhängiges*, *selbstgenugsames* und *gesellschaftliches* oder *sympathisierendes*, *theoretisches* und *praktisches*, in der Sprache der alten Philosophie: *idealistisches und materialistisches* Wesen, kurz, er ist wesentlich *Kopf* und *Herz*. Die Philosophie als der Ausdruck des menschlichen Wesens ist daher – ihrem formalen Prinzip nach – wesentlich *dualistisch.*[1]

§ 59[2]

Die der *Wahrheit gemäße Einheit* von *Kopf und Herz* besteht nicht in der Auslöschung oder Vertuschung ihrer Differenz, sondern vielmehr nur darin, daß der *wesentliche Gegenstand des Herzens* auch der *wesentliche Gegenstand* des Kopfs ist – also nur in der Identität des *Gegenstandes*. Die neue Philosophie, welche den wesentlichen und höchsten Gegenstand des Herzens, den Menschen, auch zum wesentlichen und höchsten Gegenstand des Verstandes macht, begründet daher eine vernünftige Einheit von Kopf und Herz, von Denken und Leben.

§ 60[3]

Die Wahrheit existiert nicht im Denken, nicht im Wissen für sich selbst. *Die Wahrheit ist nur die Totalität des menschlichen Lebens und Wesens.*

§ 61[4]

Der einzelne Mensch *für sich* hat das *Wesen* des Menschen *nicht in sich,*[5] *weder in sich als moralischem, noch in sich als*

[1] Die Philosophie ist kein . . . wesentlich dualistisch. *Fehlt in B.*
[2] *In B § 57.*
[3] *In B § 58.*
[4] *In B § 59.*
[5] nicht . . . sich, *Fehlt in B.*

denkendem Wesen. Das *Wesen* des Menschen ist nur in der Gemeinschaft, in der *Einheit des Menschen mit dem Menschen* enthalten – eine Einheit, die sich aber nur auf die *Realität* des *Unterschieds* von Ich und Du stützt.

§ 62[1]

Einsamkeit ist *Endlichkeit* und *Beschränktheit, Gemeinschaftlichkeit* ist *Freiheit* und *Unendlichkeit.* Der Mensch *für sich* ist Mensch (im gewöhnlichen Sinn); der[2] Mensch *mit* Mensch – die *Einheit von Ich und Du – ist Gott.*

§ 63[3]

Der *absolute Philosoph* sagte oder dachte wenigstens, analog dem „L'état c'est moi [der Staat bin ich]" des absoluten Monarchen und dem „L'être c'est moi [das Sein bin ich]" des absoluten Gottes – von sich, *als Denker* natürlich, nicht als Menschen: La verité c'est moi [die Wahrheit bin ich]. Der menschliche Philosoph sagt dagegen: *Ich bin auch im Denken, auch als Philosoph Mensch mit Menschen.*

§ 64[4]

Die *wahre* Dialektik ist *kein Monolog des einsamen Denkers mit sich selbst,* sie ist ein *Dialog zwischen Ich und Du.*

§ 65[5]

Die *Trinität* war das *höchste Mysterium,* der *Zentralpunkt* der *absoluten Philosophie* und *Religion.* Aber das Geheimnis derselben ist, wie im „Wesen des Christentums" historisch

[1] *In B § 60.*
[2] *Fehlt in B.*
[3] *In B § 61.*
[4] *In B § 62.*
[5] *In B § 63.*

und philosophisch bewiesen wurde, das Geheimnis des *gemeinschaftlichen*[1] *gesellschaftlichen Lebens* – das Geheimnis der *Notwendigkeit des Du für das Ich* – die Wahrheit, daß *kein Wesen*, es sei und heiße nun Mensch oder Gott oder Geist oder Ich, *für sich selbst allein* ein *wahres*, ein *vollkommnes, ein absolutes* Wesen, daß die *Wahrheit* und *Vollkommenheit* nur ist die *Verbindung*, die *Einheit* von zwei sich[2] wesensgleichen Wesen. Das höchste und letzte Prinzip der Philosophie ist daher die *Einheit des Menschen mit dem Menschen*. Alle wesentlichen Verhältnisse – die Prinzipien verschiedener Wissenschaften – sind nur *verschiedene Arten und Weisen dieser Einheit*. Selbst der Denkakt kann nur aus dieser Einheit begriffen und abgeleitet werden.[3]

§ 66[4]

Die alte Philosophie hat eine *doppelte Wahrheit* – die Wahrheit *für sich selbst*, die sich nicht um den Menschen bekümmerte – *die Philosophie* –, und die Wahrheit *für den Menschen* – *die Religion*. Die neue Philosophie dagegen, als die Philosophie des Menschen, ist auch wesentlich die *Philosophie für den Menschen* – sie hat, unbeschadet der Würde und Selbständigkeit der Theorie, ja, im innigsten Einklang mit derselben, wesentlich eine *praktische*, und zwar im höchsten Sinne praktische, Tendenz; sie tritt an die Stelle der Religion, sie hat das *Wesen* der Religion in sich, sie ist in Wahrheit *selbst Religion*.

§ 67[5]

Die bisherigen Reformversuche in der Philosophie unterscheiden sich mehr oder weniger nur der *Art, nicht der Gattung* nach von der alten Philosophie. Die unerläßlichste Bedingung einer wirklich neuen, d. i. selbständigen, dem

[1] *In B folgt Komma.*
[2] zwei sich *Fehlt in B.*
[3] Selbst der . . . werden. *Fehlt in B.*
[4] *In B § 64.*
[5] *In B § 65.*

Bedürfnis der Menschheit und Zukunft entsprechenden, Philosophie ist aber, daß sie sich *dem Wesen nach,* daß sie sich toto genere [der ganzen Gattung nach] von der alten Philosophie unterscheide.

F[euerbach] an R[uge][1]

Bruckberg, im Juni 1843

Die Briefe und literarischen Pläne, die Sie mir mitteilen, haben mir viel zu denken gegeben. Meine Einsamkeit bedarf dergleichen, versäumen Sie nicht, Ihre Sendungen zu wiederholen. Der Untergang der „Deutschen Jahrbücher" erinnert mich an den Untergang Polens. Die Anstrengungen weniger Menschen waren umsonst in dem allgemeinen Sumpf eines verfaulten Volkslebens.

Wir kommen in Deutschland sobald auf keinen grünen Zweig. Es ist alles in Grund und Boden hinein verdorben, das eine auf diese, das andre auf jene Weise. Neue Menschen brauchten wir. Aber sie kommen diesmal nicht wie bei der Völkerwanderung aus den Sümpfen und Wäldern, aus unsern Lenden müssen wir sie erzeugen. Und dem neuen Geschlecht muß die neue Welt zugeführt werden in Gedanken und in Gedicht. Alles ist von Grund aus zu erschöpfen. Eine Riesenarbeit vieler vereinten Kräfte. Kein Faden soll am alten Regimente ganz bleiben. „Neue Liebe, neues Leben", sagt Goethe; neue Lehre, neues Leben heißt es bei uns.

Der Kopf ist nicht immer voraus; er ist das mobilste und schwerfälligste Ding zugleich. Im Kopfe entspringt das Neue, aber im Kopf haftet auch am längsten das Alte. Dem Kopf ergeben sich mit Freuden Hände und Füße. Also vor allen Dingen den Kopf gesäubert und purgiert. Der Kopf ist Theoretiker, ist Philosoph. Er muß nur das herbe Joch der Praxis, in das wir ihn herunterziehn, tragen und menschlich in dieser Welt auf den Schultern tätiger Menschen hausen lernen. Dies ist nur ein Unterschied der Lebensart. Was ist Theorie, was Praxis? Worin besteht ihr Unterschied? Theoretisch ist, was nur noch in meinem Kopfe steckt, praktisch, was in vielen Köpfen spukt. Was viele Köpfe eint, macht Masse, macht sich breit und damit Platz in der Welt. Läßt sich ein neues Organ für das neue Prinzip schaffen, so ist das eine Praxis, die nicht versäumt werden darf.

[1] *Vgl. GW 18, Brief 372, S. 273f.*

Andenken an Eduard August Feuerbach[1]

Eduard August Feuerbach, dritter Sohn des zu Frankfurt am Main im Jahr 1833 verstorbenen Präsidenten und Staatsrates Anselm von Feuerbach, wurde geboren 1803 den 1. Januar in Kiel an den Gestaden der Ostsee, erhielt den Gymnasialunterricht zu Ansbach, studierte zu Göttingen und Erlangen, promovierte als Doktor der Rechte zu München, wo er auch seine ersten Vorlesungen über deutsches Privatrecht hielt, wurde hierauf außerordentlicher, endlich ordentlicher öffentlicher Professor der Rechte an der Universität Erlangen, verheiratete sich 1840 zu Bruckberg bei Ansbach mit der ältesten Tochter des Besitzers der dortigen Porzellanfabrik, Fräulein *Sidonie Stadler,* aus der Ehe mit welcher er zwei Kinder hinterläßt, und starb an ebendiesem Orte, wo er gewöhnlich in den letzten Lebensjahren seine Ferienzeit zubrachte, am 25. April, in der Mittagsstunde zwischen ein und zwei Uhr, 1843. Seine Leiche ruht in dem eine halbe Stunde von Bruckberg entfernten Pfarrort Großhaslach.

Eduard Feuerbach war ein allem eitlen Prunk und Lärm[2], allem Schein und Tand so abholder und deswegen so ungewöhnlicher Mann, daß wir nicht in seinem Sinne handeln würden, wenn wir seiner in Blättern der Ostentation, der Lobhudelei und zeremoniellen Kondolenzen gedenken wollten. Dem Wesen des Mannes entspreche auch die Art des Andenkens! Allein werde seiner gedacht!

[1] *Broschüre von 1 Bogen. Druck und Verlag von Carl Brügel, Ansbach (o. J.).*

[2] Luxus *Original; Korrektur gem. Brief L. Feuerbachs an E. Kapp, 30. Mai 1843, vgl. GW 18,* S. *268.*

Eduard Feuerbach war Jurist, aber nicht im Einklang mit seiner ursprünglichen Neigung, deren Gegenstand vielmehr die Natur war. Schon als Knabe bekundete er diese Neigung durch seine Liebe zu den Tieren, deren er sich in Menge und von allen Arten hielt. Und schon auf dem Gymnasium nahm diese Naturliebe einen wissenschaftlichen Charakter an. Er sammelte auf seinen Spaziergängen Pflanzen, um sie nach dem Linnéschen Systeme zu klassifizieren, und legte sich auch eine Mineraliensammlung an, wozu ihm seine Reisen in den Schwarzwald und das Fichtelgebirge die schönste Gelegenheit gaben. Auch hatte er wirklich alle Anlagen zu einem Naturforscher: einen vorurteilslosen Verstand, scharfen Blick, treffliche Beobachtungsgabe und ein Gedächtnis, dem nichts mehr entfiel, auch nicht das Speziellste von dem, was er einmal gesehen hatte. Selbst seine körperliche Disposition berief ihn dazu. Ihm war ein Leben Bedürfnis, das mit geistiger Tätigkeit zugleich körperliche Bewegungen, Anstrengungen und Gefahren verbindet. Insbesondere eignete er sich zu einem Reisenden durch sein stets reges Verlangen, fremde Länder und Völker zu sehen, seinen Unternehmungsgeist, seinen Mut, seine Beharrlichkeit, seinen Gleichmut gegen physische Schmerzen und Entbehrungen aller Art und seine außerordentliche Körperstärke – Eigenschaften, die ihn namentlich in seinen frühern Jahren, wie alle seine Jugendgenossen bestätigen können, auszeichneten. Diesem seinem Hange gemäß fand er denn auch sein größtes Vergnügen in Reisen. So segelte er als Göttinger Student nach Kopenhagen hinüber, und noch als Professor schüttelte er regelmäßig in den Ferien den Staub der Stubengelehrsamkeit von den Füßen und eilte gewöhnlich, dem platten Lande entfliehend, in die reine, freie Gebirgsluft. Noch das Jahr vor seiner Verheiratung hatte er den St. Gotthard bestiegen.

Allein er opferte diese seine Neigung zur Naturwissenschaft dem Wunsche seines Vaters auf, der ihn aber ebendeswegen auch durch seine Liebe und sein Vertrauen vor allen seinen andern Söhnen auszeichnete, und ergriff die Wissenschaft seines Vaters. Aber gleichwohl betrieb er die Rechtswissenschaft schon als Studierender mit dem größten Eifer und Fleiße, als Gelehrter mit Liebe und rühmlichstem, allgemein anerkanntem Erfolge, als Lehrer an der

Universität mit seltener Gewissenhaftigkeit und Gründlichkeit. Was anfangs nur der Wille des Vaters gewesen, ward später sein eigener Wille, was anfangs nur Sache der Pflicht, endlich Sache der Neigung. Wenn daher seine juristische Wirksamkeit nicht den Ausdruck der Freudigkeit hatte, so war dies, abgesehen von seinem ohnedies stillen, in sich gekehrten Wesen und andern Gründen, keineswegs Folge eines Zwiespalts mit seiner Wissenschaft, sondern nur der Ausdruck von dem allgemeinen Zustand des Rechtes in Deutschland, welches, entzogen dem wohltätigen Lichte des öffentlichen Lebens, nur als das Geheimnis einer besondern Kaste betrieben wird.

So ein gründlicher und ausgezeichneter Rechtsgelehrter aber auch *Feuerbach* war, so erstreckte sich doch sein Interesse und Wissen weit über die Grenzen seiner Berufswissenschaft. Seinem Sinne war nichts Menschliches fremd; er war ein allseitig gebildeter Mann und hatte auch auf ihm weniger vertrauten Gebieten ein oft überraschend treffendes Urteil und ein so richtiges Wahrheitsgefühl, daß er überall den Schein vom Wesen, den falschen Schimmer von dem wahrhaft Gediegenen zu unterscheiden wußte.

Geschrieben hat er nur weniges, aber Gediegenes – auch in der Schrift derselbe, der er im Leben, im Umgang war, mit Ausnahme seltner Momente besonderer Gesprächigkeit sparsam an Worten, aber reich an Gedanken. Er war ebensowenig Redner als Stilist. Er kümmerte sich nicht um den Ausdruck der Gedanken; nur auf die Wahrheit, auf die Sache kam es ihm überall an, und nirgends überschritt er die Grenzen des Notwendigen. Trocken war er daher in der Rede, trocken in der Schrift, aber nur, weil er sich stets von allem Überflüssigen enthielt, nur das Wesen des fraglichen Gegenstandes strenge im Auge hatte.

Er war in allen Stücken, bis ins Kleinste, Unbedeutendste hinein, ein Bild der Tugend, ein Bild der Pflicht, darum bei seinem stets für das Wohl anderer besorgten Herzen dennoch streng, im höchsten Grade ernst, den Charakter der Notwendigkeit an sich tragend, kasuistisch selbst in bedenklichen Fällen. Dieses sein Wesen leuchtete besonders in seinen frühern Jahren aus seinem Blicke hervor, der mit erschütternder Macht, unwiderstehlich wie die Stimme des Gewissens, das Innerste durchdrang und den nie eine unerlaubte Begierde oder schmutzige Leidenschaft verfinstert hatte. Er wußte nichts von Genuß und Vergnügungen[1], die, wenn auch an sich unverwerflich, doch so oft den Menschen mit sich, seinen Verhältnissen und Pflichten in Zwiespalt bringt und ihm ebendadurch die Festigkeit, Freiheit und Sicherheit des Blickes, sowohl des geistigen als des physiognomischen, rauben[2]. Nein, die gewöhnlichen Leidenschaften der Menschen waren seinem Sinne so ferne, daß er vielmehr, als gönnte er sich kein Vergnügen und keine Rast, zu Zeiten sich Übel aller Art fingierte, erst Krankheiten, dann politische, endlich persönliche Feinde.

Hypochondrie nannten seine Freunde und Bekannten die Quelle dieser seiner eingebildeten Leiden. Allerdings sind körperliche Zustände, hervorgerufen durch sein freudenloses, angestrengtes, eine große Zeit lang gänzlich einsames Leben und durch die charakter- und tatlose Leerheit der Zeit, die ihn nur mit Abscheu erfüllte, dabei mit im Spiel gewesen. Aber der wahre Grund liegt tiefer; er liegt in dem Grundzug seines Wesens, den er auf eine höchst charakteristische Weise schon in dem entscheidenden Schritte darlegte, daß er eine Jugendneigung dem Willen seines Vaters aufopferte, und der darin bestand, daß er immer mehr an andere als an sich dachte, ja, nur für andere, nicht für sich selbst lebte. Die Lehre, daß der Mensch nichts ohne egoistische Triebfedern tun könne, widerlegt sein Leben und sein grundedler Charakter, welchen der Mangel an allem, selbst wohlberechtigten Egoismus auszeichnete. Ja, man kann ihm das Übermaß dieser so seltenen Tugend als seinen einzigen Fehler anrechnen, denn er war ein schlechterdings untadelhafter, mit allen Privattugenden des Menschen ausgestatteter Mann. Doch hatte sein unegoistischer Charakter keine liebenswürdige, einschmeichlerische Außenseite. Er war auch hierin so wenig ein Mann des Scheines, er stellte sein edles Wesen so wenig zur Schau aus, daß er vielmehr kalt, unfreundlich, ja, inhuman erschien, während er doch stets nur das Wohl der Seinigen auf dem Herzen trug und im Innersten gegen jeden Men-

[1] Genuß- und Vergnügungssucht *Original; Korrektur gem. o. a. Brief.*

[2] raubt *Original.*

schen wohlwollend gesinnt war, unfähig eines Scheelblickes, einer Rache, einer Intrige, einer Nachrede, einer Beleidigung aus böser Absicht. Aber allerdings kannte er keine Humanität im Widerspruch mit der Rechtlichkeit; und er mag daher vielleicht wirklich den einen und andern beleidigt haben, der ihm gegenüber eine solche Humanität für sich in Anspruch nahm.

Aber tief begründet in der Natur, tief berechtigt, notwendig zur Selbsterhaltung ist ein gewisser Egoismus. Der Mangel am berechtigten ebensowohl als an dem gemeinen Egoismus ergänzte sich daher in ihm durch eine ganz eigentümliche Art von Egoismus. Während der gewöhnliche Egoist nämlich sich zum Zentrum alles Guten macht, nur das Wohltätige auf sich bezieht, alles Störende, Mißfällige von sich ferne haltend, so machte dagegen *er* sich zum Zentrum alles Übeln, bezog nur das Schlimme auf sich. Dieses der tiefere Grund der Gespenster, die ihn zeitweise verfolgten. Übrigens existierten sie nur in seinem Vorstellungsvermögen, nicht in seinem Herzen, das nichts von Furcht irgendeiner Art wußte, nicht in seinem Wesen, das, im Innersten kerngesund, nur an der Schale von den Übeln der Zeit und des Lebens angegriffen werden konnte. Und selbst aus seinen Vorstellungen verschwanden diese Dämonen in seinen letztern Lebensjahren, insbesondere seit seiner Verheiratung mit Fräulein Sidonie Stadler, mit der er in der glücklichsten Ehe lebte, ebenso trefflich als Gatte und Vater, wie er es in allen andern Verhältnissen war, obwohl er sich auch dieses Glück, jedoch nur momentan, durch neue grundlose Vorstellungen verbitterte – Vorstellungen, die jedoch in der letzten Zeit von ihm völlig gewichen waren.

So ungewöhnlich wie sein Charakter, so ungewöhnlich, ja, rätselhaft selbst, aber um so erschütternder für die Seinigen war seine Todesart.

Den Tag vor seinem Tode, wo er noch, wie überhaupt die letzten Tage her, sehr heiter und, mit Ausnahme eines von einer kurz vorhergegangenen Grippe übriggebliebenen Gefühls von Mattigkeit, sich ganz wohl befand, verlangte er Nachmittags von seiner Frau eine Lieblingsspeise von ihm: Gänsefett, auf Brot gestrichen, und genoß davon zur größten Verwunderung der Seinigen, als sie es gewahr worden waren, obwohl überall, so auch im Genusse der Speisen und Getränke ein Muster der Mäßigkeit und Selbstbeherrschung, eine verhältnismäßig sehr große Quantität. Zwei Stunden darnach, ungefähr um sechs Uhr abends, erbrach er sich – jedoch unbemerkt von den Seinigen, denn er war ins Freie hinausgegangen. Bald hierauf legte er sich zu Bette. Hier mußte er sich von neuem mehrmals erbrechen. Seine besorgte Gattin wollte nun den Landarzt – die nächste Hülfe auf dem Lande – rufen lassen. Aber er verbat es sich aufs strengste. Um Mitternacht jedoch, als sein Befinden sich nicht gebessert und sich auch Frost eingestellt hatte, verlangte er selbst nach demselben. Derselbe erschien und gab ihm, allem Vorhergegangenen zufolge eine Indigestion annehmend, einige Dosen Brausepulver. Sie wurden aber wieder ausgebrochen. Jedoch schien er einige Zeit darauf sich besser zu befinden und selbst mehrere Stunden zu schlummern. Um 5 Uhr morgens verlangte er Wasser. Als ihm die Magd ein Glas voll eingeschenkt hatte und wieder mit dem Wasserkrug forteilte, sagte er noch zu ihr: „Stelle sie nur den Krug daher, ich kann mir schon selbst einschenken." Um 6 Uhr erschien der Landarzt, um sich nach seinem Befinden zu erkundigen. Er fand, auch jetzt noch nichts Arges ahnend, den Zustand des Patienten, der alle seine Fragen ganz „ordentlich", doch „langsam" beantwortet hatte, unbedenklich und gab ihm eine indifferente Arznei. Nicht lange darnach verschlimmerte sich der Zustand, ohne jedoch die Seinigen aus dem allerdings natürlichen Wahne zu reißen, es sei keine Gefahr vorhanden, das Übel habe nur in einem Diätfehler seinen Grund – ein Wahn, in dem sie hauptsächlich dadurch bestärkt wurden, daß *Feuerbach* gar keine Zeichen von Schmerzen von sich gab, gar keine Klagen von sich stieß als die bei Übelkeiten vorkommenden und sich überhaupt nicht anders benahm, als er sich sonst und erst kurz vorher bei seinem Leiden an der Grippe benommen hatte. Seine junge Gattin ahnete zuerst die Gefahr; aber die Verwandten, in ihrem Wahne befangen, beruhigten sie. Aber um so erschrecklicher war die Enttäuschung, als sich alsbald, nach 10 Uhr, mit Riesenschritten die Zeichen des nahenden Todes einstellten und nun die Hilflosigkeit des Landlebens in allen akuten Krankheitsfällen in seiner ganzen Trostlosigkeit empfunden wurde. Um 10 Uhr war nach Ansbach zum Dr. *Heidenreich* geschickt worden. Aber als er, nach zwei Uhr, kam, war bereits der Kranke eine Leiche.

Die bemerkenswertesten Umstände und die Worte, die er in seinen letzten Stunden nach verschiedenen Zwischenräumen gesprochen, waren folgende. Auf die Frage, was ihm wehe tue, antwortete er: „Alles tut mir wehe. Ich kann kein Glied rühren." Später: „Ich bin so müde, so marode! – Es geht recht abwärts mit mir. Meine Zeit ist vorüber. – Ich bin ganz betäubt. Meine Sinne vergehen mir, ich erkenne euch bald nicht mehr."

Dazwischen fragte er mehrmals nach *Heidenreich*. Auf seine Frau suchte er beständig seine Blicke zu heften. Und er rief ihr, so oft sie sich entfernte. Gegen das Ende wollte er sich aufrichten und rief mit vieler Anstrengung, aber sehr vernehmlich: „Empor, Empor!", worauf man ihn in eine sitzende Stellung auf einige Augenblicke brachte. Ganz zuletzt verlangte er noch nach Wasser und nahm davon zwei Löffel. Das Bewußtsein seiner Gefahr hatte er nicht sehr lange, höchstens zwei Stunden, denn in der Frühe hatte er noch die beste Hoffnung. Zuckungen und Verzerrungen im Gesichte wurden nicht bemerkt, ebensowenig Irrereden. Während er mit dem übrigen Körper ganz ruhig war, wandte er den Kopf bald auf diese, bald auf jene Seite.

So war sein Ende sanft und wenig schmerzhaft; aber gleichwohl machte dieser rasche, unerwartete Übergang von einem scheinbar unbedenklichen Übelbefinden zum Tode auf die Seinigen den erschütterndsten Eindruck.

Was ist denn nun aber wohl die Ursache dieses so plötzlichen Todes? Am nächsten bei der Hand liegt das verhängnisvolle Gänsefett, denn wenige Stunden nach dem Genusse desselben erbrach er sich. Aber er und seine Hausgenossen hatten erst wenige Tage zuvor von demselben Gänsefette genossen, ohne die geringsten übeln Folgen davon verspürt zu haben. Überflüssig ist ohnedem die Bemerkung, daß das Gänsefett an einem kühlen, vor der Sonne geschützten Ort in einem reinlichen, porzellanenen Geschirr aufbewahrt war. Wenn also ja das Gänsefett die Veranlassung oder gar Ursache seines Todes gewesen sein soll, so müßte diese nicht in der Beschaffenheit, sondern in der Quantität des Genossenen gesucht werden. Und doch ist es wieder unglaublich, daß ein bloßer Diätfehler einen so kräftigen, wenngleich noch von der Grippe angegriffenen Mann, wie *Feuerbach* war, so schnell und so leicht soll zu Boden gestreckt haben. *Eduard Feuerbach* war selbst noch in seinen letzten Jahren von großer Muskelkraft. Aber gleichwohl litt er an den Nerven. Gemütsbewegungen und Kopfanstrengungen griffen ihn oft so heftig an, daß er sich nicht selten in an Ohnmacht grenzenden Zuständen befand. Und so war denn die nächste Vermutung, ein Nervenschlag oder wenigstens eine Nervenlähmung habe sein so schnelles Ende verursacht, das übrigens vielleicht schon länger im Innersten seines Organismus vorbereitet war. Wenigstens sagen sich dies die Seinigen zum Troste und wollen selbst in manchen Erscheinungen der letzten Zeit – wie in seinem ungewöhnlich heitern und freundlichen Wesen, seinem unregelmäßigen und heftigen Appetit, seinem oft bleichen und selbst gelben Aussehen, seinem erst vor kurzem noch während seines Leidens an der Grippe ausgesprochenen Glauben an ein baldiges Lebensende – Äußerungen, auf die freilich wenig Gewicht gelegt wurde, weil er sie schon in frühern Zeiten öfter getan hatte – Anzeichen seines Todes erblicken.

Um jedoch nichts unversucht zu lassen, um sich über die Ursache seines Todes Aufklärung und Beruhigung zu verschaffen, ließen die Seinigen seine Leiche öffnen. Allein die Sektion entschied nichts; sie lieferte widersprechende Resultate. Einzelne Erscheinungen für sich, z. B. Spuren von Reizung im Magen und Dünndarm, bei Blutüberfüllung der venösen[1] Hirngefäße, veranlaßten den Dr. *Heidenreich* zur Vermutung, es möchte allerdings ein narkotisch scharfer Stoff eingewirkt haben, aber andere Erscheinungen, z. B. Mangel an Blutüberfüllung der Lungen sowie die Integrität der pneumogastrischen Nerven, widersprechen der Annahme. Bei der Sektion bewunderte der Arzt die hohe Vollkommenheit der Entwicklung und anatomische Schönheit des Gehirns. Die Ansicht desselben, um diesen überraschenden Todesfall zu erklären, ist, daß „unter der jetzt allgemein herrschenden Krankheits-

[1] *Im Original:* nervösen. *In Feuerbachs Exemplar gestrichen. Auf gleicher Höhe am linken Rand, von Feuerbachs Hand:* venösen

konstitution und durch das vorausgegangene Leiden an der Grippe in dem Verstorbenen eine Prädisposition gegeben war, die unter quantitativer Einwirkung des genossenen Fettes zu der Blutzersetzung führte, die die nächste Ursache geworden ist".

Doch wir wenden uns von dem schmerzlichen Anblick deiner Leiche noch einmal zu dir selbst, innigst geliebter, edler *Eduard!* Dich drückt nicht die Erde, unter der du ruhst. Keine Schuld lastet auf dir. Und nie zweifeltest du daran, daß die Erde die bleibende Stätte des Menschen sei. Dein im tiefsten Sinne anspruchloses Wesen begehrte und vermißte nie einen Himmel. Du lebtest im Glauben, aber dein Glaube war nicht der Glaube des Egoismus, sondern der Glaube der Resignation. Dich für dich selbst zu beklagen, hieße dich verkennen. Nur darum bist du zu beklagen, daß du nicht mehr dein junges Weib und deine kleinen Kinder mit deiner Liebe schirmen kannst. In ihnen hast du uns dein Herz zurückgelassen – nur der Gedanke an die Deinigen ist der Gedanke an dich.

Das Wesen des Glaubens im Sinne Luthers
Ein Beitrag zum „Wesen des Christentums"[1]

Keine Religionslehre widerspricht, und zwar *mit Wissen und Willen,* mehr dem menschlichen Verstand Sinn und Gefühl als die lutherische. Keine scheint daher mehr als sie den Grundgedanken vom „Wesen des Christentums" zu widerlegen, keine mehr als sie einen außer- und übermenschlichen Ursprung ihres Inhalts zu beweisen; denn wie konnte der Mensch von selbst auf eine Lehre kommen, welche den Menschen aufs tiefste entwürdigt und erniedrigt, welche ihm, wenigstens vor Gott, d. h. in der höchsten, aber ebendeswegen allein entscheidenden Instanz, alle Ehre, alles Verdienst, alle Tugend, alle Willenskraft, alle Gültigkeit und Glaubwürdigkeit, alle Vernunft und Einsicht unbedingt abspricht? So scheint es; aber der Schein ist noch nicht das Wesen.

Gott und Mensch sind *Gegensätze.* „Wenn wir Menschen uns recht abmalen, wie wir sein für und gegen Gott, so werden wir befinden, daß zwischen Gott und uns Menschen ein großer Unterschied ist und größer denn zwischen Himmel und Erden, ja, es kann keine Vergleichung gegeben werden. – Gott ist ewig, gerecht, heilig, wahrhaftig, und, in summa, Gott ist alles Gutes. Dagegen aber der Mensch ist sterblich, ungerecht, lügenhaftig, voll Untugend, Sünde und Laster. Bei Gott ist alles Guts, bei den Menschen ist

[1] *So in A die Überschrift auf dem Titelblatt, auf acht Zeilen gebracht:* Das / Wesen des Glaubens / im Sinne Luthers / Ein Beitrag / zum / „Wesen des Christentums" / Von / Ludwig Feuerbach. *In B lautet die Überschrift, auf drei Zeilen gebracht:* Das Wesen des Glaubens im Sinne / Luthers / 1844. *In C ist die Titelei bis zum Namen* Ludwig Feuerbach *identisch mit der von A, darunter folgt aber auf einer neuen Zeile als Zusatz:* Zweite zeitgemäße Auflage.

Tod, Teufel und höllisch Feuer. Gott ist von Ewigkeit und bleibet in Ewigkeit. Der Mensch stecket in Sünden und lebet mitten im Tode alle Augenblicke. Gott ist voll Gnade, der Mensch ist voll Ungnade und unter Gottes Zorn. Das ist der Mensch, gegen Gott zu rechnen" (Luthers „Schriften und Werke", Leipzig 1729, T. XVI, S. 536*). Jedem *Mangel im Menschen* steht eine *Vollkommenheit in Gott* gegenüber: Gott *ist* und *hat* gerade das, was der Mensch *nicht* ist und hat. Was man Gott beilegt, wird dem Menschen abgesprochen, und umgekehrt, was man dem Menschen gibt, entzieht man Gott. Ist z. B. der Mensch Autodidakt und Autonom (Selbstgesetzgeber), so ist Gott *kein* Gesetzgeber, *kein* Lehrer oder Offenbarer; ist es dagegen Gott, so fehlt dem Menschen die Fähigkeit eines Lehrers und Gesetzgebers. Je weniger Gott ist, desto mehr ist der Mensch; je weniger der Mensch, desto mehr Gott.

Willst du daher Gott haben, so gib den Menschen auf; willst du den Menschen haben, so verzichte auf Gott – oder du hast *keinen* von beiden. Die *Nichtigkeit des Menschen* ist die *Voraussetzung* der *Wesenhaftigkeit* Gottes; Gott bejahen heißt den Menschen verneinen, Gott verehren den Menschen verachten, Gott loben den Menschen schmähen. Die Herrlichkeit Gottes gründet sich nur auf die Erbärmlichkeit des Menschen, die göttliche Seligkeit nur auf das menschliche Elend, die göttliche Weisheit nur auf die menschliche Torheit, die göttliche Macht nur auf die menschliche Schwachheit.

„Gottes Natur ist, daß er seine *göttliche Majestät und Kraft* erzeiget durch *Nichtigkeit* und *Schwachheit.* Er spricht selbst zu Paulo 2. Kor. 12: *„Meine Kraft ist in denen Schwachen mächtig*" (T. VI, S. 60). „Meine Kraft kann nicht mächtig sein denn nur in eurer Schwachheit. Wo du nicht schwach sein wirst, so hat meine *Kraft an dir nichts zu tun.* Wenn ich dein Christus sein soll und du wiederum mein Apostel, so wirst du *deine Schwachheit mit meiner Kraft, deine Torheit mit meiner Weisheit, mein Leben mit deinem Tode zusammenreimen* müssen" (T. III, S. 284).

* Diese Ausgabe in 23 Foliobänden von 1729 bis 1740 ist immer gemeint, wenn von nun an nur der Teil und die Seitenzahl angegeben werden.

„*Gott allein* gehöret zu die *Gerechtigkeit*, die *Wahrheit*, die *Weisheit*, die *Kraft*, die *Heiligkeit*, die *Seligkeit* und *alles Gute. Uns* aber gehört zu die *Ungerechtigkeit*, die *Torheit*, die *Lügen*, die *Schwachheit* und *alles Böse*, wie dieses alles in der Schrift überflüssig bewiesen wird. Denn die *Menschen sind Lügner*, heißt es Psalm 116, 11, und Hos. 13: ‚*Israel, das Verderben ist dein.*' Daher mangeln wir alle des Ruhms, den wir vor Gott haben sollten, auf daß sich vor ihm kein Fleisch rühme, wie Paulus Röm. 3 spricht etc. Derowegen kann die *Ehre Gottes* nicht erzählet werden, wo *nicht zugleich* mit *die Schande derer Menschen* erzählet wird. Und *Gott kann nicht vor wahrhaftig* und *gerecht* und *barmherzig* gerühmt werden, wo *wir nicht vor Lügner* und *Sünder* und *elende Leute öffentlich ausgegeben* werden" (T. V, S. 176).

Entweder – Oder. Entweder ein Teufel gegen den Menschen – „alle Menschen außer Christo sind *Teufelskinder*" (T. XVI, S. 326) –, aber ein Engel gegen Gott – „*Christus* und *Adám* (d. i. Gott und Mensch) sind gegeneinander zu halten wie *Engel* und *Teufel*" (T. IX, S. 461) – oder ein Teufel gegen Gott, aber ein Engel gegen den Menschen. Ist der Mensch frei, wahr, gut, so ist Gott *umsonst* gut, wahr und frei; es ist *keine Notwendigkeit, kein Grund* da, daß Gott es sei. Die Notwendigkeit Gottes überhaupt beruht[1] nur darauf, daß *er ist und hat*, was *wir nicht sind und haben*. Sind wir, was er ist, wozu ist er? Ob er ist oder nicht ist – es ist einerlei; wir gewinnen nichts durch sein Sein und verlieren nichts durch sein Nichtsein; denn wir haben an Gott nur eine Wiederholung von uns selbst. Nur wenn das, was in Gott ist und Gott zu *Gott* macht, *nicht* ist, *wenn* Gott selbst nicht ist, nur dann ist sein Sein an sich selbst eine Notwendigkeit und dessen Annahme für uns[2] ein Bedürfnis. Dies ist aber nur der Fall, wenn die wesentlichen, d. h. die Gott zu Gott machenden Eigenschaften, wie z. B. Weisheit, Güte, Gerechtigkeit, Wahrheit, Freiheit, nicht auch in uns sind; denn sind sie auch in uns, so *bleiben* sie, Gott *mag sein oder nicht sein*, und es

[1] *In B folgt Zusatz:* ja

[2] an sich . . . für uns: für den Kopf eine Notwendigkeit, für das Herz *B*

ist daher an die Annahme eines Gottes *kein wesentliches* Interesse geknüpft. Nur dann also, wenn ein herber, durchdringender Unterschied oder vielmehr *Gegensatz* zwischen uns und Gott besteht, ist die *Gleichgültigkeit*, ob er ist oder nicht ist, aufgehoben.

Wir heben den Unterschied Gottes von uns nicht auf – höre ich die Mittelmäßigen einwerfen –, wenn wir auch dem Menschen Güte, Freiheit und andere Eigenschaften Gottes zuschreiben, denn wir legen diese Eigenschaften dem Menschen nur in einem beschränkten, niedrigen, Gott aber im höchsten Grade bei. Allein ein Vermögen, eine Kraft oder Eigenschaft, die wirklich, ihrer Natur nach einer Steigerung fähig ist – denn nicht alle Eigenschaften sind einer Steigerung natur- oder vernunftgemäß[1] fähig –, die verdient erst da als solche anerkannt und mit ihrem eigentümlichen Namen benannt zu werden, wo sie den höchsten Grad erreicht. Der Superlativ ist hier erst der wahre Positiv. Die *höchste* Freiheit *ist erst Freiheit* – ausgemachte, entschiedne, wahre, dem Begriffe der Freiheit entsprechende Freiheit. Was einer Steigerung fähig ist, das schwankt noch zwischen sich und seinem Gegenteil, zwischen Sein und Nichtsein. So schwankt z. B. ein Künstler niedrigen, folglich steigerungsfähigen Rangs zwischen Künstler-Sein und Nicht-Künstler-Sein. Erst ein Künstler ersten Rangs ist unbedingt, unbestritten ein Künstler; nur der letzte, äußerste Grad – nur das *Extrem* ist überall erst Wahrheit. Ist also Gott der höchst Gute, der höchst Freie – nun, so bekennt, daß er auch allein erst gut und frei ist, und laßt eure *mittelmäßige* Freiheit, eure *mittelmäßige* Güte zum Teufel fahren.

„Der Namen *‚freier Wille'* sich zum Menschen nicht reimet, sondern ist ein *göttlicher Titel und Name*, den niemand führen soll noch mag denn allein die hohe göttliche Majestät, denn *Gott der Herr allein tut* (wie der Psalm 115 sagt), *was und wie er will*, im Himmel, auf Erden, im Meer und allen Tiefen. Wenn ich das von einem Menschen sage, ist's gleich, als wenn ich sagete[2]: Ein Mensch hat *göttliche Gewalt und Kraft*; das wäre die höchste Gotteslästerung

[1] vernunftmäßig *B*
[2] sagte *B*

auf Erden und ein *Raub göttlicher Ehre* und *Namens.*" „Derhalben, wenn man die *Gnade* und die Hülfe der Gnade preiset, so wird auch zugleich gepredigt, daß der *freie Wille* nichts vermag. Und ist eine gute, starke, feste, gewisse Folge, wenn ich sage: Die Schrift preiset allein Gottes Gnade, darum ist der *freie Wille nichts*" (T. XIX, S. 28, S. 121).

Was aber vom freien Willen oder der Gnade Gottes – denn die Gnade ist nichts andres als der göttliche Wille – gilt, dasselbe gilt von allen andern Eigenschaften Gottes, gilt von Gott selbst. Die Göttlichkeit, die Preis- und Anbetungswürdigkeit Gottes beruht eben nur darauf, daß er das hat, was wir nicht haben; denn was man selbst hat, schätzt und preist man nicht. Wenn der Mensch selig wäre – selig in dem überschwenglichen Sinne, als es der Christ verlangt –, wie käme er dazu, ein anderes Wesen außer sich als ein seliges Wesen sich vorzustellen und ob dieser Eigenschaft zum Gegenstand seiner Verehrung und Anbetung zu machen? Selig preist nur der Gefangene den Freien, der Kranke den Gesunden. Seligkeit existiert nur in der Phantasie, nicht in der Wirklichkeit, nur in der Vorstellung vom Besitze, nicht im Besitze selbst. Nur als Gegenstand der Vorstellung, nur in der Entfernung, der Trennung wird das Triviale zum Idealen, das Irdische Himmlisches, das Menschliche Göttliches. Heilig ist uns vergangnes, nicht gegenwärtiges Glück, heilig der Tote, nicht der Lebendige, kurz, heilig nur ein Gegenstand, solange er ein Gegenstand in der Vorstellung, nicht in der Wirklichkeit ist. Alle Naturdinge[1] waren ebendeswegen Gegenstände religiöser Verehrung, solange sie nur *Gegenstände der Vorstellung, der Phantasie,* nicht der wirklichen Naturanschauung, folglich nicht als das, was sie in Wirklichkeit sind, den Menschen Gegenstand waren. So waren den Griechen die Gestirne Gegenstände religiöser Verehrung, d. h., sie sahen die Gestirne nicht als Gestirne an, sie stellten sie sich vor als überirdische lebendige Wesen. Aber einige griechische Philosophen stürzten diese Götter vom Throne, d. h., sie versetzten die Gestirne aus dem Himmel der Phantasie auf die Erde der Naturanschauung,

[1] Naturkörper *B*

erkannten ihre Ununterschiedenheit von dem profanen Erdkörper. Wer daher dem Menschen Eigenschaften Gottes beilegt, d. h. die göttlichen Eigenschaften aus Gegenständen der Vorstellung zu Gegenständen der Wirklichkeit, des Besitzes macht, der hebt nicht nur den himmlischen Zauber der Religion, sondern auch das *Bedürfnis* eines Gottes, das *Fundament* der Religion, auf. Die Religion ist nämlich das Band zwischen Gott und dem Menschen; aber wie jedes Band beruht auch dieses nur auf Bedürfnis, auf Mangel. Habe ich aber, was Gott hat, so fehlt nichts, wenn Gott fehlt. Aber nur wenn mir etwas fehlt, wenn Gott fehlt, ist mir Gott ein Bedürfnis. Nur dem Unseligen ist die Seligkeit, nur dem Sklaven die Freiheit ein Bedürfnis. Auf die *Freiheit* Gottes reimt sich nur die *Knechtschaft des Menschen*; bin ich dagegen frei, nun, so bin ich vor allen Dingen auch frei von Gott. Die Huldigungen, die vom Standpunkt der Freiheit Gott dargebracht werden, sind höchstens nur noch Höflichkeitsbezeugungen, Galanterien, Komplimente. Nur in dem Munde der Not, des Elends, des Mangels hat das Wort „Gott" Gewicht, Ernst und Sinn; aber auf den Lippen der religiösen[1] – freilich auch der politischen – Freiherren[2] klingt das Wort „Gott" nur wie Spott.

Was also Gott ist, das kann unmöglich der Mensch sein, wenn nicht Gott[3] ein bloßer Luxusartikel sein soll. Diese Unmöglichkeit, diese Notwendigkeit, daß jede Bejahung in Gott eine Verneinung im Menschen voraussetzt, ist die Grundlage, worauf Luther sein Gebäude aufgeführt und die römisch-katholische Kirche zertrümmert hat. Ist Gott gut, so ist der Mensch böse, so ist es folglich Gotteslästerung, Gottesverleugnung, wenn der Mensch sich gute Handlungen, gute Werke zuschreibt; denn Gutes kommt nur aus Gutem, „gute Früchte setzen einen guten Baum voraus"; wer sich daher gute Werke zutraut, legt sich gutes Wesen bei, maßt sich eine göttliche Eigenschaft an, macht sich in der Tat selbst zu Gott. Ist Gott selbst der Versöhner des Menschen mit Gott, Gott der Heiland, der

[1] *In B folgt bereits hier:* Freiherren
[2] *Fehlt hier in B.*
[3] nicht Gott: Gott nicht *B*

Sündentilger, der Seligmacher der Menschen, so kann nicht der Mensch der Tilger seiner Sünden, der Heiland von sich selbst sein – und folglich sind alle sogenannten verdienstlichen Werke, die der Mensch tut, alle Leiden und Martern, die er sich auferlegt, um seine Sünden abzutilgen, sich mit Gott zu versöhnen, sich die göttliche Huld und Seligkeit zu erwerben, eitel und nichtig – eitel und nichtig also der Rosenkranz, die Fastenspeise, die Wallfahrt, die Messe, der Ablaßkram, die Mönchskappe, der Nonnenschleier.[1]

„Können wir eine Sünde mit Werken vertilgen und Gnad erlangen, so ist Christus' Blut *ohne Not und Ursach* vergossen"* (T. XVIII, S. 491). „Jüdischer Glaube ist durch *Werk* und *Selbsttun* Gottes Gnade erlangen, Sünde büßen und selig werden. Damit muß Christus *ausgeschlossen* werden, als der *nicht not* oder je nicht groß not sei. – Sie sagen, durch das *strenge Leben* wollen sie ihre Sünde büßen und selig werden, geben das den *Werken* und geistlichen Stande, das *allein Christo* und dem Glauben eignet. Was ist denn das andres, denn *Christum verleugnen?*" (ebend. S. 45). „Wohin führen diesen Glauben die Papisten? Eigentlich *auf sich selbst.* Denn sie lehren die Menschen vertrauen auf ihre Verdienste – der Papisten und Mönche nennet sich keiner mit dem Namen Christus, ihr keiner spricht, ich heiße und will geheißet und genennet sein Christus; aber sie sprechen dennoch allesamt: *Ich bin Christus.* Des Namens enthalten sie sich wohl, aber des *Amts*, des *Werkes* und *Person* maßen sie sich an" (ebend. S.75). „Was *vergibet Gott*, wenn *wir* für alle Sünde genugtun?" (T. XVII, S. 328). „Wenn nun um *unser Reu* willen die Sünden vergeben würden, so wäre die Ehre *unser* und *nicht Gottes*" (ebend. S. 356). „Die zwei leiden sich nicht zugleich und können nicht beisammen sein: glauben, daß wir um Christi willen ohne unser Verdienst Gottes Gnade haben, und halten, daß wir es auch durch Werke erlangen müssen. Denn so es möchte *durch uns* verdienet werden, so

[1] *In B folgt eine Leerzeile vor dem nächsten Absatz.*

* Unter Werken versteht L. keineswegs nur die äußerlichen, zeremoniellen, gottesdienstlichen Werke, sondern auch die moralischen Werke. S. „L.s Briefe, Sendschreiben und Bedenken", von de Wette, T. I, S. 40, und L.s „Werke", z. B. T. XXI, S. 283; T. XVII, 144–145.

dürften wir Christi nichts darzu" (T. XIII, S. 656). „Es muß der zwei *eines untergehen*; stehe ich auf *Gottes Gnade und Barmherzigkeit*, so stehe ich nicht auf *meinem Verdienst und Werke*; also wiederum stehe ich auf *meinen* Werken und *Verdienste*, so stehe ich *nicht* auf *Gottes Gnade*" (ebend. S. 639).

Gnade *oder* Verdienst; Gnade hebt Verdienst, Verdienst Gnade auf. Aber die Gnade gehört dem Glauben an, das Verdienst dem Werk, und der Glaube gehört Gott an, das Werk dem Menschen; denn im Glauben betätige ich Gott, im Werke mich, den wirkenden Menschen. Also mußt du es *entweder mit Gott oder mit dem Menschen halten*, entweder an *Gott glauben* und *am Menschen verzweifeln* oder an *den Menschen glauben* und *an Gott verzweifeln*. Zugleich kannst du nicht an Gott glauben und an Gott verzweifeln, zugleich nicht um gnädige Unterstützung betteln und eignes Vermögen besitzen, zugleich nicht Knecht und Herr, zugleich nicht Lutheraner und Papist sein. *Ganz* für Gott und wider den Menschen oder *ganz* für den Menschen und wider Gott.

Luther nun entscheidet sich *ganz*, unbedingt – L. ist ein ganzer Mann – *für Gott* wider den Menschen – Gott ist ihm, wie wir gesehen, alles, der Mensch nichts*, Gott die Tugend, die Schönheit, die Anmut, die Kraft, die Gesundheit, die Liebenswürdigkeit, der Mensch das Laster, die Widerlichkeit, die Häßlichkeit, die Nichtswürdigkeit und Nichtsnutzigkeit in Person. Luthers Lehre ist göttlich, aber unmenschlich, ja, barbarisch, eine *Hymne auf Gott*, aber ein *Pasquill auf den Menschen*.[1] *Aber* sie ist nur unmenschlich im Eingang, nicht im Fortgang, in der Voraussetzung, nicht in der Folge, im Mittel, nicht im Zwecke.

Die Wohltat des Tranks empfindet nur der Durstige, die Wohltat der Speise nur der Hungrige. Keine Befriedigung, kein Genuß ohne Bedürfnis. Wohl ist Pein und Qual der Hunger für sich selbst, der Hunger ohne Speise; aber der Hunger ist ja nicht um seinetwillen, sondern um der

* Der Ausdruck, daß der Mensch oder die Kreatur gegen Gott nichts ist, weil sie von ihm aus nichts geschaffen, findet sich öfter bei Luther, z. B. T. II, S. 296.

[1] *Der folgende Satz ist in B ein Absatz für sich.*

Speise willen gegeben; er soll nicht bleiben, sondern vorübergehen; er hat seinen Endzweck nicht in sich, sondern in seinem Gegensatz – in der Befriedigung. Ist also ein Wesen deswegen elend und nichtig, weil es dem Hungerleiden unterworfen ist? Mitnichten; denn dieses Leiden ist ein Leiden zu seinem Heile, ein Wehe zum Wohle, eine Not zum Genuß. Nur dann wäre es wahrhaft elend und nichtig, wenn es zum Hunger und folglich zum Nichtsein verdammt wäre, denn unbefriedigter Hunger endet nur im Ende des Menschen. Aber diese Annahme ist – mit Ausnahme regelwidriger Fälle, die nicht zu rechnen sind – widersinnig, hebt sich selbst auf; denn der *Sinn* des Hungers ist der *Genuß der Speise*; der Hunger ist ja nichts weiter als das Verlangen der Speise.

Und ebenso ist es mit der lutherischen Lehre. Sie versetzt dich in den Zustand des Hungers, wo dem Menschen alle seine Kräfte versagen, sein Mut sinkt, sein Selbstgefühl schwindet, wo er verzweiflungsvoll ausruft: Ach, wie so gar nichts ist doch der Mensch ohne Speise; aber sie versetzt dich nur in diesen unmenschlichen Zustand, um dir durch den Hunger den Genuß der Speise zu würzen: „Der Herr Christus *schmecket niemand* denn einer *hungrigen* und *durstigen* Seele. – Diese Speise gehört *nicht für eine satte Seele*" (T. III, S. 545). „Die schmecken es aber am besten, die in Todesnöten liegen oder die das böse Gewissen drückt; da ist der *Hunger ein guter Koch*, wie man spricht, der machet, daß die Speise wohl schmecket. – Aber jene verstockten Leute, so da in eigner Heiligkeit leben, auf ihre Werke bauen und ihre Sünde und Unglück nicht fühlen, die schmecken das nicht. Wer am Tische sitzt und hungrig ist, dem schmecket alles wohl; der aber vorhin satt ist, dem schmecket nichts, sondern hat auch ein Grauen über der allerbesten Speise" (T. XI, S. 502–3). Keine Speise ohne Hunger – so keine Gnade ohne Sünde*, keine Erlösung ohne Not, *kein Gott*, der alles ist, ohne *einen Menschen*,

* „Dieweil sie das nicht wollen lassen *Sünde* und *böse* sein, das wahrhaftig *Sünde* und *böse* ist, so lassen sie auch das nicht *Gnade* sein, das *Gnade* ist, von welcher die Sünde sollte vertrieben werden. Als wer nicht will *krank* sein, der läßt auch *die Arznei* ihm keine *Arznei* sein" (T. XVII, S. 374).

der *nichts* ist. Was der Hunger nimmt, ersetzt die Speise. Was Luther im Menschen dir nimmt, das ersetzt er *in Gott* dir hundertfältig wieder.

Luther ist nur inhuman gegen den Menschen, weil er einen *humanen Gott* hat und weil die Humanität Gottes den Menschen der *eignen* Humanität überhebt. Hat der Mensch, was Gott hat, so ist *Gott überflüssig*, der *Mensch ersetzt die Stelle Gottes*; aber ebenso umgekehrt: Hat Gott, was an sich der Mensch hat, so ersetzt *Gott die Stelle des Menschen*; so ist es nicht notwendig, daß der Mensch *Mensch* ist. Denkt Gott für den Menschen – das tut er aber, indem er sich offenbart, sich ausspricht, d. h. dem Menschen vorsagt, was er ihm nachsagen, was er von ihm denken soll –, so braucht der Mensch nicht *Selbstdenker* zu sein; ist Gott ein für den Menschen und dessen Heil und Seligkeit tätiges Wesen, so ist die Tätigkeit des Menschen für sich selbst überflüssig. Gottes Tun hebt mein Tun auf. „So es *Christus tut, so muß ich's nicht tun*. Eins muß heraus: *entweder Christus oder mein eigen Tun*" (T. XXII, S. 124). Hat Gott Sorge für dich, Liebe zu dir, so ist deine *Selbstsorge*, deine *Selbstliebe unnötig*; trägt Gott dich auf den Händen, so brauchst du nicht auf deinen eignen Beinen zu stehen und gehen. Und du kommst ebensogut, ja, noch besser auf den Händen eines andern an das Ziel deiner Wünsche als auf deinen eignen Beinen.

„Ei, so heb dich, du leidiger Teufel! Du willst mich dahin treiben, daß ich soll *für mich sorgen*, so doch Gott allenthalben spricht: Ich soll ihn lassen für mich sorgen, und sagt: Ich bin dein Gott, *d. i., ich sorge für dich*, halt mich dafür und lasse mich sorgen, wie S. Peter spricht: ‚*Werfet alle eure Sorge auf ihn, denn er sorget für euch.*' Und David: ‚*Wirf dein Anliegen auf den Herrn, der wird dich versorgen.*' Der leidige Teufel, der Gott und Christo feind ist, der will uns – *auf uns selbst* und *auf unsre Sorge* reißen, daß wir uns sollen *Gottes Amt* (welches ist für uns sorgen und unser Gott sein) *unterwinden*" (T. XXII, S. 517). „Wo Christi Jünger sind, die dürfen für sich und für ihre Sünde und zu ihrer Seligkeit nichts tun, sondern das hat Christus' Blut schon getan und alles ausgericht und *sie geliebt*, daß sie *sich selbst nicht mehr dürfen lieben* oder *suchen oder etwas Gut's wünschen*" (T. XVIII, S. 488). „*Deine* Augen sollen *zu sein* über dich, dieweil *meine* Augen *offen* sind über dich" (T. V, S. 376).

Gott und Mensch sind gegeneinander wie Mann und Weib – ein von Luther und überhaupt den Christen häufig gebrauchtes Gleichnis. Wenn das Weib für mich kocht, wäscht, spinnt, so brauche ich nicht selbst zu kochen, zu spinnen, zu waschen; wo das Weib tätig ist, bin ich untätig, wo es etwas ist, da bin ich nichts. Was ich überhaupt an dem Weibe habe, das brauche ich nicht an mir selbst zu haben; denn was des Weibes ist, ist doch des Mannes, wenngleich das Weib ein anderes Wesen, ein Wesen außer dem Manne ist. Will daher der Mann selber sein und tun, was ihm das Weib ist und tut, will er selbst das Weib sich ersetzen, so vergeht er sich schmählich. Wenn ich nun aber dem Manne die Selbstbefriedigung verwehre, bin ich deswegen ein unmenschlicher Barbar gegen ihn? Durchaus nicht; denn ich verbiete ihm nicht die Befriedigung; ich verbiete ihm nur, daß er selbst sich befriedige, daß er *in sich selbst* suche, was er nur *außer sich* suchen soll und nur außer sich naturgemäß finden kann.

Gerade so ist es nun mit Gott. Was du in Gott hast, das hast du allerdings nicht in und an dir selbst, aber gleichwohl *hast* du es – es ist *dein*, zwar nicht so, wie dein Arm, dein Bein dein ist, aber so, wie dein Weib *dein* ist. Es ist dein nicht als *Eigenschaft* in dir, sondern als *Gegenstand*, aber als ein Gegenstand, der nicht zufällig, sondern *wesentlich* ein Gegenstand *für dich* ist, denn er hat, was dir fehlt, gehört also zu dir selbst. Gott *ist*, was du *nicht* bist; aber gerade deswegen ist er dir ebenso unentbehrlich als die Speise dem Hunger, der Trank dem Durste, das Weib dem Manne. Und er ist, was du nicht bist, ebendeswegen, *weil* du es nicht bist. Gott ist wahrhaftig, weil wir Lügner, gut, weil wir böse, human, menschlich, weil wir wilde Bestien sind. In Gott ergänzt, befriedigt sich der Mensch; in Gott ist des Menschen mangelhaftes Wesen vollkommenes Wesen. Suchet, so werdet ihr finden. Was ihr bei Luther im Menschen vermißt, das findet ihr in Gott. Was uns als *Gegenstand der Selbsttätigkeit, des Willens* in nichts verschwunden ist: das menschliche Wesen – das strahlt uns als *Gegenstand des Glaubens* selbst als *göttliches Wesen* entgegen. *In sich* ist und vermag der Mensch nichts, aber in

Gott, d. h. im *Glauben*, ist und vermag er alles – *selbst über Gott*. „Gott tut den *Willen* des Gläubigen.“[1]

Oberflächlich betrachtet, unterscheidet sich der lutherische Glaube seinem wesentlichen Gegenstand und Inhalt nach nicht von dem katholischen Glauben. Gott ist, wie es im Nicenischen Symbolum heißt, „um uns Menschen und um unsrer Seligkeit willen Mensch worden, für uns gekreuzigt, gelitten, begraben und auferstanden“ – das ist der Grundartikel des lutherischen, dasselbe der Grundartikel des katholischen Glaubens. Luther hat ja so nichts weiter getan, als daß er das Glaubenssystem Augustins, des einflußreichsten Kirchenvaters der katholischen Kirche, wieder ans Licht gezogen hat. Woher sollte also dem wesentlichen Inhalt nach ein erheblicher Unterschied zwischen Luther und der katholischen Kirche kommen? Allein Luther weicht dadurch sogleich von der alten Leier ab, daß er auf das *„um uns Menschen willen“*, auf das *„für uns“* alles Gewicht legt, daß er nicht die Menschwerdung, die Auferstehung, das Leiden Christi *an und für sich selbst*, sondern das *für uns* Menschwerden, das *für uns* Leiden Christi zum *wesentlichen Inhalt* und *Gegenstand* des Glaubens macht, während die Katholiken sich mehr nur an die bloße *Tatsache*, an den Gegenstand für sich selbst hielten.

So beherzigten die Katholiken nur, daß Christus gelitten, aber nicht, daß er für uns gelitten. Allerdings war es für sie auch eine rührende, ja, entzückende Vorstellung, daß Gott um der Menschen willen gelitten, aber keine praktische, erfolgreiche Wahrheit; sonst würden sie nicht aus dem Leben Christi die Notwendigkeit des eignen Leidens zur Erlangung der Seligkeit und Versöhnung mit Gott gefolgert haben. Denn hat Christus wirklich für uns gelitten, so ist eben unser Leiden überflüssig und eitel; was durch unser Leiden erreicht werden *soll*, *ist* bereits erreicht durch Christi Leiden, oder – ein erschreckliches Oder! – Christus hat umsonst gelitten. Aber nein, sein Leiden ist genug, sein Leiden hebt unser Leiden auf; *sein* Leiden ist

[1] *In B hierzu als Zusatz die folgende Fußnote Feuerbachs:* Die Stellen mit bloßen Anführungszeichen sind solche, die auch im „Wesen des Christentums“, dort mit Angabe ihres Orts, angeführt werden.

unser Leiden. Hat er für uns gelitten, so haben wir ja bereits in ihm gelitten; wenn ich für andere handle, so handle ich ja an ihrer Statt und überhebe sie daher der Notwendigkeit, für sich selbst zu tun, was ich für sie getan. Wenn ich aber das Leiden Christi nur zu einem *Exempel* mache, welches ich durch eignes Leiden nachahmen und repetieren soll, so mache ich das Leiden *für sich selbst* zum Gegenstand, gebe ihm selbständige Bedeutung. Allein nicht das Leiden war Gegenstand und Zweck des Leidens Christi, sondern *unser* Heil, *unsre* Erlösung. Er hat gelitten für uns, d. h., er hat uns befreit, erlöst vom Leiden. Allerdings sollen wir nach Luther, solange wir hier in diesem Jammertal weilen, wo die Folgen der Erlösung Christi keineswegs sich vollständig verwirklichen, das Leiden Christi auch als ein Exempel, geduldig und ergeben gleich ihm zu leiden, uns vorhalten. Aber dieses unser Leiden ist nicht Leiden zum Zweck der Versöhnung und Erlösung, hat nur moralische, nicht mehr religiöse Kraft und Bedeutung wie im Katholizismus. Nicht als *außer uns*, nicht im Gegenstande, sondern *in uns* liegt der *Zweck* und *Sinn* des Glaubensgegenstandes. Nicht daß Christus Christus, daß er *dir* Christus, nicht daß er gestorben, daß er gelitten, daß er *dir* gestorben, *dir* gelitten – das ist die *Hauptsache*.

„Was haben wir im Papsttum angerichtet? Bekennet haben wir, daß er (Christus) Gott und Mensch sei, aber daß er *unser* Heiland, als *für uns* gestorben und erstanden etc., das haben wir mit aller Macht verleugnet" (T. XXII, S. 105). „Ein Weib, das ohne Ehe lebt, kann wohl sagen: Das ist ein Mann, aber das kann sie nicht sagen, daß er *ihr* Mann sei; also könnten (können) wir wohl alle sagen, daß dies ein Gott sei, aber das sagen wir nicht alle, daß er *unser Gott sei*" (T. XI, S. 548). „Darum so ist's nicht genug, daß einer glaubt, es sei Gott, Christus habe gelitten, u. dgl., sondern er muß festiglich glauben, daß Gott *ihm zu der Seligkeit ein Gott* sei, daß Christus *für ihn* gelitten habe, usw." (T. XVIII, S. 459). „Christus ist Gott und Mensch und ist also Gott und Mensch, daß er *nicht ihm selbst* Christus ist, sondern *uns*" (T. XXII, S. 193). „Alles, was wir im Glauben erzählen, ist *für uns* geschehen und kommet *uns heim*" (ebend. S. 116). „Obwohl diese Worte, daran sich der Glaube halten muß, *für uns* geboren, gelitten usw., *nicht ausgedrückt* dastehen (im apostolischen Symbolum), so muß man's doch *aus andern* hernach nehmen und *durch alle diese Stücke ziehen*, denn in dem dritten Artikel, da wir sagen: *Ich glaube die Vergebung der Sünden*, glossiert er sich selbst, da er die *Ursach und Nutz* dieses Stücks setzt, warum er geboren, gelitten und alles getan hat. Und rühret's zwar auch hie im Text, da wir sprechen: *Unsern Herrn*, damit wir bekennen, daß *alles, was der Mann ist und tut, uns* geschehen ist, als der darum geboren, gelitten, gestorben, auferstanden ist, zu Trost, daß er *unser* Herr sei" (ebend. S. 125).

Hier haben wir den Unterschied des lutherischen Glaubens vom alten Glauben mit Luthers eignen Worten ausgesprochen. Wohl ist, was Luther sagt, schon enthalten im alten Glauben, aber noch nicht ausgesprochen, ausgedrückt, wenigstens nicht so entschieden, so greiflich, so populär – L. erst hat das Geheimnis des christlichen Glaubens ausgeplaudert. Das Wort, was im alten Glauben nur eine *Glosse* ist, macht L. zum *Text*, das Licht, welches jener *unter* den[1] Scheffel, stellt er *auf* den Scheffel, daß es jedermann in die Augen leuchte. In *uns* liegt der Schlüssel zu den Glaubensmysterien, *in uns* ist das Rätsel des christlichen Glaubens aufgelöst. Nicht nur uns ist Gott Mensch geworden, nicht nur uns hat er gelitten, wie es im Nicenischen Symbolum heißt, sondern uns ist er Gott, uns allmächtiger Schöpfer, uns Heiliger Geist, kurz, uns ist er, *was er ist* – das „Uns" zieht sich durch alle Artikel hindurch, das „Uns" umfaßt und begreift alle Artikel in sich. Der alte Glaube spricht auch: Unser Herr, unser Gott, aber er unterstreicht *Gott*, Luther dagegen unterstreicht *unser*, d. h., er macht dies, daß er der Unsrige, zu einer *wesentlichen* Eigenschaft Gottes selbst. Gott ist *nicht Gott*, wenn er nicht *unser* Gott ist. *Wir* sind das *Salz* nicht nur der Erde, sondern *auch des Himmels*. „Wenn Gott *allein für sich* im Himmel säße", sagt Luther, „wie ein Klotz, so wäre er *nicht* Gott." Gott ist ein Wort, dessen *Sinn* nur der Mensch ist.

Das Wesen des Glaubens im Sinne Luthers besteht daher in dem Glauben an Gott als ein sich *wesentlich* auf den

[1] dem *B*

Menschen beziehendes Wesen – in *dem* Glauben, daß Gott nicht ein für sich selbst oder gar wider uns, sondern vielmehr ein *für uns* seiendes, ein *gutes*, und zwar *uns Menschen* gutes, Wesen ist. „*Gott haben* ist *alle Gnade, alle Barmherzigkeit* haben und *alles, was man gut* nennen kann" (T. XI, S. 548). „*Göttliche Natur ist nichts anders denn eitel Wohltätigkeit* und, als hier Skt. Paulus sagt, *Freundlichkeit* und *Leutseligkeit* – Philanthropie" – (T. XIII, S. 188). „Was heißt einen Gott haben? Oder was ist Gott? Antwort: Ein *Gott* heißet das, dazu man sich versehen soll *alles Guten* und *Zuflucht* haben in *allen Nöten*; also daß ein Gott haben nichts anders ist, denn ihm *von Herzen glauben* und *trauen*, wie ich oft gesagt habe, daß allein das Trauen und Glauben des Herzens machet beide, Gott und Abgott. Worauf du nun dein Herz hängest und verlässest, das ist eigentlich *dein Gott*. – *Gott* alleine der ist, von dem man *alles* Gut's empfähet und *alles Unglücks loswird*. Daher auch achte ich, wir Deutschen *Gott* eben mit dem Namen von alters her nennen (feiner und artiger denn kein andere Sprach) nach dem Wörtlein ‚gut', als der ein ewiger Quellbrunn ist, der sich mit eitel *Güte* übergeußet und von dem alles, was *gut* ist und heißet, ausfleußt" (T. XXII, S. 55–56). „Die Werke und Gottesdienste aller Völker bezeugen das auch, daß ein *Gott sein anders nichts sei*, denn den *Menschen Gutes tun*. Denn darum rufet einer Jovem, der andere Martem an, aus keiner andern Meinung denn alleine darum, daß sie ihnen wollen geholfen haben. Wiewohl sie nun in der Person Gottes irren um der Abgötterei willen, so ist doch gleichwohl der *Dienst* da, der dem rechten Gott gebühret, das ist die *Anrufung* und *daß sie alles Gutes und Hülfe von ihm gewarten*" (T. II, S. 722). Das, was mich also von allen Übeln, sowohl moralischen als physischen, erlösen kann, worauf ich folglich unbedingt in allen Nöten mich verlassen kann, das ist Gott. Um aber das, also ein Gegenstand unbedingten Glaubens und Vertrauens, folglich Gott zu sein oder vielmehr sein zu können, muß es *ein bedürfnisloses* Wesen sein, denn ein bedürftiges Wesen hat genug für sich selbst zu tun; es muß *wahrhaft* und *unveränderlich* (gut) sein, sonst ist es kein zuverlässiges Wesen; *allgegenwärtig*, sonst kann es mir nur an dem Orte, wo es sich gerade befindet, aber nicht an entfernten Orten helfen;

wissend, und zwar *allwissend*, denn hat es keine Augen und Ohren, wie die heidnische Götterstatue, so vernimmt es nicht meine Leiden; *allmächtig* und *unbeschränkt*, denn die Schranke seiner Macht, seines Wesens überhaupt ist auch die Schranke meines Vertrauens; *selbständig* und *unabhängig* von allen Dingen, ja, mächtig aller Dinge, denn ist es nicht Herr aller Dinge, so ist es auch nicht Herr aller Übel. Alle göttlichen Eigenschaften sind daher nur Mittel zum Zweck der Güte. Gott ist nur allmächtig, um allmächtig gut, unbeschränkt, um unbeschränkt gut, bedürfnislos, um uneigennützig gut zu sein. Alle diese Eigenschaften *für sich selbst*, sie mögen nun einzeln genommen oder zusammengefaßt werden, machen noch nicht Gott zu Gott. Allmächtig, allwissend kann auch ein teuflisches Wesen sein. Auf das *Herz* nur kommt es an; das Herz macht Gott; *Gutsein* heißt erst *Gottsein*, aber Gutsein im höchsten, uneingeschränktesten Sinn, Gutsein ohne die Schranken, die im menschlichen Individuum dem Gutsein entgegenstehen. Denn was ist und hilft der gute Wille ohne die Mittel und Kräfte, diesen Willen durchzusetzen? Wille ohne Vermögen ist nichts als ein ohnmächtiger Wunsch. Was ist die Güte ohne Allwissenheit? Nur zu oft eine das Gegenteil von dem, was sie will, bewirkende und folglich nur verderbliche Güte. Um also absolut gut sein zu können, muß man ein Gott, d. h. ein in jeder Rücksicht unbeschränktes, vollkommenes Wesen, sein. Alle Wünsche kann nur der erfüllen, der alle Macht hat, alle Übel nur der heilen, der im Besitze aller Güte ist, alles geben nur der, der alles hat.

Aber Gott ist nicht für sich selbst gut. Um gut zu sein, muß überhaupt etwas *andres* sein, *dem man gut ist*. Ein ganz allein für sich selbst gedachtes Wesen ist weder gut noch böse. Böse ist, was *wider*, gut, was *für* anderes ist. Ein guter Mensch ist nur der, der andern gut ist, Gutes tut; dadurch, daß er andern gut, ist er für sich selbst gut. Was für den andern eine *Wohltat*, ist in Beziehung auf mich, den Wohltäter, eine moralisch *gute* Tat, gleichwie was für den andern ein *Übel*, in Beziehung auf mich, den Übeltäter, eine *böse* Tat ist. Verstand, Macht habe ich für mich, Güte nur für andere; Güte ist keine stehende, sondern fließende, übergehende Eigenschaft. Gut sein heißt lieben – Liebe nur ist Güte –, aber ist Liebe denkbar ohne anderes, das man liebt? Der *Sinn* der Liebe ist ja nur der *Gegenstand* der Liebe. Gott ist aber uns gut; *in uns* also liegt erst der *Sinn* der Güte Gottes; uns nur zugute ist Gott gut. Aber alle göttlichen Eigenschaften sind nur als Eigenschaften eines guten – nicht bösen, teuflischen – Wesens *göttliche* Eigenschaften – vermittelst der Güte sind daher alle göttlichen Kräfte und Eigenschaften Eigenschaften uns zugute, uns zum besten, strömen sie alle auf uns über.

Gott ist allmächtiger Schöpfer, Schöpfer des Himmels und der Erden. Diese Eigenschaft ist die erste, die vornehmste unter den göttlichen Eigenschaften; diese unterscheidet ihn am allermeisten von allen andern Wesen; diese kommt nur ihm allein zu. Was daher von dieser, gilt auch von den andern Eigenschaften, und zwar um so mehr, je weniger sie Gott vom Menschen unterscheiden. Allein Gott ist nicht nur Schöpfer des Himmels und der Erden; er ist auch *unser* Schöpfer, und darin, daß er unser Schöpfer, ist erst der *Sinn* und *Grund* enthalten, warum er Schöpfer des Himmels und der Erden ist. Denn erst im Menschen ist die Schöpfung vollendet, und Himmel und Erden samt allem ihrem Inhalt sind dem christlichen Glauben zufolge nicht für sich selbst, sondern für den Menschen geschaffen. Gott ist also nicht Schöpfer für sich selbst oder Schöpfer der Natur für die Natur, sondern Schöpfer *für den Menschen*. Er schafft, damit wir sind; *wir* sind der Zweck, der Gegenstand seiner schöpferischen Tätigkeit. *Uns* meint, *uns* will Gott, indem er die Welt will. Die *erste göttliche* Eigenschaft ist auch der *erste Beweis* der Güte Gottes gegen uns. Gott ist daher in Beziehung auf uns nicht nur Schöpfer, sondern auch *Vater*, und er ist nur Schöpfer, weil er *nicht unser Vater sein kann, ohne Schöpfer zu sein*. Der gute Wille setzt Macht, die Liebe physisches Vermögen voraus. Wie kann ich einem Wesen gut, d. h. etwas, sein, wenn ich nichts bin? Wie Vater sein, wenn ich keine Kinder *machen* kann? Wie die Quelle alles Guten sein, wenn ich nicht die Quelle des ersten Gutes, des Lebens, des Daseins, bin?

Allerdings ist die Schöpfungskraft der Ausdruck einer Macht, die „alles aus nichts und alles *wieder zunichte* machen kann" (T. XXI, S. 419[1]). „Ist es nicht also, wenn

[1] *Im Original A/C: 519 Hier berichtigt nach B.*

er spricht, so ist und besteht die Welt? Wiederum, wenn er spricht, so ist die Welt *nichts*[1], sondern fällt plötzlich dahin" (T. VI, S. 20). Die Macht, für sich selbst betrachtet, kann allerdings vernichten, was sie geschaffen, gleichwie auch der menschliche Vater sein eignes Kind wieder vernichten kann. Aber wie im menschlichen Vater an der Menschheit, so findet in Gott an der Gottheit, d. i. an der Güte, diese vernichtende Allgewalt ihre Grenze und Schranke. Gott ist nur böse gegen das Böse, um gegen das Gute gut sein zu können. Wie kann Gott die Gesundheit schaffen, wenn er die Krankheit nicht wegschaffen, wie beleben, wenn er nicht den Tod töten, wie überhaupt für den Menschen sein, wenn er nicht wider das sein kann, was wider den Menschen ist? Aber was ist nicht wider den Menschen oder kann wenigstens nicht in einzelnen Fällen wider ihn sein? Alles, was außer dem Menschen ist, ja, auch er selbst; denn wie oft ist der Mensch, sei's nun mit oder ohne Wissen und Willen, nicht nur wider den andern Menschen, sondern auch wider sich selbst? So oft er sündigt; und wie leicht sündigt der Mensch, aber wie schwer sind die Folgen der Sünde: der Verlust der Gesundheit, der Heiterkeit, der Gewissensruhe, in den Augen des Religiösen noch überdies der Gnade Gottes, des ewigen Lebens! Um dich daher allseitig zu sichern, dich unzugänglich zu machen allen Feinden, die nur immer, sei's nun von innen oder außen, dich bedrohen, mußt du dich unter die Botmäßigkeit einer Allmacht begeben, aber einer Allmacht, die selbst der *Güte untertan* ist. Die Folgen hast du nur in deiner Gewalt, wenn du die Ursache in deiner Gewalt hast. Der nur kann wollen und machen, daß du selbst mitten im Feuer nicht verbrennst, der will und macht, daß das Feuer brennt. Gott hat vermöge seines allmächtigen Willens mit dem Feuer die Eigenschaft zu verbrennen verbunden; er kann sie ihm daher wieder nehmen, wenn er will. Gott ist der Herr aller Dinge, aber dieser Herr ist *dein* Herr. Alle Dinge sind von Gott – das heißt also: Alle Dinge sind in *Gottes* und vermittelst Gottes *als des deinigen* in *deiner Macht*; kein Ding ist und vermag etwas gegen Gott – das heißt: Nichts ist und vermag etwas gegen Gott – das heißt:

[1] *In B nicht hervorgehoben.*

Nichts ist und vermag etwas *wider dich,* denn *Gott ist ein Wesen für dich.*

Die Richtigkeit dieser Erklärung der Schöpfung und Allmacht mögen folgende Stellen aus Luther bestätigen. „Gott vermag alles, aber *will* nur *das Gute*" (T. XVIII, S. 304). „Gott ist *allmächtig, derowegen will* er, daß wir alles bitten sollen, was uns *nützlich* ist" (T. XI, S. 607). „So er (Gott) denn allmächtig ist, was *mag mir gebrechen, das er mir nicht geben und tun möge*? So er Schöpfer Himmels und der Erden ist und aller Dinge ein Herr, *wer will mir etwas nehmen oder schaden*? Ja, wie wollen *mir nicht alle Dinge zugut kommen* und *dienen,* wenn *der mir Gutes gan** (gönnt?), dem sie *alle gehorsam* und *untertan sind*" (T. XXII, S. 35). „Wer einen *gnädigen Fürsten* hat, der *fürchtet kein Ding,* das *unter demselbigen Fürsten* ist, trotzt darauf, rühmet und bekennet seines Herrn Gnade und Macht. Wieviel mehr trotzt und rühmet ein Christenmensch wider die Pein, Tod, Hölle, Teufel und spricht tröstlich zu ihm: Was magst du mir tun? Bist du nicht unter den Füßen meines Herrn? – *Alle Dinge sind unter seinen Füßen, wer will denn wider mich sein*?" (T. XIII, S. 312). „Der *Schnee, Reif, Frost* ist sein (spricht er). *Er schaffet sie selber* und stehen nicht in des *Teufels* oder *Feindes* Hand: Er ist *ihrer gewaltig,* darum müssen sie auch nicht weiter kalt sein, noch mehr uns kälten, denn er will und wir wohl erleiden können. Wenn der Teufel den Frost in der Hand hätte, so müßte nicht allein eitel Winter und ewiger Frost bleiben und kein Sommer mehr werden, sondern es müßte so hart frieren, daß alle Menschen auf einen Tag erfrören und eitel Eisschollen würden" (T. VI, S. 565). „Ich glaube an Gott, den Vater, Schöpfer Himmels und der Erden. Das zeiget uns hier das Wörtlein ‚*Vater*', daß er zugleich will Vater und allmächtiger Schöpfer sein. Die Tiere können ihn nicht Vater nennen, aber wir sollen ihn Vater nennen und seine Kinder heißen. Das beten und bekennen wir, wenn wir hier im Glauben sprechen: Ich glaube an Gott Vater, daß, gleichwie er *Vater* und *ewig lebet, wir auch* als seine *Kinder ewig leben* und nicht sterben sollen. So sind wir denn nun viel eine höhere und schönere Schöpfung

* In der Walchischen Ausgabe (T. X, S. 200) steht: gann.

denn andere Kreaturen" (T. XXII, S. 115). „Weil Gott aus Wasser bauen und herfürbringen kann den Himmel und die Erde, item weil er aus einem Tröpflein Wassers kann schaffen Sonne und Mond, sollte er denn *nicht können* meinen *Leib* entweder *wider die Feinde und den Teufel schützen* oder, *wenn er gleich in die Erde verscharret* ist, *zu einem neuen Leben wiedererwecken*? Darum sollen wir hieraus Gottes *allmächtige Kraft* und *Gewalt erkennen* lernen und gar *nicht zweifeln*, es sei *alles wahr*, was Gott in seinem Worte *zugesaget* und *verheißen* hat. Denn hier ist gegründet eine *vollkömmliche Bestätigung aller göttlichen Zusagungen*, nämlich, daß nichts entweder so *schwer* oder *unmöglich* ist, das Gott mit seinem Worte nicht könnte ausrichten" (T. I, S. 315).

Die Allmacht bestätigt die göttlichen Verheißungen, d. h., sie sagt dasselbe, was die Verheißung der Sündenvergebung, die Verheißung der Gebetserhörung, die Verheißung des ewigen Lebens sagt. Aber worin liegt der Sinn der Verheißung z. B.: „Du wirst nicht sterben"? Darin, daß ich nicht zu sterben *wünsche*. Was wäre eine Zusagung[1] von etwas, was ich nicht wünsche, nicht begehre? Zusagen heißt Ja sagen, setzt also notwendig eine Bitte, einen Wunsch, ein Verlangen in mir voraus. Wenn also die Allmacht die Bestätigung der göttlichen Verheißung ist, so muß sie auch einen Wunsch, ein Verlangen in uns zur Voraussetzung, zur Grundlage haben. Und so ist es auch wirklich. Nur stützt sich die Allmacht *nicht* auf einen *bestimmten* Wunsch, wie sich z. B. die Zusagung[1] des ewigen Lebens auf diesen bestimmten Wunsch von mir bezieht, daß kein Tod, keine Grenze meiner Dauer ist; sie stützt sich nur auf den unbestimmten, allgemeinen Wunsch, daß überhaupt keine Naturnotwendigkeit, keine Schranke, kein Gegensatz des menschlichen Wesens, der menschlichen Wünsche ist – auf den Wunsch, daß alles nur für den Menschen, nichts wider den Menschen ist. Die bestimmten göttlichen Verheißungen finden daher nur in der Allmacht ihre Bestätigung; denn damit *diese* und *jene* Schranke des menschlichen Wesens nicht ist, muß *überhaupt keine Schranke* desselben sein. *Diese* Verheißung nimmt *diese* Schranke weg – wie

[1] Zusage *B*

die Verheißung des ewigen Lebens die Schranken der Zeit –, die Allmacht aber nimmt *alle Schranken* hinweg. Jedes Verlangen, jeder Wunsch hat etwas wider sich, denn ich wünsche, daß etwas, was ist, *nicht* sei und ein andres dagegen, was nicht ist, sei. So, wenn ich zu essen wünsche, habe ich den Hunger gegen mich und wünsche eben, daß der Hunger, welcher ist, nicht sei, die Sättigung dagegen welche nicht ist, sei. Jeder Wunsch will aus Sein Nichtsein und aus Nichtsein Sein machen. Jeder Wunsch ist der Wunsch einer Allmacht, einer Schöpfung aus nichts, denn was ich wünsche, das wünsche ich auch zugleich, unmittelbar, ohne Bedingungen, ohne Werkzeuge zu *können*. Aber jeder bestimmte Wunsch ist noch beschränkt und gebunden an einen bestimmten Gegenstand – das *Wesen des Wunsches überhaupt* ist daher erst in dem Wesen der Allmacht frei und unbedingt ausgesprochen. Die Allmacht kann, was ich nur wünsche, was ich nur vorstelle; folglich versteht es sich von selbst, daß sie auch diese und jene bestimmten Wünsche erfüllen kann. *Unbeschränktes Können* setzt *unbeschränktes Wünschen* voraus; Können ohne Wünschen ist sinnlos. Das *Können* aber hat *Gott*, das *Wünschen* der *Mensch*. Die Allmacht geht über die Grenzen der Natur und Vernunft; sie kann, was der Vernunft nach Unsinn, der Natur nach Unmöglichkeit ist; aber sie geht nur über diese Grenzen hinaus, weil das menschliche Wünschen über die Grenzen der Natur und Vernunft geht – versteht sich der Vorstellung und Einbildung, nicht der Wahrheit und Wirklichkeit nach.

Bemerkt werde noch, daß der entwickelte Sinn der Allmacht und Schöpfung besonders deutlich auch aus *dem*[1] Glauben hervorleuchtet, daß die Natur so, wie sie ist, nicht ursprünglich aus Gott kam. Denn in der Welt, wie sie ist, da ist allerlei Übel, physisches und moralisches, Krankheit und Sünde, Tod und Teufel[2]. Aber in der Welt, wie sie noch nicht durch ein *gottwidriges* Wesen, die Sünde, den Teufel, entstellt und verdorben, wie sie noch reines Werk, reiner Abdruck des göttlichen Wesens war, „im Paradies[,] waren nicht *brennende* Nesseln noch *stachlichte* Dornen und

[1] *In B nicht hervorgehoben.*
[2] „Teufel" *B*

Disteln, noch *schädliche* Kräuter, Würmer, noch Tiere, sondern schöne, edle Rosen und wohlriechende Kräuter; alle Bäume im Garten waren lustig anzuschauen und gut zu essen. Nach Adams Fall ward die Erde verflucht. Daher sind gekommen soviel *schädliche* Kreaturen, die *wider uns* streiten und uns martern und plagen, auch wir Menschen untereinander selbst" (T. VI, S. 64). Was also *wider uns* Menschen ist, das ist *nicht von Gott.* Warum? Weil Gott nur ein Wesen *für uns* und, was daher *wider uns, wider Gott* ist. Allerdings besteht nun diese Welt dennoch mit Gottes Willen. Und dieser Wille ist gleichwohl ein dem Menschen guter Wille. Alle Übel und Leiden, die den Menschen treffen, kommen nicht aus Haß und Feindschaft, sondern aus Liebe Gottes zum Menschen, bezwecken nur sein Wohl, wenn auch nicht sein zeitliches, doch sein ewiges, und sind daher auch im Glauben an diesen wohlwollenden Zweck und Grund vom Menschen als keine Übel aufzunehmen, nicht mit Ärger und Unmut, sondern [mit] freudigem Herzen zu ertragen. Aber ungeachtet dieser Vorspiegelungen des Glaubens *widerspricht* diese Welt den menschlichen, respektive christlichen Wünschen*, und sie wird daher von der *Allmacht aufgehoben,* um wieder Platz zu machen jener ursprünglichen oder vielmehr einer noch herrlichern, *wahrhaftig göttlichen* Welt, in welcher *nichts wider* den Menschen ist.

Gott ist ein für uns Menschen seiendes, uns gutes Wesen – was heißt das aber anders als: Gott ist ein *menschlich gesinntes* Wesen? Wie kann ich einem Wesen gut sein, wenn ich ihm nicht in *seinem* Sinne gut bin? Wenn ich einer Blume gut sein will, so muß ich ihren Willen tun; ich muß ihr geben das Licht, die Wärme, das Wasser, die Erde,

* „Wer aber glaubet, daß ein Gott sei, der muß bald schließen, daß es mit diesem Leben hier auf Erden nicht gar sei ausgerichtet, sondern daß ein anders und ewiges Leben da vornen sei. Denn das *sehen wir in der Erfahrung,* daß *Gott dieses zeitlichen Lebens sich fürnehmlich nicht annimmt.* – Aber Gott sagt uns zu nach diesem Leben ein ewiges. – Und liegt nichts dran, ob er uns schon in diesem zeitlichen Leben läßt umwaten, *als hätten wir keinen Gott, der* uns helfen wollte oder könnte. Denn seine Hülfe soll eine ewige Hülfe sein" (T. XV, S. 77. S. auch T. XVI, S. 90).

die sie verlangt. Behandle ich sie nicht nach ihrem, sondern meinem willkürlichen Sinne, so bin ich, statt gut, böse gegen sie. Will ich daher den Blumen gut sein, so muß ich Blumist, will ich dem Menschen gut sein, so muß ich ein im menschlichen Sinn gutes, ein menschlich gesinntes Wesen sein. *Böse* und *unmenschlich, gut* und *menschlich* ist einerlei – darum eben auch der *Mensch das höchste Gut des Menschen*, denn kein Wesen ist dem Menschen so gut als der Mensch. Für den Menschen gibt es[1] kein *andres Maß des Guten als den Menschen.** Und dieses Maß – versteht sich: aber nur, wenn es nicht im Sinne des einzelnen, sondern im Sinne *der Gattung*, die aber, wenigstens als solche, kein Gegenstand des Christentums ist, genommen wird – ist keineswegs ein egoistisches, ein beschränktes, selbst nicht im physikalischen Sinne, denn der Mensch existiert ebensogut unter dem Äquator als unter den Polarkreisen. Was der Tod des Menschengeschlechts wäre, das wäre auch der Tod der Pflanzen- und Tierwelt, wenigstens der gegenwärtigen. Eine absolut unmenschliche Hitze oder Kälte könnten auch die Tiere und Pflanzen nicht ertragen. Das Maß der Gattung ist ein absolutes, kein relatives wie das der Individuen und Arten, denn was der einen Art gut und zuträglich, ist der andern nicht gut und unerträglich; aber die Gattung faßt alle diese relativen Maße in sich. Was daher dem Menschen im Sinne der *Gattung* gut ist, das ist auch der Tier- und Pflanzenwelt gut, das ist an sich selbst gut.

Aber was gibt uns denn nun die Gewißheit, die untrügliche, unumstößliche Gewißheit, daß Gott wirklich ein Wesen für uns, ein gutes, ein menschlich gesinntes Wesen ist? – Die Erscheinung Gottes *als Menschen* in Christo, die keineswegs eine vorübergegangne[2] Erscheinung ist, denn

[1] *In B folgt Zusatz:* nun einmal

* Wenn daher der oberste Grundsatz der christlichen Moral lautet: Tue das Gute um Gottes willen, der oberste Grundsatz der philosophischen Moral: Tue das Gute um des Guten willen, so lautet dagegen der oberste Grundsatz der auf den Menschen gegründeten Moral: Tue das Gute *um des Menschen willen.*

[2] vorübergegangene *B. Geringfügige Änderung, wird im folgenden nicht mehr vermerkt.*

heute noch ist in Christo *Gott Mensch*. In Christo hat sich Gott geoffenbart, d. h. gezeigt, *bewiesen* als ein menschliches Wesen. In der *Menschheit* Christi ist die *Menschlichkeit* Gottes außer allen Zweifel gesetzt. Das Zeichen, daß Gott gut, das ist erst, daß er Mensch ist. *Gut* sein heißt *Mensch* sein. Gut bin ich nur, wenn ich die Leiden andrer mitfühle, auf mich nehme; aber fühlen mit andern, fühlen für andere, das eben heißt *Mensch* sein. Aber kein Gefühl, am wenigsten Mitgefühl, Mitleiden, Teilnahme, Barmherzigkeit, *ohne Sinnlichkeit*. Wo kein Ohr, ist auch keine Klage, wo kein Auge, auch keine Träne, wo keine Lunge, auch kein Seufzer, wo kein Blut, auch kein Herz. Wie kann ich Eingang finden bei einem Wesen, dem die Sinne fehlen? Wer soll mein Vertreter und *Fürsprecher* sein, wenn kein Auge und kein Ohr da ist? Die *Bürgschaft* und *Wahrheit* der Güte und Barmherzigkeit, d. i. Menschlichkeit, Gottes liegt daher nur in Christo als dem *sinnlichen Wesen* Gottes. „Gott *ohne Fleisch ist nichts nütze*" (Luther, T. VII, S. 61). Ja, er ist, wie ebendaselbst und an vielen andern Orten L[uther] sagt, ein *„Schreckbild des Zorns und Todes"*; denn der Gott ohne Fleisch ist auch der Gott *wider das Fleisch, wider den Menschen*. Denn was nicht in Gott gilt, das gilt auch nicht vor Gott, was Gott nicht an sich selbst leiden kann, das kann er auch überhaupt, auch an andern Wesen nicht leiden. Was von Gott verneint, von Gott ausgeschlossen ist, das ist ja ebendamit für etwas Gottloses, Gottwidriges, Nichtiges erklärt. Ist daher kein Fleisch in Gott, so ist das Fleisch vor Gott nichts. Nur der Mensch ist für den Menschen, nur Fleisch für Fleisch. Was nicht meines Wesens, ist auch nicht meines Sinnes. Was[1] also kein Wesen von Fleisch, hat auch keinen Sinn, kein Gefühl für Fleisch.

Alle Menschen, sagt mehrmals Luther, *denken* sich unter Gott ein gutes, wohltätiges Wesen, denn wie sollten sie sonst Gott um Hülfe in ihren Nöten anrufen? Weil jedoch dieses gute Wesen für sie nur ein Gedanke von ihnen ist, so geraten sie in Zweifel, ob Gott auch wirklich gut ist, und durch diesen Zweifel in Abgötterei. Aber die Christen haben nicht ihre Meinung, sie haben das Wort Gottes selbst für sich, denn ihnen hat sich Gott selbst in Christo als ein gutes

[1] Sinnes. Was: Sinnes; was *B*

Wesen geoffenbart. Was heißt das? Nichts andres als: Was für die andern Menschen, die Heiden, ein *gemeintes, nur gedachtes* und ebendeswegen *bezweifelbares* Wesen, das ist für die Christen ein *sinnliches* und ebendeswegen *gewisses* Wesen.

Ist Gott *für den* Menschen, so muß er auch *für die Sinne* des Menschen sein. Was meinen Augen, meinen Ohren, meinem Gefühl sich entzieht, wie soll das ein gutes Wesen für mich sein? Nein, *was wider die Sinne, ist wider den Menschen.* Ist Gott ein geistiges, d. h. unsinnliches, nur gedachtes, nur denkbares, Wesen, so muß ich mich verstümmeln, mich meiner Sinne berauben, um dieses nackte Wesen zu erreichen; ein Wesen aber, das mich entleibt, entsinnlicht, entmenscht, ist ein böses, unmenschliches und noch dazu ein unzuverlässiges, ungewisses Wesen; denn es wird nur dadurch gewiß, daß ich die allernächste Gewißheit, die Gewißheit der Sinne, aufgebe. Aber ein Wesen, das mir nur im Widerspruch mit dem Gewissesten gewiß wird, dessen Existenz nur auf die Spitze des von den Sinnen abgesonderten Gedankens gestellt ist und daher stets auf dem Spiel des Zweifels steht, ist ein Wesen nur dem Menschen zur Qual und Pein. Nur ein sinnliches Wesen ist ein den Menschen beglückendes und befriedigendes, ein *wohltätiges* Wesen, denn es ist ein *unwidersprechliches,* ein *gewisses* Wesen; aber Gewißheit nur ist Wohltat. Selbst die Gewißheit des Schrecklichsten ist nur solange erschrecklich, solange sie noch keine unmittelbare, sinnliche, sondern nur eine Gewißheit für die Vorstellung ist. Die Vorstellung ist der Affe der Wirklichkeit, aber je mehr sie die Wirklichkeit erreichen will, desto mehr verfehlt sie sie. Alles für die Vorstellung und Einbildung Maß- und Grenzenlose hat in der Wirklichkeit sein gewisses Ziel und Maß. Das größte, schrecklichste Übel für die Vorstellung, der Tod, ist gerade das gewisse, das sinnfällige Ende aller Schrecken und Übel. Schrecklich ist allerdings der Kampf mit dem Tode, aber da ist eben auch der Tod noch keine unmittelbare, keine sinnliche Gewißheit – der Moment der sinnlichen Gewißheit ist auch der Moment der Versöhnung und Erlösung. Folge mit Vernunft[1] den Sinnen, aber unterbreche sie nicht durch

[1] mit Vernunft *Fehlt in B.*

eigenmächtige Vorstellungen, laß sie ihr Thema bis ans Ende ausspielen – und du findest gewiß, wenn auch erst am Schlusse, Befriedigung. Was dem Leibe die Quelle, das ist dem Kopf, dem Geiste der Sinn; Heilkraft liegt in den Sinnen; Kopf und Herz reinigen und befreien die Sinne. Was dich drückt und beängstigt, reizt und befleckt, mache es aus einem Gegenstand der Vorstellung[1] zu einem Gegenstand des Sinnes – und du wirst sicherlich frei. Die Vorstellung benebelt, aber die Sinne machen nüchtern; die Vorstellung macht trübselig, feig, menschenfeindlich, aber die Anschauung heiter, mutig, menschenfreundlich; aus der Vorstellung der Tat kommt das Verbrechen, aber aus der sinnlichen Gewißheit der Tat das Gewissen. Wohl entzünden auch die Sinne das Feuer der Begierde; ihr Feuer ist jedoch ein belebendes, wohltätiges Feuer, aber die Vorstellung, aber der bloße Gedanke ist ein *„verzehrendes Feuer“* wie „die göttliche Majestät“, die nur ein vorgestelltes, gedachtes,[2] kein wirkliches, kein sinnliches Wesen ist.

Der Grundsatz des Christentums: Gott hat sich den Menschen geoffenbart, d. h. ist Mensch geworden – denn die *Menschwerdung Gottes* war ja die *Offenbarung Gottes* –, hat also keinen andern Sinn als den: Gott ist im Christentum aus einem Gedankenwesen ein *sinnliches Wesen* geworden. Ein sinnliches Wesen kommt nicht aus meinem Kopfe; es kommt von außen an mich; es wird mir gegeben; die Sinne haben es mir geoffenbart. Es ist kein Produkt der menschlichen Vernunft wie der Gott der Philosophen, aber auch kein Produkt der menschlichen Hände wie der Jupiter des Phidias; es ist ein *selbständiges* Wesen, das folglich nicht durch mich, sondern *durch sich selbst* mir gegeben wird. Ich sehe nur, was sich sehen läßt. Das sinnliche Wesen ist ein sich hingebendes Wesen, dem sinnlichen Wesen gegenüber bin ich nur leidend; es ist kein Gegenstand der Werktätigkeit, sondern nur ein Gegenstand der Anschauung. Was ich sehe, ist kein Verdienst von mir, ist ein Geschenk, ein Glück für mich. Die Offenbarung gibt, was nie einem Menschen in den Kopf gekommen wäre; aber

[1] *In B folgt Zusatz:* , des Gedankens
[2] *In B folgt Zusatz:* geglaubtes,

nur die Sinne geben dem Menschen, was alle seine Erwartungen und Vorstellungen übersteigt, worauf er nie von selbst gekommen wäre. Kurz, alles was von der Offenbarung Gottes ausgesagt wird, das gilt nur von der Sinnlichkeit: Das *Wesen der Offenbarung* ist das *Wesen der Sinnlichkeit* im Unterschiede von der menschlichen Selbsttätigkeit, sie sei nun eine moralische oder künstlerische oder philosophische oder [eine] religiöse, gottesdienstliche wie die der Juden und Papisten.[1]

Christus ist also die Menschlichkeit Gottes als Mensch, das göttliche, d. h. das uns gute Wesen – denn nicht die Natur, sondern Gott ist das uneingeschränkt, ausschließlich, unvermischt gute Wesen – als untrügliches, als gewisses, *d. h. sinnliches* Wesen. Und die Sinnlichkeit ist keineswegs nur Form, Erscheinung, Einkleidung, nur ein populärer Ausdruck eines an sich unpopulären Gedankens, sie ist Sache, sie ist Wesen selber; denn ein allseitig und folglich wahrhaft gutes Wesen ist, wie gezeigt, nur das, was ein Wesen für die Sinne ist. Was ein Wesen für die Sinne, ist auch ein Wesen für den Verstand, aber nicht umgekehrt, was für den Verstand, ist auch für die Sinne ein Wesen. Mit einem Worte: Was für die Sinne, ist für den *ganzen* Menschen, aber nur, was dem ganzen Menschen ein Gut, ist auch an sich selbst ein ganzes, vollkommnes Gut.

Nun möge Luther selbst reden und bezeugen, daß die Offenbarung Gottes in Christo keinen andern Sinn als den ausgesprochnen hat. „Haben doch die Heiden solches erfahren und bezeugen müssen, daß man mit keinem Gedanken noch Forschen der Vernunft *Gott gewiß* erlangen möge. – Darum laß dir diesen Spruch wohl eingebildet sein: Was sagst du? *Zeige uns den Vater* (Joh. 14, 8. 9). Lieber, fladdere nicht mit Gedanken – du aber höre und bleibe an dem: *Wer mich siehet, der siehet auch den Vater*[2]" (T. X, S. 38). „Aus einem Gott, der nicht geoffenbaret ist, will ich ein *geoffenbarter Gott* werden und will doch derselbige Gott bleiben. *Ich will Mensch* werden oder will meinen Sohn senden – und also will ich deine Begierde erfüllen und dem genugtun, auf daß du wissen mögest, ob du versehen (zur

[1] *Im Original A/C Leerzeile vor dem nächsten Absatz.*

[2] Vater *In A/C nicht hervorgehoben. Hier berichtigt nach B.*

Seligkeit vorausbestimmt) seiest oder nicht. Siehe, das ist mein Sohn, den sollst du hören, den siehe an – da wirst du mich gewißlich ergreifen. Denn *wer mich siehet,* spricht Christus Joh. 14, *der siehet auch den Vater selbst.* Niemand hat Gott je gesehen. Und dennoch hat sich Gott uns aus *großer Gnade* (d. i. Güte, Liebe) geoffenbaret. Er hat uns ein *sichtlich Ebenbild* dargestellt und saget: Siehe, da hast du meinen Sohn, wer den höret und wird getaufet, der ist in das Buch des Lebens eingeschrieben; das offenbare ich dir durch meinen Sohn, welchen du *mit den Händen kannst angreifen* und *mit den Augen sehen.*" „Und das *beweiset* und *bestätigt er nicht mit geistlichen,* sondern mit *greiflichen Argumenten und Wahrzeichen.* Denn *ich sehe ja das Wasser* (in der Taufe), *ich sehe das Brot und Wein* (im Abendmahle), ich sehe den Diener des Worts, welches ja alles *leiblich* ist, in welchen *leiblichen Figuren* oder *Bildern er sich offenbaret.*" „Ja, er hat dieses alles darum eingesetzet, daß er dich damit wollte ganz *gewiß* machen und aus deinem Herzen den großen Mangel und Fehler des Zweifels wegnehmen, auf daß du nicht allein *im Herzen* glauben, sondern auch mit *leiblichen Augen* sehen und darzu mit den *Händen greifen* möchtest. Warum verwirfst du nun dieses alles und klagest, daß du nicht wissen könnest, ob du zur Seligkeit versehen seist?" (T. II, S. 479–482). „Darum saget nun Petrus: Wir haben euch verkündigt und kundgetan den Christum, daß er ein Herr sei und herrsche über alle Dinge usw. Solches haben wir *nicht selbst erdacht,* sondern durch Gottes Offenbarung *gesehen und gehöret*" (T. XI, S. 553). „Er *wohnete unter uns. Er ist nicht erschienen* wie der Engel Gabriel, denn Engel wohnen nicht sichtbar unter den Leuten, sondern er ist bei uns (spricht der Evangelist) in seiner *menschlichen Natur,* die nach seiner Menschwerdung *unzertrennlich* mit der *göttlichen* vereinigt ist, blieben, mit uns gessen, getrunken, gezürnet, gebetet, traurig gewesen, geweinet usw." „Er war *kein Gespenst,* sondern ein *wahrhaftiger Mensch.*" – „Die Ketzer Manichäi ärgerten sich daran, daß der Sohn Gottes sollte Mensch worden sein. Es ist *erschrecklich* zu hören, daß sie fürgaben, Christus hätte *nichts gessen noch getrunken,* die Juden hätten auch den wahren Christum nicht gekreuzigt, sondern ein Gespenst." „So ist nun der *edelste Schatz* und *höchste Trost,* den wir

Christen haben, daß das Wort, der wahre, natürliche Sohn Gottes, ist *Mensch* worden, der *allerding Fleisch und Blut* hat wie ein ander Mensch und um unsertwillen Mensch worden, daß wir zu der *großen Herrlichkeit* kommen, damit unser *Fleisch und Blut, Haut und Haar, Hände und Füße, Bauch und Rücken oben im Himmel Gott gleich sitzen*. Daß wir kühnlich trotzen können wider den Teufel und was uns sonst anficht. Denn da sind wir *gewiß*, daß die (wir) in Himmel gehören und des Himmelreichs Erben sind" (T. IX, S. 457, 458). „Und wir *sahen seine Herrlichkeit*. Was ist das? Er hat sich nicht allein erzeiget mit Gebärden, daß er wahrer Mensch ist, sondern auch *sehen lassen seine Herrlichkeit* und *Kraft, daß er Gott sei*. Das haben ausgewiesen seine Lehre, Predigt, Mirakel und Wundertaten. Also daß, gleichwie Gott durch *Wort* (d. i. durch ihn) Himmel und Erden geschaffen, ebenso hat er, was er gewollt, ausgerichtet und getan, nur ein *Wort* gesprochen als: ‚*Mägdlein, stehe auf*', item: ‚*Jüngling, stehe auf*', ‚*Lazare, komme heraus*'. Zum Gichtbrüchigen: ‚*Stehe auf, sei los von deiner Krankheit*'; item zu den Aussätzigen: ‚*Seid gereinigt*', item mit *fünf Broten und zweien Fischen gespeiset fünftausend* Mann, daß die, so solche Zeichen sahen, sprachen: *Dieser ist wahrlich der Prophet, der in die Welt kommen soll*. Also auch da groß Ungestüm im Meer sich erhob und der Herr das Meer bedräuete und es stille ward, da verwunderten sich, die im Schiffe waren, und sprachen: *Wer ist dieser, dem Wind und Meer gehorsam sind?* Item: *Er gebot den Teufeln, so mußten sie ausfahren*. Das konnte er alles durch ein einig Wort ausrichten" (ebend. S. 459).*

Aber was sind denn die Wunder? Sichtbare, augenfällige Beweise allmächtiger, ungebundner, durch keine Schranke der Natur gehemmter Güte und Barmherzigkeit, augenfällige, handgreifliche „Guttaten", Wohltaten. Aber was sind Wohltaten? Befriedigungen menschlicher Bedürfnisse, Erfüllungen menschlicher Wünsche. Wer nichts bedarf, nichts begehrt, nichts wünscht, dem kann man keine Wohltat erweisen. Der Wunsch des Kranken ist die Gesundheit,

* „Die Evangelien sagen nichts von der Gottheit Christi." Mag sein; aber was sie nicht mit Worten sagen, das sagen sie mit Taten. Worte sind prosaisch, Taten poetisch.

des Hunrigen die Speise, usw. Wer mir gibt, was ich nicht habe, aber gleichwohl haben will oder wenigstens haben möchte – vorausgesetzt natürlich, daß es nichts Böses, Schlechtes, Unrechtes ist –, der nur ist gut. Die Wunder Christi oder Gottes unterscheiden sich ebendadurch von den – ebendeswegen auch an Macht beschränkten, nur oberflächlichen – Wundern des bösen, gottwidrigen Wesens, des Teufels, daß diese dem Menschen zum Schaden und Verderben, jene aber zum Wohl, sowohl zeitlichem als ewigem, gereichen. (S. hierüber L[uther] z. B. T. X, S. 40.)

Aber wie die Tat, so der Täter. Wohltun setzt wohltätiges Wesen voraus; und wohltätiges, gutes Wesen macht das Wesen Gottes aus. Also ist Christus das unsichtbare Wesen Gottes als sichtbares, sinnfälliges Wesen. „Denn wo er (Gott) *Lust* hätte, *zu zürnen, verdammen, strafen und plagen*, würde er nicht durch Christum Sünde vergeben und die Strafe derselbigen wegnehmen an den Gichtbrüchigen, Aussätzigen und andern. Item wo er *Lust* hätte zum *Tode*, würde er nicht die Toten auferwecken und lebendig machen: – Also werden wir *gewiß* nicht allein des Artikels, daß Christus wahrhaftiger Gott ist mit dem Vater, sondern auch, daß er ein *barmherziger* Gott und Heiland, und können in allen Werken des Herrn Christi (– ‚so ihr vor Augen sehet' –) des Vaters *Herz* und *Willen* ergreifen *zu rechtem seligen Trost*" (T. X, S. 38, 39).

Was ihr in Gott *denkt*, das *seht* ihr in Christo, was Gott nur in *Gedanken*, das ist Christus in *Wirklichkeit*. Wenn ihr Christus nicht als Gott erkennt, so kommt das nur her von dem Unterschied, der überhaupt zwischen einem Wesen, wie es gedachtes, und ebendemselben, wie es wirkliches ist, stattfindet; denn das gedachte Wesen ist ein allgemeines, das wirkliche oder sinnliche Wesen ein individuelles. Aber ungeachtet dieses Unterschieds oder vielmehr Widerspruchs habt ihr in Christo nur vor euern Augen, was ihr euch unter Gott (Gott wenigstens im christlichen Sinne) denkt. Gott und Christus unterscheiden sich nur, wie das Gemeinte oder Gedachte und das Gesagte sich unterscheiden. Der Meinung ist das Wort immer zu enge, wie euerm Gott der Mensch; die Meinung will sich nicht beim Wort nehmen lassen; sie hat immer noch etwas im Rückhalt, was sie nicht gesagt haben will; sie dünkt sich unendlich mehr als das Wort und will sich daher nicht durch dasselbe beschränken lassen. Diese Meinung kommt aber nur daher, daß, was ich meine oder denke, noch in meiner Macht steht, was ich aber ausspreche, außer dem Bereich meiner Macht ist, daß die Meinung oder der Gedanke, weil abhängig von mir, veränderlich, das Wort aber, weil bereits unabhängig von mir, unveränderlich ist. Deswegen erschrickt der Mensch vor seinem eigenen[1] Worte wie vor einer fremden Macht, wie vor der Macht der unabänderlichen Notwendigkeit, und zieht sich scheu hinter das Bollwerk seiner unaussprechlichen Meinung zurück. Aber gleichwohl ist zwischen dem Worte und Gedanken kein Unterschied dem Wesen, sondern nur dem Zustande nach – kein andrer Unterschied, als der in der Natur zwischen dem gasförmigen oder flüssigen und dem festen Zustand stattfindet. Es ist derselbe Inhalt, dasselbe Wesen, was ich denke und was ich sage – wenn ich es anders richtig, treffend sage –, aber im Gedanken befindet es sich im ungebundnen, im gasförmigen, im flüssigen, im Worte aber im festen Zustande[2]. So ist es nun auch mit Gott und Christus. Der Gott *in euerm Kopfe* ist *Gas, Luft,* der Gott *in Christo fixer, fester Körper.*[3]

Wie kann das große, umfassende Wesen in den kleinen Körper des Menschen hinein? Als Gas kann es freilich nicht hinein, denn das Gas ist nicht greifbar und nimmt einen größern Raum ein als der feste Körper. Um fester Körper zu werden, muß es aufhören, Gas zu sein, um zu reden, muß ich aufhören, bloß zu denken, ebenso, um ein sinnliches, faßliches Wesen zu werden, aufhören, ein unsinnliches zu sein. Gas kann nicht zugleich fester Körper, Gedachtes nicht zugleich Gesagtes sein; denn ist es Gesagtes, so ist es nicht mehr Gedachtes, und ist es Gedachtes, so ist es noch nicht Gesagtes; eines schließt das andere aus. Und diesem zufolge sagt ihr ganz richtig: Ist es Gott, so ist es nicht Mensch, und umgekehrt. Aber indem Gott Mensch wird, hört er eben auf, das zu sein, was er in euern *Gedanken* ist: *Gott,* d. h. unsichtbares, unfaßliches, unbegrenztes, unmenschliches, ungegenständliches Wesen. Bringt ihr frei-

[1] *In B folgt Zusatz:* ausgesprochenen
[2] Zustand *B*
[3] *In A/C Leerzeile vor dem nächsten Absatz.*

lich den Gott in euerm Sinne nicht aus euch heraus, so ist ein gekreuzigter Gott ein ebenso lächerlicher Widerspruch* als ein peinlich bestrafter Gedanke; denn nur was ich sage, was ich von mir gebe, was ich außer mich hinausstelle, aber nicht, was ich meine, was ich denke, ist ein Gegenstand des Kriminalrechts. Die Frage: Wie kann Gott gekreuzigt werden? ist daher die Frage: Wie kann der Gedanke, die Meinung bestraft werden? Und die Antwort darauf ist: Wenn du den Gedanken zu einem auch andern außer dir wahrnehmbaren, gegenständlichen, d. i. sinnlichen Wesen machst. Der bloße Gedanke freilich ist unbelangbar und unwiderleglich, erhaben über alle Angriffe und Schranken, eine göttliche, unantastbare Majestät; aber der aus der festen Burg des Kopfs auf die schlüpfrige Zunge herabgleitende, der sich zum Wort erniedrigende, herablassende Gedanke nimmt alle Schmach und Not des menschlichen Lebens auf sich. So ist denn auch der Gott in euerm Kopfe, *der* Gott, welcher nur ein gedachtes, innerliches Wesen, d. h. nur Gedanke, ist, freilich kein Gegenstand des Spottes und Gelächters, wohl aber der Gott in Christo, d. h. der *ausgesprochne* Gott; denn sich aussprechen heißt sich verraten, sich veräußern, sich preisgeben. Und doch ist in Christo nichts andres ausgesprochen, als was in Gott gedacht ist, nur mit *dem* Unterschiede, daß, was in Gott noch ungewiß ist, weil bloße Meinung, in Christo unbezweifelbar gewiß ist; denn das Wort ist die Gewißheit des Gedankens. Der bloße Gedanke ist unstet, flatterhaft; kaum ist er da, so ist er schon wieder weg; aber der ins Wort gefaßte Gedanke ist gebannt – das Wort ist beständig, fest, gewiß. Aber Christus ist ja das *Wort Gottes*, d. h. eben, wie es ausgedrückt wurde, der sichtbare, sinnliche und ebendeswegen unbezweifelbare, gewisse Gott.

Was? – höre ich mir trotz der bereits gelieferten Beweise einwenden – sinnliches, sichtbares Wesen wäre der Gegen-

* Der Glaube, d. h. die christliche Religion, kommt allerdings nicht über diesen Widerspruch hinaus; denn Christus soll zugleich Mensch und Gott, d. i. Wort und Gedankenwesen, fester Körper und himmlisches Gas, sein. Aber wir sehen hier von diesem wie allen anderen heillosen Widersprüchen des Christentums ab, welche im zweiten Teil des „Wesens des Christentums" behandelt sind.

stand der christlichen Offenbarung, des christlichen Glaubens? Heißt es nicht ausdrücklich: „Der Glaube siehet auf das Unsichtbare – der Glaube ist nicht derer Dinge, so man siehet, sondern derer, *die man nicht siehet* (Ebr. 11, 1)" (L., T. III, S. 123)? Sagt nicht Luther, daß Christus kein Gegenstand der Sinne ist, um ein Gegenstand des Glaubens zu sein?* Ist also hier nicht ausdrücklich als der Gegenstand der Offenbarung – denn was andres ist Gegenstand des Glaubens als das Wort Gottes? – das Unsichtbare ausgesprochen? Allerdings ist jetzt Gott, Christus für uns kein Gegenstand der Sinne, aber er war es einst und wird es einst wieder. Jetzt ist nur sein *Wort* in unsern Ohren, aber einst sein *Wesen* vor unsern Augen. Abraham ist das Vorbild des Glaubens. Abraham glaubte der Verheißung Gottes. Aber was war der Gegenstand dieser Verheißung, dieses Glaubens? Ein Sohn – also ein nur jetzt unsichtbares, aber später sichtbares Wesen. „So scharfe Augen hat der Glaube, daß er im Dunkeln sehen kann, da doch nichts überall scheinet, siehet, da nichts zu sehen ist, fühlet, da nichts zu fühlen ist. Also glauben wir auch an den Herrn Christum, daß er droben sitzet zur rechten Hand des allmächtigen Vaters und regieret also, daß er alle Kreaturen in Händen hat und alles in uns wirket. Das sehen wir nicht, fühlen es auch nicht; doch siehet das Herze *durch den Glauben so gewiß*, als *wenn es mit Augen sähe*" (T. I, S. 92). Der Glaube ist das geistige Auge – das Auge der Einbildungskraft; er sieht, was er nicht sieht, d. h. nicht *gegenwärtig* vor Augen hat – der Glaube haftet nicht am Gegenwärtigen –, er sieht, wie ich ein durch den Tod oder den Raum von mir getrenntes, entferntes Wesen sehe. Der Glaube ist hier getrennt von dem Gegenstand seiner Verehrung; die „Mauer" dieser gegenwärtigen sinnlichen Welt ist zwischen ihm und Gott; aber der Glaube durchbricht diese Mauer: Er ist getrennt *nicht* getrennt, er ist da mit der *Seele*, wo er nicht mit dem *Leibe* ist. Dem Glauben ist das Ferne nahe, aber ebendeswegen das Nächste das Fernste. Der Glaube ist „sinnlos" und „widersinnisch[1]", „blind und taub", denn er ist wo-

* S. z. B. „L.s Briefe" von de Wette, II. B., S. 196, und hiezu als Erklärung die im „Wesen des Christentums", II. Aufl., S. 301, *[XXI. Kap.]*, aus L. zitierte Stelle.

[1] widersinnig *B*

anders mit seinem Sinne, woanders mit seinen Sinnen. Wer Abwesendes sieht, sieht das Gegenwärtige nicht. Aber von einem Wesen dem Leibe nach getrennt und doch dem Herzen nach mit ihm verbunden zu sein, das ist ein Zustand der Zerrissenheit, des Zwangs, denn mein Herz reißt sich mit Gewalt von den Banden meiner Sinne los – ein schmerzlicher Zwiespalt. Einst hebt sich daher dieser Zwiespalt auf; einst verwandelt sich der Glaube in Schauen; einst ist Gott *für* den Gläubigen, was er jetzt nur *an sich* ist: *sinnliches Wesen*. „Reich Christi jetzt auf Erden – ist ein Reich des Glaubens, darinnen er regieret durch das Wort, nicht in *sichtlichen öffentlichen Wesen*, sondern ist, gleichwie man die Sonne siehet durch eine Wolke." – „Du sollst es nicht sehen, sondern glauben, nicht mit den fünf Sinnen fassen, sondern dieselben zugetan (mit geschlossnen Sinnen) allein *hören*, was dir Gottes Wort sagt, *bis solange* das Stündlein kommt, da Christus wird dess' ein Ende machen und sich *öffentlich* (offenbar, sichtbar) *darstellen in seiner Majestät und Herrschaft;* da wirst du *sehen* und *fühlen*, was du *jetzt glaubest*" (T. X, S. 371).

Christus ist die sinnliche Gewißheit der Liebe Gottes zum Menschen; er ist selbst der den Menschen liebende Gott als sinnlicher Gegenstand, sinnliche Wahrheit. Aber die Untrüglichkeit, die Zuverlässigkeit dieser Liebe liegt eben, wie gesagt, nur in seiner Menschheit; denn den Menschen kann auch nur ein selbst, ein wirklich menschliches Wesen – wenigstens auf eine dem Menschen genügende und entsprechende Weise – lieben. Die Liebe im Sinne eines *nicht-* oder *über*menschlichen*, unsinnlichen, unleidlichen Gottes oder Wesens ist eine offenbare Lüge; denn mit der Menschheit fällt auch die Liebe weg. Der Sinn der Erlösung und Versöhnung des Menschen mit Gott durch Christus liegt daher auch nicht in der Stellvertretung, der Genugtuung, der Rechtfertigung, der Blutvergießung für sich selbst – er liegt nur in der Liebe oder, was eins ist, in der Menschheit Christi oder Gottes. Der durch das Blut Christi gestillte, aufgehobne Zorn oder Haß Gottes gegen die Menschen ist

* Eines wirklich übermenschlichen, denn das übermenschliche Wesen des Glaubens ist nichts andres als das *überschwenglich, das übermenschlich menschliche* Wesen.

der durch den Menschen und im Menschen getilgte, aufgehobne unmenschliche Gott. Gott ist *nicht* Gott, d. h. nicht unmenschliches, unsinnliches Wesen; *er ist Liebe, er ist Mensch* – dadurch ist aller Zwiespalt zwischen Gott und Mensch aufgehoben, dadurch die Sünde des Menschen vergeben, der Mensch gerechtfertigt.

„Es sind viel Lieben, aber keine ist also brünstig und hitzig als die Brautliebe. – Eine solche rechte Brautliebe hat uns fürgetragen Gott in Christo, in dem, daß er den für uns hat *Mensch* werden lassen und *vereiniget mit der menschlichen Natur*, daß wir in dem seinen freundlichen Willen gegen uns spüren und erkennen. – Das muß ja eine *große unergründliche* und *unaussprechliche Liebe sein Gottes gegen uns*, daß sich die *göttliche Natur also mit uns verbindet* und *senket in unser Fleisch und Blut*, daß Gottes Sohn wahrhaftig wird mit uns *ein Fleisch und Leib* und sich so hoch unser annimmt, daß er nicht allein will *unser Bruder*, sondern auch *unser Bräutigam* sein und an uns wendet und zu eigen gibt alle seine göttliche Güter, Weisheit, Gerechtigkeit, Leben, Stärke, Gewalt, daß wir sollen in ihm auch *teilhaftig sein der göttlichen Natur*, wie Skt. Petrus spricht. – Und wie eine Braut sich mit herzlicher Zuversicht auf ihren Bräutigam verläßt und hält des Bräutigams Herz für ihr eigen Herz, also sollst du auch von *Grund des Herzens* auf die *Liebe* Christi dich verlassen und *keinen Zweifel* haben, daß *auch er nicht anders gegen dir gesinnet ist denn wie dein eigen Herz*" (T. XIV, S. 353[b]–355[a]). „Ich darf sagen, daß ich in der Schrift nicht lieblichere Worte habe gelesen, von Gottes Gnaden geredet, denn diese zwei Worte chrestotes *(Freundlichkeit)* und philanthropia *(Menschenliebe)* (Tit. 3, 4), darinnen die Gnade also abgemalet ist, daß sie nicht *allein Sünde vergebe*, sondern auch *bei uns wohne*, freundlich mit uns umgehe, willig ist, zu helfen, und *erbietig, zu tun alles, was wir begehren mögen*, als von einem willigen Freunde, zu dem sich ein Mensch alles Gutes versiehet und sich ganz wohl vermag" (T. XIII, S. 118). „Dies ist mein lieber Sohn, an welchem ich Wohlgefallen habe. – Wenn ich das weiß und gewiß bin, daß der *Mensch* Christus Gottes Sohn ist und dem *Vater wohlgefället*, so bin ich auch gewiß, daß solch Reden, Tun und Leiden Christi, so *für mich* geschieht, wie er sagt, müsse *Gott herzlich wohlgefallen*.

Nun, wie könnte sich Gott mehr ausschütten und lieblicher oder süßer dargeben, denn daß er spreche, es gefalle ihm vom Herzen wohl, daß sein Sohn Christus so freundlich mit mir redet, so herzlich mich meinet und *so mit großer Liebe für mich* leidet, stirbt und alles tut. – Weil denn Christus in solchem Wohlgefallen und im Herzen Gottes gefasset, mit alle seinem Reden und Tun dein ist und dir damit dienet, wie er selbst saget, so bist du gewißlich auch *in demselbigen Wohlgefallen* und ebenso *tief im Herzen Gottes als Christus*" (T. XIV, S. 543–44).

„Außer Christo ist kein Wohlgefallen Gottes am Menschen"; „*nur in Christo liebt Gott die Menschen*", wie ebendaselbst L. sagt. Warum? Weil Gott den Menschen nicht lieben, kein Wohlgefallen an ihm haben kann, wenn er nicht *in und an sich selbst* Mensch ist. Nur in Christo, *nicht in sich selbst,* ohne Christo, außer Christo gedacht, vergibt er die Sünden der Menschen – Vergebung ist aber ein Akt der Liebe. Warum? Weil ein Wesen, das die Menschheit von sich ausschließt, ein unmenschliches Wesen ist, notwendig auch die Sünden der Menschen verdammt. Dem *unmenschlichen* Gesetzgeber steht der seine Gebote übertretende Mensch *nicht als Mensch,* sondern nur als Übertreter, *als Sünder* vor Augen; er verurteilt daher unbarmherzig, d. h. ohne Unterscheidung, *mit dem Sünder auch den Menschen* zum Tode. Um den Sünder zu begnadigen, muß ich den *Menschen ansehen,* den *Menschen* als *Fürsprecher,* als *Mittler* zwischen dem Richter und dem Sünder aufstellen, muß ich im *Blute* des Menschen meinen kalten, absprechenden Verstand erwärmen. Aber wie kann ich das, wenn ich selbst nur ein blutloses Gespenst bin? Ich muß also vor allen Dingen selbst wirklicher, voller, ganzer Mensch sein, um im Sünder noch den Menschen erkennen und durch den Menschen den Sündiger reinigen und begnadigen zu können. *Nur der Mensch kann dem Menschen die Sünde vergeben.* Daß der Mensch Christus zugleich Gott ist, so daß es heißt: Nicht der Mensch, sondern Gott nur kann die Sünde vergeben, die Sünde tilgen, versteht sich hier von selbst, denn – abgesehen von andern Gründen – wenn der Mensch Christus nicht Gott ist, so bleibt ja das vom Menschen unterschiedene, das über- oder unmenschliche Wesen als das höchste, das göttliche Wesen und folglich die Sünde als ein untilgbarer, himmelschreiender Widerspruch mit demselben bestehen. Aber gleichwohl vergibt Gott nur *als Mensch* die Sünde. Nur das *Blut* Christi, als das sichtbare Zeichen der *Blutsverwandtschaft* des göttlichen Wesens mit dem menschlichen, nur dieses „Blut der Liebe", wie es Luther an mehreren Orten nennt, ist ja die Vergebung der Sünde und zugleich die Bürgschaft derselben, denn wie sollte *Gleiches Gleiches, Blut Blut verdammen?* „Wer in seinem Herzen dieses Bild wohl gefasset hätte, daß Gottes Sohn ist *Mensch* worden, der sollt ja sich zum Herrn Christo *nichts Böses,* sondern *alles Guten* versehen können. Denn ich weiß ja wohl, daß ich *nicht gern mit mir selbst zürne noch Arges mir begehre zu tun.* Nun aber ist Christus eben, *der ich bin,* ist auch ein wahrhaftiger Mensch. Wie kann er's denn *mit ihm selbst,* das ist: *mit uns,* die wir sein Fleisch und Blut sind, *übel meinen?*" (T. XV, S. 44). Nein, wer Fleisch und Blut auf sich nimmt, der nimmt auch die Sünde auf sich, denn die Sünde kommt nur aus Fleisch und Blut. Wenn er auch die Sünde an sich selbst haßt und verwirft, so läßt er sie sich doch *um des Wesens des Sünders willen* gefallen, rechnet sie nicht an. Er sieht wohl mit seinem infallibeln Blick die Sünden und Fehler, aber er stellt die Sünden nicht *vor* das Wesen, so daß er vor lauter Bäumen den Wald nicht sieht, sondern *hinter* das Wesen, *d. h. in den Schatten,* nicht in das Licht – er legt *als ein selbst menschliches* Wesen die Sünden der Menschen in *menschlichem,* in *gutem* Sinne aus. „Gott tut wie ein Vater gegen seinem Sohne. Wenn man spricht: Siehe, dein Sohn schielet, so spricht der Vater: Er liebäugelt. Item das Wärzlein stehet ihm also wohl, daß es genug ist. Also tut Christus auch: *Ach, es ist nicht Sünde, es ist nur Schwachheit in dem armen Sünder*" (T. XII, S. 602).[1]

[1] *In B folgt Zusatz:* „Aber die Sünde, sagst du, die wir täglich tun, beleidigt und erzürnet Gott; wie können wir denn heilig sein? Antwort: Mutterliebe ist viel stärker denn der Dreck und Grind am Kinde. Also Gottes Liebe gegen uns ist viel stärker denn unser Unflat und Unreinigkeit. Derhalb, ob wir wohl Sünder sind, verlieren wir drum die Kindschaft nicht unsers Unflats halben" („Tischreden", Eisleben 1566, S. 186).

Die Sünde raubt dem Menschen Gewissensfrieden, Freudigkeit, Mut, Selbstgefühl; sie zerknirscht, vernichtet den Menschen – namentlich den Gläubigen, für den die Sünde den Zorn Gottes, den Verlust der Gnade, der ewigen Seligkeit zur Folge hat. Aber die Menschwerdung, d. i. Vermenschlichung, Gottes ist ja zugleich die *„Vergottung des Menschen"*; indem Gott Mensch ist, so ist ja zugleich der *Mensch Gott*. Was mir daher das Bewußtsein der Sünde raubt, das stellt mir Christus, in dem mir die göttliche Natur des Menschen Gegenstand ist, wieder zurück. Ja, die Ehre, die mir in Christo zuteil wird, macht mich ganz fühllos gegen den Schimpf, den mir die Sünde antut. Was kümmert mich das Gebelfer der Tagesblätter, wenn ich im Buche der Unsterblichkeit meinen Namen eingezeichnet lese? Was der Tadel meines ängstlichen, befangnen Gewissens*, wenn die Himmel selbst wegen der mir in der Menschwerdung Gottes widerfahrnen Auszeichnung von meinem Lobe widerhallen? Was der Schlangenbiß des Teufels in meine Ferse (T. I, S. 38–39), wenn mir das Gift nicht ins Blut, nicht ins Herz dringt? Was der Fleck an meinen Füßen im Gassenkot, wenn mein Haupt im Himmel als ein Stern erster Größe strahlet? Was der Schatten hinter meinem Rücken, wenn ich das Licht vor meinen Augen habe? Wenn das Wesen für mich ist, wie kann das Unwesen wider mich sein? „Wo das Herz rein ist, so ist alles rein und schadet nicht, obgleich alles auswendig unrein, ja, obgleich der Leib voll Schwären, Blattern und eitel Aussatz wäre" (T. IX, S. 203).

Die oben erwähnten rohen und widerlichen theologischen Vorstellungen der Vertretung, Rechtfertigung, Genugtuung, selbst auch der Vermittlung und Versöhnung kommen also nur daher, daß hinter dem menschlichen sinnlichen Gott zugleich noch der alte zornige Gott, vor dem die Menschen als Sünder nichts sind, weil ihm die Sünder nicht als Menschen Gegenstand sind, der „abgesonder-

* „Was kann uns betrüben denn vielleicht unsere Sünde und bös Gewissen; aber das hat Christus für uns weggenommen, ob wir gleich täglich sündigen." „L.s Briefe", de Wette, T. V, S. 37. S. auch daselbst den sehr interessanten Brief an H. Weller, T. IV, S. 188.

te", „bloße" Gott, d. h. der unmenschliche, unsinnliche Gott, als ein Wesen bestehenbleibt; denn ein menschlicher Gott ist von selbst der Vertreter und Rechtfertiger des Menschen, braucht keinen Mittler zwischen sich und dem Menschen. Aber daß hinter dem menschlichen Gott der unmenschliche noch sein Wesen oder vielmehr Unwesen forttreibt, das ist eben ein Widerspruch; denn mit der Menschwerdung Gottes ist ja an sich das unmenschliche Wesen aufgehoben – so gut, so notwendig aufgehoben, als das Gas aufgehoben ist, wenn es ein fester Körper geworden – und an seine Stelle ein neues, anderes Wesen, der menschliche Gott, das menschliche Wesen, getreten. Tritt der menschliche Gott nicht an die Stelle des unmenschlichen, ist er nur der Mittelsmann zwischen dem unmenschlichen und menschlichen Wesen, so ist die Versöhnung zwischen diesen beiden Wesen nur eine oberflächliche, scheinbare, ja, trügerische; denn es wird nur der Zorn Gottes aufgehoben, aber nicht der *Grund* des Zorns, nicht *das Wesen*, welches zürnt – und seiner Natur nach notwendig dem Menschen zürnt, denn es hat ja kein menschliches Wesen in sich. Seine Versöhnung mit dem Menschen ist, strenggenommen, nur eine *Verstellung*, nur ein *Zwang*, den es sich antut; denn es bewahrt seinen Groll im Gemüte, nur äußert es ihn nicht, weil ihm der Mittler die Hände gebunden. „Wie könnte denn nun der Vater auf uns zornig sein? Ja, selbst der Vater wird ein Sohn und wegen des Sohnes *gezwungen*, in gewisser Maße (daß ich so reden mag) zum Kinde werden, mit uns zu spielen, uns zu liebkosen" (T. VII, S. 120). „Das ist denn der rechte Christus, daß er dort *unsers Herrgotts mächtig* ist" (T. XII, S. 568). Der menschliche Gott – und vermittelst desselben jeder Mensch selbst, wie L. häufig sagt – ist mächtig des unmenschlichen; aber doch ist zugleich der unmenschliche Gott noch eine *selbständige* Macht, eine *Person*, die daher notwendig auch *sich selbst* geltend machen will, und zwar um so mehr, als sie die Person ersten Ranges ist. Wie sollte es also zu einem wahren, gründlichen Frieden kommen, solange nicht das über- oder, was eins ist, unmenschliche Wesen ganz und gar beseitigt wird?

Aber ungeachtet dieses – innerhalb des Glaubens, innerhalb des Christentums unauflöslichen – Widerspruchs, daß der Glaube in der Furcht seines Herzens und in der Beschränktheit seines Verstandes hinter dem guten, dem menschlichen Wesen ein böses, unmenschliches Wesen im Rückhalt hat, so macht er doch zugleich den menschlichen Gott zum *ganzen, alleinigen, wahren* Gott. „Sprechet, daß ihr *von keinem andern Gott wisset noch wissen wollt,* denn welcher in dem Schoß der Jungfrauen Mariae gelegen und ihre Brüste gesogen hat. *Wo der Gott Jesus Christus ist, da ist Gott selbst und die ganze Gottheit,* da findet man auch Gott, den Vater, und Gott, den Heiligen Geist; *außerhalb dieses Gottes,* des Herrn Christi, ist *nirgend kein Gott*" (T. V, S. 558). „Wer *nicht in Christo* Gott findet oder kriegt, der soll außer Christo *nimmermehr* und *nirgend mehr Gott* haben noch finden" (T. XXII, S. 104).[1] Alle Eigenschaften Gottes gehen daher auf Christus über, und zwar [auf ihn] *als Menschen* – ein Übergang, der ebendeswegen die Existenz eines von Christo unterschiednen Gottes aufhebt oder doch überflüssig macht –, wie umgekehrt alle Eigenschaften des Menschen auf Christus *als Gott* übertragen werden, um so aus dem Gott in Christo einen wahren Menschen und aus dem Menschen in ihm einen wahren Gott zu machen, so „daß man ihn *als Gott nicht anbeten* kann, wenn man ihn *nicht auch als einen Menschen anbetet*" (T. VII, S. 385).* *Nichts ist in Gott, was nicht in Christo* ist – Christus ist der offenbare, d. h. der *offene, rückhaltslose, Gott.* In Christo hat sich Gott, wie Luther sagt (T. XXII, S. 79), *ganz und gar ausgeschüttet,* also nichts mehr *für sich* behalten. Wie kann also Luther von diesem Gott, der sich uns ganz, wie er ist, gegeben, ganz ausgesprochen hat, noch einen Gott *an sich* unterscheiden, ein unbegreifliches, unmenschliches Wesen, das sich nur „*kleidet*" und „*stellt*" wie ein Mensch, um – ein guter Einfall! – unter der Firma der Humanität seine Inhumanität dem Menschen zu insinuieren? Nur im Wider-

[1] „Wer nicht in Christo . . . noch finden" (T. XXII, S. 104). *Fehlt in B.*

* Über diesen Gegenstand, die sogenannte communicatio idiomatum, siehe außerdem noch z. B. T. XXI, S. 277 bis 280; T. XI, S. 574; T. IV, S. 313, 335–36. Daß es aber auch hier zu keiner wahren, aufrichtigen Einheit kommt, darüber siehe „Wesen des Christentums", S. 513 [*Anhang*].

spruch mit seinem wahren Sinn und Glauben. Ein Gott, der *nicht so für mich*, wie er *an sich* ist, der erwecket und verdient statt Glauben und Vertrauen nur *Zweifel* und *Mißtrauen;* denn ich weiß nicht, ob er nicht für sich das gerade Gegenteil von dem ist, was er für mich ist, ob er nicht hinter meinem Rücken auf mich flucht, während er mir ins Gesicht hinein schöntut. Aber *nur das*, was *Glauben erwecket* und *Glauben verdient, ist Gott.*

Glaube ist Seligkeit, Unglaube Unseligkeit, Glaube Einigkeit*, Unglaube Zwietracht, Glaube Gewißheit, Unglaube Zweifel; aber auf der Gewißheit ruht der Segen des Lichts, auf dem Zweifel der Fluch der Nacht, die keines Mensches Freund ist. Der Zweifel steht auf dem Spiel des *Zufalls* – heute macht mir dieser Fall, morgen ein andrer einen Strich durch die Rechnung –, der Glaube auf dem *unerschütterlichen Boden der Notwendigkeit* – es ist unmöglich, daß dieses Wesen mich täuscht und betrügt, unmöglich, daß Gott[1] lügt, er[2] kann nicht anders als wahrhaftig, er[2] kann nicht auch nicht wahrhaftig sein. Der Glaube ist die Wurzel der Liebe – Glaube, Vertrauen erweckt Liebe –, der Zweifel die Wurzel des Hasses – Zweifel, Mißtrauen entzweit den Menschen mit dem Menschen – der Zweifel stößt ab, Vertrauen zieht an; der Zweifel ist unfreundlich, der Glaube leutselig. Der Unglaube ist die Hölle der Eifersucht, der Glaube der Himmel gewisser Liebe. Der Unglaube opfert dem *Schein* das *Wesen* auf, der Glaube aber läßt sich durch keinen Schein des Gegenteils an dem Wesen irremachen, dem er einmal sein Vertrauen geschenkt; denn er ist gewiß, daß kein Wesen das Gegenteil von sich selbst sein kann. Der Unglaube, der Argwohn traut seinem Gegen-

* Der Glaube wird hier, obwohl auf Grund Luthers, nur nach seinem *allgemeinen, wahren, menschlichen* Sinn charakterisiert. Nur von dem Glauben in diesem Sinne gelten die Eigenschaften der Einigkeit, Entschiedenheit und Seligkeit; denn inwiefern sich der Glaube auf „den Sinnen, dem Gefühl, der Vernunft" widersprechende Dinge oder vielmehr Undinge erstreckt, ist der Glaube die größte, unausstehlichste Tortur, die sich nur immer der Mensch antun kann.

[1] ein wahrhaftiges Wesen *B*

[2] es *B*

stande *nicht weiter, als er sieht,* denn er traut ihm nur *Böses* zu; der Glaube aber ist seines Gegenstandes auch in der Trennung, in der Entfernung gewiß, denn er traut ihm nur *Gutes* zu, weil er selbst nur Gutes im Sinne hat, wie umgekehrt der Unglaube nur Schlimmes. *Glauben* heißt eben: *Gutes* glauben, *nicht* glauben *nichts Gutes* glauben. Der Glaube ist die Überzeugung, daß überall das Gute nicht dem Schlechten, sondern das Schlechte dem Guten unterliegen muß – die Überzeugung, daß die Wahrheit, auch wenn sie ganz allein und verlassen dasteht, doch unendlich mehr ist und vermag als die Lüge, und wenn ihr auch Millionen Kaiser und Päpste zur Seite stehen. Der Glaube verläßt sich nicht, wie der Unglaube, auf die Macht der Polizei und peinlichen Halsgerichtsordnung, nicht auf Personen („Menschen"), auf Verbindungen („Rotten"), auf Zahlen, auf Massen, auf Mittel und Titel; er verläßt sich nur auf seine gute und gerechte *Sache;* er ist daher selbst in Ketten seines Siegs gewiß. Der *Glaube* ist die *frohe Aussicht,* daß der *heutige Tag nicht der letzte Tag unter der Sonne ist,* daß vielmehr auf heute morgen kommt und was daher heute *nicht* ist, morgen *ist;* der *Unglaube aber bricht die Geschichte mit der Gegenwart ab;* er wähnt, daß heute immer, daß das *Hippokratische Gesicht der Gegenwart* der bleibende, charakteristische Ausdruck der Menschheit ist. Der *Unglaube* opfert der *Zeitung* die *Geschichte,* einem augenblicklichen Siege einer ephemerischen Ehre *die Ehre der Zukunft,* die *Ehre der Geschichte auf;* der Glaube aber verzichtet auf den Genuß und Besitz der Gegenwart, in der Gewißheit, daß die Zukunft *sein* ist. „Der Glaube", sagt Luther (T. XVII, S. 717), „hat niemals zu tun mit vergangenen Dingen, sondern allein mit *zukünftigen.* Denn man glaubet nicht denen Dingen, die geschehen sind, sondern denen Verheißungen Gottes, der die Dinge tun will." Der Unglaube schränkt den Umfang des Möglichen nur auf den engen Kreis seiner bisherigen Erfahrung ein; aber der Glaube bindet sich nicht an die Schranken der Vergangenheit und Gegenwart; er glaubt an die Möglichkeit des (bisher) Unmöglichen. „Dem Glauben ist nichts unmöglich." Der Unglaube ist daher kleinmütig, klug, ja, überklug, bedingt, umständlich, philisterhaft, befangen, zaghaft; der Glaube hochgesinnt, unbedingt, lakonisch, resolut, kühn, frei, sorglos.

Aber Sorglosigkeit, Freiheit, Sicherheit, Unbedingtheit, Notwendigkeit, Unwandelbarkeit, Einigkeit, Entschiedenheit, Gewißheit, Seligkeit, Liebe, Freundlichkeit, Leutseligkeit – die Eigenschaften und Wahrzeichen des Glaubens sind auch die Eigenschaften und Wahrzeichen der Gottheit selbst. Wie kannst du also in Gott einen Gott *an sich* und einen Gott *für dich* unterscheiden? Das, worin die Gültigkeit und selbst Möglichkeit dieses Unterschieds aufgehoben ist, das gerade, das allein ist Gott. Kannst du an das Licht die Frage stellen, ob es Licht oder auch nicht Licht ist? Hebst du mit dieser Frage nicht das Wesen des Lichts auf? Kannst du bei einem leutseligen Wesen fragen, ob es für dich nur, ob es auch an sich wohl leutselig ist? Was ist ein gutes, Glauben, Vertrauen erweckendes Wesen anders als ein Wesen, das so für dich, wie es für sich ist? Gut sein heißt eben nichts für sich sein und haben, was man nicht auch für andere ist und hat. Kann also ein offnes Wesen zugleich ein verschlossnes, ein mitteilendes zugleich ein rückhaltiges, ein Gegenstand des Glaubens zugleich ein Gegenstand des Zweifels, des Mißtrauens sein? Aber gut sein im höchsten Sinne heißt eben Gott sein; hebst du daher das gute Wesen auf, so hebst du das göttliche Wesen auf. Aber das tust du, indem du im Unterschiede von dem Gott für dich, d. h. dem guten Wesen, noch einen Gott an sich, d. h. also ein *nicht* gutes und folglich nicht göttliches Wesen, annimmst. Was nicht gut, ist allerdings nicht sogleich böse; aber ein Gott, welcher dir nur in den Kopf kommt, wenn du das gute Wesen aufgibst, welcher dir den Glauben an das Gute als das wahre, letzte, d. i. göttliche, Wesen raubt, das Gute nur zu einem Anthropomorphismus, einem bloßen Bilde, einer bloßen Erscheinung herabsetzt, ein solcher Gott ist in der Tat *kein* Gott, sondern ein böses Wesen. „Gott an sich, Gott außer Christo", sagt Luther, „ist ein *erschrecklicher, furchtbarer* Gott"; aber was *nur* Furcht und Schrecken einflößt, das ist eben ein böses Wesen. Der *Gott an sich, „die Majestät"*, unterscheidet sich daher nur in der Vorstellung, nur dem Namen nach, aber nicht in der Tat, *nicht seinem Wesen nach von dem Wesen des Teufels*. Der „Trotz wider den Teufel" (d. h. das böse, dem Menschen feindliche Wesen) ist der Glaube, daß Gott Mensch, der Mensch Gott ist. Diesen Glauben sucht darum „der Feind des Menschen", der Teufel, auf alle nur mögliche Weise anzufechten; aber wider ebendiesen Glauben streitet auch der Gott an sich; denn er will nicht sich, das „bloße", reine Wesen, mit dem zusammengeflickten, lumpigen und schmutzigen Wesen des Menschen in Verbindung gesetzt wissen. Beide fallen in ihren Wirkungen zusammen; wie sollten sie also in ihrem Wesen auseinanderfallen? Der Teufel soll zwar das unmenschliche, der Gott an sich nur das übermenschliche Wesen sein, aber die *Übermenschlichkeit* ist nur ein *Vorwand* der *Unmenschlichkeit*, gleichwie die *Übervernünftigkeit* nur ein *Vorwand* der *Unvernunft*, die *Übernatürlichkeit* nur ein *Vorwand* der *Unnatur* ist. Bemerkt werde übrigens noch im Vorbeigehen, daß der Gott an sich eigentlich nichts ist als Gott als *metaphysisches Wesen*, d. i. als reines, affektloses Gedankenwesen. L. war ein Feind der Metaphysik, ein Feind der Abstraktion, ein Feind der Affektlosigkeit – „Gott hasset und verachtet", sagt L. T. III, S. 266, „die harte Apathie." Aber was die Leute *außer* der Religion *verabscheuen* und *verwerfen*, das lassen sie sich *in der Religion gefallen* – warum? Weil sie dem Gegenstande der Religion nur ihren Rücken, aber nicht ihr Gesicht zukehren[1].

Der *wahre* Gott, der *wahre* Gegenstand des lutherischen, überhaupt christlichen Glaubens, ist nur Christus, und zwar nur deswegen, weil sich in ihm nicht mehr ein *Christus an sich* von dem Christus *für uns* unterscheiden läßt und daher in ihm alle Bedingungen der Gottheit erfüllt, alle Geheimnisse der göttlichen Natur aufgelöst, alle Anstände und Zweifel gehoben, alle Gründe des Mißtrauens und Argwohns beseitigt sind. „Derowegen muß man sich zuerst und vor allen Dingen dahin bemühen, daß wir lernen der Güte Gottes vertrauen, die er uns in Christo, seinem Sohne, den er vor unsere Sünden und den Tod gegeben, erzeiget hat. Denn sonst entstehet daher eine Gewohnheit und Neigung zum *Mißtrauen gegen Gott*, welches hernach unüberwindlich ist" (T. VII, S. 211). „Die Gedanken von seiner (Gottes) Majestät (d. h., wie sich Luther einige Zeilen vorher ausdrückt, von ‚Gott, insofern er ein *absolutes Wesen*') sind sehr gefährlich. Denn es kann sich

[1] – warum? Weil ... zukehren *Fehlt in B.*

ein böser Geist in die Gestalt der Majestät verstellen; in die *Gestalt aber des Kreuzes kann er sich nicht verstellen*" (ebend. S. 153).* Das heißt: Christi Wesen ist ein evidentes, lichtes, durchsichtiges Wesen; Christus ist *nichts an sich oder für sich,* was er *nicht für uns ist.* Sein göttliches Wesen ist unser göttliches Wesen, seine Geburt als Mensch unsre Heilsgeburt, sein Sieg unser Sieg, kurz, alles, was *sein,* ist *unser.* Was ist denn die Auferstehung Christi wohl für sich selbst? Nichts, denn sie bedeutet nur *unsre* Auferstehung, ist nur die sinnliche Gewißheit unsrer Auferstehung, unsrer Unsterblichkeit. Was [ist] der Gottmensch für sich selbst? Nichts; denn der Mensch Christus ist nur darum Gott, daß er *für uns* Gott, und darum Mensch, daß er *für uns* Mensch sei. Was ist überhaupt Gott *für sich?* Nichts; denn Gott ist nur *anderen* Gott, existiert nur für das, was *nicht* Gott ist. Wo kein Bedürfnis überhaupt, ist auch kein Bedürfnis Gottes, und wo kein Bedürfnis Gottes, da ist kein Gott. Der „*Grund*" Gottes liegt *außer Gott,* liegt im *Menschen: Gott setzt den Menschen voraus.* Gott ist „das notwendige Wesen", aber *nicht sich* oder *an sich, andern* ist er notwendig – denen, die ihn als notwendig fühlen oder denken. Ein Gott ohne Mensch ist ein Gott ohne Not, aber ohne Not ist ohne Grund, ist Tand, Luxus, Eitelkeit. „*Gott ist nicht ein Gott der Toten, sondern der Lebendigen* (Matth. 22, 32). Gott ist *desjenigen* Gott nicht, das *an ihm selbst nicht* ist; nullus (keiner) und nemo (niemand) *beten Gott nicht an,* und Gott regiert über sie nicht. – Wo Abraham einen Gott hat, so folget notwendig wiederum das auch, daß Gott und Abraham zugleich leben müssen, denn diese *zwei stehen und fallen miteinander,* sintemal Gott mit den Toten nichts zu tun hat" (T. II, S. 494–95). Das heißt: Kein Mensch – kein Gott. Gott ist wesentlich *jemands* Gott. Aber dieser Jemand ist für uns der Mensch. Gott ist wesentlich Herr; aber der Herr ist nicht ohne den Diener. „*Ein eigen Volk zu haben* gehöret zu einem *wahren Gott*" (T. XIII, S. 157). Gott ist wesentlich Vater, aber der Vater ist nicht ohne das Kind. „*Die Gottheit*

* Übrigens hatte Luther solche Gemütszustände – Anfechtungen –, wo sich der böse Geist, der Geist des Unglaubens, der Satan, allerdings auch selbst in die Gestalt Christi verstellte. „L.s Briefe" von de Wette, T. III, S. 226.

nicht ohne die Kreatur ist" (T. XIX, S. 619).[1] Gott ist nichts *an sich selber.* Wie spricht dies aber der Glaube aus, da er ein vom Menschen unabhängiges Bestehen Gottes voraussetzt? Durch die Gnade, die Huld, die Barmherzigkeit, die Güte, mit *einem* Worte: die *Liebe* Gottes. Die Unselbständigkeit eines selbständigen, das Nichts-für-sich-Sein eines gleichwohl für sich seienden oder als solches vorgestellten Wesens ist die Liebe. Lieben heißt nichts an sich selber sein können und wollen, heißt sein Wesen außer sich setzen. Der Satz: Gott ist die Liebe, d. h., die Liebe ist das Wesen Gottes, sagt also nichts weiter aus als: Gott ist nichts an sich. Aber dieses Wesen Gottes, nichts an sich selbst zu sein, ist nur in Christo offenbar, wirklich, sinnfällig und Christus nur der wahre, wesentliche Gegenstand des Glaubens. Das Wesen des Glaubens ist daher nichts andres als die Gewißheit, die unerschütterliche, zweifellose Gewißheit, daß die *Menschenliebe das Wesen Gottes, das höchste Wesen* ist.[2]

Der Glaube „verstehet sich *keines Gerichts*, sondern lauter *Gnade, Gunst, Huld, Barmherzigkeit*" – „er muß aus dem Blute, Wunden und Narben Christi quellen und fließen, in welchem du siehest, daß dir Gott so hold ist, daß er auch seinen Sohn für dich gibet" (T. XVII, S. 400, 401). „Der Glaube wäre *nichts*, ob er schon glaubte, daß Christus allmächtig wäre, alle Dinge vermöchte und wüßte. Denn das ist der lebendige Glaube, der *nicht zweifelt*, Gott sei auch *gütig* und *gnädiges Willens, solches zu tun, das wir bitten.*" „Der Glaube gegen Christo – bildet ihm schlechts nicht für denn die *bloße Gnade* und *Güte Christi*" (T. XIII, S. 355, 356). „Sooft die Schrift von Glauben redet, meinet sie den Glauben, der auf lauter Gnade (Güte, Barmherzigkeit, misericordia) bauet" (T. XX, S. 41). „Wenn unsere Herzen in Trübsal, Angst und Not stehen, so meinen, empfinden und fühlen sie nichts anders, denn daß Gott mit uns zürne, unserer nichts achte, uns feind sei. Alsdenn soll der *Glaube* das *Gegenspiel* halten, nämlich, daß *bei Gott kein Zorn, kein Haß, keine Strafe, keine Schuld nicht sei*" (T. V, S. 572).

[1] *In B beginnt mit dem nächsten Satz ein neuer Absatz. Zwischen beiden Absätzen dort eine Leerzeile.*

[2] *In B folgt eine Leerzeile vor dem nächsten Absatz.*

„Daran bleibe ja fest hangen, daß der Glaube an *Gottes Hulden gewiß* sei, denn der Glaube nichts andres ist denn eine *beständige, unzweifelhaftige, unwankende Zuversicht zu göttlicher Gnade*" (T. XIII, S. 63). „Gleichwie Gott durch die *Liebe Geber* ist, also sind wir durch den *Glauben Nehmer.* – Also wird dieser Schatz (Christus) von Gott *gegeben durch die Liebe* und von uns angenommen und *empfangen durch den Glauben,* d. i., wenn wir glauben, wie wir hier hören, Gott sei gnädig und barmherzig und beweise solche *Barmherzigkeit und Liebe gegen uns* damit, daß er seinen eingebornen Sohn läßt Mensch werden und auf ihn wirft alle unsre Sünde" (T. XVI, S. 327). „*Glauben und lieben oder Wohltat von Gott empfangen* und *Wohltat dem Nächsten erzeigen,* wie denn die ganze Schrift die zwei treibet und eines ohne das andere nicht sein mag" (T. XIII, S. 117). „Der *Glaube empfähet die guten Werke* Christi; die *Liebe tut gute Werke dem Nächsten*" (ebend. S. 75).

Der Unterschied zwischen dem Lutheranismus und Katholizismus besteht daher auch nur darin, daß dort die Liebe Gottes *gewiß,* hier ungewiß, *zweifelhaft* ist (s. hierüber T. XIX, S. 26; T. IX, S. 671; T. X, S. 106). Aber Gewißheit ist das Wesen der Güte, der Liebe; Zweifel hebt die Liebe auf. Der Gott des Katholizismus ist daher auch in der *Tat* nicht nur ein Gott von zweifelhafter Güte, sondern ein wirklich ungnädiger, zorniger, inhumaner Gott; denn der Katholik will durch Werke, Opfer, selbsttätiges Leiden Gott mit sich versöhnen, Gott sich *gut machen.* Aber wie Glaube *Sein,* so setzt Tun *Nichtsein* voraus: Gott *ist* dem Menschen gut, das ist Sache des Glaubens; Gott *soll* dem Menschen gut sein, das ist Sache des Tuns, des Opfers; aber was erst sein soll, das ist *nicht.* Der Glaube ist mit Gott im reinen und fertig, er hat darum Raum und Zeit zu menschennützlicher Tätigkeit; aber der Werktätigkeit läßt der Zorn Gottes keine Ruhe und keine Zeit dazu. Immerwährender Zorn erheischt auch immerwährende Opfer (s. hierüber z. B. T. XVIII, S. 160). Kurz, dem Glauben ist Gott nur ein Wesen *für den Menschen* – ein Wesen, das daher dem Menschen den Menschen gibt, den Menschen *auf sich selbst zurückführt;* der Werktätigkeit ist Gott ein Wesen *für sich,* ein *andres* als ein menschliches Wesen – ein Wesen, das daher den Menschen *von sich abzieht,* dem Menschen den Menschen nimmt. Der Katholizismus läßt wohl dem Menschen Kraft zum Guten, Willen, Freiheit – er erscheint insofern human –, aber er läßt sie ihm nur dazu, um gegen sich zu sein und [zu] wirken – sich zu opfern, zu peinigen, zu fesseln durch willkürliche Satzungen – und durch dieses Gegen-sich-selbst-Sein Gott für sich zu gewinnen. Denn ich kann ein Wesen nur durch das gewinnen, was mit seinem Wesen übereinstimmt, einen Gott also, der nicht für mich, ja, wider mich ist, nur dadurch für mich stimmen, daß ich wider mich selbst, daß ich mir böse bin. Der „Papismus" oder Katholizismus ist nur human, um inhuman, wie umgekehrt der Lutheranismus nur inhuman ist, um human sein zu können. Im Katholizismus sind wir nur Menschen, um *keine* Menschen zu sein; im Protestantismus dagegen sind wir nur keine Menschen Gott gegenüber – vor Gott sind wir „stinkendes Aas, Madensäcke, Klötze" –, um Menschen zu sein im Leben; wir räumen hier im Glauben alles Gott ein, um im Leben alles dem Menschen einräumen zu können. Im Glauben haben wir es *nur* mit *Gott*, im Leben aber dafür auch nur mit dem Menschen zu tun. „Siehe, da hat Paulus klärlich ein christliches Leben dahingestellet, daß *alle Werke* sollen gericht sein dem *Nächsten zugute*, dieweil ein jeglicher *für sich selbst genug hat an seinem Glauben* und alle *andere Werke und Leben ihm übrig sind*, seinem Nächsten damit aus freier Liebe zu dienen" (T. XVII, S. 390).

Ein *anderes* Wesen also – Gott – ist Gegenstand des Glaubens, ein *anderes* – der Mensch – Gegenstand der Liebe, d. i. der praktischen Tätigkeit, des Lebens.

Aber ist das wirklich der Fall? Nein! Der Gegenstand des Glaubens ist, wie wir gesehen, *die Liebe* – der höchste, der allein entscheidende, der alles umfassende Artikel des Glaubens der Satz: Gott ist die Liebe. Aber *wessen* Liebe – denn Liebe für sich, Liebe ohne einen Gegenstand ist eine Chimäre – ? Die *Liebe des Menschen*. Also ist in Wahrheit auch der *Gegenstand des Glaubens der Mensch* – auch das Geheimnis des Glaubens die *Philanthropie*, die Menschenliebe; nur mit *dem Unterschiede von der Liebe*, daß in dieser der *andere* Mensch, im Glauben *ich selbst* der Gegenstand der Liebe bin, dort *liebe*, hier *geliebt* bin. Aber Lieben demütigt mich; denn ich unterordne, unterwerfe mich hier einem andern Wesen; Geliebtsein erhebt mich. Was ich im Lieben verliere, bekomme ich im Geliebtsein reichlich wieder zurück. Das Bewußtsein, geliebt zu sein, ist Selbstbewußtsein, Selbstgefühl; und je höher das Wesen, von dem ich mich geliebt weiß, desto höher das Selbstgefühl. Sich vom höchsten Wesen geliebt zu wissen ist daher der Ausdruck des höchsten, der Ausdruck *göttlichen Selbstgefühls*. Der Unterschied des Glaubens von der Liebe besteht demnach nur darin, daß im Glauben der Mensch ein *himmlisches, göttliches, unendliches*, in der Liebe aber ein *irdisches, endliches, menschliches* Wesen ist. „Durch den Glauben", sagt Luther, „wird der Mensch zu *Gott*", „im *Glauben* sind wir *Götter*, in der *Liebe* aber *Menschen*".* Denn in der Liebe bin ich *relatives* Wesen, nütze anderem, bin nur Mittel; aber im Glauben bin ich *absolutes* Wesen, bin ich *Selbstzweck*. In der Liebe *vergöttere* ich ein *anderes* Wesen; aber im *Geliebtsein* bin *ich* das *vergötterte* Wesen. Wer mich liebt, der ruft mir zu: Liebe dich selbst, denn ich liebe dich; ich zeige, vergegenständliche dir nur, was du bist und tun sollst; meine Liebe *berechtigt*, ja, *verpflichtet* dich zur Selbstliebe. Geliebtsein ist das *Gesetz* der *Selbstliebe*. Der Gegenstand der Liebe ist daher die eigentliche, die „profane", jawohl: profane, tagtäglich tausend und abermal tausendmal mit Füßen getretne Philanthropie, aber der Gegenstand des Glaubens das *unantastbare Heiligtum der Selbstliebe*. Die Liebe ist das Herz, das für andere, aber der Glaube das Herz, das nur für sich selbst schlägt. Die Liebe macht unselig, denn sie ist das Gefühl, die Sorge für andere; aber *„selig der Glaube"*, selig das Gefühl: Ich bin geliebt, selig das Selbstgefühl, denn hier verschwindet alles andere außer mir. „Der Glaube führt die Leute *von den Leuten* (d. h. von den Menschen) weg *hinein zu Gott*. – Darum heißt es aus den Augen der Leute gehen, da man *niemand siehet noch fühlet denn Gott*" (T. XIV, S. 373), das heißt: *sich selbst*. Über der Liebe

* Auch in der Liebe, sagt anderwärts wieder Luther, ist der Mensch Gott, aber in der Liebe ist er *andern* Gott – das für sie, was Christus für uns ist: Wohltäter, Helfer, Heiland –, im Glauben ist er Gott *für sich*, Gott *an sich*. In der Liebe habe ich daher nichts von meiner Gottheit, ich entäußere mich vielmehr derselben; aber im Glauben bin ich im Vollgenusse derselben.

stehet der Glaube, d. h., über der Nächstenliebe stehet die Selbstliebe. „Wenn man aber von dem Glauben recht reden und lehren will, so *übertrifft er weit die Liebe.* Denn man sehe allein, womit der Glaube umgehet und zu tun hat, als nämlich, daß er allein *für Gott* wider den Satan ficht, welcher uns ohne Unterlaß plaget und zermartert. Solcher Kampf aber geschiehet nicht um geringe Sache, sondern betrifft *den Tod,* das *ewige Leben,* die *Sünde,* das Gesetz, so uns beschuldigt, die *Gnade,* durch welche *uns die Sünden vergeben* werden. Wenn man gegen diese trefflichen Sachen die *Liebe* hält, welche mit *geringen Sachen* zu tun und schaffen hat, als daß man denen Leuten diene, ihnen mit Rat und Tat helfe, sie tröste, wer siehet denn nicht, daß der *Glaube viel höher denn die Liebe sei* und ihr billig vorgezogen werden *soll?* Denn was ist für ein *Unterschied zwischen Gott und dem Menschen?* Zwischen dem, daß man einem *Menschen hilft* und rät, und dem, durch welches man den *ewigen Tod* überwindet?" (T. V, S. 571). Mangelhaft, schwach sind wir in der Liebe zu andern, aber stark, unübertrefflich, vollkommen in der Selbstliebe; die Liebe hat *alle Gebrechen der Menschheit* an sich, aber der Glaube, die Selbstliebe *alle Vollkommenheiten der Gottheit.* Weich, nachgiebig, duldsam, leidend, bedürftig, abhängig ist die Liebe, aber über alles hinaus und weg, hoffärtig, selbstisch, herrisch, intolerant wie die Gottheit ist der Glaube. „*Gott leidet nichts, weichet niemand,* denn er ist unwandelbar. Ebenso muß *auch der Glaube sein*" (T. XI, S. 74). „Das ist es, was ich nun oft gesagt habe, wie der Glaube mache uns zu *Herren,* die Liebe zu *Knechten,* ja, durch den Glauben werden wir Götter. – Aber durch die Liebe werden wir den Allerärmsten gleich; nach dem Glauben *dürfen wir nichts* und haben *volle Genüge*; nach der Liebe dienen wir jedermann" (T. XIII, S. 356. Siehe auch T. XIV, S. 286; T. XI, S. 516). „Die Liebe soll nicht fluchen, sondern immer segnen; der Glaube hat Macht und soll fluchen. Denn Glaube macht Gottes Kinder und stehet an *Gottes Statt*; aber Liebe macht Menschendiener und stehet an Knechtes Statt" (T. XIII, S. 345). Erst der Glaube, dann die Liebe; „die Liebe folgt auf den Glauben"; aber das erste ist die Selbstliebe, das zweite die Nächstenliebe – eine Ordnung, die allerdings nicht nur einen schlimmen, egoistischen, sondern auch einen guten, richtigen Sinn hat. Denn wie will ich andere beglücken, wenn ich selbst unglücklich bin, wie andere befriedigen, wenn der Wurm der Unzufriedenheit an mir nagt, wie überhaupt andern Gutes tun, wenn ich an mir selbst nichts Gutes habe? Erst muß ich daher für mich selbst sorgen, ehe ich für andere sorgen, erst besitzen, ehe ich mitteilen, erst wissen, ehe ich lehren, überhaupt erst mich selbst zum Zweck machen, ehe ich mich zum Mittel für andere machen kann. Kurz, der *Gegenstand der Liebe* (der Nächstenliebe) ist das *Wohl anderer*; der *Gegenstand des Glaubens* aber *mein eignes Wohl, meine eigne Seligkeit*.

Gott, der Gegenstand des christlichen Glaubens, ist nichts andres als der *befriedigte Glückseligkeitstrieb*, die *befriedigte Selbstliebe* des christlichen Menschen. Was du begehrst und wünschst, das ist in Gott erfüllt, erreicht, verwirklicht. Aber was ist dein Wunsch, was dein Verlangen? Freiheit von allen Übeln, Freiheit von der Sünde, denn sie ist das allergrößte und noch dazu das allernächste Übel, Freiheit von der unwiderstehlichen Macht und Notwendigkeit der sinnlichen Triebe, Freiheit von dem Drucke der Materie, die dich mit den Fesseln der Schwere an den Boden der Erde bindet, Freiheit vom Tode, Freiheit überhaupt von den Schranken der Natur, mit *einem* Worte: *Seligkeit*. Aber diese Seligkeit nicht als ein bloßer trostloser Gedanke, nicht als eine gegenstandlose Hoffnung, d. h. nicht als eine Eigenschaft, die einst erst, wenn du selig wirst, an dir einen Halt bekommt, gegenwärtig aber keinen Grund und Boden hat – diese Seligkeit als *wirkliches Wesen* ist Gott. „Gott ist selig, aber er will nicht", wie Luther sagt (T. XVII, S. 407), „für sich allein selig sein." Nein, seine Seligkeit ist nur die Zuversichtlichkeit, die Gewißheit, die Existenz unsrer eignen Seligkeit. Gott ist, was er ist, für uns – selig, damit wir selig sind. Soll die Seligkeit kein bloßer Traum, kein leerer Wunsch sein, so muß sie Wesen, und zwar *höchstes Wesen*, Gott sein; denn steht das selige Wesen andern Wesen nach, so gibt es auch denselben nach, kann nicht dem widerstehen, was wider die Seligkeit streitet. Den höchsten Wunsch, *den* Wunsch, der sich über alles hinwegsetzt, kann auch nur ein höchstes, über alles erhabnes Wesen erfüllen und befriedigen. Gott ist das selige Wesen, weil die Seligkeit der höchste Gedanke, das *höchste Wesen* des, wenigstens christgläubigen*, Menschen ist. Der *Grund*, die *Notwendigkeit* des seligen Wesens ist das *Verlangen, selig zu sein* – der Glückseligkeitstrieb, und zwar der unbeschränkte, d. h. der von allen bestimmten Materien, bestimmten Gegenständen der Wirklichkeit abgesonderte, übernatürliche Glückseligkeitstrieb. Wie daher der Glaube: Christus ist auferstanden, im Sinne Luthers und der Sache, des Gegenstands selbst nur der Glaube, die Gewißheit ist: *Ich* werde auferstehen, der Glaube: Christus ist der Erlöser von der Sünde und ihren Strafen, nur die Gewißheit ist, daß *ich* erlöst bin von der Sünde und dem Tode, so ist der Glaube an die Seligkeit oder, was eins ist, die Gottheit[1] nur die *Gewißheit meiner eignen Seligkeit und Gottheit.*

„Allenthalben, wo die Schrift von Werken und Geboten der ersten Tafel (d. h. von Gott) handelt, da wird *verdeckt* auch *angezeigt* die *Auferstehung der Toten*. – Also beschleußt eigentlich *Gottes Dienst, Glaube, Gebete* in sich den *Artikel der Auferstehung und ewigen Lebens*" (VI. T., S. 289). „Denn darinnen ist die Lehre vom Glauben und *Auferstehung der Toten* begriffen, da Gott spricht: Ich, der allmächtige Schöpfer Himmels und der Erden, bin dein Gott. Das ist soviel gesagt: Du sollst leben in dem Leben, darinnen ich auch lebe" (T. II, S. 327). „Das Evangelium von der *Auferstehung Christi* – das ist das *Hauptstück* unsers Glaubens" (T. XI, S. 485).[2] „Das haben wir (sagt

* Also nicht aller Menschen oder des Menschen schlechtweg? Nein! Das Verlangen der Seligkeit[3] ist ein Produkt nur des Christentums. Wohl ist der Mensch stets bestrebt, von allen Widerwärtigkeiten, allen Hemmungen seines Selbst- und Lebensgefühles sich frei zu machen; aber dieses Bestreben ist stets zugleich an bestimmte, wirkliche Gegenstände, an bestimmte menschliche Zwecke gebunden.

[1] *In B folgt Zusatz:* überhaupt

[2] *In B folgt Zusatz:* „Wo man das zukünftige Leben leugnet, nimmt man Gott schlecht hinweg" (T. II, S. 401). „Denn wo kein ander Leben wäre denn nur dieses zeitliche,

[3] *In B folgt Zusatz:* (versteht sich in dem überschwenglichen Sinn, in welchem hier dieses Wort genommen wird) *[Vorige Note läuft S. 405 weiter.]*

S. Petrus) durch die *Kraft des Glaubens*, daß wir teilhaftig sind und Gesellschaft oder *Gemeinschaft mit der göttlichen Natur haben*. – Was ist aber Gottes Natur? Es ist ewige Wahrheit, Gerechtigkeit, Weisheit, ewig Leben, Friede, Freude und Lust, und was man gut nennen kann. Wer nun Gottes Natur teilhaftig wird, der überkommt das alles, daß er *ewig lebt* und *ewigen Frieden, Lust und Freude hat und lauter, rein, gerecht und allmächtig ist* wider Teufel, Sünde und Tod. – Wer einen Christen unterdrücken will, der muß Gott unterdrücken" (T. XI, S. 549). „Du bist ebensowohl ein König, als Christus ein König ist, wenn du an ihn glaubest. – Er ist ein König über alle Könige, der über alle Dinge Gewalt hat und dem alles muß zu Füßen liegen. Wie *der ein Herr ist, also bin ich auch ein Herr,* denn was *er hat, das habe ich auch*" (ebend. S. 509).

Glauben heißt nichts andres als das „*Es ist* ein Gott, ein Christus" in das „*Ich bin* ein Gott, ein Christ" verwan-

leibliche, wozu dürften wir denn Gottes? . . . Aber Moses zeigt an, daß nach diesem Leben ein ander Leben sei, weil er in dieser Notdurft zu dem Gott betet, der außerhalb dieser Welt und unsichtbar ist. Daraus erfolgt, daß auch die Gnade und das Leben, so wir von ihm bitten, unsichtbar sei und zum andern Leben gehöre, uns und nicht den Ochsen zugehörig. Denn Gott sorgt nicht für die Ochsen, wie Skt. Paulus spricht" (T. VI, S. 309). „Wo du in dem Glauben bist, darin Papst, Kardinäle und Bischoffe sind, daß nach diesem Leben kein ander Leben sei, so wollte ich um deinen Gott nicht einen Pfifferling geben" (T. XVI, S. 89). „Wenn wir der Auferstehung nicht warten oder hoffen dürfen, so ist auch kein Glaube und kein Gott nicht (T. III, S. 129). „Dies ist der fürnehmste Artikel der ganzen christlichen Lehre, nämlich, wie wir selig werden. Auf diesen sollen alle theologische disputationes sehen und gerichtet werden, den haben alle Propheten am meisten getrieben . . . Denn wenn dieser Artikel von unserer Seelen Seligkeit mit gewissem und festem Glauben gefaßt und behalten wird, so kommen und folgen die andern Artikeln alle gemächlich (gemehlich) hernach, als von der Dreifaltigkeit. Auch hat uns Gott keinen Artikel so offentlich und deutlich erkläret als diesen, nämlich, daß wir allein durch Christum selig werden. Es ist auch wohl an den andern viel gelegen, aber an diesem ist am allermeisten gelegen" („Tischreden", S. 194).

deln. Der bloße Glaube: Es ist ein Gott, oder: Gott ist Gott, ist ein toter, eitler, nichtiger Glaube; ich *glaube* nur, wenn ich glaube, daß Gott *mein* Gott ist. Ist aber Gott mein, so sind auch alle göttlichen Güter mein Eigentum, d. h. alle Eigenschaften Gottes Eigenschaften von mir. Glauben heißt Gott zum Menschen und den Menschen zu Gott machen. Der *Gegenstand* des Glaubens ist nur Veranlassung, Mittel, Bild, Zeichen, Fabel – die Lehre, der Sinn, der Zweck, die Sache bin *ich selbst.* Gott ist die Speise des Menschen – Luther vergleicht sogar Christus mit einem „Braten, einem gespickten Kapaun" –, allein der Zweck der Speise ist ja nur der, daß ich sie esse. Was ist ein Braten für sich selbst? Glauben heißt essen, aber im Essen hebe ich den Gegenstand auf, verwandle ich seine Eigenschaften in Eigenschaften von mir, in Fleisch und Blut. So werden von dem Genuß der Färberröte die Knochen der Tiere rot.

Hierin haben wir den Sinn von den so oft von Luther ausgesprochenen Gedanken: „Wie du *glaubst,* so *geschieht* dir"; „*glaubst* du es, so *hast* du es, *glaubst* du es *nicht,* so *hast* du es *nicht*"; „glaubst du es, so *ist* es, glaubst du es nicht, so *ist* es *nicht*"; „glaubst du z. B., daß dir Gott gut ist, so ist er dir gut; glaubst du das Gegenteil, so ist er das Gegenteil." Das *Wesen* des *Gegenstandes* des Glaubens ist *der Glaube,* aber das Wesen des Glaubens bin ich, der Gläubige. Wie ich bin, so ist mein Glaube, und wie mein Glaube, so mein Gott. „Wie dein Herz", sagt Luther, „so dein Gott". Gott ist eine leere Tafel, auf der nichts weiter steht, als was du selbst darauf geschrieben.

Gott *sagt* nur dem Menschen, was der Mensch selbst im stillen von sich denkt, aber für sich selbst sich nicht getraut zu sagen. Was ich selbst nur von mir sage und denke, ist – möglicherweise wenigstens – Einbildung; was aber auch der andere von mir sagt, ist Wahrheit. Der andere hat in den Sinnen, was ich nur in der Vorstellung habe. Ihm sagen seine Augen, ob ich das wirklich bin oder nicht bin, was ich mir einbilde zu sein. Bestätigt daher der andere, was ich denke, so bin ich dessen gewiß. Und je zaghafter ein Mensch ist, je weniger er Selbstbewußtsein, Selbstvertrauen hat, desto mehr muß er sich von andern sagen, zureden lassen. Sagen sagt sehr viel; sagen macht aus nichts etwas. Die

Schöpfung aus nichts ist nicht umsonst die Allmacht des Worts[1]. Noch mehr als Kleider machen Worte Leute. Gar viele, die nichts sind, glauben, etwas zu sein, und sind wirklich etwas, aber nur deswegen, weil andere sagen, daß sie etwas sind; andere dagegen, die Zeug genug haben, etwas der Anlage, der Fähigkeit nach sind, glauben für sich selbst, nichts zu sein, und sind auch wirklich infolge dieses niederschlagenden Glaubens solange nichts, bis ihnen eine Stimme von außen zuruft, daß sie etwas sind; viele aber haben bereits durch die Tat vor aller Welt Augen bewiesen, daß sie etwas sind, aber gleichwohl sind sie noch nichts für andere, bis diesen wieder andere sagen, daß sie etwas sind. Einer glaubt und redet dem andern nach, und so wird man von Pontio bis zu Pilato geschickt, bis man endlich einmal an einen Mann kommt, der den Mut und Geist hatte, etwas andern nicht nach-, sondern vorzusagen. Der Glaube kommt aus dem Gehör; der Glaube stützt sich auf das Wort. Leichtgläubige Leute glauben daher alles, was ihnen nur immer gesagt wird, und zwar aus keinem andern Grunde, als weil es eben gesagt wird.

Woher aber diese Macht des von einem andern Menschen ausgesprochnen Wortes, wenn es gleich dasselbe sagt, was ich mir selbst sage oder wenigstens sagen kann? Lediglich eben nur daher, daß es das Wort eines außer mir existierenden, andern, *gegenständlichen* Wesens ist. Was aber im Leben, in der Wirklichkeit der andere Mensch, das ist im Glauben, in der Religion Gott für mich. Im Leben ist das Du der Gott des Ich, im Glauben ist Gott das Du des Menschen. Gott ist das Wesen des Menschen, aber als ein von ihm unterschiednes, d. i. als *gegenständliches*, Wesen. Gott ist der Vater des Menschen. Der Vater ist das, was das Kind *nicht* ist – das für das Kind, was das Kind nicht für sich selbst ist. Das Kind ist unselbständig, unfrei, unfähig, sich selbst zu versorgen und zu beschirmen; aber was es nicht in sich selbst ist, das ist es im Vater – frei und selbständig. Das Kind braucht nicht zu betteln, hängt nicht ab von der Willkür fremder Personen, ist nicht bloßgestellt den Angriffen feindlicher Mächte; es ist versorgt, gedeckt. Es geht an der Hand des Vaters ebenso getrost durch alle

[1] Wortes *B*

Gefahren hindurch als der Mann, der sich nur auf seine eigne Kraft und Einsicht verläßt. Die Kraft *des Vaters* ist des Kindes Kraft. Das Kind kann nicht für sich erreichen, was es wünscht; aber vermittelst des Vaters ist es mächtig, Herr der Dinge, die es will. Das Kind fühlt sich daher auch nicht *abhängig* vom Vater – abhängig fühle ich mich nur von einem despotischen, aber nicht einem mich liebenden Wesen; abhängig bin ich widerwillig, im Widerspruch mit meinem Freiheitstrieb; aber das Kind ist mit Freuden Kind, hat im Vater sein *Selbstgefühl* – die Kinder sind stolz auf ihre Eltern –, das Gefühl, daß der Vater kein Wesen für sich selbst, sondern ein Wesen *für das Kind* ist.[1] Der Vater hat nur die physische Macht; aber die wahre, das physische Vermögen erst zur Tat bestimmende und beherrschende Macht, das Vater*herz*, hat das Kind in seinen Händen. Als Mann, als vollkommnes Wesen, d. h. an Macht und Verstand, steht der Vater *über* dem Kinde, aber nur, um als Vater, d. h. im Herzen, *unter* dem Kinde zu stehen; er ist nur der Herr desselben, um der *Diener* seiner Bedürfnisse und Wünsche sein zu können. Das Herz ist der Regent des irdischen wie des himmlischen Vaters.* [2] Worin besteht denn nun aber der eigentliche Unterschied zwischen Vater und Kind? Nur darin: Im Vater ist als *Gegenstand* vorhanden, was im Kinde als Anlage, dort *Sein*, was hier *Ziel des Werdens*, dort ein Gegenwärtiges, was hier ein Zukünftiges, dort Wirklichkeit, was hier Wunsch und Streben. Das Kind bestimmt sich nach dem Vater; der Vater ist sein Vorbild, sein Ideal. Kurz, das Kind hat im Vater dasselbe, was es als reifer Mensch besitzt, nur daß es im Vater das *außer sich* hat, was es als reifer Mensch *in sich* hat, nur daß im Vater als ein vom Kinde unterschiednes Wesen dargestellt ist, was später, was an sich des Kindes eignes Wesen ist.

[1] *In B bereits hierzu die folgende Fußnote Feuerbachs:* Das religiöse . . . vorbehaltend.

* Das religiöse Abhängigkeitsgefühl bezieht sich nur auf Gott, inwiefern er nicht andres ausdrückt als das Wesen der Natur im Unterschiede vom menschlichen Wesen. Aber von Gott als dem Wesen der Natur abstrahiere ich hier wie im „Wesen des Christentums", seine Darstellung einer besonderen Abhandlung [„Das Wesen der Religion", vgl. GW 10, S. 3 Anm.] vorbehaltend.

[2] *In B hierzu keine Fußnote Feuerbachs.*

Der Vater *ist, sagt,* was das Kind sein soll, sein kann, sein wird. Der Vater ist der natürliche *Wahrsager* des Kindes; er ist die an ihm bereits erfüllte Verheißung der dem Kinde bevorstehenden und in der Hoffnung und Vorstellung bereits vorschwebenden Zukunft.

Gott ist *der* Gegenstand des Menschen, der ihm sein *eignes Wesen vorhält,* der dem Menschen nur *zuruft, was er selbst ist,* zwar nicht den Sinnen, dem Leibe, der Wirklichkeit, aber seinen Wünschen, seinem Verlangen nach, nämlich ein über alle Schranken der Natur erhabnes, allmächtiges, unsterbliches, göttliches, d. i. *seliges,* Wesen; denn alle göttlichen[1] Eigenschaften, alle Glaubensartikel lösen sich zuletzt in der Seligkeit auf. Das, was den Menschen von allen Übeln erlöst, was ihn selig macht, das nur ist Gott. Christus heißt ausdrücklich der Seligmacher. Was heißt aber: Er macht selig? Es heißt: Er macht wahr, was wir wünschen, er erfüllt, er verwirklicht unsre Wünsche. Was ist also Gott? Die *Seligkeit des Menschen als erfülltes, wirkliches, d. i. gegenständliches, Wesen.* Gott ist die Zusage, die Verheißung, und zwar die *bereits bestätigte, nicht mehr bezweifelbare Verheißung, deiner Seligkeit.* Sinnlos, in den Wind geredet, wesenloser Schall ist daher dieses Wort, wenn *du* es nicht glaubst, denn es gilt nur *dir,* hat daher nur *Verstand,* wenn *du* es verstehst, wenn du es auf *dich* deutest, auf *dich* beziehst.[2]

Nichts andres also ist Gott oder das göttliche Wesen als das die menschlichen oder vielmehr christlichen Wünsche, deren Brennpunkt der Wunsch der Seligkeit ist, aussprechende, zusagende, verwirklichende Wesen – nichts andres also als das sich als höchstes, wahrstes, wirklichstes Wesen gegenständliche Wesen des menschlichen Herzens oder vielmehr Gemütes. „Nimm dir für alles, was *du gern* hättest, so wirst du *nichts Bessers noch Liebers finden zu wünschen,* denn Gott selbst zu haben, welcher ist *das Leben* und ein unausschöpflicher Abgrund *alles Guten und ewiger Freuden.* Nun ist *kein edler Ding auf Erden denn das Leben,* und alle Welt kein Ding mehr fürchtet denn den Tod und *nichts höher begehret denn das Leben.* Den Schatz sollen wir *über*

[1] göttliches *So Druckfehler in B.*
[2] *In B folgt eine Leerzeile vor dem nächsten Absatz.*

alle Maß und *ohne Aufhören* in ihm haben" (T. X, S. 381). „Was *begehren alle Menschen hitziger, denn daß sie des Todes loswerden*? Nun ist dieser Gott uns zu einem solchen Herrn und Gott worden, aus dem Tode zu gehen und selig zu werden, *wie alle Menschen begehren*, und sein Regiment nichts andres ist, denn selig zu machen, und ein Herrgott zu sein, vom Tode auszugehen" (T. VI, S. 264). „*Alle Gewalt*, spricht er Matth. 28, 18, *im Himmel und auf Erden ist mir gegeben. Also werden wir erlangen, was wir begehren*, und unser *Herz wird nicht zweifeln*, wie derer Türken und Jüden Herze müssen zweifeln" (ebend. S. 31). „Was könnten oder wollten wir, *so wir selbst wünschen sollten, Größers und Bessers begehren*, denn einen solchen Mittler und Fürbitter gegen Gott zu haben? – Denn wie kann oder sollte er diesen Priester, seinen einigen, lieben Sohn, nicht hören? Wie kann er ihm *versagen* oder *fehlen lassen, was er bittet*? Nun bittet er ja nichts andres denn *für uns* usw." (ebend. S. 447). „Gott gibt uns *mehr*, denn wir können verstehen noch bitten und begehren. – Derohalben übertrifft die große und überschwengliche Erlösung weit unser *Bitten und Begehren*. Von deswegen hat uns auch der Herr Christus selbst die Weise, zu bitten und beten, fürgestellt, welcher, so er sie selbst nicht gestellet hätte, wer wollte so große und treffliche Dinge von Gott zu bitten so *kühne* sein?" (T. V, S. 573). „Darum ist es ja ein tröstlicher, freundlicher, lieblicher Herr, als wir *immer mehr wünschen sollten*", d. h., wie wir ihn nur immer wünschen können, ganz entsprechend unsern Wünschen (T. XXII, S. 127). „Christus für dich getan und gegeben alles, was *du für dich suchen* oder *begehren magst*, hie und dort, es sei Vergebung der Sünde, Verdienst der Seligkeit, oder wie es mag genennet werden. – Frei von ihm selber aus lauter Liebe kommt er, daß er nur guttue, nützlich und hülflich sei. – Da siehe nun, ob er nicht das Gesetz halte: Was ihr wollt, daß euch die Leute tun sollen, das tut ihr auch ihnen. Ist's nicht wahr, ein jeglicher *wollte aus Herzensgrund, daß ein anderer für seine Sünde trete*, nehme sie auf sich und vertilgete sie, daß sie das Gewissen nicht mehr beiße, dazu hülfe ihm von dem Tod und erlösete ihn von der Hölle? Was *begehret jedermann tiefer, denn daß er des Todes und der Hölle möchte lossein*? *Wer wollte nicht gerne ohne Sünde sein* und ein gut fröhlich

Gewissen haben zu Gott? Sehen wir nicht, wie alle Menschen mit Beten, Fasten, Wallen, Stiften, Möncherei und Pfafferei darnach streben? Was bringet sie? Nämlich die Sünde, der Tod und die Hölle, dafür wären sie gerne sicher. Und wenn ein Arzt wäre am Ende der Welt, der dazu helfen könnte, alle Länder würden wüst werden und jedermann würde zu dem Arzt laufen, Gut, Leib und Seel' an die Reise wagen. Und wenn Christus selbst mit Tod, Sünde und Hölle wie wir umfangen wäre, so *würde er auch wollen*, daß ihm jemand heraushülfe, seine Sünde von ihm nähme und ihm ein gut Gewissen machte. Darum, weil er dasselbige wollte von andern ihm getan haben, so fähret er zu und tut auch dasselbige den andern, wie das Gesetz sagt, und tritt in unsre Sünde, gehet in den Tod und überwindet für uns beide, Sünde, Tod und Hölle, daß hinfort alle, die an ihn glauben und seinen Namen anrufen, sollen gerecht und selig sein, ohne Sünde und Tod" (T. XIII, S. 20).[1]

Aber frei von der Sünde und vom Tode – selig – kann jeder nur für sich selbst sein. Wie keiner für den andern glauben (T. XVIII, S. 161), so kann auch keiner für den andern selig sein. Zur Sünde gehört etwas außer mir, ein Gegenstand; aber zur Seligkeit gehört nichts weiter als ich selbst. Sündigen kann man nur in der menschlichen Gesellschaft, aber selig kann man mutterseligallein sein. Sünde knüpft Bande, aber Seligkeit löst alle Bande auf – Seligkeit nimmt alle Bedürfnisse hinweg. Die Sünde ist Not – und „die Not hält alle Dinge zusammen" –, aber die Seligkeit Überfluß. Die Sünde zeugt Menschen – alle Menschen verdanken, dem Christentum zufolge, der Sünde ihren Ursprung, „wir haben von Natur eine unflätige, *sündliche* Empfängnis und Geburt" –, die Sünde gibt also *andern* Wesen das Glück der Existenz, aber die Seligkeit ist unfruchtbar, bringt nichts aus sich heraus und hervor. Die Seligen bilden zwar auch einen Verein, aber es fehlt die Notwendigkeit, das Bedürfnis eines Vereins. Seligkeit wünsche ich zwar auch andern, aber nur, weil sie für mich selbst das Höchste ist und ich in andern dieselbe Gesinnung voraussetze. Kurz, in der Seligkeit beziehe ich mich nicht auf andere Wesen, sondern *auf mich selbst*; die Seligkeit ist

[1] *In B folgt eine Leerzeile vor dem nächsten Absatz.*

unablösbar, ununterscheidbar von mir selbst, denn sie ist ja nichts andres als mein von aller Abhängigkeit, aller Notwendigkeit, allen Verbindlichkeiten und Lasten erlöstes, mein vergöttertes Ich selbst. Seligkeit ist der höchste Wunsch, das höchste Wesen der – christlichen, d. i. übernatürlichen, Selbstliebe; aber Seligkeit ist der Endzweck, der wesentliche Gegenstand oder vielmehr das höchste Wesen des christlichen Glaubens – also ist das *Wesen des Glaubens, in seinem Unterschiede von der Liebe* und *nach seiner Endabsicht* betrachtet, nichts andres als das *Wesen der Selbstliebe.*[1]

Allerdings opfert der Glaube Gut und Blut, Leib und Leben mit Freuden auf. Aber er opfert das zeitliche Wohl und Leben nur dem ewigen Wohl und Leben, nur vergängliche Güter unvergänglichen Gütern, nur beschränkte, endliche Freuden unendlichen, maß- und ziellosen Freuden auf. „Wie köstlich und edel ist allein dies leibliche Leben; und wer wollte dasselbe geben für alle Königreiche, Geld und Gut auf Erden? Nun ist aber das gegen dem ewigen Leben und Gütern viel weniger denn ein Augenblick" (T. XIII, S. 725). „Ich wollte nicht einen Augenblick im Himmel für aller Welt Gut und Freude geben, ob es gleich tausend und aber tausend Jahre währte" (T. X, S. 380). Der wahrhaft Gläubige hat daher auch – natürlich, wenn er nur den Inspirationen des Glaubens allein Gehör gibt – keinen andern Wunsch, als zu *sterben* (s. z. B. T. XIV, S. 373; T. XI, S. 484), d. h. keinen andern Wunsch, als alle weltlichen und sozialen Bande, alle Bande der Menschheit und Liebe, deren Gegenstand nur das zeitliche, aber nicht ewige Leben ist (T. XV, S. 425; T. XVI, S. 459), leiblich abzustreifen, gleichwie er sie schon geistig abgestreift hat, denn „der *Geist* ist schon *im Himmel durch den Glauben*" (T. XI, S. 484).

[1] *In B folgt eine Leerzeile vor dem nächsten Absatz.*

Der Unterschied der heidnischen und christlichen Menschenvergötterung[1]

Das Christentum betet Gott im Menschen an. „Skt. Paulus sagt, daß in Christo die ganze Fülle der Gottheit leiblich wohne. Darum wirst du *Gott nicht finden weder in der Sonne oder im Monde noch in andern Kreaturen; allein* wird er im Sohn, der aus Maria, der Jungfrauen, geboren ist, gefunden. – Was man außer diesem von Gott gedenkt, das sind lauter unnütze Gedanken und eitel *Abgötterei*" (Luther, T. VI, S. 47. Leipz. A.). Aber die Anbetung oder Verehrung Gottes im Menschen ist Anbetung und Verehrung *des Menschen als Gottes*. „Die Juden, Türken, und alle Heiden halten es für ein ungereimt, schändlich Ding, daß wir Christen *einen Menschen anbeten*, der allerlei gemeine Anliegen und Anfechtungen des Fleisches hat, welche andere Menschen haben und leiden" (Luther, ebend. S. 48). Denn das, *worin* ich ein Wesen verehre, ist in Wahrheit nicht nur der Grund, sondern auch der Gegenstand der Verehrung. So ist die Verehrung Gottes in der Vernunft nichts andres als die Verehrung Gottes als eines Vernunftwesens, folglich der Vernunft selbst, die Verehrung Gottes in der Kunst nichts anders als die Verehrung des Kunstwesens als des höchsten Wesens – so also auch die Verehrung Gottes im Menschen nichts andres als die Verehrung des Menschen selbst. Ist Gott wirklich ein *andres* Wesen als der Mensch, ein *nicht-* oder *unmenschliches* Wesen, wie kann ich ihn denn im Menschen verehren? Im Menschen ist ja nichts andres als menschliches Wesen; der Mensch drückt ja nur sich selbst, nur sein eignes Wesen aus. Versenke ich daher Gott in den Menschen, so hebe ich, wenn auch nicht mit dem *Mund*, doch mit der Tat, seinen

[1] *Im Original darunter auf neuer Zeile:* 1844

Unterschied vom Menschen auf, sogut als ich den Unterschied Gottes von der Sonne aufhebe, wenn ich Gott in die Sonne versetze, in der Sonne anbete; denn wenn ich wirklich unter Gott *etwas andres* dächte als das Sonnen- oder Lichtwesen, wie könnte ich auch nur auf den Einfall kommen, Gott mit der Sonne in Verbindung zu bringen? Nein, ich bete Gott nur im Lichte an, weil das Licht selbst mir als das herrlichste, höchste, mächtigste Wesen erscheint. Freilich später in der Reflexion, wenn der Mensch bereits über das Licht hinausgeht, die Gottheit des Lichts oder der Sonne bezweifelt, in der Theologie macht er das erste zum zweiten, den ursprünglichen Gott zum abgeleiteten, d. h. die *Sache* zu einem bloßen *Bilde*. Aber diese Unterscheidung der theologischen Reflexion hebt überall und immer der einfache religiöse Sinn des Volks auf. Das Volk kehrt immer wieder zum ursprünglichen Gott zurück, d. h., es macht das Bild wieder zu dem, was es ursprünglich gewesen, zur Sache.

Ebenso ist es auch mit dem Gott im Menschen. Selbst wenn man sich gedankenloserweise den Menschen nur als das „*Kleid*" Gottes vorstellt, so kommt man doch nicht über das Wesen des Menschen hinaus, denn ein menschliches Kleid kann ich nicht der Luft oder dem Lichte oder dem Elephanten oder einem gestaltlosen Gedankenwesen, sondern immer nur dem menschlichen Wesen anziehen. Kurz, in und hinter einem Gotte, dessen Form, Kleid oder Bild der Mensch ist, steckt nun und nimmermehr ein anderer Inhalt, ein anderer Sinn, ein andres Wesen als ein menschliches.

Aber wenn das Christentum „Selbstvergötterung", „Selbstanbetung" des Menschen ist, wie unterscheidet es sich denn vom Heidentum? Ist nicht Menschenvergötterung das charakteristische Merkmal des Heidentums? Hebst du also nicht den Unterschied zwischen Christentum und Heidentum auf? Oh, nein! Das Heidentum betet die *Eigenschaften*, das Christentum das *Wesen* des Menschen an. Der Heide vergöttert diesen Kaiser, diesen Weisen, diesen Helden, diesen Künstler, diesen Erfinder, aber er vergöttert diesen Menschen nicht deswegen, *weil er Mensch ist*, sondern *dieser Eigenschaft* wegen, daß er ein großer Kaiser, Künstler, Erfinder ist; er vergöttert ihn nur *zufällig auch als Menschen*, weil sich der Künstler, der Kaiser, der Erfinder nicht für sich, nicht ohne den Menschen darstellen und verehren läßt. Aber der Christ betet den Menschen als *solchen* an, den *Menschen schlechtweg*, abgesehen von allen diesen besondern Eigenschaften, Qualitäten und Bestimmungen des Menschenwesens, welche den Heiden fesselten und bezauberten. Nicht, daß du schön, gescheut, reich, mächtig, nicht, daß du Philosoph, Künstler, Kaiser oder König – daß du *Mensch* bist, das allein ist das *Wesentliche*. Über dem Philosophen, über dem Künstler, über dem König steht der Mensch. „Wir sehen es nicht für eine sonderliche Ehre an, daß wir Gottes Kreatur sind; aber daß einer ein *Fürst und großer Herr* ist, da sperret man Augen und Maul auf, so doch dasselbige *nur eine menschliche Kreatur* ist, wie es Skt. Petrus nennt 1. Pet. 2, und ein *nachgemacht* Ding. Denn wenn Gott nicht zuvorkäme mit seiner Kreatur und machte einen Menschen, würde man *keinen Fürsten machen* können, und dennoch klammern alle Menschen darnach, als sei es ein köstlich groß Ding, so doch dieses viel herrlicher und größer ist, daß ich Gottes Werk und Kreaturlein bin. Darum sollten *Knechte und Mägde* und jedermann sich solcher hohen Ehre annehmen und sagen: *‚Ich bin ein Mensch*, das ist *ja ein höher Titel denn ein Fürst sein*. Ursach: *Den Fürsten hat Gott nicht gemacht, sondern den Menschen, daß ich aber ein Mensch bin, hat Gott allein gemacht*' " (Luther, T. XXII, S. 114).

Der *Mensch* ist der König der Könige. Der Mensch hängt nicht vom König oder Kaiser ab, aber der König hängt vom Menschen ab. Der König kann nicht sein ohne den Menschen, aber der Mensch kann recht gut ohne König sein. Ein Individuum, das auf dem Throne geboren ist, also nach göttlichem Rechte zum Thronfolger bestimmt ist, wird nach menschlichem Rechte vom Throne ausgeschlossen, wenn es kein vollkommner Mensch, sondern ein Simpel ist. Aber auch der Künstler, auch der Philosoph, auch der Gesetzgeber, auch der Erfinder hängt vom Menschen, nicht umgekehrt der Mensch von ihnen ab. Der Kaiser, der Philosoph, kurz, jede *bestimmte* Individualität, Qualität und Eigenschaft ist nur ein *besonderes, endliches* Wesen, aber der Mensch ist nicht dieses oder jenes ausschließlich; er ist alles zusammen; er ist allgemeines, unerschöpfliches, uneingeschränktes Wesen.

Der Heide ist daher ein Abgötter, denn er erhebt sich nicht wie der Christ zu dem Wesen des Menschen als solchen; er vergöttert bestimmte Eigenschaften, bestimmte Individualitäten – nur *Bilder* des menschlichen Wesens. Der Heide ist *Polytheist*, denn die Eigenschaften, wegen welcher er ein menschliches Individuum vergöttert, sind nicht auf dieses einzige beschränkt, sondern kommen auch vielen andern Individuen zu; aber der Christ ist *Monotheist*, denn das Wesen des Menschen ist nur eines. Der Heide hat *geschlechtliche* und *nationelle* Götter; aber vor dem Gott der Christen gilt weder Jude noch Heide, weder Mann noch Weib: Vor Gott sind alle Menschen gleich. Aber dieser Gott ist eben *der Mensch*, vor dem alle Unterschiede der Menschen, d. h. der Personen, der Nationen, des Geschlechts und Standes, verschwinden; denn der Bettler ist sogut als der Kaiser, der Barbar sogut als der Grieche, das Weib sogut als der Mann *Mensch*. Der Mensch ist die absolute Identität und Indifferenz aller Unterschiede und Gegensätze.*

Allerdings verehrt und betet das Christentum den Menschen im Individuum an, und zwar in diesem ausschließlichen, einzelnen Individuum: „*Dieser* Mensch (Jesus Christus) *ist Gott selbst.*" Aber dieses Individuum ist kein Einzelwesen in demselben Sinne, als es ein vergöttertes Individuum des Heidentums ist, welchem als einem einzelnen unbestimmt viele andere vergötterte Einzelwesen nachfolgen; dieses Individuum hat *allgemeine* Bedeutung, es bedeutet dich, mich – „In Jesu Christo, unserm Herrn, ist *eines jeden* unter uns Portion Fleisch und Blut. Darum, wo mein Leib (d. h. mein Wesen, der Mensch) regiert, da glaube ich, daß *ich selbst regiere*" (Luther) –, es bedeutet den *Menschen überhaupt, den Menschen schlechtweg*. Der Heide beweist durch seine Vergötterung menschlicher Individuen gerade das Gegenteil von dem, was ihm die Christen zum Vorwurf machen, nämlich, daß ihm nicht der Mensch Gott ist. Der Heide *will* zwar durch seine Ver-

* Der Mensch in dieser Bedeutung ist freilich nur ein abstraktes Wesen, aber nur, weil der Gegenstand der Analyse und Übersetzung, der Gott, vor dem alle Unterschiede der Menschen verschwinden, es gleichfalls ist.

götterungen den Menschen zu Gott machen, aber er kommt nicht ans Ziel, weil er die Sache verkehrt anfängt, statt von Gott vom Menschen, d. h. statt vom Wesen oder der Natur des Menschen von einem bestimmten, einzelnen Individuum, ausgeht und daher die Lücke, den Mangel im Wesen mit einer endlosen Menge von Individualitäten auszufüllen suchen muß. Der Christ dagegen vergöttert nur deswegen keine Menschen mehr, weil ihm die Gottheit des Menschen eine abgemachte Sache ist, weil ihm das alle Menschen befassende Wesen, der Mensch, Gott ist. Er braucht also nicht mehr den einzelnen unter die Gottheit unterzubringen, weil er schon *untergebracht* ist, wenn er gleich nicht *namentlich* angeführt wird.

Im Christentum *erwerben* die Menschen den Adel der Gottheit von ihrem Vater, dem Menschen*, aber im Heidentum *erwerben* sie ihn durch ihre *Verdienste.* Daher die *Demut* des Christentums im Unterschiede vom *Hochmut* des Heidentums. Was ich durch mein Wesen bin, macht mich nicht stolz; im Gegenteil, ich beuge mich vor ihm in heiligem Schauer wie vor einem andern Wesen; aber was ich *durch mich* selbst, durch mein persönliches Verdienst bin, das bläht mich auf. Der Heide *dünkt* sich, ein Gott zu sein, der Christ nicht, aber nur, weil er es in *Wahrheit* ist. Die Einbildung ersetzt dem Heiden den Mangel an Wahrheit, an Wirklichkeit. Die Einbildung steht überhaupt im umgekehrten Verhältnis zur Wahrheit. Je *mehr* ein Mensch ist, desto *weniger bildet er sich ein,* und umgekehrt. *Je mehr* er im *Wesen* ist, desto *weniger* ist er in seiner *Vorstellung von sich* – daher auch der Mensch oft gerade dazu am schwersten kommt, wozu er bestimmt, berufen, d. h. befähigt ist. Was ich mir nur einbilde zu sein, das stelle ich mir vor die Augen hin, um mich recht daran zu weiden, um mich im Glauben zu bestärken, daß ich es sei; was ich aber bin, das mache ich ebendeswegen, *weil ich es bin,* nicht zum Gegenstand meiner Vorstellung und wohlgefälligen

* Christus ist das Urbild des (Christ-)Menschen. „Was der Mensch ist", sagt Cyprian, „wollte Christus sein, damit auch der Mensch sein könnte, was Christus ist." Christus ist das Symbol von der Gottheit des Menschen. Dies zur Verständigung der folgenden symbolischen Darstellung.

Betrachtung. *Sein* macht *anspruchlos, Nichtsein dünkelhaft.* Was man ist, das ist man für sich, auch wenn niemand etwas davon weiß; Sein ist in sich selbst befriedigt; was man aber nur ist in der Einbildung, das ist man auch nur zum *Scheine für andere.* Im Heidentum ist daher der Mensch nur Gott für andere, Gott nur aus Eitelkeit, im Christentum ist er Gott für sich, Gott aus innerer Notwendigkeit. Was man ist, damit prunkt und prahlt man nicht, ja, man scheut sich, es zu offenbaren, zu zeigen; man verbirgt es so lange in sich, bis man endlich durch eine äußerliche Veranlassung gezwungen wird, ans Licht hervorzutreten. Die heidnischen Menschenvergötterungen gehen daher am hellen lichten Tage vor aller Welt Augen unter glänzenden Festlichkeiten vor sich; aber die Christen vergöttern den Menschen in der Nacht, in tiefster Stille und Verborgenheit. Was man ist, das wird man von unten auf; was der Mann ist, das lag schon im Kinde verborgen. Im Christentum ist der Mensch schon als Kind, als bewußtloses Wesen Gott; im Heidentum steigt er nur von der Höhe des Selbstbewußtseins zu göttlicher Würde empor, seine Gottheit hat also nur einen zeitlichen, „menschlichen", d. h. willkürlichen, keinen ewigen, d. h. bewußtlosen, unwillkürlichen, Grund und Anfang. Der Heide ist Gott durch einen bloßen Senatsbeschluß oder durch seinen eignen Willen*, er ist also ein *gemachter*, der Christ dagegen ein *geborner* Gott. Was man ist, das kostet Schweiß und Blut; denn man ist es durch sein Wesen, seine Natur, nicht durch seinen bloßen Willen; aber sein Wesen hat man nicht an der Schnur wie einen abgerichteten Vogel. Im Gegenteil, gerade das, was des Menschen Wesen ist, kommt ihm oft gänzlich abhanden; aber es wird nur deswegen stockfinstere Nacht in ihm, damit er die Wohltat des Lichts um so stärker empfinde. Wer *kein Wesen hat,* der kann *auch keins verlieren*; wer sich *nie als nichts* gefühlt, der ist auch *nicht etwas*; wer nie Zustände hat, wo er *nicht* dichten kann, wo es ihm vorkommt, „als habe er nie ein Gedicht gemacht und würde auch nie mehr eines machen", der ist auch kein

* So erwiderten die Lazedämonier auf Alexanders Befehl, ihn unter die Götter zu rechnen: Alexander *will* ein Gott sein; gut, er sei's.

Dichter; wer also nicht ausrufen kann: „Mein Gott, mein Gott, warum hast du mich verlassen?“, der ist auch kein Gott.

Kurz, die Heiden waren nur *illusorische, seichte, oberflächliche Menschenvergötterer,* die Christen sind *tiefe, gründliche, radikale Menschenvergötterer.* Im Heidentum war die Gottheit nur ein *Privilegium,* nur eine *Anmaßung der Aristokratie;* im Christentum ist sie wohlbegründetes, rechtliches Gemeingut: Nicht *einige* Menschen, jeder Mensch *als Mensch* ist Gott. Wie der Mensch Christus das Ende aller Menschenopfer ist, weil sein Opfertod ein für allemal geschehen ist – d. h., weil sein Opfer nicht die Bedeutung eines einzelnen, folglich zu wiederholenden, nachzuäffenden Falls, sondern allgemeine Bedeutung hat –, so ist er auch das Ende aller Menschenvergötterungen, weil dieser Mensch Gott für alle, Gott im Namen und Interesse aller Menschen ist.*

* Die heidnischen Menschenvergötterungen, die und wie sie hier gemeint sind, fanden allerdings erst in den Zeiten des Verfalls der heidnischen Religionen statt. Aber auch im Verfall kommt noch – ja, dann erst recht – das Wesen einer Sache zum Vorschein. Die Heiden vergötterten nur deswegen bestimmte menschliche Individuen, weil ihre Götter selbst den Charakter bestimmter menschlicher Individualitäten hatten. Hätten sie nicht die Götter als Menschen gedacht, so hätten sie sich auch später nicht bestimmte Menschen als Götter denken können. Nur weil es nicht weit von den Göttern bis zu den Menschen herab war, ebendeswegen war es auch nicht weit von den Menschen zu den Göttern hinauf. Hieraus rechtfertigt sich auch die euhemeristische Ansicht [Lehre des griech. Philosophen Euhemeros, nach der die griech. Götter vergötterte Menschen seien]. Allerdings waren die Götter keine historischen Personen, aber daß sie als solche angesehen werden konnten, das lag in ihrem Wesen.

Merkwürdige Äußerungen Luthers nebst Glossen[1]

„Er (Christus) ist gleich ein Mensch gewesen, als wir sind. Allhier haben wir nun Stärke und Trost an Christo, auf daß wir ihn für einen solchen Menschen erkennen, als wir sind, und nicht für ihm fliehen mögen oder Scheu für ihn tragen, denn es ist *keine lieblichere Kreatur denn ein Mensch.* Wie denn derjenige fühlet, der *alleine* ist; denn wenn er des Nachts wandert, so ist nicht so lieblich, einen Hund oder Pferd hören, als wenn man einen Menschen höret; denn zu dem Menschen versiehet man sich mehr Gutes, denn wenn man einen Engel hörete, dafür man erschrecken und sich entsetzen würde, wie die Exempel der Schrift vielmal bezeugen. Und obwohl *zuweilen* die Menschen unter sich arg und böse sind, so ist es doch allhier die *rechte Art und Natur des Menschen* in Christo, daß wir in Anfechtungen und allen Nöten zu ihm Zuflucht haben sollen als zu dem, der da helfen kann" (Lpz. A., T. III, S. 545).

Hörst Du, was Christus ist? – Ein *Bild des Menschen* ist er – nicht ein Bild Gottes, eines vom Menschen unterschiednen, dem Menschen entgegengesetzten Wesens. Die Menschen sind bisweilen, ja, leider nur zu häufig sich feind und böse; aber diese Feindschaft, diese Bosheit ist nicht die rechte Art und Natur des Menschen. Nein, die rechte Art und Natur des Menschen ist, daß der Mensch dem Menschen gut ist; denn nur der meinet es wahrhaft gut mit sich selbst, der es mit den andern gut meint. Haß ist verzehrendes Gift, Liebe belebendes Labsal; Übeltun macht Übelsein, Wohltun Wohlsein. Und diese rechte Art und Natur des Menschen ist dir eben in Christo fürgebildet. Die

[1] *Im Original darunter auf neuer Zeile:* 1844

Lehre Christi ist, aufgelöst in ihre Wahrheit, die Lehre des Menschen. Christus ist der allgemeine Mensch: Er ist, was jedes menschliche Individuum *sein soll* und wenigstens seiner allgemeinen menschlichen Natur nach *sein kann*, versinnlicht als ein wirklicher Mensch. Sei, was Christus ist, heißt: Sei *Mensch*.

„Und ist merklich gesaget, daß er (Skt. Stephanus) nicht einen Engel, nicht Gott selber, sondern den *Menschen* Christum gesehen habe, das die *lieblichste und gleicheste* Natur ist und dem *Menschen allertröstlichst*. Denn ein Mensch siehet einen Menschen *lieber für Engeln* und allen Kreaturen, *sonderlich in den Nöten*" (T. XIII, S. 170).

Jawohl! Die lieblichste und tröstlichste Natur für den Menschen, sonderlich in Nöten, ist die ihm gleiche Natur: die menschliche; denn nur ein menschliches Herz hat Gefühl für menschliche Leiden, nur ein selbst leidendes Wesen überhaupt Gefühl für Leiden anderer. Aber ist nicht die Macht des Menschen unendlich beschränkt? Sie ist es allerdings; aber die Schranken seiner Macht sind nicht auch die Schranken seines Herzens, seiner Liebe. Wo du auch nicht mehr helfen kannst, da kannst du wenigstens immer noch lieben: wo dir die Natur keine Mittel mehr bietet – eine Quelle versiegt dir nimmer: die Quelle herzlicher Teilnahme, innigen Mitgefühls. Und diese Quelle ist auch noch eine, wenngleich nur ätherische, Heilquelle. Aber gibt dir die Religion, gibt dir dein Gott andere, erfolgreichere Mittel und Heilquellen in die Hand? Hilft dir Gott, wenn du an die Grenze der physischen Macht gekommen bist? Kannst du mit religiösen Trostgründen Tote erwecken, Kranke heilen, Hungernde speisen, Nackte kleiden?

„Es ist die Natur (ohnedies) allzusehr geneigt, *von Gott* und *Christo zu fliehen* und *auf Menschen zu trauen*. Ja, es wird *aus der Maßen schwer*, daß man lerne, auf Gott und Christum trauen, wie wir doch gelobet haben und schuldig sind" (T. XX, S. 236).

Geneigt ist die menschliche Natur, von Gott zum Menschen zu fliehen? Warum unterdrückst du also diese Neigung? Warum vertauschst du das Natürliche mit dem

Unnatürlichen, das Leichte mit dem Schweren, das Nahe mit dem Fernen? Ist dein Vertrauen zu einem Wesen, gegen welches du eine natürliche Abneigung empfindest, nicht ein erkünsteltes, erzwungenes, folglich unwahres?

„Wir müssen uns kehren mit dem Angesichte ad invisibilia gratiae et non apparentia solatii [zum Unsichtbaren der Gnade und zum Nichterscheinenden des Trostes], derselben hoffen und warten; den Rücken aber von den visibilibus (den sichtbaren Dingen), daß wir gewohnen, dieselbigen zu lassen und davon abzuscheiden, wie St. Paulus sagt ... Es tut aber wehe uns Ungewöhnten, und der alte Adam zeucht wieder zurücke ad visibilia, da er will auch *ruhen und bleiben*, und es tut's doch ja nicht. Denn ea quae videntur temporalia sunt (das Sichtbare ist das Zeitliche), spricht St. Paulus, und halten nicht" (T. XXII, S. 520).

Der neue Adam, d. h. der Christ, zeucht dich in den Himmel zu den unsichtbaren Dingen hinauf, aber der alte Adam, d. h. der Mensch, zeucht dich wieder zurück auf die Erde zu den sichtbaren Dingen. Unglückseliger Christ! Was bist du für ein zwiespältiges, zerrissnes Wesen! Weil das Sichtbare das Zeitliche, willst du von ihm dich nicht[1] fesseln lassen, willst du dein Herz nicht daran hängen? Also weil die Blume im Herbste verwelkt, willst du im Frühling an ihrer Anschauung dich nicht weiden, weil der Tag nicht immer währt, willst du dich nicht an dem Lichte der Sonne erfreuen, willst du lieber in ewiger Finsternis dein Auge vor den Herrlichkeiten dieser Welt verschließen? Oh, du Tor! Bist du denn nicht selbst ein zeitliches Wesen? Warum willst du also nicht bei dem bleiben, was deinesgleichen, deines Wesens ist? Und was bleibt dir denn übrig, wenn du das Zeitliche, das Sichtbare hinwegnimmst? Nichts bleibt dir übrig als – das Nichts. Ewig, Tor, ist nur der Tod, aber zeitlich das Leben.

„Wenn du dich also schwach befindest, so bleib' nicht allein, sondern ... nimm einen Bruder zu dir, den laß mit

[1] *Im Original folgt versehentlich noch einmal:* nicht

dir von Gott und seinem Willen reden, so heißt es denn: *Wo zween oder drei in meinem Namen versammelt sind, so will ich mitten unter ihnen sein.* Und ist gewißlich wahr, *einer allein ist ihm zu schwach,* wie ich selber befinde, denn es kommet oft, daß *ich bedarf, daß ein kleines Kind mit mir redet*" (T. XXII, S. 529).

Wie? Die Religion, Gott – der persönliche, lebendige, gegenwärtige Gott –, Gott, dein Seelenfreund, dein Vater, dein Bruder, dein eins und alles für sich allein genügt dir nicht, gibt dir nicht Kraft und Stärke genug, der Kleinmütigkeit und andern Anfechtungen des Teufels zu widerstehen? Du bedarfst zu deiner Aufrichtung und Stärkung noch eines menschlichen Freundes, eines menschlichen Bruders? Des Bedürfnisses menschlicher Hülfe, menschlichen Trostes willst du dich ja gerade in der Religion überheben, und doch ist das Wort Gottes nicht stark genug, die Stimme der menschlichen Natur, und wäre es auch nur die Stimme eines Kindes, zu übertäuben? Gestehst du nicht damit tatsächlich ein, daß nur im *Menschen* der Mensch Trost und Stärkung findet? Denn wer ist denn dieser Heiland, der, wenn zwei oder drei in seinem Namen versammelt sind, mitten unter ihnen ist? Täusche dich nicht! Es ist nur der religiöse esprit de corps [Gruppengeist], es ist überhaupt nur der Geist *menschlicher Gemeinschaft,* nicht ein außer dieser Gemeinschaft und unabhängig von ihr bestehender Geist, der mitten unter ihnen ist und sie tröstet und aufrichtet.

„Es nimmt aber auch die Schrift den Namen *Gottes* und teilet den auch mit den Gottseligen, Frommen und allen Gotteskindern, der Obrigkeit, den Fürsten und Richtern und nennt sie *Götter* . . . Also David und die andern Fürsten sind *Götter* gewesen, denn sie haben ihren Ländern *wohlgetan,* ihren Untertanen *geholfen,* wenn sie in Nöten gewesen sind. Darum hat man sie auch *angebetet* und ist ihnen *göttliche Ehre* erzeiget, von wegen des *göttlichen* Werkes, daß sie haben den Leuten wohlgetan und geholfen . . . Also sind Prediger, Eltern und Zuchtmeister *Götter* gegen ihren Zuhörern, Kindern, Gesinde und Schülern zu rechnen; denn sie treiben Werke, welche *Gott* eigentlich zugehören, unterweisen sie das Beste, lehren und wehren, helfen und raten, nachdem es die Not erfordert, sie *geben und tun wohl oder Gutes*" (T.IV. S. 237).

Wohltun heißt *Gott sein*. Aber was ist dem Menschen das tröstlichste, lieblichste, wohltuendste Wesen? *Der Mensch*. Warum suchst du also, törichter Christ, noch nach einem Gotte *außer* und *über* dem Menschen? Ist denn nicht der Mensch als Richter ein Wesen *über* und *außer* den streitenden Parteien, nicht der Mensch als Vater ein Wesen *über* und *außer* dem Kinde, nicht der Lehrer ein Wesen *über* und *außer* dem Schüler? Findest du also nicht schon innerhalb des menschlichen Lebens und Wesens, was du außerhalb desselben in ein besonderes Wesen versetzen zu müssen glaubst? „Ja, die irdischen, menschlichen Götter sind nur die Mittel, durch die der höchste, der himmlische Gott auf uns wirkt." So, nur Mittel? Aber wozu bedarf denn das allwirkende, allmächtige Wesen Mittel? Und warum sind denn die Mittel so unendlich verschiedenartig, wenn ihre Wirkungen nicht ihre eignen, sondern nur Wirkungen des einen und selben Wesens sind? Wozu ist überhaupt eine Welt, wenn ihr Wesen und Wirken nicht ihr eignes, sondern das Wesen und Wirken eines außer- und überweltlichen Wesens ist? Ist ihr Dasein nicht ein bloßer Luxus? Kann Gott, was er durch die Welt tut, nicht auch durch sich selbst, d. h. *ohne* die Welt, tun, wofern er nur will? Und wenn die Wesen, die mir Gutes tun, wie z. B. meine Eltern, bloße Mittel Gottes sind, wie kannst du von mir verlangen, daß ich sie lieben und ehren soll? Dankst du dem Bedienten, der dir im Namen seines Herrn ein Geschenk bringt?

„Willst du nicht glauben, daß ein *ander* und *zukünftig* Leben sei, so hast *du Heilandes genug* am Kaiser, an deiner Obrigkeit, an Vater und Mutter, die werden dir wohl helfen, was Leib, Geld und Gut betrifft ... *Zu diesem zeitlichen Leben bedarf niemand* Gottes ... Aber wenn's mit diesem zeitlichen Leben will ein Ende haben und man sterben soll, wenn das Gewissen seine Sünden für Gottes Gericht nicht leugnen kann und derhalben in Sorgen und Gefahr der ewigen Verdammnis stehen muß, da ist die rechte Zeit, daß dieser Heiland Jesus komme ... Wenn da gleich alle Kaiser, Könige, Fürsten, Väter, Mütter, Ärzte, Weisen und Klugen ständen und helfen wollten, so könnten sie doch nicht helfen, ... denn es ist beschlossen, daß wider die Sünde und den Tod kein ander Heiland sein solle, auch niemand anders helfen könne ... denn Jesus" (T. XVI, S. 89).

Nicht für das Leben, nur für oder vielmehr wider den Tod bedürfen wir also einen Gott. In der Tat ist der Tod – als der empfindlichste Ausdruck unsrer Endlichkeit und Abhängigkeit von einem Wesen außer uns, nämlich der Natur – der einzige letzte Grund der Religion; die Aufhebung des Todes, die Unsterblichkeit der einzige letzte Zweck der Religion, wenigstens der christlichen, und das Mittel dieser Aufhebung eben Gott.* Aber warum bedarf der Christ eines *übernatürlichen* Mittels wider den Tod? Weil er von einer *unnatürlichen* Voraussetzung ausgeht, von der Voraussetzung, daß der Tod eine Folge der Sünde, eine *Strafe* – das Verhängnis eines zornigen, *bösen* Gottes ist, zu dessen Beschwichtigung er daher wieder einen andern, einen guten, gnädigen Gott vonnöten hat. Aber entspricht dieses Mittel seinem Zwecke? Nein! Wider die Schrecken eines unnatürlichen, gewaltsamen Todes vermag auch ein übernatürliches Gnadenmittel nichts. Die Erfahrung beweist es – und diese traurige Erfahrung hat selbst Luther noch zu seiner Zeit machen müssen. Er sagt nämlich in einem Briefe an N. Amsdorf, daß die Todesfurcht im Volke um so mehr überhandnehme, je mehr das Leben in Christo gepredigt werde, daß man sich jetzt weit mehr vor dem Tode fürchte als im Papsttum, wo die Menschen in Sicherheit und Unwissenheit über die Bedeutung des Todes und Zornes Gottes dahingelebt hätten. „Doch hoffe ich", setzt er hinzu, „daß auch du die nämliche Erfahrung wie ich

* Inwiefern Gott nichts andres ist als die personifizierte Seligkeit und Unsterblichkeit, so ist er freilich Zweck; inwiefern er aber von der Seligkeit und Unsterblichkeit unterschieden wird, so ist er nur das Mittel derselben. Gott ist Seligmacher, Heiland, Helfer, Arzt. Aber der Arzt ist als Arzt nur das Mittel meiner Genesung. Nur insofern ist der Ausdruck „Mittel" unpassend, wenigstens der religiösen Vorstellung widersprechend, als Gott als ein persönliches Wesen gedacht wird. Aber gleichwohl ist er der Sache, der Wahrheit nach nichts anders als das Mittel, wodurch der Mensch seine Seligkeit realisiert.

machen wirst, daß die Sterbenden fromm und im Glauben Christi sterben werden ... Im Leben fürchten sie sich wohl und sind schwach, aber sowie es zum Sterben kommt, werden sie alsbald andere Menschen und sterben mutig im Herrn. Und das ist auch ganz billig und recht, daß die Lebenden sich fürchten, die Sterbenden aber in Christo sich stärken, d. h., daß die Lebenden fühlen, daß sie sterben, die Sterbenden aber fühlen, daß sie leben werden" (L[uther]s Briefe, T. V, S. 134–35).

Welch eine gräßliche Lehre, die ein akutes Übel, um es zu heilen, in ein chronisches Übel verwandelt, die, um uns in den letzten Momenten des Lebens einen Trost wider den Tod zu verschaffen, uns das ganze Leben hindurch in Schrecken und Furcht vor dem Tode erhält!

Über das „Wesen des Christentums[1]*“ in Beziehung auf den „Einzigen und sein Eigentum“*[2]

„Feuerbach“, sagt der Einzige, „gibt uns nur eine theologische Befreiung von der Theologie und Religion; er hebt mir[3] Gott, das *Subjekt*, auf, aber läßt das Göttliche, läßt die Prädikate Gottes unangefochten bestehen.“ Allerdings läßt er sie bestehen, aber er *muß* sie auch bestehen lassen, sonst könnte er ja nicht einmal die Natur und den Menschen bestehen lassen; denn Gott ist ein aus allen Realitäten, d. i. Prädikaten, der Natur und Menschheit zusammengestoppeltes[4] Wesen: Gott ist Licht, Leben, Kraft, Schönheit, Wesen, Verstand, Bewußtsein, Lob, kurz, *alles*. Was bleibt also übrig, wenn nicht einmal mehr die Prädikate Gottes bleiben sollen? Aber warum soll denn überhaupt etwas übrigbleiben? Das ist ja eben ein Zeichen von der Religiosität, von der „Gebundenheit“ F[euerbach]s, daß er noch in einen „*Gegenstand*“ vernarrt ist, daß er noch *etwas* will, *etwas* liebt – ein Zeichen, daß er sich noch nicht zum absoluten Idealismus des „Egoismus“ emporgeschwungen hat. „Ich hab' mein Sach auf nichts gestellt“, singt der Einzige. Aber ist denn nicht auch das *Nichts* ein Prädikat Gottes, nicht auch der Satz: „Gott ist nichts“, ein Aus-

[1] *Hierzu in B als Zusatz die folgende Fußnote Feuerbachs:* Ich bemerke bei dieser Überschrift, daß ich hier, wie anderwärts, nicht meine Schrift als Schrift im Auge habe und in Schutz nehme. Ich stehe in einem höchst kritischen Verhältnis zu meiner Schrift; ich habe es immer nur mit ihrem Gegenstande, ihrem Wesen, ihrem Geiste zu tun. Die Beschäftigung mit ihrem Buchstaben überlasse ich den Kindern Gottes oder des Teufels.

[2] *In B darunter auf neuer Zeile:* 1845

[3] nur *B*

[4] zusammengesetztes *B*

spruch der Religion[1]? So hat also der „Egoist“ doch auch noch seine Sache auf *Gott* gestellt! So gehört also auch er noch zu den *„frommen Atheisten“*!

Wie[2] läßt F. die Prädikate bestehen? Darauf allein kommt es an. So, *wie* sie Prädikate Gottes sind? Nein, so, wie sie Prädikate der Natur und Menschheit – natürliche, menschliche Eigenschaften – sind. Werden sie aus Gott in den Menschen versetzt, so verlieren sie eben den Charakter der Göttlichkeit,[3] der ihnen nur zukommt in der *Entfernung* vom Menschen – in der Abstraktion, in der Phantasie; sie werden durch diese Versetzung aus dem mystischen Dunkel des religiösen Gemüts an das helle Tageslicht des menschlichen Bewußtseins populär, *„gemein“*, *„profan“*. Worauf beruht die Macht der irdischen Majestät? Lediglich auf der Macht *der* Meinung, *der* Einbildung, daß die Person der Majestät ein ganz *besonderes* Wesen ist. Setze ich dagegen[4] das Subjekt der Majestät in Gedanken oder, noch besser, in der sinnlichen Anschauung auf gleichen Fuß mit mir, vergegenwärtige ich mir, daß dasselbe ebensogut Mensch ist als irgendein andrer gemeiner Mensch, so verschwindet mir auch die Majestät selbst in nichts. Mit der himmlischen Majestät ist es nun ebenso. Nur Gott als Subjekt ist der status quo [bisherige Zustand] aller religiösen Prädikate; nur als Prädikate eines höchsten, *d. i.* übertriebenen, überspannten, Wesens, folglich nur als selbst auf den höchsten Grad gesteigerte, überspannte, hyperbolische Prädikate sind sie *andere* Prädikate als die meinigen, Prädikate *über* mir[5]. Wer daher das Subjekt aufhebt, hebt eo ipso [ebendamit] auch die Prädikate auf[6], denn das Subjekt ist ja in

[1] der Religion: des religiösen Bewußtseins *B, wo hierzu als Zusatz noch folgende Fußnote Feuerbachs gehört:* Der Satz: „Gott ist nichts oder das Nichts“, findet sich bekanntlich nicht nur in orientalischen Religionen, sondern auch bei christlichen Mystikern und Schwärmern.

[2] *In B hervorgehoben.*

[3] *In B folgt Zusatz:* d. h. der Überschwenglichkeit,

[4] *In B folgt Zusatz:* die Person oder

[5] *In B folgt Zusatz:* , d. h. über dem Menschen

[6] *In B folgt Zusatz:* (versteht sich: als theologische Prädikate)

der Tat nichts anders als das als Subjekt gedachte[1] vorgestellte Prädikat.

„F. sagt aber selbst, es handle sich bei ihm nur um die Vernichtung einer Illusion"; ja, aber einer Illusion, mit der alle Illusionen, alle Vorurteile, alle – unnatürlichen – Schranken des Menschen wegfallen, *wenn auch nicht auf den ersten Augenblick;* denn die Grundillusion, das Grundvorurteil, die Grundschranke des Menschen ist Gott als Subjekt. Wer aber seine Zeit und Kraft auf die Auflösung der Grundillusion und Grundschranke verwendet, dem kann man nicht zumuten, zugleich auch die abgeleiteten Illusionen und Schranken aufzulösen.

Was heißt: „Der Mensch ist der *Gott* des Menschen"? Heißt das soviel als: Er ist Gott im Sinne eines vom Menschen unterschiedenen, über dem Menschen stehenden Wesens, kurz, in *dem* Sinne, in welchem es für die Religion, Theologie und spekulative Philosophie einen Gott gibt? F. zeigt ja eben, daß die Religion sich nicht selbst versteht, die[2] Philosophie und Theologie aber sie falsch verstehen; er zeigt, daß der Glaube an Gott – in Wahrheit natürlich, nicht in der Einbildung und Reflexion des Gottesgläubigen – nur der Glaube des Menschen an sich ist, er zeigt also, daß das Göttliche *nicht* Göttliches, Gott *nicht* Gott, sondern nur das, und zwar im höchsten Grade, sich selbst liebende, sich selbst bejahende und anerkennende menschliche Wesen ist; denn der Mensch anerkennt nur einen Gott, welcher den Menschen anerkennt, und zwar so, als er, der Mensch, sich selbst anerkennt. Anerkenne ich z. B. nicht den Leib, trenne ich ihn ab von mir, fühle ich die leiblichen Bedürfnisse und Verrichtungen als Schranken, als Widerspruch mit mir, verwerfe ich, mit *einem* Worte, den Leib, so sehne ich mich nach der Entleibung und preise das leiblose Wesen als das wahre, selige, herrliche, höchste, d. i. göttliche, Wesen. Was ich *nicht* bin, aber zu sein wünsche und zu werden mich bestrebe, das ist mein Gott. Gott, sagt daher F., ist nichts andres als das die Wünsche des Menschen

[1] *In B folgt Komma.*
[2] *In B folgt Zusatz:* spekulative

erfüllende, das seine Bedürfnisse – sie seien nun, welcher Art sie wollen – befriedigende Wesen. Wenn du also einen Kranken oder auch nur einen von „fixen Ideen Besessenen" heilst, wenn du einen Hungrigen mit Speise erquickst, so bist du ihm, prosaisch ausgedrückt, ein Wohltäter oder wohltätiger Mensch, poetisch ausgedrückt: – ein *Gott*, denn was dem Menschen *wohlgefällt* („Wesen des Christentums", S. 93[1]) und *wohltut* (S. 520[2]), das nennt er panegyrisch Gott. Religion ist Affekt, ist Poesie; voilà tout [das ist alles]. Der Satz: „Der Mensch ist der Gott, das höchste Wesen des Menschen", ist daher identisch mit dem Satze: Es ist kein Gott, kein höchstes Wesen[3]. Aber dieser letzte Satz ist nur der atheistische, d. i. *negative*, jener der praktische und religiöse, d. i. *positive*, Ausdruck.

F.s „theologische Ansicht" besteht darin, daß er „uns in ein *wesentliches* und *unwesentliches* Ich spaltet" und „die Gattung, *den* Menschen, ein abstractum, eine Idee, als unser wahres Wesen im Unterschiede von dem wirklichen individuellen Ich als dem unwesentlichen hinstellt." Einziger! Hast du „Das Wesen des Christentums" *ganz* gelesen? Unmöglich; denn was ist gerade das Thema, der Kern dieser Schrift? Einzig und allein die Aufhebung der Spaltung in ein wesentliches und unwesentliches Ich – die Vergötterung, d. h. die Position, die Anerkennung, des *ganzen* Menschen vom Kopfe bis zur Ferse. Wird denn nicht ausdrücklich am Schlusse die Gottheit des *Individuums* als das aufgelöste Geheimnis der Religion ausgesprochen? Heißt es nicht sogar: „*Essen und Trinken ist ein göttlicher Akt*"? Ist aber Essen und Trinken ein Akt einer Idee, eines abstractum[s]? Die einzige Schrift, in welcher das Schlagwort der neuern Zeit, die Persönlichkeit, die Individualität, aufgehört hat, eine *sinnlose Floskel* zu sein, ist gerade „Das Wesen des Christentums", denn nur die *Negation Gottes* (des abstrakten, unendlichen Wesens als des wahren Wesens) ist die *Position des Individuums*, und nur die *Sinnlichkeit* der wohlgetroffne *Sinn* der *Individualität*.

1 *Bezieht sich auf die 2. Fassung (1843); gemeint ist Kap. VI.*
2 *Zweite Fassung, Anhang.*
3 *In B folgt Zusatz:* im Sinne der Theologie

Dadurch eben unterscheidet sich auch diese Schrift F.s *wesentlich* von allen seinen frühern Schriften, daß er erst in ihr zur *Wahrheit* der Sinnlichkeit vorgedrungen ist, erst in ihr das absolute Wesen als sinnliches Wesen, das *sinnliche Wesen als absolutes Wesen* erfaßt hat. Um sich hiervon zu überzeugen, vergleiche man nur z. B. die Bedeutung des Wunders im „Bayle" mit der im „Wesen des Christentums". Allerdings wird auch hier, wie dort, was sich von selbst versteht, die Ungereimtheit des Wunders im Sinne der Theologie nachgewiesen; aber während es im „Bayle" als widersprechend mit dem göttlichen Wesen, wird es hier als übereinstimmend mit demselben dargestellt, weil dort Gott noch als abstraktes, vom Menschen unterschiednes Vernunftwesen, hier aber als das in seiner Totalität sich selbst befriedigende menschliche Wesen gefaßt und die wahre Bedeutung des Wunders ebendarein gesetzt wird, nichts weiter als die – freilich nur supranaturalistische und sofern unvernünftige – Befriedigung eines menschlichen, sinnlichen Wunsches oder Bedürfnisses zu sein.[1]

[1] *In B folgt als Zusatz neuer Abschnitt*: F. hat sich in seiner Schrift keine andere Aufgabe gestellt, als Gott oder die Religion auf ihren menschlichen Ursprung zurückzuführen und durch diese Reduktion im Menschen theoretisch und praktisch aufzulösen. Die Religion stellt aber des Menschen eignes Wesen oder das vom Menschen abstrahierte Wesen als ein außer- und übermenschliches Wesen vor. F. mußte also diese Zerspaltung in Gott und Mensch auf innerhalb des Menschen selbst stattfindende Unterschiede zurückführen – wie wäre auch die Religion erklärbar, wenn gar kein Unterschied zwischen Ich oder Selbstbewußtsein und Wesen oder Natur im Menschen stattfände? –; er mußte daher die psychologischen Zustände, welche eben den Menschen bestimmen, sein Wesen, seine Eigenschaften als göttliche Mächte von sich zu unterscheiden und über sich zu setzen, die Zustände der Begeisterung, der Leidenschaft, der Versenkung, des Außersichseins, zum Ausgangspunkt seines Themas nehmen. Der wohlweise Kritiker beachte also, daß die Einleitung zum „Wesen des Christentums", wo insbesondere die Mächte „im Menschen über dem Menschen" hervorgehoben werden, nicht eine Einleitung ist zu einer philosophischen Abhandlung über das Verhältnis der menschlichen Prädikate zum menschlichen Subjekt

Das Individuum ist dem F. das absolute, *d. i. wahre, wirkliche,* Wesen. Warum sagt er aber nicht: *Dieses* ausschließliche Individuum? Darum, weil er dann nicht wüßte, was er will – auf den Standpunkt, welchen er negiert, den Standpunkt der Religion, zurücksinken würde. Darin besteht eben gerade, wenigstens in dieser Beziehung, das Wesen der Religion, daß sie aus einer Klasse oder Gattung ein *einziges* Individuum auswählt und als heilig, unverletzlich den übrigen Individuen gegenüberstellt. Dieser Mensch, dieser „einzige", „unvergleichliche", dieser Jesus Christus ausschließlich und allein, ist Gott, *diese* Eiche, *dieser* Ort, *dieser* Hain, *dieser* Stier, *dieser* Tag ist heilig, nicht die übrigen. Eine Religion aufheben heißt darum nichts andres als die Identität ihres geheiligten Gegenstandes oder Individuums mit den andern, profanen Individuen derselben Gattung nachweisen. Diesen Beweis lieferte schon der H. Bonifatius unsern Vorfahren, als er die göttliche Eiche zu Geißmar fällte. Und so kannst du denn auch den Standpunkt des Christentums, dessen Wesen sich in dem Satze erschöpft: „Ich, dieses ausschließliche, unvergleichliche Individuum, bin, wenn auch nicht jetzt, doch meiner himmlischen Bestimmung nach, *Gott*" – gleichgültig, wie Gott bestimmt wird: ob abstrakt als vollkommnes moralisches oder mystisch als phantastisch-sinnliches Wesen –, nur dadurch aufheben, daß du dieses unvergleichliche Individuum aus dem blauen Dunst seines supranaturalistischen Egoismus in die profane sinnliche Anschauung versetzest, welche dir zwar seinen individuellen Unterschied, aber auch zugleich *unverkennbar, unverleugbar* seine Identität mit den anderen Individuen, seine *Gemeinheit,* vergegenwärtigt. Gib dem einzelnen Individuum nicht weniger, als ihm gebührt, aber auch nicht mehr. So nur befreist du dich von den Ketten des Christentums. Individuum sein heißt zwar allerdings „Egoist" sein, es heißt aber auch zugleich, und

oder des menschlichen Wesens zum menschlichen Ich, sondern eben eine Einleitung zum „Wesen des Christentums", d. h. zum Wesen der Religion. Kann man aber der Ouvertüre zur „Zauberflöte" deswegen einen Vorwurf machen, weil sie nur die Ouvertüre zur „Zauberflöte", nicht auch zum „Don Juan" ist? *Darunter in B zwischen diesem und dem nächsten Abschnitt wieder eine Leerzeile.*

zwar nolens volens, *Kommunist* sein. Nimm die Dinge, wie sie sind, d. h., nimm dich selbst, wie du bist, denn wie du die Dinge nimmst, so nimmst du dich und umgekehrt. Schlage dir den „Einzigen" im Himmel, aber schlage dir auch den „Einzigen" auf Erden aus dem Kopfe!

Folge den Sinnen! Wo der Sinn anfängt, hört die Religion und hört die Philosophie auf, aber du hast dafür die schlichte, blanke Wahrheit. Hier steht vor deinen Augen eine weibliche Schönheit; du rufst entzückt aus: Sie ist unvergleichlich schön. Aber siehe, dort steht zugleich vor denselben Augen eine männliche Schönheit. Wirst du nun nicht *notwendig* beide miteinander vergleichen? Und wenn du es nicht tust, um auf deiner Unvergleichlichkeit hartnäckig zu bestehen, werden sich die beiden Schönheiten nicht selbst miteinander vergleichen, werden sie sich nicht wundern über ihre Gleichheit trotz des Unterschieds, über ihren Unterschied trotz der Gleichheit? Werden sie nicht unwillkürlich einander zurufen: „Du bist, ‚*was*' ich bin", und endlich *im Namen des Menschen* ihre Ausschließlichkeit durch gegenseitige Umschließungen widerlegen? „Ich liebe nur diese einzige", sagt der Einzige; ich auch, ob ich gleich ein ganz kommuner Mensch bin. Aber ist dieses einzige Weib, das du liebst, eine Äffin, eine Eselin, eine Hündin, ist es nicht ein *menschliches* Weib? „Ich bin mehr als Mensch", sagt der Einzige. Bist du aber auch mehr als Mann? Ist dein Wesen oder vielmehr – denn das *Wort* „Wesen" verschmäht der „Egoist", ob es gleich dasselbe sagt – dein Ich nicht ein *männliches?* Kannst du die Männlichkeit absondern selbst von dem, was man „Geist" nennt? Ist nicht dein Hirn, das heiligste, höchstgestellte Eingeweide des Leibes, ein männlich bestimmtes? Sind deine Gefühle, deine Gedanken unmännlich? Bist du aber ein *tierisches Männchen*, ein Hund, ein Affe, ein Hengst? Was anders ist also dein „einziges, unvergleichliches", dein folglich geschlechtsloses Ich als ein unverdauter Rest des alten christlichen Supranaturalismus?

Folge den Sinnen! Du bist durch und durch Mann – das Ich, das du in Gedanken von deinem sinnlichen, männlichen

Wesen absonderst, ist ein Produkt der Abstraktion, das ebensoviel oder -sowenig Realität hat als die platonische Tischheit im Unterschiede von den wirklichen Tischen. Aber als Mann beziehst du dich *wesentlich, notwendig* auf ein *andres* Ich oder Wesen – auf das Weib. Wenn ich also dich als Individuum anerkennen will, so muß ich meine Anerkennung nicht nur auf dich allein beschränken, sondern zugleich über dich hinaus auf dein Weib ausdehnen. Die Anerkennung des Individuums ist notwendig die Anerkennung von wenigstens *zwei* Individuen. Zwei hat aber keinen Schluß und Sinn; auf Zwei folgt Drei, auf das Weib das Kind. Aber nur ein *einziges, unvergleichliches* Kind? Nein, die Liebe treibt dich unaufhaltsam über dieses eine hinaus. Selbst schon der Anblick des Kindes ist so lieblich, so mächtig, daß er das Verlangen nach mehreren seinesgleichen unwiderstehlich in dir erzeugt. *Eines* will überhaupt nur der Egoismus, aber *vieles* die Liebe. Allerdings entzieht nun die Liebe durch die Vielheit der Kinder dem Erstgebornen den göttlichen, monotheistischen Rang und Titel der Einzigkeit und Unvergleichlichkeit; aber wäre die Liebe, die sich nur auf dieses einzige beschränken wollte, nicht Filzigkeit und Lieblosigkeit gegen andere mögliche Kinder? Nicht sogar Lieblosigkeit gegen dieses einzige Kind, welches doch selbst bald seine Einzigkeit satt bekommen und sich nach einem Schwesterchen oder Brüderchen sehnen würde? Wie kannst du also einem Schriftsteller den Vorwurf machen, daß er das Individuum nicht anerkennt, wenn er es so anerkennt, wie die Liebe es anerkennt? Wie ihn der Abstraktion beschuldigen, wenn er nach dem Vorbild der Liebe, welche, ob sie gleich die höchste und tiefste Anerkennung des Individuums ausdrückt, doch nicht bei diesem einzigen Individuum mit Ausschluß aller anderen stehenbleibt, auch nicht auf dieses einzige und unvergleichliche Individuum sich beschränkt, sondern seine Gedanken und Gesinnungen auf die *Gattung*, d. h. die *anderen* Individuen, ausdehnt? Die Gattung bedeutet nämlich bei F. nicht ein abstractum, sondern nur, dem einzelnen, für sich selbst fixierten Ich gegenüber, das Du, den andern, überhaupt die außer mir existierenden menschlichen Individuen. Wenn es daher bei F. z.B. heißt: „Das Individuum ist beschränkt, die Gattung unbeschränkt", so heißt das nichts anders als: Die Schranken dieses Individuums sind nicht auch die Schranken der andern, die Schranken der gegenwärtigen Menschen deswegen noch nicht die Schranken der zukünftigen Menschen.[1]

Der Gedanke der Gattung in diesem Sinne ist für das einzelne Individuum – in jedem ist ein einzelner – eine notwendige, unentbehrliche[2]. „Wir sind allzumal vollkommen", sagt der Einzige wahr und schön; aber gleichwohl fühlen wir uns beschränkt und unvollkommen, weil wir uns notwendig – notwendig, denn wir sind nun einmal reflektierende Wesen – nicht nur mit andern vergleichen, sondern auch mit uns selbst, indem wir das, was wir geworden sind, mit dem, was wir werden konnten, unter andern Verhältnissen vielleicht wirklich geworden wären, zusammenhalten. Wir fühlen uns aber nicht nur moralisch, wir fühlen uns selbst auch sinnlich, räumlich und zeitlich beschränkt; wir, diese Individuen, sind ja nur an diesem bestimmten Orte, in dieser beschränkten, erbärmlichen[3] Zeit. Wo sollen wir uns nun von diesem Beschränktheitsgefühl erlösen, wenn nicht in dem Gedanken der unbeschränkten Gattung, d. h. in dem Gedanken anderer Menschen, anderer Orte, anderer, glücklicherer Zeiten? Wer die Gattung daher nicht an die Stelle der Gottheit setzt, der läßt in dem Individuum eine Lücke, die sich notwendig wieder durch die Vorstellung eines Gottes, d. h. des personifizierten Wesens der Gattung, ausfüllt. Nur die Gattung ist imstande, die Gott-

[1] *In B hierzu als Zusatz noch folgende Fußnote Feuerbachs:* Relativ, für mich als diesen Menschen, ist allerdings, und zwar notwendig, die Gattung nur ein abstractum, nur ein Gedanke, obwohl sie an sich selbst sinnliche Existenz hat. So sind z. B. die vergangnen Menschen, obwohl an sich selbst einst wirkliche, sinnliche Wesen, für mich nur Gedankenwesen oder Wesen der Vorstellung. Doch über diesen Gegenstand bei einer andern Gelegenheit. Übrigens verstehe ich unter Gattung auch die Natur des Menschen; eine Bedeutung, die mit der andern aber aufs innigste zusammenhängt, denn die Natur des Menschen existiert ja nur in dem Gegensatz von Ich und Du, Mann und Weib.

[2] – in jedem ... unentbehrliche: – und jeder ist ein einzelner –, ein notwendiger, unentbehrlicher *B*

[3] *Fehlt, mitsamt dem Komma davor, in B.*

heit, die Religion aufzuheben zugleich und zu ersetzen. Keine Religion haben heißt *nur an sich selbst* denken, Religion haben *an andere* denken. Und diese Religion ist die allein bleibende, wenigstens so lange, als nicht ein „einziger" Mensch nur auf Erden ist; denn sowie wir nur *zwei* Menschen, wie Mann und Weib, haben, so haben wir auch schon Religion. Zwei, Unterschied ist der Ursprung der Religion – das Du der Gott des Ich, denn ich bin nicht ohne dich; ich hänge vom Du ab; kein Du – kein Ich.[1]

Was heißt die „Gattung realisieren"? Eine Anlage, eine Fähigkeit, eine Bestimmung überhaupt der menschlichen Natur verwirklichen. Die Raupe ist ein Insekt, aber noch nicht das ganze Insekt; in Beziehung auf sich ist sie wohl vollkommen, ist sie, was sie sein soll und sein kann; aber gleichwohl steckt trotz ihres selbstgenügsamen Egoismus noch etwas „*in* ihr *über* ihr", was erst werden soll und kann

[1] *In B folgt als Zusatz neuer Abschnitt*: Der Mann ist die Vorsehung des Weibes, das Weib die Vorsehung des Mannes, der Wohltäter die Vorsehung des Notleidenden, der Arzt die Vorsehung des Kranken, der Vater die Vorsehung des Kindes. Der Helfer muß mehr sein und mehr haben – wenigstens in der Beziehung, worin er Hülfe leistet – als der Hülfsbedürftige. Wer selbst Not leidet, wie kann er andern Notleidenden helfen? Nein, wer mich aus dem Moraste herausziehen will oder soll, der muß über dem Morast, „über mir" stehen. Was ist denn nun aber dieses über mir stehende Wesen? Ist es ein andres, fremdes Wesen? Ist es mir, im Gegenteil, nicht so nahe als mein eignes Herz, mein eignes Auge, mein eigner Arm? Ist es nicht im strengsten Sinne mein „anderes Ich"? Es tut ja nur, was ich selbst tun will, im Zustande der Freiheit, Gesundheit, Selbständigkeit auch wirklich selbst tue, aber jetzt nur nicht tun kann. Bin ich lahm, so sind des andern Arme und Beine meine Bewegungsorgane; bin ich blind, so sind seine Augen meine Führer; bin ich Kind, so ist des Vaters Wille und Verstand mein Wille und Verstand, mein Für-mich-Sein, denn als Kind bin ich in tausend Fällen und ohne Wissen und Wollen wider mich selbst. So ist der Mensch der Gott des Menschen! Und nur durch diesen menschlichen Gott kannst du den un- und außermenschlichen überflüssig machen. *Darunter in B zwischen diesem und dem nächsten Abschnitt wieder eine Leerzeile.*

– der Schmetterling. Erst der Schmetterling ist das erschöpfte, vollständig verwirklichte Insekt. Ähnliche Metamorphosen finden, wie im Leben der Menschheit, so im Leben des einzelnen Menschen statt. Wenn daher der Mensch aus dem Knabenalter ins Jünglingsalter, aus der Schule zum Leben, aus dem Sklavenzustand zur Freiheit, aus der Indifferenz gegen das Geschlecht zur Liebe übergeht, so ruft er unwillkürlich bei allen diesen und ähnlichen Übergängen aus: „Jetzt erst bin ich *Mensch* geworden", weil er jetzt erst *vollständiger* Mensch geworden ist, jetzt erst einen wesentlichen, bisher unbekannten oder gewaltsam unterdrückten Trieb seiner Natur befriedigt hat.

So notwendig die Unterscheidung zwischen Ich und Du, zwischen Individuum und Gattung ist, so notwendig ist selbst *innerhalb eines und desselben* Individuums die Unterscheidung zwischen dem Notwendigen und Veräußerlichen, Individuellen im Sinne des Zufälligen, dem Wesentlichen und Unwesentlichen, dem Nähern und Entfernteren, dem Höhern und Niedern. Folge den Sinnen! Das räumlich Höchstgestellte ist auch das qualitativ Höchste am Menschen, das ihm Nächste, das nicht mehr von ihm Unterscheidbare – dieses ist der *Kopf*. Wenn ich den Kopf eines Menschen sehe, so sehe ich *ihn selbst;* wenn ich aber nur seinen Rumpf sehe, so sehe ich eben nichts weiter als seinen Rumpf. Wenn ich meine Hände und Füße verliere, so bin ich allerdings ein unvollständiger, mangelhafter, unglücklicher Mensch, allein ich kann doch noch ohne sie als Mensch existieren; wenn ich aber meinen Kopf verliere, so bin ich selbst weg. Es gibt also einen wesentlichen Unterschied zwischen mein und mein: – anders ist das Meinige, welches weg sein kann, ohne daß *ich* weg bin, anders das Meinige, welches *nicht* weg sein kann, ohne daß ich zugleich weg bin –, einen Unterschied, den man nicht aufheben kann, ohne seinen Kopf zu verlieren. Wenn daher der „Einzige" deswegen den F. tadelt, daß [d]er mit dem theologischen supranaturalistischen „Über" nicht auch zugleich das selbst organisch begründete Über und Unter *im Menschen* gehoben[1] habe, so tadelt er ihn nur deswegen, daß er

[1] aufgehoben *B*

nicht[1] aus Desperation über den unersetzlichen Verlust der Theologie *seinen Kopf verloren* hat.[2]

[1] *In B folgt Zusatz:* , wie der Einzige und andre,

[2] *In B folgt als Zusatz neuer Abschnitt:* Wenn ich heute in meinen Ausgaben und Genüssen mich beschränke, um morgen auch noch etwas zu leben zu haben, bin ich nicht selbst die Vorsehung, die „über mir", diesem heutigen Egoisten, welcher dem andern, dem morgigen Menschen aus Genußsucht so gerne nichts übrig lassen möchte, maßgebend wacht und waltet? Und wenn ich auf das Krankenlager tatlos dahingestreckt bin, setze ich nicht, sei's nun in der Erinnerung an die verlorne Gesundheit oder in der Hoffnung der Wiedergenesung, mich, den Gesunden, so hoch über mich, den Kranken, als nur immer die unsterblichen Götter über den sterblichen Menschen stehen? Und wenn ich vergehe vor Gram und Ärger über einer leidenschaftlichen, unheilvollen Handlung, stehe ich als Kritiker, als Richter nicht über mir, dem Täter, dem „armen Sünder"? Und wenn ich in der Schöpfung eines Werks begriffen bin, verwende ich nicht alle mir zu Gebote stehenden Kräfte auf dasselbe, glaube ich nicht daher, daß dieses Werk mein Testament ist, daß ich in ihm mein ganzes Vermögen der Welt vermache, daß ich hier an der Grenze meiner Entwickelung, meiner Zeugungskraft stehe? Wenn ich nun aber fertig bin mit dem Werke, habe ich nicht jetzt mich, den Schöpfer dieses Werkes, welcher vor kurzem noch mein Höchstes, mein non plus ultra war, bereits hinter und unter mir? Blicke ich jetzt nicht vielleicht sogar mit Geringschätzung auf das Werk und dessen Verfasser herab? So besteht das menschliche Leben selbst innerhalb eines und desselben Individuums in einem beständigen Wechsel, der bald das Unterste zu oberst, bald das Oberste zu unterst kehrt! Bin ich hungrig und durstig, so geht mir nichts über den Genuß von Speise und Trank, nach der Mahlzeit nichts über die Ruhe, nach der Ruhe nichts über die Bewegung oder Tätigkeit, nach dieser nichts über die Unterhaltung mit Freunden, nach vollbrachtem Tagwerk endlich feiere ich den Bruder des Todes, den Schlaf, als das höchste, wohltätigste Wesen. So hat also jeden Augenblick des Lebens der Mensch etwas, aber notabene [wohlgemerkt] Menschliches über sich. Nur wo er aufhört, zu sein, oder, was eins ist, sein Bewußtsein verliert, hört er auch auf, etwas über sich zu setzen. Was vor mir, setze ich über mich, was hinter mir, unter mich;

„F. *flüchtet* aus dem Glauben in die Liebe." Oh, wie falsch! F. begibt sich mit festen, sichern Schritten aus dem Reich der spekulativen und religiösen Träume in das Land der Wirklichkeit, aus dem abstrakten Wesen des Menschen in das wirkliche, *ganze* Wesen desselben[1]; aber die Liebe allein für sich erschöpft nicht das ganze Wesen des Menschen. Zum Lieben gehört auch Verstand, das „Gesetz der Intelligenz"; eine verstandlose Liebe unterscheidet sich in ihren Wirkungen[2] nicht vom Hasse, denn sie weiß nicht, was nützlich oder schädlich, zweckmäßig oder zweckwidrig ist. Warum hebt aber F. so die Liebe hervor? Weil es keinen andern praktischen und organischen, durch den Gegenstand selbst dargebotnen Übergang vom Gottesreich zum Menschenreich gibt als die Liebe, denn die Liebe ist der praktische Atheismus, die Negation Gottes im Herzen, in der Gesinnung, in der Tat. Das Christentum *nennt* sich die Religion der Liebe, *ist* aber nicht die Religion der Liebe, sondern die Religion des supranaturalistischen, geistlichen Egoismus, gleichwie das Judentum die Religion des weltlichen, irdischen Egoismus ist. F. mußte daher das Christentum beim Wort nehmen, d. h. das Wort zur Sache, den Schein zum Wesen machen.

Nimmt F. die Liebe in einem der wirklichen Liebe widersprechenden, phantastischen, supranaturalistischen Sinne – in dem Sinne, in welchem sie von aller Selbstliebe frei sein soll? Nein! „Kein Wesen", sagt er z. B., „kann sich selbst negieren." „Sein heißt sich selbst lieben." „Indem ich das Elend des andern erleichtere, erleichtere ich zugleich

vor mir aber ist, und zwar jeden Augenblick, die noch unerschöpfte, unverbrauchte, hinter mir die bereits verbrauchte, entäußerte Denk- und Lebenskraft. Was ich aber sein und tun kann, steht mir als ein noch Unerreichtes notwendig über dem, was ich bereits bin und tue – daher die Menschen immer mehr sein und haben wollen, als sie sind und haben. Selbst die kommenden, während einer Arbeit notwendig hervorzubringenden Gedanken schweben so lange über mir wie die Wolken am Himmel, bis sie sich unter meinen Augen als tropfbare Flüssigkeiten niedergeschlagen haben. *Darunter in B zwischen diesem und dem nächsten Abschnitt wieder eine Leerzeile.*

[1] *Im Original A:* derselben *Hier berichtigt nach B.*

[2] *In B folgt Zusatz:* und Handlungen

mein eigenes; Elend des andern fühlen ist selbst ein Elend", usw. Jede Liebe ist insofern egoistisch, denn ich kann nicht lieben, was mir widerspricht; ich kann nur lieben, was mich befriedigt, was mich glücklich macht; d. h., ich kann nichts andres lieben, ohne ebendamit zugleich mich selbst zu lieben. Aber gleichwohl ist ein begründeter Unterschied zwischen dem, was man selbstsüchtige, eigennützige, und dem, was man uneigennützige Liebe nennt. Welcher? In Kürze dieser: In der eigennützigen Liebe ist der Gegenstand deine Hetäre, in der uneigennützigen deine Geliebte. Dort befriedige ich mich wie hier, aber dort unterordne ich das Wesen einem Teil, hier aber den Teil, das Mittel, das Organ, dem Ganzen, dem Wesen, dort befriedige ich ebendeswegen auch nur einen Teil von mir, hier aber mich selbst, mein volles, ganzes Wesen. Kurz, in der eigennützigen Liebe opfere ich das Höhere dem Niederen, einen höhern Genuß folglich einem niedrigeren, in der uneigennützigen aber das Niedere dem Höheren auf.

„F. macht eben die Religion zur Ethik, die Ethik zur Religion." Allerdings im Gegensatz zum Christentum,[1] worin die Ethik, als die Beziehung des Menschen auf den Menschen, gegenüber der Beziehung des Menschen auf Gott nur eine untergeordnete Stellung hat. Aber F. setzt den Menschen *über* die Moral: „Indem Gott als ein sündenvergebendes Wesen gesetzt wird, so wird er zwar nicht als ein unmoralisches, aber doch als ein mehr als ein[2] moralisches, d. i. als ein[3] *menschliches,* Wesen gesetzt." Diese Worte bilden den Übergang vom Wesen des Moralgesetzes zum eigentlichen Wesen des Christentums, d. h. zum Wesen des Menschen, welches an und für sich *ebensowenig ein unmoralisches als moralisches* ist. F. macht also nicht die Moral zum Maßstab des Menschen, sondern umgekehrt den Menschen zum Maßstab der Moral: Gut ist, was dem Menschen gemäß ist, entspricht; schlecht, verwerflich, was ihm widerspricht. Heilig sind also die ethischen

[1] *Hierzu in B als Zusatz Fußnote Feuerbachs:* Aber zugleich auch auf Grund des Christentums, was deutlich genug entwickelt wird.

[2] *Fehlt in B.*

[3] als ein *Fehlt in B.*

Verhältnisse, wie z. B. die Ehe, nicht[1] „um ihrer selbst willen" – außer nur im Gegensatze zum Christentum, zu dem „Um Gottes willen" –, heilig nur um des Menschen willen, heilig nur, weil[2] sie Verhältnisse des Menschen zum Menschen – also Selbstbejahungen, Selbstbefriedigungen des menschlichen Wesens – sind. Allerdings macht also F. die Ethik zur Religion, aber nicht für sich selbst in abstracto, nicht als Zweck, sondern nur als Folge, nicht, weil ihm, wie dem „aufgeklärten Protestantismus", dem Rationalismus, Kantianismus, das moralische Wesen, d. h. das Wesen der Moral, sondern weil ihm das wirkliche, sinnliche, individuelle *menschliche Wesen* das *höchste, d. i. religiöse*[3], *Wesen* ist.

„F. bekleidet seinen Materialismus mit dem Eigentum des Idealismus." Oh, wie aus der Luft gegriffen ist diese Behauptung! F., Einziger!, ist weder Idealist noch Materialist. Dem F. sind Gott, Geist, Seele, Ich bloße Abstraktionen, aber ebensogut sind ihm der Leib, die Materie, der Körper bloße Abstraktionen. Wahrheit, Wesen, Wirklichkeit ist ihm nur die Sinnlichkeit. Hast du aber je einen Leib, eine Materie gefühlt, gesehen? Du hast ja nur gesehen und gefühlt dieses Wasser, dieses Feuer, diese Sterne diese Steine, diese Bäume, diese Tiere, diese Menschen: immer und immer nur ganz bestimmte, *sinnliche, individuelle* Dinge und Wesen, aber nimmer weder Leiber noch Seelen, weder Geister noch Körper. Aber noch weniger ist F. Idealist[4] im Sinne der absoluten Identität, welche die beiden Abstraktionen in einer dritten Abstraktion vereinigt. Also weder Materialist noch Idealist noch Identitätsphilosoph ist F. Nun was denn? Er ist mit Gedanken, was er der Tat nach, im Geiste, was er im Fleische, im Wesen, was er in den Sinnen ist – *Mensch;* oder vielmehr, da F. nur in die Gemeinschaft das Wesen des Menschen versetzt –: Gemeinmensch, *Kommunist.*

[1] ,wie . . . nicht: keineswegs *B*
[2] *In B folgt Zusatz:* und wiefern
[3] höchste . . . religiöse: religiöse, d. i. höchste
[4] Identist *B*

Inhalt